U0910365

职业教育“十三五”规划课程改革创新教材

# 数字影音后期特效合成
# ——After Effects CC 2015

王　斌　编著

科学出版社
北　京

## 内 容 简 介

本书从使用After Effects进行数字影音后期特效合成的角度出发，归纳数字影音后期特效合成的典型工作案例并转化成5个项目，即基础动画特效制作、文字动画特效制作、基本特效合成、光效制作合成、自然特效制作合成。每个项目又分别包括若干任务（案例）。项目内容为动画特效制作与合成方面某个专题效果制作的完整工作过程，它们之间呈平行、递进或包容的关系。本书共包含动画特效制作与合成工作常见的31个任务（案例），记录其制作过程，通过教学化工作任务实战，详细介绍了After Effects在数字影音后期特效合成方面的典型应用。

本书既适用于职业院校影视、动漫、游戏及数字媒体相关专业师生，也可作为各类计算机影视动画培训机构的培训教材，还可以作为影视、动漫专业后期从业人员及广大影视动漫后期制作爱好者的参考用书。

**图书在版编目（CIP）数据**

数字影音后期特效合成：After Effects CC 2015/王斌编著. —北京：科学出版社，2017

（职业教育“十三五”规划课程改革创新教材）

ISBN 978-7-03-052992-3

Ⅰ. ①数… Ⅱ. ①王… Ⅲ. ①视频编辑软件-职业教育-教材 Ⅳ. ①TP317.53

中国版本图书馆CIP数据核字（2017）第118499号

责任编辑：张振华 / 责任校对：刘玉靖

责任印制：吕春珉 / 封面设计：曹 来

科学出版社出版

北京东黄城根北街16号

邮政编码：100717

http://www.sciencep.com

新科印刷有限公司 印刷

科学出版社发行 各地新华书店经销

*

2017年6月第 一 版 开本：787×1092 1/16

2021年9月第六次印刷 印张：25 1/4

字数：580 000

**定价：58.00元**

（如有印装质量问题，我社负责调换〈新科〉）

销售部电话 010-62136230 编辑部电话 010-62135120-2005（VT03）

# 前　言

“数字影音后期特效合成”是计算机动漫与游戏制作等影视动漫类专业的一门核心课程。在影视动画作品的制作流程中，后期动画特效制作与合成是指将录制或制作完成的影片素材、动画进行再处理加工，进行特效包装与合成，使其能完美达到需要的效果。例如，人工制造出一些假象和幻觉，让画面场景更加扣人心弦；或者为了避免演员处于危险的境地及减少电影的制作成本，后期添加实拍场景中没有的光效、云、火、烟及三维角色、虚拟场景等，改变拍摄不理想的画面，以及对画面进行调色、修复等。本书是在经过大量市场调研的基础上，从国内外影视动漫作品中遴选出常见的典型后期特效合成案例，而专门开发的一本针对影视动漫类专业后期特效合成的核心教材。

通过本课程的学习，学生可以了解影视动画特效制作与合成的概念、原理、常见类型及使用范围，掌握用 After Effects 软件进行后期动画特效制作与合成的常用方法和技术手段，培养对动漫后期特效合成的视觉效果、色彩、节奏、整体与细节的把控能力，同时培养刻苦钻研精神、自主学习与协作学习的能力，树立牢固的专业意识。

本书打破了传统的学科体系知识结构和教材编排模式，以影视动漫后期工作过程引导专业知识和操作技能的学习与训练。它打破传统的专业基础、专业理论和专业实训的三段式课程结构，将专业知识、岗位技能、职业素养、创业意识等职业能力融合到每一个任务的学习活动中，为师生提供了一本可以操作和使用的“理实一体，行动导向”化的工作过程系统化教材，把“做中学、学中做”落到实处。

课程配套开发教学化企业案例资源库，配套光盘提供了书中全部案例的样片、素材、项目源文件及部分案例的制作过程录屏，以供参考。建议以教学化的企业案例为载体组织教学，采用教学做一体化教学模式，教学环节包括资讯、计划、决策、实施、检查、评价。

采用本书进行教学时，建议安排 140 学时，如下表所示：

| 教学内容 | 学时 |
|---|---|
| 项目 1　基础动画特效制作 | 28 |
| 项目 2　文字动画特效制作 | 16 |
| 项目 3　基本特效合成 | 28 |
| 项目 4　光效制作合成 | 32 |
| 项目 5　自然特效制作合成 | 36 |
| 合计 | 140 |

本书是福建省教育科学“十二五”规划 2015 年度课题——“2+0.5+0.5 学制校企结合工学交替人才培养模式研究”（立项批准号 FJJK 15-588）的研究成果之一，由福建省计算机动漫与游戏制作专业带头人王斌编著，并进行总设计和统稿。

在本书编写过程中，福州金麟文化传媒有限公司的韩焰红、王清山、严成贵参与了案例设计和配套光盘资源的制作，福建省三奥信息科技股份有限公司的黄晓风、韩伟、叶平等给予了支持与帮助，在此一并表示感谢。

由于编者水平有限和时间仓促，书中难免存在着不足或疏漏之处，恳请广大读者批评指正，不吝赐教。

编　者
2017年1月

# 目　录

# 项目1 基础动画特效制作

## ◎ 项目导读

Adobe After Effects CC（以下简称 AE）是 Adobe CC 系列中一款功能强大的影视特效处理软件，用于 2D/3D 合成、视频制作、视频特效等视频后期处理。许多电影后期都是使用它来进行处理的，如《加勒比海盗》《钢铁侠》《恶灵骑士》等。AE 适用于从事设计和视频特技制作的机构，包括电视台、动画制作公司、个人后期制作工作室及多媒体工作室。AE 提供高级的运动控制、变形特效、粒子特效等功能，是专业的影视动漫后期处理工具。它采用基于层的工作方式，可以非常方便地导入图片、视频、动画、声音等多媒体素材，在合成面板中可以对多层的图像、视频、动画进行控制、编辑，并添加各种特效，最终合成、导出一个视频。

本项目是 AE 影视动漫特效合成的基础，同时又涵盖了 AE 相比 Flash、3ds Max 在动画特效制作方面的特色之处，包括AE图层属性的关键帧动画、遮罩动画，AE特色的木偶动画、声控动画、表达式动画，模拟三维的 3D 层、摄像机、灯光，以及 Particular 粒子插件等。

## ◎ 学习任务

- 制作基本属性动画；
- 制作木偶动画；
- 制作遮罩动画；
- 制作三维效果及动画；
- 制作声控特效动画；
- 制作粒子特效动画。

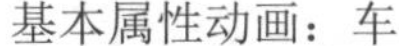

基本属性动画：车

木偶动画：毛毛虫、猩猩、河马

遮罩动画：oui

三维效果及动画：空间立方体

声控特效动画：震动的音响

粒子特效动画：群蝶飞舞

# 制作基本属性动画

## ◎ 任务导读

本任务是一个关于汽车“行驶”的 AE 基本属性动画。AE 基础动画的应用十分广泛，而关键帧动画的制作是各种动画的基础，哪怕是最复杂的动画其实都可分解成许多基本的关键帧动画的组合与叠加。在影视动画后期制作中，为了让文字、图像、场景元素等画面内容的动态效果更加丰富，可以通过“位置”“缩放”“旋转”“定位点”“透明度”等基础参数的控制来实现关键帧动画的移动、缩放、翻转、渐变等效果。另外本任务还介绍了车轮跟随车身运动的父子层动画，以及通过纯色层及其遮罩模拟黄色车灯的效果。

## ◎ 学习目标

基本动画的制作是 AE 动画特效合成的基础。通过制作基本动画短片，熟悉 AE 软件的“缩放”“位置”“透明度”“旋转”“遮罩”“定位点”等基本属性及其动画制作过程，同时掌握制作父子层动画的基本操作，掌握纯色层及遮罩的建立和使用方法。下面来学习基本属性动画——车的制作。视频样片截图如图 1-1-1 所示。视频样片及相关资源见配套光盘。

图 1-1-1

## 实践操作

素材资源：车轮.psd，车身.psd，星星.psd，夜景 1.jpg，夜景 2.jpg。

技能点拨：通过“缩放”“位置”关键帧动画实现汽车迎面开来的动画效果，通过“旋转”关键帧动画实现车轮转动效果，通过父子层链接动画实现车轮和车身同步运动，通过“透明度”关键帧动画实现天空星星的闪烁效果，通过纯色层及遮罩实现车灯效果。

制作流程：

| 第 1 步 | 第 2 步 | 第 3 步 | 第 4 步 | 第 5 步 | 第 6 步 |
|---|---|---|---|---|---|
| 素材导入和文件管理 | 制作傍晚车的行驶动画 | 制作夜晚车的行驶动画 | 制作车灯和星星效果 | 总合成 | 渲染及输出 |

## 操作步骤

### 第 1 步　素材导入和文件管理

**01** 启动 AE，在选择项目界面中，单击“新建合成”图标，如图 1-1-2（a）所示。在弹出的“合成设置”对话框中设置“合成名称”“预设”“持续时间”等选项，如图 1-1-2（b）所示。

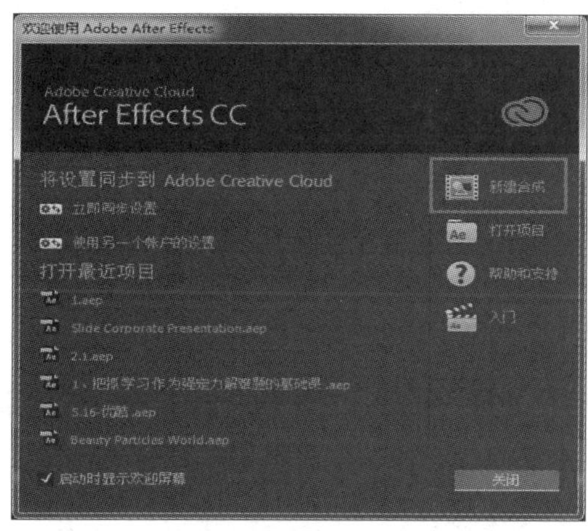


（a）

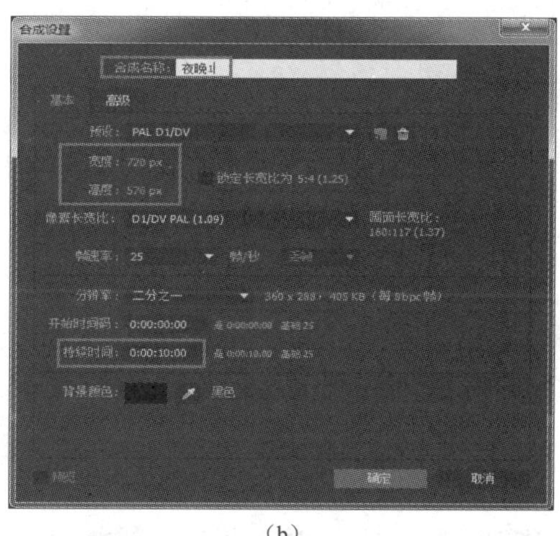


（b）

图 1-1-2

**02** 在“项目”面板中导入素材。右击“项目”面板空白处，在弹出的快捷菜单中选择“导入”→“文件”命令，导入素材“夜景 1.jpg”“夜景 2.jpg”，如图 1-1-3 所示。导入素材后，通过双击素材名称或图标，可以查看素材。

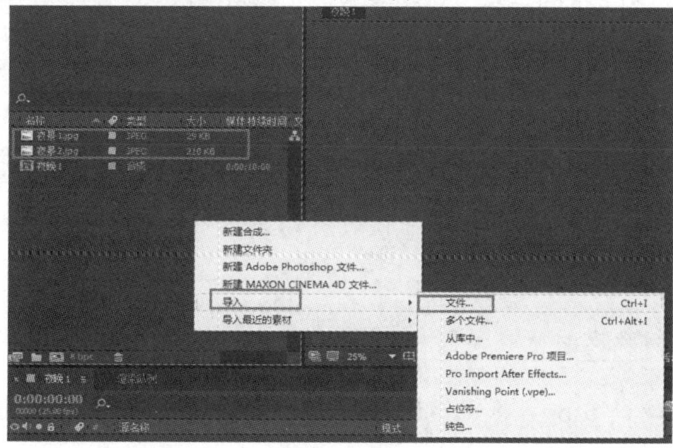


图 1-1-3

**03** 导入素材“车身.psd”。选择“文件”→“导入”→“文件”命令，在弹出的“导入文件”对话框中选择“车身.psd”文件，设置“导入为”为“合成”，单击“导入”按钮，如图 1-1-4 所示。

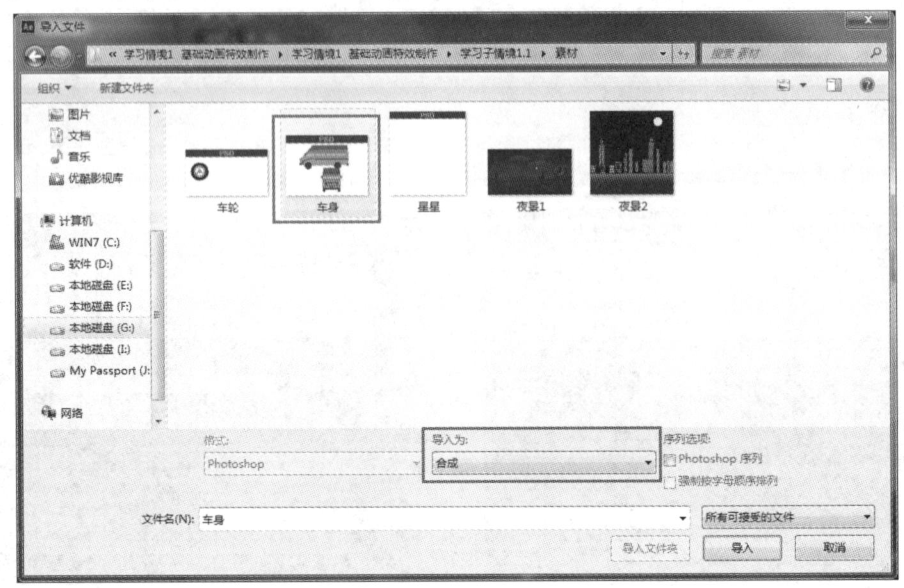


图 1-1-4

**04** 在弹出的“车身.psd”对话框中设置“导入种类”为“合成”，在“图层选项”选项组选中“合并图层样式到素材”单选按钮，接着单击“确定”按钮。然后用同样的方法导入“车轮.psd”“星星.psd”，如图 1-1-5 所示。

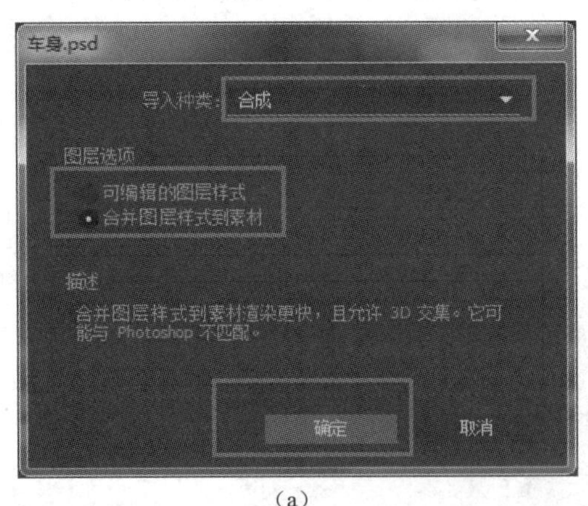


（a）

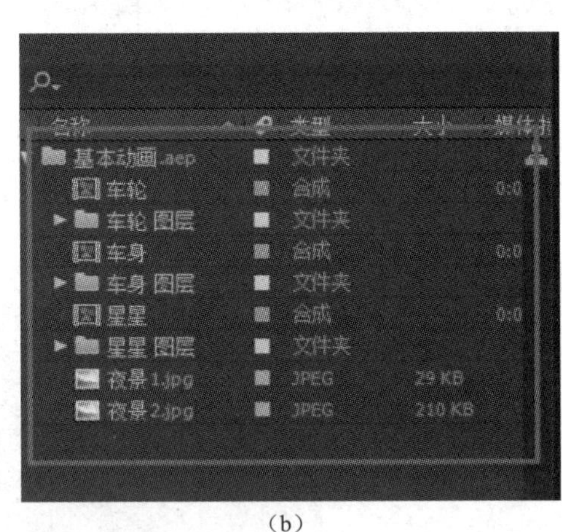


（b）

图 1-1-5

## 第 2 步　制作傍晚车的行驶动画

**01** 将素材“夜景 1.jpg”拖动到时间线面板中。选择“夜景 1.jpg”素材后，按 S 键打开图层“缩放”属性，将“缩放”设置为 167%，以充满窗口，如图 1-1-6 所示。

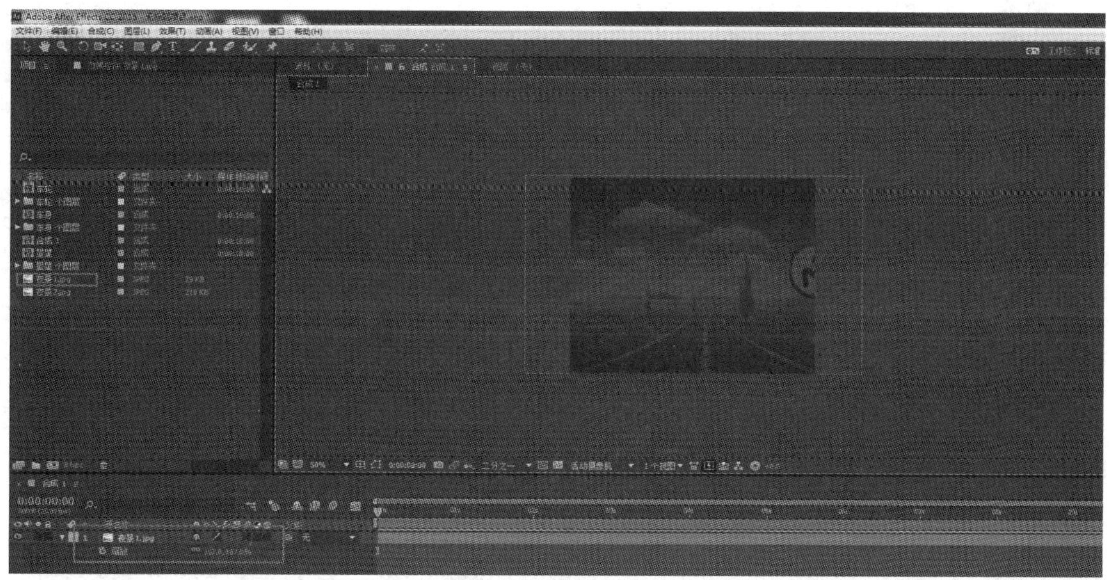

图 1-1-6

**小贴士**

AE 图层的基本属性包括缩放（比例）、位置、旋转、透明度等，分别用来控制图层的缩放动画、位置位移动画、旋转动画、透明度动画。

每个轨道有 5 个基本属性：旋转（快捷键为 R）、位置（快捷键为 P）、锚点（又称轴心点，快捷键为 A）、缩放（快捷键为 S）、不透明度（快捷键为 T）。

设置关键帧动画的方法：打开属性码表，即在时间线处产生一个关键帧，然后移动时间线到想要设置关键帧的位置，改变打开码表的属性，即又产生一个关键帧，从而形成动画。注意，码表打开后就不能关闭，否则关键帧全部消失。

**02** 在“项目”面板中打开“车身图层”文件夹，将“图层 2/车身.psd”图层拖动到时间线面板上，如图 1-1-7 所示。

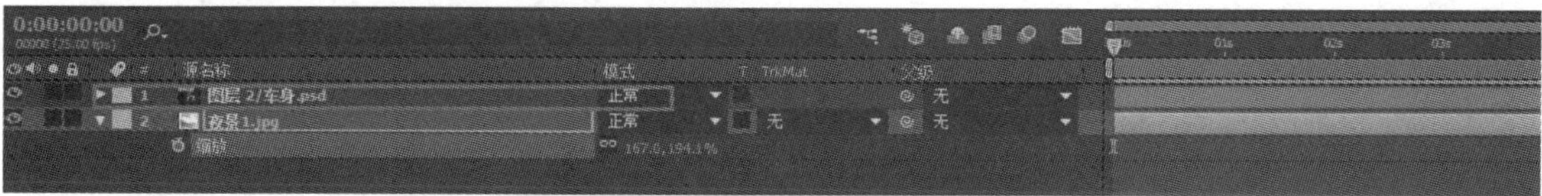

图 1-1-7

**03** 选择“图层 2/车身.psd”图层后，按S键打开“缩放”属性，将时间线停留在0秒处并打开“缩放”码表，此时在时间线面板中出现一个黄色关键帧，将其“缩放”设置为28%，然后将时间线停留在2秒处，将其“缩放”设置为75%，如图1-1-8所示。

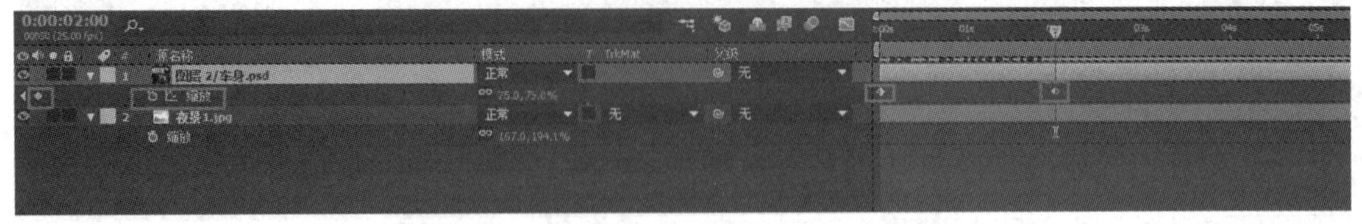

图 1-1-8

**04** 按P键打开“位置”属性，将时间线停留在0秒处并打开码表，将“位置”设置为（384，370），然后将时间线停留在2秒处，将“位置”设置为（359，370），如图1-1-9所示。此时车就有了由远到近的效果。

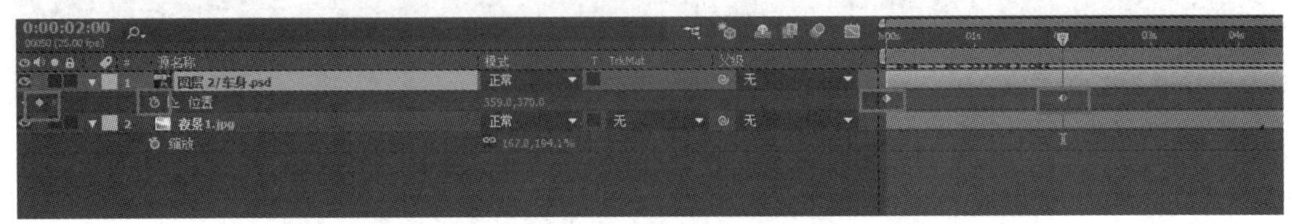

（a）

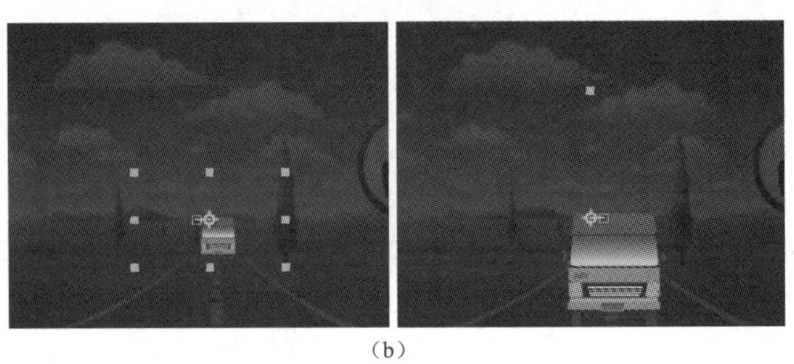

（b）

图 1-1-9

### 第3步　制作夜晚车的行驶动画

**01** 选择“合成设置”→“新建合成”命令（快捷键为Ctrl+N），在弹出的“合成设置”对话框中设置“合成名称”“预设”“持续时间”等选项，如图1-1-10所示。

**02** 将素材“夜景 2.jpg”拖动到“夜晚”时间线面板中。选择“夜景 2.jpg”素材后，右击，在弹出的快捷菜单中选择“变换”→“适合复合”命令（快捷键为Ctrl+Alt+F）以充满窗口，如图1-1-11所示。

**03** 在“项目”面板中展开“车身图层”文件夹，将素材“图层 1/车身.psd”拖动到“夜晚”时间线面板中。选择“图层 1/车身.psd”素材后，按S键打开“缩放”属性，将“缩放”设置为43%，如图1-1-12所示。

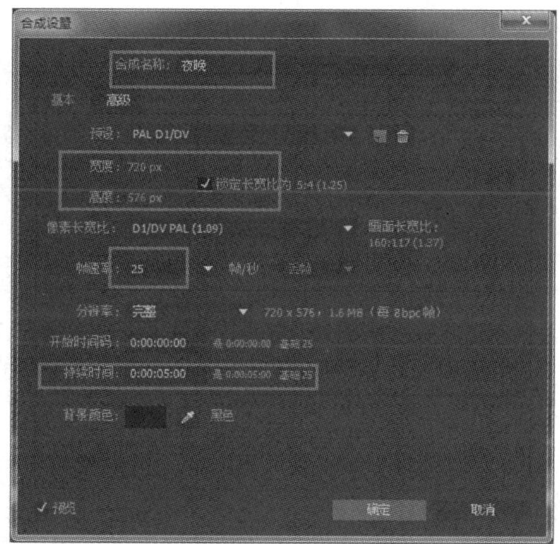


图 1-1-10

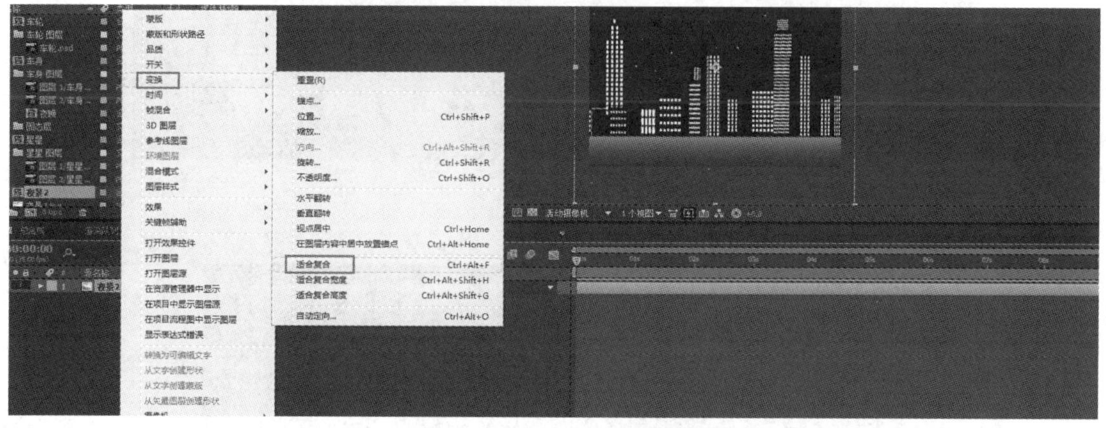

图 1-1-11

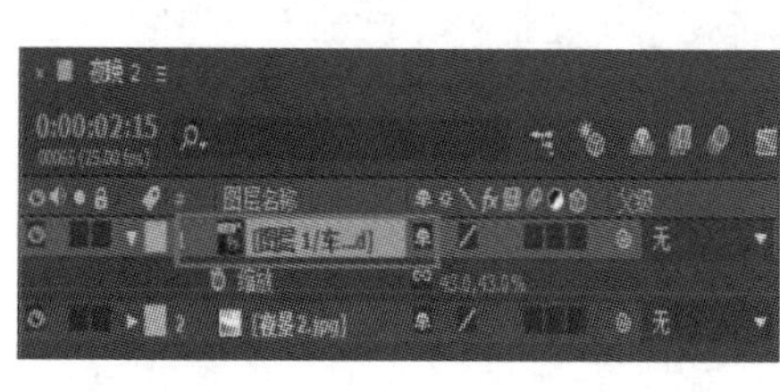

图 1-1-12

**04** 按 P 键打开“位置”属性，将时间线停留在 0 秒处并打开码表，将“位置”设置为（628，492），然后将时间线停留在 2 秒处，将“位置”设置为（148，492），如图 1-1-13 所示。此时车就有了由右到左的效果。

**05** 将素材“图层 2/车轮.psd”拖动到时间线面板中。选择“图层 2/车轮.psd”素材后，按 S 键打开“缩放”属性，将“缩放”设置为 18%，再按 P 键打开“位置”属性，将

“位置”设置为（649.4，274.6），使得后车轮的大小和位置恰好，效果如图 1-1-14 所示。

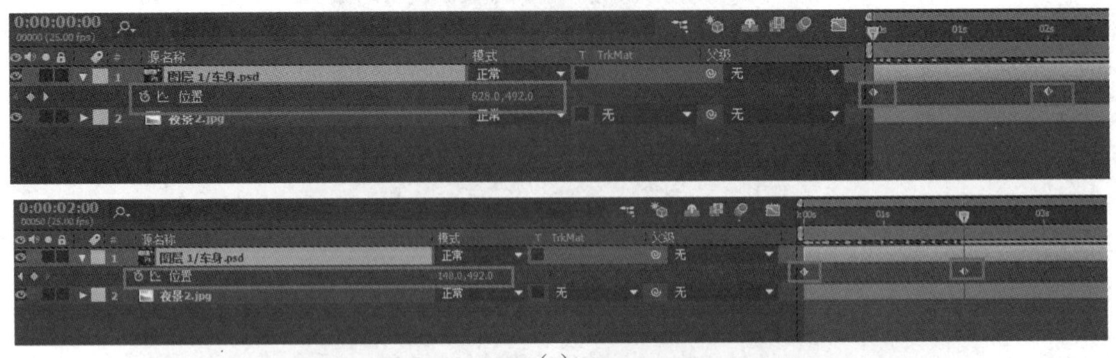


（a）

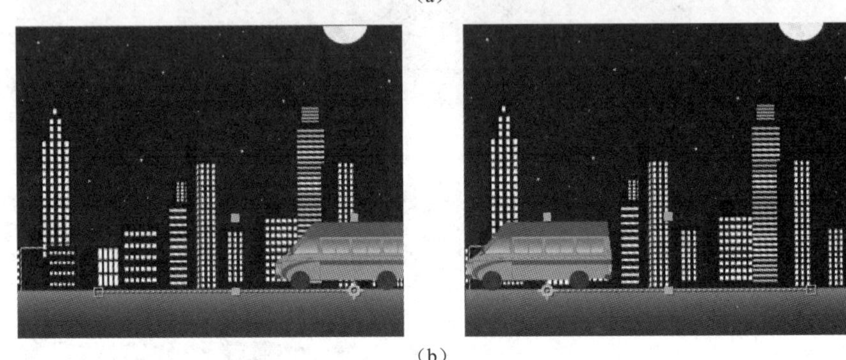

（b）

图 1-1-13

图 1-1-14

**06** 选中“图层 2/车轮.psd”图层，按 Ctrl+D 组合键复制一层，重命名为“前轮”“后轮”，调整车轮位置和车身对齐，按住 Ctrl 键选中“前轮”“后轮”图层，将它们的“父级”链接到“车身”图层，这样利用 AE 的父子层关系实现了车轮跟随车身移动的效果，如图 1-1-15 所示。

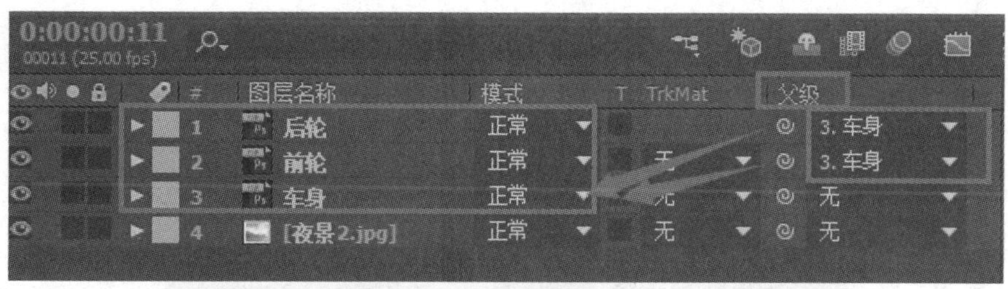

图 1-1-15

**小贴士**

AE 的父子层：子层跟随父层运动，一个父层可以有多个子层。

**07** 制作车轮的旋转动画。在工具栏中选择“定位点工具”，调整车轮的中心点，使其对准车轮中心，使车轮在行驶的过程中不偏离车身，如图 1-1-16 所示。选中“前轮”“后轮”，按 R 键打开“旋转”属性，将时间线停留在 0 秒处并激活码表，将其“旋转”设置为“0x+0.0°”，将时间线停留在 5 秒处并将其“旋转”设置为“-5x+0.0°”。此时车轮有了旋转的效果。按 0 键（数字键盘）播放动画，可以看到车从画面右侧驶向左侧的动画效果。

图 1-1-16

### 第 4 步　制作车灯和星星效果

**01** 新建一个“深色 黄色 纯色 1”。在时间线面板中右击，在弹出的快捷菜单中选择“新建”→“纯色”命令，在弹出的“纯色设置”对话框中设置“名称”“大小”“颜色”等选项，如图 1-1-17 所示。

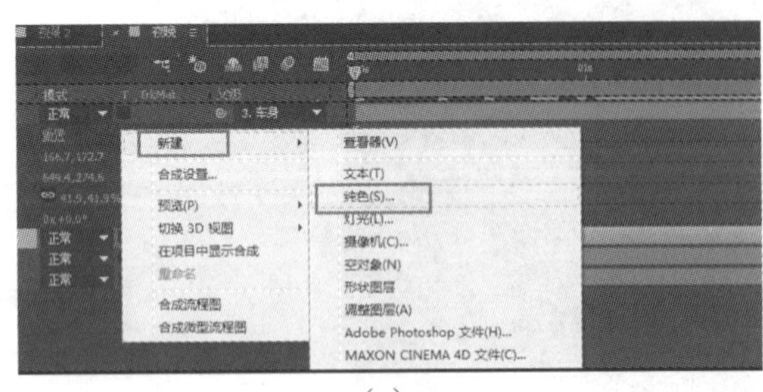
(a)

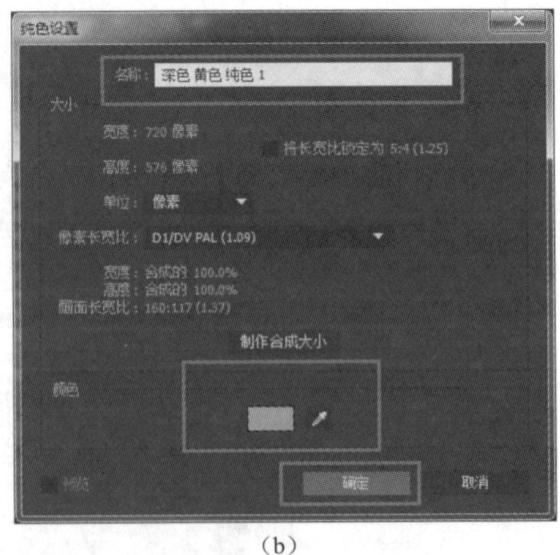
(b)

图 1-1-17

**小贴士**

AE 的纯色层是一种颜色图层，通常用来起辅助作用，如作为某种颜色的背景。

**02** 选中纯色层后选择“钢笔工具”，描绘出车灯的形状，并且按 F 键调整“蒙版羽化”，如图 1-1-18 所示。

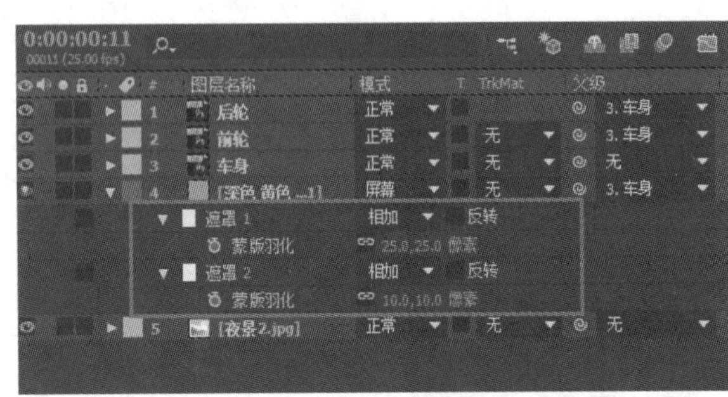

图 1-1-18

**小贴士**

AE 的钢笔工具和 Photoshop 的钢笔工具类似，用来创建遮罩。

**03** 将“深色 黄色 纯色 1”图层的“父级”链接到“车身.psd”图层，并将“深色 黄色 纯色 1”图层的混合模式改为“屏幕”，如图 1-1-19 所示。

**04** 在“项目”面板中展开“星星图层”，将素材“星星 1.psd”“星星 2.psd”拖动到时间线面板中，并按 T 键打开“不透明度”属性。选择“星星 1.psd”图层，将时间线停留在 0 秒处并激活码表，将其“不透明度”设置为 0，在 1 秒处将“不透明度”设置为 100%，在 2 秒处将“不透明度”设置为 0，在 3 秒处将不透明度设置为 100%，在 4 秒 5 帧处将“不透明度”设置为 0，在 5 秒处将“不透明度”设置为 100%。“星星 2.psd”图层的不透明度关键帧根据需要自行调整，使得两层的“星星”呈现错落闪烁、忽明忽暗的效果，如图 1-1-20 所示。

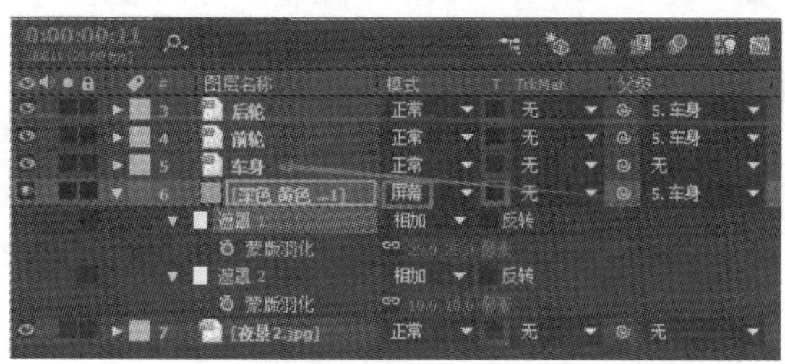


图 1-1-19

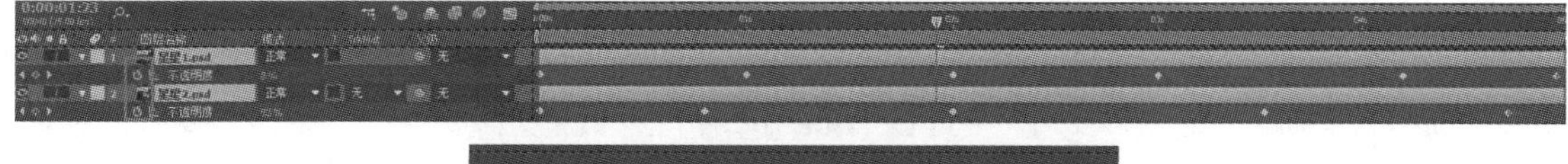

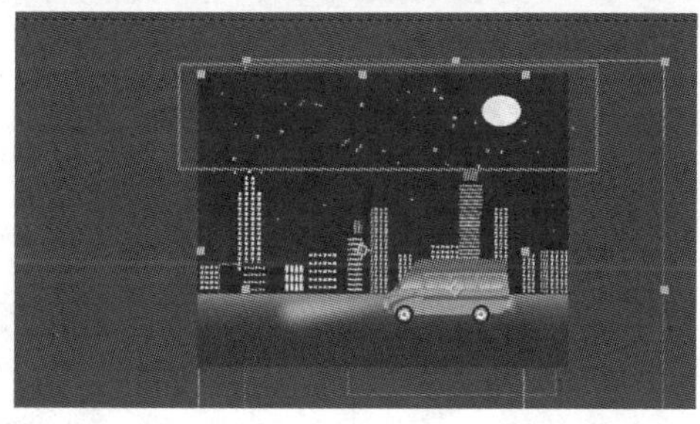

图 1-1-20

## 第 5 步　总合成

新建一个合成，命名为“总合成”，设置“持续时间”为 8 秒，将“傍晚”“夜晚”合成作为素材拖动到“总合成”中，将“傍晚”修剪至 3 秒处（快捷键为 Alt+]），按 T 键打开“不透明度”属性，在 2 秒处将“不透明度”设置为 100%，在 3 秒处将“不透明度”设置为 0。选中“夜晚”图层，按 T 键打开“不透明度”属性，在 3 秒 1 帧处将“不透明度”设置为 0，在 4 秒处将“不透明度”设置为 100%，在 7 秒 15 帧处将“不透明度”设置为 100%，在 8 秒处将“不透明度”设置为 0，如图 1-1-21 所示。

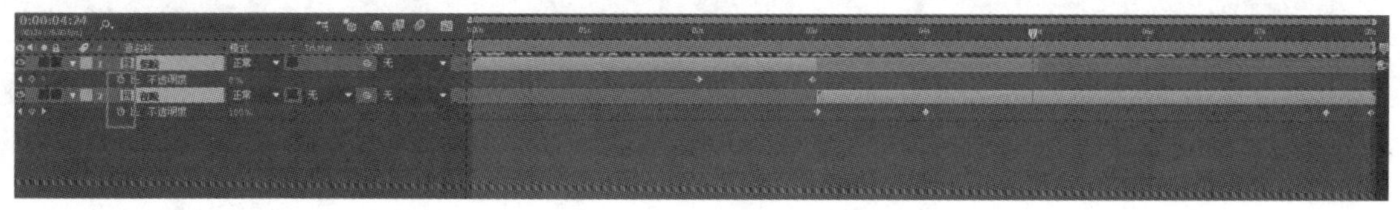

图 1-1-21

## 第 6 步　渲染及输出

**01** 在输出之前，设置渲染工作区域栏，在时间线结束的位置，拖动工作区域栏的结束点，往前移动到 8 秒的位置，那么 8 秒之前的位置就是要输出的位置，按 Ctrl+M 组合键，在弹出的“渲染队列”对话框中为影片命名，并选择保存的位置，然后单击“保存”按钮。

切换至“渲染队列”面板，设置“渲染设置”为“最佳设置”，如图 1-1-22 所示。

图 1-1-22

**02** 单击“输出模块”按钮，弹出“输出模块设置”对话框，将“格式”设置为“QuickTime”，单击“格式选项”按钮，弹出“QuickTime 选项”对话框，设置“视频编解码器”为 H.264。这个压缩质量能保证一般用途，而且这种压缩方式不会占用计算机很大空间。单击“确定”按钮，退出“QuickTime 选项”对话框，再单击“确定”按钮，退出“输出模块设置”对话框，如图 1-1-23 所示。

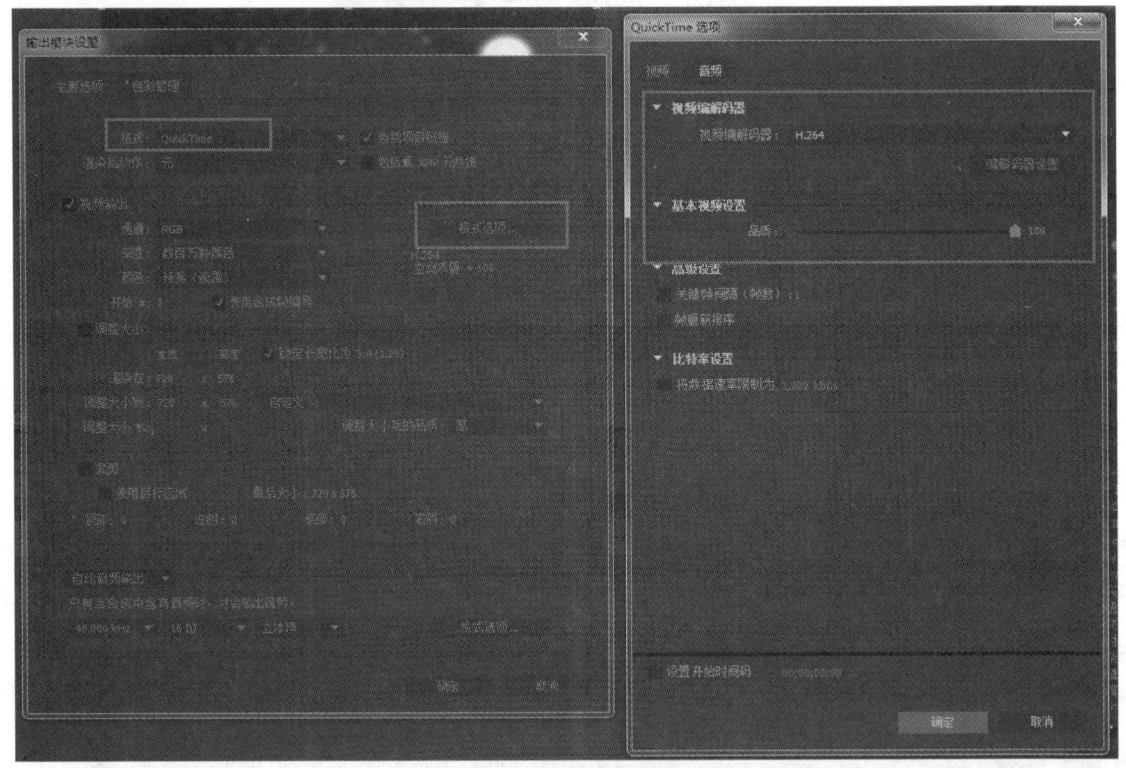

图 1-1-23

**03** 在“渲染队列”面板中确认输出的文件名及位置无误后，单击“渲染”按钮进行渲染及输出，如图 1-1-24 所示。

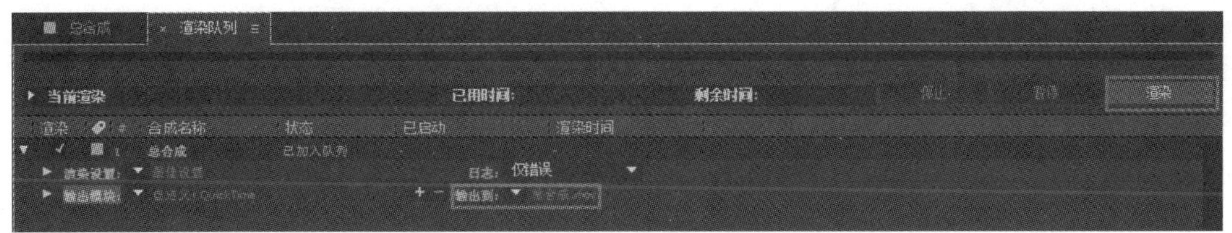


图 1-1-24

## 经验和小结

锚点的问题很重要，无论是缩放还是旋转都要注意它的位置。

通过 AE 的“位置”“缩放”参数动画实现汽车迎面前行效果，通过“旋转”参数动画实现车轮转动效果，通过父子层关系实现车轮旋转同时跟随车身移动效果，通过“不透明度”参数动画实现星星闪烁效果，通过建立纯色层及遮罩实现车灯照射效果。

## 思考和练习

**思考：**

一个子层可以有多个父层吗？一个父层可以有多个子层吗？本任务中的车灯如何实现跟随车身移动？

**练习：**

1. 复制车，并放大缩放，将车身调成红色，制作交汇车动画，效果如图 1-1-25 所示。

图 1-1-25

2. 基本属性动画制作——车拓展练习（本练习的操作提示、素材和样片见配套光盘），效果如图 1-1-26 所示。

图 1-1-26

基本属性动画：车（拓展）

# 任务1.2 制作木偶动画

◎ 任务导读

在影视动画的制作过程中，可以通过木偶钉关键帧的设置制作类似关节联动及身体形变的木偶动画效果，例如本任务中让静态的毛毛虫图片“爬行”起来，让静态的花草实现在风中摇曳的效果等。在一些特定的动画制作中，与在Flash软件中逐帧绘制动画相比，这种方法提升了工作效率和动画的可控性，并且动画形变效果也更自然、更有柔韧性。

◎ 学习目标

在AE中通过木偶工具可以轻松地实现毛毛虫爬行的身体蠕动及猩猩、河马的摇头动作等动画效果，通过制作木偶动画，掌握影视动画后期中木偶动画和基础动画的综合应用。下面来学习木偶动画的制作。视频样片截图如图1-2-1所示。视频样片及相关资源见配套光盘。

图1-2-1

## 实践操作

素材资源：背景.jpg，河马和猩猩.psd，毛毛虫.psd。

技能点拨：通过木偶工具，并配合虫子蠕动的运动规律，实现毛毛虫的蠕动效果，猩猩、河马的摇头动画用同样的方法制作。通过“位置”“旋转”关键帧动画实现猩猩、河马的眼睛注视动作。利用钢笔工具制作背景遮罩，实现毛毛虫从石头后面爬出来的效果。

制作流程：

| 第 1 步 | 第 2 步 | 第 3 步 | 第 4 步 | 第 5 步 |
| --- | --- | --- | --- | --- |
| 素材导入和合成设置 | 制作毛毛虫动画 | 制作河马和猩猩的眼睛 | 设置背景和阴影 | 总合成和渲染、输出 |

## 操作步骤

### 第 1 步 素材导入和合成设置

**01** 新建一个合成，命名为“毛毛虫”，参数设置如图 1-2-2 所示。

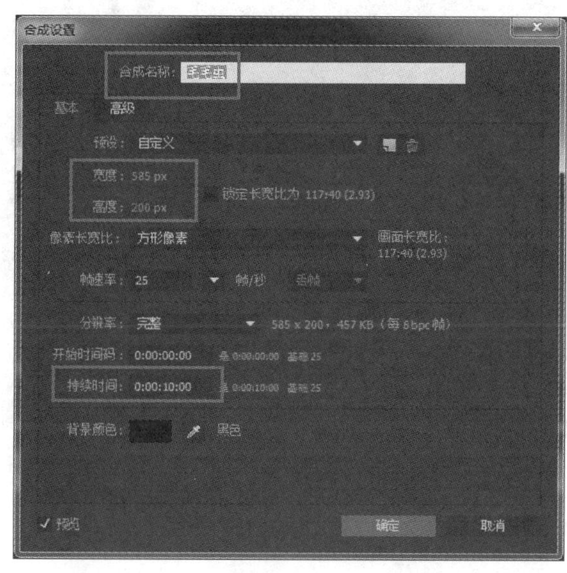


图 1-2-2

**02** 选择“文件”→“导入”→“文件”命令，弹出导入文件对话框，设置“导入种类”为“合成-保持图层大小”，如图 1-2-3 所示。

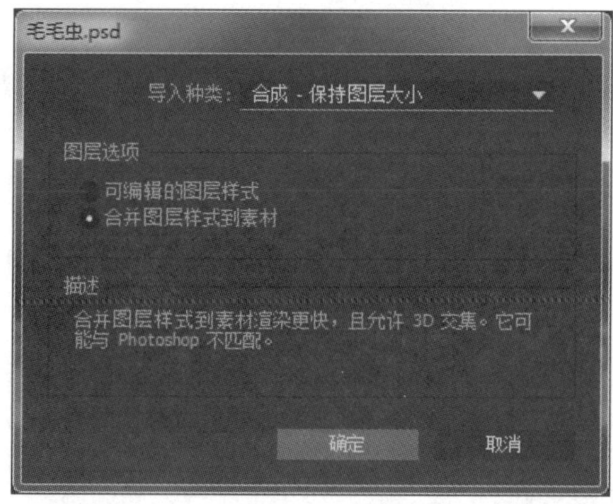


图 1-2-3

### 第 2 步　制作毛毛虫动画

01 选择“毛毛虫”图层，将时间线移至 0 帧处，选择“操控点工具”，单击毛毛虫图像的适当位置，建立 9 个木偶钉，如图 1-2-4 所示。

图 1-2-4

**小贴士**

木偶工具主要用于做卡通动画。

1）可以做简单的角色动画。例如，做世博会海宝的招手动作，因为海宝的角色是三维的，不需要重新建模做三维角色动画，通过木偶工具就可以轻松实现招手动作。

2）角色局部变形。例如，可以在瞬间实现卡通人物的臀部上翘、大腿变细、腰围变细等夸张动画。

3）把文字做成二维的偏旁部首的组合动画。因为 PUPPET 具有连带功能（角色动画中叫作 IK），做动画时只会影响与之有关联的部分，所以彼此独立的偏旁部首是不会受到影响的，从而实现了对一个文字的拆分动画。

02 在 1 秒处用“选取工具”对“控制点”进行调整，效果如图 1-2-5 所示。

03 选择 0 秒至 1 秒所有关键帧，按 Ctrl+C 组合键复制，把时间线移动至 2 秒处，按 Ctrl+V 组合键粘贴，以此类推，连续粘贴至 7 秒处，并按 F9 键使关键帧变为缓入/缓出关键帧，使动画运动变得平滑，这样就制作出毛毛虫蠕动的动画了，如图 1-2-6 所示。

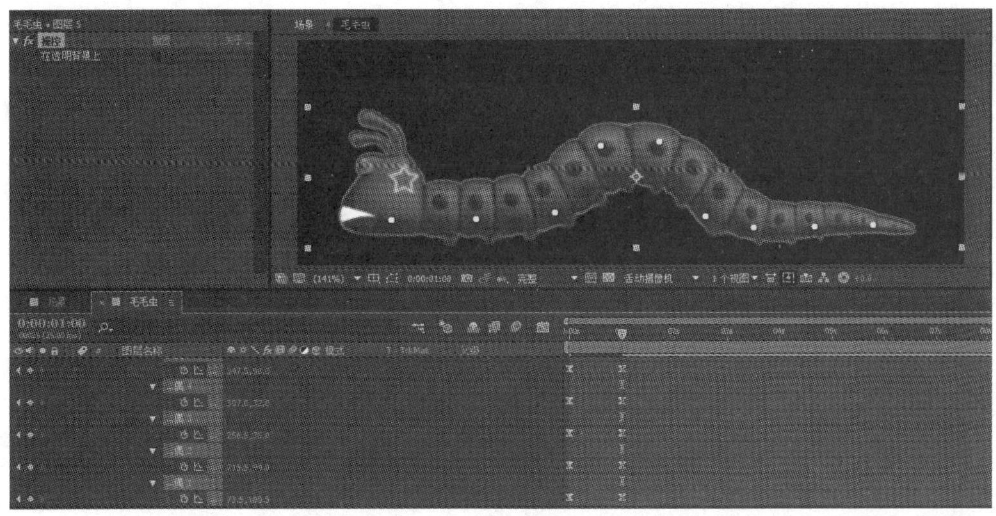

图 1-2-5

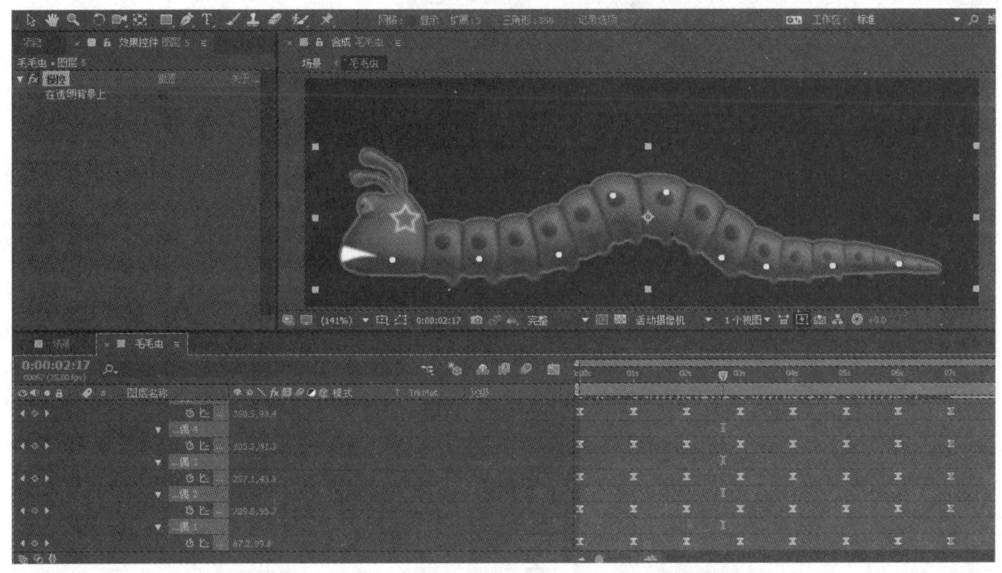

图 1-2-6

**小贴士**

河马和猩猩的摇头动作也可参照以上方法通过木偶工具实现（具体操作步骤不再赘述）。

### 第 3 步　制作河马和猩猩的眼睛

**01** 新建一个合成，命名为“河马木偶动画”，设置大小为 1024×576 像素，方形像素，时长为 10 秒。将“河马和猩猩.psd”导入合成。在合成新建一个纯色层。选择“椭圆形遮罩工具”，绘制河马的眼睛，如图 1-2-7 所示。

图 1-2-7

02 复制纯色层。拖动纯色层到另一个眼睛位置，如图 1-2-8 所示。

图 1-2-8

03 继续选择“椭圆形遮罩工具”，在已经设置好的眼睛处设置遮罩属性，参数设置如图 1-2-9 所示。

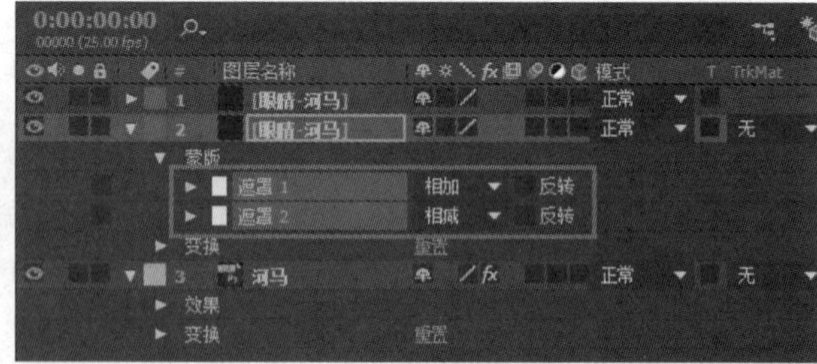


图 1-2-9

**04** 选择眼睛图层，通过设置“位置”“旋转”参数，使眼睛跟随摇头动作一起运动，如图 1-2-10 所示。

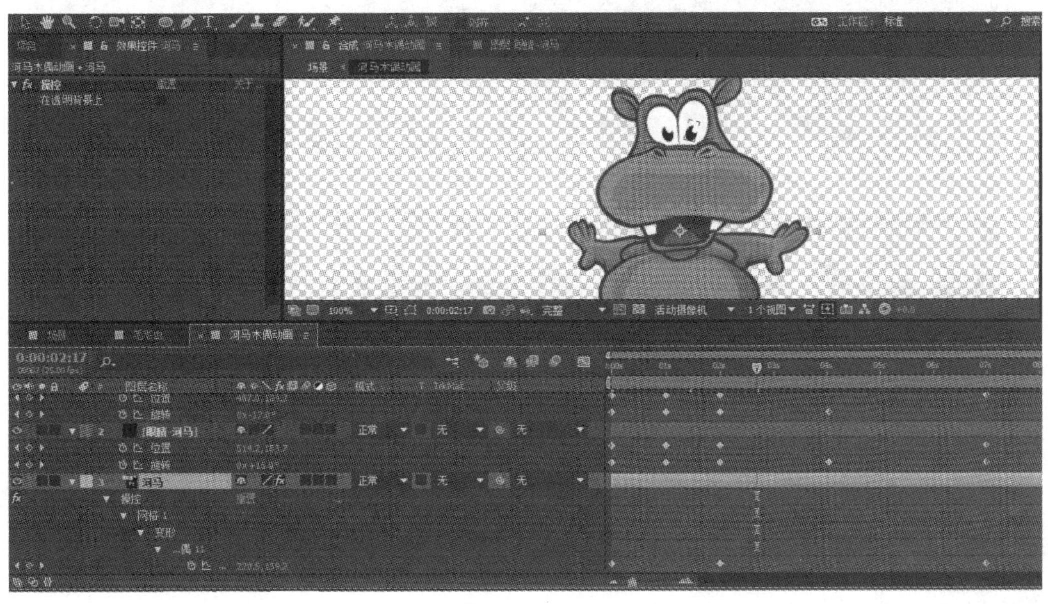

图 1-2-10

猩猩眼睛的制作方法同上，也可复制河马眼睛动画给猩猩眼睛，再做微调。

## 第 4 步　设置背景和阴影

**01** 新建一个合成，命名为“场景”，设置“预设”为“PAL D1/DV”，“宽度”为 720 像素，“高度”为 576 像素，“持续时间”10 秒。导入“背景.jpg”素材，设置其“位置”“缩放”参数，如图 1-2-11 所示。

图 1-2-11

**02** 将“毛毛虫”合成组导入合成，设置“缩放”“位置”参数，缩小毛毛虫的缩放，如图 1-2-12 所示。

图 1-2-12

**小贴士**

“毛毛虫”的水平方向翻转可通过选择“菜单”→“图层”→“变换”→“水平方向翻转”命令来实现，也可通过将其缩放属性的 X 轴参数改为负数来实现。

**03** 复制背景，利用钢笔工具，根据左下角右头形状绘制遮罩图层，拖动复制的图层到“毛毛虫”图层上方，如图 1-2-13 所示。

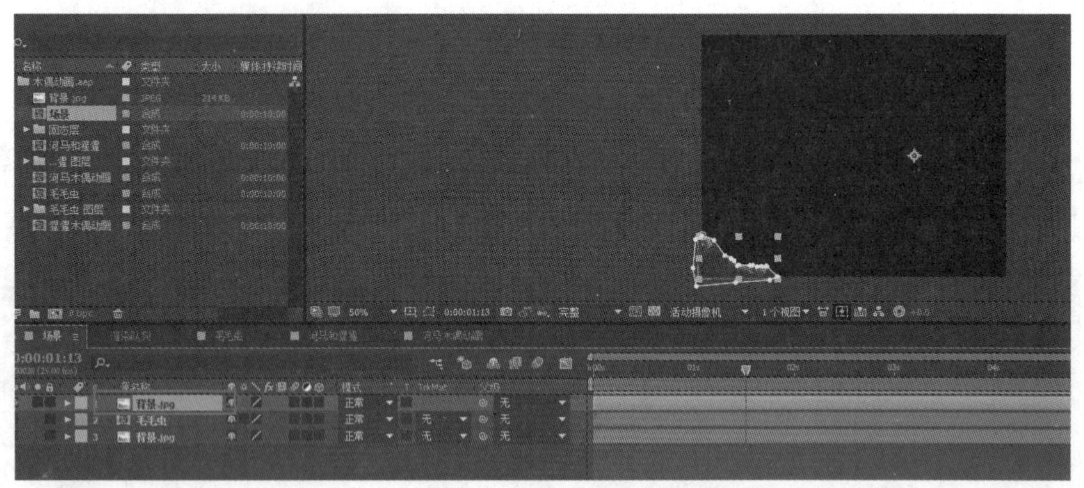

图 1-2-13

**04** 选择“毛毛虫”图层，按 P 键打开“位置”属性，在 0 秒处打开码表，在 1 秒处设置数值，如图 1-2-14 所示。

**05** 新建一个“纯色”图层，命名为“阴影毛毛虫”，如图 1-2-15 所示。

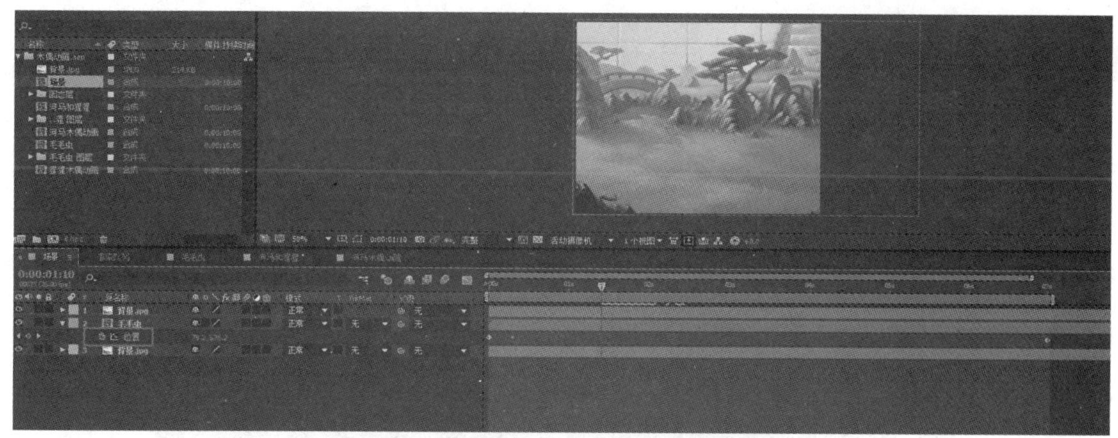

图 1-2-14

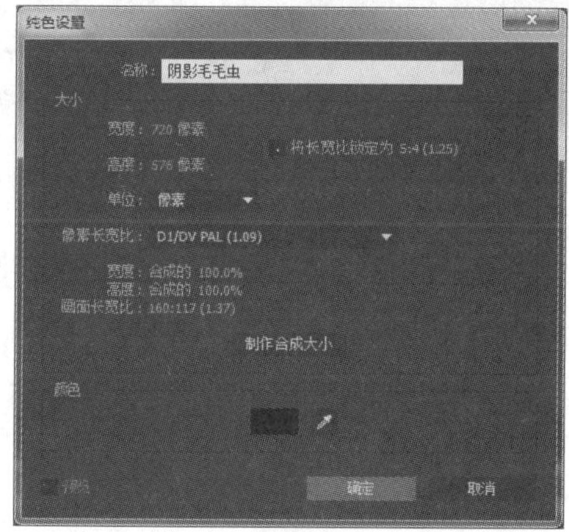


图 1-2-15

**06** 在时间线窗口选择“阴影-毛毛虫”，利用“椭圆形遮罩工具”，绘画出毛毛虫的阴影，通过“不透明度”参数设置阴影浓度。单击父级，选择“毛毛虫”图层，实现阴影和毛毛虫一起运动的效果，如图 1-2-16 所示。

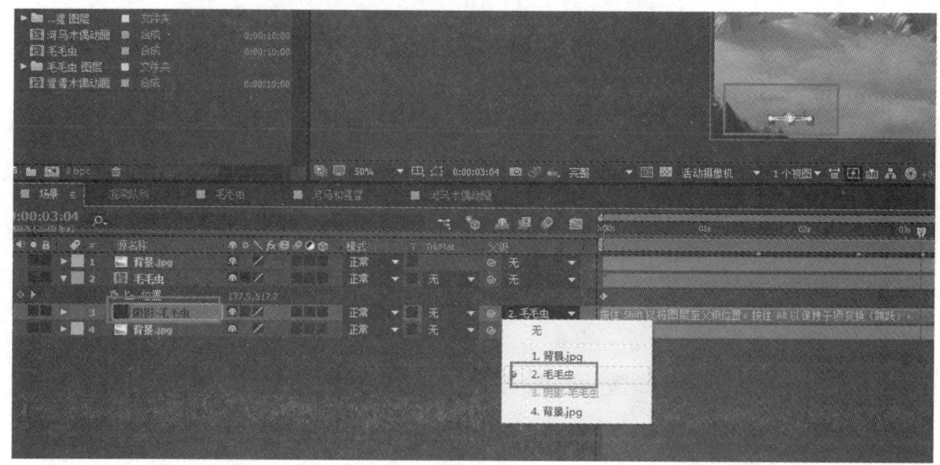


图 1-2-16

## 第 5 步　总合成和渲染、输出

**01** 将河马和猩猩动画拖入场景合成中，按 S 键打开“缩放”属性，设置适当缩放。如图 1-2-17 所示。

图 1-2-17

**02** 选择“合成”→“添加到渲染队列”命令，在打开的“渲染队列”面板中对其中的参数进行设置，双击“输出模块”按钮，弹出“输出模块设置”对话框，将“格式”设置为“QuickTime 影片”，单击“格式选项”按钮，弹出“QuickTime 选项”对话框，设置“视频编码器”为 H.264。设置完成后单击“渲染”按钮输出动画，如图 1-2-18 所示。

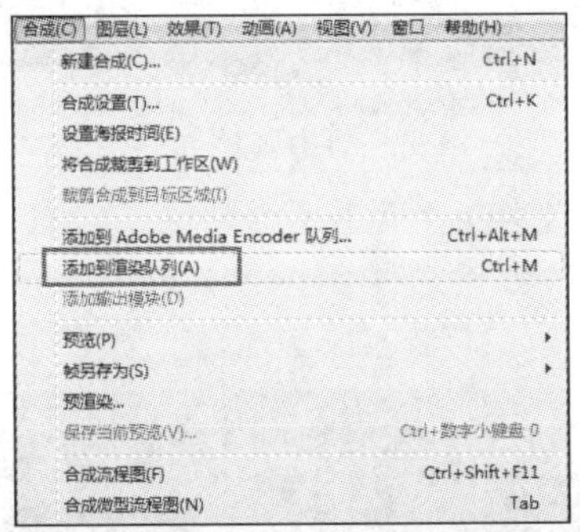

图 1-2-18

## 经验和小结

制作木偶动画时，首先要符合动画规律，让毛毛虫的蠕动动作真实、自然。也可以配合使用 Puppet Overlap Tool 和 Puppet Starch Tool 工具使动画不变形，更加逼真。

## 思考和练习

**思考：**

木偶工具组中的另外两个工具有什么用途？

**练习：**

1. 根据所学内容，利用本书光盘中提供的猴子素材制作出猴子招手的动画，如图 1-2-19 所示。

图 1-2-19

2. 用木偶工具制作本任务中背景的花草随风摇曳的效果。

## 制作遮罩动画

### ◎ 任务导读

在影视动漫后期合成中，为了让文字、图像等画面内容在出现时的形式更为丰富，形成多层次的动态效果，可以使用遮罩变形动画完成文字或图形的形态变化、叠加、渐变、过渡等效果，例如，冯小刚导演的电影《我不是潘金莲》采用的圆形画幅其实是运用了遮罩。

### ◎ 学习目标

通过完成本任务，熟悉路径变形动画，掌握图层叠加模式、图层样式及生成类滤镜等的运用方法。下面来学习遮罩动画——oui 的制作。视频样片截图如图 1-3-1 所示。视频样片及相关资源见配套光盘。

图 1-3-1

## 实践操作

素材资源：无。

技能点拨：利用“转化为遮罩”命令将文字层转化为遮罩，利用简单的非等比缩放操作实现字母“o”的变形动画，利用钢笔工具实现文字形状的路径变形动画，利用图层混合模式实现3个字母所在图层的叠加效果，利用“图层样式”（“描边”“斜面浮雕”“投影”）特效实现字体的立体效果，利用生成类滤镜（“棋盘”“四色渐变”）制作背景效果。

制作流程：

| 第1步 | 第2步 | 第3步 | 第4步 | 第5步 | 第6步 |
|---|---|---|---|---|---|
| 新建合成组 | 制作文字变形动画 | 制作装饰圆环 | 制作渐变背景 | 总合成 | 渲染及输出 |

### 操作步骤

#### 第1步　新建合成组

启动AE，在选择项目界面中，单击“新建合成”图标，在弹出的“合成设置”对话框中设置“合成名称”“预设”“持续时间”等选项，如图1-3-2所示。

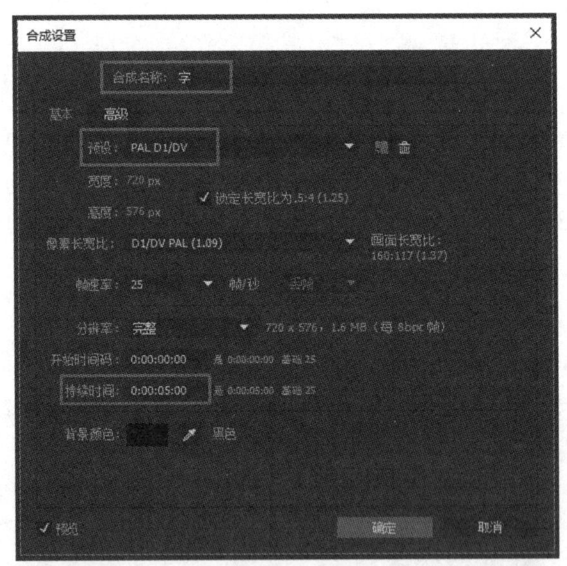


图1-3-2

#### 第2步　制作文字变形动画

**01** 选择“横排文字工具” T，分别输入“o”“u”“i”，设置字体为Chaparral Pro，字体大小为429像素，段落为居中方式，如图1-3-3所示。

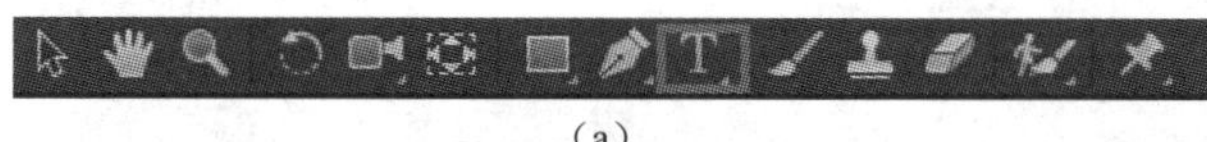

(a)

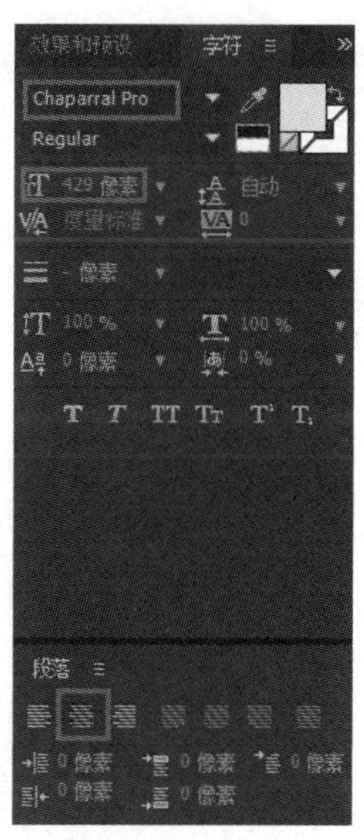

(b)

图 1-3-3

**02** 在“字”合成中选中“o”图层，右击，在弹出的快捷菜单中选择“从文字创建蒙版”命令，产生一个新的文字遮罩图层“o 轮廓线字”，然后设置图层的模式为“差值”。“u”“i”图层用同样方法处理，如图 1-3-4 所示。

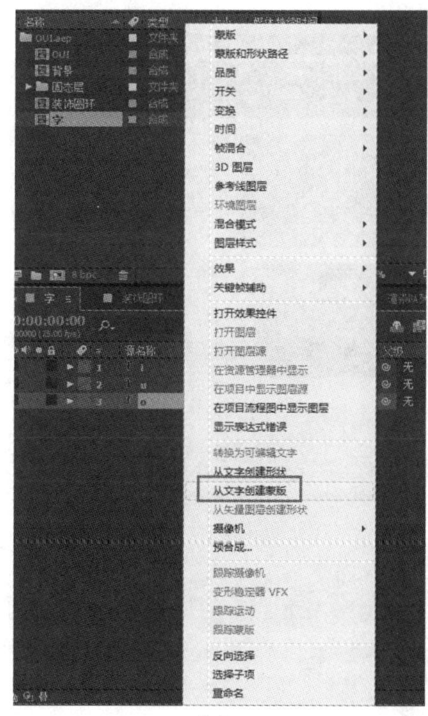

(a)

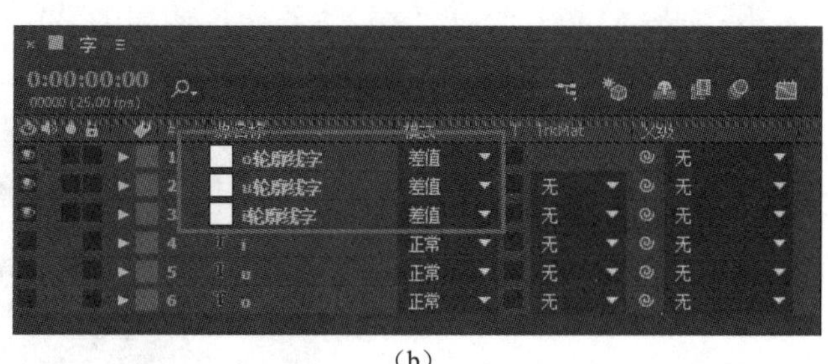

(b)

图 1-3-4

**小贴士**

图层的叠加模式可通过 Shift+ “+” 组合键或 Shift+ “-” 组合键来快速切换，以便选择需要的效果。

**03** 在“字”合成中选择“u 轮廓线字”图层，按住 Ctrl 键加选“i 轮廓线字”图层，再按住 M 键打开“蒙版路径”属性，将时间线移到 4 秒处，打开码表设置关键帧，此时是“oui”最后的复原动画形态，如图 1-3-5 所示。

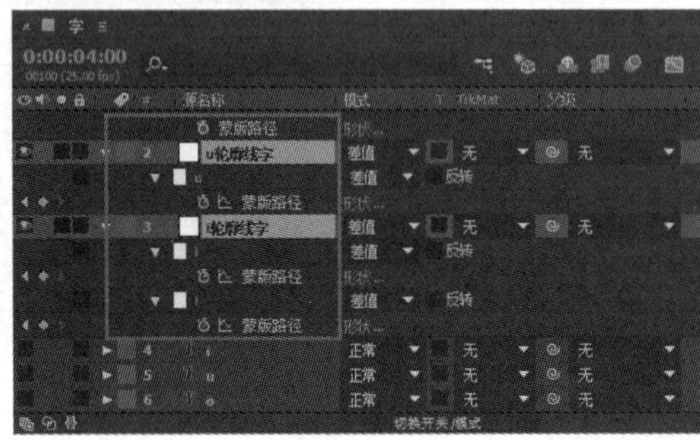

图 1-3-5

**04** 选择“o 轮廓线字”图层，按 S 键打开其“缩放”属性，取消缩放链接，在 4 秒处打开“缩放”码表设置关键帧。在 2 秒处将 Y 轴缩放设置为 393%，在 0 秒处将 Y 轴缩放设置为 1035%，如图 1-3-6 所示。此时就有了“o”的缩放动画。

图 1-3-6

**05** 按 M 键，打开“u 轮廓线字”图层的蒙版属性，在 2 秒处将“u 轮廓线字”图层的黄色遮罩调整为如图 1-3-7 所示的效果。

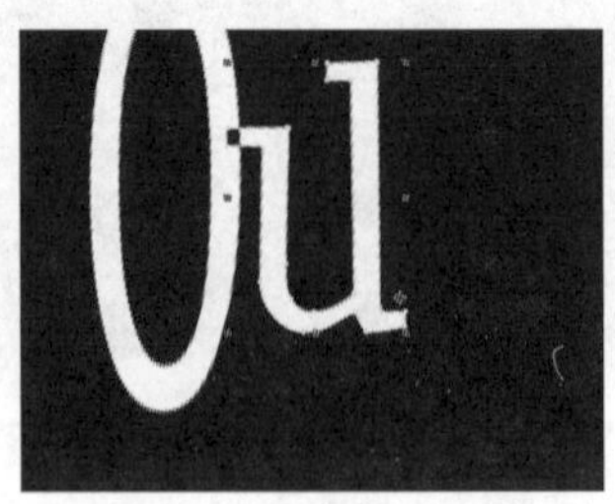

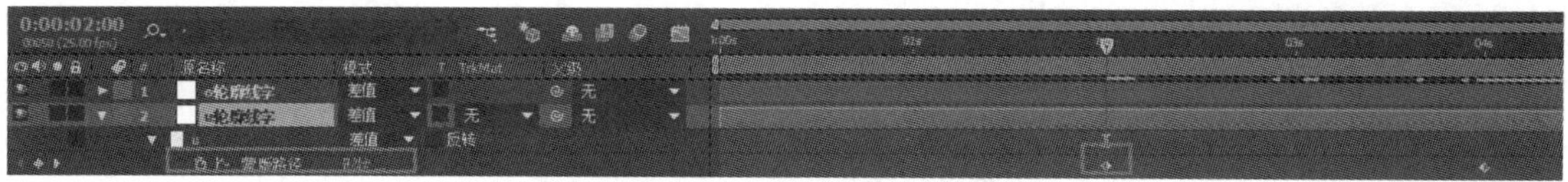

图 1-3-7

**06** 按 M 键，打开“i 轮廓线字”图层的蒙版属性，在 2 秒处将“i 轮廓线字”图层的两个黄色蒙版调整为如图 1-3-8 所示的效果。

图 1-3-8

**07** 打开“u 轮廓线字”图层的蒙版属性，在 0 秒处将“u 轮廓线字”图层的黄色蒙版调整为如图 1-3-9 所示的效果。

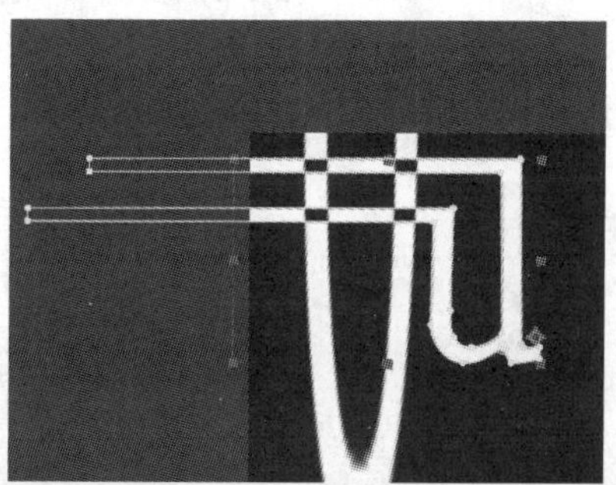

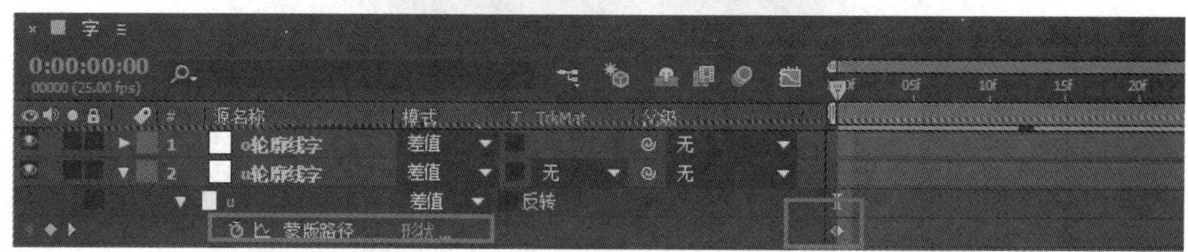


图 1-3-9

**08** 打开“i 轮廓线字”图层的蒙版属性，在 0 秒处将“i 轮廓线字”图层的两个黄色蒙版调整为如图 1-3-10 所示的效果。

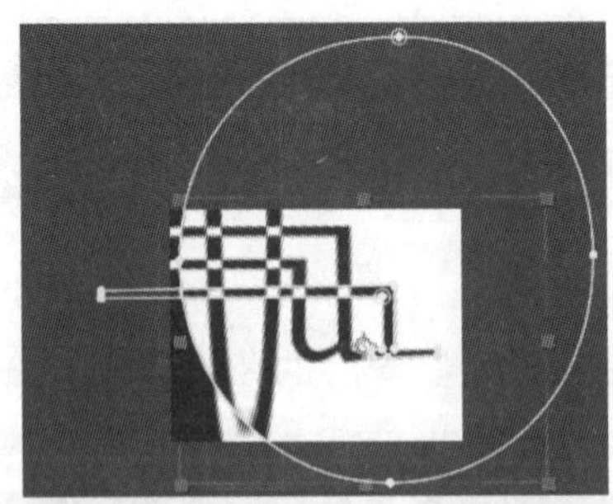

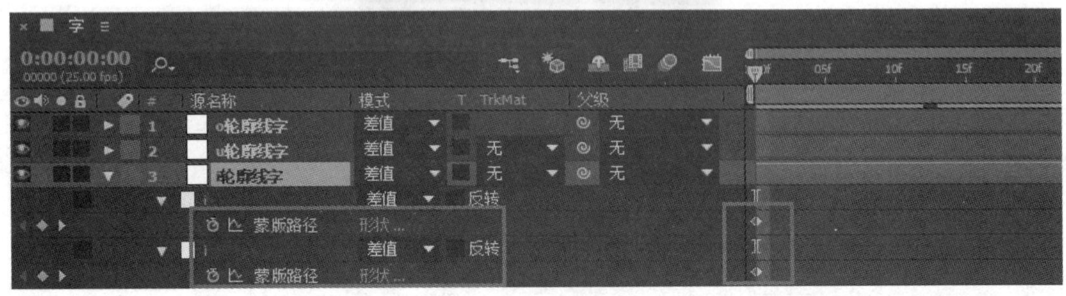


图 1-3-10

## 第 3 步　制作装饰圆环

01 选择“合成”→“新建合成”命令（快捷键为 Ctrl+N），在弹出的“合成设置”对话框中设置“合成名称”“预设”“持续时间”等选项，如图 1-3-11 所示。

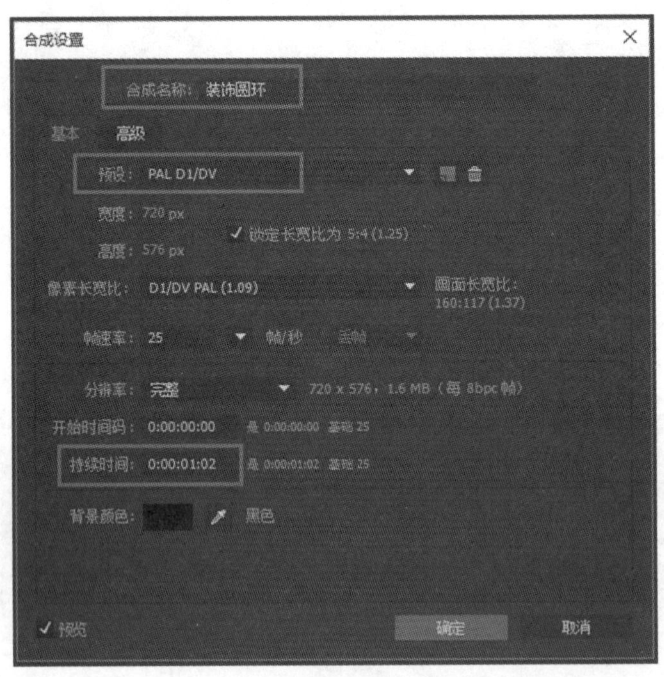


图 1-3-11

02 在时间线面板的“装饰圆环”合成中，按 Ctrl+Y 组合键新建一个橙色纯色层，命名为“外圆”，如图 1-3-12 所示。

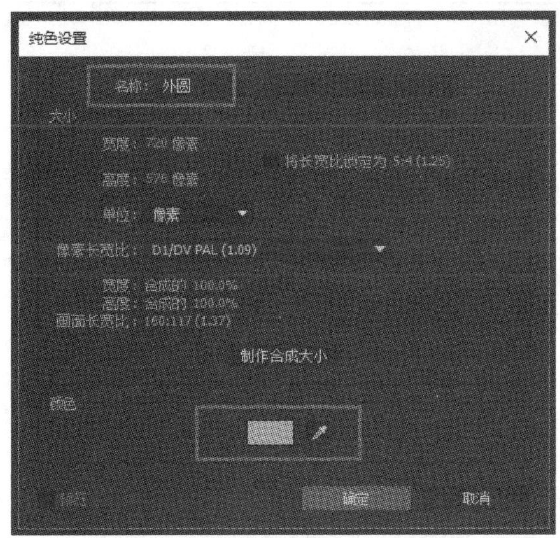


图 1-3-12

**03** 选择“椭圆工具”，按 Ctrl+Alt+Shift 组合键以纯色层的锚点为中心绘制一个正圆，如图 1-3-13 所示。

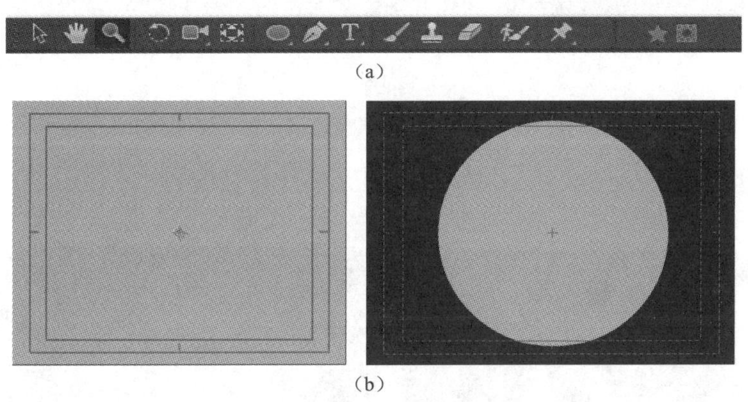

（a）

（b）

图 1-3-13

**04** 选择“外圆”纯色层，按 S 键打开“缩放”属性，并打开码表设置关键帧，在 0 帧处设为 0，在 12 帧处设为 100%，实现圆由小到大的缩放效果，如图 1-3-14 所示。

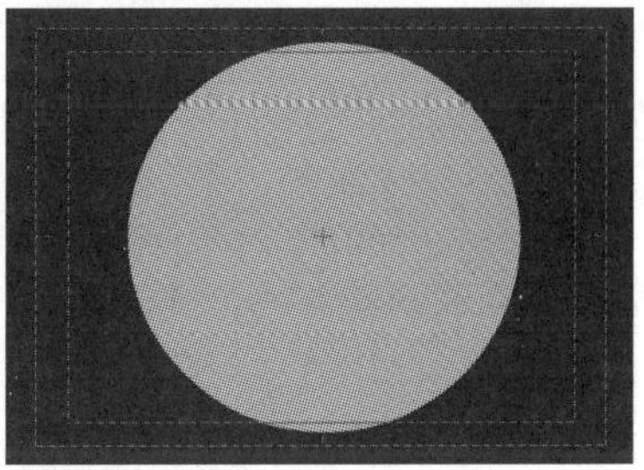

图 1-3-14

**小贴士**

当在合成视图中看到的正圆不够“圆”时，可单击合成视图下方的“像素纵横比校正开关”按钮进行校正。

**05** 选择“外圆”纯色层，按 Ctrl+D 组合键复制两层，并分别重命名为“内圆”“百叶窗”。选择“百叶窗”纯色层，按 Ctrl+Shift+Y 组合键打开“纯色设置”对话框，修改其颜色为白色，再将 3 个图层的先后顺序错开并调整它们的大小，如图 1-3-15 所示。

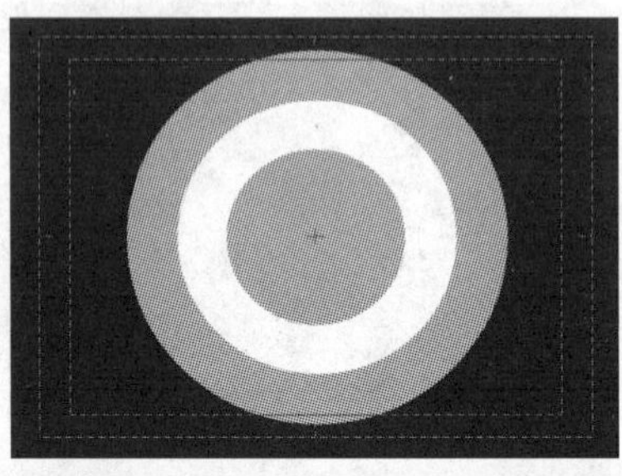

图 1-3-15

**06** 为“百叶窗”图层添加“百叶窗”效果。右击“百叶窗”图层，在弹出的快捷菜单中选择“效果”→“过渡”→“百叶窗”命令，在打开的特效控制台中设置相关参数，如图 1-3-16 所示。

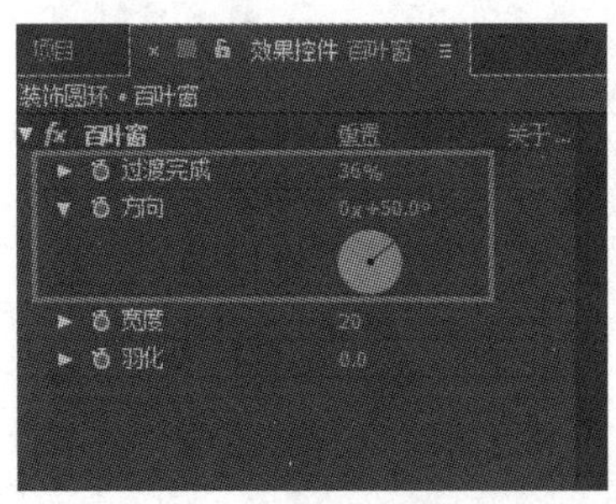


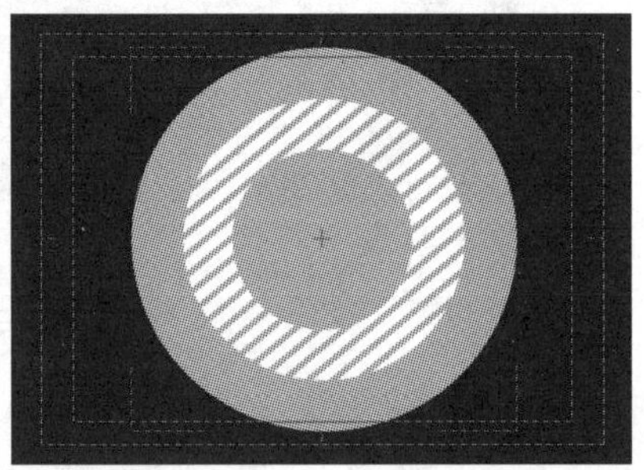

图 1-3-16

**07** 按 Ctrl+N 组合键新建一个合成，命名为“背景”，设置“持续时间”为 5 秒。将“装饰圆环”合成作为素材拖入，按 R 键打开“装饰圆环”的“旋转”属性，并打开码表设置关键帧，在 0 秒处将“旋转”属性设置为-108°，在 1 秒处设置为 0°，实现圆环顺时针旋转效果，如图 1-3-17 所示。

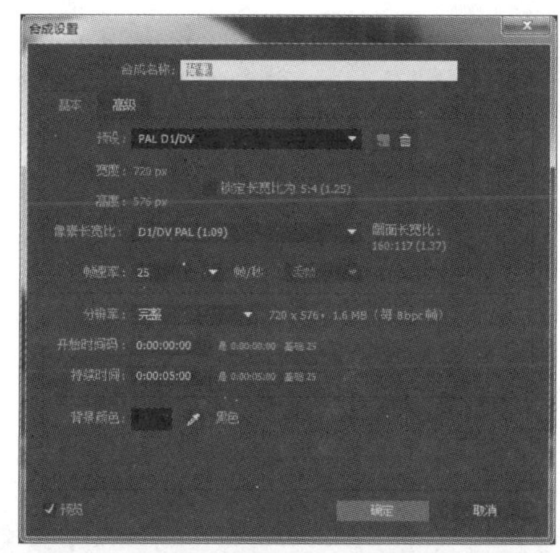

图 1-3-17

**08** 选中“装饰圆环”图层，按 Ctrl+D 组合键 5 次复制 5 个图层。按 Ctrl+A 组合键选中 6 个“装饰圆环”图层，右击，在弹出的快捷菜单中选择“关键帧辅助”→“序列图层”命令，弹出“序列图层”对话框，设置各项参数，如图 1-3-18 所示。

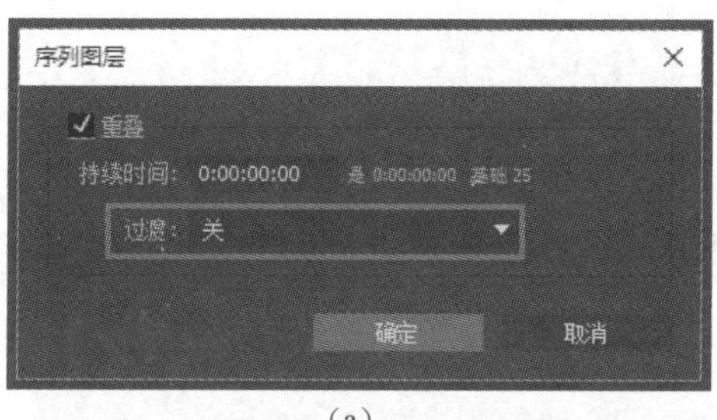


(a)

(b)

图 1-3-18

## 第 4 步　制作渐变背景

**01** 在“背景”合成中新建一个纯色层，命名为“背景”，然后右击“背景”纯色层，在弹出的快捷菜单中选择“效果”→“生成”→“四色渐变”命令，为“背景”纯色层添加四色渐变效果，如图 1-3-19 所示。

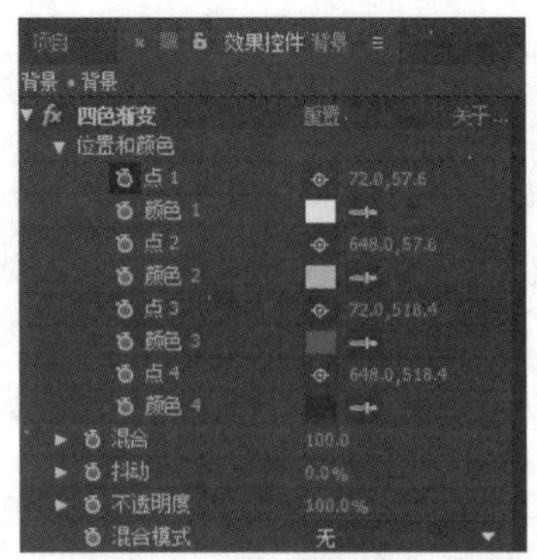

图 1-3-19

**02** 右击“背景”纯色层，在弹出的快捷菜单中选择“效果”→“生成”→“棋盘”命令，为“背景”纯色层添加棋盘效果，调整“棋盘”的相关参数，设置“宽度”为 291 像素，效果如图 1-3-20 所示。

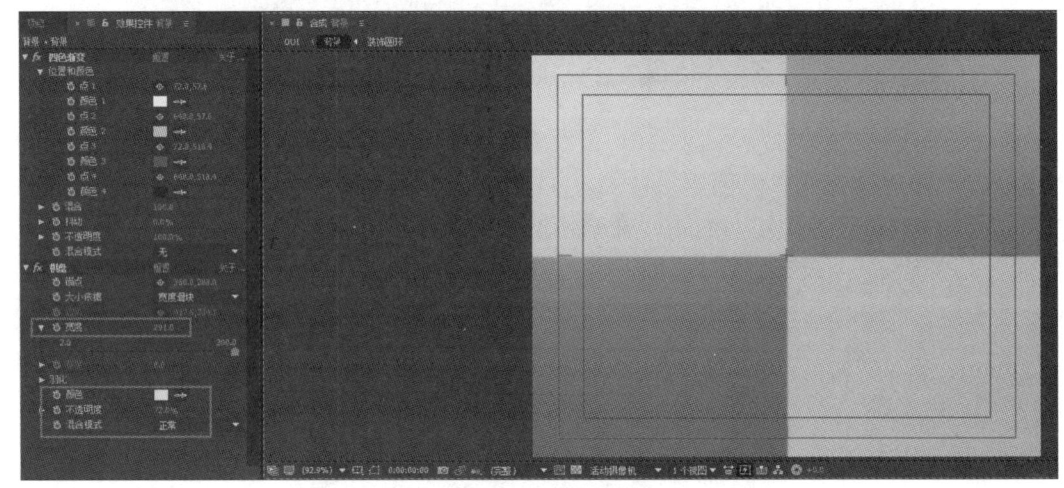

图 1-3-20

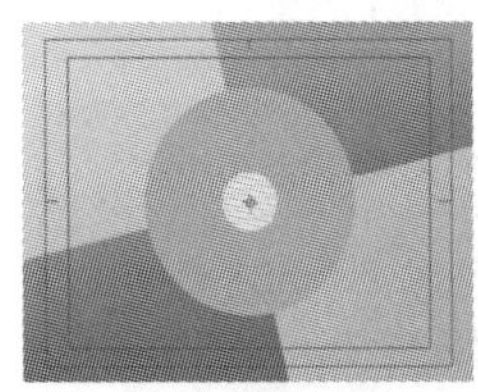

**03** 将“背景”图层置于最底层，在时间线面板中选择“背景”图层，按 S 键设置背景的缩放，其中宽为 173.1 像素，高为 167.4 像素，按 R 键打开“背景”图层的“旋转”属性，打开“旋转”码表，在 0 秒处设置其参数为 0°，在 5 秒处设置其参数为-180°，实现“背景”图层的逆时针旋转效果，如图 1-3-21 所示。

图 1-3-21

## 第 5 步　总合成

**01** 新建一个合成，命名为“OUI”，在“项目”面板中将“字”“背景”合成作为素材拖动到“OUI”合成中，如图 1-3-22（a）所示。右击“字”图层，在弹出的快捷菜单中选择“图层样式”→“投影”/“斜面和浮雕”命令，并设置“投影”的“扩展”“大小”等参数，如图 1-3-22（b）所示。

（a）

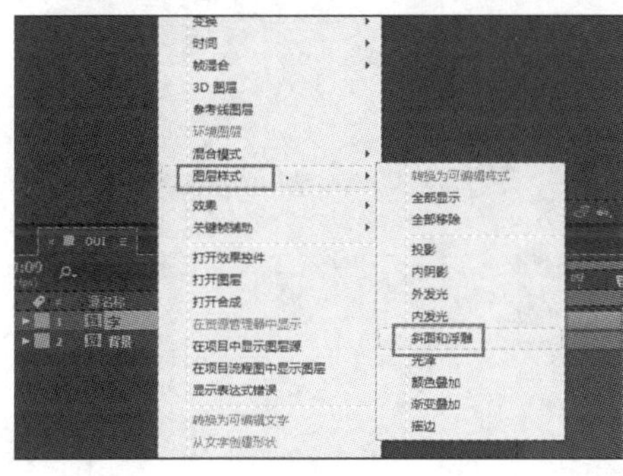


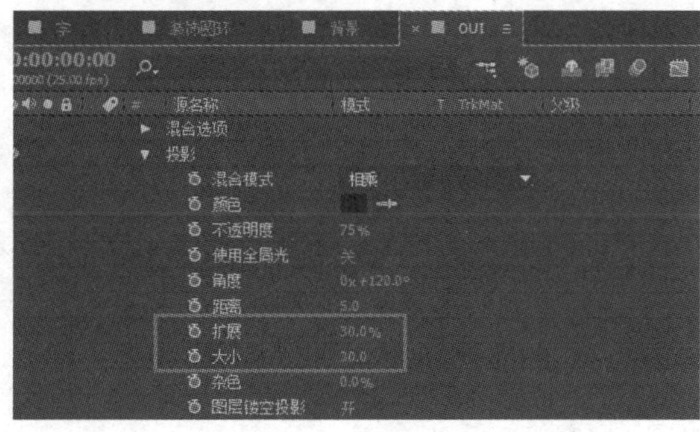


（b）

图 1-3-22

**02** 将“字”合成的“混合模式”改为“变暗”，效果如图 1-3-23 所示。

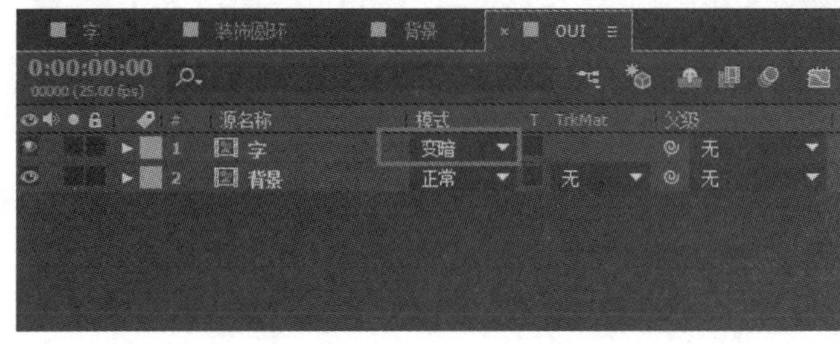


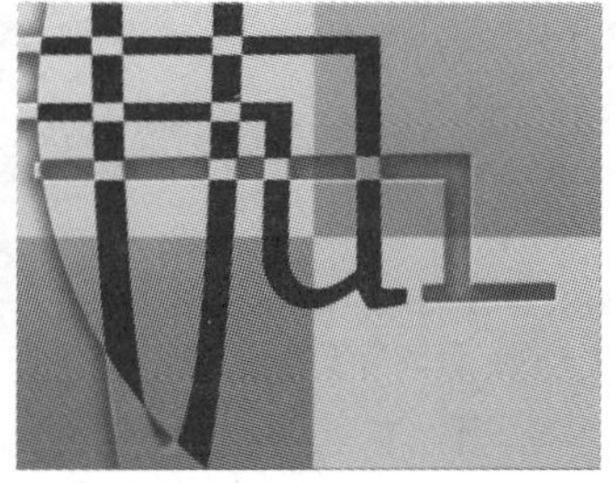

图 1-3-23

## 第 6 步　渲染及输出

**01** 按 Ctrl+M 组合键，在弹出的“渲染队列”对话框中为影片命名，并选择保存的位置，然后单击“保存”按钮。切换至“渲染队列”面板，设置“渲染设置”为“最佳设置”，如图 1-3-24 所示。

图 1-3-24

**02** 双击“输出模块”按钮，弹出“输出模块设置”对话框，将“格式”设置为“QuickTime”，单击“格式选项”按钮，弹出“QuickTime 选项”对话框，设置“视频编解码器”为 H.264。这个压缩质量能保证一般用途，而且这种压缩方式不会占用计算机很大空间。单击“确定”按钮，退出“输出模块设置”对话框，如图 1-3-25 所示。

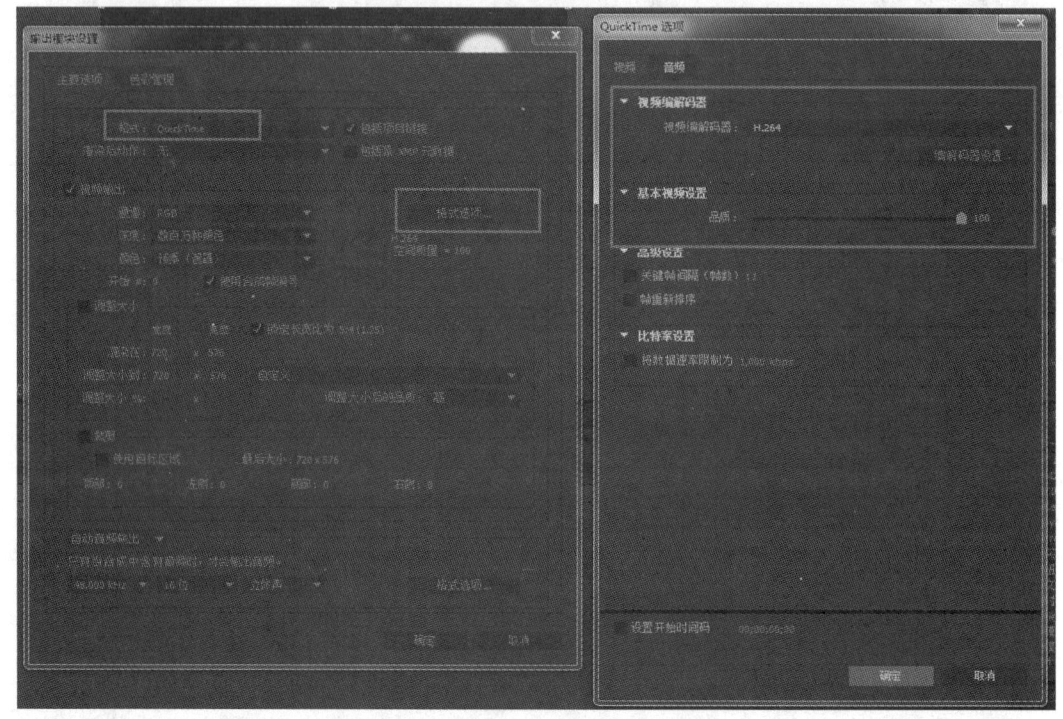


图 1-3-25

**03** 在“渲染队列”面板中确认输出的文件名及位置无误后，单击“渲染”按钮进行渲染及输出，如图 1-3-26 所示。

图 1-3-26

## 经验和小结

1. 改变图层的模式，可以得到许多意想不到的叠加效果。
2. 利用“从文字创建蒙版”命令和“从文字创建形状”命令可以方便地得到文字形状

的遮罩路径和形状图层。

## 思考和练习

练习：

1. 用不同的文字（如“MOV”）和背景实现本任务效果。
2. 试用生成类滤镜中的其他特效制作动画。

# 制作三维效果及动画

### ◎ 任务导读

在影视动漫后期制作中，利用 AE 可以实现很好的三维效果及光影效果，能在视觉上产生立体感及空间感，使画面的表现形式更加丰富，而且比 3ds Max 等三维软件的制作效率更高，渲染时间更短，修改更方便。

### ◎ 学习目标

通过制作空间立方体短片，熟悉 AE 的 3D 图层、摄像机层和灯光层，并能制作具有逼真效果的模拟三维动画，同时巩固父子层的应用技巧。下面来学习三维效果及动画——空间立方体的制作。视频样片截图如图 1-4-1 所示。视频样片及相关资源见配套光盘。

图 1-4-1

## 实践操作

素材资源：1.jpg，2.jpg，3.jpg，4.jpg，5.jpg，6.jpg。

技能点拨：通过 AE 的 3D 图层和父子层关系的动画效果完成三维立方体 Box 及其动画制作，通过摄像机工具“目标兴趣点”的关键帧动画及“摄像机的推拉”完成场景的镜头调度，通过灯光层完成聚光灯和环境光的动画效果，最后添加“蓝色闪光”预设文字动画实现文字动画效果。

制作流程：

| 第 1 步 | 第 2 步 | 第 3 步 |
| --- | --- | --- |
| 素材导入 | 制作立方体动画 | 制作摄像机动画、灯光效果及预设文字动画 |

## 操作步骤

### 第 1 步　素材导入

在“项目”面板中依次导入素材文件 1.jpg～6.jpg，如图 1-4-2 所示。

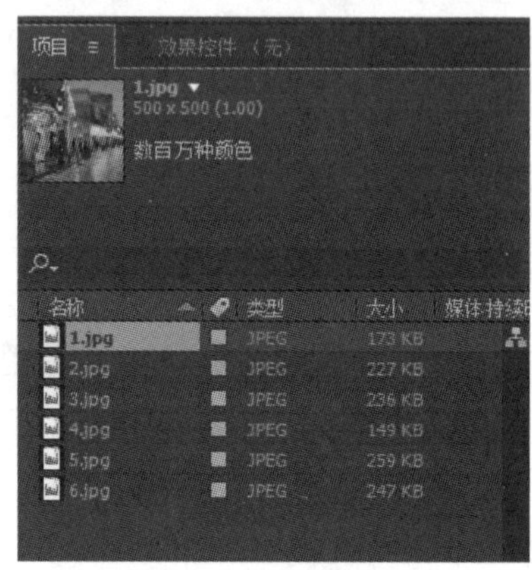

图 1-4-2

### 第 2 步　制作立方体动画

**01** 新建一个合成，命名为“Box”，设置“预设”为“PAL D1/DV”，“帧速率”为 25 帧/秒，“持续时间”为 8 秒，如图 1-4-3 所示。

**02** 将素材文件 1.jpg～6.jpg 从“项目”面板拖动到时间线面板中，如图 1-4-4 所示。

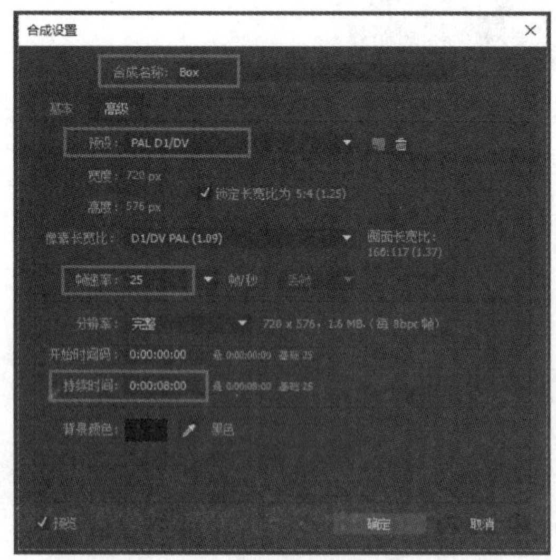

图 1-4-3

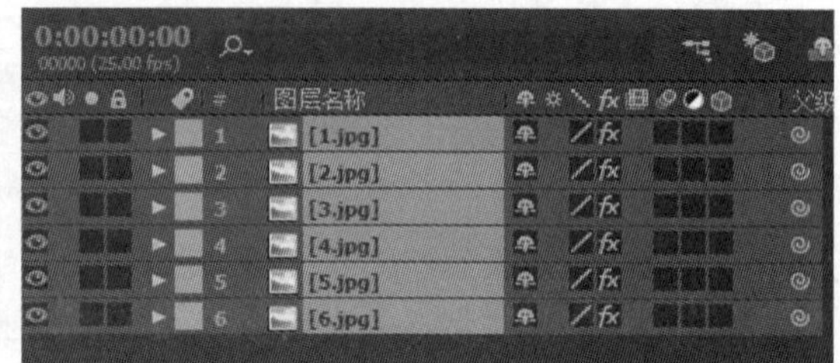

图 1-4-4

**03** 设置图片大小。在时间线面板中按 Ctrl+A 组合键全选图层，按 S 键打开“缩放”属性，将“缩放”设置为 30%，如图 1-4-5（a）所示。打开所有图层的“3D 图层”属性，如图 1-4-5（b）所示。此时，按 R 键打开图层的旋转属性，如图 1-4-5（c）所示。

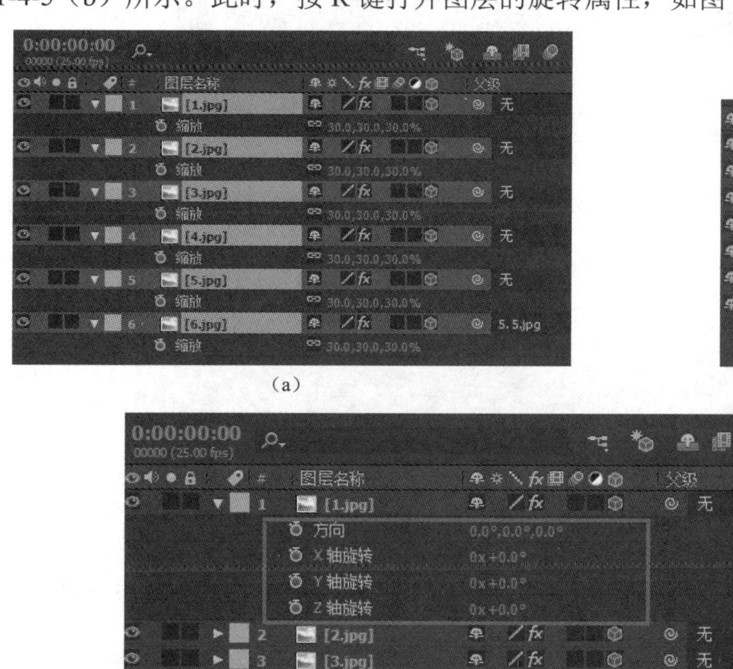

（a）

3D层

（b）

（c）

图 1-4-5

**04** 在合成面板中将 6 张图片先摆放成立方体展开时的“T”字形状，然后选择“定位点工具”，更改图片轴向定位点，使除了中间图片 1 外的所有图片的锚点从默认的几何中心移动至图片边缘，效果如图 1-4-6 所示。

图 1-4-6

**05** 制作立方体的折叠动画。选择图片 2.jpg 并按 R 键，此时打开图层的旋转属性，给 Y 轴做关键帧动画，打开码表，如图 1-4-7（a）所示，将图片 2.jpg 在 3 秒处的“Y 轴旋转”设置为 0°，到 3 秒 10 帧时设置为−90°。将图片 3.jpg 在 3 秒 10 帧处的“X 轴旋转”设置为 0°，到 3 秒 20 帧时设置为−90°。将图片 4.jpg 在 3 秒 20 帧处的“X 轴旋转”设置为 0°，到 4 秒 5 帧时设置为 90。然后将图片 6.jpg 的父级设置为图片 5.jpg，如图 1-4-7（b）所示。将图片 5.jpg 在 4 秒 5 帧处的“Y 轴旋转”设置为 0°，到 4 秒 15 帧时设置为 90°。将图片 6.jpg 在 4 秒 15 帧处的“Y 轴旋转”设置为 0°，到 5 秒时设置为 90°。此时完成立方体的折叠动画，效果如图 1-4-7（c）所示。

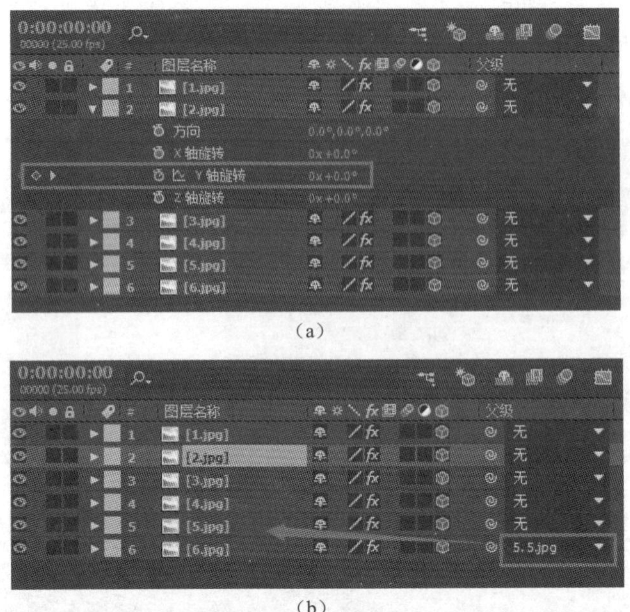


（a）

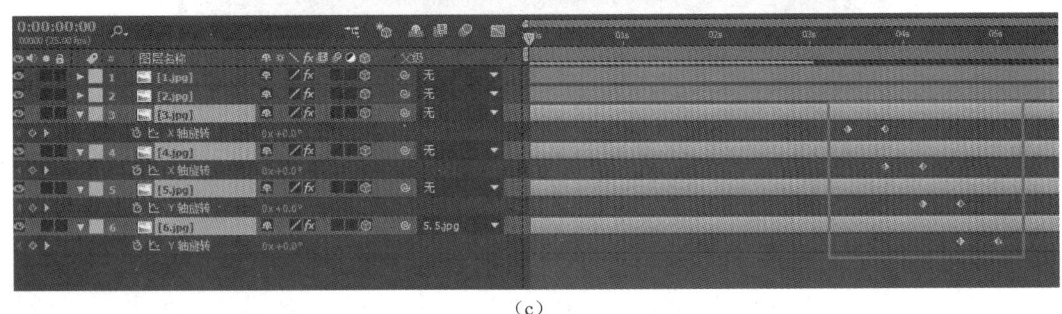


（b）

（c）

图 1-4-7

**小贴士**

可在合成面板切换至“自定义视图 1”视图，以查看 Box 的折叠效果。

**06** 给立方体描边。选择图片 1.jpg，双击“矩形工具”为其添加遮罩，如图 1-4-8（a）所示。选择“效果”→“生成”→“描边”命令，添加“描边”滤镜，在打开的特效控制台中设置“路径”为“Mask 1”，“画笔大小”为 18，其他参数保持默认设置，如图 1-4-8（b）所示。用同样方法为图片 2.jpg～6.jpg 添加遮罩和“描边”滤镜，效果如图 1-4-8（c）所示。

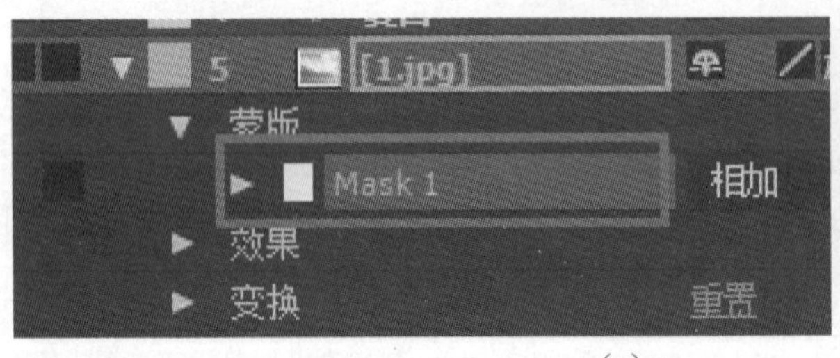

（a）

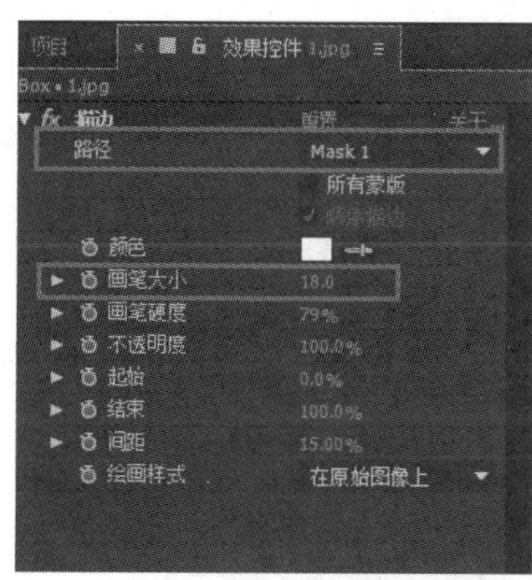

（b）

（c）

图 1-4-8

**07** 新建一个蓝色纯色层作为场景的地面。打开纯色层的 3D 图层属性，设置“X 轴旋转”为-90°，“缩放”为 1500，“位置”为（360，580，0），如图 1-4-9（a）所示，正面视图效果如图 1-4-9（b）所示。

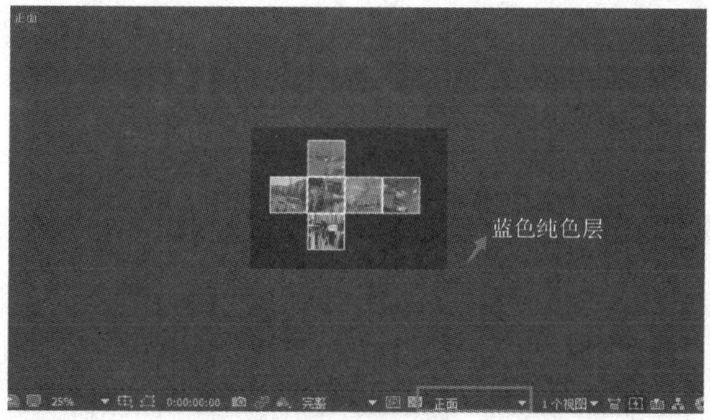


图 1-4-9

## 第 3 步　制作摄像机动画、灯光效果及预设文字动画

**01** 制作摄像机动画。右击时间线面板空白处，在弹出的快捷菜单选择“新建摄像机”命令，在弹出的“摄像机设置”对话框中将摄像机的“预设”设置为 15 毫米广角镜头，如图 1-4-10 所示。

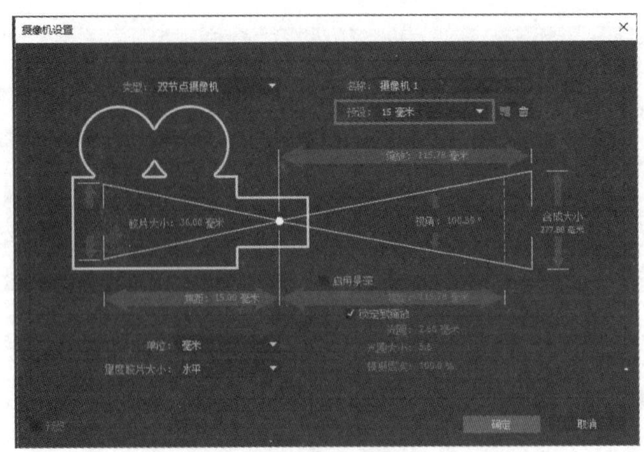


图 1-4-10

**小贴士**

新建摄像机的快捷键是 Shift+Ctrl+Alt+C，50 毫米以下的镜头为广角镜头，本处选择 15 毫米超广角镜头，可实现强烈的透视效果。

**02** 打开摄像机的“目标兴趣点”码表和“位置”码表，然后选择“统一摄像机工具” 制作场景的推拉摇移关键帧动画，按快捷键 C 可以在统一摄像机工具、轨道摄像机工具、跟踪 XY 摄像机工具以及跟踪 Z 摄像机工具之间快速切换，动画效果可参考样片，关键帧设置如图 1-4-11 所示。

**03** 制作灯光效果。右击时间线面板空白处，在弹出的快捷菜单选择“新建”→“灯光”命令，在弹出的“灯光设置”对话框中设置“名称”为“复古”，“灯光类型”为“环境”，“强度”为 26%，“颜色”为#E7DE94，使得场景的光效偏黄色，如图 1-4-12 所示。

图 1-4-11

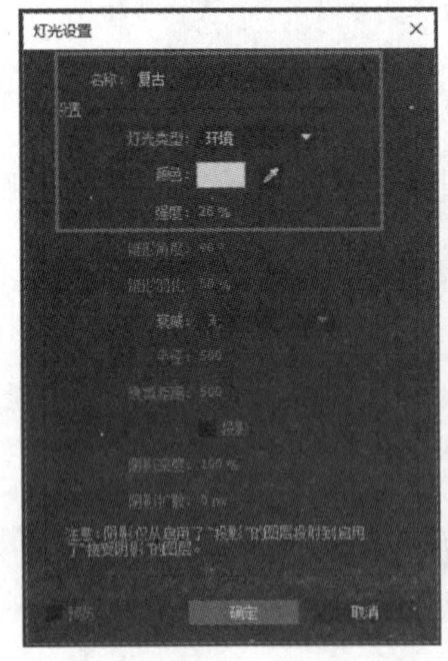

图 1-4-12

**小贴士**

新建灯光的快捷键是 Shift+Ctrl+Alt+L。

**04** 用同样方法新建灯光，并将其命名为“探照灯”，设置“灯光类型”为“聚光”，“强度”为 100%，“锥形角度”为 67°，“锥形羽化”为 20%，“颜色”为 FFFFFF，并勾选“投影”复选框，设置“阴影深度”为 100%。将“探照灯”的“目标点”设置为（323.8，-69.4，-292.2），“位置”设置为（370.6，-215.8，-381.1），如图 1-4-13（a）所示。选择图片 1.jpg，展开“材质选项”选项，将“投影”“接受阴影”“接受灯光”都设置为“开”状态，如图 1-4-13（b）所示。对图片 2.jpg～6.jpg 及蓝色纯色层的“材质选项”进行同样的设置，此时出现立方体在蓝色地面上的投影效果。

**05** 选择“横排文字工具”，在 6 秒 20 帧处添加“空间立方体”文字，选择“动画”→“将动画预置应用于”命令，在弹出的“打开”对话框中选择“文字”→“照明和光学”→“蓝色闪光.ffx”文件，如图 1-4-14（a）所示，添加文字后的效果如图 1-4-14（b）所示。

**06** 全选（快捷键为 Ctrl+A）时间线上的所有图层，单击“运动模糊”按钮，如图 1-4-15 所示。至此完成空间立方体动画。

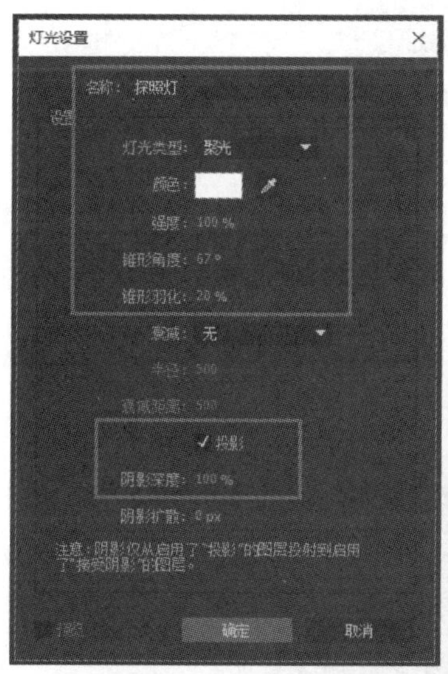


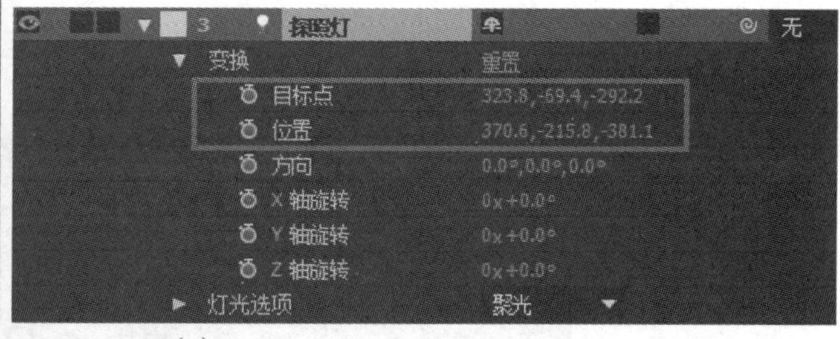


（a）

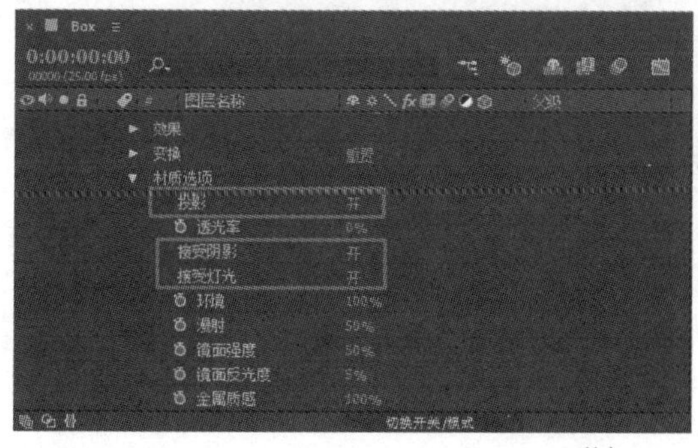

（b）

图 1-4-13

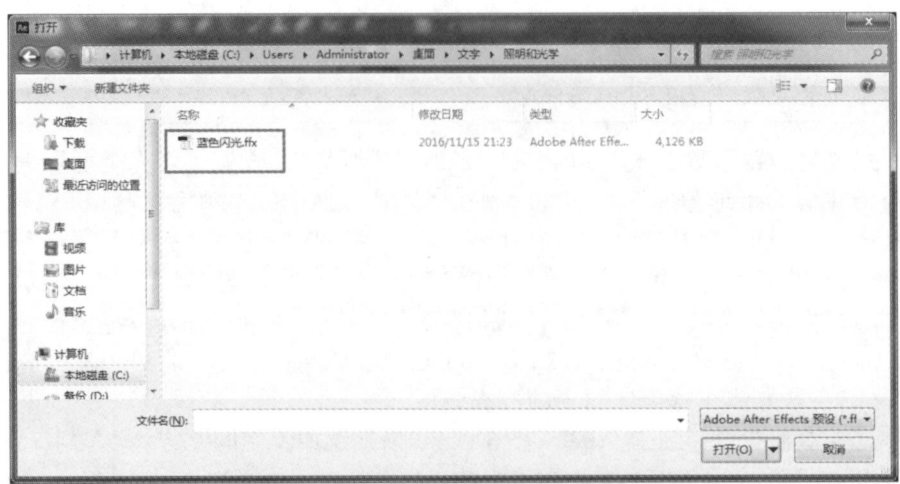


(a)

(b)

图 1-4-14

图 1-4-15

**07** 按 Ctrl+M 组合键，切换至“渲染队列”面板，设置“渲染设置”为“最佳设置”，如图 1-4-16 所示。

**08** 双击“输出模块”按钮，弹出“输出模块设置”对话框，将“格式”设置为“QuickTime”，单击“格式选项”按钮，弹出“QuickTime 选项”对话框，设置“视频编解码器”为 H.264。单击“确定”按钮，退出“输出模块设置”对话框，如图 1-4-17 所示。

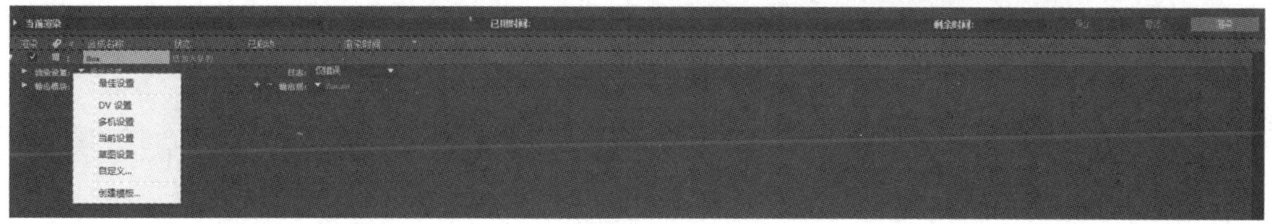


图 1-4-16

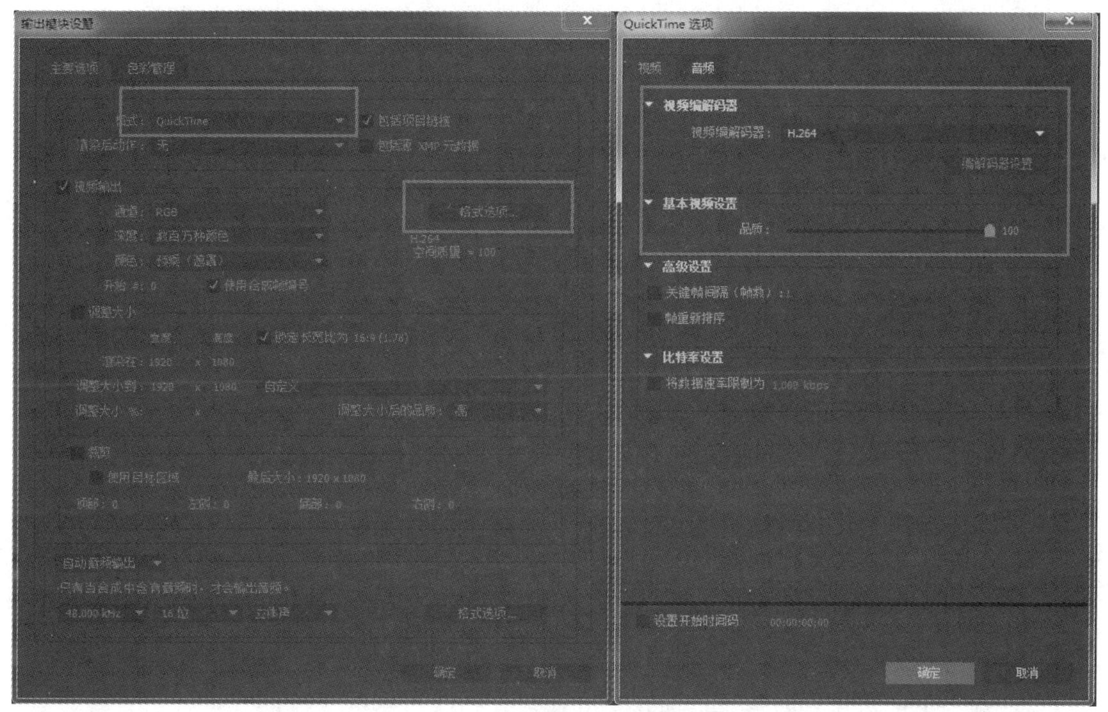


图 1-4-17

**09** 在“渲染队列”面板中确认输出的文件名及位置无误后，单击“渲染”按钮进行渲染及输出，如图 1-4-18 所示。

图 1-4-18

## 经验和小结

1. 在合成面板观看三维空间效果时，可以通过单击“3D 视图”下拉按钮，在有效摄像机视图、左视图、前视图、自定义视图等视图之间切换；还可以单击“选定视图方案”下拉按钮，选择多视图查看方式。

2. 在制作灯光投影时，要注意将灯光图层及相关 3D 图层的“投射阴影”“接受阴影”

“接受照明”设置为“开”状态，同时注意调节灯光图层、被照射图层及投影图层的位置关系，以满足产生投影的要求。

3. 制作摄像机的推拉摇移动画并开启景深功能，以实现前后纵深图片的摄像机漫游动画效果。

## 思考和练习

思考：

为什么图片 5.jpg 要作为图片 6.jpg 的父层呢？

练习：

用你的名字制作灯光照射，并产生投影的效果。

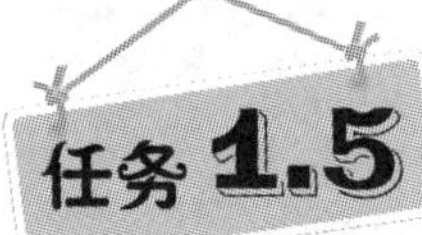

# 任务1.5 制作声控特效动画

◎ 任务导读

声控特效动画是利用音乐、音频来控制画面图层的属性运动，一般情况下使用不多，但在一些项目中有很大的用处，例如，用演讲的语音控制卡通演讲角色的嘴部变形运动。本任务用音乐控制扬声器的缩放，形成扬声器随着音乐同步“震动”的效果。与 Flash、3ds Max 等软件相比较，AE 软件的这种声控功能具有一定优势。

◎ 学习目标

通过利用音乐的音频强弱控制扬声器的缩放震动，掌握在 AE 软件中用音频控制动画的方法，掌握“转换音频为关键帧”功能、链接“表达式”“音频频谱”“渐变”等制作技巧。下面来学习声控特效动画——震动的音响。视频样片截图如图 1-5-1 所示。视频样片及相关资源见配套光盘。

图 1-5-1

## 实践操作

素材资源：音乐.mp3，音响.psd。

技能点拨：通过 AE 的“转换音频为关键帧”功能得到音乐的“音频振幅”，应用链接“表达式”，使得“音频振幅”可以同步控制音响的缩放，从而实现震动效果，通过调整“音频频谱”的各项参数制作频谱的跳动效果，利用渐变工具制作背景效果。

制作流程：

| 第 1 步 | 第 2 步 | 第 3 步 | 第 4 步 | 第 5 步 |
|---|---|---|---|---|
| 素材导入和文件管理 | 制作音响的震动效果 | 制作频谱的跳动效果 | 制作渐变背景 | 渲染及输出 |

### 操作步骤

#### 第 1 步　素材导入和文件管理

**01** 启动 AE 软件，在选择项目界面中，单击“新建合成”图标，在弹出的“合成设置”对话框中设置“合成名称”“预设”“持续时间”等选项，如图 1-5-2 所示。

**02** 在“项目”面板中导入素材“音乐.mp3”“音响.psd”，如图 1-5-3 所示。

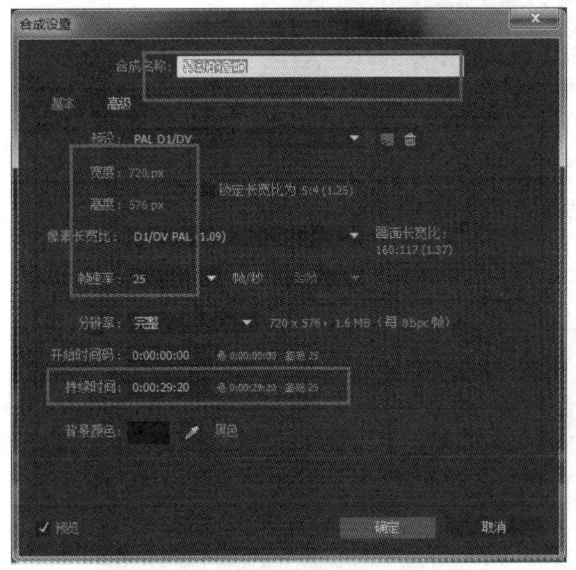


图 1-5-2

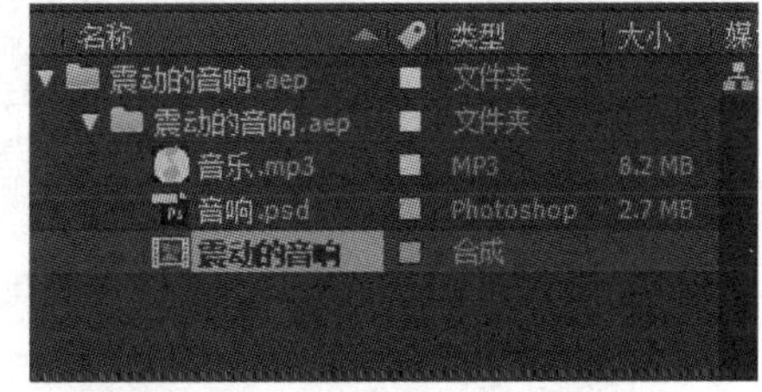


图 1-5-3

#### 第 2 步　制作音响的震动效果

**01** 将“音乐.mp3”“音响.psd”拖动到“震动的音响”合成中，右击“音乐”图层，在弹出的快捷菜单中选择“关键帧辅助”→“将音频转换为关键帧”命令，此时出现“音频振幅”图层，如图 1-5-4 所示。

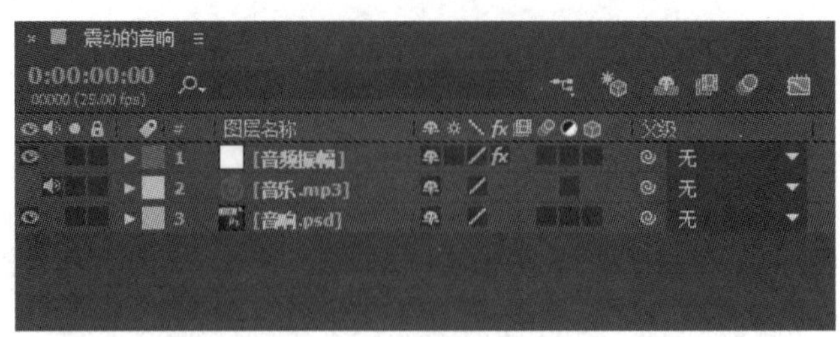

图 1-5-4

**02** 展开“音频振幅”→“效果”→“双声道”选项，出现一个有许多关键帧的“滑块”，按 S 键打开“音响.psd”图层的“缩放”属性，按住 Alt 键单击“缩放”码表，激活表达式，此时“缩放”数值变成红色，将“缩放”属性链接到“滑块”，则表达式的数值发生变化，如图 1-5-5 所示。

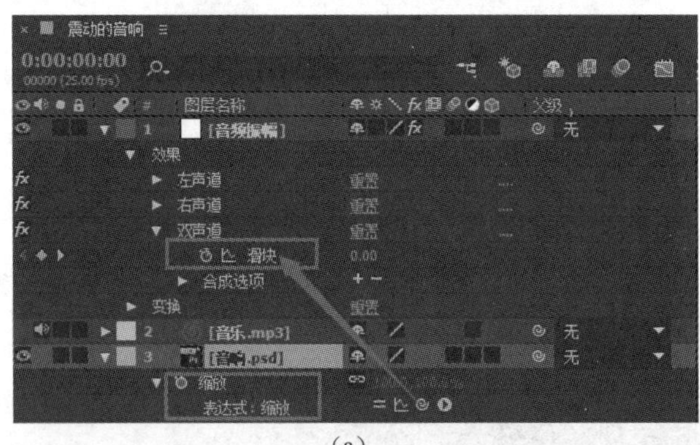

（a）

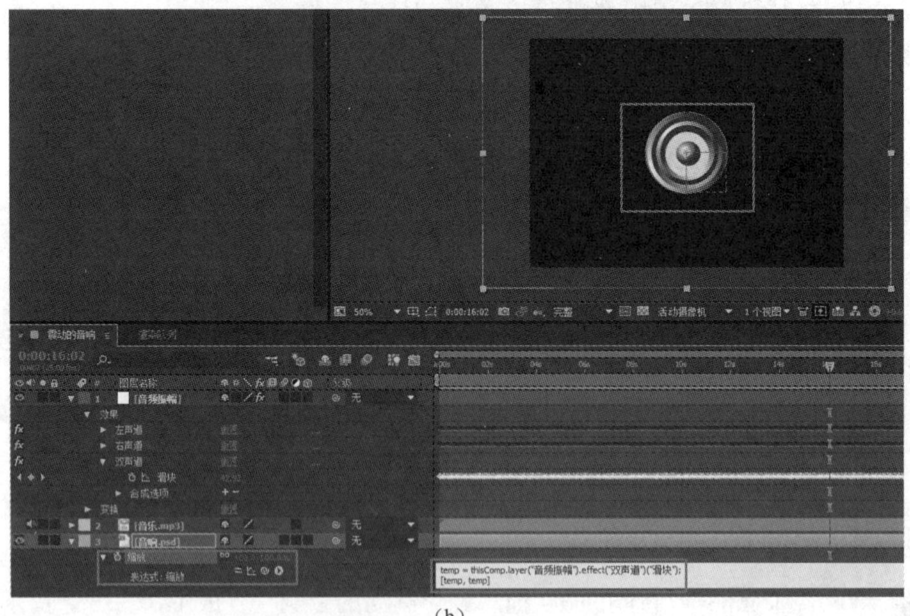

（b）

图 1-5-5

**03** 为“音响”添加震动效果。在“音响”表达式[temp,temp]中增加数值，拖动时间线，观察“音响”是否有震动效果，如图 1-5-6 所示。

图 1-5-6

**小贴士**

表达式可以对所有有码表的属性做动画，例如，对位移添加 Wiggle 表达式做抖动动画，对两个及两个以上关键帧添加 LoopOut 表达式实现循环动画等。

### 第 3 步　制作频谱的跳动效果

**01** 在“震动的音响”合成中，按 Ctrl+Y 组合键新建一个黑色纯色层，命名为“频谱”。右击“频谱”纯色层，在弹出的快捷菜单中选择“效果”→“生成”→“音频频谱”命令，如图 1-5-7 所示。

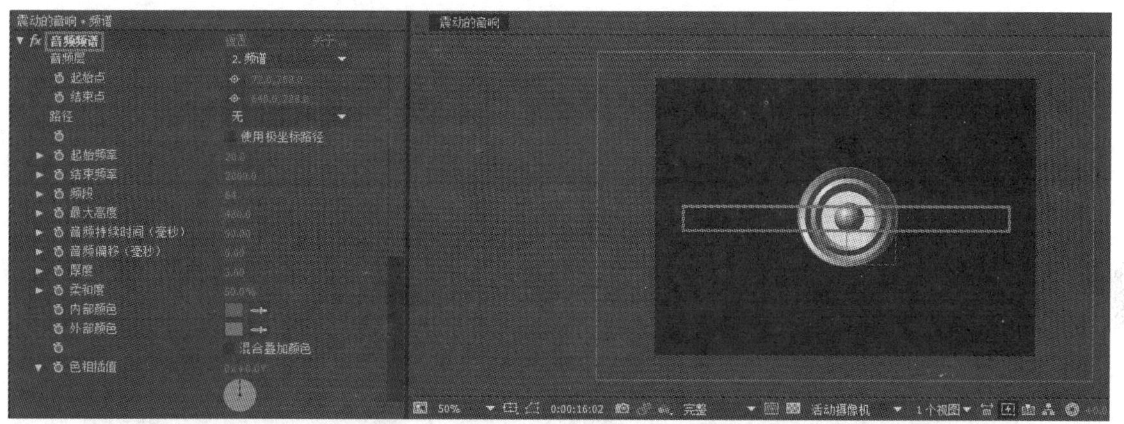

图 1-5-7

**02** 制作频谱跳动效果。设置“音频层”为“3.音乐.mp3”，“起始点”为（19.7，574），“结束点”为（718.5，574），“频段”为 10，“最大高度”为 1000，“音频持续时间（毫秒）”为 5，“厚度”为 40，“色相插值”为 120°，“面选项”为 A 面。频谱跳动效果如图 1-5-8 所示。

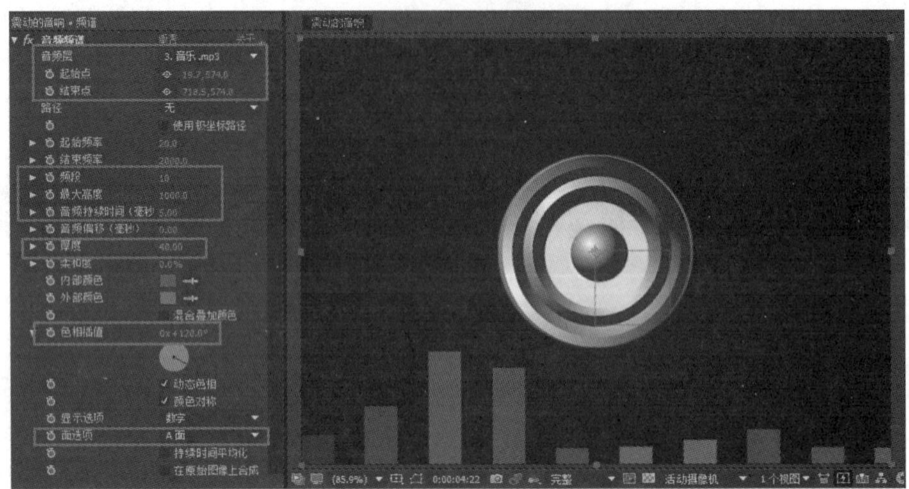

图 1-5-8

**小贴士**

在设置“色相插值”参数时，要确保“内侧颜色”和“外侧颜色”不能为白色，否则无效果。

**03** 完善频谱的制作。右击“频谱”图层，在弹出的快捷菜单中选择“效果”→“过渡”→“百叶窗”命令，添加“百叶窗”滤镜，设置“过渡完成”为10%，“方向”为90°，并设置品质-线框图，如图1-5-9所示。

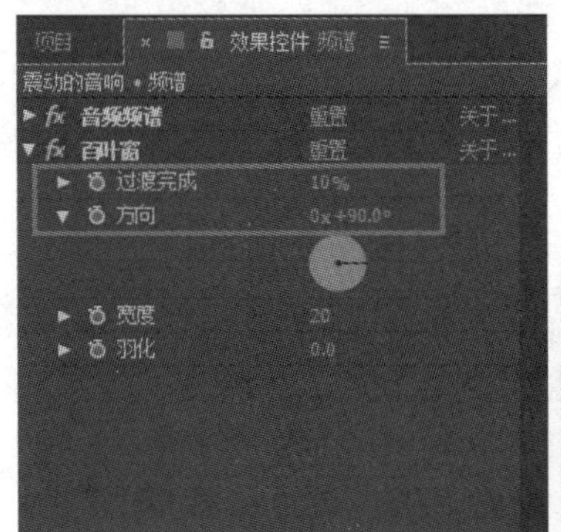


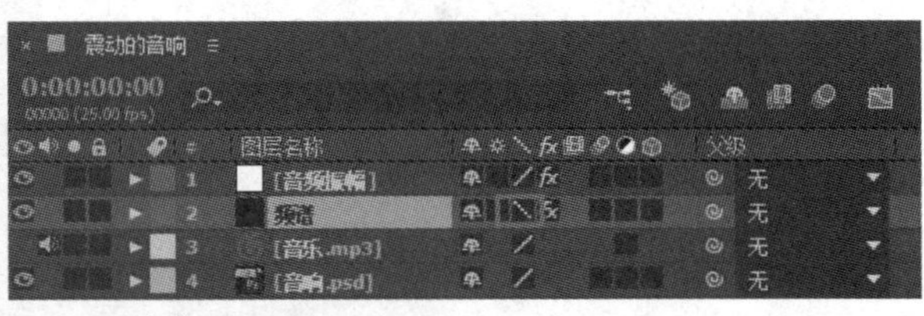


（a）

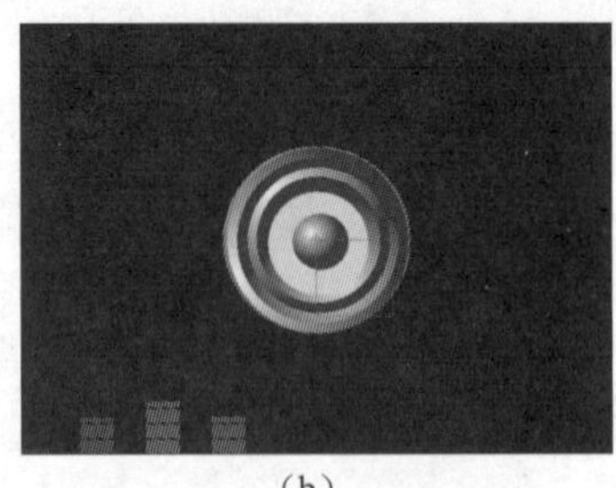

（b）

图 1-5-9

## 第 4 步　制作渐变背景

按 Ctrl+Y 组合键新建一个纯色层，命名为“背景”。右击“背景”纯色层，在弹出的快捷菜单中选择“效果”→“生成”→“梯度渐变”命令，添加“梯度渐变”滤镜，设置“渐变形状”为“径向渐变”，“渐变起点”为（360，288），“渐变终点”为（600，674），“起始颜色”为深紫色，“结束颜色”为黑色，将“背景”图层置于最后，使我们能看到“频谱”及“音响”，如图 1-5-10 所示。

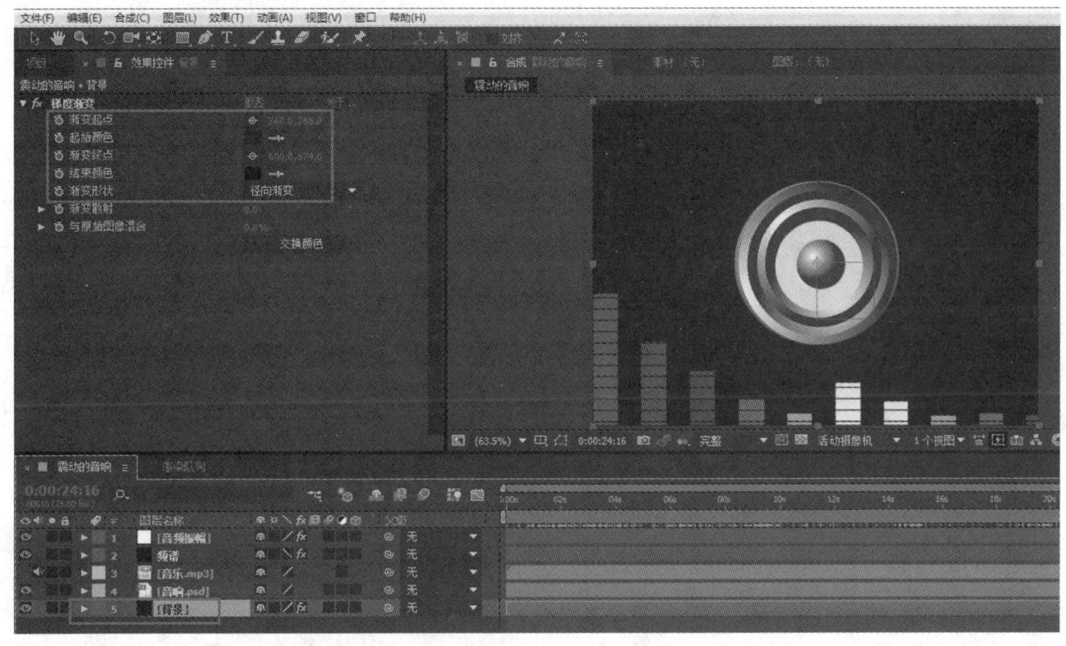

图 1-5-10

## 第 5 步　渲染及输出

**01** 按 Ctrl+M 组合键，切换至“渲染队列”面板，设置“渲染设置”为“最佳设置”，如图 1-5-11 所示。

图 1-5-11

**02** 双击“输出模块”按钮，弹出“输出模块设置”对话框，设置“格式”为“QuickTime”，单击“格式选项”按钮，弹出“QuickTime 选项”对话框，设置“视频编解码器”为 H.264，单击“确定”按钮，退出“QuickTime 选项”对话框，如图 1-5-12 所示。再单击“确定”按钮，退出“输出模块设置”对话框。确认输出文件名及保存设置后，单击“渲染”按钮输出，如图 1-5-13 所示。

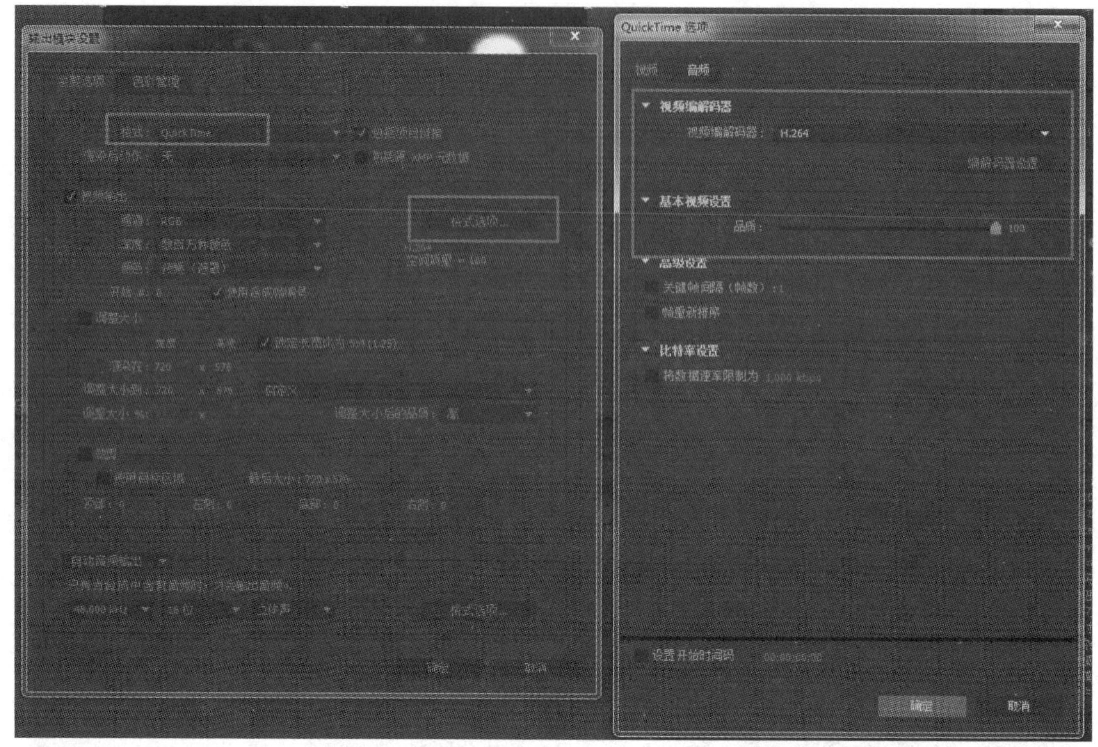

图 1-5-12

图 1-5-13

## 经验和小结

1. 在完善频谱的制作中要注意设置“品质-线框图”，但是在最后输出时要恢复最佳品质。
2. 除了可以用“百叶窗”完善音频频谱外，还能用“栅格”制作频谱的断节效果。

## 思考和练习

**练习：**

通过网络收集合适的卡通人物素材并录一段语音，利用所学技巧制作人物的嘴巴跟随语音一张一合的“演讲”效果。

# 任务1.6 制作粒子特效动画

## ◎ 任务导读

在影视包装或 CG 动画的制作中，粒子特效能创造绚丽的视觉画面，创造现实生活中不能通过实拍完成或具有危险性的镜头，对场景的美感、艺术感、观看的震撼力产生了巨大影响。例如《蜘蛛侠3》在极具视觉震撼力的“沙人诞生”的场景中，地上的沙子像有了生命般汇聚到一起，此起彼伏，渐渐显出人形，《蜘蛛侠3》制片人格兰特•柯蒂斯说：“我们真的展示了沙人这个怪物拥有的令人可怕的力量，以及他如何驾驭或者无法驾驭能量的过程。”AE 中的粒子特效应用十分广泛，使用粒子特效可以丰富画面的形式感，如制作花瓣雨、落叶纷飞等，而且在某些动画场景中比用 3ds Max 等三维软件的效率更高、渲染时间更短、修改更方便。

## ◎ 学习目标

通过开启 3D 图层、旋转动画及循环表达式进行蝴蝶扇动翅膀的动画制作，通过位置属性关键帧动画进行蝴蝶在花中飞舞的制作，通过使用“Particular”粒子效果进行群蝶飞舞效果的制作，通过添加灯光图层等三维属性进行投影的制作。下面来学习粒子特效动画——群蝶飞舞的制作。视频样片截图如图 1-6-1 所示。视频样片及相关资源见配套光盘。

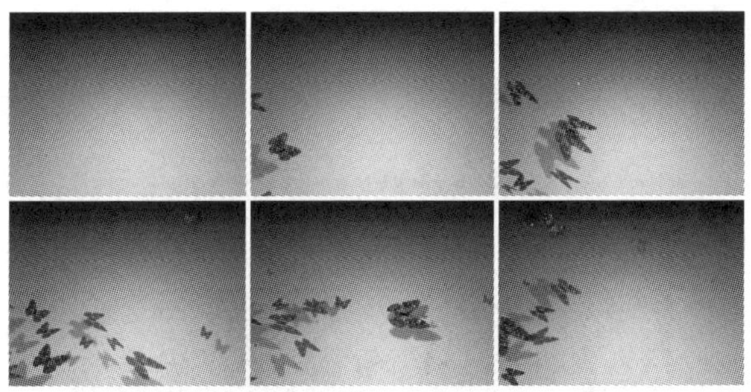

图 1-6-1

## 实践操作

素材资源：蝴蝶.psd。

技能点拨：通过开启 3D 图层、旋转动画及循环表达式完成蝴蝶翅膀的持续扇动效果，通过设置路径动画完成蝴蝶在花中飞舞的效果，通过“Particular”粒子效果完成一群蝴蝶在花丛中飞舞的效果，通过添加灯光等三维属性产生逼真的投影效果。

制作流程：

| 第 1 步 | 第 2 步 | 第 3 步 | 第 4 步 | 第 5 步 |
|---|---|---|---|---|
| 素材导入和新建合成 | 制作蝴蝶翅膀挥动效果 | 制作单只蝴蝶飞舞效果 | 制作群蝶飞舞效果 | 添加投影并渲染输出 |

## 操作步骤

### 第 1 步　素材导入和新建合成

**01** 启动 AE，以合成形式导入素材“蝴蝶.psd”，自动创建一个新的合成，命名为“蝴蝶”，如图 1-6-2（a）所示。选择“合成”→“新建合成”命令，在弹出的“合成设置”对话框中设置“合成名称”“宽度”“高度”“持续时间”等选项，如图 1-6-2（b）所示。

**02** 将“蝴蝶”合成拖动到“蝴蝶挥动翅膀”合成，双击“蝴蝶”合成，在打开的“蝴蝶”合成时间线面板中可以看到 3 个图层，如图 1-6-3 所示。

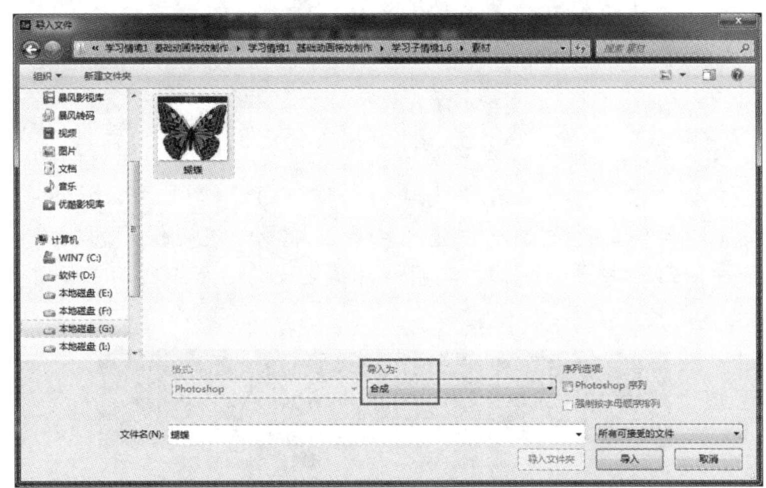


（a）

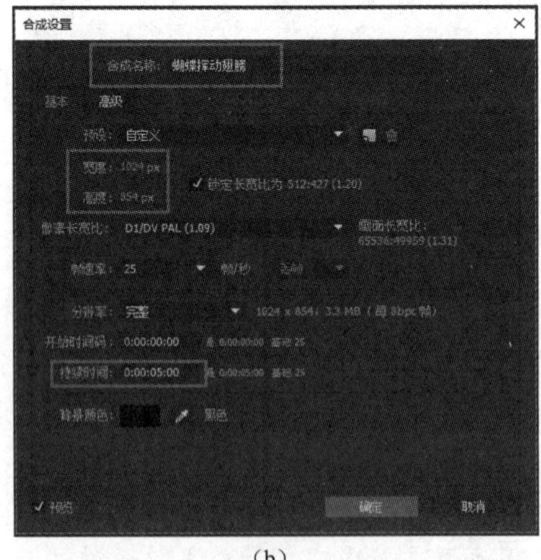


（b）

图 1-6-2

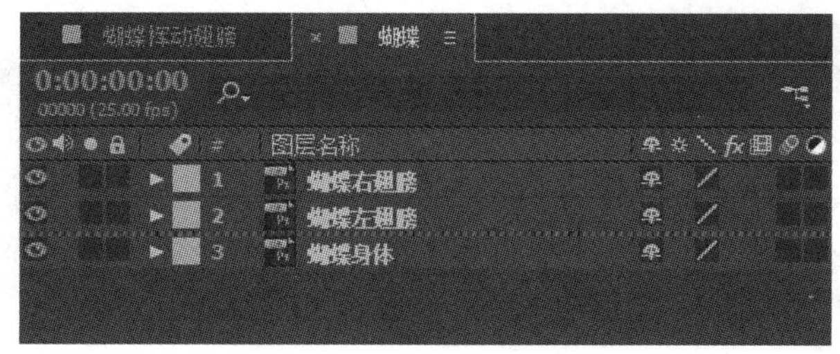


图 1-6-3

## 第 2 步　制作蝴蝶翅膀挥动效果

**01** 选择“定位点工具”，调整每个翅膀图层的中心点到和身体的交接处，如图 1-6-4 所示。

**02** 将“蝴蝶左翅膀”图层和“蝴蝶右翅膀”图层链接为“蝴蝶身体”图层的子对象，如图 1-6-5 所示。

图 1-6-4

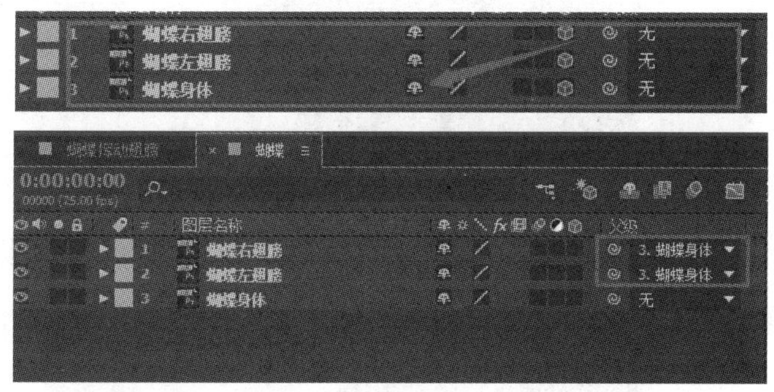


图 1-6-5

**03** 激活所有图层的 3D 属性，如图 1-6-6 所示。

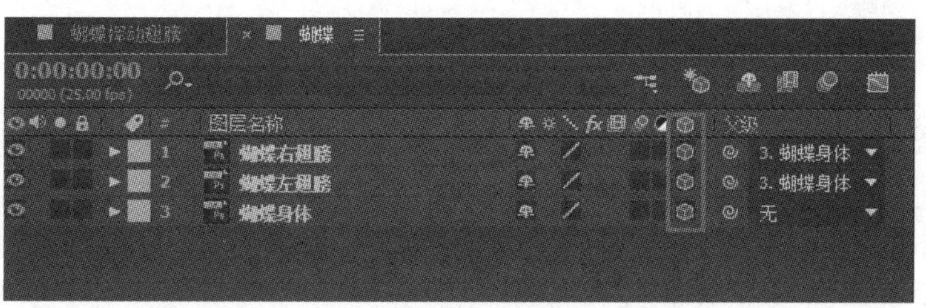


图 1-6-6

**04** 选择“蝴蝶右翅膀”图层，按 R 键打开“旋转”属性，打开“Y 轴旋转”码表，在 0 帧处设置为−58°，在 6 帧处设置为 44.7°，在 11 帧处设置为−58°。然后选择“蝴蝶左翅膀”图层，按 R 键打开“旋转”属性，打开“Y 轴旋转”码表，在 0 帧处设置为 58°，在 6 帧处设置为−44.7°，在 11 帧处设置为 58°，如图 1-6-7（a）所示，实现蝴蝶拍打翅膀的效果，如图 1-6-7（b）所示。

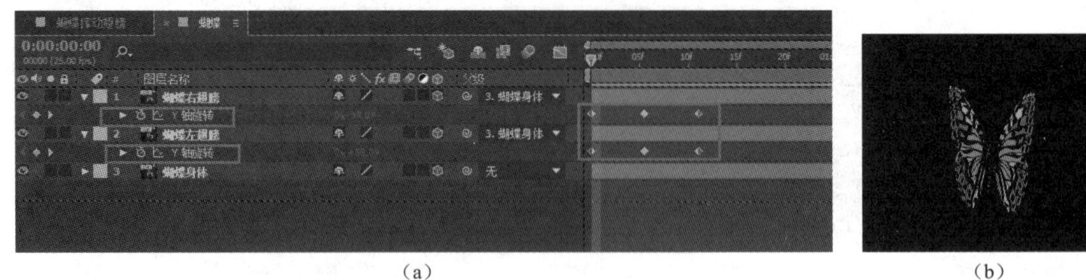

（a）　　　　　　　　　　　　　　　　　　　　（b）

图 1-6-7

**05** 分别激活“蝴蝶左翅膀”图层和“蝴蝶右翅膀”图层的“Y 轴旋转”属性，选择“动画”→“添加表达式”命令，为“Y 轴旋转”添加循环表达式 loopOut(type = "cycle", numKeyframes=0)，实现蝴蝶持续挥动翅膀的效果，如图 1-6-8（a）所示。关闭时间线面板内的“蝴蝶”合成，回到“蝴蝶挥动翅膀”合成，如图 1-6-8（b）所示。

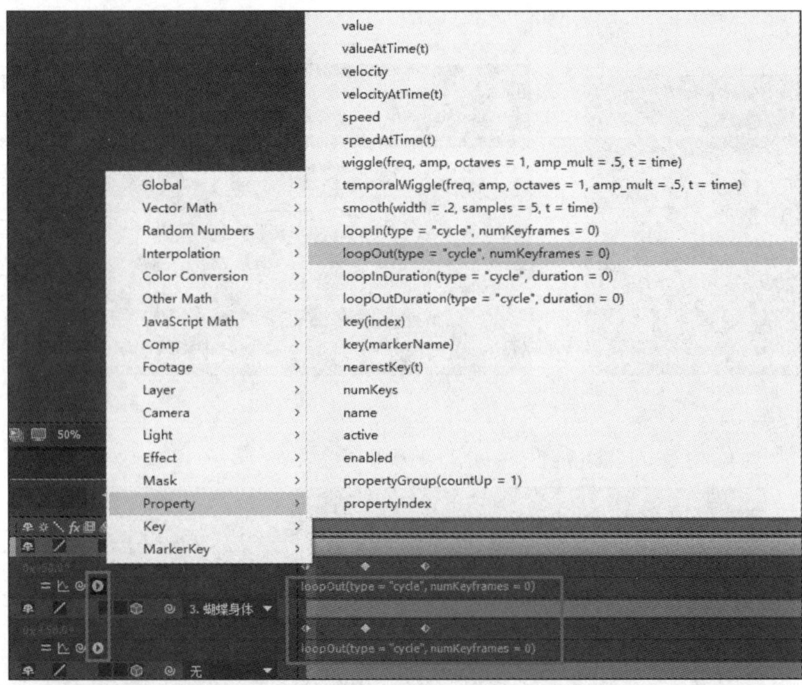


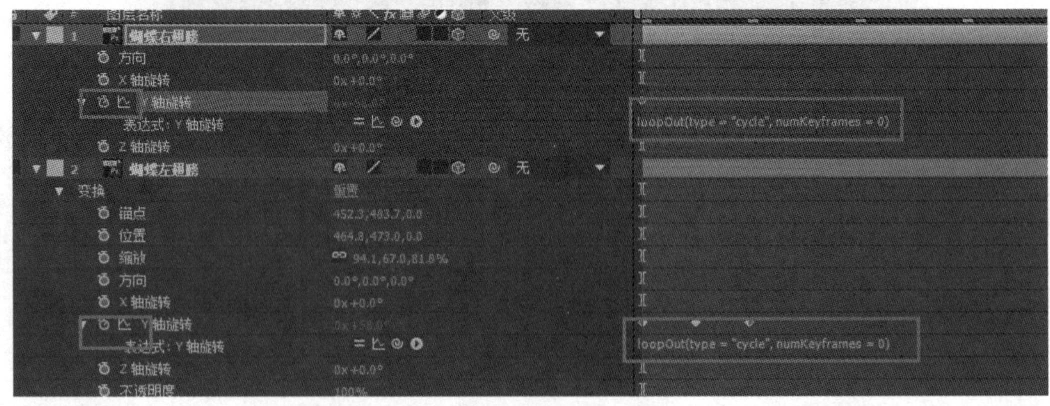


（a）

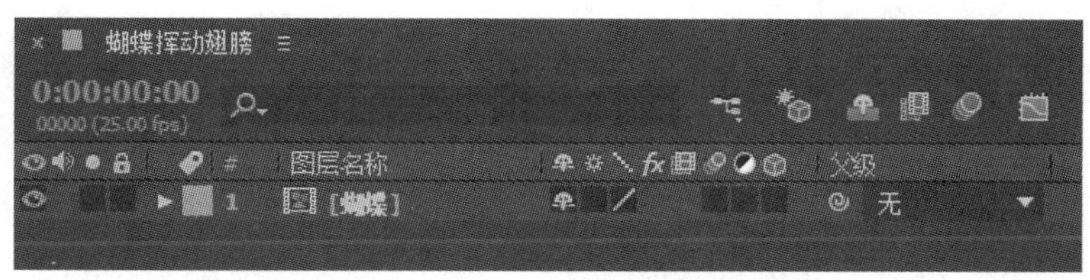


（b）

图 1-6-8

## 第 3 步　制作单只蝴蝶飞舞效果

**01** 选择“合成”→“新建合成”命令，在弹出的“合成设置”对话框中，设置“合成名称”为“蝴蝶飞舞”，将“蝴蝶挥动翅膀”合成拖动到时间线面板中，激活图层 3D 属性，按 S 键打开其“缩放”属性，设置为（13.9%，17.5%，100%），使蝴蝶变小，按 Shift+P 组合键打开“位置”属性进行调整，使得蝴蝶 0 帧时在画面的左上角外，如图 1-6-9 所示。

图 1-6-9

**02** 给“蝴蝶挥动翅膀”图层做运动动画，实现蝴蝶沿着一个曲线路径飞舞的效果。打开“位置”码表和“方向”码表，设置“位置”“方向”参数，实现蝴蝶沿着曲线路径飞行，并呈现近大远小的效果，其中前两个关键帧的设置及效果如图 1-6-10（a）和（b）所示。全部关键帧设置完成后如图 1-6-10（c）所示。

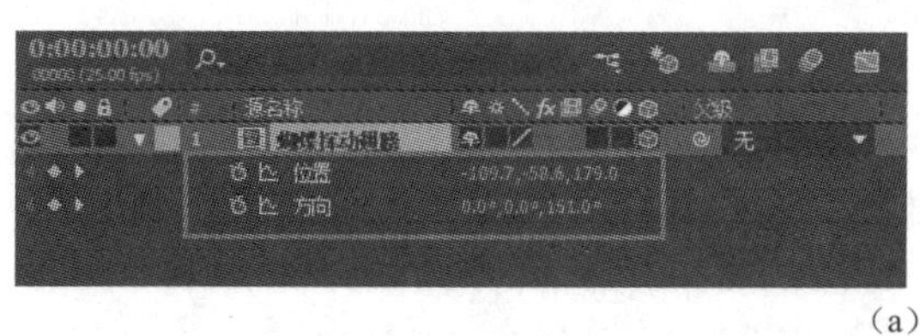


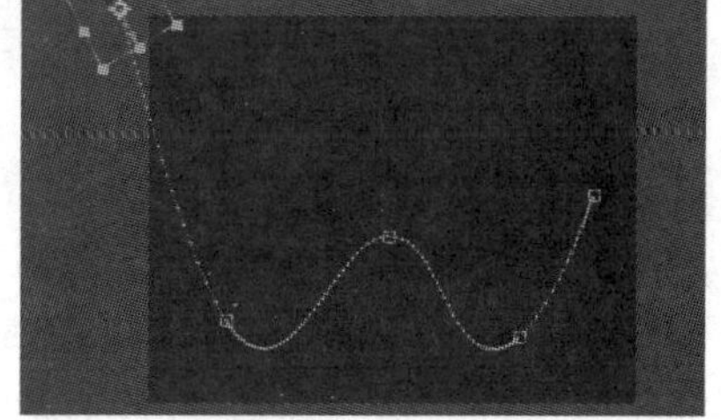

（a）

图 1-6-10

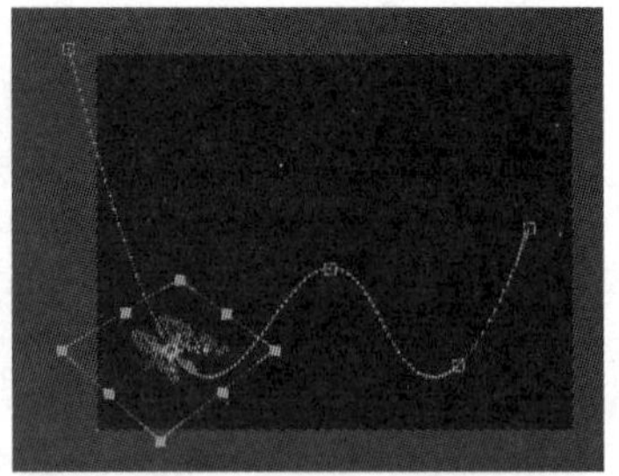

(b)

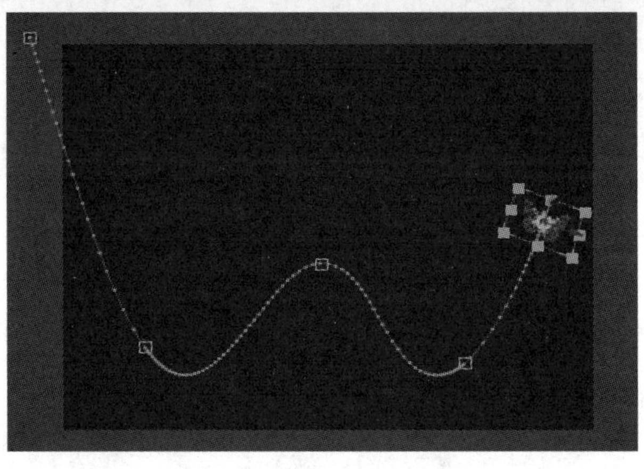

(c)

图 1-6-10（续）

### 第 4 步　制作群蝶飞舞效果

**01** 选择“合成”→“新建合成”命令，在弹出的“合成设置”对话框中设置“合成名称”为“群蝶飞舞”，如图 1-6-11 所示。将“蝴蝶飞舞”合成作为素材拖动到时间线面板中。

**02** 选择“图层”→“新建”→“纯色”命令，新建一个黑色纯色层。选择“效果”→“Trapcode”→“Particular”命令，添加粒子效果，如图 1-6-12（a）所示。拖动时间线指针，查看粒子的初始状态，如图 1-6-12（b）所示。

**03** 展开“发射器”选项，设置“粒子/秒”为 10，“位置 XY”为（-24，586），“方向”为“远离直线”，“速度”为 120。“粒子/秒”选项用于调整每秒发射的蝴蝶数量；“位置 XY”选项用于调整对象飞出的方向，这里设置为蝴蝶从左下角飞出；“方向”选项用于控制粒子的方向，这里设置为“远离直线”，使得蝴蝶群飞舞的效果更好；“速度”选项用于调整对象的飞行速度，如图 1-6-13 所示。

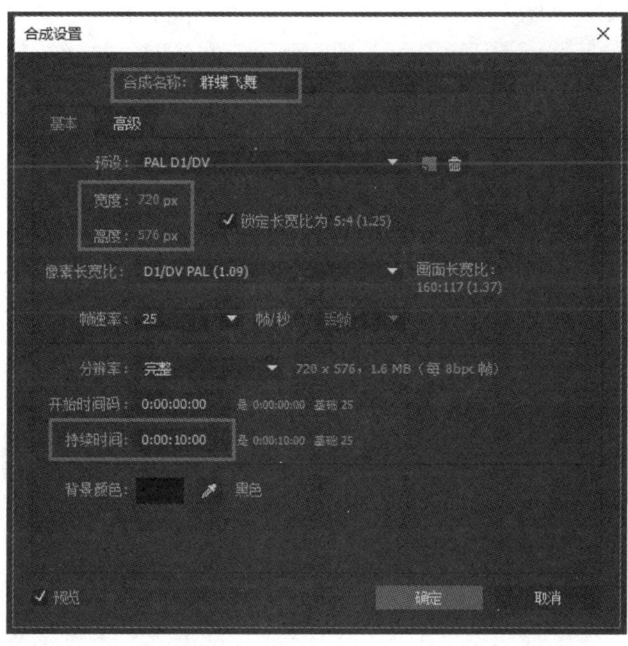


图 1-6-11

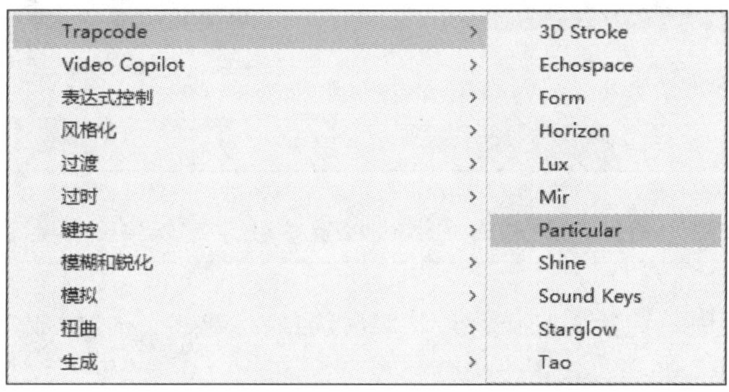


（a）

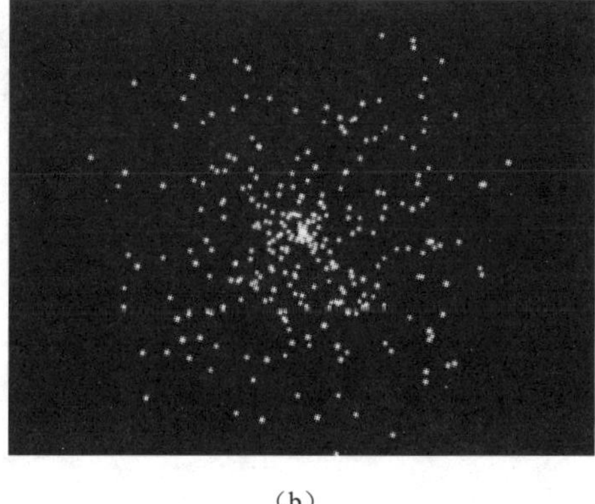

（b）

图 1-6-12

**04** 展开“粒子”选项，设置“生命[sec]”为 10，“粒子类型”为“纹理多边形”，展开“纹理”选项，设置“图层”为“4.蝴蝶飞舞”，“时间采样”为“开始出生-二次开始”，“大小”为150，“随机大小［%］”为30，“随机透明度[%]”为30。这里，“生命[sec]”选项用于控制蝴蝶粒子生命的长短，“粒子类型”和“纹理”的“图层”的选择是将前面做好的“蝴蝶飞舞”合成替代默认的粒子，“大小”选项用于控制蝴蝶的大小，“随机大小[%]”选项用于控制蝴蝶大小的随机，“随机透明度[%]”选项用于使蝴蝶群更有层次感，如图 1-6-14 所示。

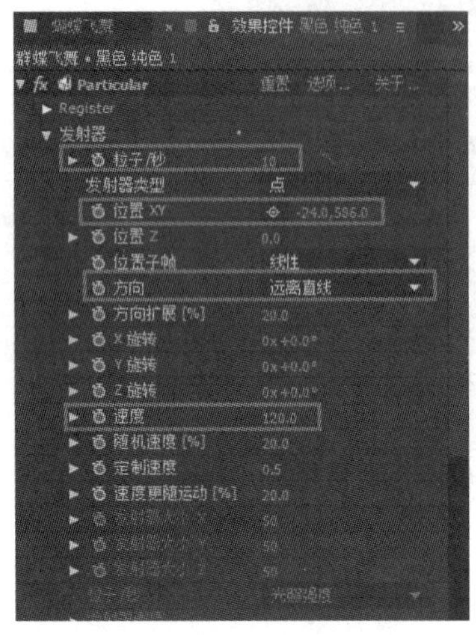


图 1-6-13

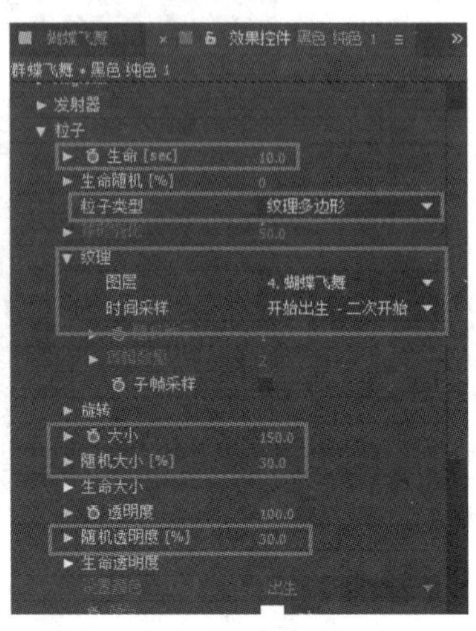


图 1-6-14

**小贴士**

Trapcode 是第三方插件，需要反复调试粒子参数才可以得到最后完美的效果。

**05** 新建一个黑色纯色层制作背景，然后选择“效果”→“生成”→“梯度渐变”命令，添加“梯度渐变”滤镜，设置“渐变起点”为（360，0），“渐变终点”为（360，576），激活图层 3D 属性，如图 1-6-15 所示。

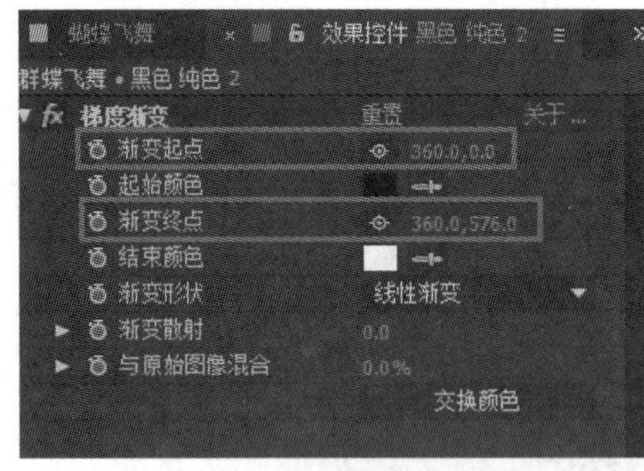

图 1-6-15

### 第 5 步　添加投影并渲染输出

**01** 选择“图层”→“新建”→“灯光”命令，如图 1-6-16（a）所示，在弹出的“灯光设置”对话框中设置“灯光类型”为“点”，如图 1-6-16（b）所示。在时间线面板中选择“照明 1”图层，展开“灯光选项”，设置“投影”为“开”状态，“阴影深度”为 50%，“阴影扩散”为 10 像素，如图 1-6-16（c）所示。

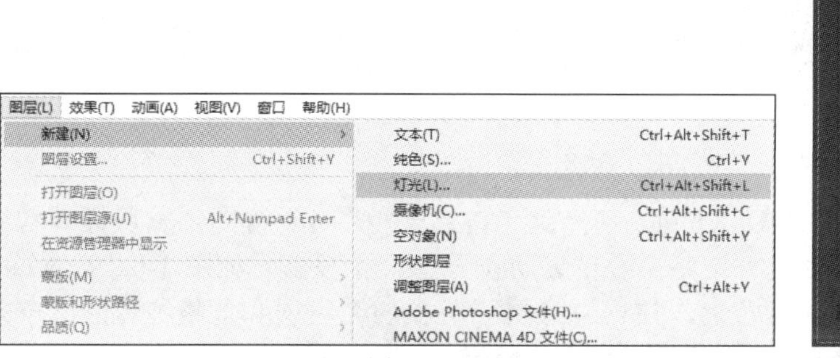


（a）

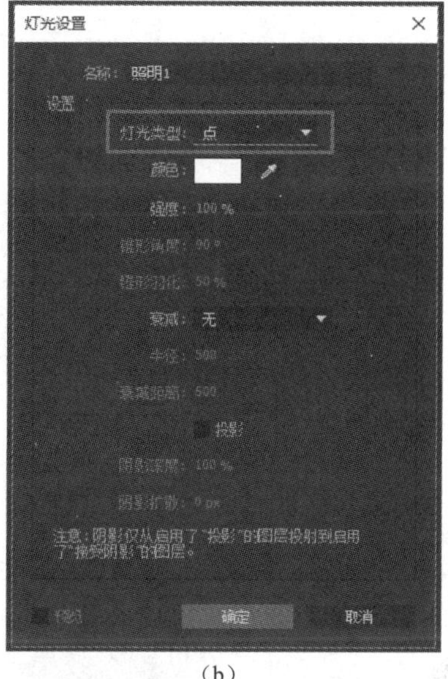


（b）



（c）

图 1-6-16

**02** 用同样方法新建一个“灯光类型”为“环境”的“照明 2”图层，设置其“强度”为 14%，使得画面整体变亮，如图 1-6-17 所示。

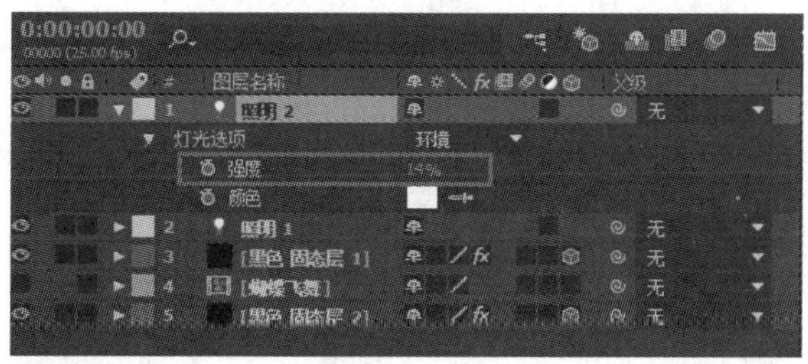


图 1-6-17

**03** 打开所有 3D 图层的“投影”“接受阴影”“接受灯光”等选项，如图 1-6-18（a）所示。

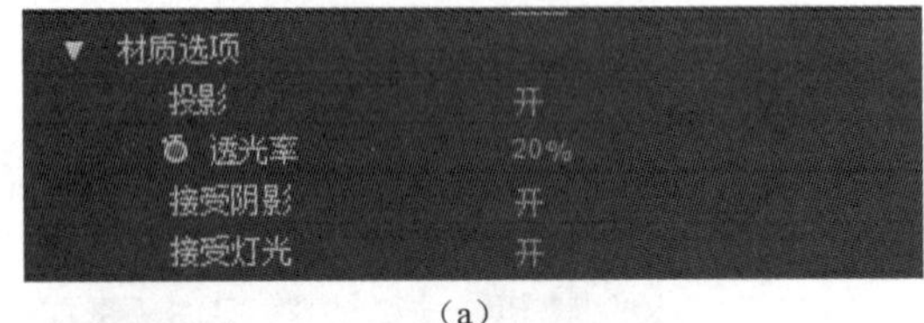

（a）

（b）

图 1-6-18

此时并没有阴影出现［图 1-6-18（b）］，切换到“自定义视图 1”视图，发现蝴蝶粒子所在的纯色层和背景纯色层在 Z 轴方向是重叠的，所以无法产生投影，如图 1-6-19（a）所示。将背景纯色层沿 Z 轴方向往后拉远，使得蝴蝶粒子所在的纯色层和背景纯色层有一定距离，此时可以看见投影效果了，如图 1-6-19（b）所示。

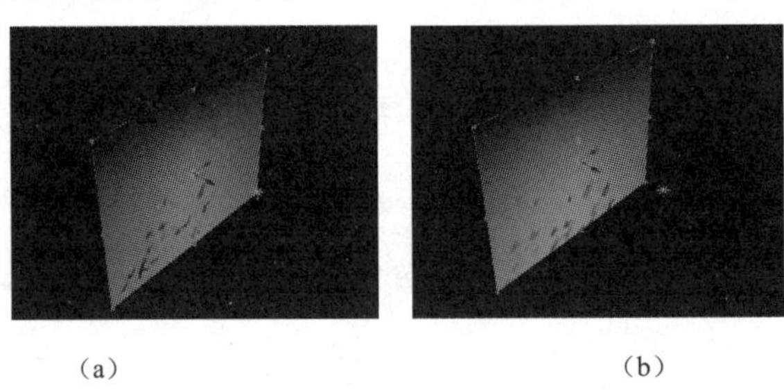
（a）　（b）

图 1-6-19

**04** 切换到“活动摄像机”视图观察效果，如图 1-6-20 所示。按 S 键将背景层适当放大一些，调整“缩放”为 113%，如图 1-6-21 所示。

图 1-6-20

图 1-6-21

**05** 渲染及输出。具体步骤不再赘述。

## 经验和小结

在开启 3D 图层后，移动位置时要先选择 X 轴或 Y 轴，不要在合成面板直接拖动，否则会在移动 X 轴或 Y 轴的同时移动 Z 轴。

## 思考和练习

**思考：**

说说你所看过影视作品中的粒子特效。

**练习：**

1. 利用所学内容制作彩球飞舞、落叶纷飞旋转、雪花飘落等粒子动画效果。

2. 制作蝴蝶飞舞拓展练习（操作提示、素材和样片见配套光盘），效果如图 1-6-22 所示。

图 1-6-22

粒子特效动画：蝴蝶飞舞（拓展）

# 项目 2 文字动画特效制作

## ◎ 项目导读

电影《黑客帝国》的矩阵绿色字符雨效果、《星球大战》片头浩瀚星空中的文字动画、《地心引力》片头酷炫的文字特效及光效，以及许多这样的例子，我们一定会被这种震撼、全新的视觉效果所吸引。文字动画特效是影视动漫特效制作中最常见的形式，包括文字片头、片尾、片花，各种装饰字幕的动态效果及特效等。让文字的呈现更加生动、活泼，更具视觉冲击力，是从事影视动漫后期制作的人员必须熟练掌握的重要技能之一。本项目我们将学习文字飞入、三维文字动画、文字幻化成烟雾等典型案例。

## ◎ 学习任务

- 制作一组文字动画；
- 制作一组文字特效；
- 制作文字动画片头；
- 制作“3D 文字”效果。

动画：一组文字动画

动画：一组文字特效

动画：文字动画片头

动画：3D 文字

# 任务2.1 制作一组文字动画

◎任务导读

文字动画广泛运用于各种视频影片、网站动画、广告宣传，为静态的文字添加动态效果，可以使画面的表现形式更加丰富，形成多层次的运动效果，增加视觉冲击力。本任务中的手写字动画、路径文字动画等就是很常见的一种文字动画形式。

◎学习目标

通过制作一组文字动画，熟悉利用 AE 软件制作文字动画的有关技巧。下面来学习文字动画——手写字、文字飞舞、文字三维动画的制作。视频样片截图如图 2-1-1 所示。视频样片及相关资源见配套光盘。

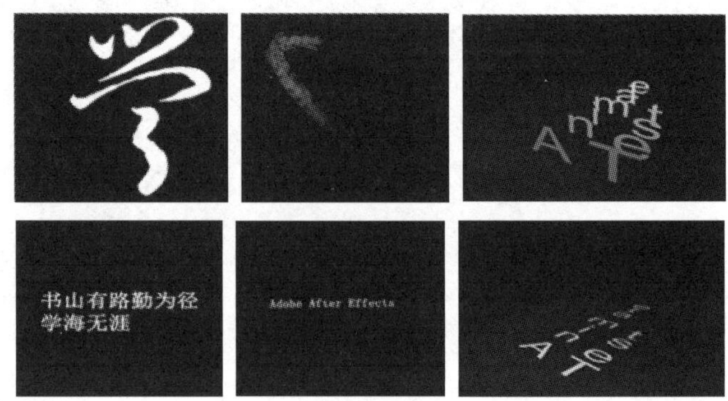


图 2-1-1

## 实践操作

素材资源：学.psd。

技能点拨：通过“描边”制作手写字动画，通过“遮罩”弥补手写字笔画交叉时的问题，通过“预设动画”制作整行文字的打字机效果；通过“路径动画”制作飞舞文字动画，通过“拖尾”制作飞舞文字的残影，通过“发光”给残影添加光晕；通过激活文本层的“逐字 3D 化”和文本动画工具、摄像机、灯光等制作文字三维动画。

制作流程：

| 第 1 步 | 第 2 步 | 第 3 步 |
|---|---|---|
| 制作手写字动画 | 制作飞舞文字动画 | 制作文字三维动画 |

## 操作步骤

### 第 1 步　制作手写字动画

新建一个合成，命名为“手写字”，设置“宽度”为 1920 像素，“高度”为 1080 像素，“持续时间”为 8 秒，如图 2-1-2 所示。

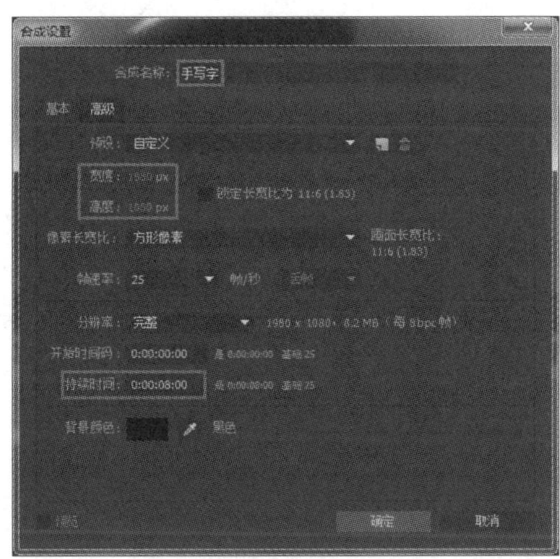

图 2-1-2

将素材拖动到时间线面板中，用钢笔工具描绘出文字路径，选择“效果”→“生成”→“描边”命令，在特效控制台中展开“描边”选项，设置“画笔大小”为 95，把最下方的“绘画样式”更改为“显示原始图像”，如图 2-1-3（a）所示。设置好后打开“结束”码表设置关键帧，在 0 秒处设置为 0，在 7 秒处设置为 100%，如图 2-1-3（b）所示。

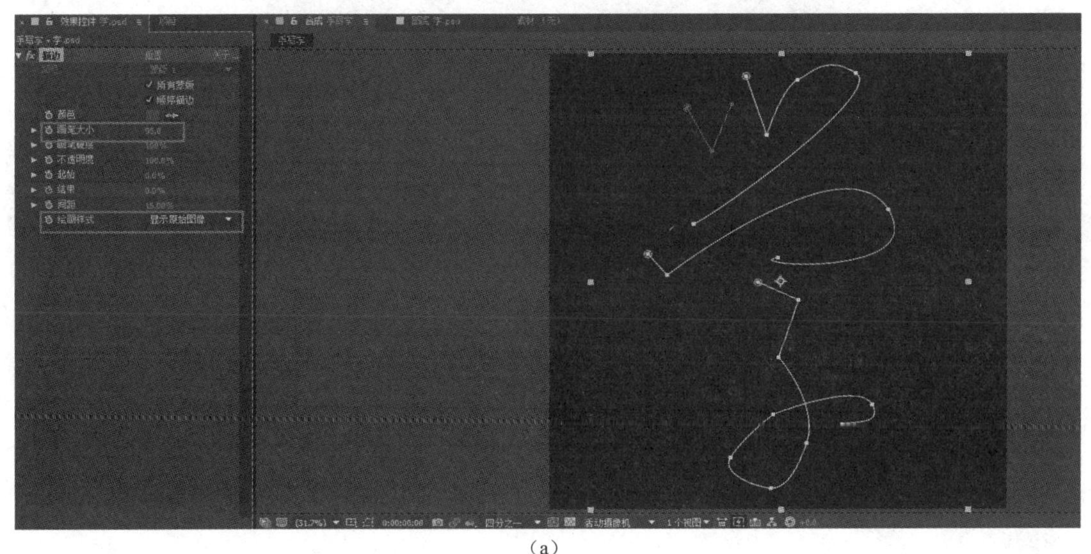

（a）

图 2-1-3

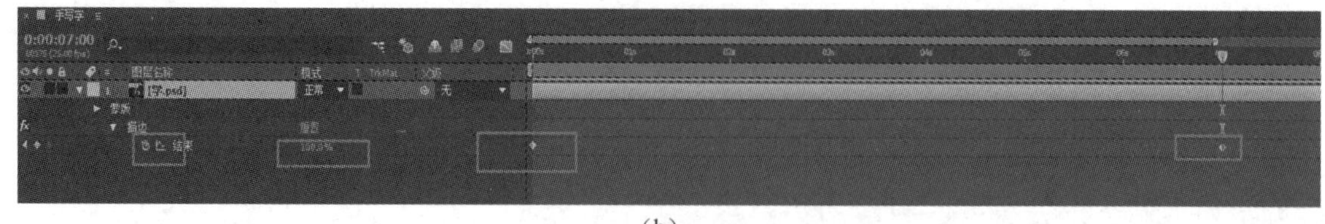

(b)

图 2-1-3（续）

**03** 如图 2-1-4（a）所示，当手写字在笔画的交叉重叠区出现一些瑕疵时，可以通过添加遮罩将瑕疵部分遮住。选择“钢笔工具”，在 6 秒 19 帧处绘制一个遮罩，并设置遮罩为“反转”，在 6 秒 20 帧处对绘制的遮罩制作位移动画，如图 2-1-4（b）所示。

(a)

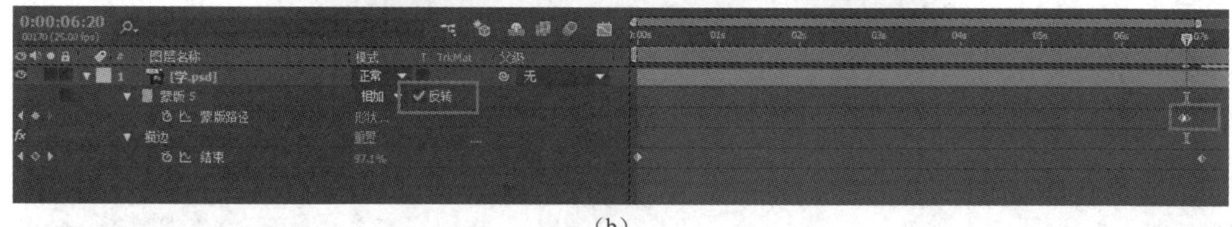

(b)

图 2-1-4

**小贴士**

早期版本的 AE 可以通过“矢量绘图”来制作手写字动画，也十分方便。

**04** 选择“合成”→“新建合成”命令，在弹出的“合成设置”对话框中，将“持续时间”改为 12 秒。新建一个白色纯色层（快捷键为 Ctrl+Y），命名为“闪白”。将纯色层时间线缩短在 8 秒至 8 秒 6 帧处，按 T 键，设置“不透明度”关键帧，在 8 秒处设置为 100%，在 8 秒 6 帧处设置为 0，如图 2-1-5 所示。

**05** 选择“图层”→“新建”→“文字”命令，输入文字“书山有路勤为径 学海无崖苦作舟”，设置字体的大小为 200 像素，将其放置在 8 秒至 12 秒处，将文字图层置于时间线面板最上层，如图 2-1-6 所示。

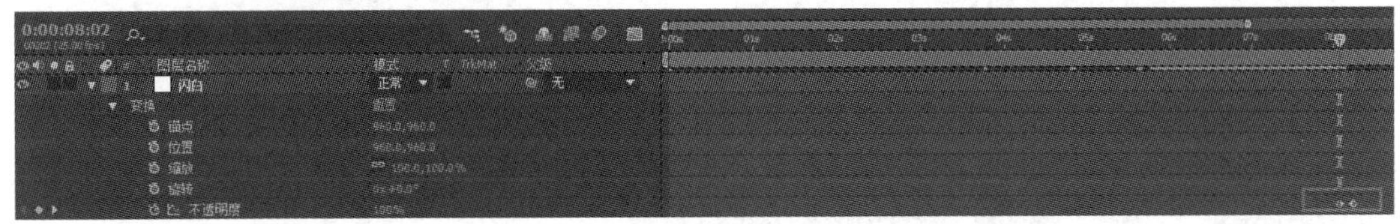

图 2-1-5

图 2-1-6

**06** 在效果和预设面板中，搜索“打字机”，如图 2-1-7（a）所示。把“打字机”特效添加给文字层，做出打字机效果预置动画，如图 2-1-7（b）和（c）所示。

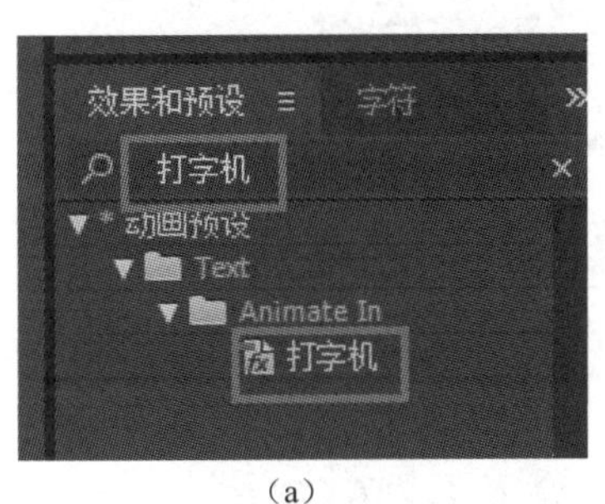


（a）

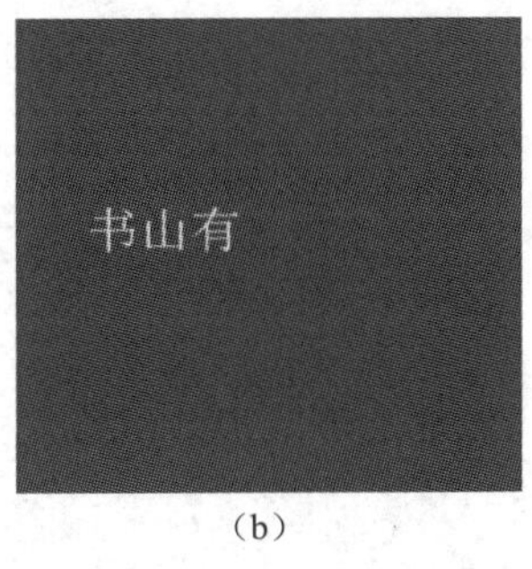


（b）

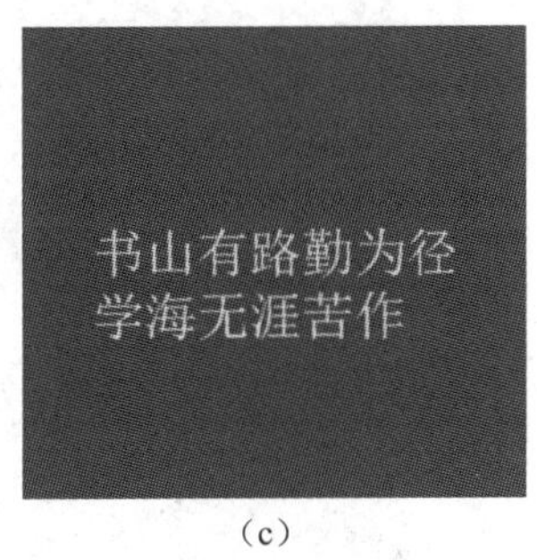


（c）

图 2-1-7

**小贴士**

打字效果的速度可以通过文字图层预置动画关键帧的“滑块”数值来调节。

### 第 2 步　制作飞舞文字动画

**01** 新建一个合成，再新建一个纯色层（快捷键为 Ctrl+Y），命名为“路径”。选择“效果”→“过时”→“路径文本”命令，添加“路径文本”效果。输入“Adobe After Effects”，使用钢笔工具绘制路径“遮罩 1”，如图 2-1-8 所示。

**02** 展开“路径选项”选项，设置“自定义路径”为“遮罩 1”，使文字跟随路径的形状变化。展开“填充和描边”选项，设置“选项”为“在描边上填充”，“填充颜色”为橙色，“描边颜色”为红色。展开“段落”选项，打开“左边距”码表设置关键帧，在 0 秒处设置为 0，在 3 秒处设置为 2950，如图 2-1-9 所示。

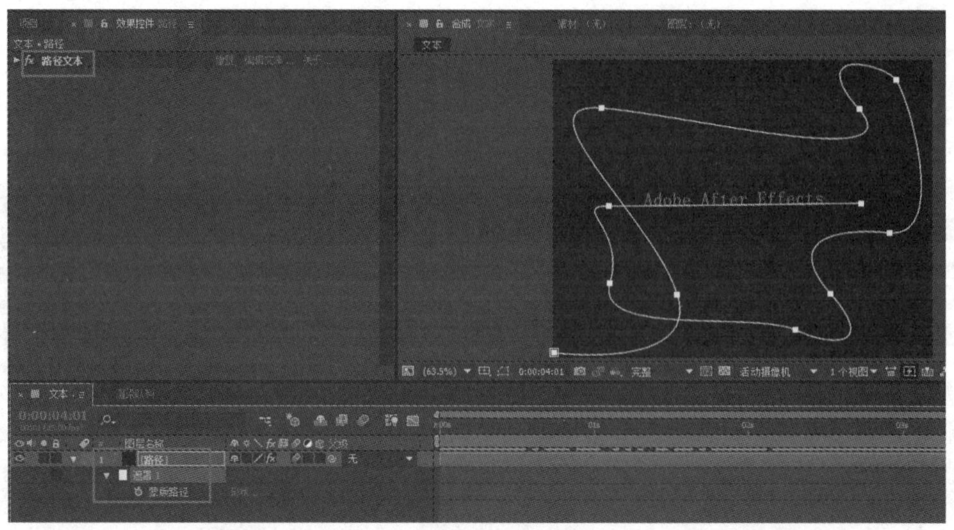


图 2-1-8

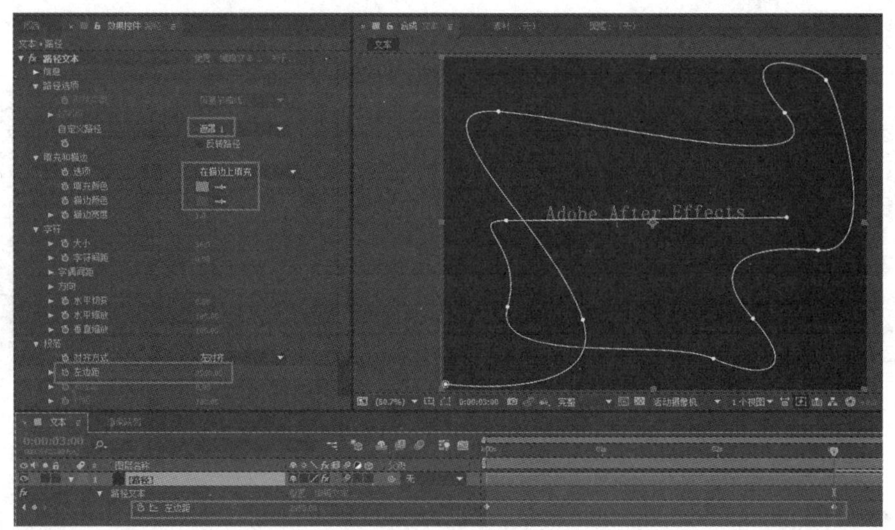


图 2-1-9

**小贴士**

路径文本（Path Text）特效用于设置沿一定路径运动的文字或数字的效果。只需要在一个图层上就能实现多组文字或数字的路径动画。路径可以是直线、曲线、圆或外部程序导入的路径。

**03** 展开“高级”选项，为“抖动设置”的所有选项设置关键帧，在 0 秒处都设置为 0，在 2 秒处设置“基线抖动最大值”为 125，“字偶间距抖动最大值”为 320，“旋转抖动最大值”为 320，“缩放抖动最大值”为 300，在 4 秒处都设置为 0，再打开合成和图层的“动态模糊”开关，查看合成预览效果，如图 2-1-10 所示。

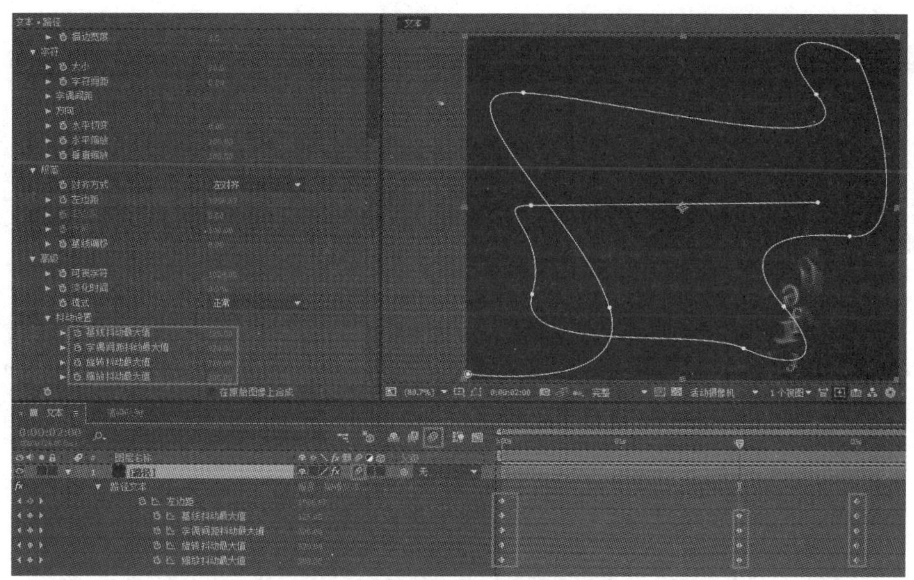

图 2-1-10

**04** 选择“效果”→“时间”→“残影”命令，设置“残影数量”为 5，“起始强度”为 0.8，“衰减”为 0.8。再选择“风格化”→“发光”命令，添加“发光”滤镜。拖动时间线，查看最终动画效果，如图 2-1-11 所示。

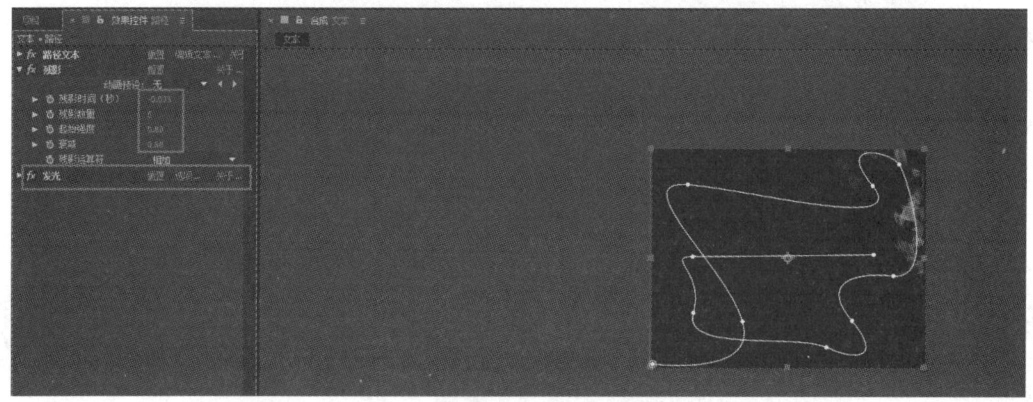

图 2-1-11

### 第 3 步　制作文字三维动画

**01** 启动 AE，在选择项目界面中单击“新建合成”图标，在弹出的“合成设置”对话框中，设置“合成名称”为“文字三维动画”，“预设”为“PAL D1/DV”，“像素长宽比”为“D1/DV PAL（1.09）”，“持续时间”为 2 秒，如图 2-1-12 所示。

**02** 新建一个纯色层。选择“图层”→“新建”→“纯色”命令，在弹出的“纯色设置”对话框中设置“名称”为“背景”，“颜色”为暗红色，如图 2-1-13 所示。

**03** 新建文字层。选择“图层”→“新建”→“文本”命令，输入“Animate”，参数设置如图 2-1-14 所示。

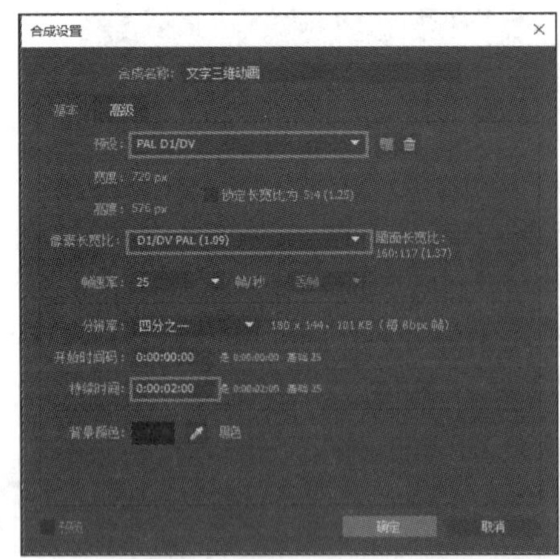

图 2-1-12

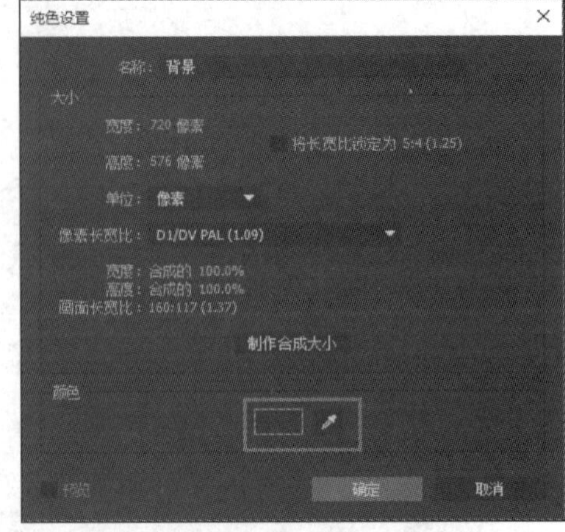

图 2-1-13

图 2-1-14

**04** 新建一个摄像机。选择“图层”→“新建”→“摄像机”命令，在弹出的“摄像机设置”对话框中设置“名称”为“摄像机 1”，“预设”为 28 毫米，如图 2-1-15 所示。

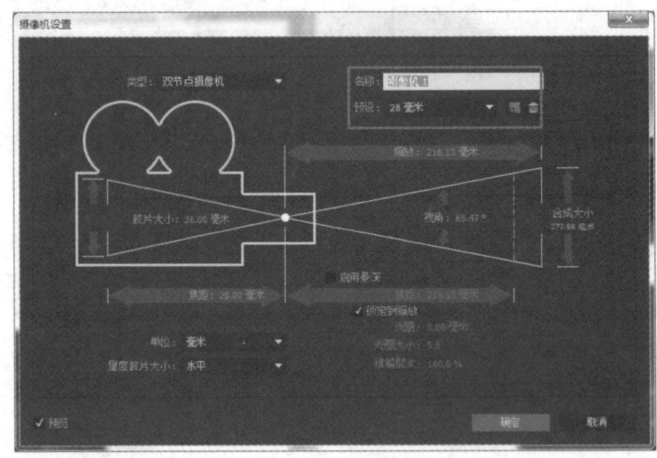

图 2-1-15

**05** 激活文字层和“背景”图层的三维属性，对“背景”图层进行调整，把视图方式改为“自定义视图 1”，打开“背景”图层属性，设置“位置”为（360，305，0），“缩放”为（300，300，300），“方向”为（270°，0°，0°），如图 2-1-16 所示。

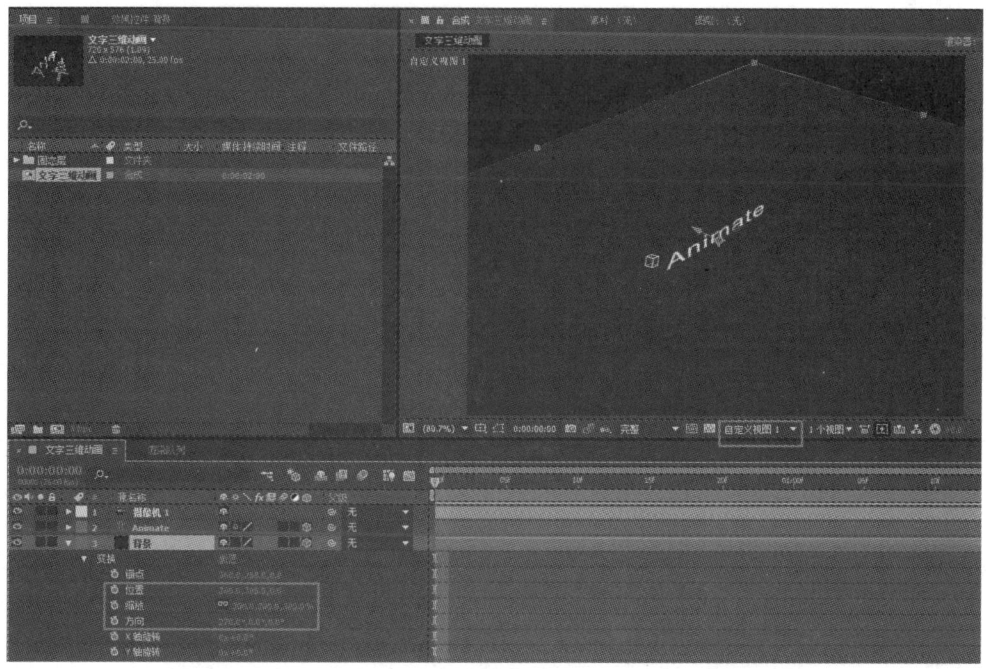


图 2-1-16

**06** 选择文字层，单击“文字”选项右侧的“动画”按钮，在打开的菜单中选择“启用逐字 3D 化”选项，则原来的三维选项图标变为图标，如图 2-1-17 所示。

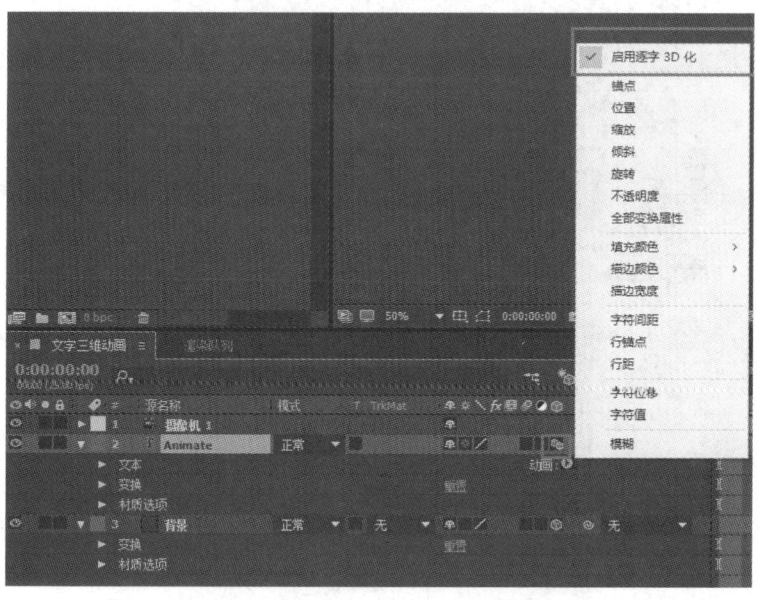


图 2-1-17

**07** 单击“文字”选项右侧的“动画”按钮，在打开的菜单中选择“旋转”选项，则增加“动画制作工具 1”选项，设置“X 轴旋转”为-90°，“Y 轴旋转”为 90°，“Z 轴旋转”为 90°，如图 2-1-18 所示。

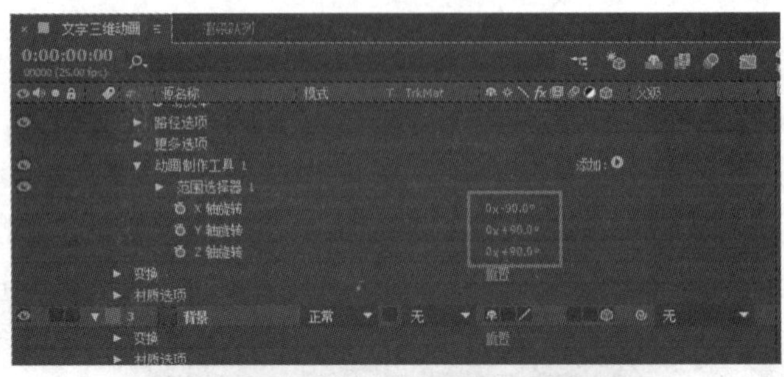

图 2-1-18

**08** 单击“文字”选项右侧的“动画”按钮，在打开的菜单中选择“旋转”选项，则增加“动画制作工具 2”选项，设置“Y 轴旋转”为-90°，如图 2-1-19 所示。

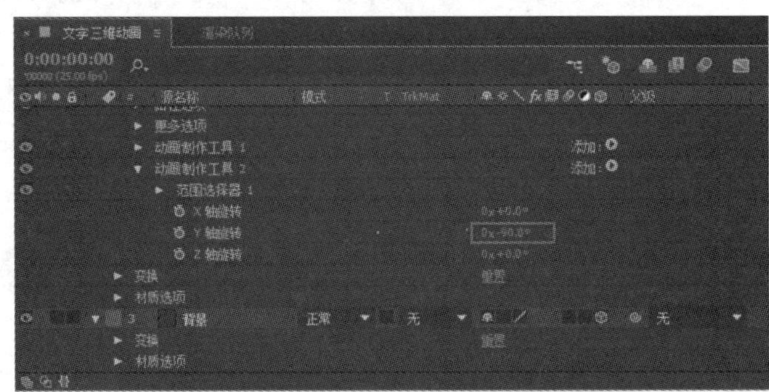

图 2-1-19

**09** 为文字做依次倒下的动画。展开“动画 2”→“范围选择器 1”选项，打开“偏移”码表，在 5 帧处设置为-100%，在 1 秒 20 帧处设置为 0，如图 2-1-20 所示。

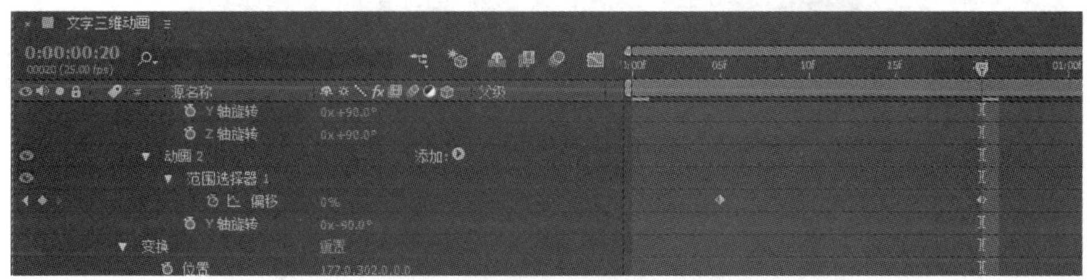

图 2-1-20

**小贴士**

利用文本动画工具，在文本层可以创作出复杂的动画效果。当添加文本动画效果时，程序会自动建立一个 Range 控制器，通过设置起点、终点和偏移值制作不同的运动形式。

**10** 复制一层文字层，调整位置，把“位置”的 Z 轴属性设置为-90，如图 2-1-21 所示。

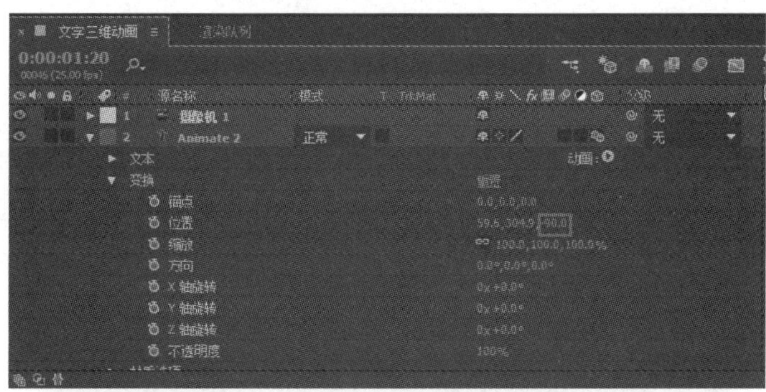

图 2-1-21

11 连续单击两次图层 2，将其文字改为“Test”，如图 2-1-22 所示。

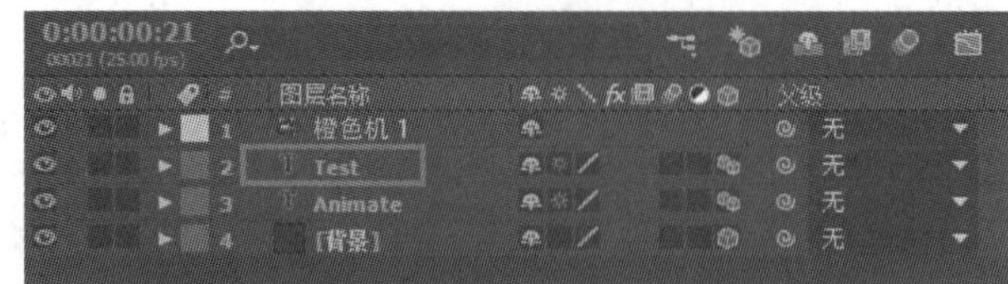

图 2-1-22

12 把文字动画的时间错开，让其从第一行至第二行依次倒下，选中两个图层，按 U 键显示关键帧，把图层 2“Text”的关键帧往后移动，如图 2-1-23 所示。

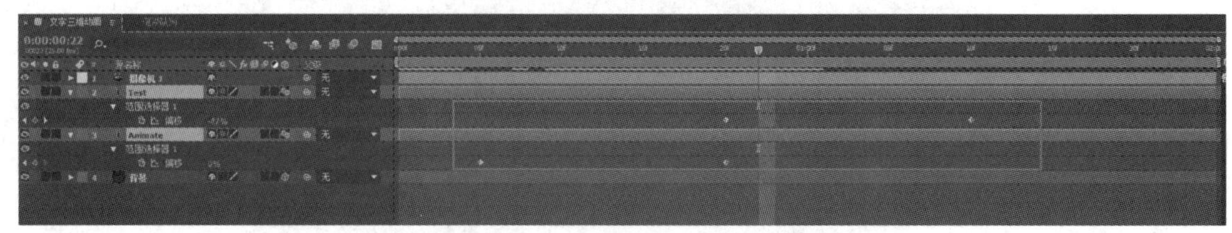

图 2-1-23

13 新建一个灯光。选择“图层”→“新建”→“灯光”命令，在弹出的“灯光设置”对话框中设置“名称”为“灯光 1”，勾选“投影”复选框，如图 2-1-24（a）所示。然后打开“位置”属性，将其设置为（120，0，180），如图 2-1-24（b）所示。

14 因为场景比较暗，用同样方法新建一个灯光，命名为“灯光 2”，设置“灯光类型”为“环境”，“强度”为 30%，如图 2-1-25 所示。

15 选择两个文字层，展开其“材质选项”选项，设置“投影”为“开”状态，如图 2-1-26 所示。

16 把时间线移至 0 帧处，打开摄像机“目标点”和“位置”码表，切换到“摄像机 1”视图，通过工具栏中的摄像机工具进行摄像机动画设置，实现场景空间调度，在 0 帧、5 帧、1 秒 11 帧 3 个时间点的参数设置如图 2-1-27（a）～（c）所示。

灯光设置
名称：灯光 1
设置
灯光类型：聚光
颜色：
强度：100 %
锥形角度：90 °
锥形羽化：50 %
衰减：无
半径：500
衰减距离：500
✓ 投影
阴影深度：100 %
阴影扩散：0 px
注意：阴影仅从启用了"投影"的图层投射到启用了"接受阴影"的图层。
✓ 预览
确定
取消

(a)

文字三维动画
活动摄像机
0:00:00:20
聚光 1
位置
摄像机 1
Test
Animate
背景

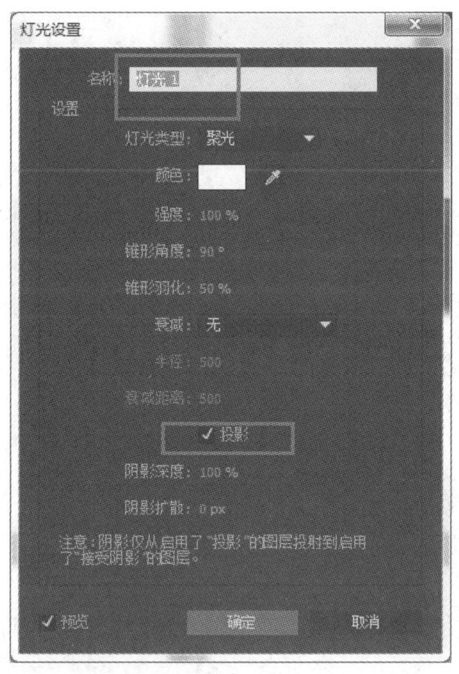

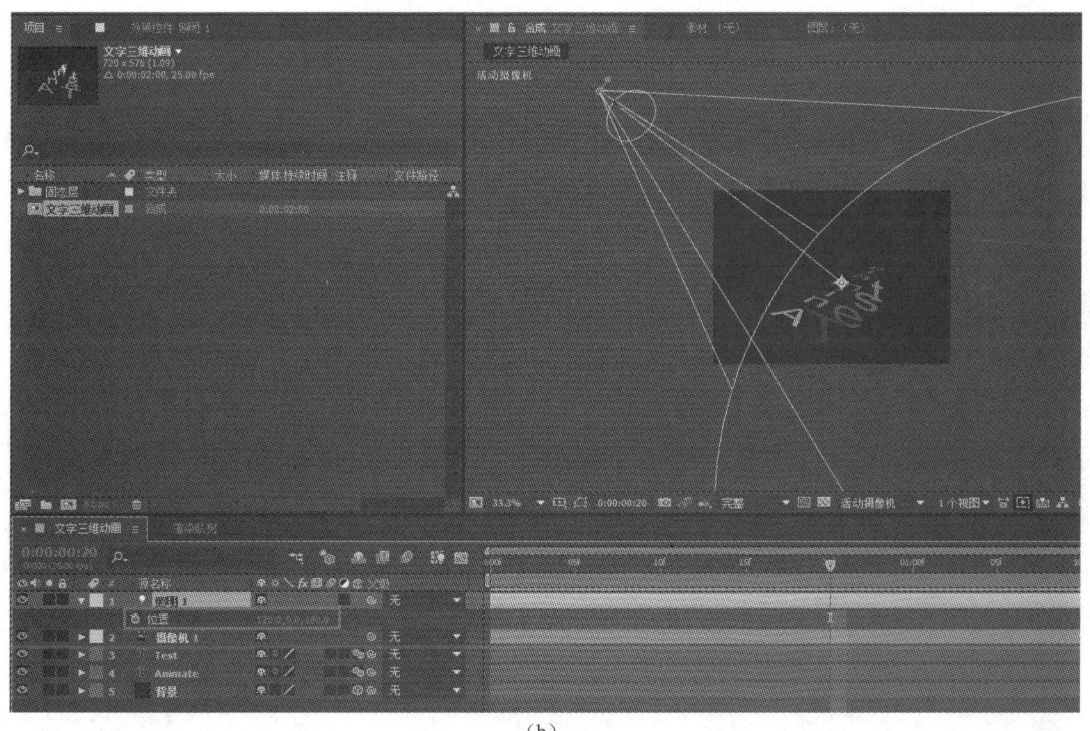

(b)

图 2-1-24

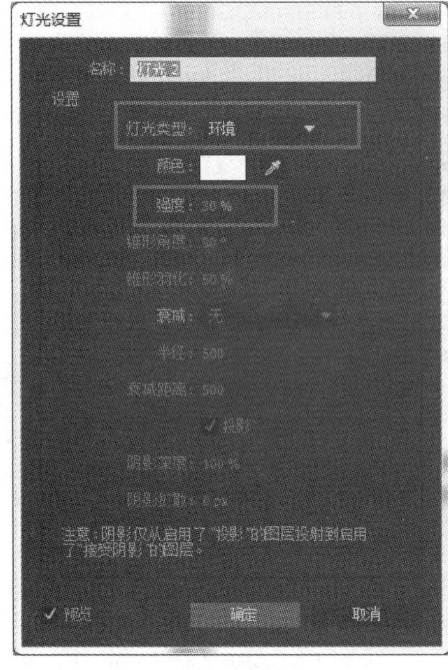


图 2-1-25

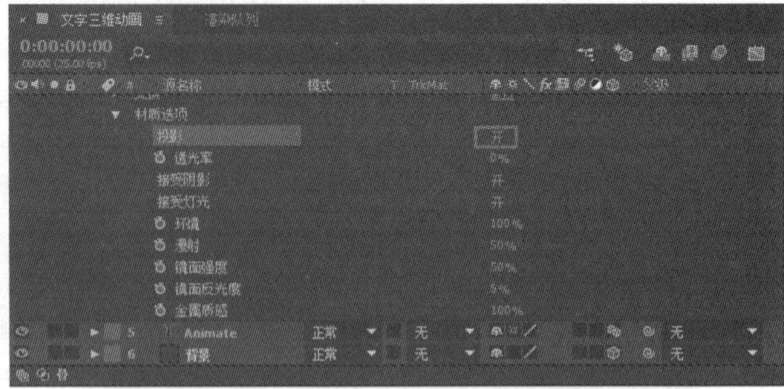

图 2-1-26

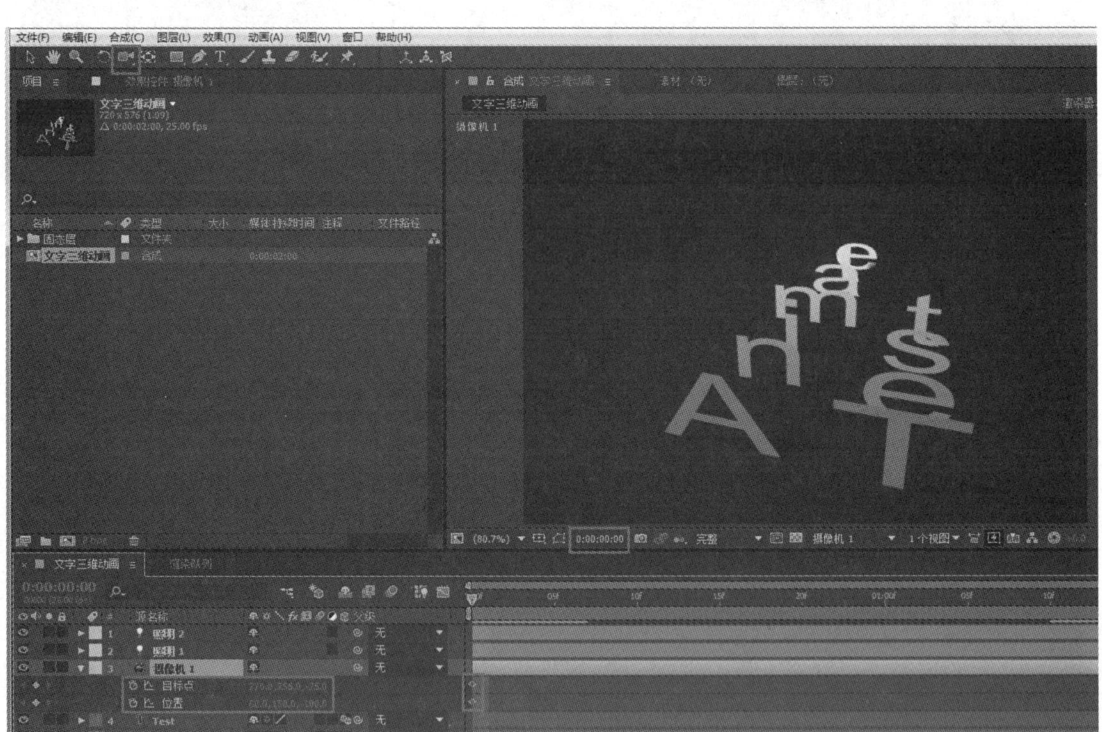

(a)

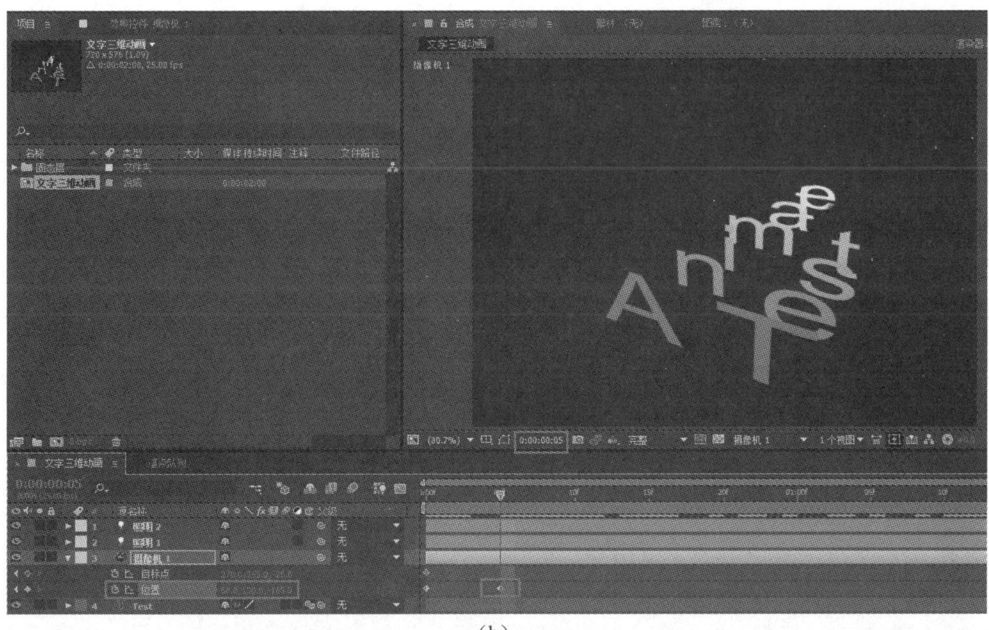

（b）

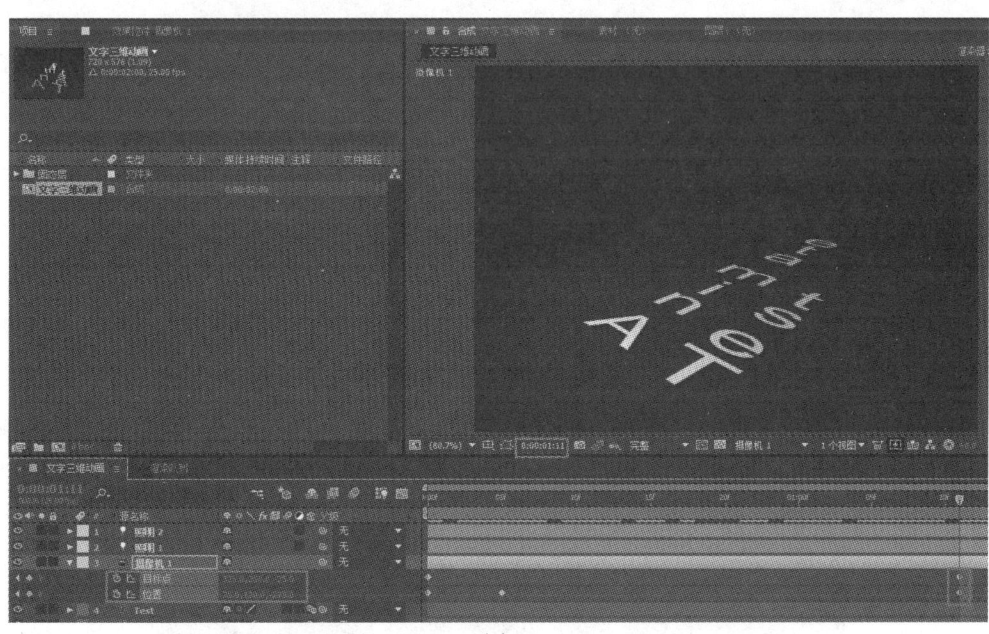

（c）

图 2 1 27

**小贴士**

本任务先创建了三维场景，然后建立文字行，通过动画设置得到文字依次旋转倒下的效果，完成这个动画效果后，再设置灯光和阴影，复制文字行，最后设置摄像机动画，进行三维场景的空间调度。

## 经验和小结

AE 的文字动画和特效功能非常强大，在后期合成中往往是画龙点睛之笔，要注意灵活运用，掌握相关技巧。

## 思考和练习

**思考：**

在 AE 中，你还能用其他方法实现手写字动画效果吗？

**练习：**

1. 制作一个“习”字的手写字动画。

2. 用“Adobe After Effects CC 2015”这一行文字，完成打字机效果、飞舞文字及文字三维动画（从地面上直立起来）的动画效果。

# 任务2.2 制作一组文字特效

### ◎任务导读

在影视动漫后期包装中，为了使文字的表现形式更加丰富，可以为文字添加各种特效，形成神奇的视觉效果，如本任务中的文字变成烟、文字变成粒子等，这些效果在影视作品的字幕形式中也是经常看到的，特别是片名、片头与片尾出现演职员名单等。

### ◎学习目标

通过制作一组文字特效，熟悉利用 AE 软件制作文字特效的一些常见技巧。下面来学习制作文字特效——破碎文字、烟化文字、水波荡漾文字动画的制作。视频样片截图如图 2-2-1 所示。视频样片及相关资源见配套光盘。

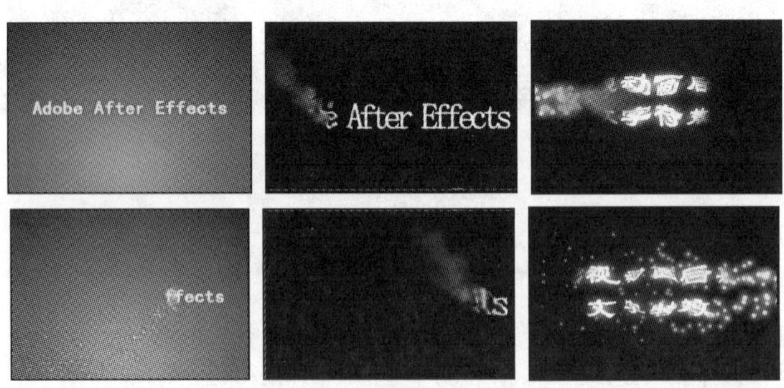


图 2-2-1

## 实践操作

素材资源：无。

技能点拨：通过“杂色”制作破碎的效果，通过“梯度渐变”制作破碎的方向，通过“碎片”完成破碎的效果，通过“发光”使得文字更加美观。通过“分形杂色”制作过渡背景，通过“线性擦除”制作过渡效果，通过“色光”调节颜色，通过“曲线”增强明暗对比度，通过“网格变形”增强烟化的对比度，通过“波形环境”制作波纹贴图。通过 Particular 特效完成粒子动画效果，通过“梯度渐变”特效制作背景，通过“遮罩”动画完成水波扩散效果。

制作流程：

| 第 1 步 | 第 2 步 | 第 3 步 |
| --- | --- | --- |
| 制作破碎文字 | 制作烟花文字 | 制作水波荡漾文字 |

### 操作步骤

#### 第 1 步　制作破碎文字

**01** 选择“合成”→“新建合成”命令，在弹出的“合成设置”对话框中设置“合成名称”为“破碎效果”，“持续时间”为 5 秒，如图 2-2-2 所示。

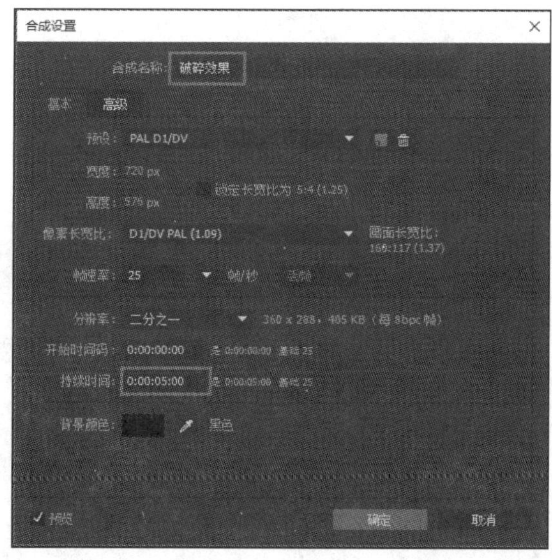


图 2-2-2

**02** 新建一个黑色的纯色层，命名为“杂色”，如图 2-2-3（a）所示。选择“效果”→“杂色和颗粒”→“杂色”，添加“杂色”滤镜，设置“杂色数量”为 100%，取消勾选“剪切结果值”复选框，使得噪波更加密集，如图 2-2-3（b）所示。

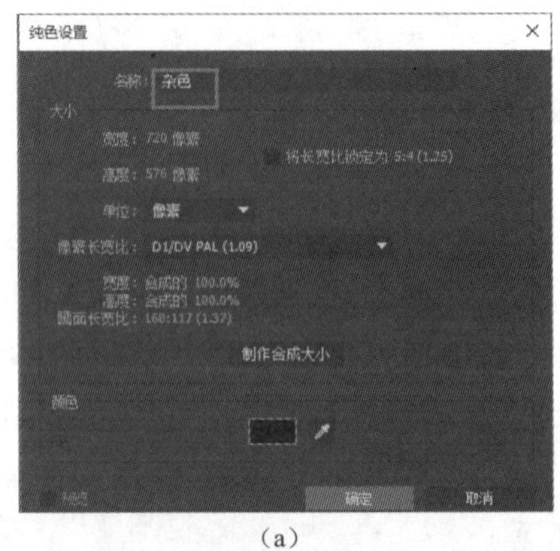


（a）

（b）

图 2-2-3

**03** 新建一个合成，命名为“破碎方向”。新建一个黑色纯色层，命名为“渐变”。选择“效果”→“生成”→“梯度渐变”命令，添加“梯度渐变”滤镜，设置“渐变起点”为（720，290），“渐变终点”为（0，288），如图 2-2-4 所示。“渐变起点”选项和“渐变终点”选项用于调整破碎的方向。

图 2-2-4

**04** 新建一个合成，命名为“文字”。选择“横排文字工具”T输入文字“Adobe After Effects”，字体为 Arial，颜色为黄色，字号为 62，加粗。将“破碎效果”合成和“破碎方向”合成拖动到时间线面板，并单击“破碎效果”图层和“破碎方向”图层左侧的眼睛图标，使图层不显示，如图 2-2-5 所示。

图 2-2-5

**05** 制作文字碎片动画效果。选择文字层，再选择“效果”→“模拟”→“碎片”命令，添加“碎片”滤镜，设置“视图”为“已渲染”。展开“形状”选项，设置“图案”为“自定义”，“自定义碎片图”为“3．破碎效果”。展开“渐变”选项，设置“渐变图层”为“2．破碎方向”合成。打开“碎片阈值”码表，在 0 秒处设置为 0，在 4 秒处设置为 100%，如图 2-2-6 所示。

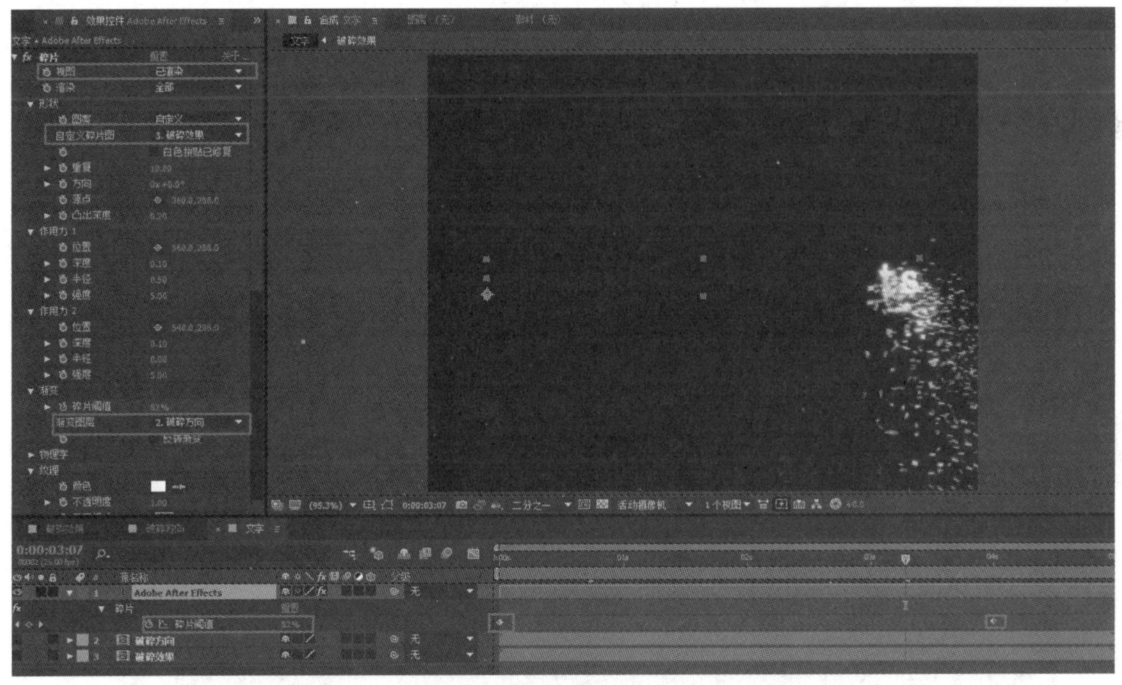

图 2-2-6

**06** 制作背景。新建一个橙色的纯色层，置于最底层，再选择“效果”→“生成”→“梯度渐变”命令，添加“梯度渐变”滤镜，设置“渐变起点”为（350，500），“起始颜色”为橙色，“渐变终点”为（310，1244），“渐变形状”为“径向渐变”，如图 2-2-7 所示。

图 2-2-7

**07** 为文字添加发光效果。选择文字层，再选择“效果”→“风格化”→“发光”命令，添加“发光”滤镜，设置“发光半径”为 12，“发光强度”为 3，“发光颜色”为“A 和 B 颜色”，“颜色 A”为橙色，“颜色 B”为红色，如图 2-2-8 所示。

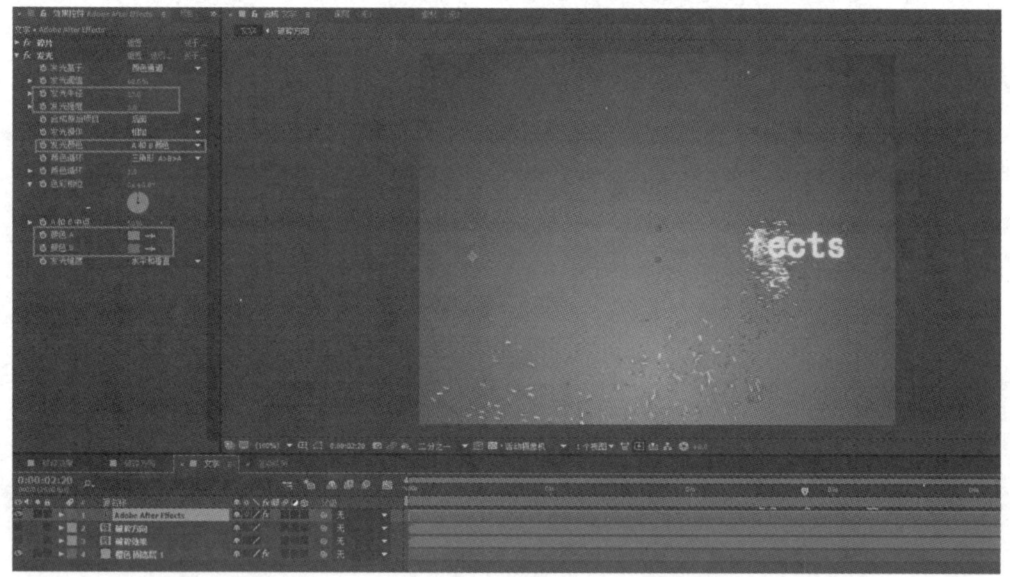


图 2-2-8

### 第 2 步　制作烟化文字

**01** 新建一个合成，命名为“烟化文字”，设置“持续时间”为 5 秒，如图 2-2-9（a）所示。选择文字工具，输入文字“Adobe After Effects”，字体的颜色为白色。选择“效果”→“透视”→“斜面 Alpha”命令，添加“斜面 Alpha”滤镜，保持默认设置即可，如图 2-2-9（b）所示。

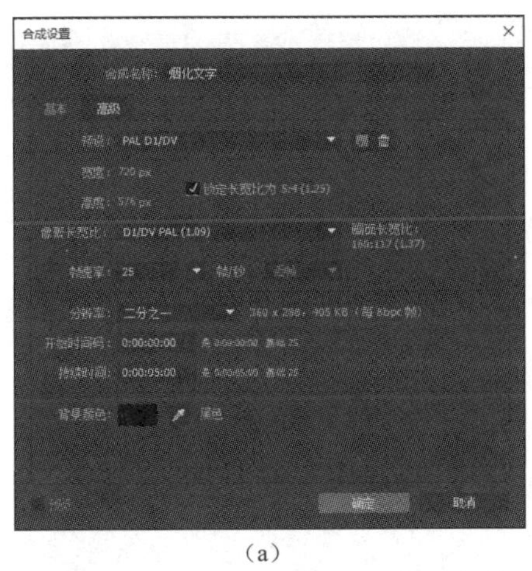


（a）

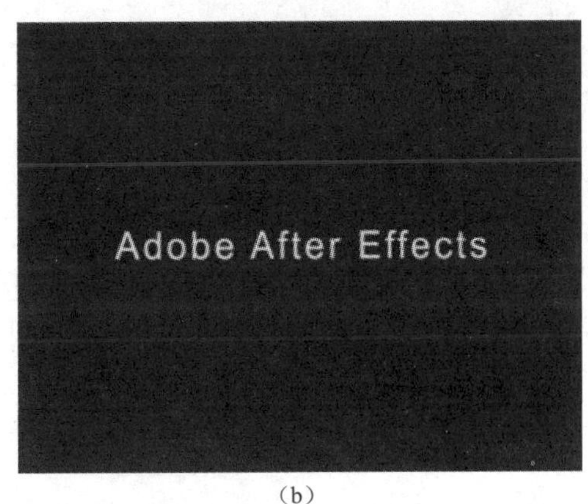


（b）

图 2-2-9

**02** 新建一个合成，命名为“杂色纹理”，再新建一个黑色纯色层。选择“效果”→“杂色和颗粒”→“分形杂色”命令，添加“分形杂色”滤镜，设置“分形类型”为“湍流基本”，展开“变换”选项，设置“缩放”为 20，如图 2-2-10 所示。

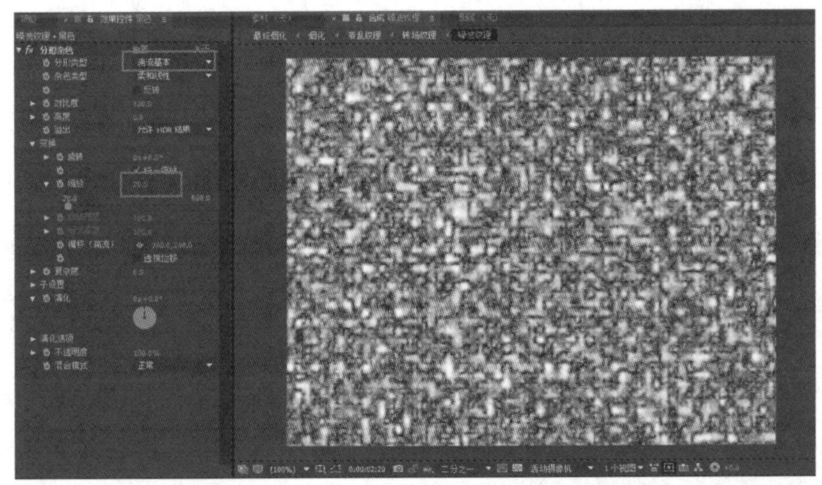

图 2-2-10

**03** 新建一个合成，命名为“转场纹理”。将“杂色纹理”合成拖到时间线面板中，再新建一个白色纯色层，设置模式为“亮光”，如图 2-2-11 所示。

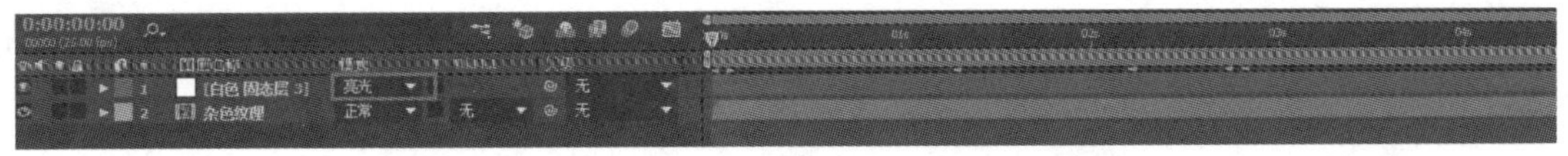


图 2-2-11

**04** 选择白色纯色层，再选择“效果”→“过渡”→“线性擦除”命令，添加“线性擦除”滤镜，设置“羽化”为 360。打开“过渡完成”码表设置关键帧动画，在 0 秒处设置为 0，在 4 秒处设置为 100%，如图 2-2-12 所示。

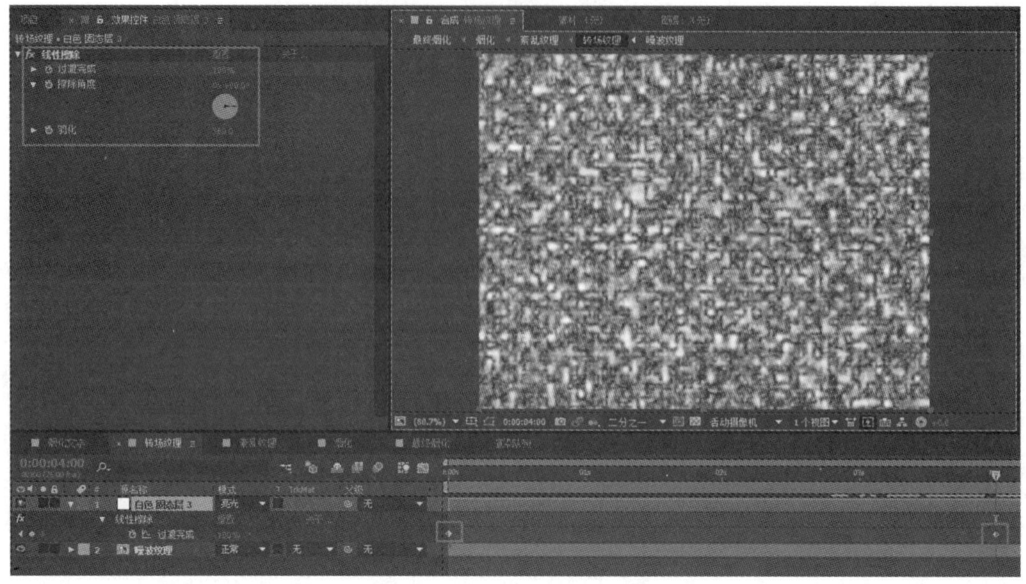

图 2-2-12

05 选择白色纯色层，再选择“效果”→“颜色校正”→“色光”命令，添加“色光”滤镜，展开“输入相位”选项，设置“获取相位，自”为“Alpha”；展开“输出循环”选项，设置“使用预设调板”为“渐变灰色”；展开“修改”选项，勾选“更改空像素”，如图 2-2-13（a）所示。最后选择“效果”→“颜色校正”→“曲线”命令，添加“曲线”滤镜，设置参数如图 2-2-13（b）所示，添加曲线可以增加亮度和对比度。

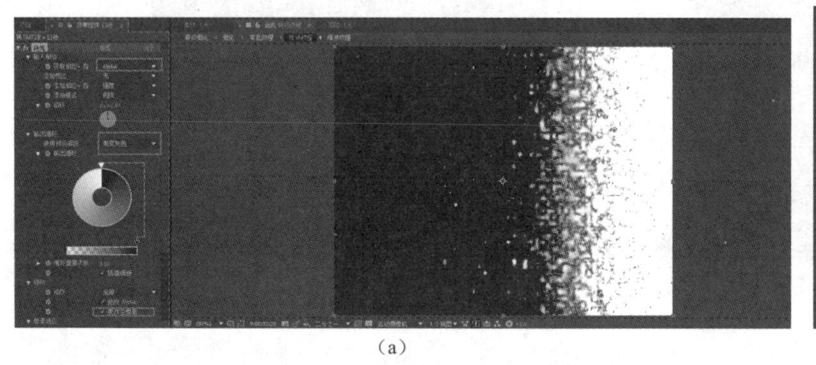

（a）

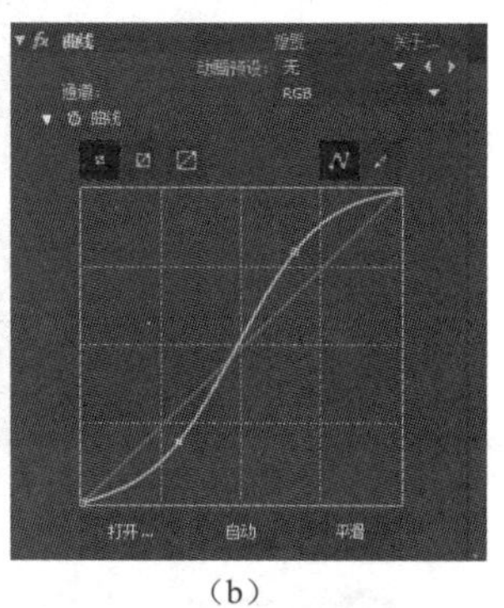

（b）

图 2-2-13

06 新建一个合成，命名为“紊乱纹理”。将“转场纹理”合成拖动到时间线面板中，选择“效果”→“扭曲”→“湍流置换”命令，添加“湍流置换”滤镜，展开“效果”选项，按住 Alt 键的同时单击“演化”码表，添加表达式“time*200”，如图 2-2-14（a）所示。选择“效果”→“模糊和锐化”→“快速模糊”命令，添加“快速模糊”滤镜，设置“模糊度”为 10，如图 2-2-14（b）所示。

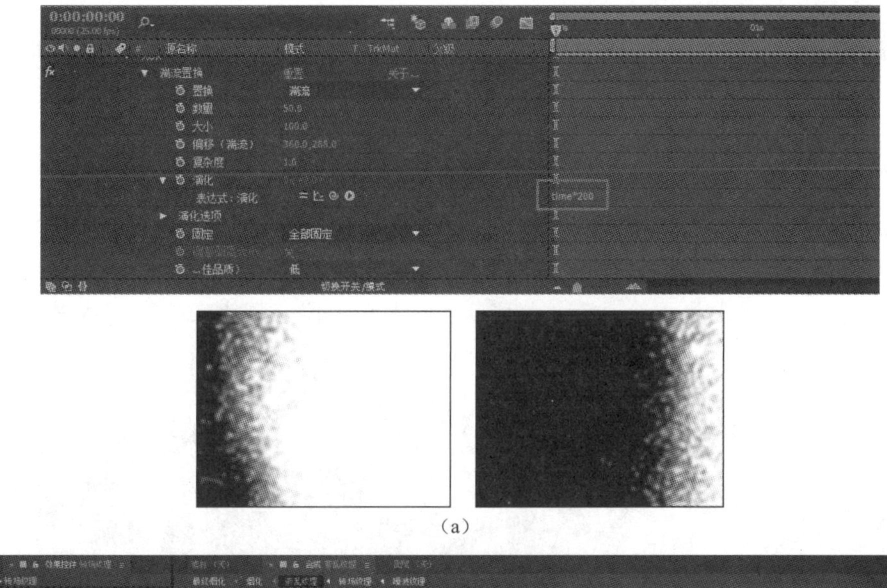


（a）

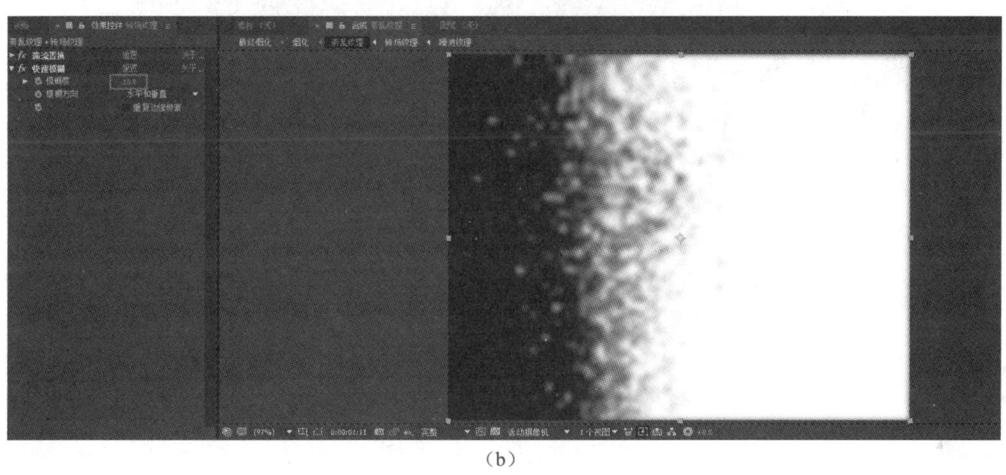

（b）

图 2-2-14

**07** 新建一个合成，命名为“烟化”，再将“烟化文字”合成和“紊乱纹理”合成拖拽到时间线面板中，设置图层“紊乱纹理”轨道遮罩为“亮度遮罩‘[烟化文字]’”，如图 2-2-15 所示。

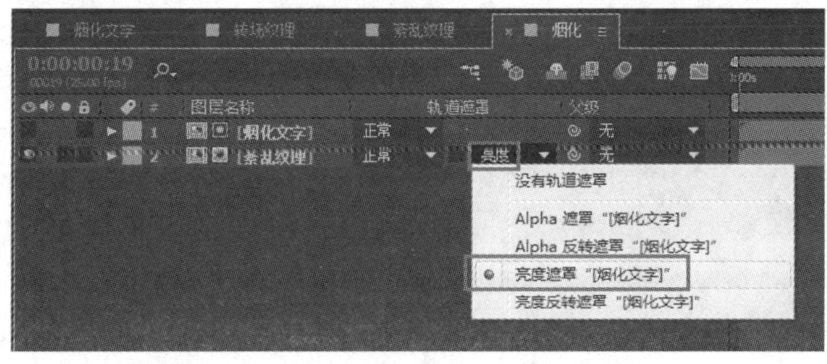


图 2-2-15

**小贴士**

轨道蒙版的作用：使用上一层素材的 Alpha 值或者反转 Alpha 值、亮度或者反转亮度决定下一层素材显示的区域。

**08** 选择“图层”→“新建”→“调整图层”命令，新建一个调整图层，命名为“置换”。选择“置换”图层，再选择“效果”→“扭曲”→“置换图”命令，添加“置换图”滤镜，设置“置换图层”为“3．紊乱纹理”，“最大水平置换”为-20，“最大垂直置换”为-90，如图 2-2-16 所示。

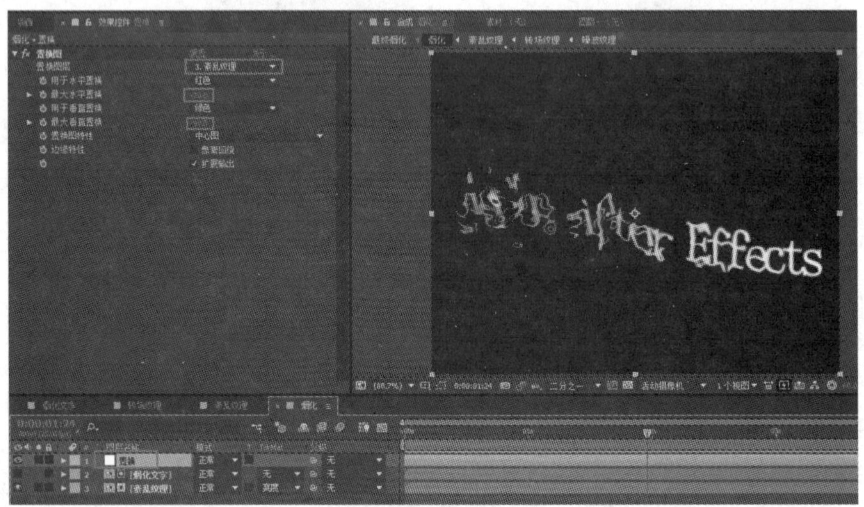

图 2-2-16

**09** 用同样方法新建一个调整图层，命名为“模糊”。选择“模糊”图层，再选择“效果”→“模糊和锐化”→“复合模糊”命令，添加“复合模糊”滤镜，设置“模糊图层”为“4．紊乱纹理”，勾选“反转模糊”复选框，如图 2-2-17 所示。

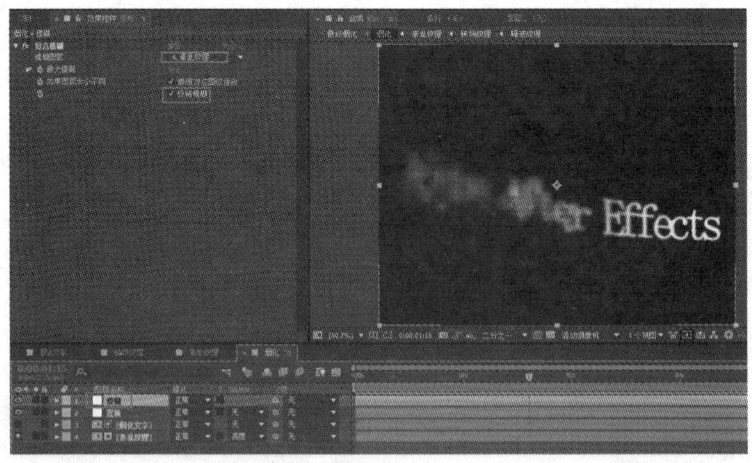

图 2-2-17

**10** 新建一个调整图层，命名为“紊乱”。选择“紊乱”图层，再选择“效果”→“扭曲”→“湍流置换”命令，添加“湍流置换”滤镜，设置“数量”为 150，“大小”为 16，“演化”为-20°，如图 2-2-18（a）所示。按 Ctrl+D 组合键复制“紊乱纹理”图层，放置在“紊乱”调整图层上面，设置“紊乱”图层的轨道遮罩为“亮度反转遮罩‘[紊乱纹理]’”，如图 2-2-18（b）所示。

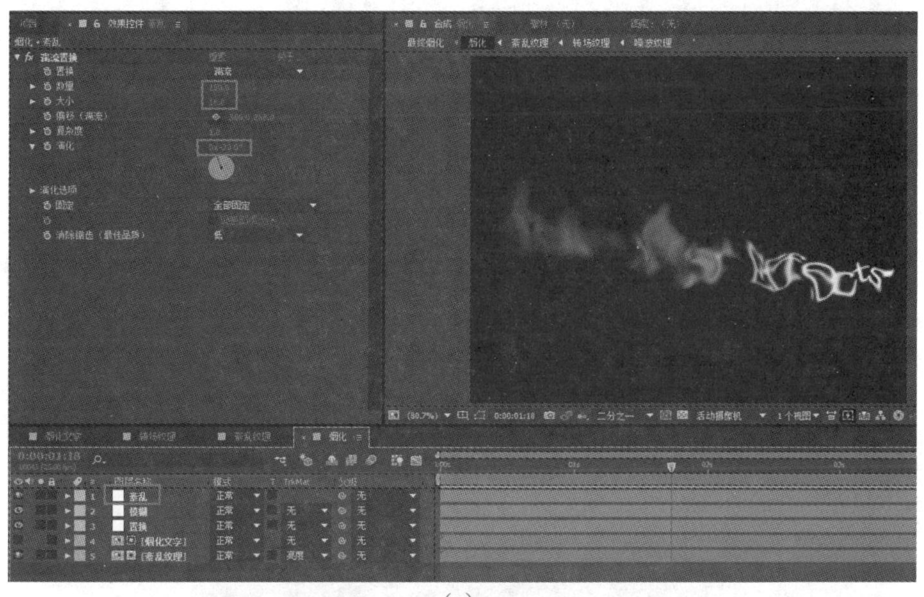

（a）

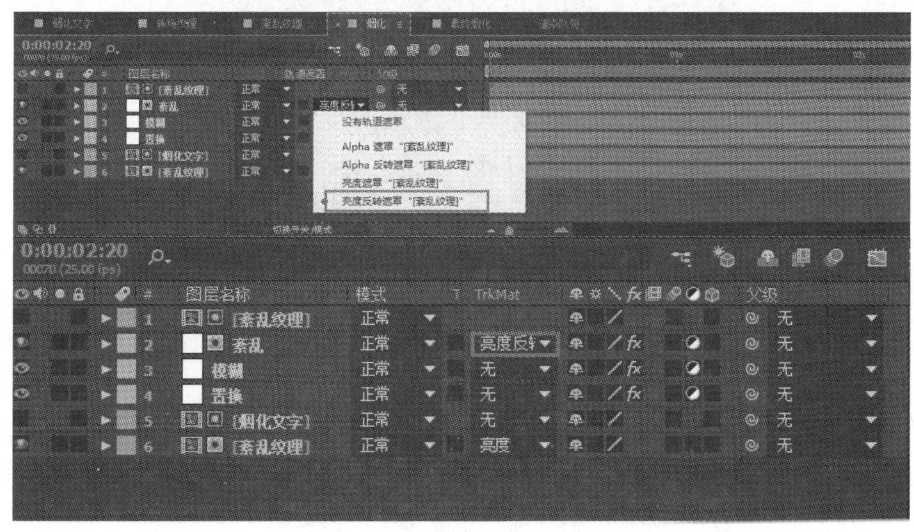


（b）

图 2-2-18

**小贴士**

对调整图层添加特效，其效果会对下面所有层产生影响，例如，我们对调整图层添加了一个模糊特效，那么它下面所有的图层都会产生模糊效果。

**11** 新建一个合成，命名为“最终烟化”。将“烟化”合成拖动到时间线面板中，再选择“效果”→“扭曲”→“网格变形”命令，添加“网格变形”滤镜，设置“行数”为10，“列数”为10，调整控制点，使得烟有所变形，增强真实感，如图 2-2-19 所示。

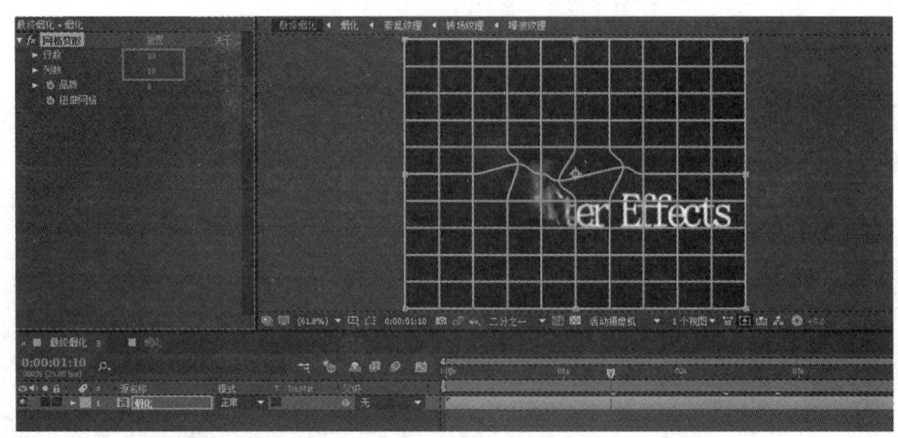

图 2-2-19

## 第 3 步　制作水波荡漾文字

**01** 新建一个合成，命名为“水波荡漾文字”，如图 2-2-20 所示。

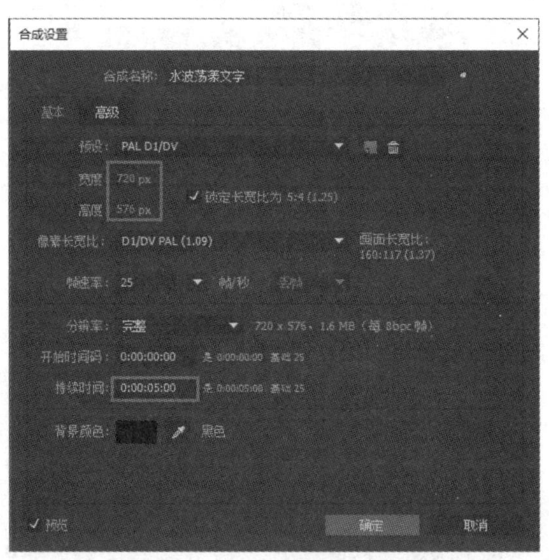


图 2-2-20

**02** 选择“横排文字工具” T，设置字体为隶书，像素 92，输入“影视动画后期文字特效”，如图 2-2-21 所示。

**03** 制作水波贴图。新建一个黑色纯色层，命名为“水波贴图”，如图 2-2-22（a）所示。将“水波贴图”纯色层放置于文字图层之下。选择“水波贴图”图层，再选择“效果”→“模拟”→“波形环境”命令，添加“波形环境”滤镜，设置“视图”为“高度地图”。按 Ctrl+Shift+C 组合键对“水波贴图”进行预合成，如图 2-2-22（b）所示。

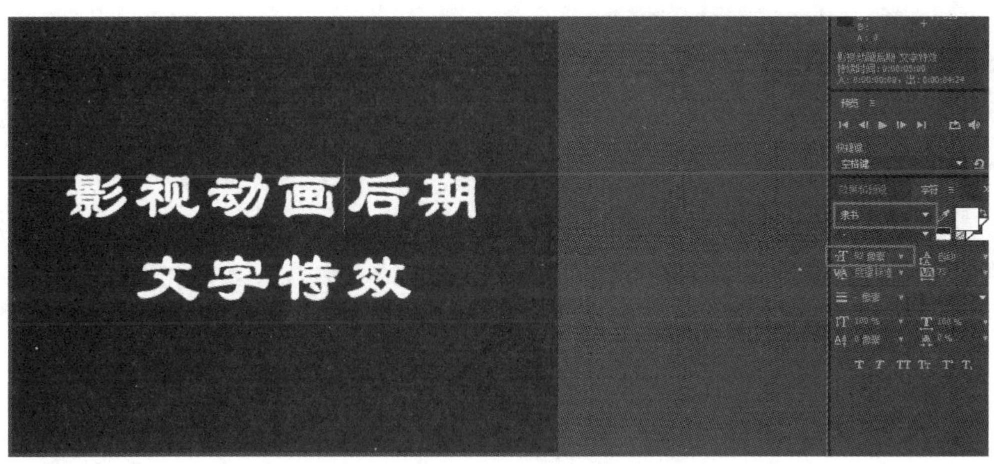


图 2-2-21

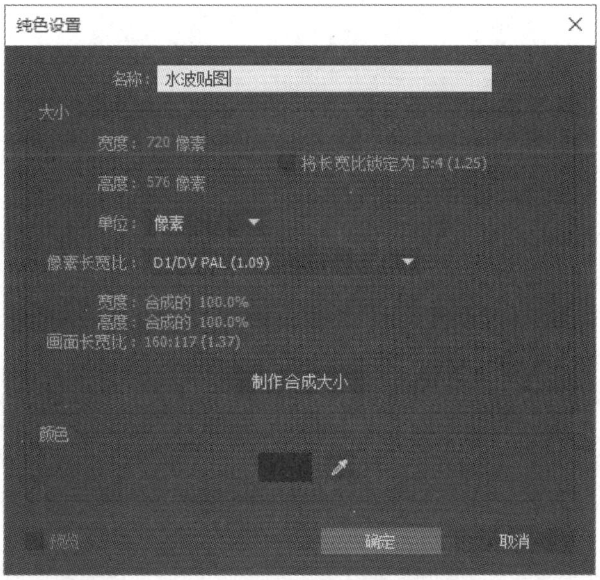

纯色设置
名称：水波贴图
大小
宽度：720 像素
高度：576 像素
将长宽比锁定为 5:4 (1.25)
单位：像素
像素长宽比：D1/DV PAL (1.09)
宽度：合成的 100.0%
高度：合成的 100.0%
画面长宽比：160:117 (1.37)
制作合成大小
颜色
预览
确定
取消

（a）

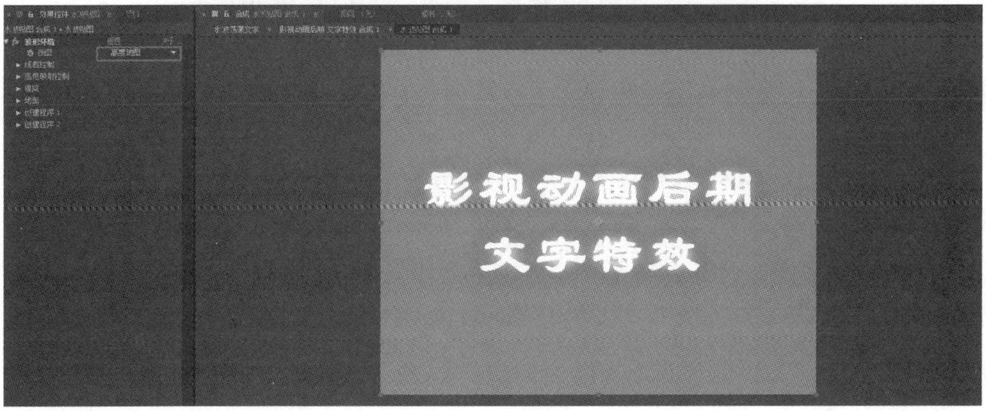

影视动画后期
文字特效

图 2-2-22

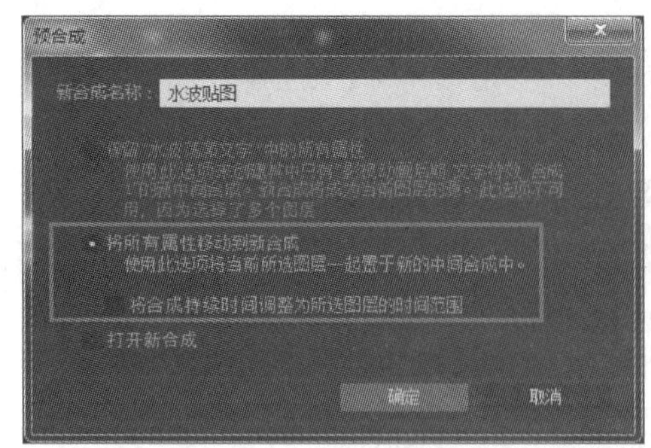

（b）

图 2-2-22（续）

04 为文字制作波动效果。选择文字层，再选择“效果”→“模拟”→“焦散”命令，添加“焦散”滤镜，展开“水”选项，设置“水面”为“2.水波贴图合成 1”，“表面不透明度”为 0；展开“灯光”选项，设置“灯光强度”为 0。最后单击“水波贴图合成 1”图层眼睛图标，使其不显示，如图 2-2-23 所示。这样文字就有了水波效果。

图 2-2-23

05 对文字层做遮罩动画。选择文字层，按 Ctrl+Shift+C 组合键进行自我预合成。添加椭圆遮罩，为“影视动画后期文字特效合成 1”做椭圆遮罩由小变大的动画，也可以对遮罩扩展做动画，如图 2-2-24 所示。

06 新建一个黑色纯色层，命名为“背景”，图层置于底部。选择“背景”图层，再选择“效果”→“生成”→“梯度渐变”命令，添加“梯度渐变”滤镜，设置“渐变起点”为（360，288），“起始颜色”为#271400，“渐变终点”为（-96，84），“结束颜色”为#000000，“渐变形状”为“径向渐变”，如图 2-2-25 所示。

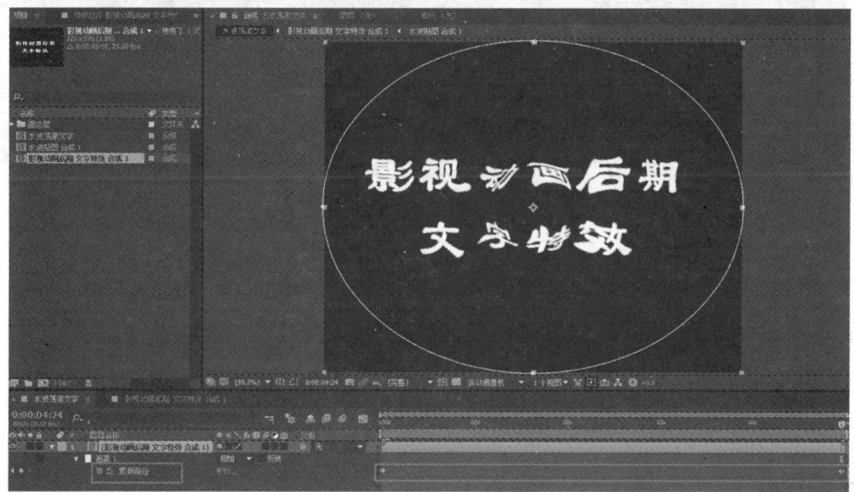


图 2-2-24

图 2-2-25

**07** 制作粒子效果。新建一个黑色纯色层，命名为“粒子”。选择“粒子”图层，再选择“效果”→“Trapcode”→“Particular”命令，添加 Particular 效果，如图 2-2-26 所示。这里用的是 Red Giant 经典特效插件 Trapcode Suite 13。

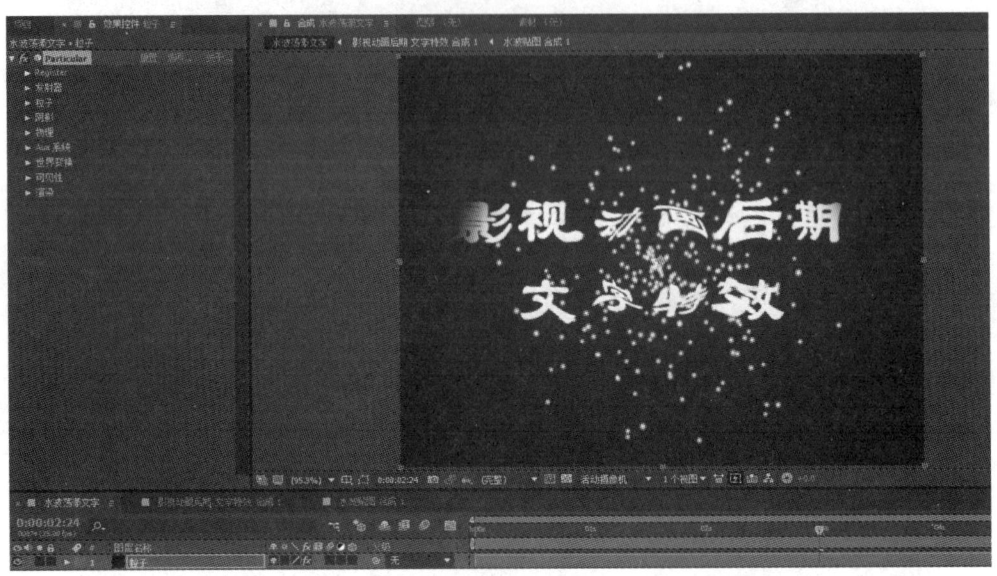


图 2-2-26

**08** 调整 Particular 特效的参数。为使粒子的运动方向统一，展开“发射器”选项，设置“方向”为“统一”；为粒子做位移动画，展开“发射器”选项，打开“位置 XY”码表，在 0 帧处设置“位置 XY”为（-126.3，288），在 2 秒处设置“位置 XY”为（1018.1，288），如图 2-2-27 所示。

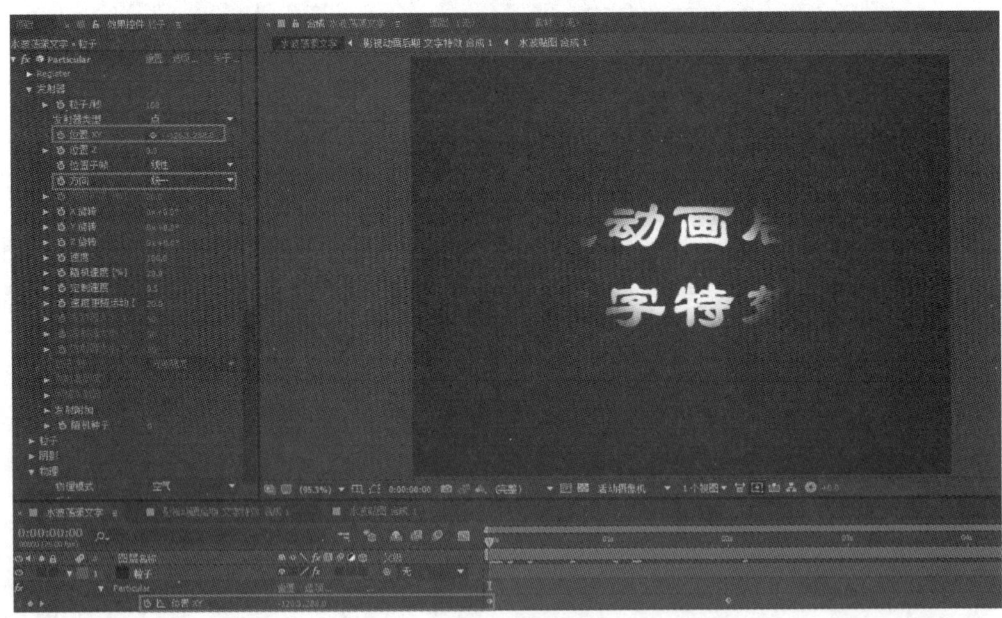

图 2-2-27

**09** 展开“粒子”选项，设置“生命随机［%］”为 0，“粒子类型”为“辉光形体（无 DOF）”“大小”为 20，“设置颜色”为“生命”，“生命大小”如图 2-2-28 所示。

图 2-2-28

**10** 展开“物理”→“气”选项，设置“自旋幅度”为 100，“自旋频率”为 2，“自旋衰减[sec]”为 0.1，如图 2-2-29 所示。

图 2-2-29

**11** 双击“影视动画后期文字特效”合成，选择文字层，再选择“效果”→“风格化”→“发光”命令，添加“发光”滤镜，设置“发光半径”为 40，“发光强度”为 2，“发光颜色”为“A 和 B 颜色”，“颜色循环”为“三角形 B>A>B”，“颜色 A”为红，“颜色 B”为黄，如图 2-2-30 所示。

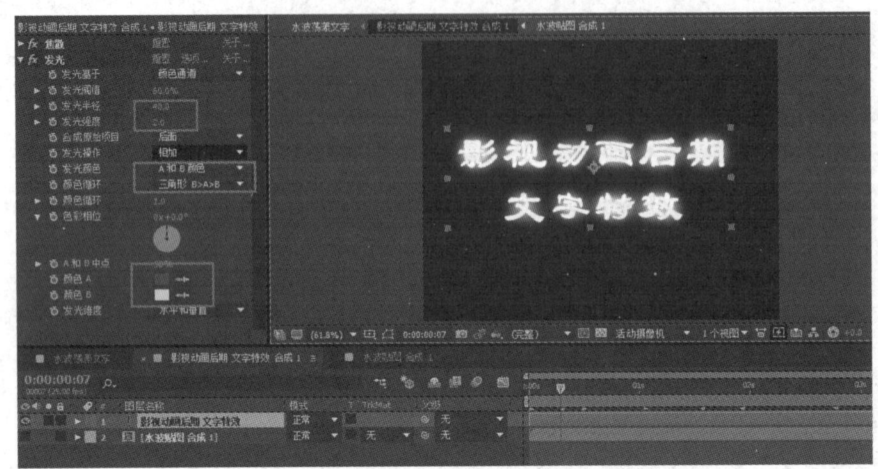

图 2-2-30

**12** 返回最终的“水波荡漾文字”合成，观看最后的效果，如图 2-2-31 所示。

图 2-2-31

## 经验和小结

当做多个合成嵌套时，每个合成的命名非常重要，有时在做动画的过程中可能会出现上百个合成，所以只有通过每个合成的名称才可以快速地找到所需合成。

对于网络上大量的文字特效模板，要学会综合使用，做出自己的特色和元素。

## 思考和练习

思考：

如何让水波纹文字在 3 秒后不再荡漾？

**练习：**

尝试用自己的名字制作演绎动画。

## 制作文字动画片头

**◎任务导读**

片头文字动画是影视动漫作品片头的主要及重要元素，一个精良的 Logo 文字演绎动画能使画面的表现形式更加丰富和具有吸引力，能使得 Logo 所代表的企业精神得到更充分的诠释，片头落幅标题文字的设计与排版也至关重要，所以掌握文字动画片头及 Logo 文字演绎动画的制作技巧对于后期特效人员来说是一个重要的技能。

**◎学习目标**

通过本任务，掌握常见的文字动画片头制作技巧。下面来学习制作文字动画片头——NERV 片头和死亡笔记片头。视频样片截图如图 2-3-1 所示。视频样片及相关资源见配套光盘。

图 2-3-1

## 实践操作

### 案例 1　制作 NERV 片头

素材资源：新世纪福音战士-人类补全计划.psd。

技能点拨：通过 3D 图层（三维层）制作枫叶由远到近的动画，通过 3D Stroke 制作刀光效果，通过文字编辑窗口制作文字特效。

制作流程：

| 第 1 步 | 第 2 步 | 第 3 步 | 第 4 步 |
|---|---|---|---|
| 素材导入和文件管理 | 制作枫叶 | 制作刀光 | 设置文字并渲染输出 |

## 操作步骤

### 第 1 步　素材导入和文件管理

新建一个合成，如图 2-3-2 所示。导入素材，如图 2-3-3 所示。

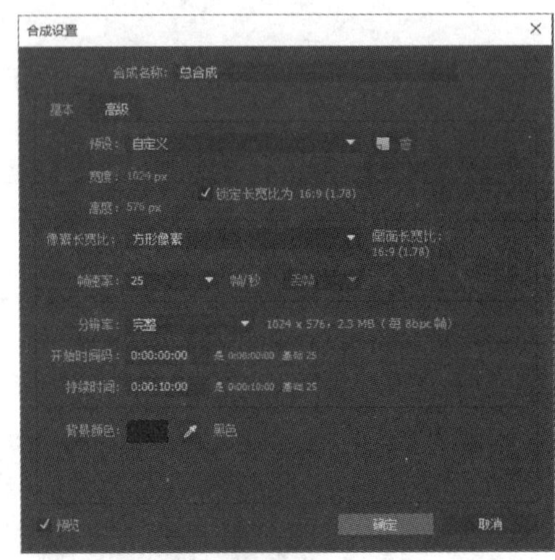

图 2-3-2

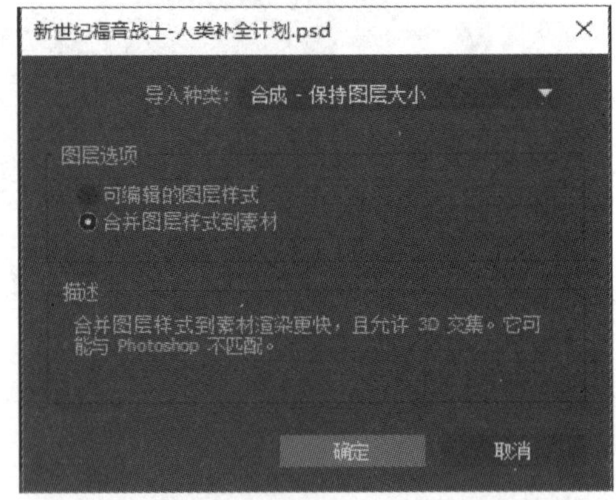

图 2-3-3

### 第 2 步　制作枫叶

01 复制图层到总合成中，右击图层，在弹出的快捷菜单中选择“效果”→“生成”→“填充”命令，改变图层颜色，展开“变换”选项，设置“位置”“缩放”等选项，如图 2-3-4 所示。

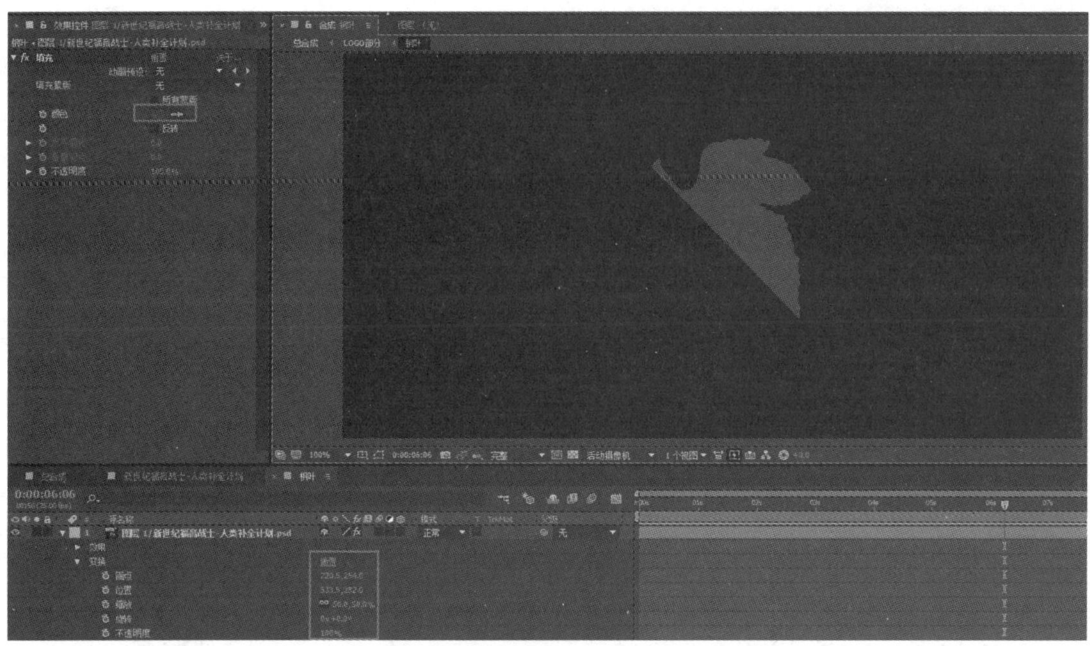

图 2-3-4

02 复制图层，设置“旋转”“位置”等选项，如图 2-3-5 所示。

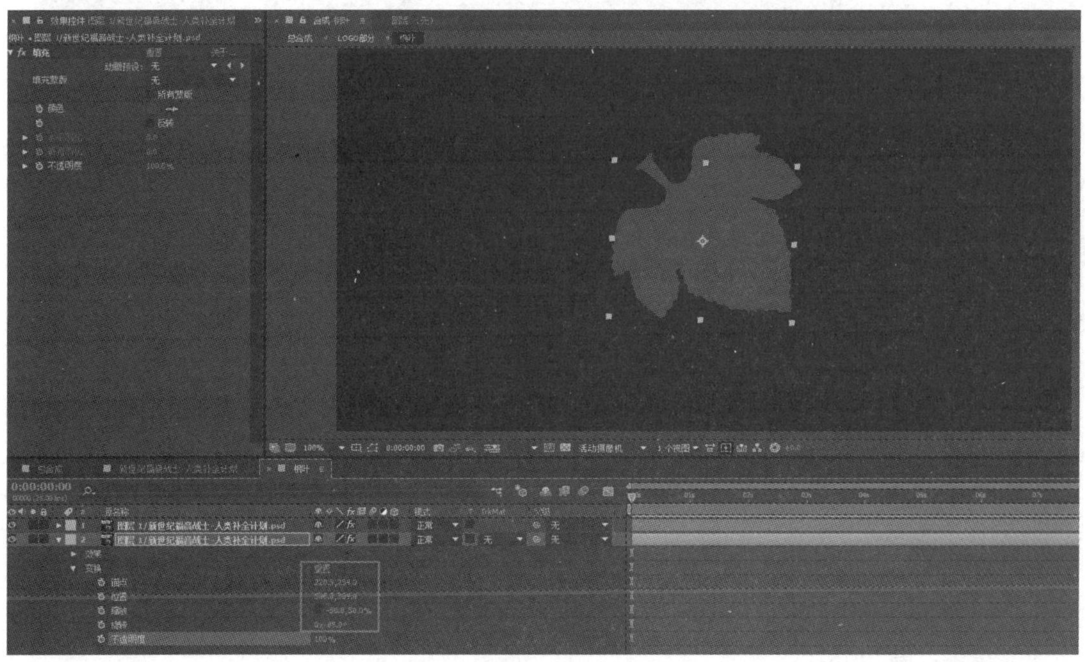

图 2-3-5

03 选择两个图层，按 Ctrl+Shift+C 组合键进行预合成，如图 2-3-6 所示。

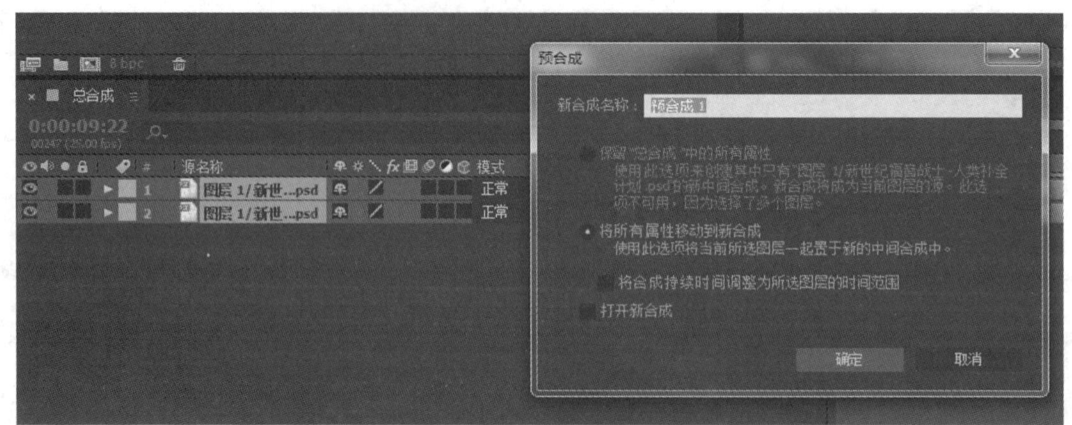

图 2-3-6

**04** 选择新合成的合成组，激活 3D 图层属性，设置“变换”属性。在 0 秒处打开码表，将关键帧移动到 5 秒处，设置“位置”“X 轴旋转”“Y 轴旋转”和“Z 轴旋转”等选项。全选关键帧，按 F9 键改变关键帧属性，如图 2-3-7 所示。

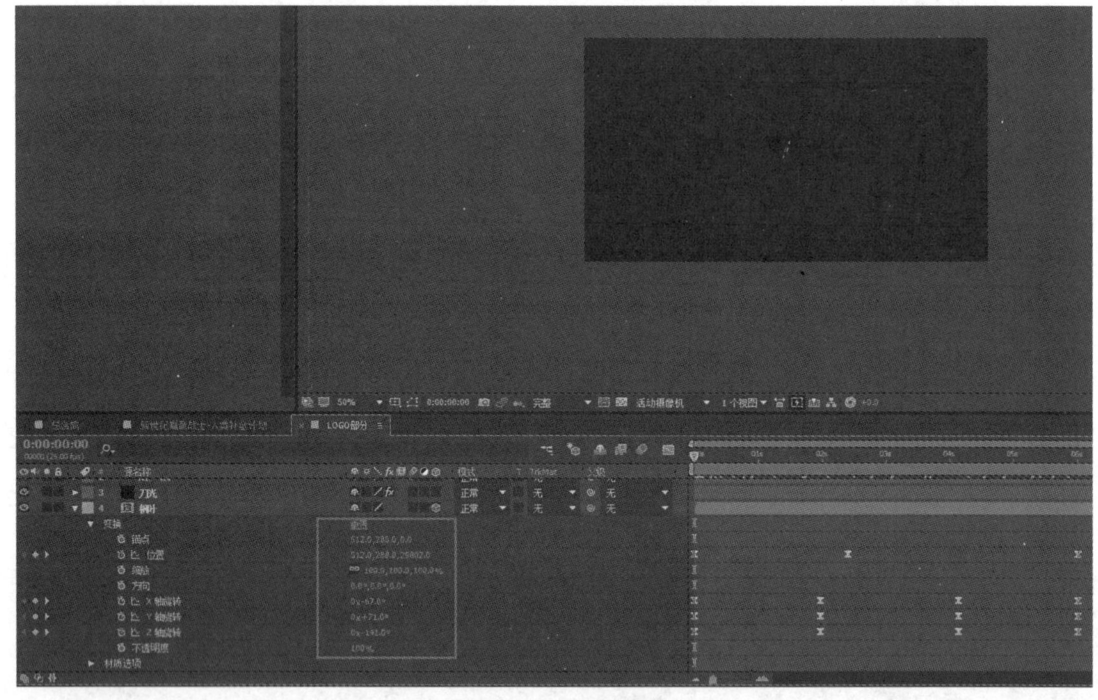

图 2-3-7

## 第 3 步　制作刀光

**01** 新建一个纯色层，命名为“刀光”，如图 2-3-8 所示。

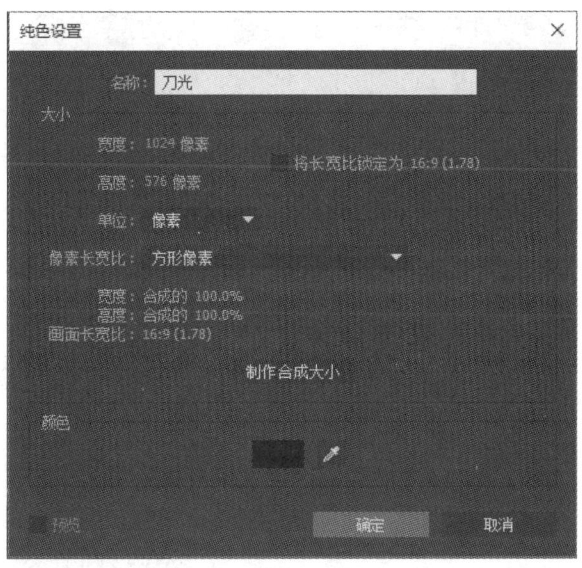


图 2-3-8

**02** 先将纯色层的“不透明度”设置为 0，再选择“钢笔工具”，绘制刀光路径。绘制完刀光路径后，重新设置“不透明度”为 100%，如图 2-3-9 所示。

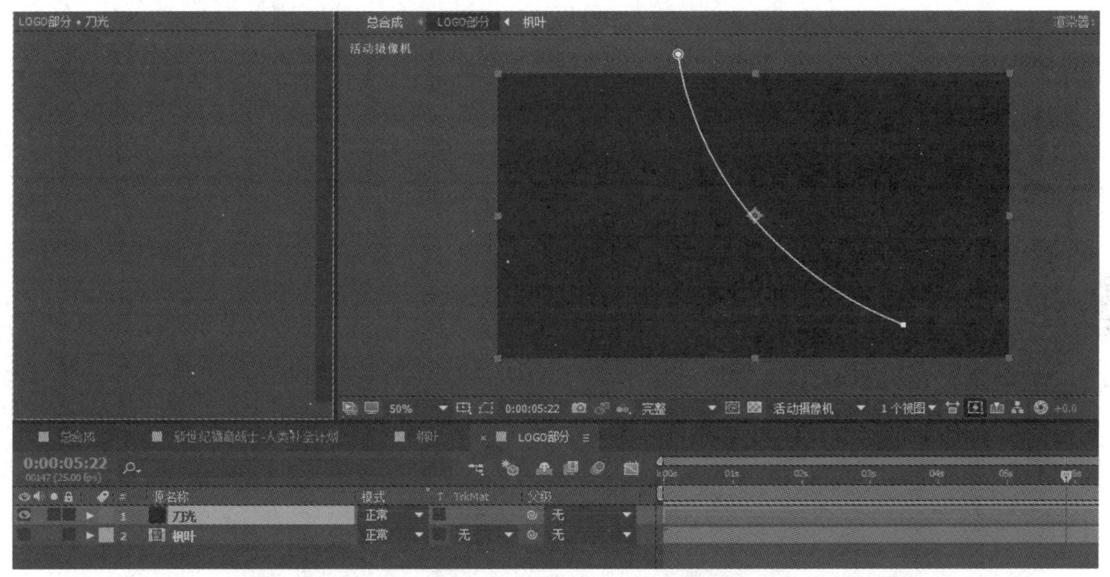


图 2-3-9

**03** 右击“刀光”图层，在弹出的快捷菜单中选择“效果控件”→“Trapcode”→“3D Stroke”命令（图 2-3-10），通过效果控件，调整其数值，如图 2-3-11 所示。

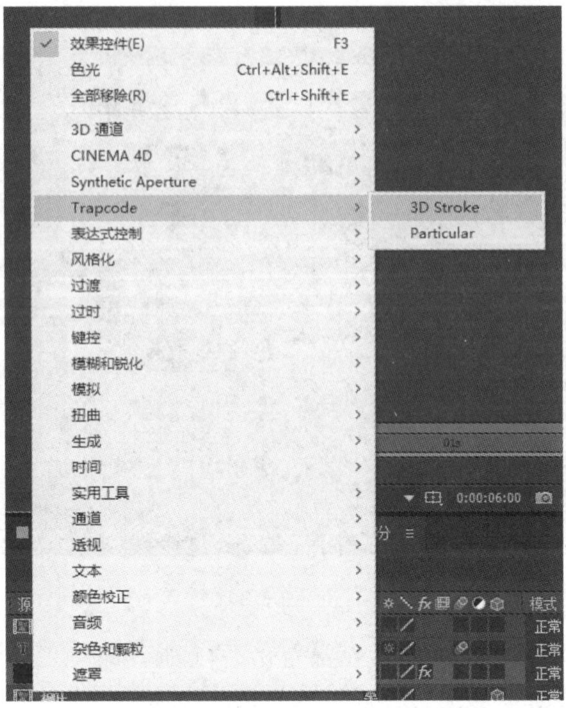


图 2-3-10

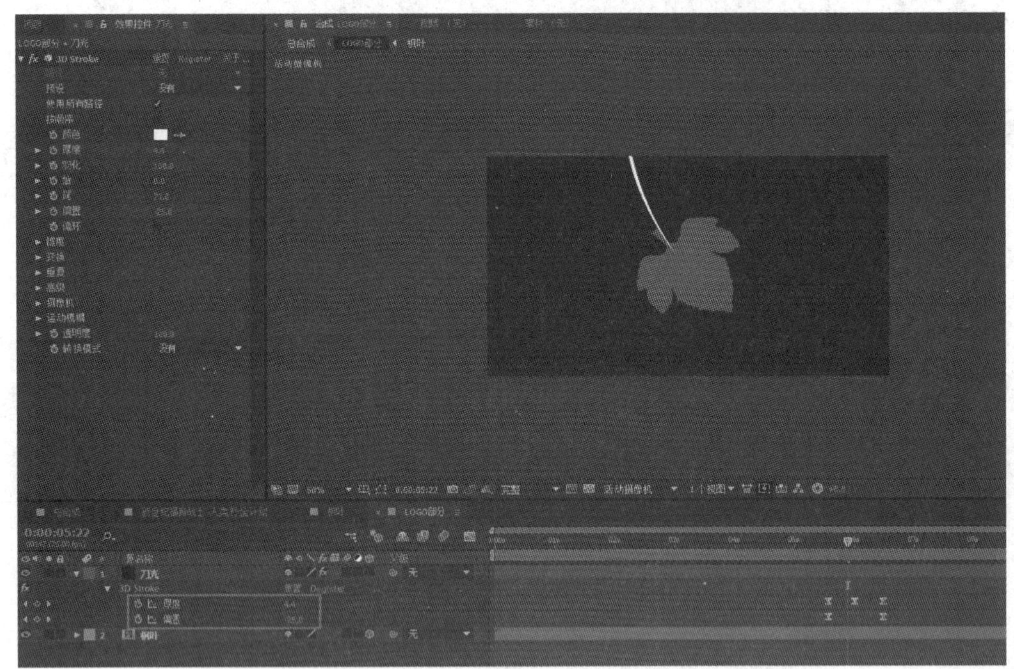

图 2-3-11

**04** 在刀光划过的时间中，选择“枫叶”图层，设置“不透明度”为100%，刀光结束时设置“不透明度”为0，如图2-3-12所示。

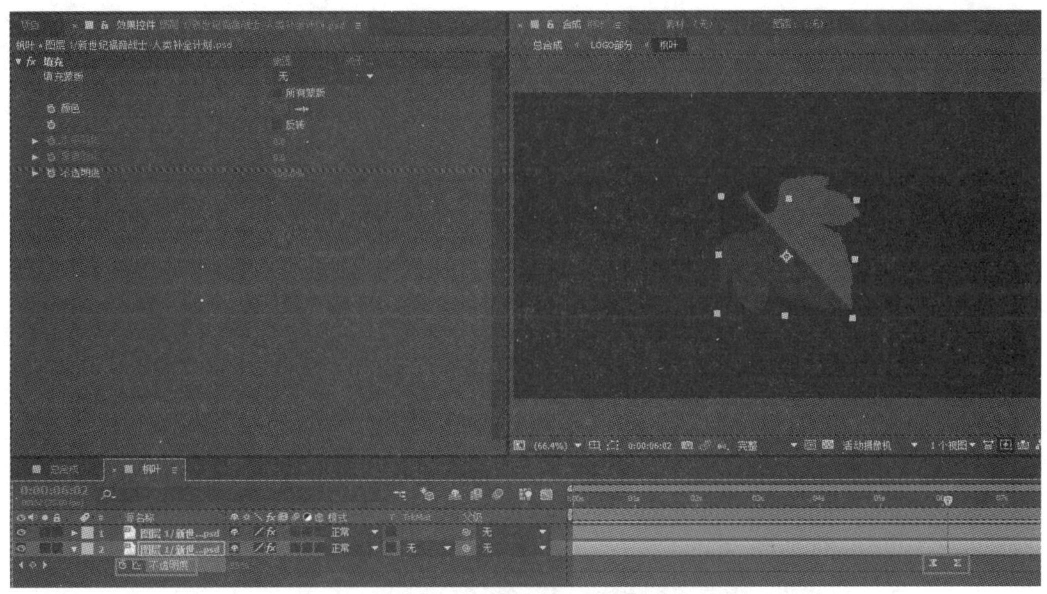

图 2-3-12

## 第 4 步　设置文字并渲染输出

**01** 选择"横排文字工具"T，输入"NERV"，在文字编辑窗口编辑文字，利用"缩放""不透明度"选项调整文字，如图 2-3-13 所示。

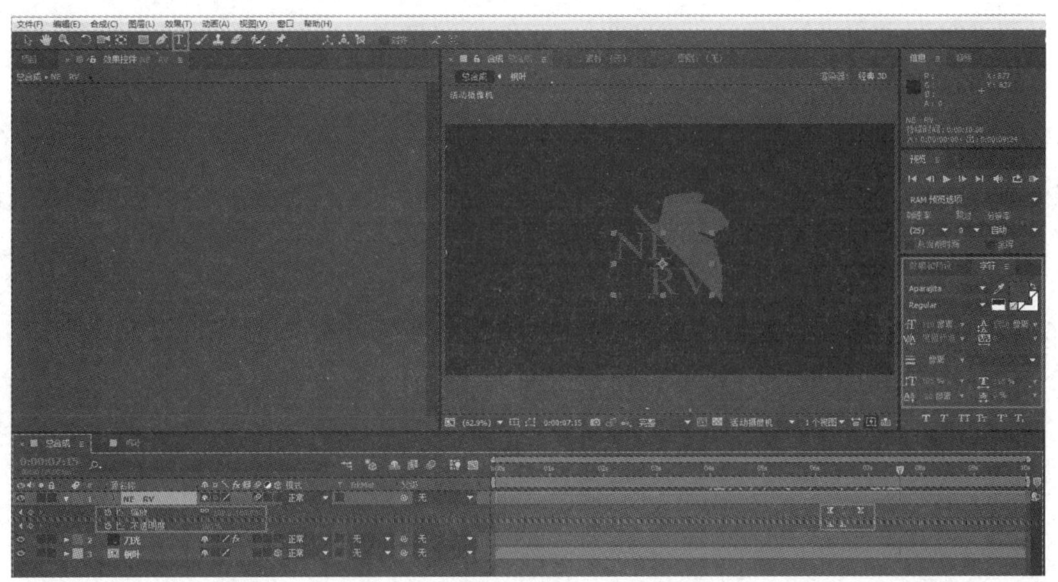

图 2-3-13

**02** 再次选择"横排文字工具" T，输入"GOD IS IN THIS HEAVEN ALL RIGHT WITH THE WORLD"。右击文字图层，在弹出的快捷菜单中选择"效果"→"扭曲"→"极坐标"命令，如图 2-3-14 所示。

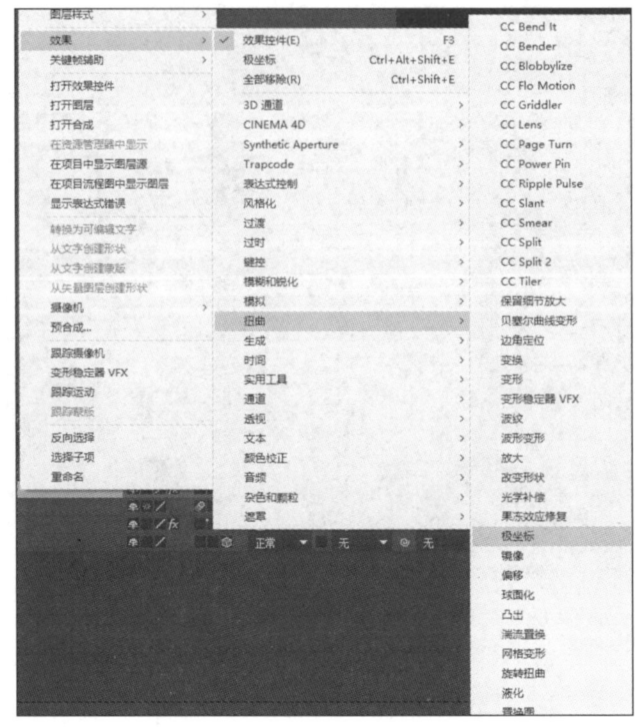


图 2-3-14

**03** 通过特效控制台，设置“转换类型”为“矩形到极线”，调整差值，通过文字编辑窗口调整文字。选择“效果和预置”面板，搜索“子弹列车”特效，然后拖动“子弹列车”选项到文字图层，如图 2-3-15 所示。

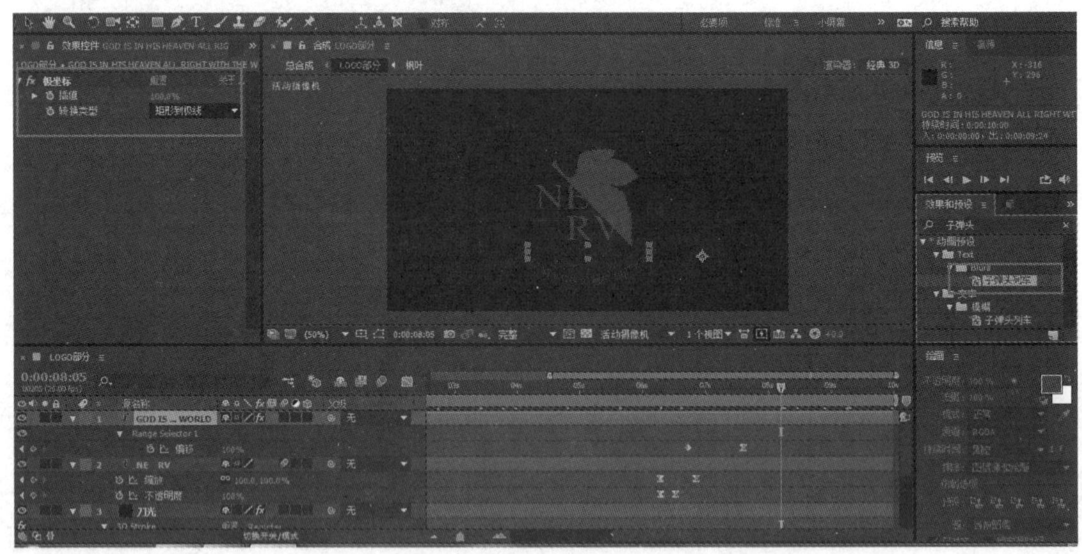

图 2-3-15

**小贴士**

在制作过程中，读者为了便于记忆和管理工程文件，可以根据自身的习惯进行一些图层的预合成，如图 2-3-15 中的 logo 部分、底下文字等合成，此处不再赘述。

**04** 在合成中新建一个白色“背景”纯色层，如图 2-3-16 所示。将其拖动到最底层，设置“不透明度”选项，在 6 秒处设置为 0，在 7 秒处设置为 100%，如图 2-3-17 所示。

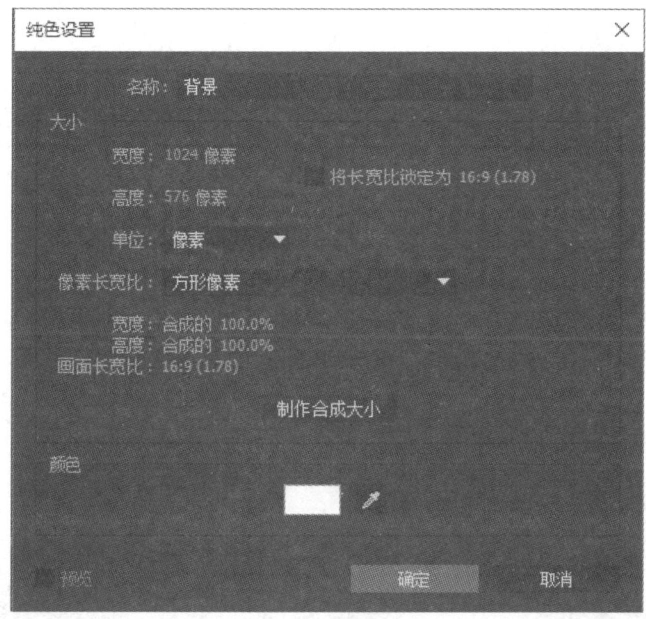


图 2-3-16

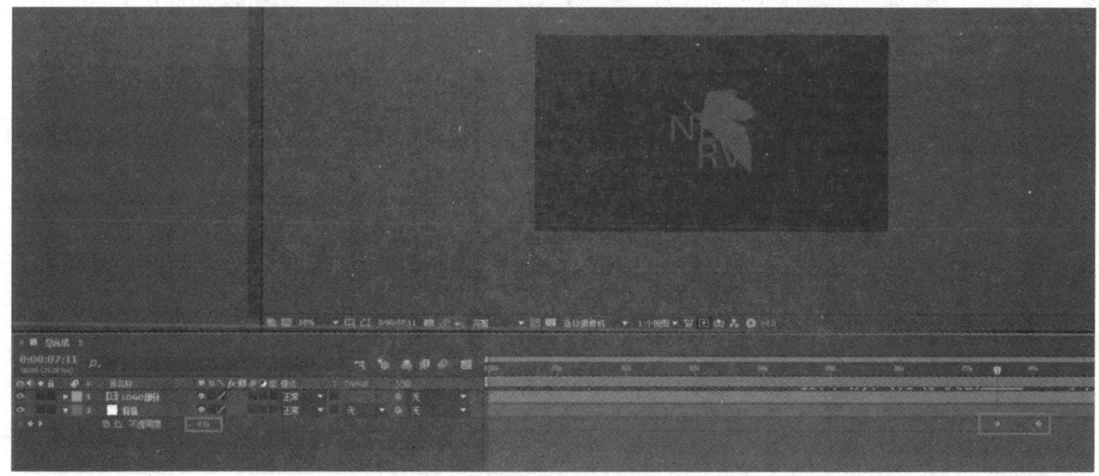

图 2-3-17

**05** 渲染及输出。具体步骤不再赘述。

## 案例 2　制作死亡笔记片头

素材资源：花纹.psd，卷轴.psd，恶魔.png，欧式花纹.mov，血迹 1.mov，血迹 2.mov，血迹 3.mov。

技能点拨：通过“色相/饱和度”调整原始素材的颜色风格；通过遮罩动画实现画幅的展开效果；通过 Keylight、“填充”实现红色血迹的喷溅效果；通过 3D Stroke 实现恶魔的描边效果；通过“毛边”实现“DEATH NOTE”文字斑驳的效果。

制作流程：

| 第 1 步 | 第 2 步 | 第 3 步 | 第 4 步 |
|---|---|---|---|
| 素材导入和文件管理 | 制作场景 | 设置血迹 | 设置恶魔图层并渲染输出 |

### 操作步骤

#### 第 1 步　素材导入和文件管理

新建一个合成，如图 2-3-18 所示。导入素材，如图 2-3-19 所示。

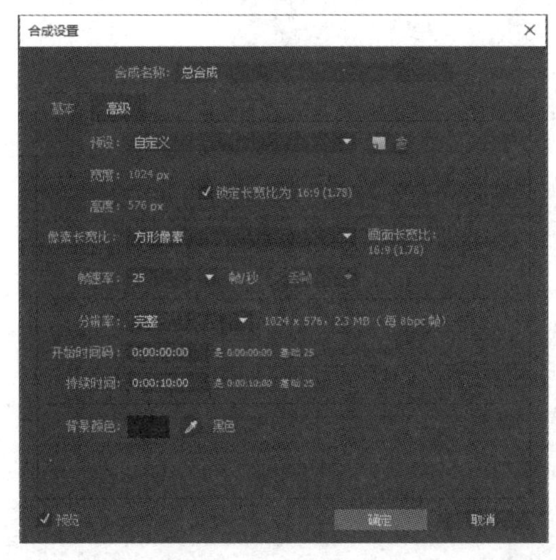


图 2-3-18

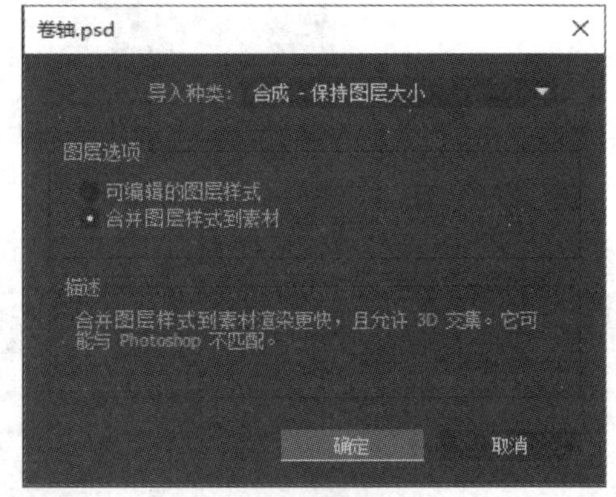


图 2-3-19

#### 第 2 步　制作场景

**01** 将背景图片拖动到合成中，右击图层，在弹出的快捷菜单中选择“效果”→“颜色校正”→“色相/饱和度”命令，通过特效控制台调整其参数，如图 2-3-20 所示。

**02** 选择“矩形工具” 绘制画幅边框，如图 2-3-21 所示。

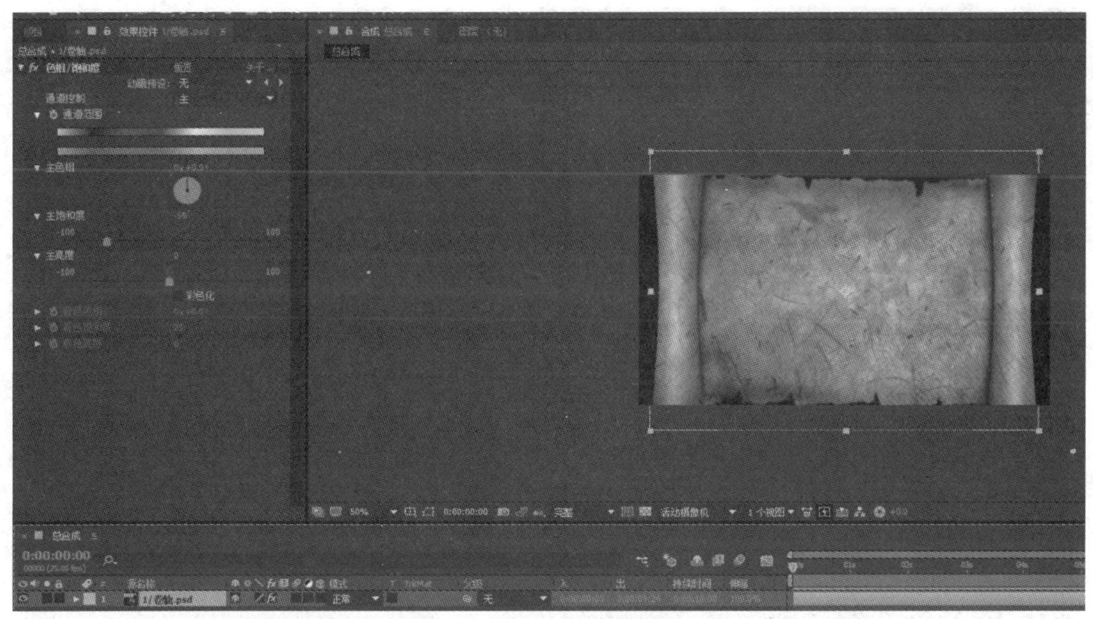

图 2-3-20

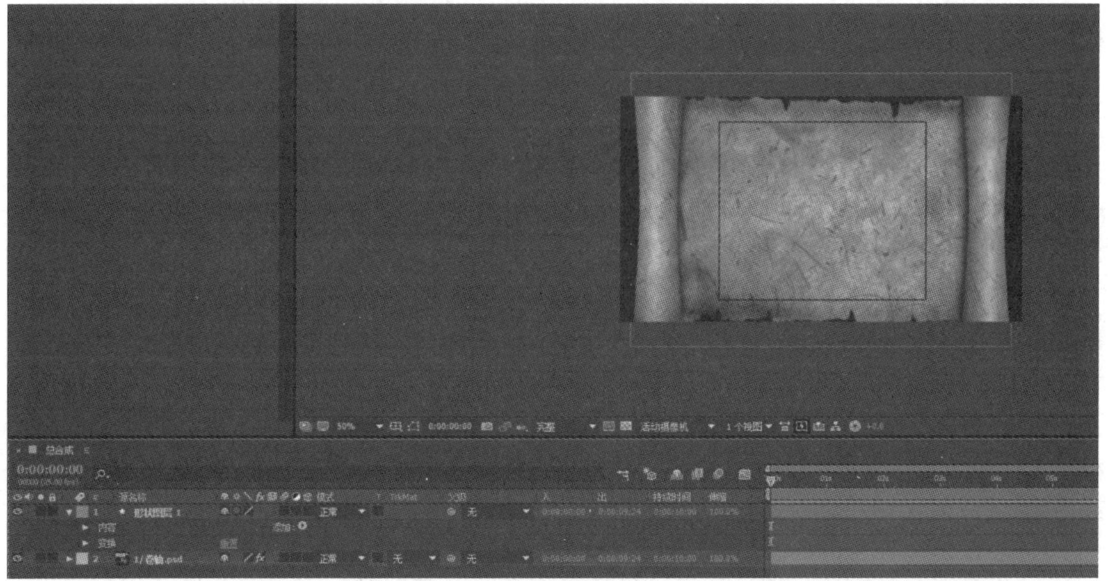

图 2-3-21

**03** 打开导入的“花纹”合成，复制“〈编组〉/花纹”到总合成中。右击图层，在弹出的快捷菜单中选择“效果”→“生成”→“填充”命令，为图层填充颜色，如图 2-3-22 所示。

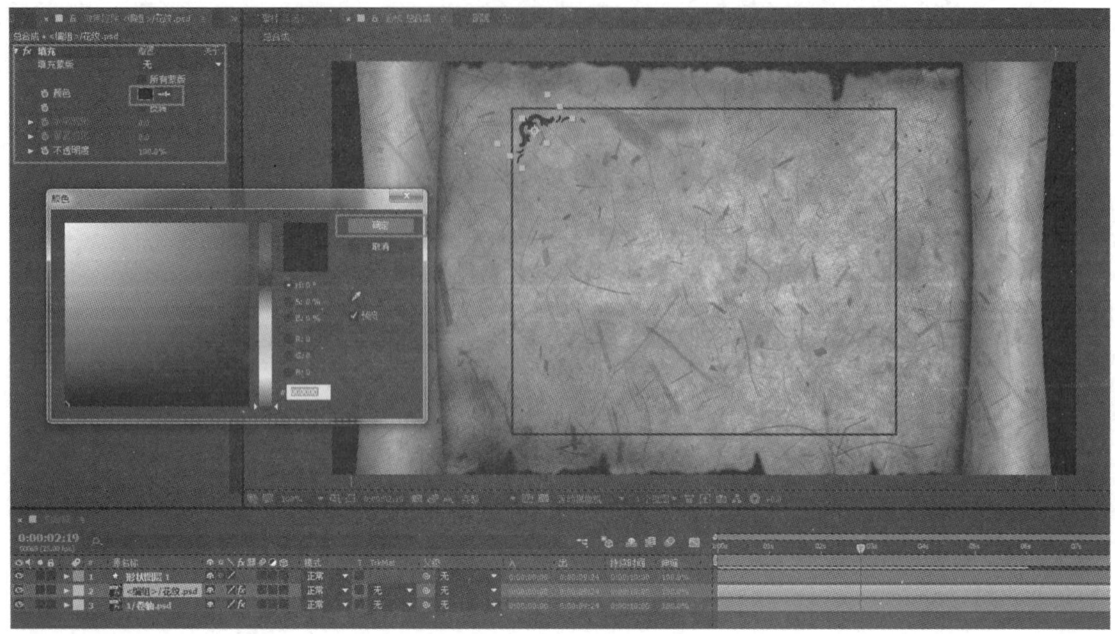

图 2-3-22

04 通过复制以上操作，使卷轴的四角拥有花纹，如图 2-3-23 所示。

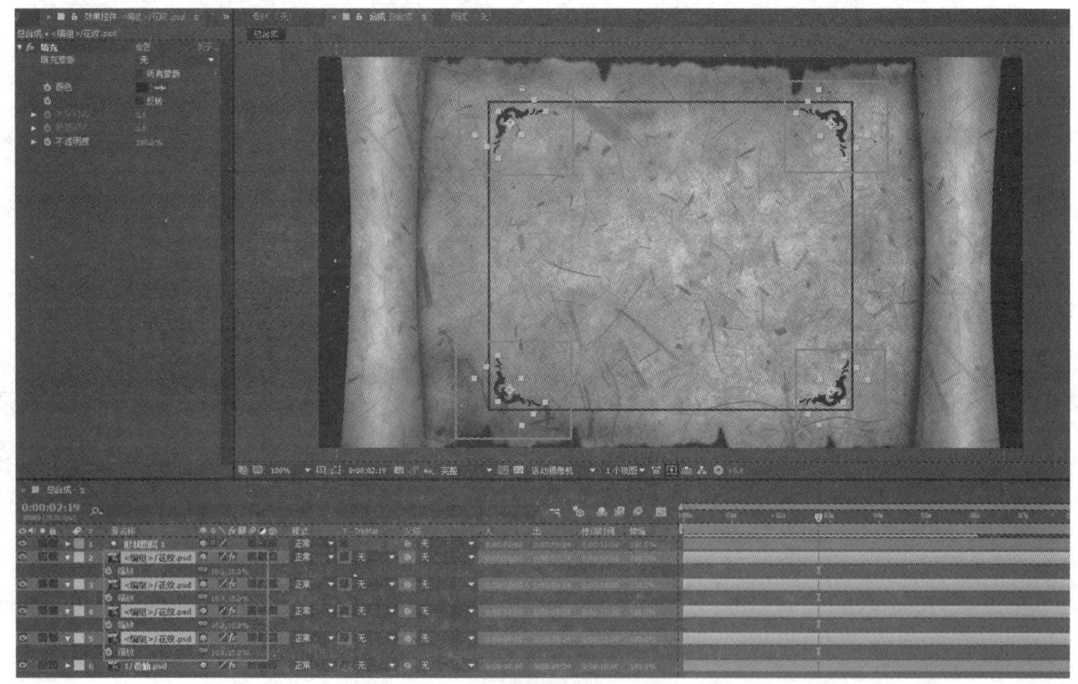

图 2-3-23

05 选择“矩形工具”，新建一个遮罩层，通过设置“遮罩形状”动画，实现画幅展开效果，如图 2-3-24 所示。

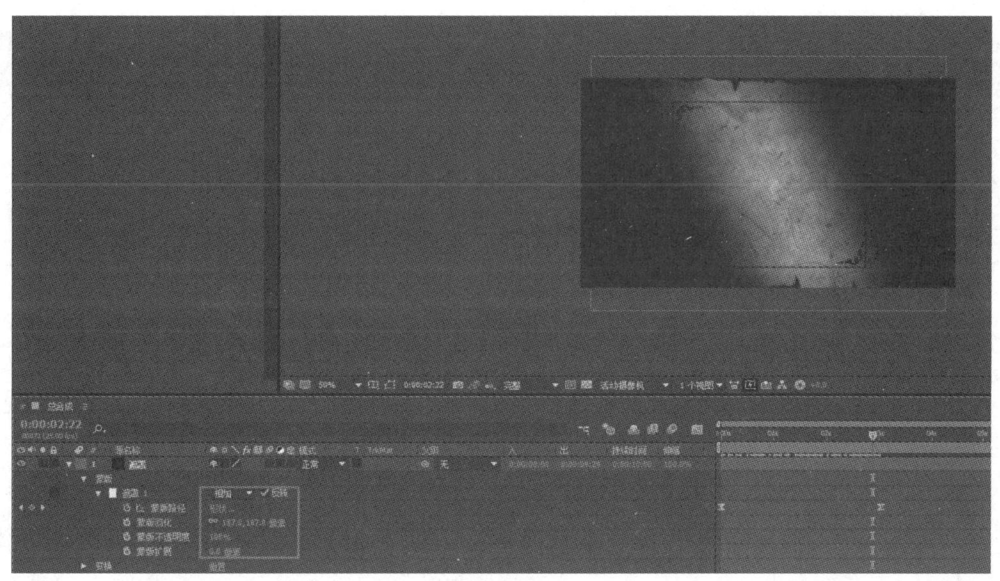

图 2-3-24

06 将“欧式花纹.mov”素材拖动到合成中，再选择“效果”→“生成”→“填充”命令，设置填充效果。通过“位置”选项调整素材，如图 2-3-25 所示。

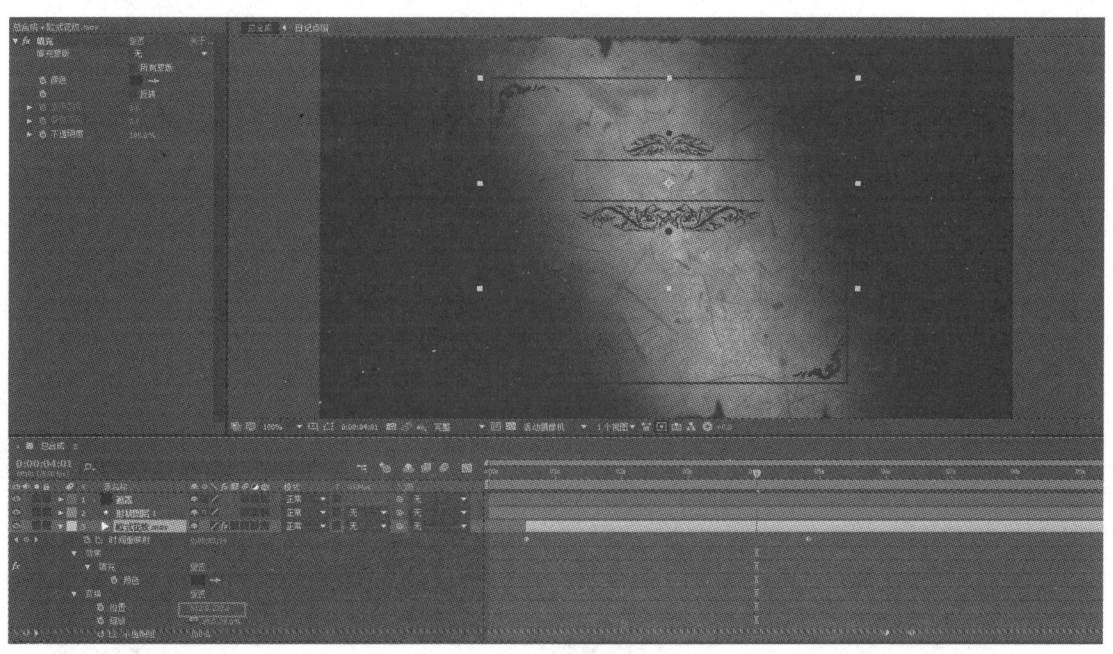

图 2-3-25

07 选择“横排文字工具”，输入“DAETH NOTE”，调整文字编辑框使其更加美观。右击文字图层，在弹出的快捷菜单中选择“效果”→“风格化”→“毛边”命令，在特效控制台设置“边缘类型”为“剪切”，打开“边界”码表设置关键帧，如图 2-3-26 所示。

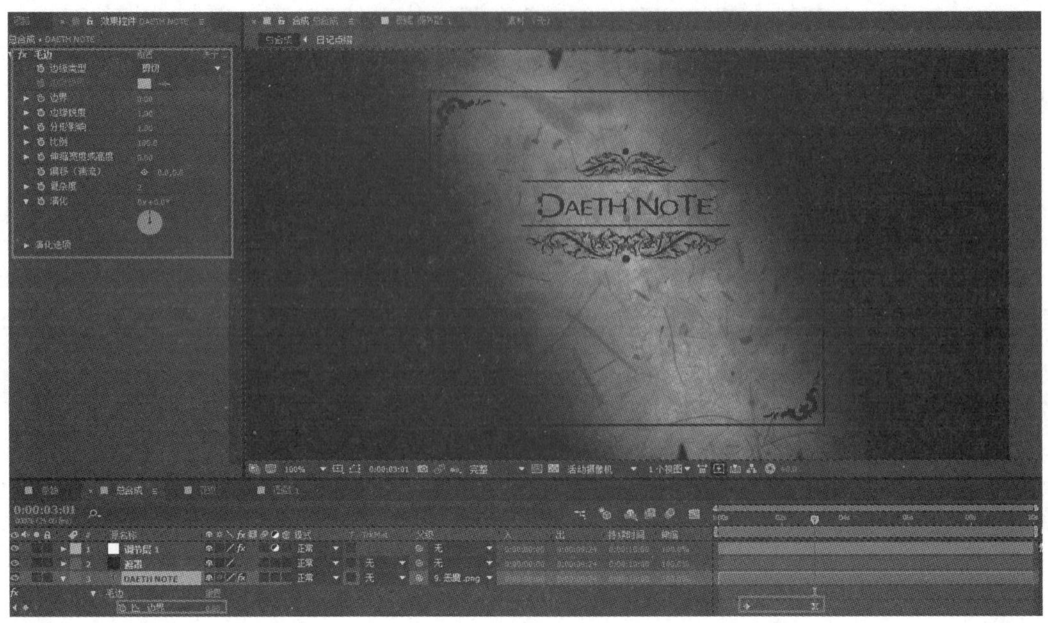

图 2-3-26

## 第 3 步　设置血迹

01 将素材“血迹 1.mov”拖动到合成中，右击图层，在弹出的快捷菜单中选择“效果”→“颜色校正”→“色调”命令，在特效控制台设置浅色调效果，如图 2-3-27 所示。

图 2-3-27

02 再次右击图层，在弹出的快捷菜单中选择“键控”→“Keylight（1.2）”命令，打开特效控制台，利用“屏幕色”吸管工具吸取素材上的蓝色部分作为屏幕色，如图 2-3-28 所示。

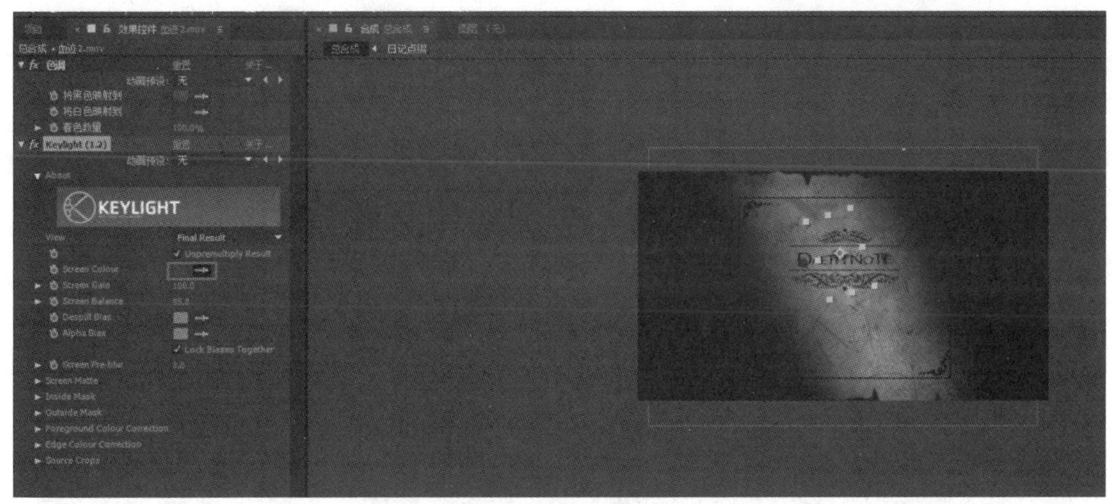

图 2-3-28

**03** 选择“血迹 1.mov”图层，复制特效控制台的设置到“血迹 2.mov”图层和“血迹 3.mov”图层上，通过“位置”选项和“缩放”选项调整图层，如图 2-3-29 所示。

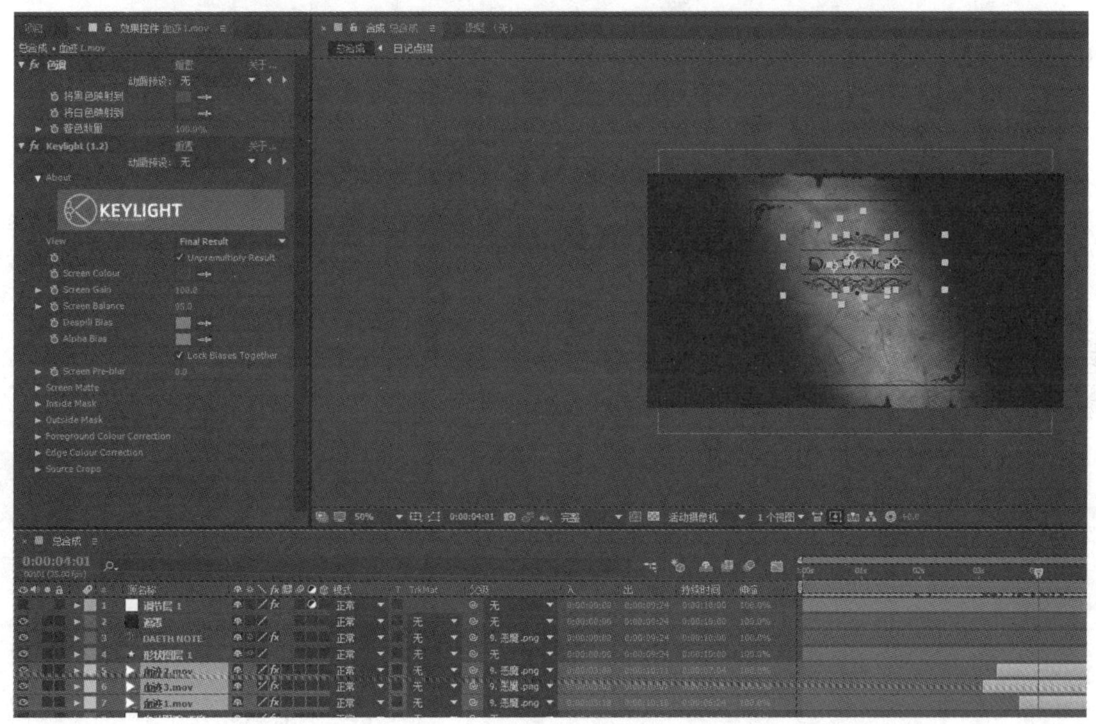

图 2-3-29

**04** 通过时间线设置血迹的出现顺序，如图 2-3-30 所示。

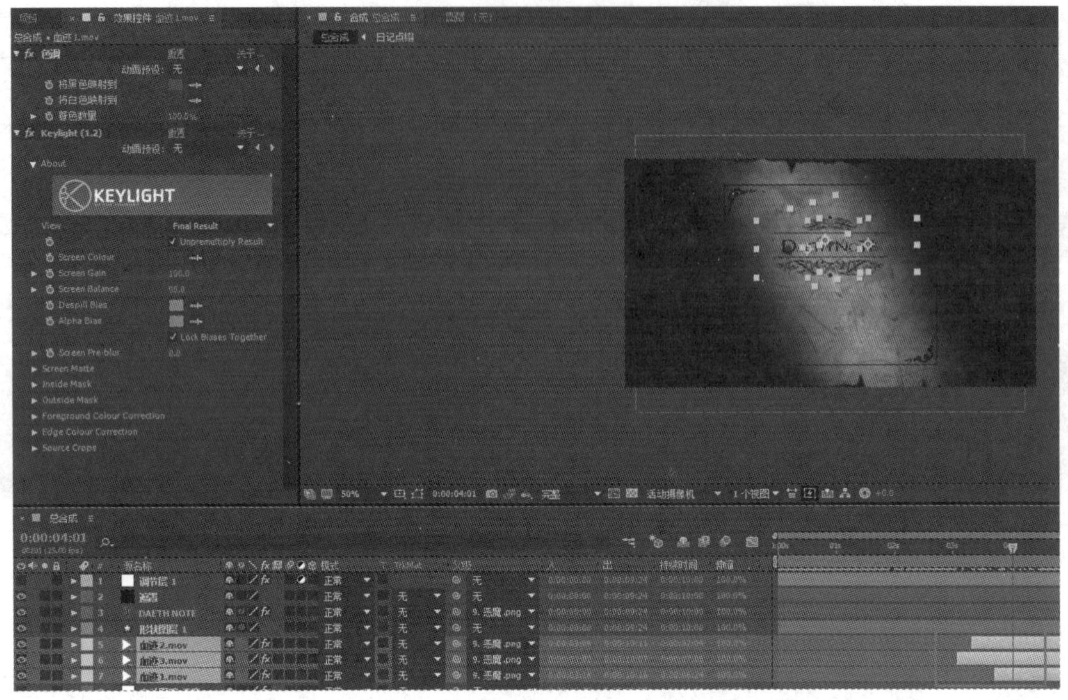


图 2-3-30

05 选择“欧式花纹.mov”图层，再选择“图层”→“时间”→“启用时间重映射”命令，延长花纹图层的持续时间，如图 2-3-31 所示。

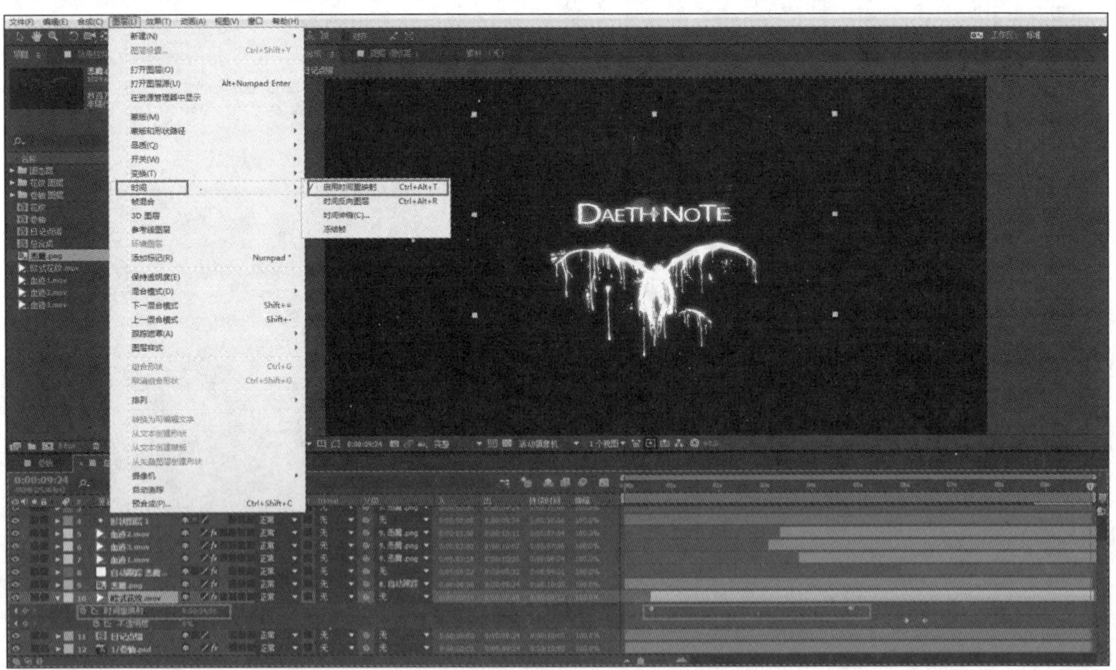


图 2-3-31

## 第 4 步 设置恶魔图层并渲染输出

01 选择除“血迹”图层和“文字”图层之外的图层，在 6 秒处打开“不透明度”码表，在 6 秒 10 帧处设置为 0，如图 2-3-32 所示。

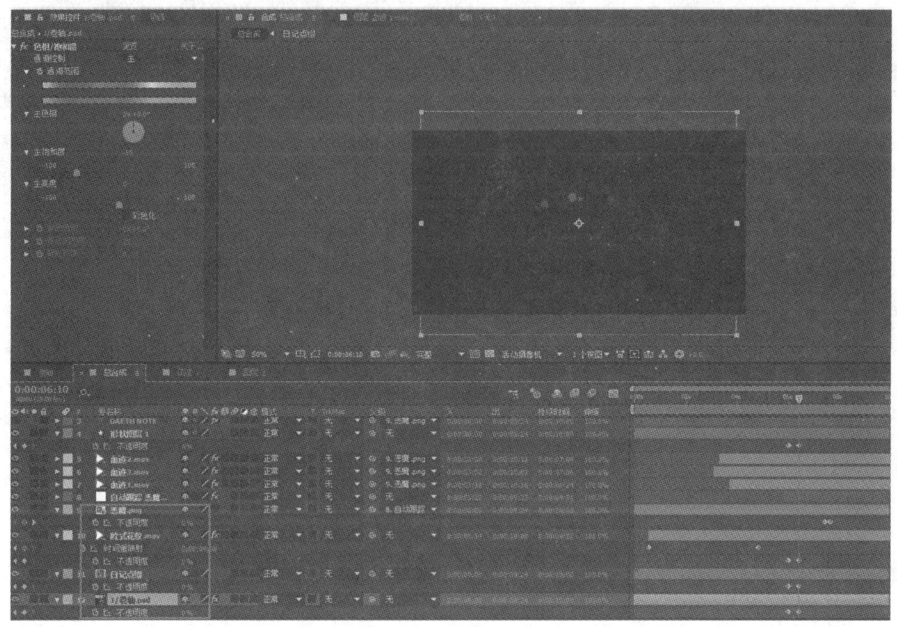

图 2-3-32

02 选择文字图层，再选择“效果”→“生成”→“填充”命令，打开特效控制台，在 6 秒处打开“颜色”码表，设置颜色为黑色，在 6 秒 10 帧处设置颜色为白色，如图 2-3-33 所示。

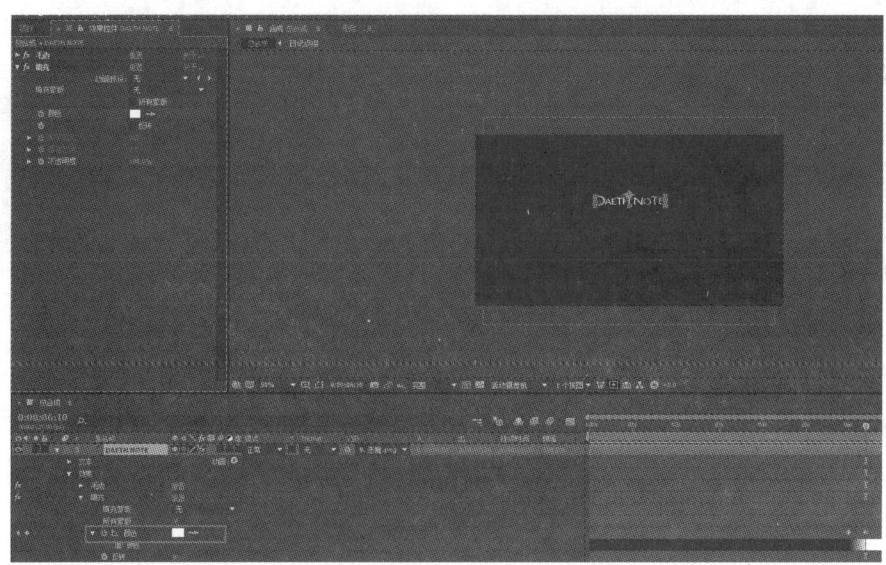

图 2-3-33

**03** 将素材“恶魔.png”拖动到合成中，选择“效果”→“生成”→“填充”命令，打开特效控制台，将颜色改为白色，如图 2-3-34 所示。

图 2-3-34

**04** 选择“图层”→“自动跟踪”命令，在弹出的“自动跟踪”对话框中设置相关选项，如图 2-3-35 所示。

图 2-3-35

**05** 选择“效果”→“Trapcode”→“3D Stroke”命令（图 2-3-36），打开特效控制台，在 6 秒处打开“偏置”码表设置关键帧，在 6 秒 10 帧处设置数值。在 6 秒处打开“不透明度”码表，设置 4 个关键帧，第一个为 0，第二、三个为 100%，第四个为 0，如图 2-3-37 所示。

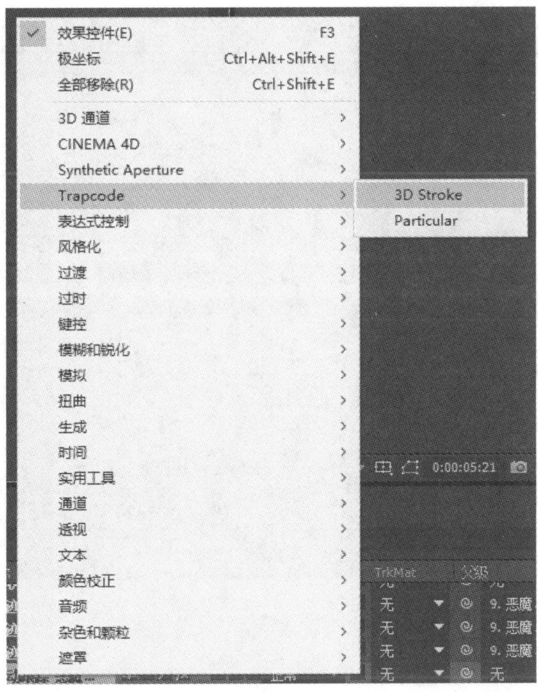


图 2-3-36

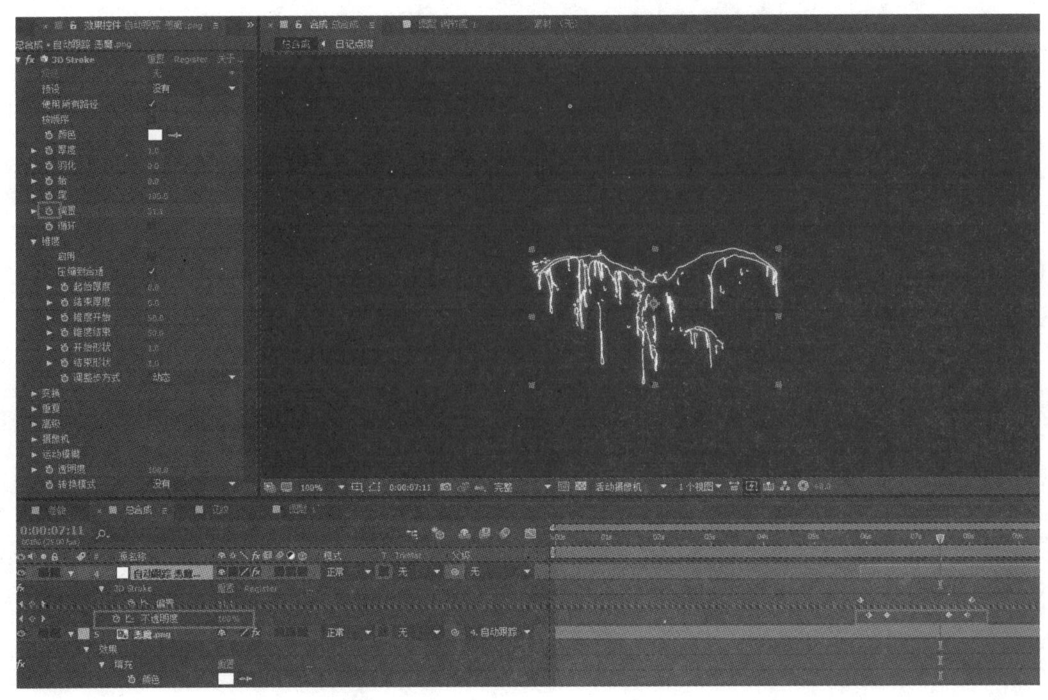

图 2-3-37

**06** 选择“恶魔.png”图层，打开“不透明度”码表，设置两个关键帧，第一个为 0，第二个为 100%，如图 2-3-38 所示。

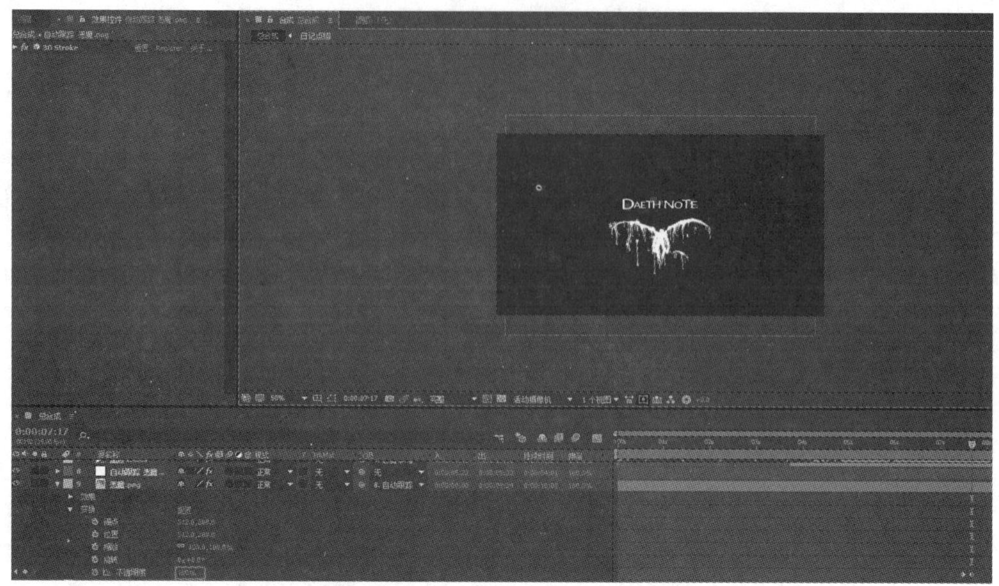


图 2-3-38

07 渲染及输出。具体步骤不再赘述。

## 经验和小结

案例 1（制作 NEVR 片头）通过 3D 图层制作枫叶由远到近动画，通过 3D Stroke 制作刀光效果，通过文字编辑窗口制作文字特效。

案例 2（制作死亡笔记片头）通过遮罩动画实现画幅的展开效果，通过 Keylight、“填充”实现红色血迹的喷溅效果，通过 3D Stroke 实现恶魔的描边效果，通过“毛边”实现“DEATH NOTE”文字的斑驳效果。

## 思考和练习

思考：

刀光效果还可以做得更炫一些吗？（例如，继续添加 Shine 特效、Starglow 特效等。）

# 制作“3D 文字”效果

◎ 任务导读

在影视动漫后期合成中，需要经常制作各种 3D 效果，如 3D 场景、3D 人物和 3D 文字等。本任务将以典型案例“3D 文字”效果的制作为例，介绍 AE CC 版本新增的通过“CINEWARE”特效导入外部 C4D 模型文件，并配合摄像机进行三维动画制作，以及利用“SA Color Finesse 3”滤镜进行调色处理的应用技巧。

◎ 学习目标

通过本任务，掌握通过导入外部 C4D 模型文件制作 3D 文字效果的技巧。样片截图如图 2-4-1 所示。视频样片及相关资源见配套光盘。

图 2-4-1

## 实践操作

素材资源：云 1.psd，云 2.psd，Adobe.c4d。

技能点拨：根据动画原理和技法，利用“CINEWARE”及合成摄像机对外部导入的 C4D 模型文件进行三维动画制作，利用“SA Color Finesse 3”对画面进行总体调色。

制作流程：

| 第 1 步 | 第 2 步 |
| --- | --- |
| 素材导入 | 制作 3D 文字并渲染输出 |

### 操作步骤

**第 1 步　素材导入**

新建项目，导入“云 1.psd”“云 2.psd”图片，如图 2-4-2 所示。

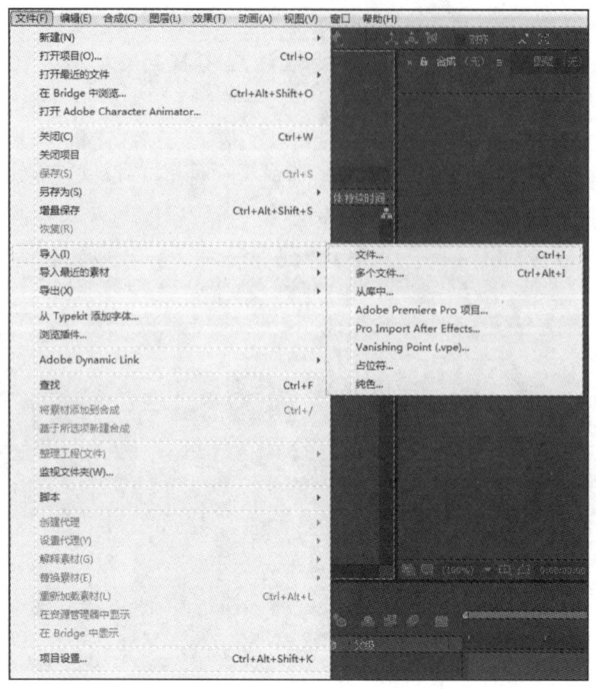


图 2-4-2

## 第 2 步　制作 3D 文字并渲染输出

**01** 新建一个合成，命名为“3D 文字”，如图 2-4-3 所示。

**02** 新建一个纯色层，命名为“背景”，如图 2-4-4 所示。

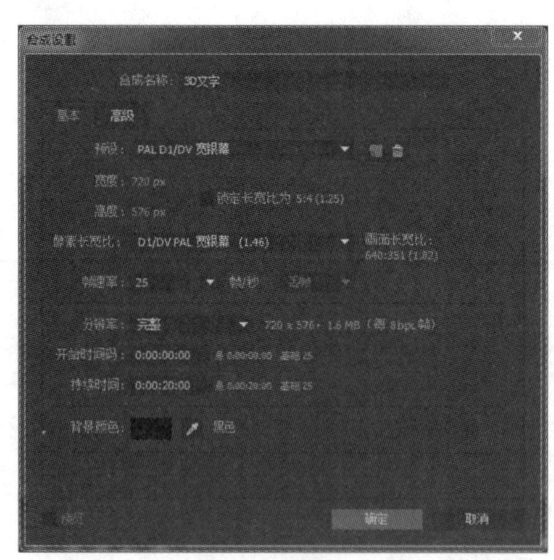


图 2-4-3

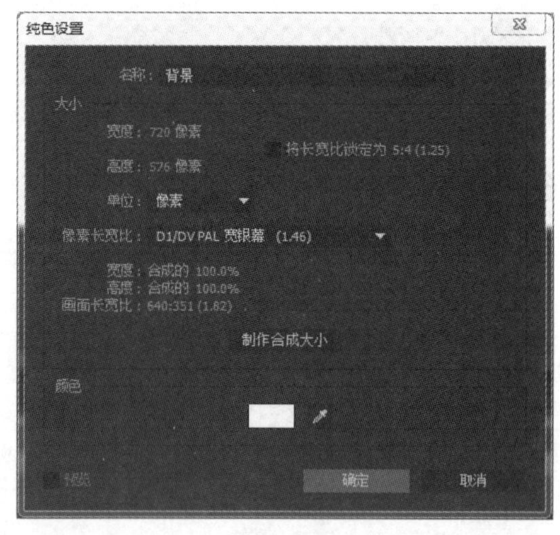


图 2-4-4

**03** 选择“背景”图层，再选择“效果”→“生成”→“梯度渐变”命令，添加“梯度渐变”滤镜，参数设置如图 2-4-5（a）所示，效果如图 2-4-5（b）所示。

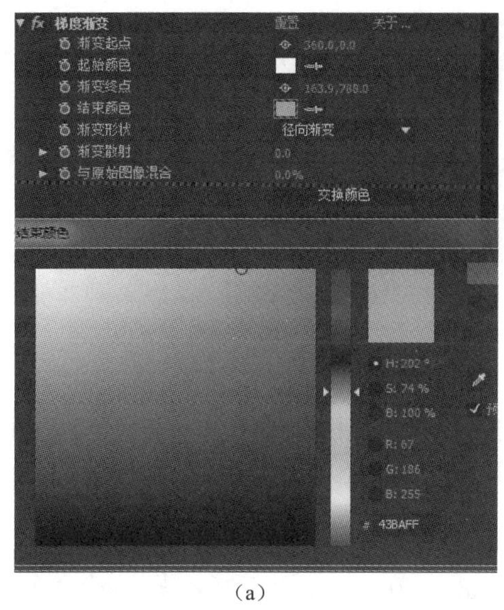


（a）

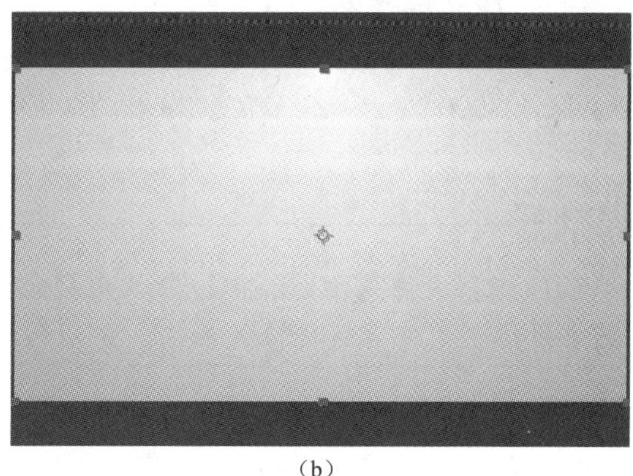

（b）

图 2-4-5

**04** 拖动“云 1”图层至“背景”图层上方，并设置“缩放”为（36，36）和“位置”为（435.4，282），如图 2-4-6（a）所示；然后拖动“云 2”图层至“云 1”、背景图层上方，并设置“缩放”为（58，58）和“位置”为（702.8，296），如图 2-4-6（b）所示。

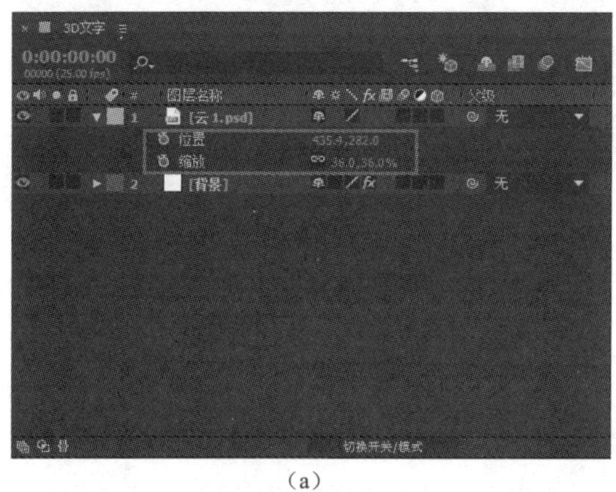


（a）

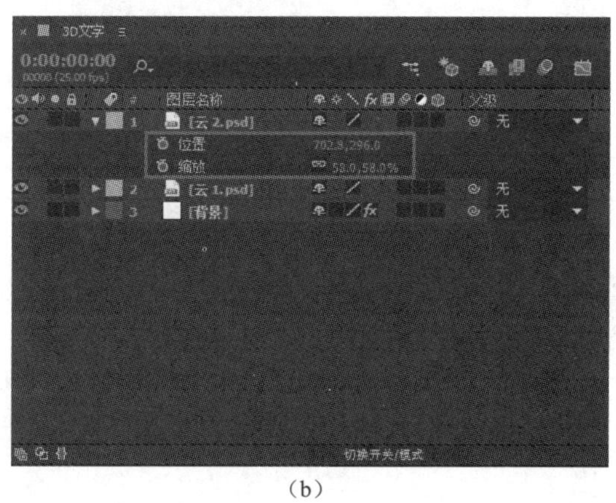


（b）

图 2-4-6

**05** 拖动素材“Adobe .c4d” C4D 模型文件到时间线面板，并放至“云 2”图层上面。添加“CINEWARE”特效，设置“Render Settings”→“Renderer”为“Standard(Final)”，“Project Settings”→“Camera”为“Comp Camera”，如图 2-4-7 所示。

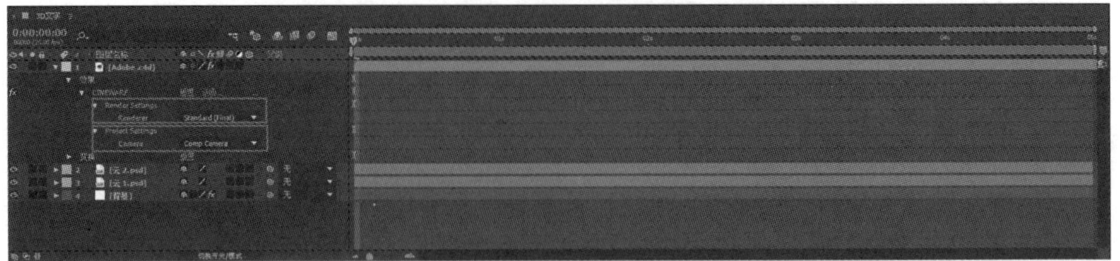

图 2-4-7

**小贴士**

C4D 模型文件是由 Cinema 4D 三维软件所产生的模型文件，在 AE 中导入用 C4D 制作的三维模型文件再进行特效加工，是两种软件结合制作三维动画效果的一种方法。

**06** 选择“图层”→“新建”→“摄像机”命令，新建摄像机，并调整摄像机“目标点”为（54.8，-388.4，1848.4），“位置”（54.8，-388.4，970.6），如图 2-4-8 所示。

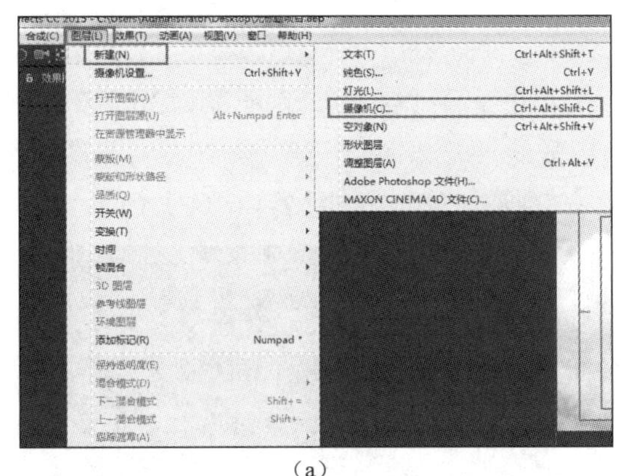


（a）

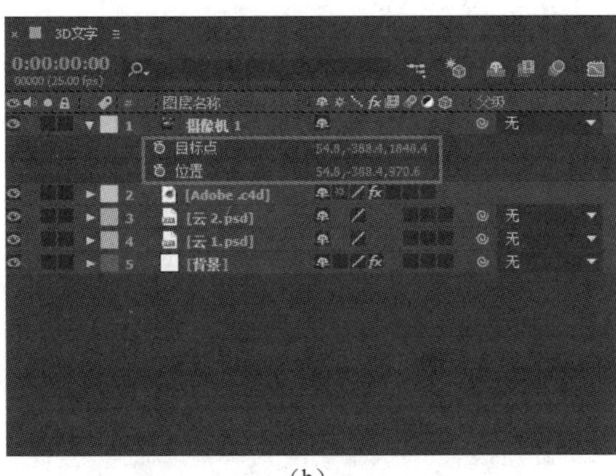


（b）

图 2-4-8

**07** 新建一个“空对象”图层，并开启“3D 图层”，如图 2-4-9 所示。

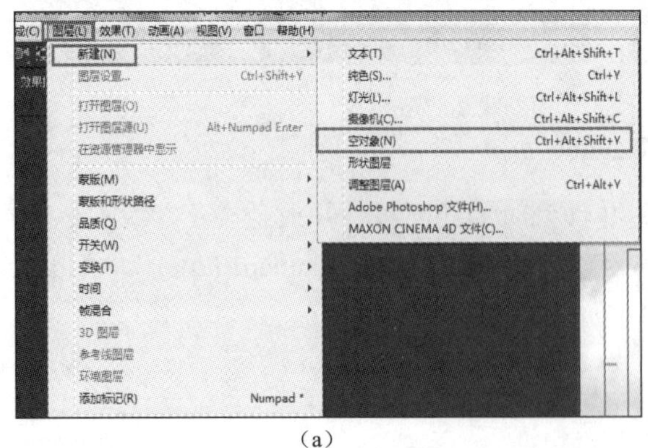


（a）

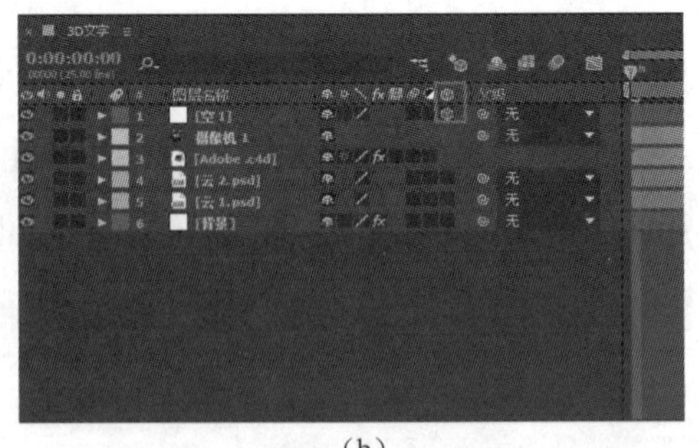

（b）

图 2-4-9

**小贴士**

空白对象是不可见图层，它的作用主要是辅助其他图层的动画制作，可以作为一个虚拟的载体或中介使用，例如，将摄像机绑定到空对象，这时操作空对象，会直接影响到摄像机的推拉摇移旋转等，在父子级和表达式的运用中较常见。

**08** 设置“摄像机 1”图层的“父级”为“空 1”图层，如图 2-4-10 所示。

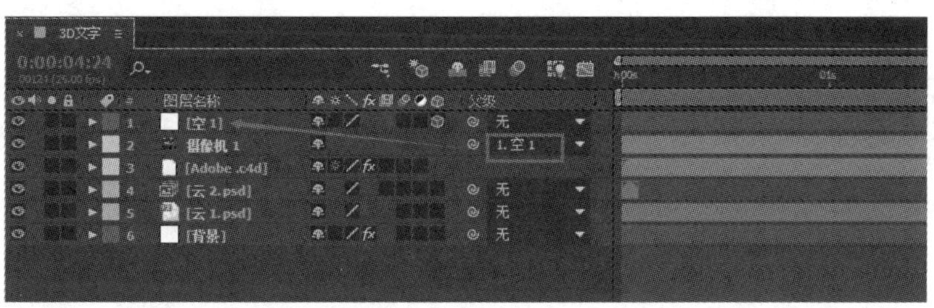

图 2-4-10

**09** 设置“空 1”图层的“位置”动画，分别在 0 秒设置“位置”为（360，288，4354.0），在 1 秒设置“位置”为（360，288，664），在 5 秒设置“位置”为（360，288，0），如图 2-4-11（a）所示，合成效果如图 2-4-11（b）所示。

（a）

（b）

图 2-4-11

**10** 设置“空 1”图层“位置”的“关键帧辅助”，在 0 秒处“右击”选择“关键帧”→“关键帧辅助”→“缓出”，在 1 秒处右击，在弹出的快捷菜单中选择“关键帧”→“关键帧辅助”→“缓动”，在 5 秒处右击，在弹出的快捷菜单中选择“关键帧”→“关键帧辅助”→“缓动”，如图 2-4-12 所示。

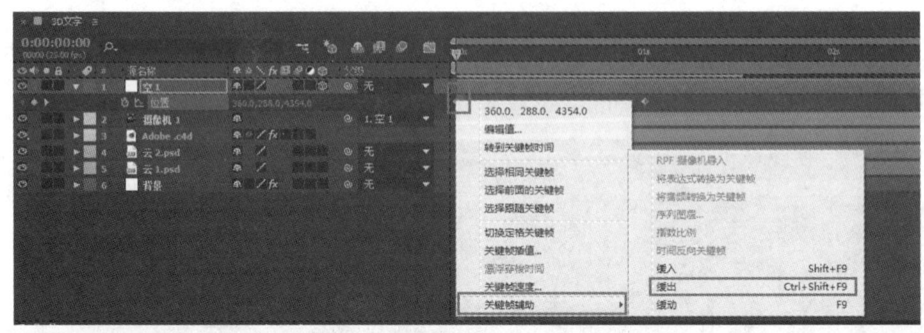


(a)

(b)

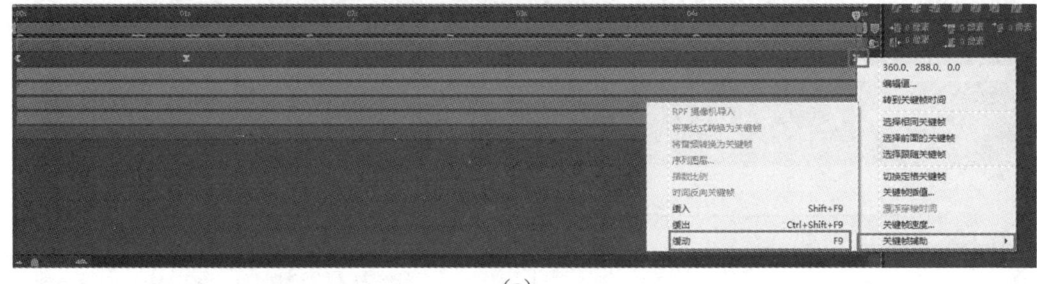


(c)

图 2-4-12

**小贴士**

在“关键帧辅助”中，“缓入”的快捷键为 Shift+F9，“缓出”的快捷键为 Ctrl+Shift+F9，“缓动”的快捷键为 F9。设置关键帧辅助可以使得动画更加流畅。

**11** 新建调整图层，如图 2-4-13 所示。

**12** 给调整图层添加特效选择调整图层，再选择“Synthetic Aperture”→“SA Color Finesse 3”命令，添加 SA Color Finesse 3 特效。在特效控制台中调整画面整体颜色，如图 2-4-14（a）所示。特效面板的左上窗口为“矢量示波器”，右上窗口为“监视器”，下方面板为各个调色参数，如图 2-4-14（b）所示。

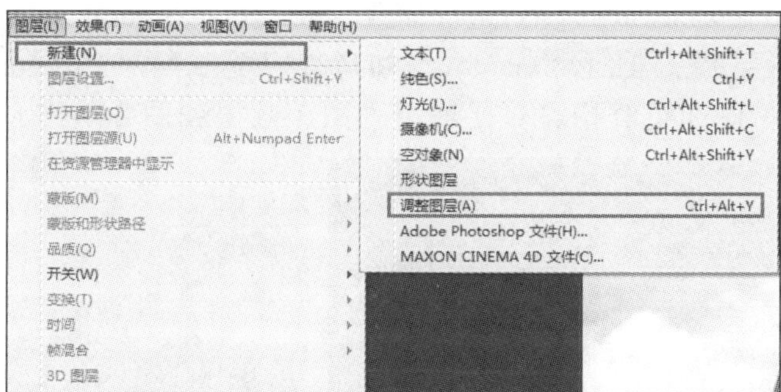


图 2-4-13

(a)

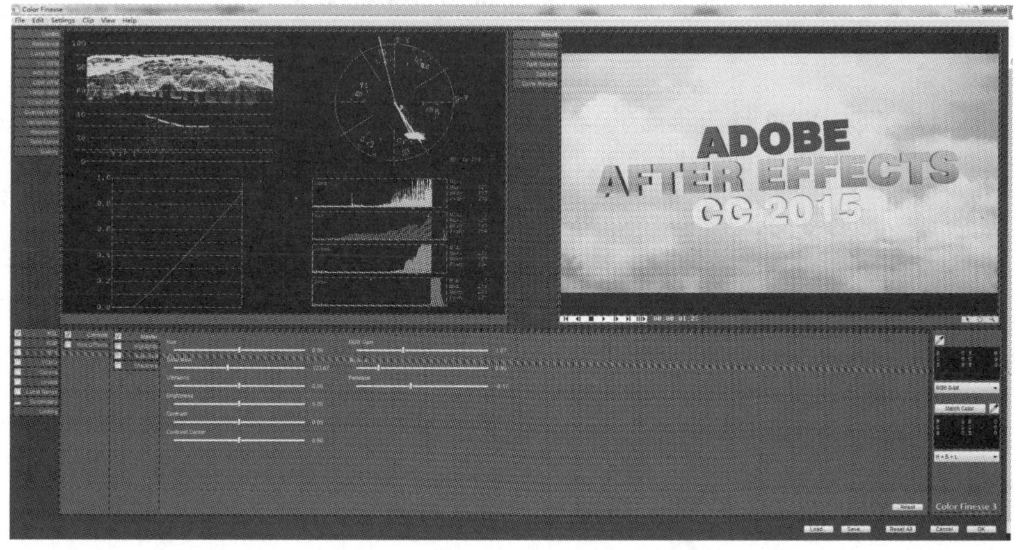


(b)

图 2-4-14

**13** 对“SA Color Finesse 3”特效进行参数设置，设置“Saturation（饱和度）”为 123.67，“RGB Gain（RGB 增益）”为 1.21，“Gamma（伽马值）”为 0.44，“Pedestal（基座）”为-0.23，设置完成后可以使得画面更鲜艳、对比度更强烈，效果如图 2-4-15 所示。

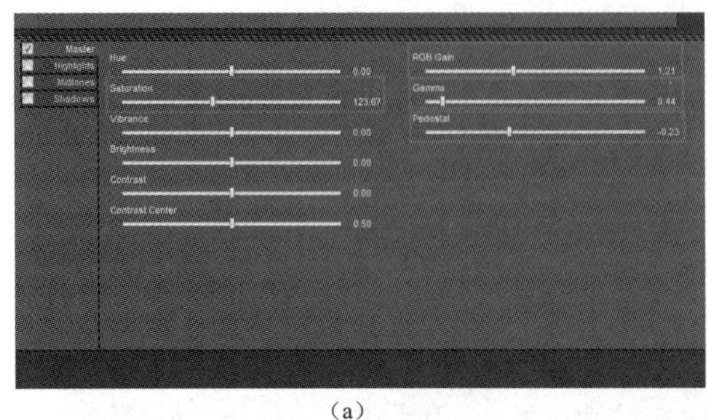


（a）

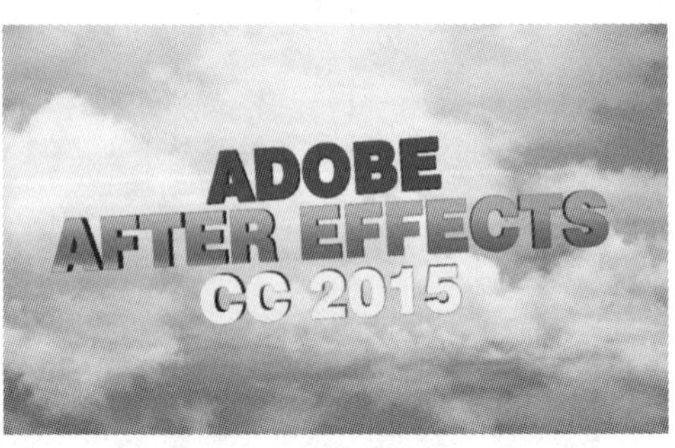


（b）

图 2-4-15

**14** 渲染及输出。具体步骤不再赘述。

## 经验和小结

1. 注意空对象与父子功能链接的结合使用，链接后对空对象的动画操作会直接影响子级图层的动画状态。

2. 在 AE 中使用 “CINEWARE” 滤镜导入外部 C4D 模型时，考虑到与 AE 的兼容性问题，建议使用 CINEMA 4D R13 及以上版本的工程文件。

## 思考和练习

**思考：**

除了使用 “CINEWARE” 滤镜导入外部 C4D 模型文件来制作 3D 文字外，在 AE 中还有其他的什么方法可以做出三维文字吗?

**练习：**

1. 尝试利用本任务所学在 AE 中导入更多的外部 C4D 三维模型文件来制作三维动画特效。

2. 利用 “SA Color Finesse 3” 特效分别调整 3D 文字和背景颜色细节，让 3D 文字和背景结合更协调、自然。

# 项目3 基本特效合成

◎ **项目导读**

在当前的电影制作流程中，从分镜头剧本开始，特效的思想就已经体现出来了，影视特效改变了原有传统的电影制作的流程和方式。剧本策划时，叙事的安排中，影视特效让创作者跳出了传统的线性的思维模式，完全打破了时空的概念，因此一些局限于拍摄技术的画面可以被实现了，创作者放开了手脚，充分发挥了想象力。

特效合成在制作大型电影、电视剧及动画片中比较常见，很多电影、广告中的精彩镜头是通过特效合成来实现的。如影片《阿甘正传》中虚构的历史镜头——阿甘与肯尼迪总统握手，就是利用蓝幕抠像将演员与肯尼迪总统的历史镜头合成，经过精心的修饰，达到以假乱真的效果。又如影片《恐龙》中再现了几万年前恐龙生活的场面，完全是利用计算机生成各种动物，再与拍摄的实景合成在一起，呈现出恢宏的史前景观。再如，在《精灵鼠小弟》中，创作人员充分考虑了虚拟的小白鼠与各种环境的结合，并按照这一原则进行反复实验、调试，让一个虚拟合成的小白鼠的银幕形象非常丰富、可信，毫不逊色于真实人物。

◎ **学习任务**

- 修饰合成素材和场景；
- 处理素材和制作合成场景动画；
- 抠像和调色；
- 制作植物生长特效及变速处理；
- 画面跟踪和稳定；
- 合成简单的动画片。

动画：庭院中的火

动画：珍爱生命　请勿超速

视频：抠像和调色案例

动画：生长特效与变速

案例：画面跟踪和画面稳定处理

# 任务3.1 修饰合成素材和场景

◎ 任务导读

在电影或动画片制作过程中，修饰元素和场景合成经常出现，我们所看到的电影中的精彩镜头有很多是通过后期特效合成制作的。在观看《泰坦尼克号》中，大家在被凄美的爱情故事感动时，有没有想到船上的场景和乘客都是虚拟合成的呢。本任务要对Flash制作的“火”素材及其周边环境进行特效处理，使庭院中的火燃烧效果更逼真，细节更丰富。

◎ 学习目标

通过本任务，掌握影视动漫后期中常用的火焰美化和光晕制作手法。视频样片截图如图3-1-1所示。视频样片及相关资源见配套光盘。

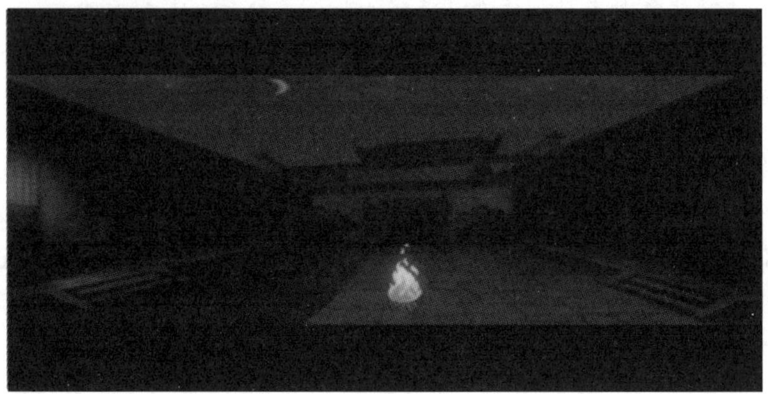

图3-1-1

## 实践操作

素材资源：火序列图片，背景.jpg，木头.png。

技能点拨：通过复制火图层添加局部的“高斯模糊”特效，并更改图层模式为“添加”完成火光美化和强化效果；通过创建橙色纯色层并添加遮罩及遮罩形状动画、透明度动画实现火光照亮场景的闪烁效果；通过添加Optical Flares插件特效完成星光效果。

制作流程：

| 第 1 步 | 第 2 步 | 第 3 步 | 第 4 步 | 第 5 步 |
|---|---|---|---|---|
| 素材导入 | 制作火序列 | 火光美化和强化 | 制作庭院场景光晕 | 制作星光和总合成 |

## 操作步骤

### 第 1 步　素材导入

在“项目”面板空白处右击，在弹出的快捷菜单中选择“导入”→“文件”命令（快捷键为 Ctrl+I），弹出“导入文件”对话框。选择“火”文件夹，勾选“PNG 序列”复选框，导入其 PNG 序列图文件，如图 3-1-2 所示。继续导入“背景.psd”“木头.png”素材。

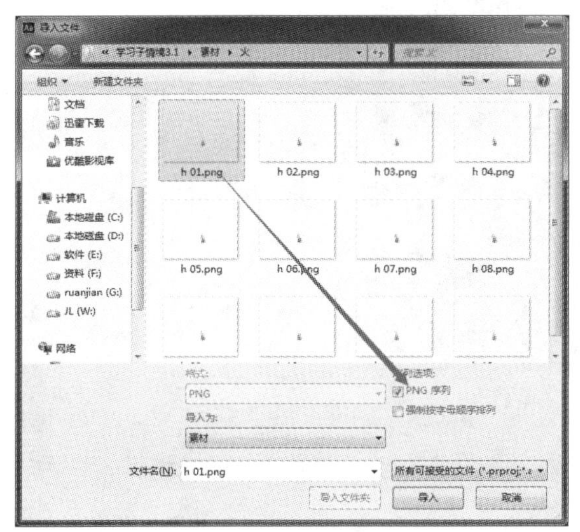

图 3-1-2

### 第 2 步　制作火序列

新建一个合成，命名为“火”，设置“预设”为“PAL D1/DV”，“持续时间”为 13 秒。将“项目”面板的火序列图片拖动到时间线面板中，因为素材只有 12 帧，无法满足所需的素材长度，所以要对此素材进行复制。选择时间线上的序列图层，按 Ctrl+D 组合键复制 28 个图层，如图 3-1-3（a）所示。按 Ctrl+A 组合键全选所有图层，右击，在弹出的快捷菜单中选择“关键帧辅助”→“序列图层”命令［见图 3-1-3（b)］，弹出“序列图层”对话框，单击“确定”按钮，则 28 个图层呈阶梯形排列，如图 3-1-3（c）所示。

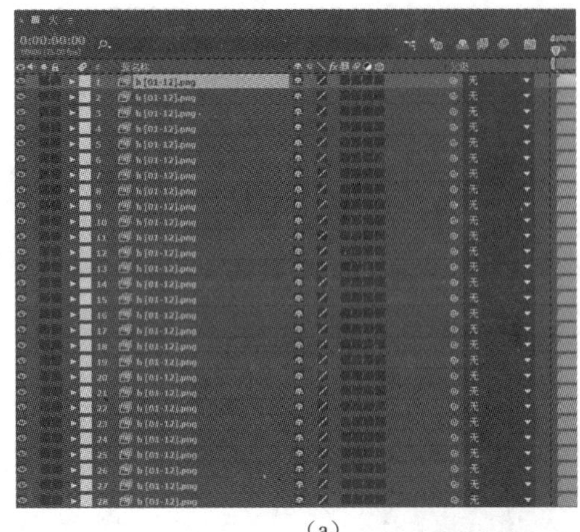

（a）

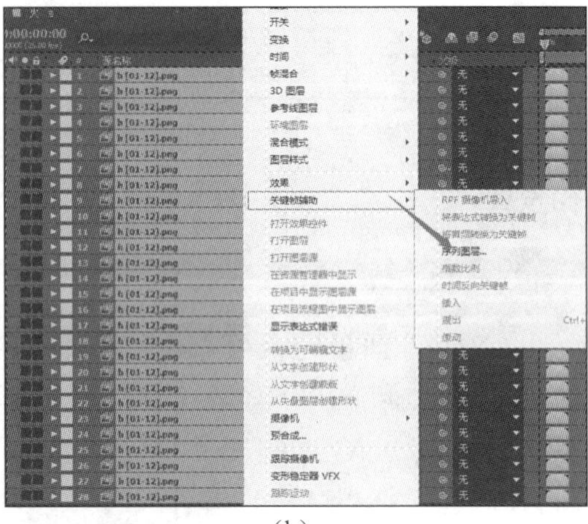

（b）

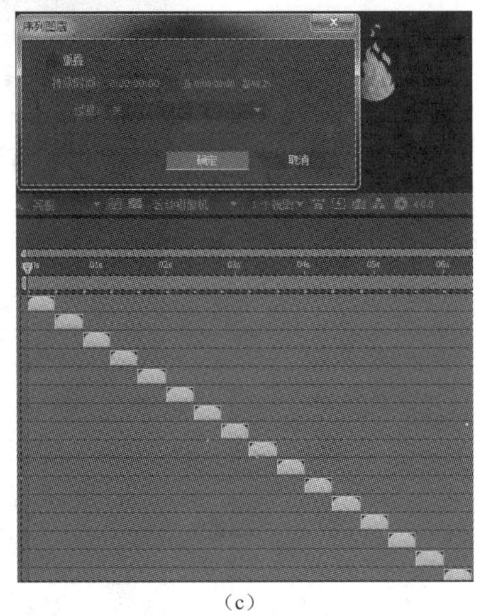

（c）

图 3-1-3

**小贴士**

在“项目”面板中，右击“火”素材，在弹出的快捷菜单中选择“解释素材”→“主要”命令，在定义素材对话框下方的“其他选项”选项组中将循环次数从 1 次改为 28 次，也可实现火的持续循环燃烧效果。

### 第 3 步　火光美化和强化

**01** 新建一个合成，命名为“火光”，设置“预设”为“PAL D1/DV”，“持续时间”为 12 秒。将“项目”面板中“火”合成组拖动到时间线，按 Ctrl+D 组合键复制，命名为“火 1”。然后为其添加遮罩，将火焰上半部分框出，设置“遮罩羽化”为 31 像素。选择

“效果”→“模糊和锐化”→“高斯模糊”命令，添加“高斯模糊”滤镜，将“模糊量”设置为 18，此时火焰上部已经模糊，有了光晕效果，如图 3-1-4 所示。

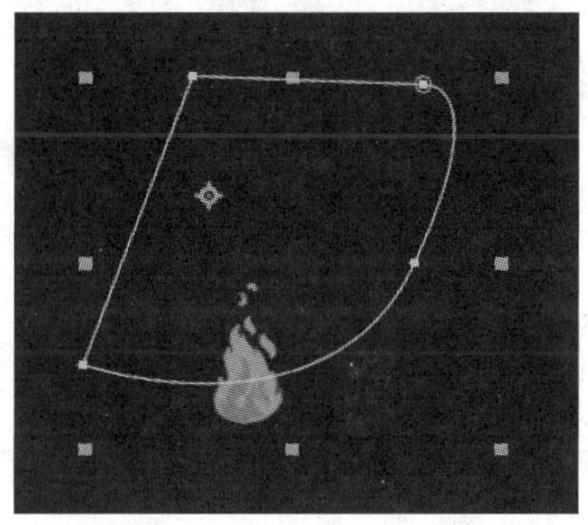

图 3-1-4

**02** 将“火 1”图层的模式改为“相加”，使火焰燃烧效果更明显，如图 3-1-5 所示。

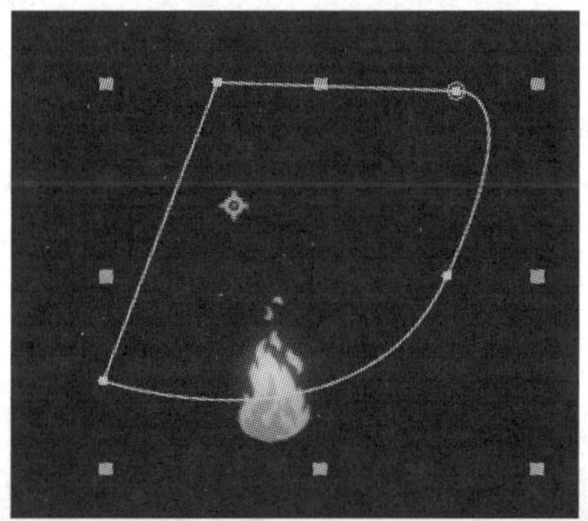

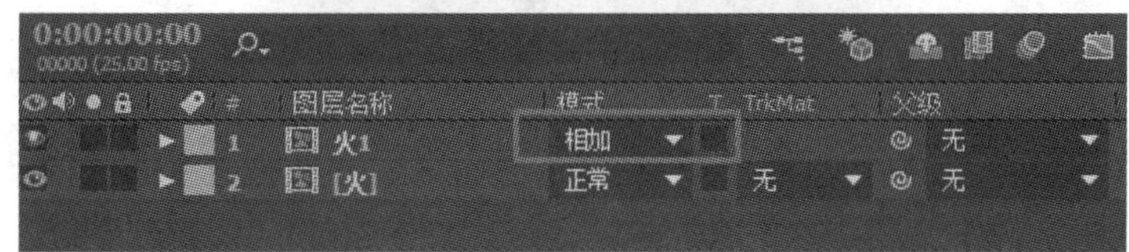


图 3-1-5

**小贴士**

可通过对下层的“火”添加辉光特效，进一步强化和美化火的燃烧效果。

### 第 4 步 制作庭院场景光晕

**01** 新建一个合成，命名为“场景”，设置“预设”为“PAL D1/DV”，“持续时间”为 12 秒。将“背景”素材拖动到时间线，将它和合成面板大小进行适配（快捷键为 Ctrl+Alt+F）。再将“火光”合成和“木头”素材拖动到时间线面板中，“火光”在“木头”上方，将“火光”的“位置”设置为（360，288），将“木头”的“位置”设置为（362.3，293.5），效果如图 3-1-6 所示。

图 3-1-6

02 制作场景光晕。新建一个纯色层，命名为“地面”。将纯色层的颜色设置为 FF9600。在火焰的周围添加一个圆形的遮罩，设置“遮罩羽化”为 90 像素，遮罩效果如图 3-1-7 所示。为了方便观察遮罩，可在添加遮罩时先单击纯色层前面的眼睛图标，使纯色层不显示。

图 3-1-7

03 打开“遮罩形状”码表设置关键帧，分别在 0 帧、20 帧、1 秒 15 帧、2 秒 8 帧、3 秒处给遮罩形状做关键帧动画，效果如图 3-1-8 所示。

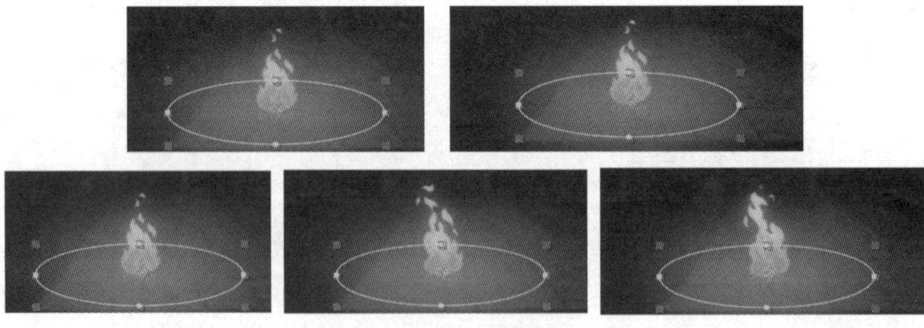

图 3-1-8

**小贴士**

在制作遮罩形状动画时可按住 Ctrl+Shift+Alt 这 3 个键对遮罩进行等比例缩放。

**04** 打开“地面”纯色层的“不透明度”码表设置关键帧，在 0 帧处设置“不透明度”为 0，在 14 帧处设置“不透明度”为 48%，在 1 分 9 帧处设置“不透明度”为 25%。

**05** 通过添加一个简单的抖动表达式制作火苗忽明忽暗的效果。按住 Alt 键的同时单击“不透明度”码表出现表达式编辑框，如图 3-1-9 所示。单击按钮，在打开的菜单中选择“Property”→“wiggle(freq,amp octaves=1,amp_mult=.5,t=time)”选项，如图 3-1-10 所示。在表达式编辑框中输入“wiggle(2,28)”，如图 3-1-11 所示，此时火苗忽明忽暗的效果就完成了。

图 3-1-9

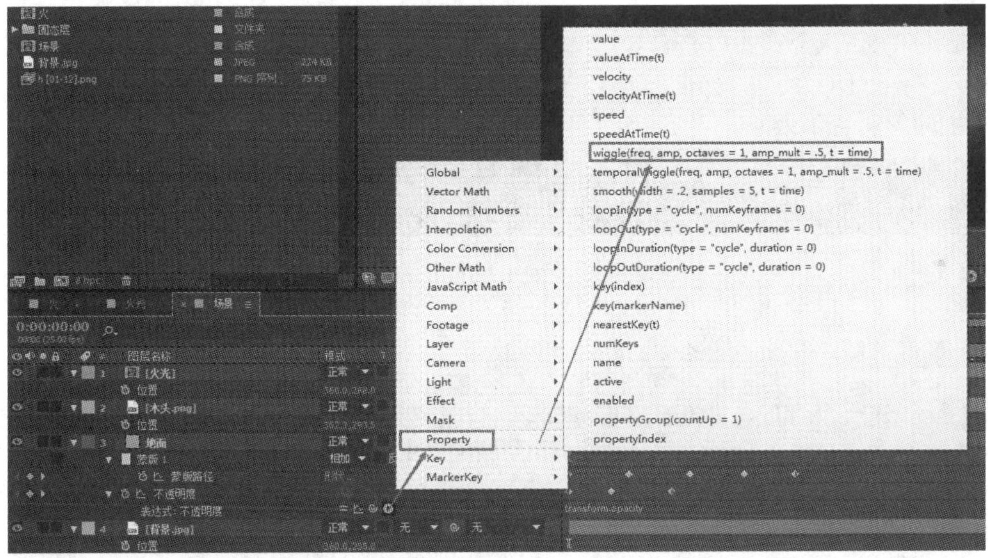


图 3-1-10

图 3-1-11

**小贴士**

对于表达式 wiggle（2,28），第一个参数控制抖动频率，第二个参数控制抖动幅度。

**06** 新建一个纯色层，命名为“右柱”。使用“钢笔工具”沿着地面及柱子的形状绘制一个遮罩层，如图 3-1-12（a）所示。设置“遮罩羽化”为 34 像素，效果如图 3-1-12（b）所示。

（a）

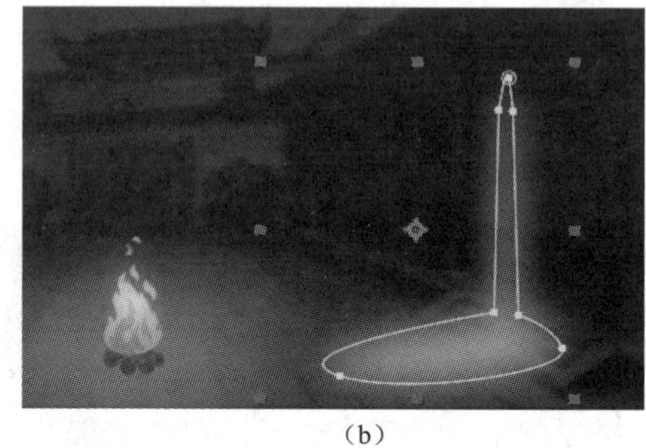
（b）

图 3-1-12

**07** 将“右柱”图层的“不透明度”设置为 8%，然后给透明度做表达式动画。按住 Alt 键的同时单击“不透明度”码表，出现表达式编辑框，按照步骤 5 的方法在表达式编辑框中输入“wiggle(1,10)”，如图 3-1-13 所示，实现场景中火光附近的地面和柱子由于火光照射产生的忽明忽暗效果。

图 3-1-13

### 第 5 步　制作星光和总合成

**01** 新建一个合成，命名为“总合成”，设置“预设”为“PAL D1/DV”，“持续时间”为 12 秒。将“场景”图层拖动到时间线中，如图 3-1-14 所示。

图 3-1-14

**02** 新建一个纯色层，命名为“星光”。选择“效果”→“Video Copilot”→“Optical Flares”命令，添加 Optical Flares 特效。在特效控制台中单击“Options”按钮［图 3-1-15（a）］，弹出“Optical Flares”对话框，单击“预设浏览器”按钮，选择“Pro Presets（50）”文件夹，如图 3-1-15（b）所示。

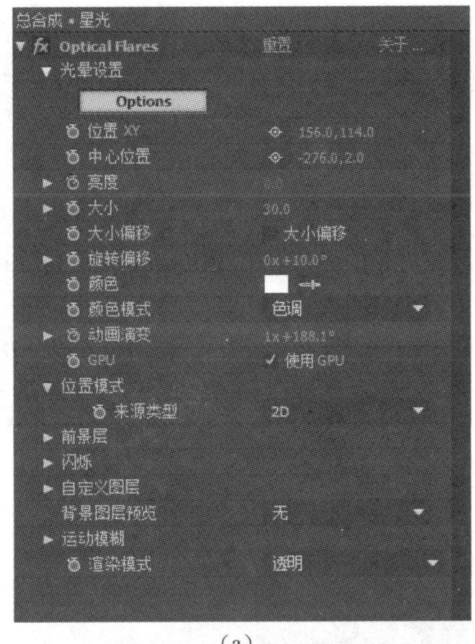


（a）

（b）

图 3-1-15

**03** 在“Pro Presets”文件夹中选择“Light Spark”预设，如图 3-1-16（a）所示。单击“OK”按钮，如图 3-1-16（b）所示。

**04** 返回特效控制台，设置“渲染模式”为“透明”，如图 3-1-17 所示，此时可以看见场景中的星光了。

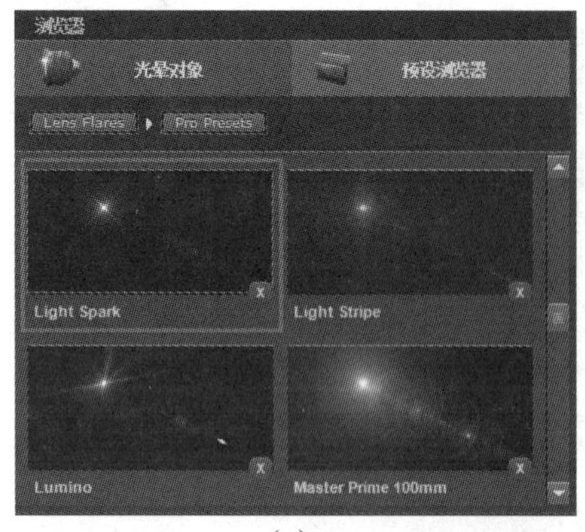


（a）

（b）

图 3-1-16

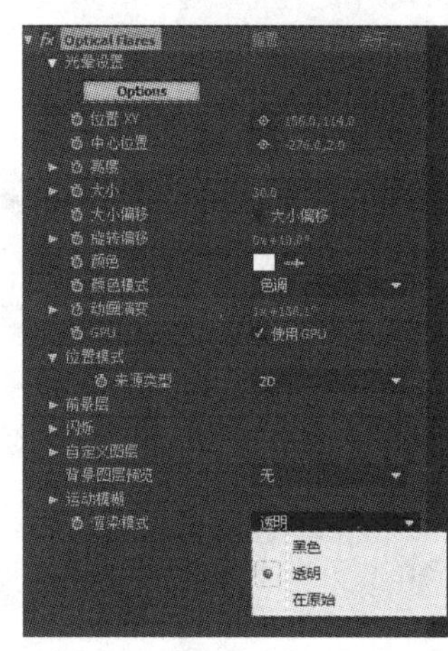

图 3-1-17

**05** 设置 Optical Flares 特效的参数。设置“位置 XY”为（364，102），“中心位置”为（-276，2），“缩放”为 40，“旋转偏移”为 130°。打开“亮度”码表设置关键帧，在 0 帧处设置“亮度”为 0，到 1 秒处设置“亮度”为 28，到 2 秒处再次设置“亮度”为 0。打开“动画演变”码表制作关键帧动画，在 0 帧处设置“动画演变”为 0，到 4 秒 9 帧处设置“动画演变”为 99。

**06** 给“亮度”添加循环表达式，按住 Alt 键的同时打开“亮度”码表，出现表达式编辑框，如图 3-1-18（a）所示，单击⊙按钮，在打开的菜单中选择“Property”→“loopOut Duration(type="cycle",duration = 0)”命令，如图 3-1-18（b）所示，此时实现星光循环闪烁的效果，如图 3-1-18（c）所示。

（a）

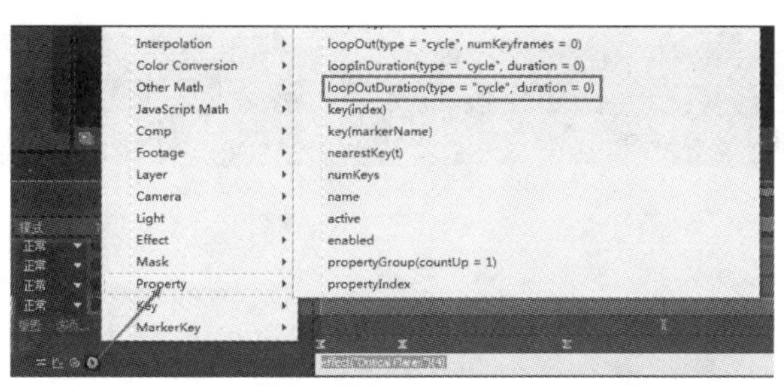


(b)

(c)

图 3-1-18

**07** 复制“星光”图层，并重命名为“星光 2”。修改 Optical Flares 的相关参数，设置“位置 XY”为（588，116），“中心位置”为（-276，2），选择“星光 2”图层 “亮度”所有关键帧，按住 Alt 键，将关键帧的长度缩短，如图 3-1-19 所示。接着设置“缩放”为 35，“旋转偏移”为 84°。更改“动画演变”设置，将 0 帧上的关键帧移动至 1 秒 13 帧，将在 4 秒 9 帧处的关键帧数值更改为 235°。

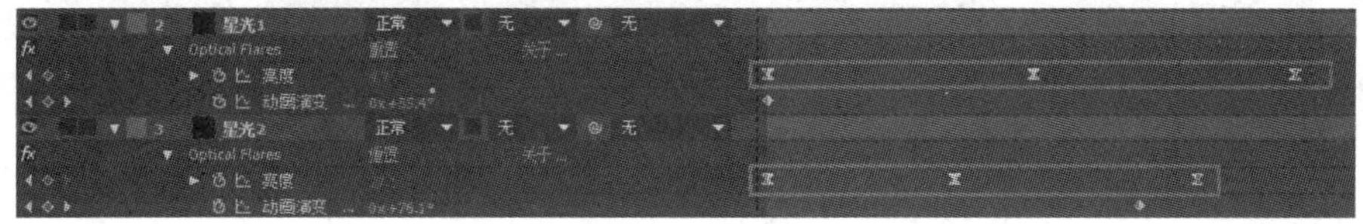

图 3-1-19

**08** 再复制一个“星光”图层并重命名为“星光 3”，同样修改 Optical Flares 的相关参数，设置“位置 XY”为（156，114），“中心位置”为（-276，2），将“亮度”关键帧的间距拉长，如图 3-1-20（a）所示。接着设置“缩放”为 30，“旋转偏移”为 10°。更改“动画演变”设置，将 1 秒 13 帧处的关键帧移动到 18 帧处，将 4 秒 9 帧处的关键帧数值更改为 314°，如图 3-1-20（b）所示，至此完成背景天空的星光闪烁效果。

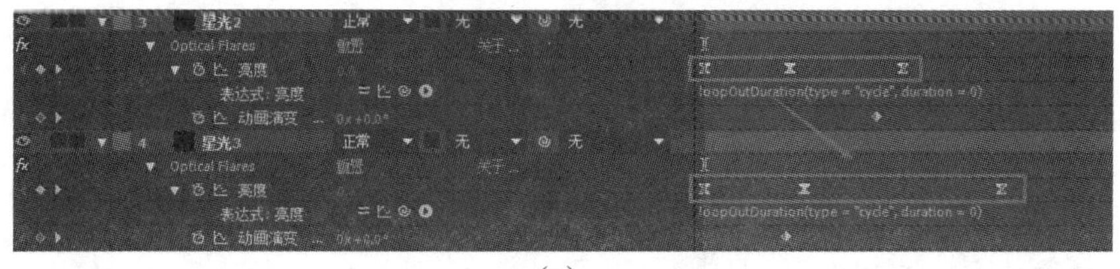

(a)

图 3-1-20

（b）

图 3-1-20（续）

09 新建黑色纯色层，命名为“遮罩”，为其添加宽银幕遮罩，设置为“反转”，如图 3-1-21 所示。

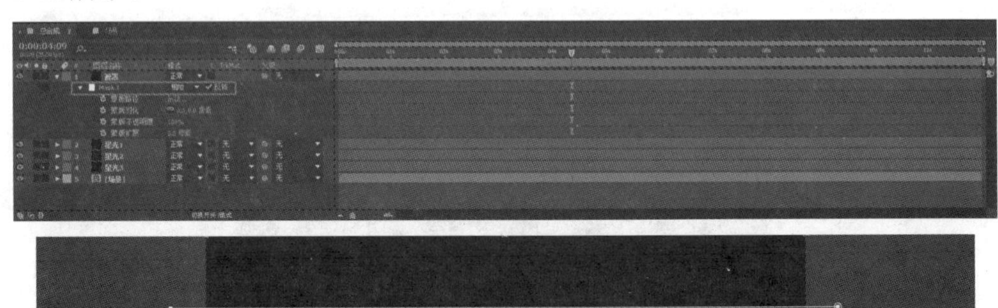

图 3-1-21

10 渲染并输出，完成制作。

## 经验和小结

1. 选择关键帧按 F9 键，可将关键帧变得平滑。

2. 通过后期制作让火焰的效果更加逼真，包括火焰本身的燃烧效果美化和强化，以及火焰对周围场景的影响。

## 思考和练习

**练习：**

利用所学方法，利用萤火虫的卡通背景（可以自行从网上寻找），用 Golden Sun 特效制作一个萤火虫动画，注意萤火虫的光对环境的影响，效果如图 3-1-22 所示（参考样片见光盘）。也可以尝试制作天空中月亮的光晕或者阴晴圆缺的变化等。

图 3-1-22

## 处理素材和制作合成场景动画

### ◎ 任务导读

场景合成可以把不同的元素融合在一起，使其成为一个有意义的镜头画面。本任务将制作播放图标、文字动画、背景，对汽车制动进行木偶动画形变处理，对烟尘素材进行修饰，以及对多个元素进行场景组合，动漫作品的后期合成大多经过类似的素材处理与场景合成过程。

### ◎ 学习目标

通过制作汽车行驶短片，熟悉 AE 在后期合成中的烟尘处理、汽车形变、文字及播放图标动画制作过程及整体合成上的一些应用技巧。下面来学习处理素材和制作合成场景动画——珍爱生命 请勿超速。视频样片截图如图 3-2-1 所示。视频样片及相关资源见配套光盘。

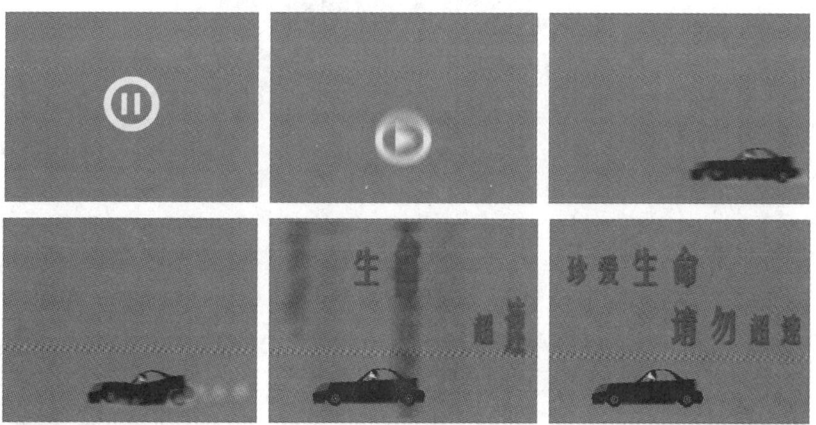


图 3-2-1

## 实践操作

素材资源：灰尘序列图，汽车.png。

技能点拨：通过遮罩工具完成播放图标效果；通过木偶工具和位移动画完成汽车制动动画，通过高斯模糊、复制图层并进行抠像、调色、透明度设置等处理烟尘效果；通过文字预设动画完成文字动画效果。

制作流程：

| 第 1 步 | 第 2 步 | 第 3 步 | 第 4 步 | 第 5 步 |
|---|---|---|---|---|
| 素材导入和文件管理 | 制作播放图标 | 制作汽车行驶动画及烟尘处理 | 制作文字动画和背景 | 渲染及输出 |

### 操作步骤

#### 第 1 步　素材导入和文件管理

**01** 启动 AE，在选择项目界面中，单击“新建合成”按钮，在弹出的“图像合成设置”对话框中设置“合成名称”“预设”“持续时间”等选项，如图 3-2-2 所示。

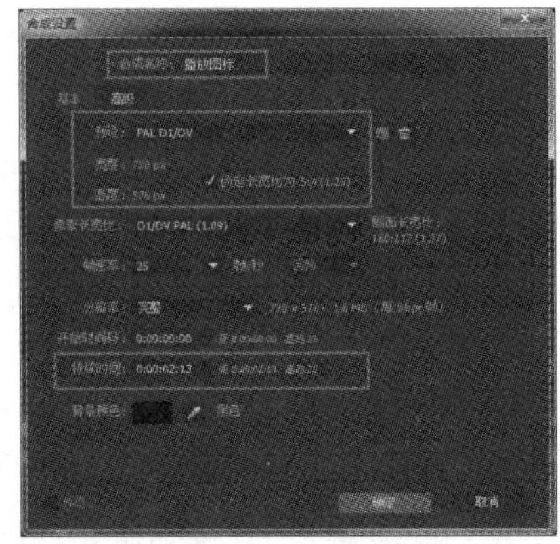

图 3-2-2

**02** 导入素材。右击“项目”面板空白处，在弹出的快捷菜单中选择“导入”→“文件”命令，将需要的素材导入，导入素材后，通过双击素材名称或图标，可以查看素材，如图 3-2-3 所示。

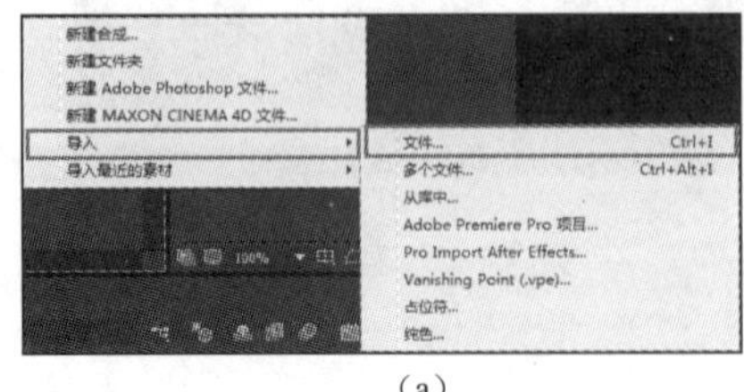


（a）

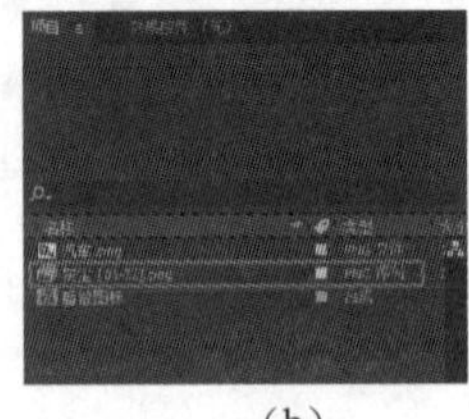

（b）

图 3-2-3

**小贴士**

“灰尘”素材以 PNG 序列图方式导入。

### 第 2 步 制作播放图标

**01** 新建一个白色纯色层，命名为“播放图标”，绘制两个正圆形遮罩，一大一小，中心点对齐，如图 3-2-4（a）所示。设置“遮罩 2”图层的叠加模式为“相减”，使纯色层形成一个圆环的形状，如图 3-2-4（b）所示。使用遮罩工具在圆环中间绘制两个长方形，如图 3-2-4（c）所示。

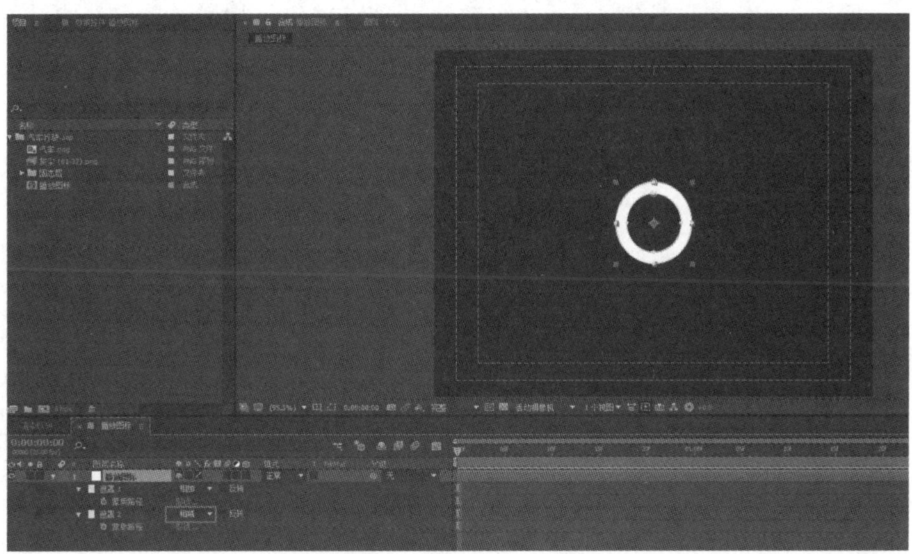

（a）

（b）

图 3-2-4

（c）

图 3-2-4（续）

02 分离“播放图标”图层。选择“播放图标”图层，按 Ctrl+Shift+D 组合键，在 17 帧处分离图层，如图 3-2-5 所示。

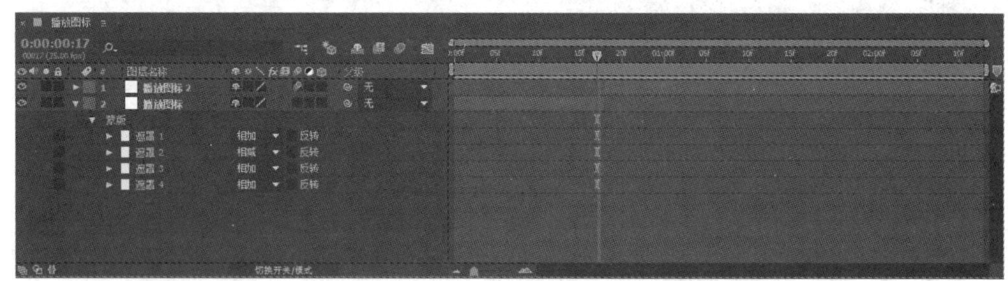

图 3-2-5

03 制作播放图标的位移和比例动画。为使得图标更具动感，利用缩放属性制作播放图标的点击效果，如图 3-2-6 所示。设置“播放图标”图层的缩放属性，在 0 秒处设置参数为 85%，10 帧处为 85%，14 帧处为 75%。设置“播放图标 2”图层的缩放属性，在 17 帧处设置参数为 75%，23 帧处为 85%。至此，图标点击效果完成。

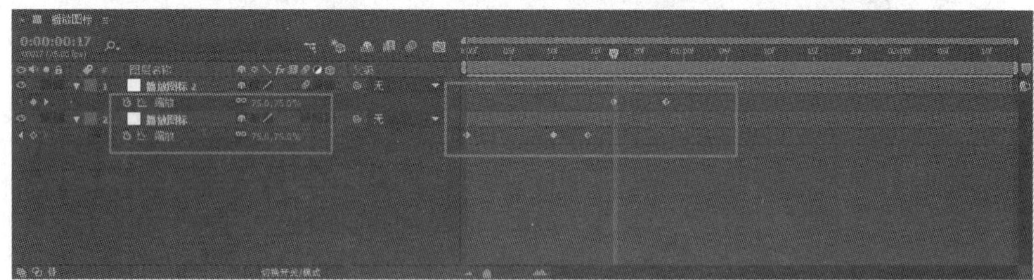

图 3-2-6

04 在 23 帧处修改“播放图标 2”图层的遮罩，将中间的两个长方形替换成三角形，如图 3-2-7 所示。

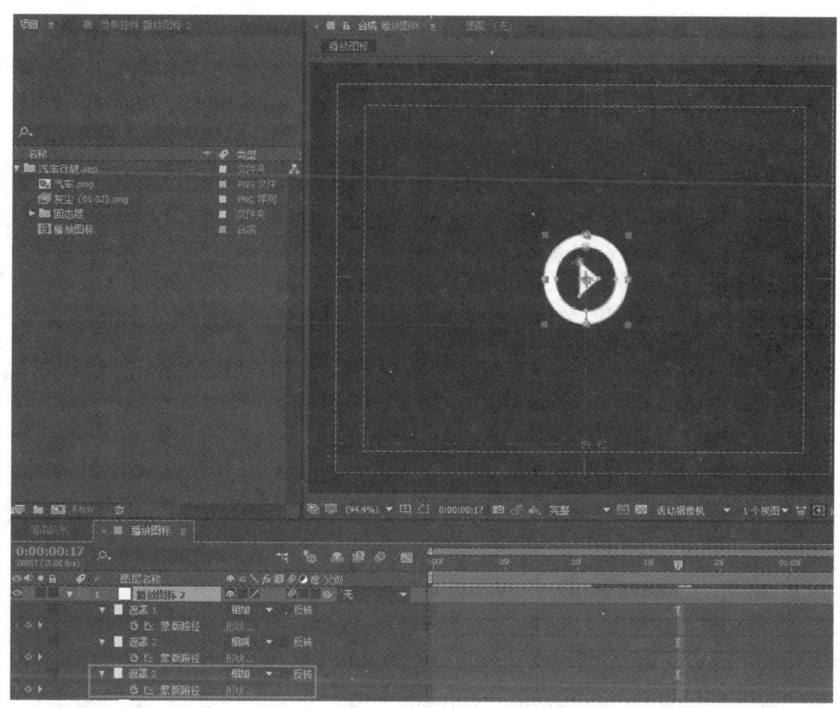

图 3-2-7

05 为播放图标 2 制作位移动画。播放图标 2 的下落过程遵循运动规律，下落的过程中将拉长，并且在接触地面时有压扁和反弹的效果，使得动画更加生动，如图 3-2-8 所示。图标的位移动画使用位置属性制作，图标的变形动画使用遮罩形状的缩放属性制作。

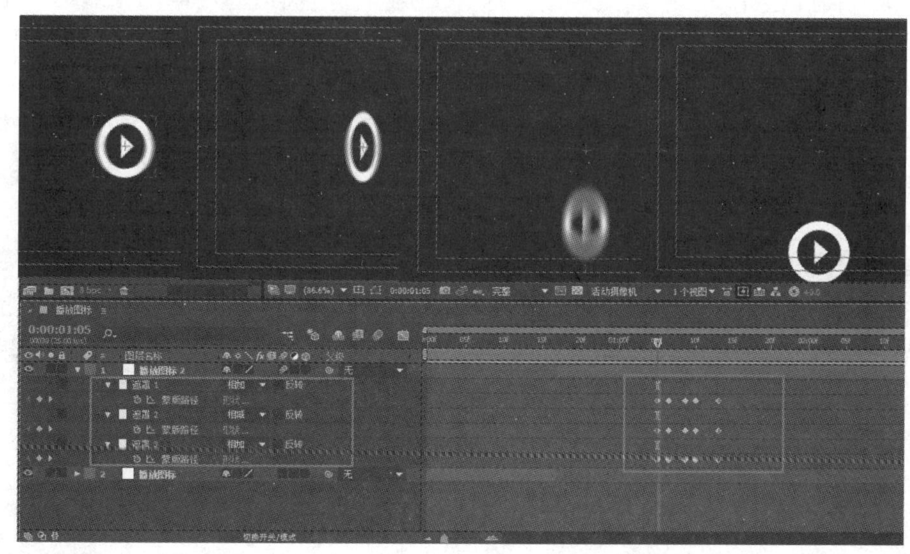

图 3-2-8

06 把播放图标的下落动作从默认的匀速运动改为加速运动。打开动画曲线编辑器，并且查看播放图标 2 的“位置”属性，如图 3-2-9（a）所示，此时位置动画曲线是平直的，说明这是匀速运动。选择 1 秒 5 帧处的关键帧，将关键帧辅助修改为“柔缓曲线出点”，并且调整动画曲线从平直变为越来越陡峭的曲线，如图 3-2-9（b）所示，实现图标的加速运动。

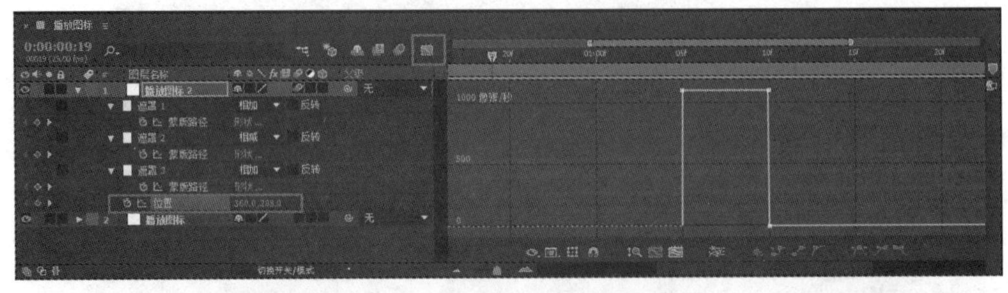

（a）

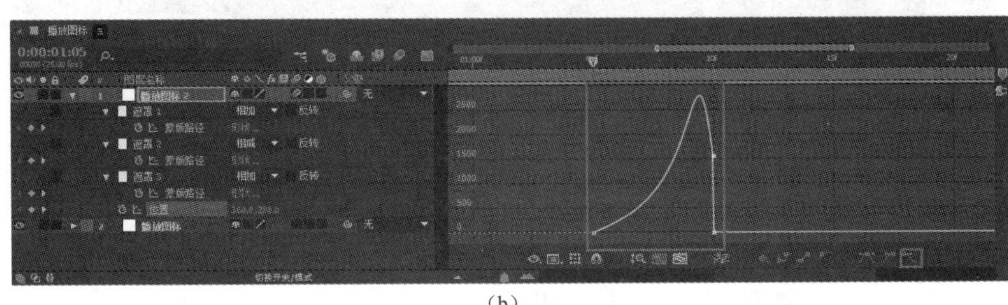

（b）

图 3-2-9

**07** 通过对“位置”属性和“旋转”属性分别在 2 秒、2 秒 3 帧、2 秒 12 帧制作关键帧动画实现“播放图标 2”的向左滚动。这一步骤同样遵循运动规律，在图标向左滚动之前，要有预备动作，先向右蓄力，即顺时针转一个小角度，然后逆时针滚动，最后选中关键帧按 F9 键将关键帧修改为柔缓关键帧，如图 3-2-10 所示。

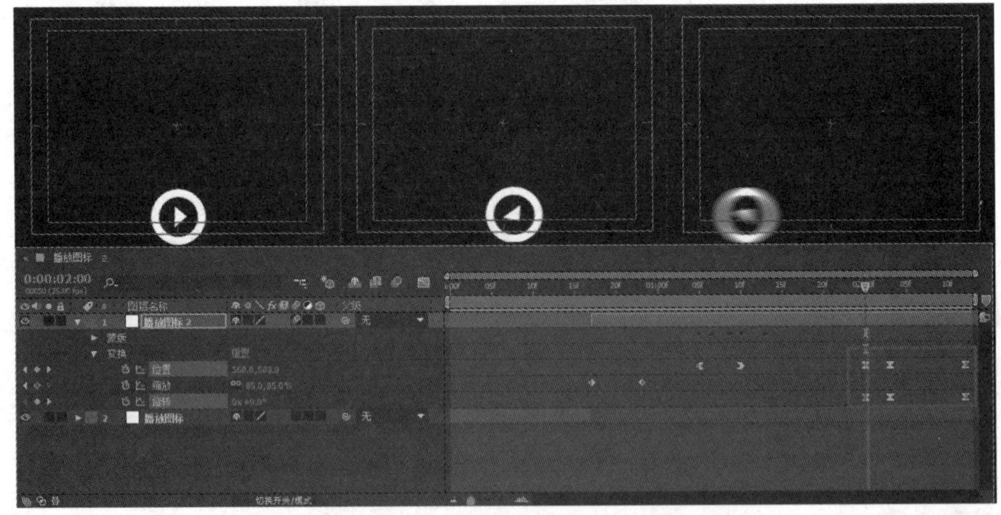

图 3-2-10

**小贴士**

1. 在播放图标的动画制作过程中，关键是注意播放图标的下落要遵循运动规律，教程提供的参数仅供参考。

2. 柔缓关键帧的设置使得播放图标先做加速运动后做匀速运动，最后慢慢减速停下来。另外，为了让画面效果更逼真，应注意打开运动模糊。

### 第3步　制作汽车行驶动画及烟尘处理

**01** 新建一个合成，命名为“汽车行驶”，合成设置如图3-2-11所示。

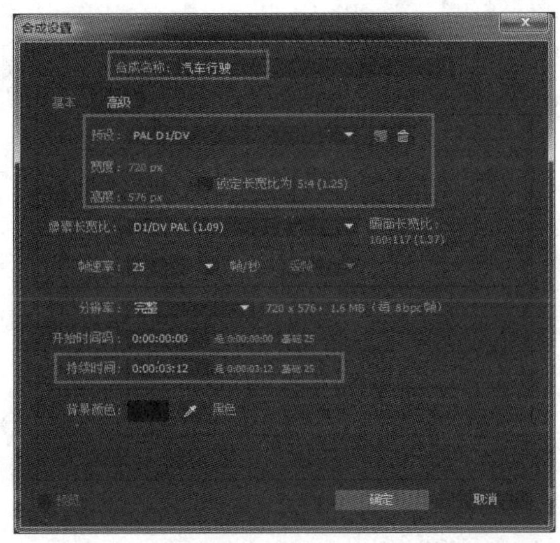


图3-2-11

**02** 将“汽车”素材拖动到“汽车行驶”合成组中，调整其大小并且对其做位移动画，让汽车从画面右侧开到画面左侧并且停止，如图3-2-12所示。

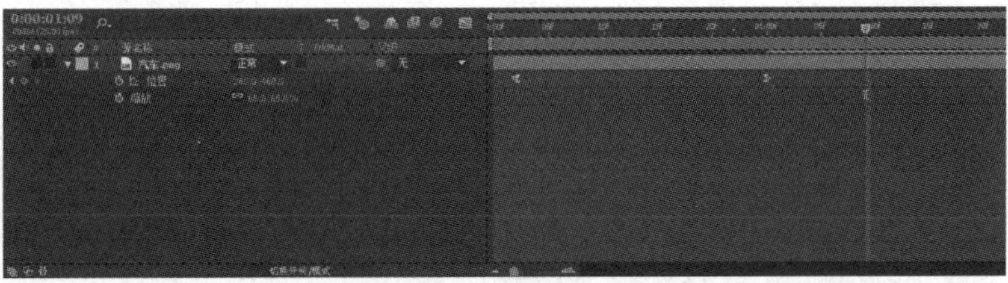

图3-2-12

**03** 同样地，根据运动规律，汽车紧急制动时利用操控点（木偶）工具对汽车做形变动画，为汽车添加4个木偶钉，如图3-2-13（a）所示。在车即将停下时，因为存在惯性，所以突然停车时对其动作进行夸张处理，为4个木偶钉定位点做关键帧动画，实现汽车的形变效果，如图3-2-13（b）所示。

（a）

（b）

图 3-2-13

**04** 通过曲线编辑器调整汽车的“位置”属性的曲线，从而使汽车做减速运动，如图 3-2-14 所示选择 1 秒处的关键帧，修改关键帧辅助为“柔缓曲线入点”。

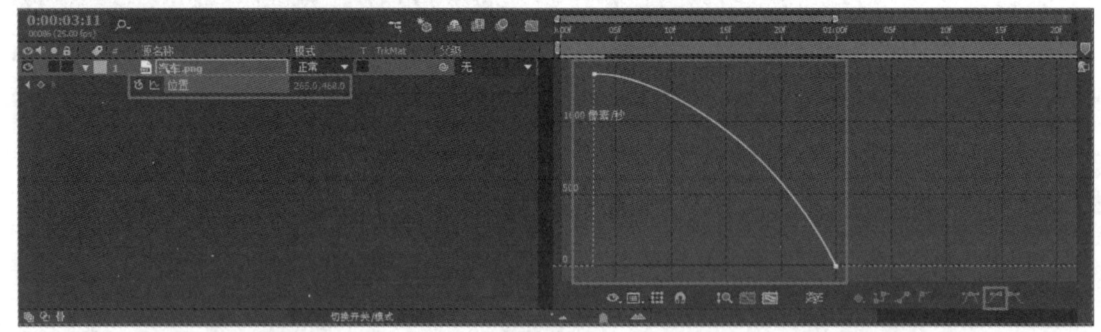


图 3-2-14

**05** 单击“动态模糊”按钮，打开汽车的“运动模糊”属性，如图 3-2-15 所示。

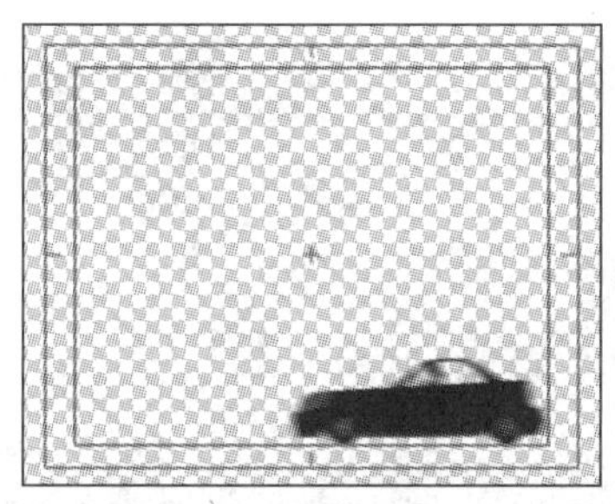

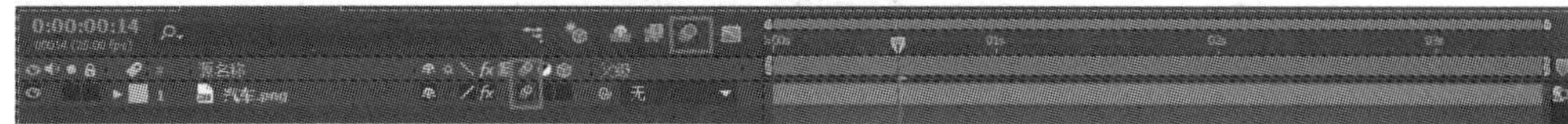

图 3-2-15

**06** 为汽车添加烟尘。用“灰尘”素材新建一个 1 秒 7 帧的“灰尘”合成，如图 3-2-16 所示。

图 3-2-16

**07** 对灰尘进行处理。之前的灰尘颜色太黄，边角过于生硬，故需要对其进行处理。选择“灰尘”图层，再选择“效果”→“模糊和锐化”→“高斯模糊”命令，添加“高斯模糊”滤镜，设置“模糊度”为 9，使灰尘边角模糊，如图 3-2-17 所示。

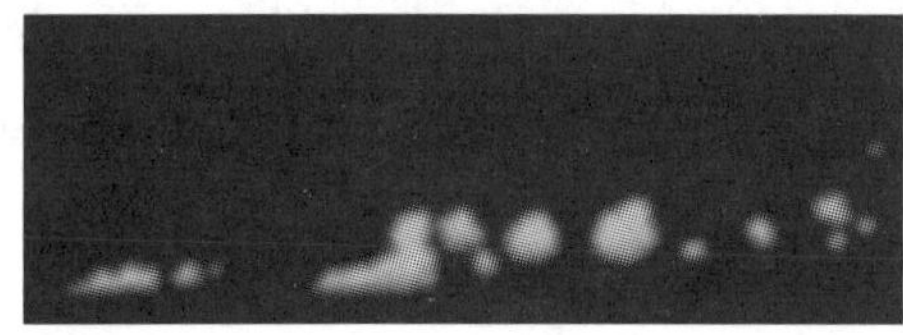

图 3-2-17

**08** 制作灰尘立体效果。复制“灰尘”图层，再选择“效果”→“键控”→“颜色键”命令，打开特效控制台，抠去浅色的灰尘颜色，并且修改高斯模糊的“模糊度”为 4，如图 3-2-18 所示。

**09** 使灰尘阴影部分的颜色变暗。选择复制的“灰尘”图层，再选择“效果”→“颜色校正”→“曝光”命令，添加曝光效果，并设置“偏移”为-0.25，使画面变暗，如图 3-2-19 所示。

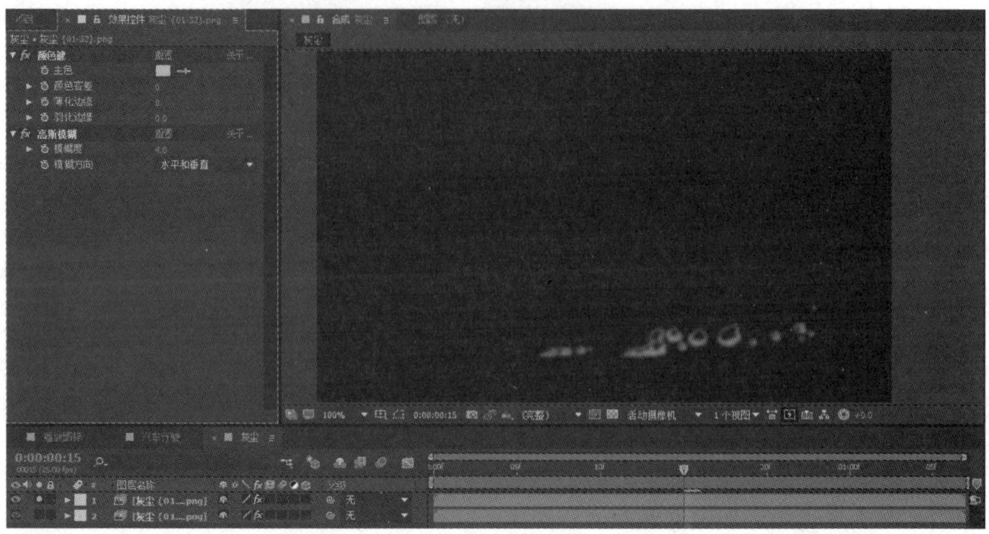

图 3-2-18

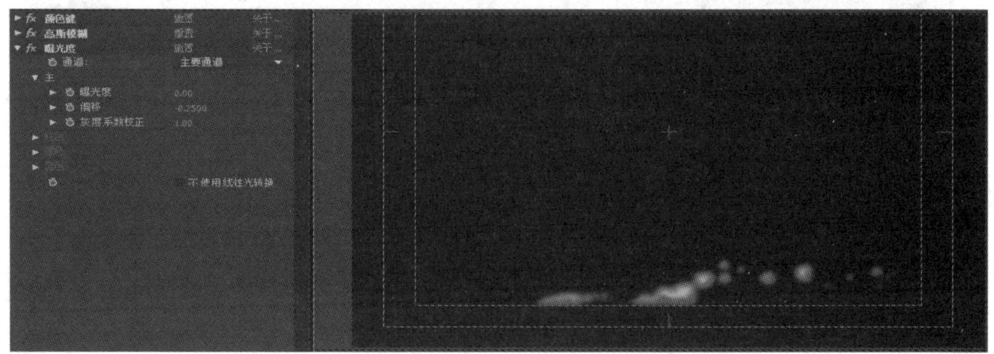

图 3-2-19

**10** 将“灰尘”合成组作为素材拖动到“汽车行驶”合成中，调节位置及大小让“灰尘”和汽车对位，如图 3-2-20 所示。

图 3-2-20

**11** 为了使画面效果更柔和、色彩搭配更合理，选择“效果”→“颜色校正”→“颜色平衡（HLS）”命令，调整灰尘颜色，效果如图 3-2-21 所示。

**12** 修改“灰尘”图层的“不透明度”为 40%，效果如图 3-2-22 所示。

图 3-2-21

图 3-2-22

## 第 4 步　制作文字动画和背景

**01** 选择"横排文字工具"T，分别输入"珍爱生命"和"请勿超速"，如图 3-2-23 所示。

图 3-2-23

02 在“效果和预设”面板中选择“动画预设”→“Text”→“Blurs”→“运输车”选项，为文字添加“运输车”动画预设，如图 3-2-24 所示。

图 3-2-24

03 新建一个 6 秒长的“效果层”合成，将“播放图标”图层、“汽车行驶”图层依次拖动到时间线面板中排列好，并新建一个蓝色纯色层作为背景，如图 3-2-25 所示。

图 3-2-25

### 第 5 步 渲染及输出

选择“合成”→“添加到渲染队列”命令，在打开的“渲染队列”面板中对其中的参数进行设置，然后单击“渲染”按钮输出动画，如图 3-2-26 所示。

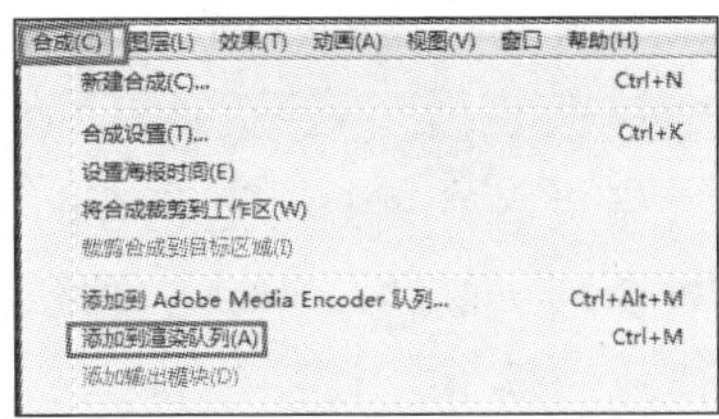

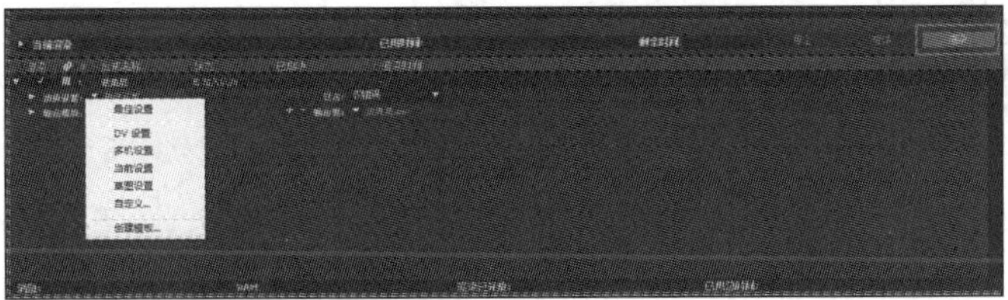

图 3-2-26

## 经验和小结

通过遮罩工具完成播放图标效果；通过操控点（木偶）工具和位移动画完成汽车制动动画；通过高斯模糊、复制图层并进行抠像、调色、不透明度等设置处理烟尘效果；通过文字预设完成文字动画效果。在制作时要考虑到动画的夸张效果及烟尘要逼真自然。

## 思考和练习

练习：

对图 3-2-27 所示的锤子砸木板的场景进行后期优化，注意烟尘的美化及锤子和木板的变形效果。

图 3-2-27

# 抠像和调色

### ◎ 任务导读

我们经常能看到古装片中的大侠施展轻功在天空飞来飞去。具体实施方法：演员打斗和天空分开拍摄，其中演员打斗部分由演员吊着钢丝在蓝幕或绿幕背景中拍摄，然后在电脑中利用后期软件将蓝幕和钢丝去掉，只留下演员部分再合成到实拍天空前面。这样看起来演员就像在天空中打斗。为了满足抠像的要求，演员被要求在蓝幕的摄影棚内拍摄。因为在蓝幕棚内，没有场景，全靠演员想象，还要求表演的情绪动作与合成的画面中的场景相符合，这无疑是对演员经历和表演功底的一个挑战。

本任务的抠像和调色的应用十分广泛，抠像可以节约大量成本，例如，电视台的虚拟新闻演播室就是利用抠像使主持人、嘉宾和虚拟的背景融合到一起的。而后期调色在各个影视项目中的应用很常见，好的调色会使作品的艺术性提高很多。

◎ 学习目标

通过抠像和变色，熟悉“Keylight (1.2)”“亮度键”“色相/饱和度”“遮罩”等基本工具的使用方法。下面来学习抠像和调色的技巧。视频样片截图如图 3-3-1 所示。视频样片及相关资源见配套光盘。

图 3-3-1

## 实践操作

素材资源：窗.jpg，景色.jpg，人.mov。

技能点拨：通过“Keylight（1.2）”将人物的绿色背景抠出，应用“亮度键”抠出窗外的雪景，再进行背景替换，通过“色相/饱和度”制作衣服的变色效果。

制作流程：

| 第 1 步 | 第 2 步 | 第 3 步 | 第 4 步 |
|---|---|---|---|
| 素材导入和文件管理 | 制作窗外景色 | 制作衣服变色效果 | 渲染及输出 |

### 操作步骤

#### 第 1 步　素材导入和文件管理

启动 AE，导入素材“窗.jpg”“景色.jpg”“人.mov”，如图 3-3-2 所示。

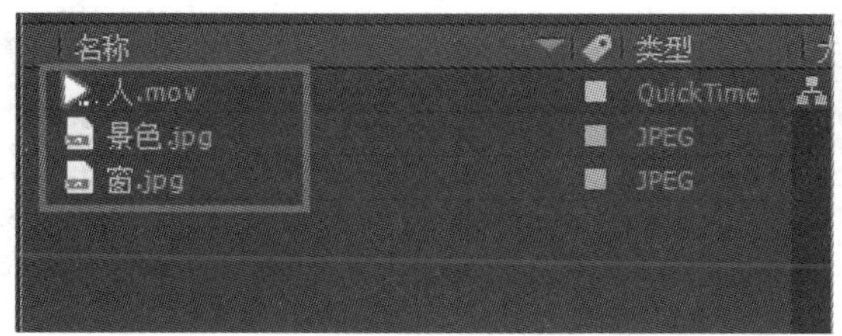


图 3-3-2

## 第 2 步 制作窗外景色

**01** 以素材“窗.jpg”的大小新建一个合成，设置“持续时间”为 8 秒，并将“窗.jpg”“景色.jpg”拖动到合成中。

**02** 抠出窗外的雪景。选择“效果”→“键控”→“亮度键”命令，在打开的特效控制台中设置“键控类型”为“抠出较亮区域”，“阈值”为 53，如图 3-3-3 所示。

图 3-3-3

**03** 选择“效果”→“蒙版”→“简单阻塞工具”命令，在打开的特效控制台中设置“阻塞遮罩”为 1.5，如图 3-3-4 所示。此时灯的部分被抠除了，按 Ctrl+D 组合键复制“窗.jpg”图层，并删除其所有特效，再为复制的“窗.jpg”图层添加遮罩，将“灯”的部分抠出来，如图 3-3-5 所示。此时窗外景色制作完成。

图 3-3-4

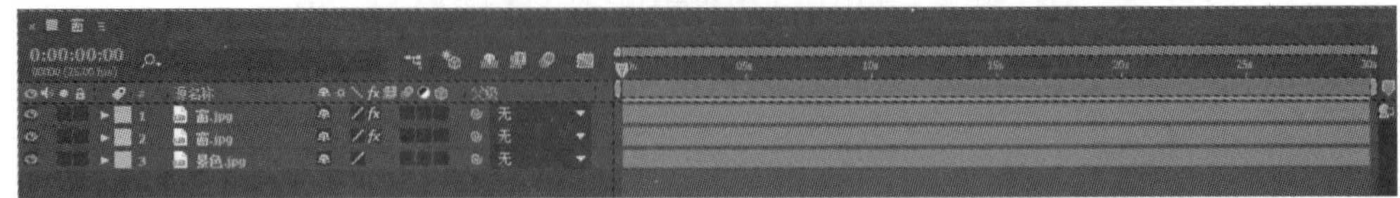


图 3-3-5

**小贴士**

键控一般配合蒙版、遮罩使用。例如，在蓝箱中拍摄人物时，人物附近的电风扇等杂物可以直接使用遮罩先去除。

### 第 3 步　制作衣服变色效果

**01** 将“人.mov”图层拖动到“窗”合成中，选取中景作为素材。将“缩放”设置为56，“位置”设置为（270，351）。选择“效果”→“键控”→“Keylight（1.2）命令”，在打开的特效控制台中单击“屏幕颜色”吸管工具，吸取视图中的绿色，如图 3-3-6 所示。

图 3-3-6

**02** 将“人.mov”图层拖至“窗.jpg”图层的下面，并只显示“人.mov”图层，在特效面板中设置“预览”为“合成蒙版”以查看抠出的区域是否完整，设置“屏幕增益”为107，“修剪黑点”为13，“修剪白点”为99，以达到更好的效果，最后设置“预览”为“最后结果”，如图 3-3-7 所示。

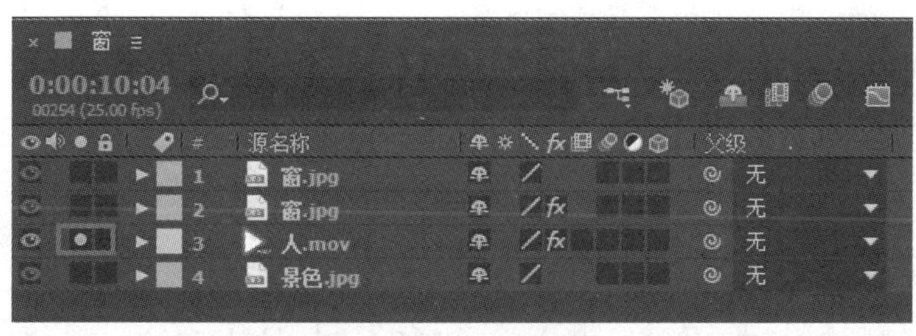


（a）

（b）

图 3-3-7

**03** 拖动时间线发现有未抠除的风扇，故需要为其添加遮罩，如图 3-3-8 所示。

图 3-3-8

**小贴士**

当利用抠像工具抠图不彻底时可使用遮罩工具进一步完善细节部分。

04 将模特的衣服变成白色。选择“效果”→“颜色校正”→“色相/饱和度”命令，在打开的特效控制台中设置“通道控制”为“蓝色”，“蓝色亮度”为100，如图3-3-9所示。

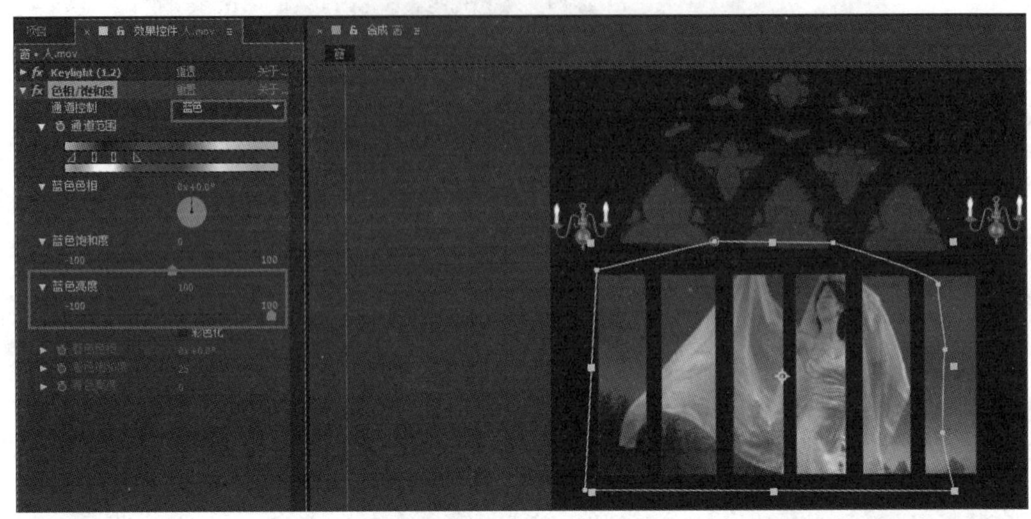

图 3-3-9

## 第 4 步 渲染及输出

01 按Ctrl+M组合键，在弹出的“渲染队列”对话框中为影片命名，并单击“保存”按钮。切换至“渲染队列”面板，设置“渲染设置”为“最佳设置”，如图3-3-10所示。

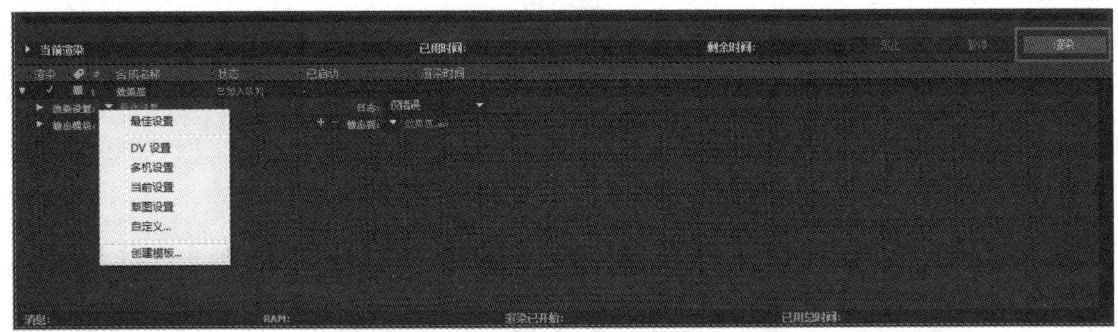


图 3-3-10

02 双击“输出模块”按钮，弹出“输出模块设置”对话框，设置“格式”为“Quick Time”。单击“格式选项”按钮，弹出“QuickTime设置”对话框，设置“视频编码器”为H.264。单击“确定”按钮，退出“QuickTime设置”对话框，再单击“确定”按钮，退出“输出模块设置”对话框。

## 经验和小结

1. 在调整抠像的过程中可以通过单击“开关透明栅格”按钮切换至透明视图，以达到更好的观察效果。

2. 在 Keylight（1.2）高级特效工具中，利用多种视图模式查看有助于检查抠像的效果，便于弥补缺陷。

## 思考和练习

**思考：**

本任务共使用了几种抠像方法？你还知道哪些抠像方法？

**练习：**

1. 上网收集抠像风景素材，利用所学内容制作天空变色效果。
2. 试制作一个飘动的毛发抠像效果。

# 制作植物生长特效及变速处理

### ◎ 任务导读

在动画元素的制作中经常遇到生长特效及变速处理，如线条延伸动画、卡通植物生长动画、电影镜头中人来人往的快动作或者慢动作处理等。本任务分别使用 3D Stroke 和比例缩放实现枝干和叶子的生长效果，利用时间重置控制动画的变速，实现生长速度的节奏变化，甚至"逆生长"效果。

### ◎ 学习目标

通过本任务，掌握影视动画后期特效中生长动画和变速的制作技术。下面来学习制作植物生长特性及变速处理。视频样片截图如图 3-4-1 所示。视频样片及相关资源见配套光盘。

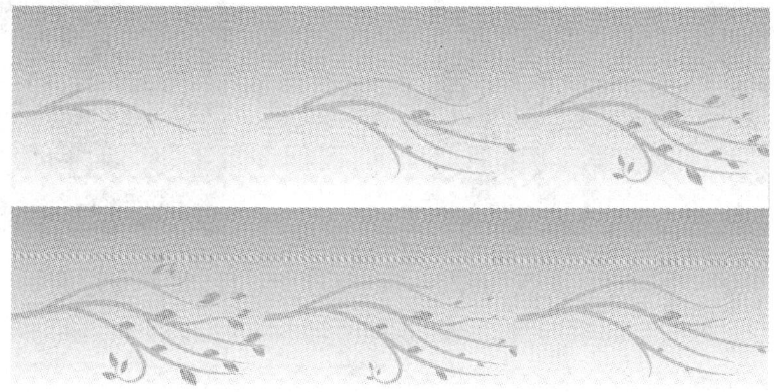

图 3-4-1

## 实践操作

素材资源：叶子.png。

技能点拨：通过 3D Stroke 和钢笔工具制作枝干的生长动画；通过基本属性“缩放”“旋转”及“位置”的设置制作叶子生长动画；通过“梯度渐变”滤镜制作背景；通过时间重置制作变速效果。

制作流程：

| 第 1 步 | 第 2 步 | 第 3 步 | 第 4 步 | 第 5 步 |
|---|---|---|---|---|
| 新建合成和素材导入 | 制作枝干 | 制作叶子生长动画 | 制作背景和变速 | 渲染及输出 |

### 操作步骤

#### 第 1 步　新建合成和素材导入

**01** 启动 AE，在选择项目界面中，单击“新建合成”图标，弹出“合成设置”对话框，设置“合成名称”为“枝干生长”，“预设”为“PAL D1/DV”，“像素长宽比”为“D1/DV PAL（1.09）”，“持续时间”为 5 秒，如图 3-4-2 所示。

**02** 导入素材。右击“项目”面板空白处，在弹出的快捷菜单中选择“导入”→“文件”命令，在弹出的“导入文件”对话框中选择需要导入的素材，如图 3-4-3 所示。

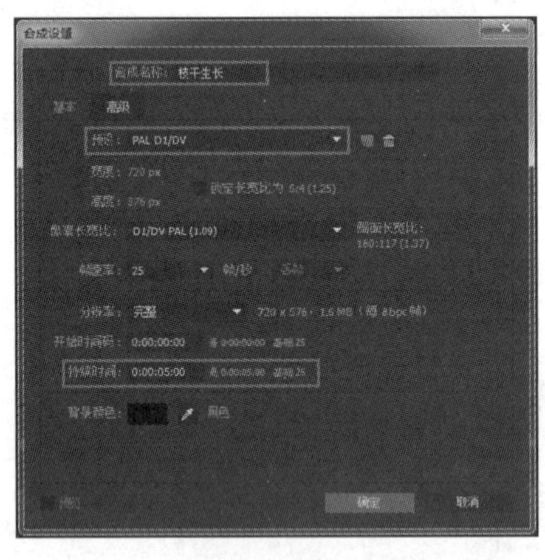

图 3-4-2

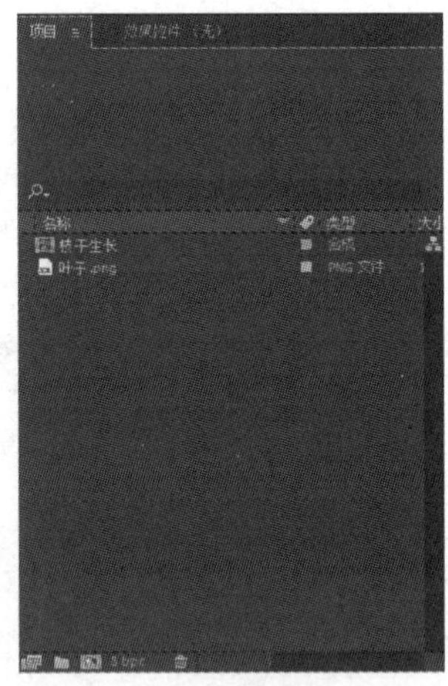

图 3-4-3

#### 第 2 步　制作枝干

**01** 新建一个纯色层，命名为“枝干”，颜色可以为任意色，如图 3-4-4 所示。

**02** 制作枝干的形状。选择“效果”→“Trapcode”→“3D Stroke”命令，添加“3D Stroke”滤镜，设置“颜色”为绿色，如图 3-4-5 所示。

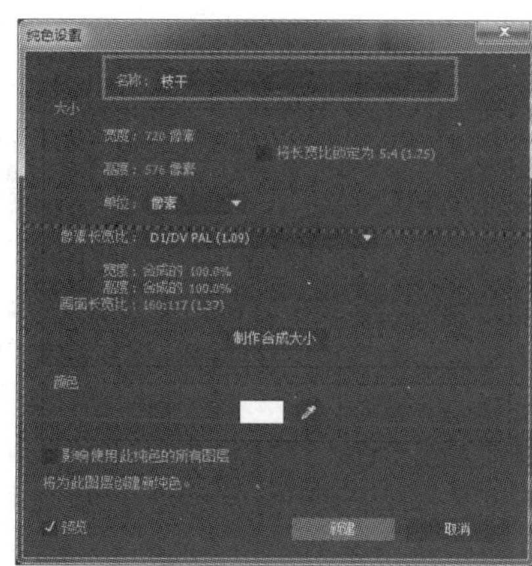


图 3-4-4



图 3-4-5

**03** 选中“枝干”图层，利用钢笔工具在画面中绘制一条路径，如图 3-4-6 所示。

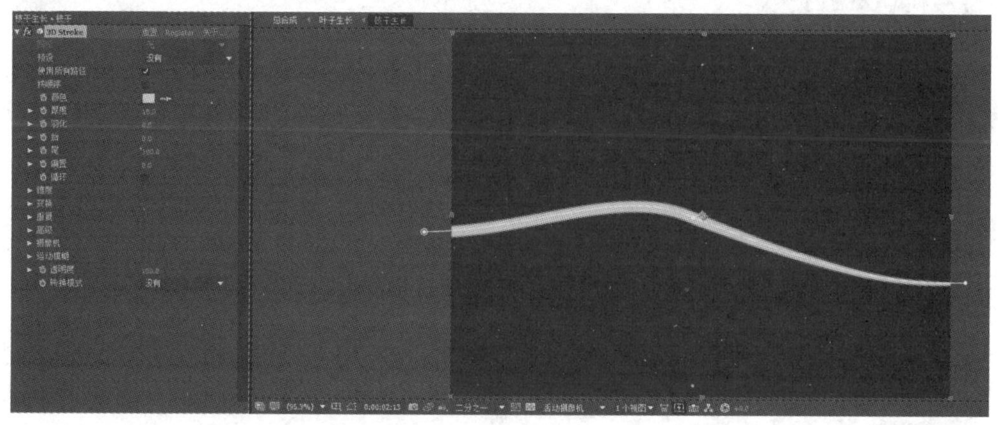

图 3-4-6

**04** 因为枝干的大小是不可能一样的，所以需要调整枝干的大小，展开“锥度”选项，勾选“启用”复选框，设置“起始厚度”为 100，设置“结束厚度”为 30，如图 3-4-7 所示。

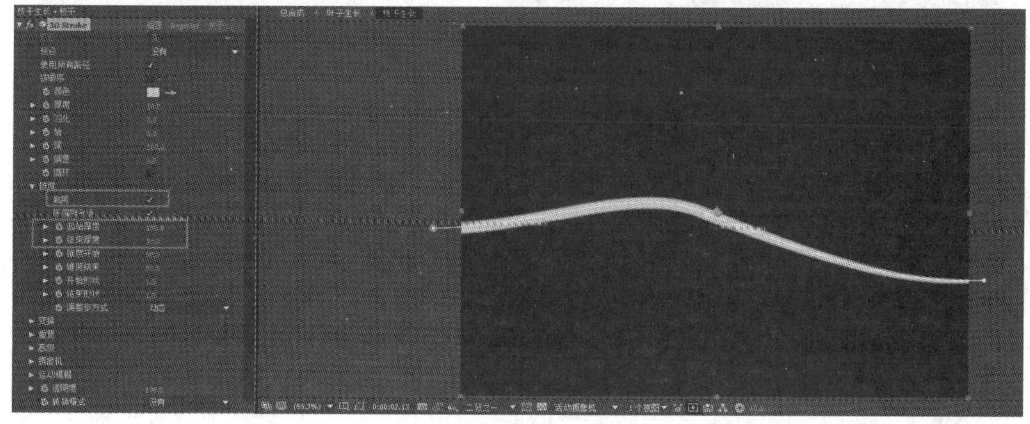

图 3-4-7

**05** 制作枝干的生长动画。打开“尾”码表设置关键帧，0 帧处设置为 0，12 帧处设置为 100，如图 3-4-8 所示。

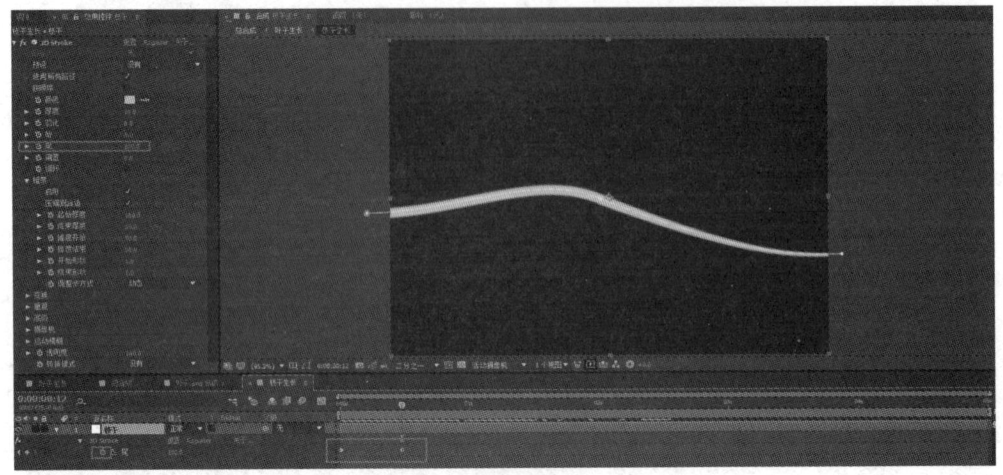

图 3-4-8

**06** 复制“枝干”图层，用钢笔工具调整路径控点，做出分支干的效果，因为主枝干和分枝干的大小是不一样的，分枝干应该更细，所以设置“厚度”为 8，如图 3-4-9 所示。

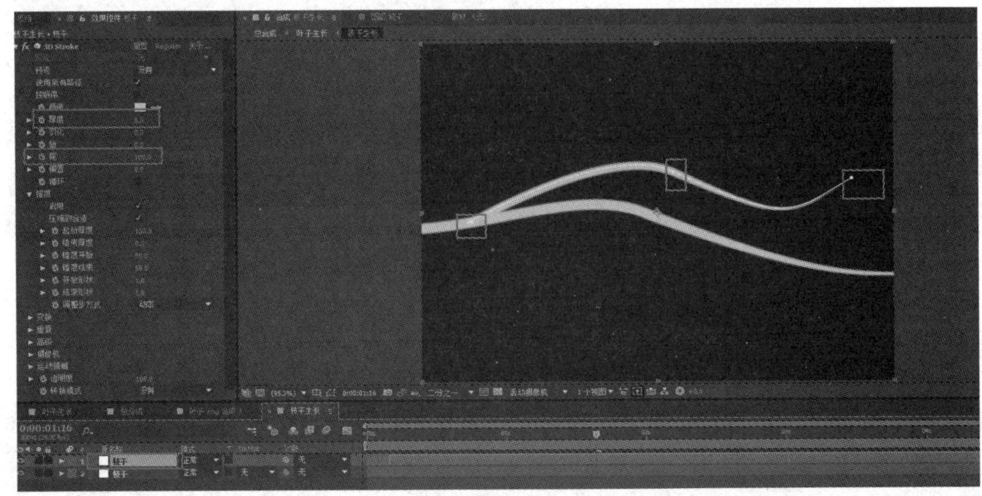

图 3-4-9

**小贴士**

调整路径控点的时候，使用 Ctrl 键和 Alt 键配合鼠标来调整，按 Ctrl 键可以移动路径控点，按 Alt 键可以切换线性拐点和曲线拐点。

**07** 制作生长的枝干。用同样的方法，多做几个枝干，如图 3-4-10 所示。枝干生长遵循生长规律，即主枝干先长好了，然后才能生长出其他枝干，所以需要排列这些“枝干”图层的先后顺序，如图 3-4-11 所示。

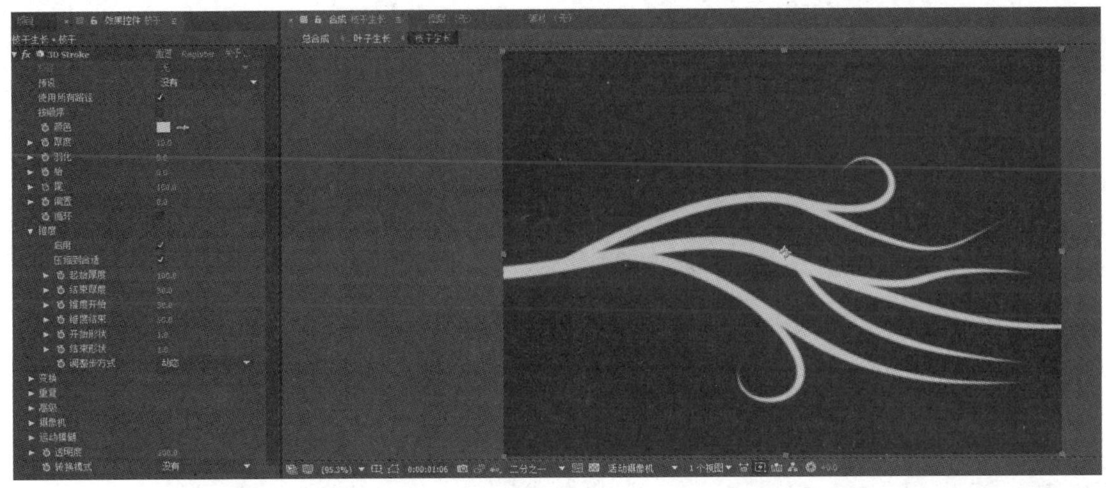

图 3-4-10

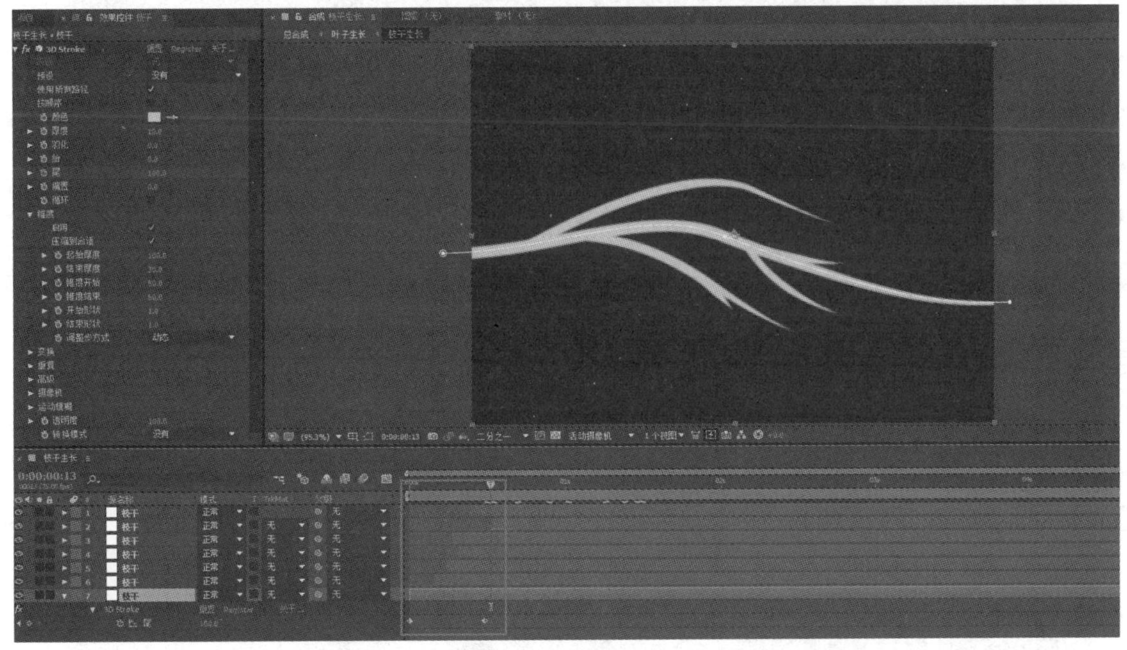

图 3-4-11

### 第 3 步　制作叶子生长动画

**01** 新建合成，命名为“叶子生长”，如图 3-4-12 所示。

**02** 将素材“叶子.png”拖动到时间线面板中，使用“定位点工具”把中心点移到叶子梗下，如图 3-4-13 所示。

**03** 制作叶子的生长动画。选择“叶子.png”图层，按 S 键打开其“缩放”属性，打开“缩放”码表设置关键帧，在 0 帧处设置为 0，16 帧处设置为 100，如图 3-4-14 所示。

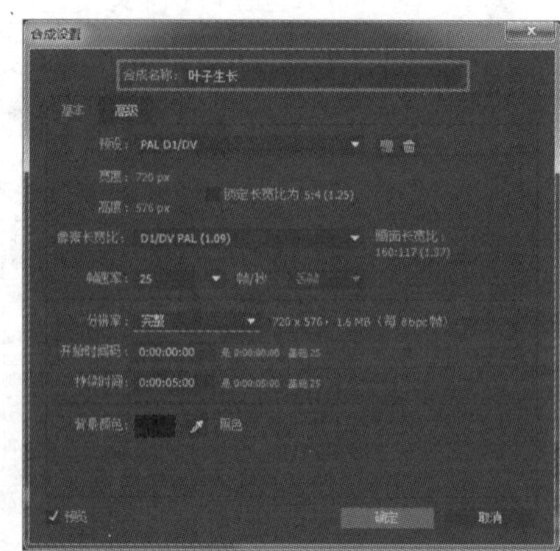


图 3-4-12

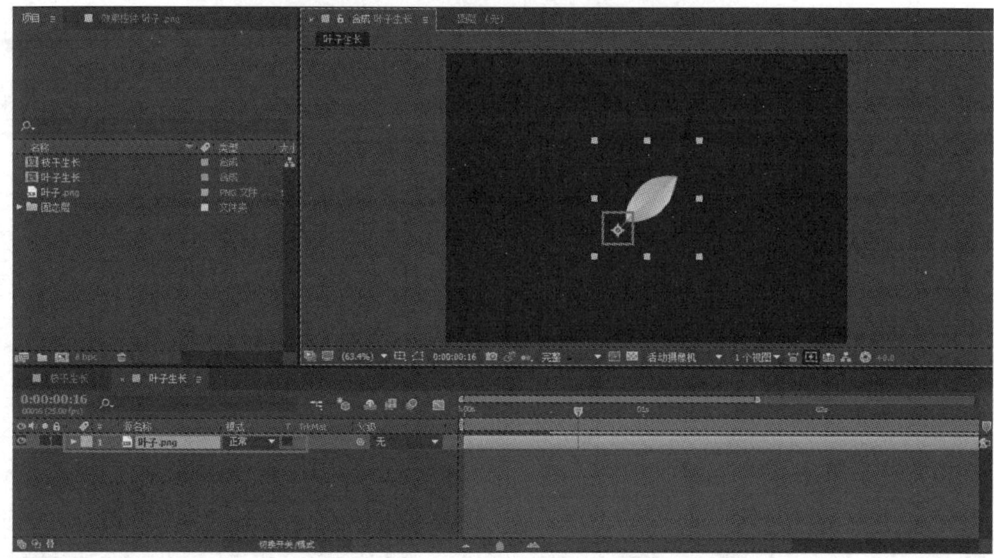

图 3-4-13

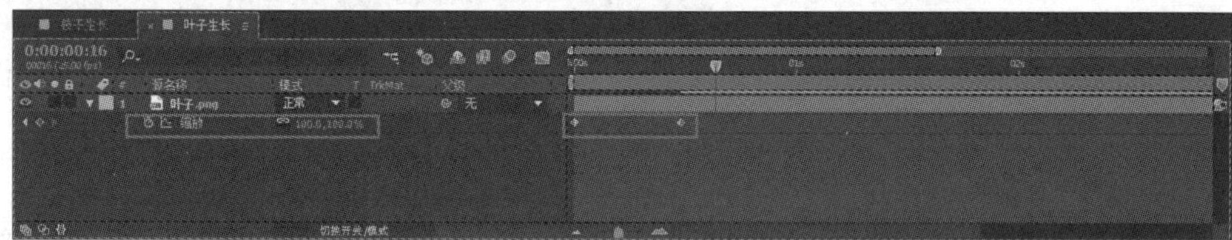

图 3-4-14

**04** 选择“图层”→“预合成”命令，在弹出的“预合成”对话框中选中“将所有属性移动到新合成”单选按钮，单击“确定”按钮，进行预合成，如图 3-4-15 所示。

**05** 把“枝干生长”合成拖动到时间线面板中，置于底层，如图 3-4-16 所示。

**06** 设置“叶子.png 合成 1”图层的“缩放”“旋转”及“位置”参数，使得叶子和枝干匹配，如图 3-4-17 所示。

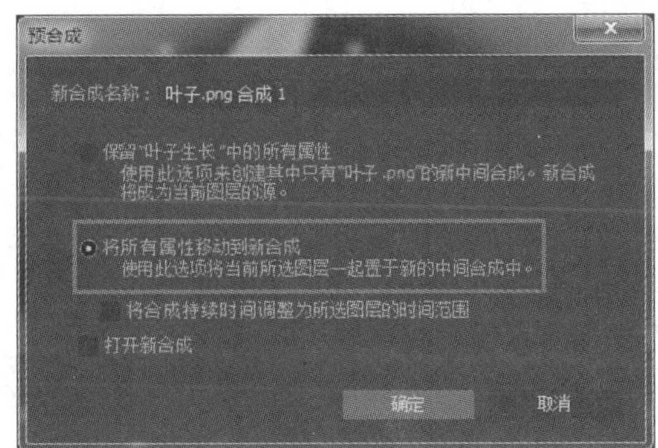


图 3-4-15

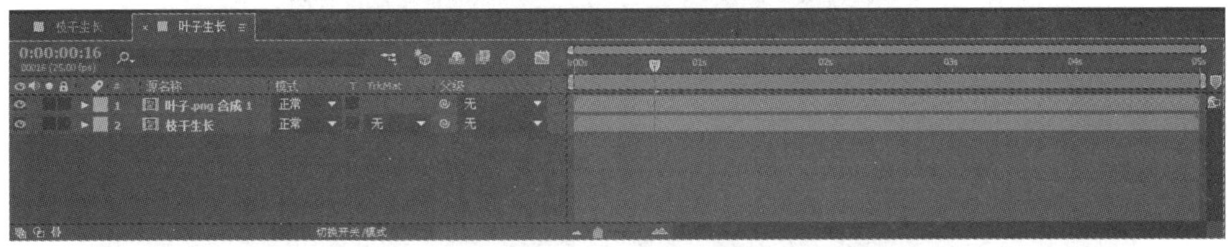


图 3-4-16

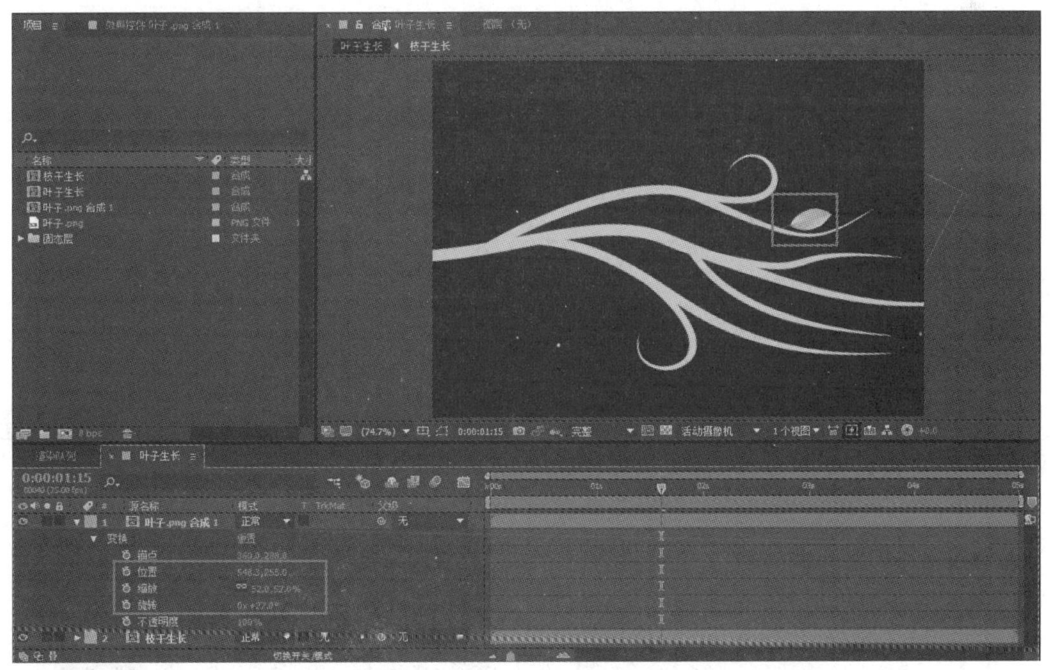


图 3-4-17

**07** 制作多片叶子的生长动画。复制“叶子.png 合成 1”图层，多做几片叶子，注意构图，如图 3-4-18 所示。叶子的生长同样遵循生长规律且有先后顺序，所以需要根据动画规律来排列这些“叶子”图层的先后顺序，如图 3-4-19 所示。

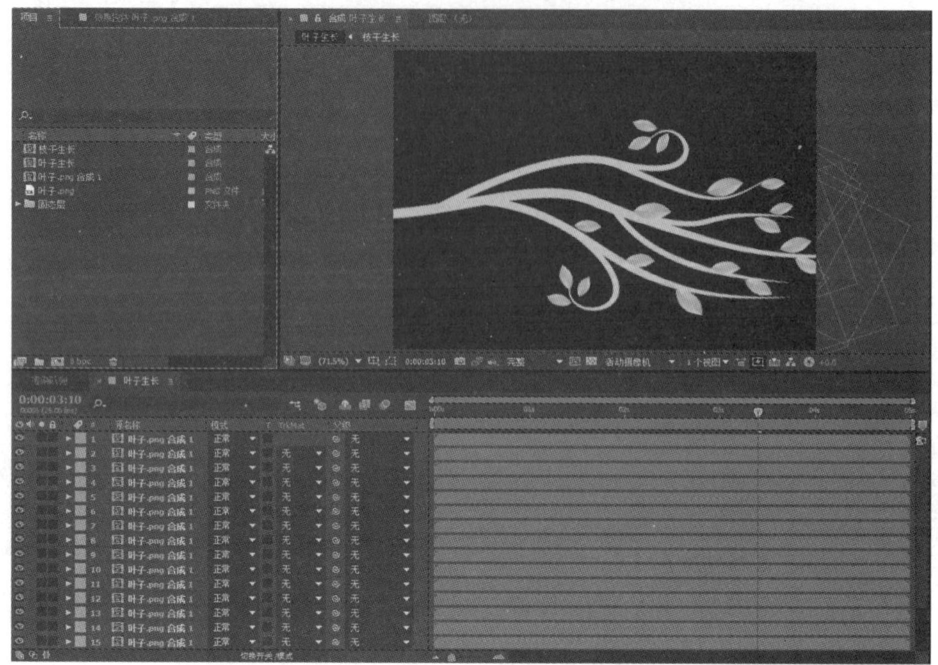

图 3-4-18

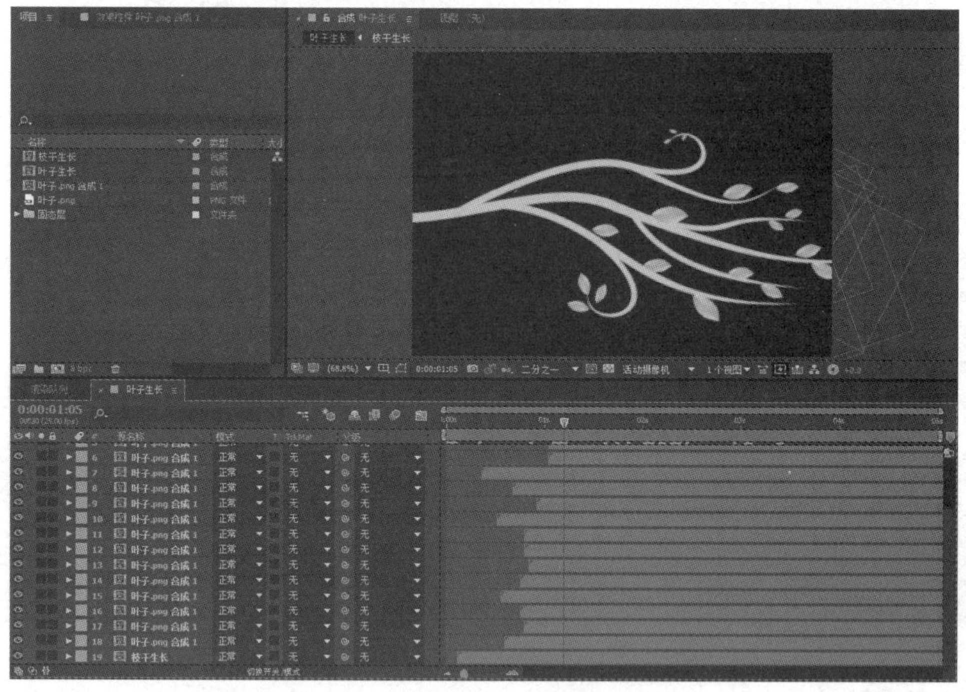

图 3-4-19

## 第 4 步　制作背景和变速

01 新建一个合成，命名为“总合成”，如图 3-4-20 所示。

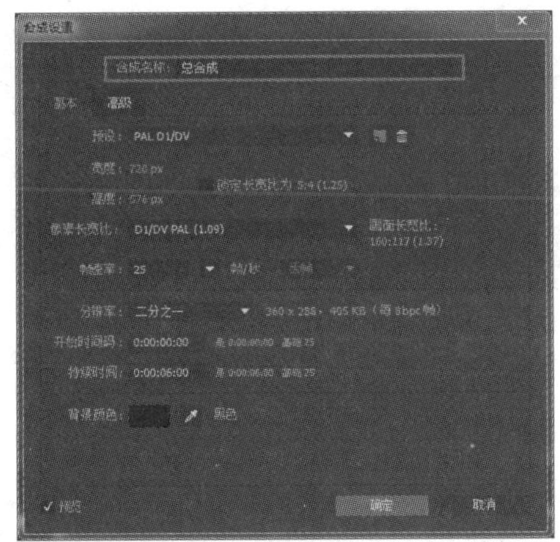

图 3-4-20

**02** 将“叶子生长”合成拖动到时间线面板中，并新建一个纯色层，命名为“背景”，如图 3-4-21 所示。

图 3-4-21

**03** 选择“效果”→“生成”→“梯度渐变”，添加“梯度渐变”滤镜，如图 3-4-22 所示。

图 3-4-22

**04** 对做好的生长动画进行变速处理，注意动画的节奏感。右击“叶子生长”图层，在弹出的快捷菜单中选择“时间”→“启动时间重映射”命令，此时自动添加时间重映射的首尾关键帧，如图 3-4-23 所示。

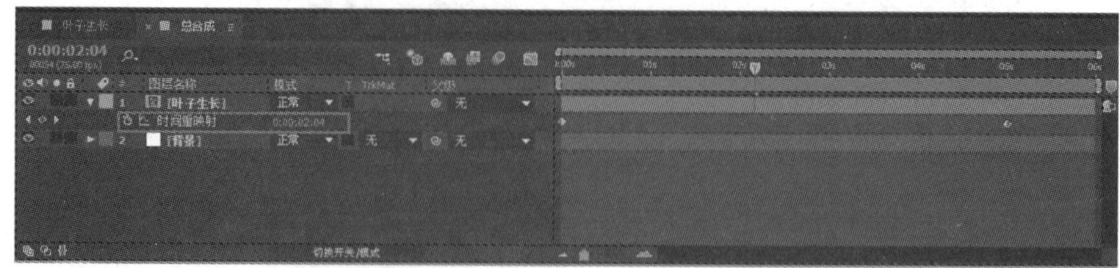

图 3-4-23

**05** 制作枝干快速生长的效果。把时间线拖到 0 秒 12 帧处，设置“时间重映射”为“0:00:00:20”，做出枝干快速生长的效果，如图 3-4-24 所示。

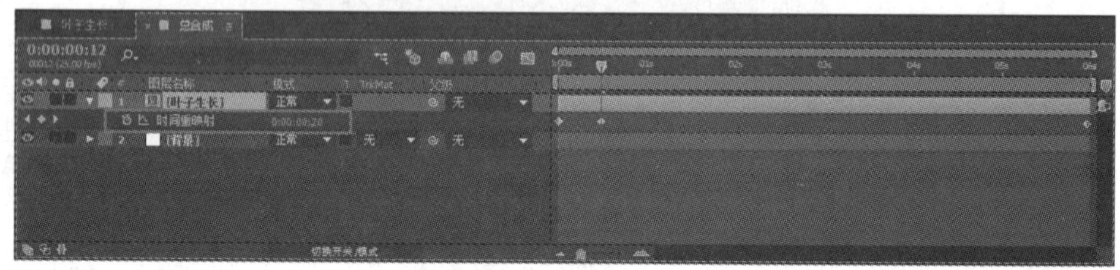

图 3-4-24

**06** 制作叶子慢速生长的效果。把时间线拖到 2 秒 13 帧的位置，设置“时间重映射”为“0:00:01:15”，做出叶子慢速生长的效果，如图 3-4-25 所示。

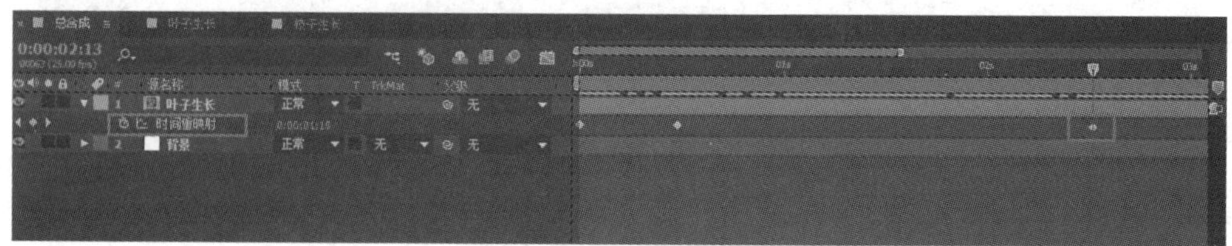

图 3-4-25

**07** 合成时间偏短，按 Ctrl+K 组合键，更改时间为 6 秒。在 5 秒 24 帧的位置添加“时间重映射”的第四个关键帧，把第三个关键帧参数复制给第四帧，做出定格效果。为了做出叶子再缩回去只剩下枝干的动画效果，把“时间重映射”最后一帧的参数改为“0:00:00:18”，如图 3-4-26 所示。

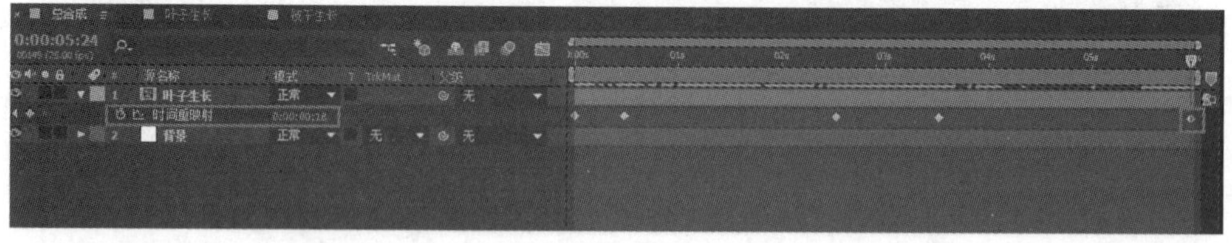

图 3-4-26

### 第 5 步　渲染及输出

选择“合成”→“添加到渲染队列”命令，在打开的“渲染队列”面板中对其中的参数进行设置，然后单击“渲染”按钮输出动画，如图 3-4-27 所示。

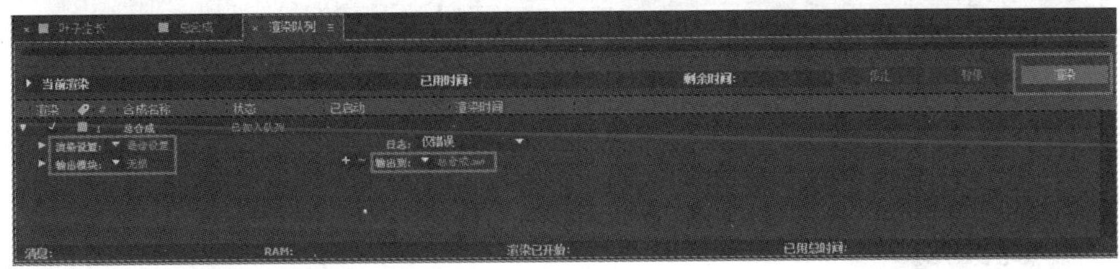


图 3-4-27

## 经验和小结

1. 利用钢笔工具绘制所需要的路径可以配合“描边”滤镜做出很多效果。
2. 做生长动画还有其他的方法，如钢笔工具绘制的遮罩动画。

## 思考和练习

**思考：**

AE 自带的“描边”滤镜和本任务所使用的 3D Stroke 插件有何区别？

**练习：**

1. 利用所学内容，尝试制作飞光效果、物体的轮廓描边动画、地图路线指引动画。
2. 用 3D Stroke 做轨道蒙版，以实现类似手写字的效果。

# 任务 3.5 画面跟踪和稳定

### ◎ 任务导读

大家看一些电视综艺节目的时候，是不是经常发现有一些很可爱的图片跟着那些明星动来动去呢，其实这就是画面的动态跟踪。画面的跟踪和稳定功能在电影合成中使用较多，可以在后期让特定元素去跟踪前期素材的特征点实现同步运动，或者与前期素材的摄像机路径相匹配，以达到合成的目的，而在处理前期拍摄过程中存在画面晃动的素材时，可以使用稳定功能来修复画面。

### ◎ 学习目标

通过本任务，熟悉 AE 软件的跟踪和稳定功能。下面来学习画面跟踪和稳定功能的应用。视频样片截图如图 3-5-1 所示。视频样片及相关资源见配套光盘。

图 3-5-1

## 实践操作

素材资源：火球序列图，手.mov，夜空.jpg，奖状.mov，替换图片.jpg，球场.mov。

技能点拨：通过制作单点跟踪、四点透视边角跟踪和画面稳定处理，了解影视动画合成中非常有用的工具——运动跟踪，并且通过实例熟悉跟踪技术合成效果和稳定技术的运用。

制作流程：

| 第 1 步 | 第 2 步 | 第 3 步 |
|---|---|---|
| 制作单点跟踪 | 制作四点透视边角跟踪 | 画面稳定处理 |

### 操作步骤

#### 第 1 步　制作单点跟踪

**01** 新建一个合成，命名为“单点跟踪”，设置“持续时间”为 2 秒 17 帧，如图 3-5-2 所示。

**02** 将跟踪素材“火球”“手.mov”和“夜空.jpg”导入“项目”面板中，其中“火球”素材以“PNG 序列”形式导入，如图 3-5-3 所示。

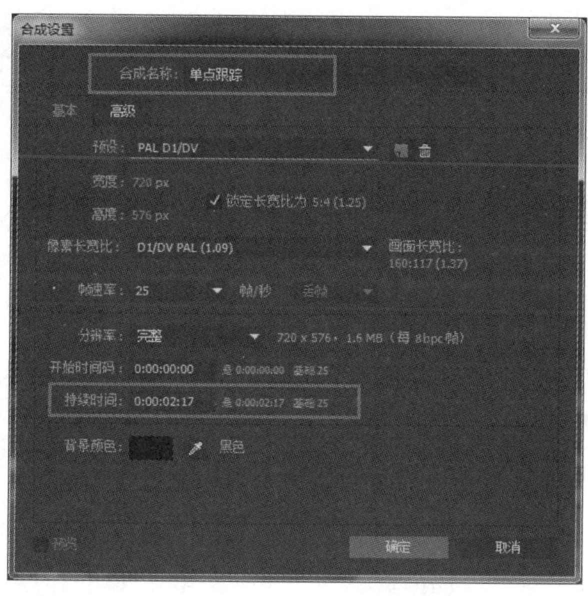


图 3-5-2

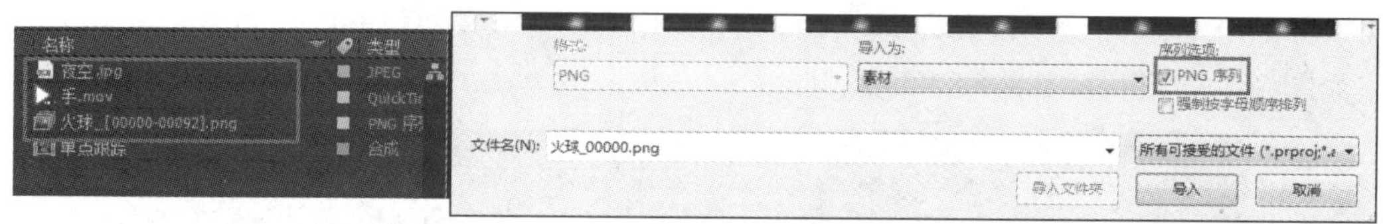


图 3-5-3

**03** 将跟踪素材“火球”“手.mov”和“夜空.jpg”拖动到时间线面板中，“夜空.jpg”图层置于最底层，“火球”图层置于最高层，并把“火球”的混合模式设置为“相加”，以便去除“火球”素材的黑背景，如图 3-5-4 所示。

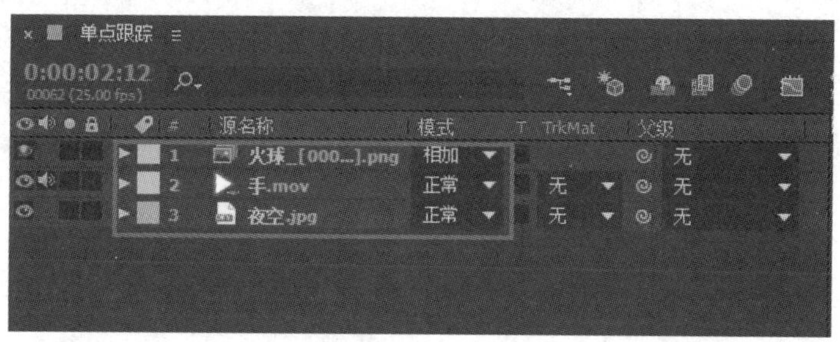


图 3-5-4

**04** 抠除素材“手.mov”的背景。选择“手.mov”图层，选择“效果”→“键控”→“Keylight（1.2）”命令，在打开的特效工具台中用吸管工具将“屏幕颜色”设置为“手.mov”图层的蓝色背景色。将“预览”模式切换到“合成蒙版”，设置“屏幕增益”为 120，“屏幕预模糊”为 1，“修剪白点”为 70，“屏幕柔和度”为 0.5，参数设置满意后再将“预览”模式切换到“最后结果”，效果如图 3-5-5 所示。

图 3-5-5

**05** 对手中的绿色瓶盖进行位置跟踪。将时间指示器指针移到素材的开始帧，选择“手.mov”图层，选择“窗口”→“跟踪器”命令，打开“跟踪器”面板，单击“跟踪器”按钮，然后在合成面板中，将跟踪点调整到绿色瓶盖上，并调整跟踪区域和特征区域的大小，如图 3-5-6 所示。

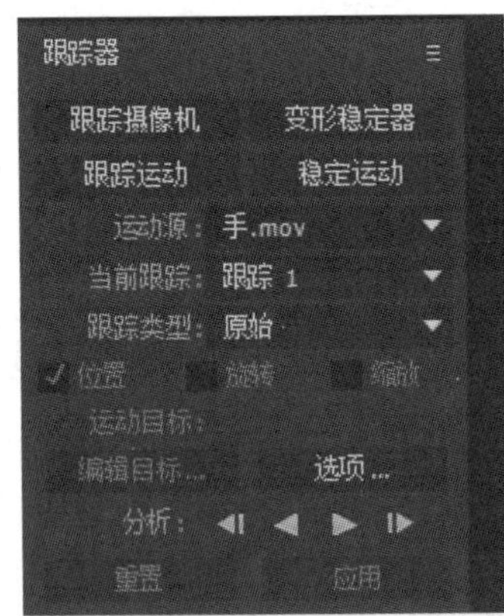

图 3-5-6

**小贴士**

合理选择跟踪特征区域并调整跟踪区域的大小，可以提高跟踪精度。

**06** 在“跟踪器”面板中，将“跟踪类型”设置为“变换”，勾选“位置”复选框，如图 3-5-7 所示。单击“运动目标”按钮，设置目标为“火球”图层。

**07** 在“跟踪器”面板中单击“选项”按钮，弹出“动态跟踪器选项”对话框，设置“通道”为 RGB，如图 3-5-8 所示。

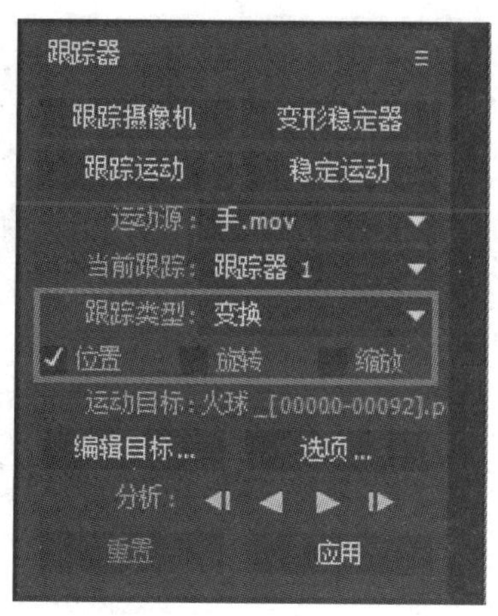

图 3-5-7

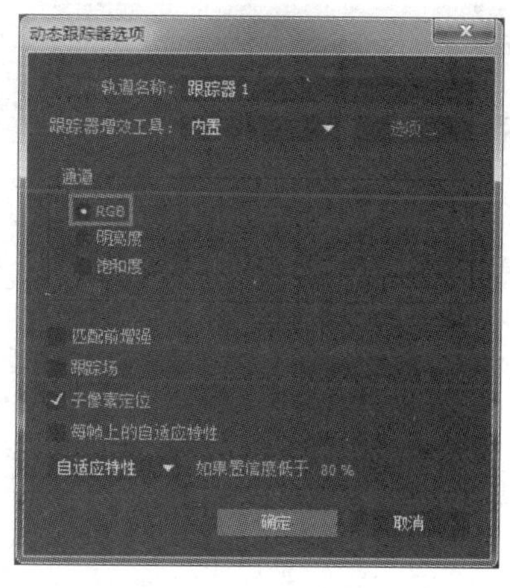


图 3-5-8

**小贴士**

“动态跟踪器选项”对话框中的通道选择：跟踪点和周围区域的主要差别是颜色时，选择“RGB”按钮；主要差别是亮度时，选择“亮度”按钮；主要差别是饱和度时，选择“饱和度”按钮。

**08** 单击“分析”右侧的▶按钮，系统开始进行分析运算，跟踪区域和跟踪点的位置随着“手.mov”视频中绿色瓶盖的移动发生相应的变化，当运算完成后，检查跟踪是否出现偏差。如果跟踪点在某个时间点开始出现偏差，则应该重新设置跟踪区域，重新分析运算，直到没有偏差。然后选择“火球”图层，单击“应用”按钮，将跟踪结果应用到“火球”图层上，如图 3-5-9 所示。

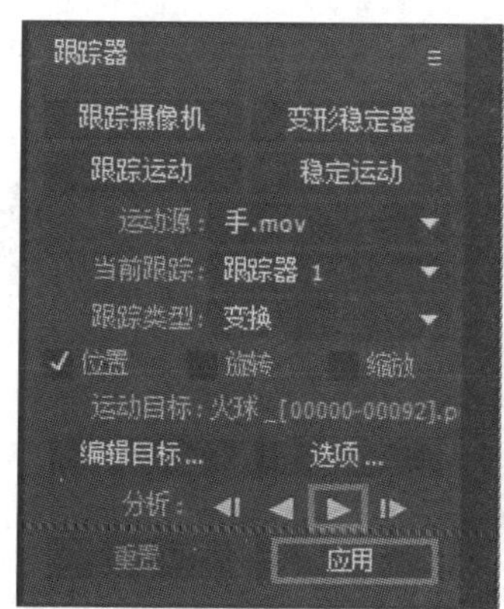

图 3-5-9

**09** 为了使火球的光更明亮，可以将夜空背景调暗一些。选择“夜空.jpg”图层，选择“效果”→“颜色校正”→“曲线”命令，添加“曲线”滤镜，将亮度调低一些，调整参数如图 3-5-10 所示。

图 3-5-10

**10** 按 0 键（数字键盘），观看最后的动画合成效果，可以看到火球随着手上的瓶盖移动，如图 3-5-11 所示。

图 3-5-11

**小贴士**

新建一个空白对象图层，设置跟踪目标为空白对象图层，然后将空白对象图层设置为“火球”图层的父层，这样火球的“位置”等属性可以随意改变而不会影响跟踪效果。

### 第 2 步 制作四点透视边角跟踪

**01** 新建一个合成，命名为“四点跟踪”，设置“持续时间”为 10 秒，如图 3-5-12 所示。

**02** 将跟踪素材“替换图片.jpg”和“奖状.mov”导入“项目”面板中，如图 3-5-13 所示。

**03** 将跟踪素材“替换图片.jpg”和“奖状.mov”拖动到时间轴面板中，并将“替换图片.jpg”图层置于“奖状.mov”图层之上，如图 3-5-14 所示。

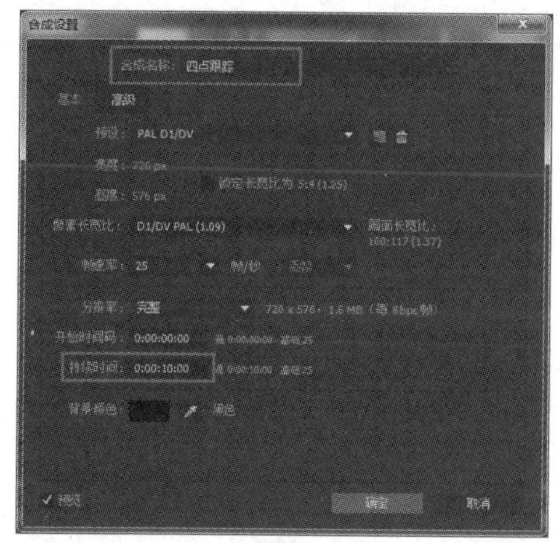


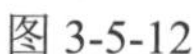

图 3-5-12

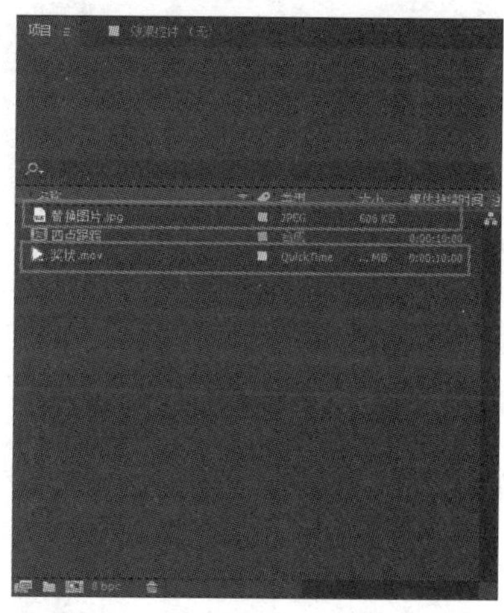


图 3-5-13

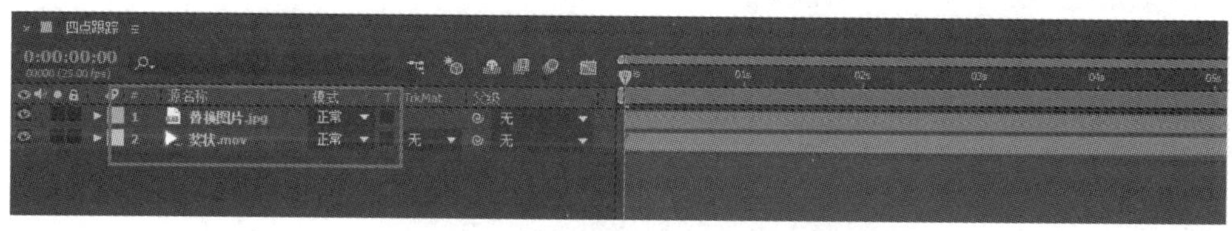


图 3-5-14

**04** 选择“奖状.mov”图层，选择“窗口”→“跟踪”命令，打开“跟踪器”面板，将“跟踪类型”设置为“透视边角定位”，如图 3-5-15 所示。

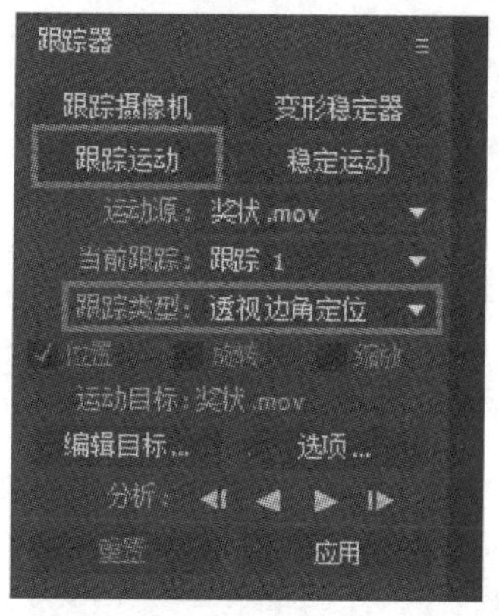


图 3-5-15

**05** 将时间指示器指针移到素材的结尾帧，在跟踪预览窗口中出现 4 个跟踪点，分别将 4 个跟踪点置于“奖状.mov”素材中奖状的 4 个边角上，然后调整跟踪搜索区域和特征区域（可以放大视图调整，尽量精确），如图 3-5-16 所示。

**06** 在“跟踪器”面板中单击“选项”按钮，弹出“动态跟踪器选项”对话框，设置“通道”为 RGB，勾选“子像素定位”复选框，将“如果置信度低于”设置为 80%，如图 3-5-17 所示。

图 3-5-16

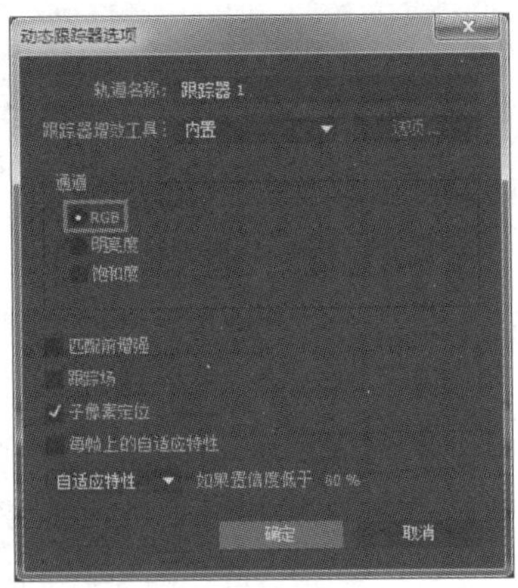


图 3-5-17

**07** 单击“分析”右侧的◀按钮，进行分析运算。跟踪运算结束后，查看跟踪结果是否正确，如果正确，单击“应用”按钮，将跟踪结果应用到“替换图片.jpg”图层上，如图 3-5-18 所示。

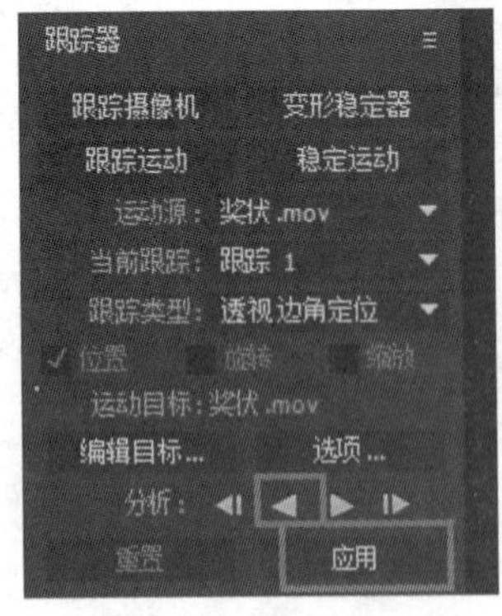

图 3-5-18

**小贴士**

分析运动跟踪，可以从头帧往后分析，也可以从尾帧往前分析，如果分析因为遮挡中断则需要手动跟踪。

**08** 选择“替换图片.jpg”图层，按 S 键，设置“缩放”为 105%，如图 3-5-19 所示。

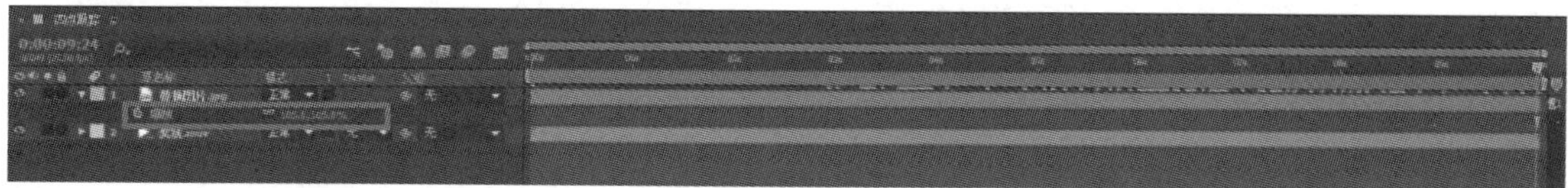

图 3-5-19

**09** 按 0 键（数字键盘），观看动画合成效果，可以看到原来的奖状被新的图片所替代，如图 3-5-20 所示。

图 3-5-20

## 第 3 步　画面稳定处理

**01** 新建一个合成，命名为“画面稳定”，设置“持续时间”为 5 秒，如图 3-5-21 所示。

**02** 将稳定素材“球场.mov”导入“项目”面板中，如图 3-5-22 所示。

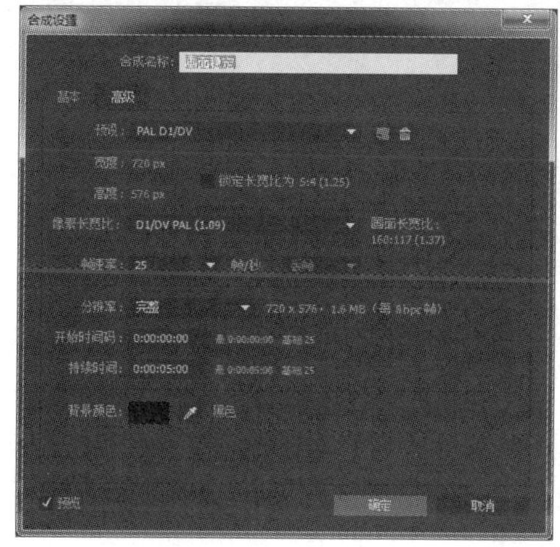


图 3-5-21

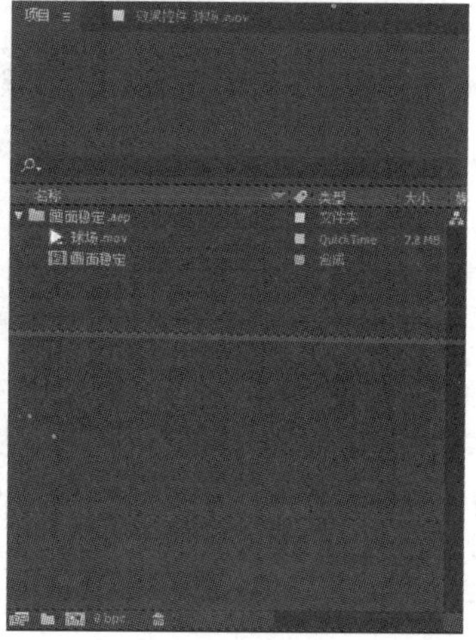


图 3-5-22

03 将稳定素材“球场.mov”拖动到时间线面板中，如图 3-5-23 所示。

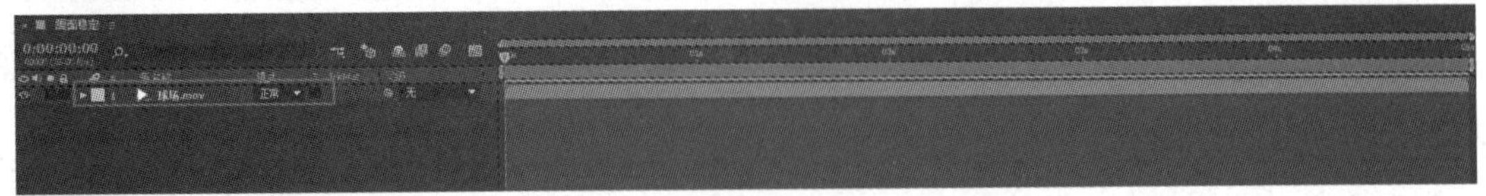

图 3-5-23

04 选择“球场.mov”层，选择“窗口”→“跟踪器”命令，打开“跟踪器”面板，单击“稳定运动”按钮，勾选“位置”复选框和“旋转”复选框，如图 3-5-24 所示。此时合成面板中出现两个跟踪点。

05 单击“选项”按钮，弹出“动态跟踪器选项”对话框，设置“通道”为“明亮度”，如图 3-5-25 所示。

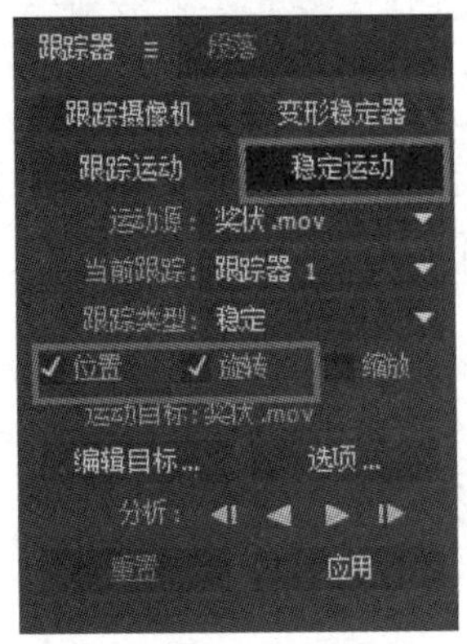


图 3-5-24

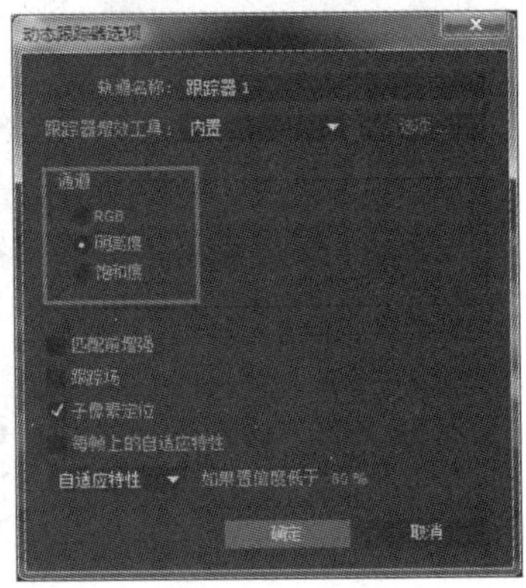


图 3-5-25

06 将时间指示器指针移到素材的开始帧，在预览窗口中，将两个跟踪点分别置于画面上两处路灯的灯泡处，并适当调整跟踪稳定特征区域的大小，如图 3-5-26 所示。

图 3-5-26

**07** 单击“分析”右侧的▶按钮，进行分析运算，同时要注意跟踪过程结果。当出现偏离时，重新设置入点调整跟踪稳定区域，直到完全无误。跟踪稳定完成后，单击“应用”按钮，如图 3-5-27 所示。

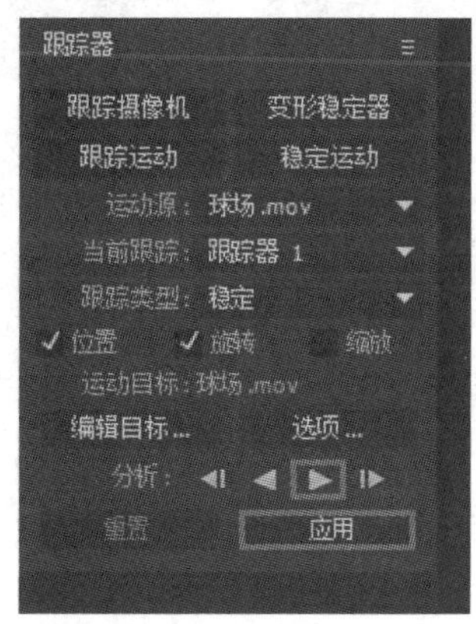


图 3-5-27

**08** 在合成面板中查看稳定效果，若发现画面的边缘出现问题，如露出一些黑色的背景（图 3-5-28），可选择“球场.mov”图层，按 S 键，打开“缩放”属性，设置为 120%，如图 3-5-29 所示。按 0 键（数字键盘），预览最后效果，发现画面未露出背景，而且画面非常平稳，如图 3-5-30 所示。

图 3-5-28

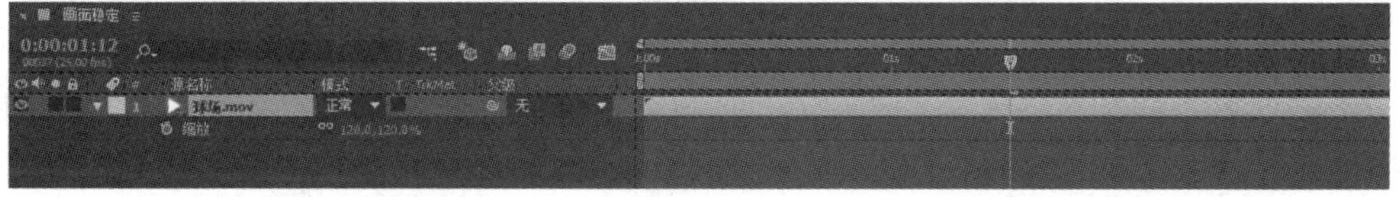


图 3-5-29

图 3-5-30

## 经验和小结

跟踪的方式有变换属性跟踪、平行边角跟踪、透视跟踪等。熟悉运动跟踪后，可以将不同的跟踪方式合理运用在不同的地方。

## 思考和练习

**练习：**

1. 用任务 3.1 中的火素材来替代本任务中的绿色瓶盖进行跟踪。
2. 尝试用其他素材来替代本任务中的奖状素材，并且稳定日常拍摄的不稳定素材。

# 合成简单的动画片

### ◎ 任务导读

在简单的动画制作中，利用 AE 可以在已经提供角色、场景等基本素材的前提下，把相关的素材元素组合在一起使其成为一个个有意义的镜头及镜头组，从而快速合成一个动画片，这也为低成本简单动画片的快速合成提供了一个新思路。

### ◎ 学习目标

通过制作合成简单的动画片——“欢聚一堂”，掌握制作合成动画片的方法。下面来学习合成简单的动画片——“欢聚一堂”的制作。视频样片截图如图 3-6-1 所示。视频样片及相关资源见配套光盘。

图 3-6-1

## 实践操作

素材资源：草地 1.psd，猴子 1.png，猴子 2.png，飞鸽.gif，蓝天草地.psd，气球.ai，森林.psd，小朋友.png。

技能点拨：通过操控点（木偶）工具制作猴子欢呼跳跃和小朋友招手动作动画；通过纯色层添加"分形杂色"特效制作流动的云彩；通过关键帧动画制作飞行的鸽群，以及气球和小朋友的场景动画；通过纯色层的"不透明度"关键帧动画设置转场效果。

制作流程：

| 第 1 步 | 第 2 步 | 第 3 步 | 第 4 步 | 第 5 步 | 第 6 步 | 第 7 步 | 第 8 步 |
|---|---|---|---|---|---|---|---|
| 理解脚本 | 素材导入和文件管理 | 制作场景一 | 制作场景二 | 制作场景三 | 制作场景四 | 制作转场 | 制作片尾并渲染输出 |

### 操作步骤

#### 第 1 步　理解脚本

"欢聚一堂"脚本如下：

场景一：从空镜头摇到活泼可爱的小猴子在森林前的草地上招手，推镜头到猴子的近景。

场景二：天边飞来了一群白鸽。

场景三：小朋友乘着气球飞来，从天空降落在草地上。

场景四：伙伴们在森林前的草地上欢聚一堂，小猴子继续跳着热情、奔放的舞蹈，小朋友摇头舞动，鸽子舞动翅膀，共同庆祝这美好的时刻。

片尾：背景模糊，出现主题文字——欢聚一堂。

## 第 2 步　素材导入和文件管理

**01** 启动 AE，将“草地 1.psd”“飞鸽.gif”“猴子 1.psd”“猴子 2.png”“蓝天草地.psd”“气球.ai”“小朋友.psd”这些文件作为“素材”导入，如图 3-6-2（a）所示。然后将“森林.psd”作为“合成”导入，如图 3-6-2（b）所示，在弹出的“森林.psd”对话框中单击“确定”按钮，如图 3-6-2（c）所示。注意导入“猴子 1.psd”时，不要勾选“PNG 序列”复选框。

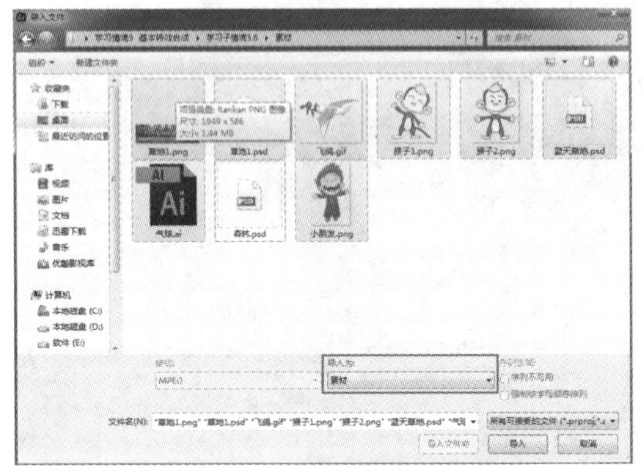

（a）

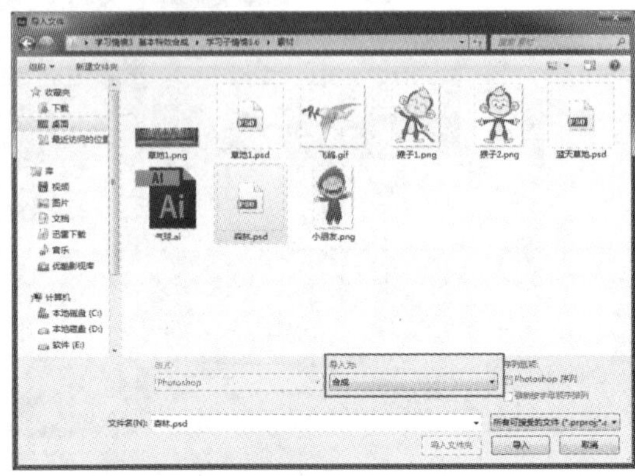

（b）

森林.psd

导入种类：合成

图层选项

可编辑的图层样式

合并图层样式到素材

描述

可编辑图层样式与 Photoshop 外观相匹配。支持样式属性将完全可编辑的。请注意，具有图层样式的图层无法与 3D 图层相交。

确定　取消

（c）

图 3-6-2

**02** 将“草地 1.psd”图层拖动到合成中，新建一个和“草地 1.psd”相同大小的合成，如图 3-6-3（a）所示。将“持续时间”更改为 15 秒，如图 3-6-3（b）所示。此时将“猴子 1.png”图层拖动到时间线中，将“猴子 1.png”图层放在“草地 1.psd”图层上面。选中两个图层，并将两个图层的时间拉长，如图 3-6-3（c）所示。

**03** 将“猴子 1.png”图层的“缩放”更改为 34，设置“位置”为（1737.5，362）。下面为“猴子 1”制作木偶动画，选择操控点（木偶）工具，并在“猴子 1”身上添加 8 个木偶钉，木偶钉位置如图 3-6-4（a）所示。此时默认在 0 帧处分别记录 8 个木偶位置点的关键帧，并将 8 个木偶位置点移至 8 秒处，如图 3-6-4（b）所示。

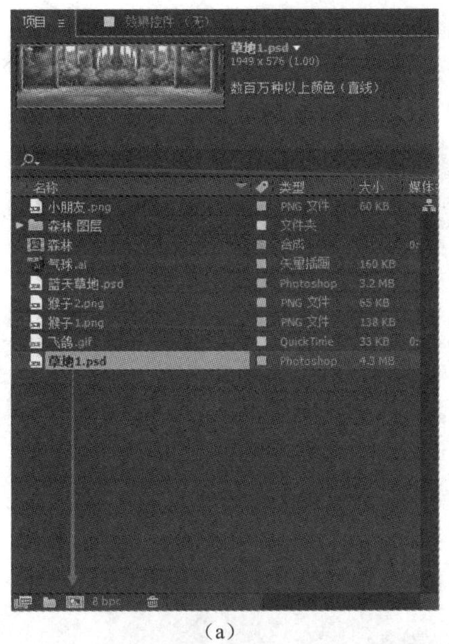


（a）

开始时间码：0:00:00:00　是 0:00:00:00　基础 25

持续时间：0:00:15:00　是 0:00:15:00　基础 25

（b）

（c）

图 3-6-3

（a）

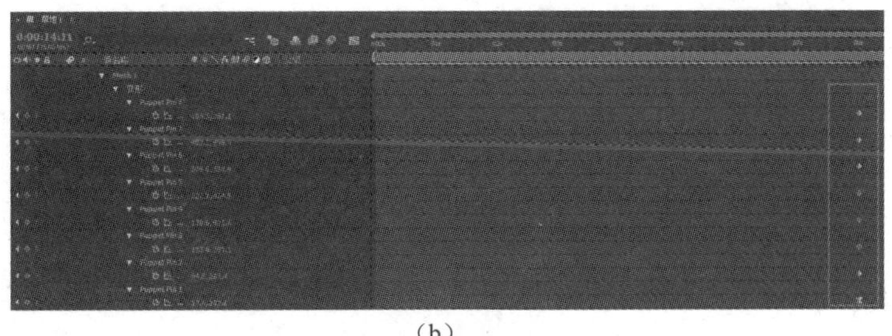

（b）

图 3-6-4

**04** 将时间线移至 9 秒处，在画面中移动各个木偶位置点，调整出挥手的动作，如图 3-6-5（a）所示。在 9 秒 10 帧处将手的位置移至（8，268.7），到 9 秒 21 帧处再次调整木偶位置点，如图 3-6-5（b）所示。

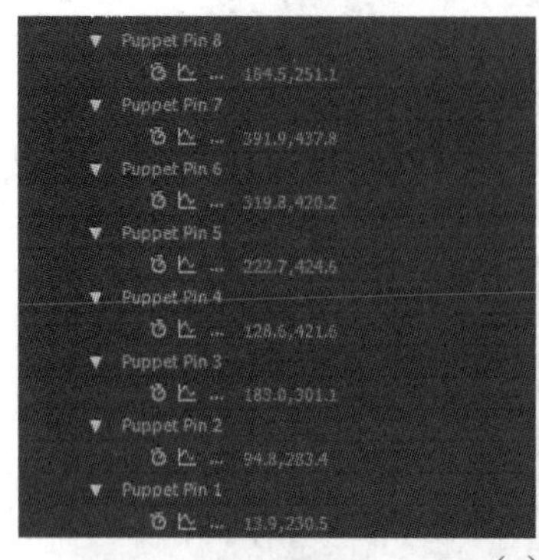

（a）

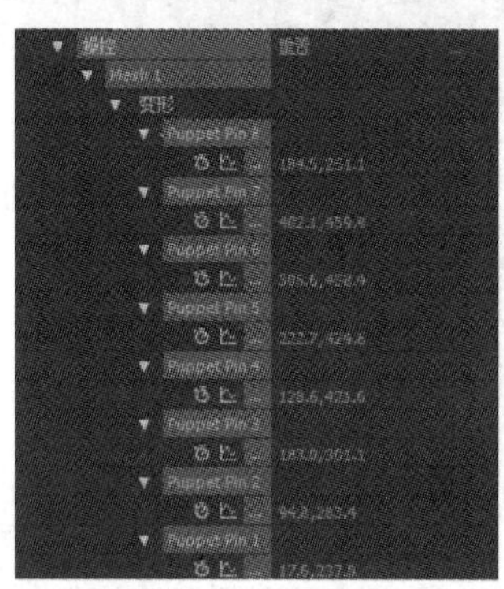

（b）

图 3-6-5

**小贴士**

木偶工具制作的动画具有联动特性，所以在制作动画过程中相邻的木偶钉之间的区域会受到动画影响而变形或移动，如果为了消除这种影响，就必须在该区域继续添加木偶钉。

### 第 3 步　制作场景一

**01** 新建一个合成，命名为“场景一”，设置“预设”为“PAL D1/DV”，“持续时间”为 15 秒。拖入“草地 1”合成。打开“位置”码表设置关键帧，在 0 帧处将“位置”设置为（890，288），在 10 秒处设置为（-170，288），在 12 秒处设置为（-1489，288）。

**小贴士**

通过位移参数 X 轴关键帧的设置来模拟摄像机的横摇效果。

**02** 在 10 秒处打开“草地 1”图层的“缩放”码表设置关键帧。在 10 秒处设置为 100%，再到 12 秒处设置为 267%，如图 3-6-6 所示。至此一个位移推镜头动画制作完成。

图 3-6-6

**03** 新建一个黑色纯色层，命名为“光晕”，选择“效果”→“生成”→“镜头光晕”命令，添加“镜头光晕”滤镜，设置“镜头类型”为 50～300mm 变焦。然后对光晕中心做关键帧动画，打开“光晕中心”码表，在 0 帧处设置“光晕中心”为（808，8），到 9 秒 9 帧处为（−343.7，−42），15 秒处为（−208.4，−102），如图 3-6-7 所示。

图 3-6-7

**04** 将纯色层的混合模式设置为“添加”。

### 第 4 步 制作场景二

**01** 新建一个合成，命名为“场景二”，设置“预设”为“PAL D1/DV”，“持续时间”为 8 秒，如图 3-6-8 所示。

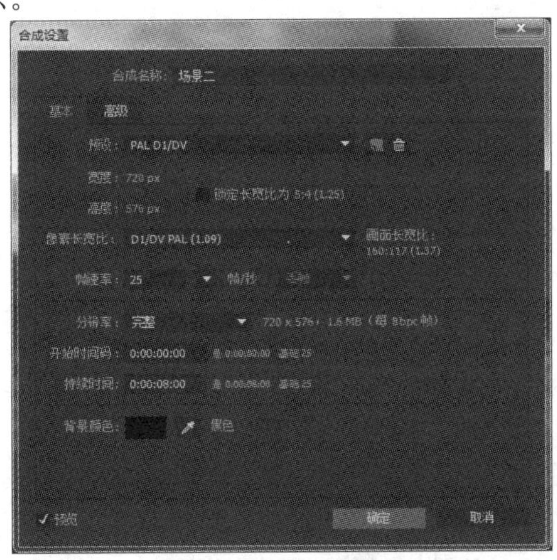


图 3-6-8

**02** 新建一个纯色层，命名为“云”。选择纯色层，再选择“效果”→“杂色和颗粒”→“分形杂色”命令，添加“分形杂色”滤镜，设置“对比度”为 241，展开“变换”选项，取消勾选“统一缩放”复选框。设置“缩放宽度”为 426.8，“缩放高度”为 210.8，“复杂度”为 6，如图 3-6-9（a）所示。打开“乱流偏移”码表和“演化”码表。在 0 帧处设置“乱流偏移”为（360，288），“演化”为 0°，到 8 秒时设置“乱流偏移”为（545，288），“演化”为 138.6°，如图 3-6-9（b）所示。选择“效果”→“扭曲”→“边角定位”命令，设置“左上”为（−616.1，6），“右上”为（1095，−16），使云层有透视感，如图 3-6-9（c）所示。将图层模式设置为“屏幕”，此时云飘动的效果就完成了。

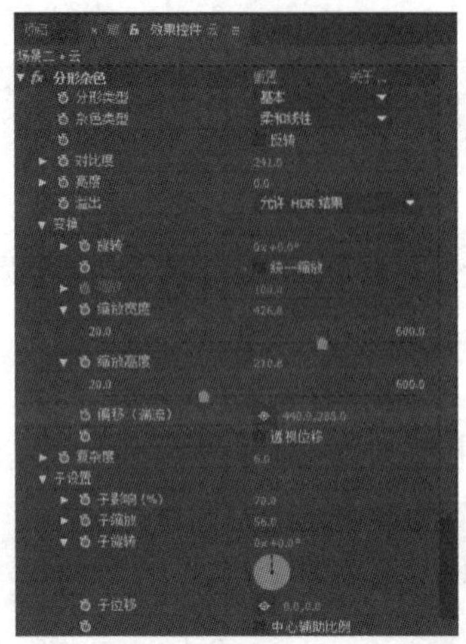

（a）

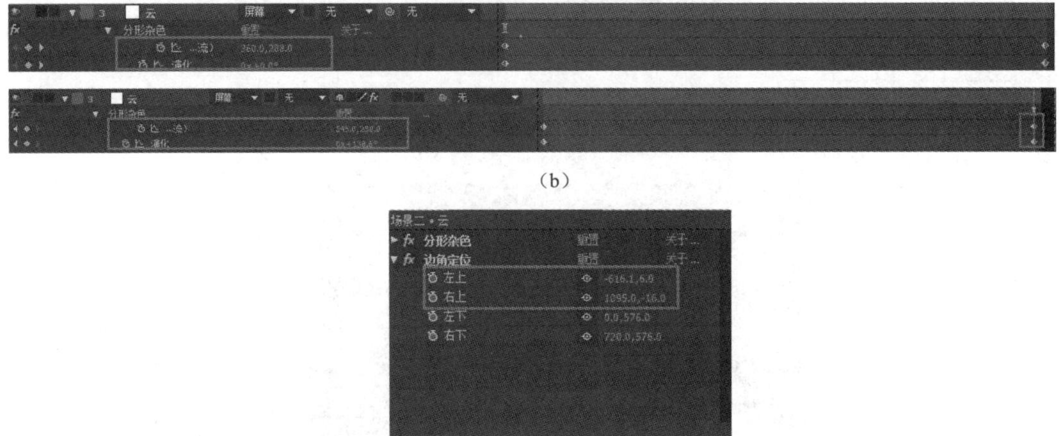


（b）

（c）

图 3-6-9

**03** 在“云”图层下面新建一个蓝色纯色层，命名为“蓝天”。选择“蓝天”纯色层，再选择“效果”→“生成”→“梯度渐变”命令，添加“梯度渐变”滤镜，设置“开始色”为#1442EE，“结束色”为#4487D2，效果如图 3-6-10 所示。

图 3-6-10

**04** 将项目中的“飞鸽.gif”拖动到合成中，新建一个和“飞鸽.gif”相同大小的合成，如图 3-6-11（a）所示。将“飞鸽”合成的“持续时间”更改为 15 秒，如图 3-6-11（b）所示。

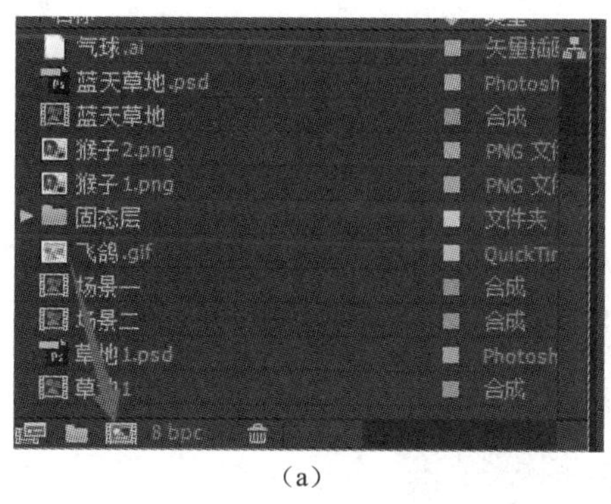


（a）

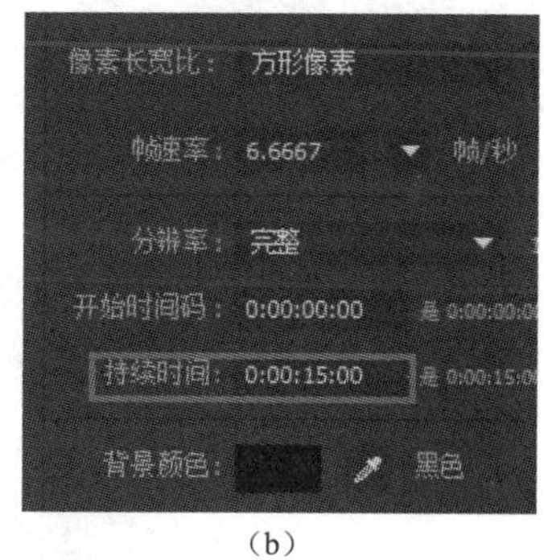


（b）

图 3-6-11

**05** 对“飞鸽”进行抠像处理，选择“效果”→“键控”→“颜色键”命令，打开特效控制台，利用“键颜色”吸管工具将“飞鸽”的白色背景抠除，如图 3-6-12 所示。

图 3-6-12

**06** 复制 12 个“飞鸽.gif”图层，利用“编辑”→“复制”命令实现，快捷键为 Ctrl+D，然后全选这些图层，右击，在弹出的快捷菜单中选择“关键帧辅助”→“序列图层”命令[图 3-6-13（a）]，弹出“序列图层”对话框，单击“确定”按钮，如图 3-6-13（b）所示。此时几个图层实现按顺序排列。

**07** 回到“场景二”合成，从项目中将“飞鸽”合成拖动到时间线面板中，对“飞鸽”合成制作“位置”“缩放”关键帧动画。在 0 帧处打开“位置”“缩放”码表，设置“位置”为（807.9，−84），“缩放”为 20%。将时间线拖动到 5 秒处，设置“位置”为（480.3，376.7），“缩放”为 100%。再到 6 秒处，设置“位置”为（240.8，228.7），“缩放”为 120%。最后到 8 秒处，设置“位置”为（−124.8，28.7），“缩放”为 20%，至此完成飞鸽的运动动画。为了使飞鸽的飞行路径更流畅，选中所有的“位置”关键帧，按 F9 键，此时所有的“位置”关键帧就会变得平滑（形状由菱形变成字母 I 的形状），如图 3-6-14 所示。

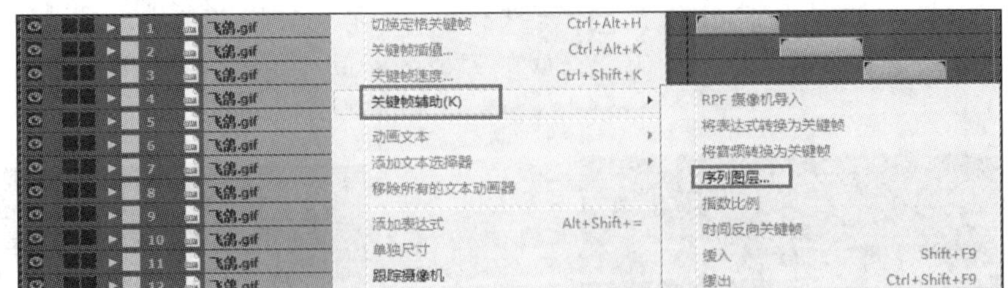


（a）

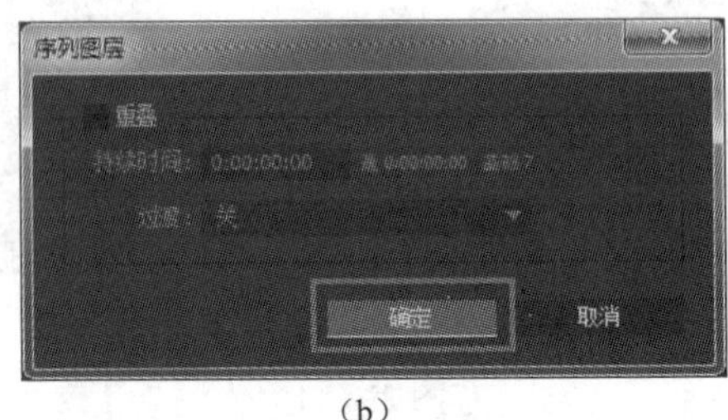


（b）

图 3-6-13

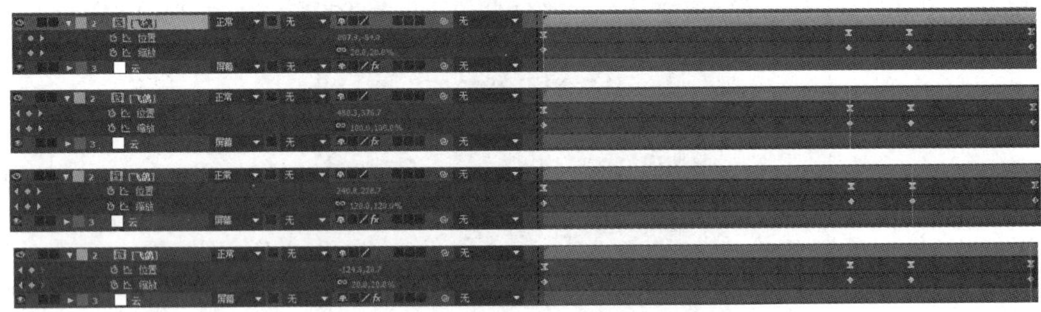

图 3-6-14

**08** 新建一个合成，命名为“鸽群”，设置“预设”为“PAL D1/DV”，“持续时间”为 12 秒。将“飞鸽”合成拖动到时间线面板中，并复制 6 个，在合成中对其进行排列，如图 3-6-15（a）所示。回到场景二，将“鸽群”合成拖动到时间线面板中。打开“位置”码表设置关键帧，在 0 帧处设置“位置”为（852.9，75），2 秒时为（852.9，75），4 秒时为（448.9，102）（此时鸽群已经入画），8 秒时为（-112.9，42.3），最终效果如图 3-6-15（b）所示。注意将“鸽群”合成的“缩放”设置为 22。至此场景二制作完成。

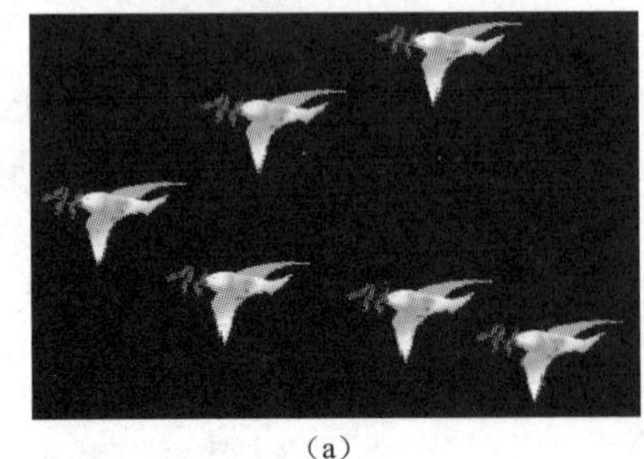

（a）

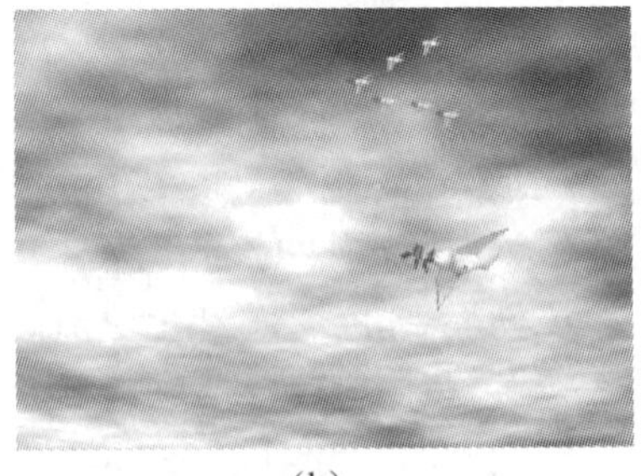

（b）

图 3-6-15

## 第5步　制作场景三

**01** 将“蓝天草地”拖入合成，新建一个和它相同大小的合成，设置“持续时间”为16秒。将“小朋友”和“气球”拖动到时间线面板中，并将“小朋友”的比例缩放至45%，设置“位置”为（331.7，705）。设置“气球”的“位置”为（360，576），效果如图3-6-16（a）所示。

选择“小朋友”和“气球”并将它们预合成，即选择“图层”→“预合成”命令，在弹出的“预合成”对话框中设置“新合成名称”为“气球和小朋友”，如图3-6-16（b）所示。

（a）

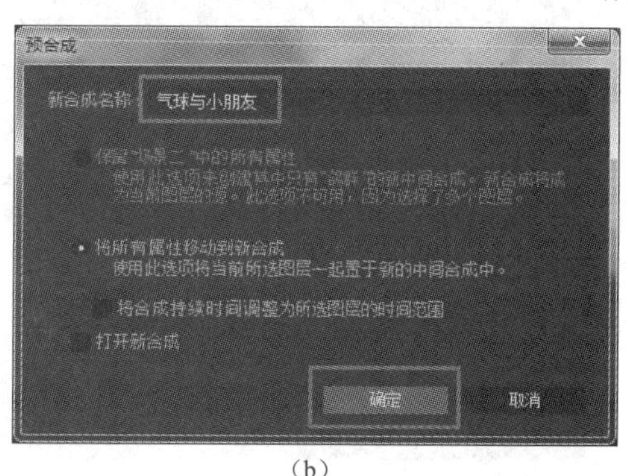

（b）

图3-6-16

**02** 进入“气球和小朋友”合成，选择“气球.ai”图层给“位置”制作关键帧动画。将时间线拖动到12秒处，打开“位置”码表设置关键帧。到12秒21帧处设置“位置”为（425.4，437.5），13秒16帧处为（288.4，353.4），14秒11帧处为（373.8，191），14秒24帧处为（143.4，-201），此时完成气球飘动的动画，如图3-6-17所示。

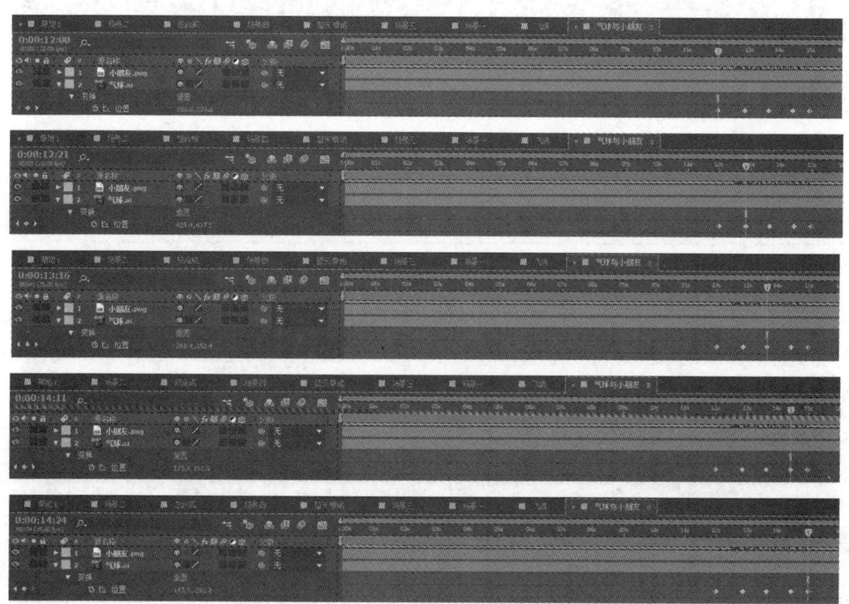

图3-6-17

03 回到“蓝天草地”合成，设置“气球和小朋友”合成的“位置”“缩放”关键帧动画。在 0 帧处设置“位置”为（393，-61）“缩放”为 20%，；到 4 秒处设置“位置”为（602.1，107.9），缩放为 46.6%；到 5 秒 24 帧处设置“位置”为（514.9，341.4），缩放为 59.6%；到 12 秒 1 帧处设置“位置”为（398.9，941.4），“缩放”为 100%；再到 14 秒 24 帧处设置“位置”为（398.9，941.4），缩放为 100%，如图 3-6-18 所示至此完成一个小朋友乘坐着气球从远处飞来的动画。

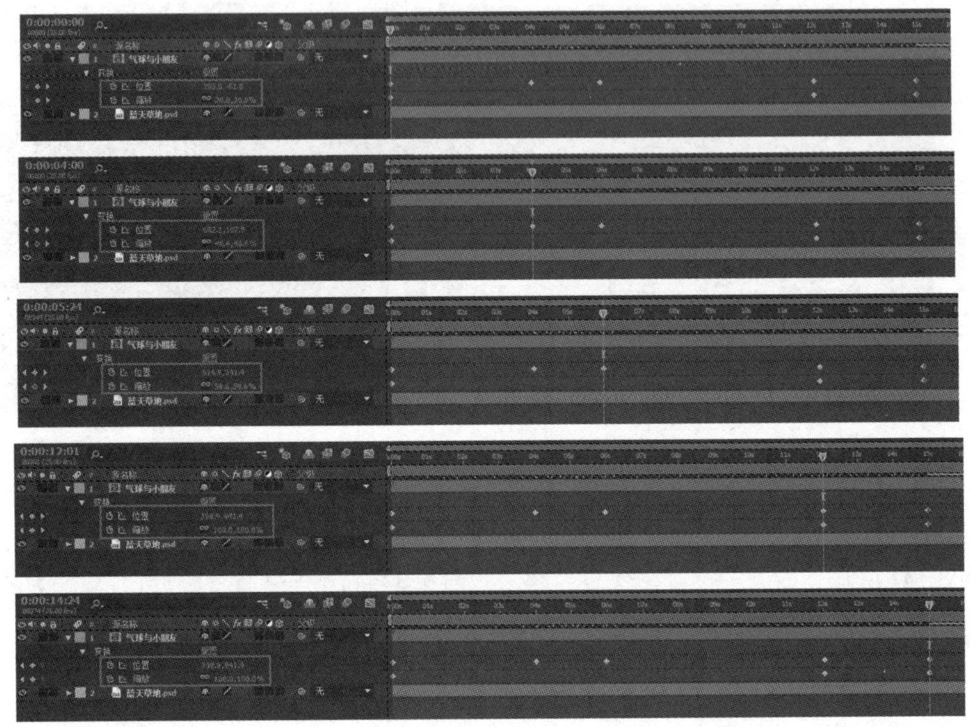

图 3-6-18

**小贴士**

通过“位置”“比例”关键帧的精确设置来模拟小朋友乘坐着气球从远处飞来的动画。

04 新建一个合成，命名为“场景三”，设置“预设”为“PAL D1/DV”，“持续时间”为 16 秒。将“蓝天草地”合成拖动到时间线面板，将“缩放”设置为 110。对其“位置”设置关键帧动画，在 3 秒处设置“位置”为（360，632），到 12 秒处设置“位置”为（360，-55），模拟摄像机竖摇效果，如图 3-6-19 所示。此时完成场景三的制作。

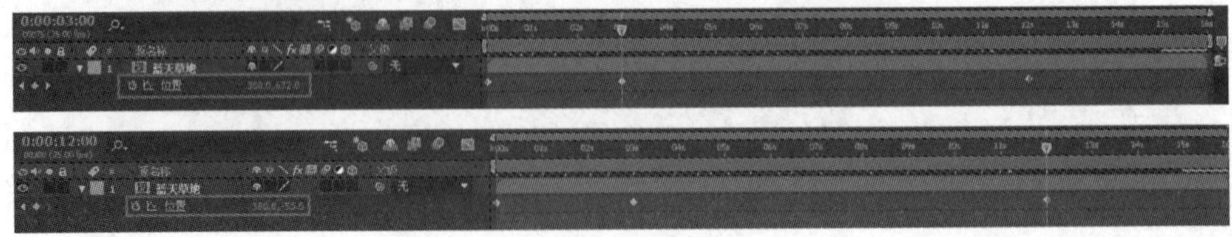

图 3-6-19

### 第 6 步　制作场景四

**01** 新建一个合成，命名为“场景四”，设置“预设”为“PAL D1/DV”，“持续时间”为 12 秒。将“森林”图层的前景和背景拖动到时间线面板，如图 3-6-20 所示。全选图层，按 Ctrl+Alt+F 组合键进行场景大小适配。

图 3-6-20

**02** 将“小朋友.png”图层和“猴子 2.png”图层拖动到时间线面板，放在前景层和背景层中间，如图 3-6-21（a）所示。设置“小朋友.png”图层的“位置”为（231.7，411.5），设置“猴子 2.png”图层的“位置”为（470，443），“缩放”为 38%，使“小朋友.png”图层单独显示，如图 3-6-21（b）所示。

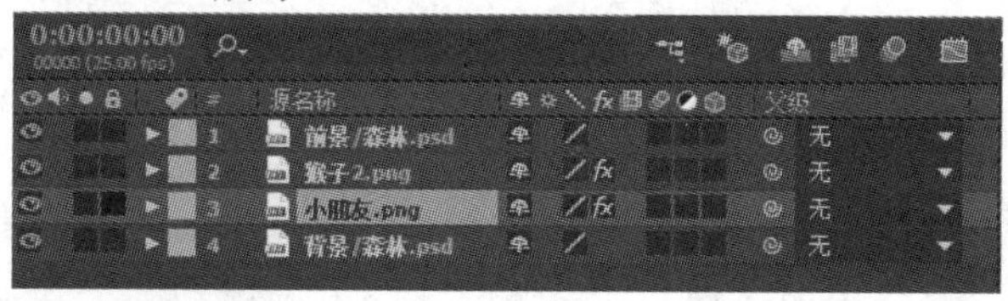


（a）

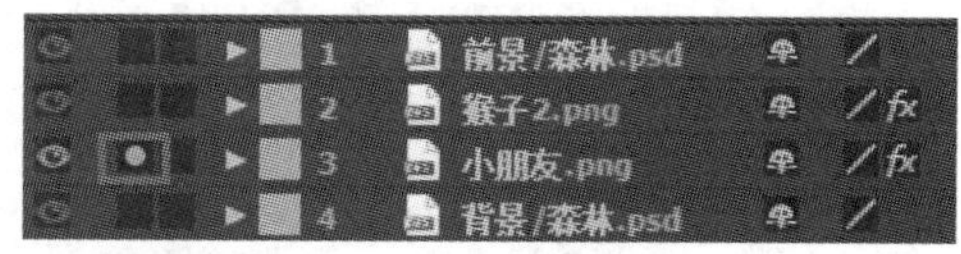


（b）

图 3-6-21

**03** 选择操控点（木偶）工具，在“小朋友.png”图层适当的位置添加 6 个木偶钉（图 3-6-22），默认在 0 帧处分别记录 6 个木偶位置点的关键帧。将时间线移至 1 秒处，在画面中移动各个木偶位置点，调整出一个欢乐挥手而使身体拱起的姿势，0 帧处各个木偶位置点如图 3-6-23（a）所示，1 秒处各个木偶位置点如图 3-6-23（b）所示，2 秒处各个木偶位置点如图 3-6-23（c）所示。

图 3-6-22

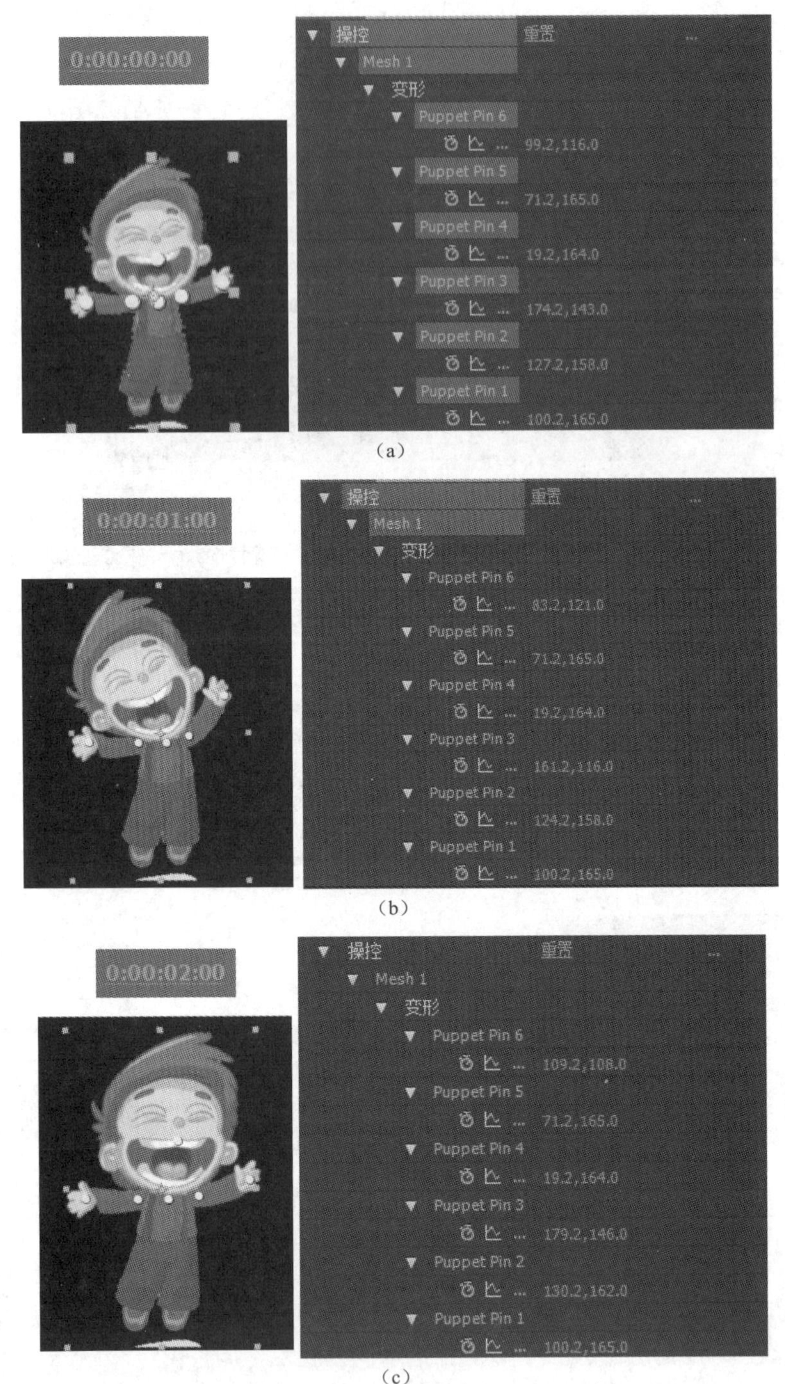


（a）

（b）

（c）

图 3-6-23

**04** 做完前面几个木偶动画后，全选木偶关键帧，复制并将时间线移至 3 秒处粘贴，如图 3-6-24 所示。用同样的方法在 6 秒、9 秒处继续粘贴。

图 3-6-24

**05** 选择“猴子 2.png”图层制作木偶动画。使“猴子 2.png”图层单独显示，选择木偶工具，在“猴子 2.png”图层适当的位置添加 9 个木偶钉（图 3-6-25），默认在 0 帧处分别记录 9 个木偶位置点的关键帧。将时间线移至 15 帧处，移动“猴子 2.png”图层中手部位置的木偶钉，根据动画规律制作一个向上挥动的动画，效果如图 3-6-26 所示。

图 3-6-25

图 3-6-26

**06** 选择“猴子 2.png”图层，打开“位置”码表设置关键帧，在 0 帧处设置“位置”为（470，443），到 1 秒时设置“位置”为（477，342），再到 2 秒时设置“位置”为（470，

443），此时就制作出一个猴子跳动的动画，效果如图 3-6-27 所示。用同样方法可以实现猴子左右偏移一点进行跳动。

图 3-6-27

**07** 显示全部场景，从“项目”面板中将“飞鸽”合成拖动到时间线上，设置“飞鸽”的“位置”为（292.6，182.9），“缩放”为 100%。效果如图 3-6-28 所示。

图 3-6-28

### 第 7 步　制作转场

**01** 新建一个合成，命名为“总合成”，设置“预设”为“PAL D1/DV”，“持续时间”为 48 秒。将“场景一”“场景二”“场景三”“场景四”这 4 个合成拖动到时间线上并按梯状排列，将“场景二”合成拖动到 13 秒 19 帧处，将“场景三”合成拖动到 20 秒 13 帧处，将“场景四”合成拖动到 36 秒 2 帧处，如图 3-6-29 所示。

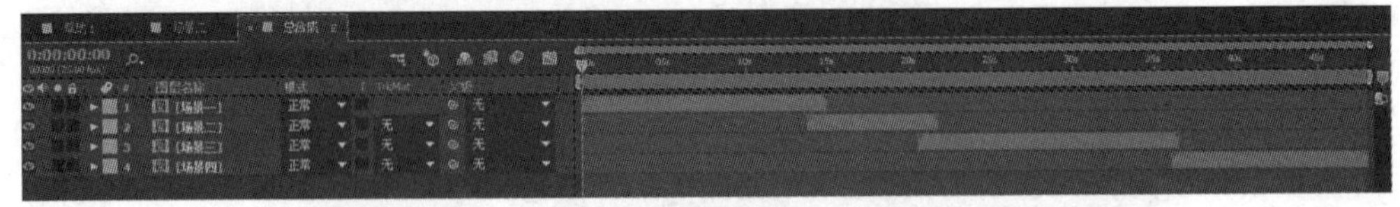

图 3-6-29

**02** 新建一个白色固态层。将白色固态层放置到“场景一”图层和“场景二”图层之间，如图 3-6-30 所示。首先给“场景一”图层的“不透明度”做关键帧动画，在 12 秒

20 帧处设置“不透明度”为 100%，到 13 秒 15 帧处设置“不透明度”为 0。然后给白色固态层的“不透明度”做关键帧动画，打开“不透明度”码表，在 13 秒 19 帧处设置“不透明度”为 100%，到 14 秒 3 帧处设置“不透明度”为 0，至此一个闪白的转场就完成了。

图 3-6-30

**03** 制作“场景二”和“场景三”的渐变动画。选择“场景二”图层，将时间线移至 20 秒 13 帧处，打开“不透明度”码表设置关键帧，此时“不透明度”为 100%，到 21 秒 18 帧处设置“不透明度”为 0。此时“场景二”到“场景三”之间产生渐隐的效果，如图 3-6-31 所示。

图 3-6-31

**04** 复制时间线面板中的白色固态层（快捷键为 Ctrl+D），并将它移至“场景三”图层和“场景四”图层之间，用同样方法在“场景三”和“场景四”之间制作闪白效果。打开“场景三”图层的“不透明度”码表设置关键帧，在 34 秒 21 帧处设置“不透明度”为 100%，到 35 秒 20 帧处设置“不透明度”为 0。选择固态层，打开“不透明度”码表设置关键帧，在 36 秒 2 帧处设置“不透明度”为 100%，到 36 秒 12 帧处设置“不透明度”为 0，如图 3-6-32 所示。

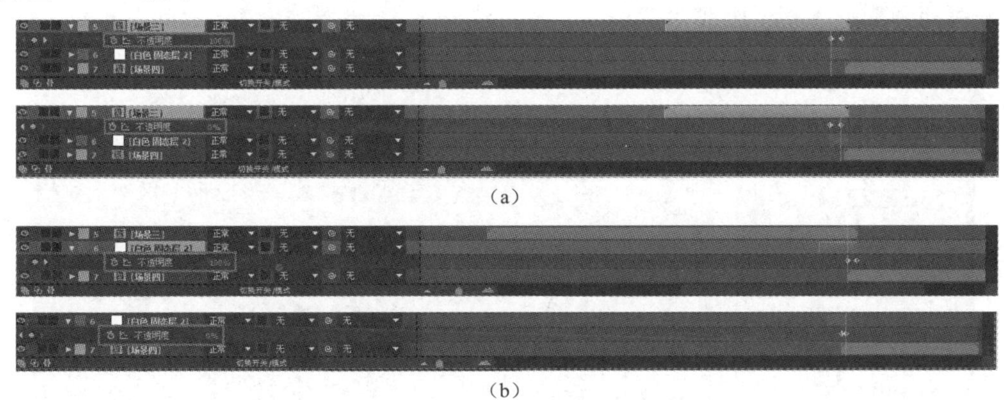

（a）

（b）

图 3-6-32

### 第 8 步　制作片尾并渲染输出

**01** 制作一个模糊出字的经典片尾，首先新建一个调整图层（菜单命令为“图层”→“新建”→“调整图层”，快捷键为 Ctrl+Alt+Y），如图 3-6-33（a）所示。选择调整图层，再选择“效果”→“模糊和锐化”→“高斯模糊”命令，添加“高斯模糊”滤镜，移动时间线到 40 秒 22 帧处，打开“模糊度”码表，此时“模糊度”为 0，到 45 秒 17 帧处设置“模糊度”为 47，此时产生渐渐模糊的效果，如图 3-6-33（b）所示。

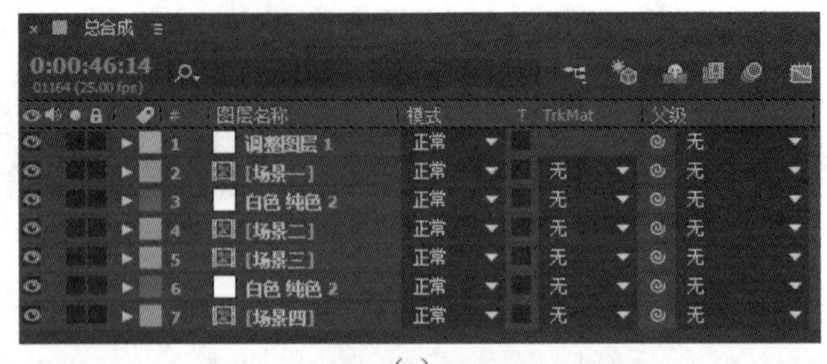

（a）

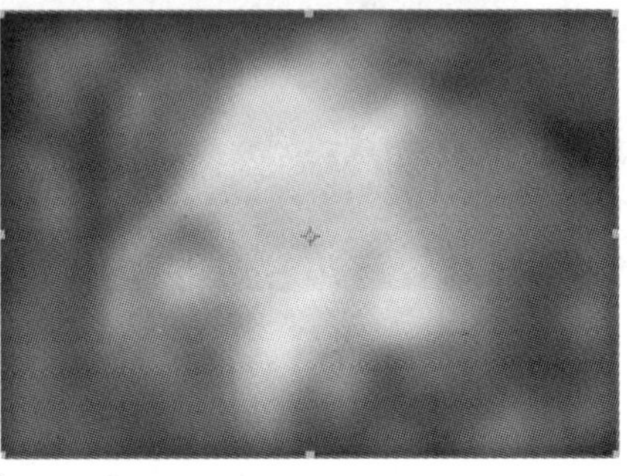

（b）

图 3-6-33

**02** 选择“横排文字工具” T，输入片尾标题“欢聚一堂 enjoy a happy get-together”，并将文字填充色设置为#FFA200，边框色设置为#FFFFFF，边框设置为 2 像素。选择文字层，再选择“动画”→“将动画预设应用于”→“动画入”→“随机淡化上升”命令，在弹出的“打开”对话框中选择“随机淡化上升”文件，为文字层添加预设文字动画，如图 3-6-34 所示。

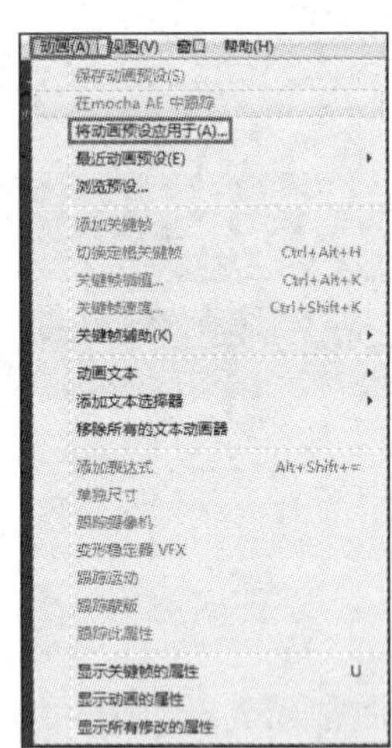
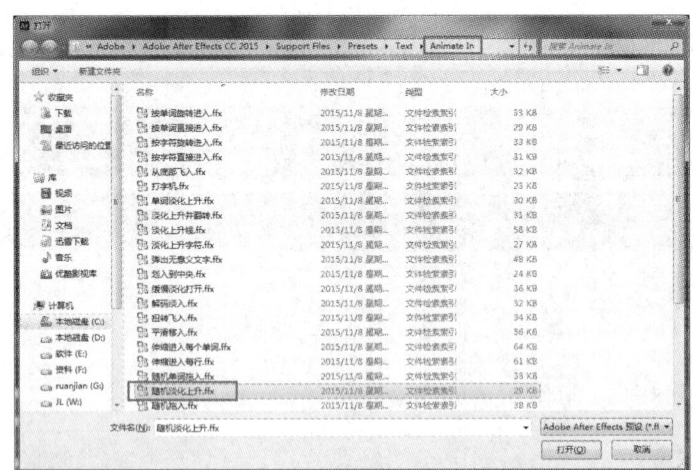

图 3-6-34

**03** 打开文字范围选择器，并在 43 秒 20 帧处设置“起始”为 0，到 45 秒时设置为

100%，如图 3-6-35 所示。

图 3-6-35

**04** 新建一个黑色纯色层，命名为“宽银幕”。使用遮罩工具绘制遮罩，并将遮罩模式设置为“反转”，如图 3-6-36 所示。

图 3-6-36

**05** 渲染及输出。具体步骤不再赘述。

## 经验和小结

通过 AE 的动画技巧及嵌套合成技术的综合应用尝试完成了一个简单动画片，这为我们使用多种软件制作动画提供了一个思路。

## 思考和练习

**思考：**

Flash 软件和 AE 软件在动画制作方面有什么区别？

**练习：**

利用所学内容制作一个简单动画场景。

# 项目 4 光效制作合成

◎ **项目导读**

光效是影视特效的一种常见形式，在影视动漫后期包装中，为了烘托气氛，常常需要加上各种光效，让画面元素出现时的形式更为丰富，场景更有视觉冲击力。光效能够与声音元素结合，从而能够带给观众更好的视觉感受，使观众的情绪更加饱满。随着计算机技术的发展，影视特效越来越多使用计算机来完成，在光效发展的过程中，各种光效在影视作品中得到充分运用。在许多场合，利用 AE 制作光效比用 Flash 等二维软件更快、更方便，效果更炫丽。

◎ **学习任务**

- 制作“激光剑”效果；
- 制作一组光效；
- 制作一组特技光；
- 制作一组动漫光效背景（一）；
- 制作一组动漫光效背景（二）；
- 制作“舞动的光带”效果；
- 制作“追光灯”效果。

动画：激光剑

动画：一组光效

动画：一组特技光

动画：一组光效背景（一）

动画：一组光效背景（二）

动画：舞动的光带

动画：舞台追光灯

# 任务4.1 制作“激光剑”效果

◎ 任务导读

激光剑效果应用广泛，许多计算机游戏、网络剧或者科幻题材的电影中时常出现这种特效。例如，电影《星球大战》中绝地武士在更文明的时代所使用的武器就是激光剑，其酷炫的外表吸引着无数的星战迷，他们对激光剑的痴迷完全不亚于对电影作品本身的喜爱。

◎ 学习目标

通过制作激光剑短片，熟悉“光束”、Particular、“镜头光晕”和“拖尾”等特效的应用技巧。视频样片截图如图 4-1-1 所示。视频样片及相关资源见配套光盘。

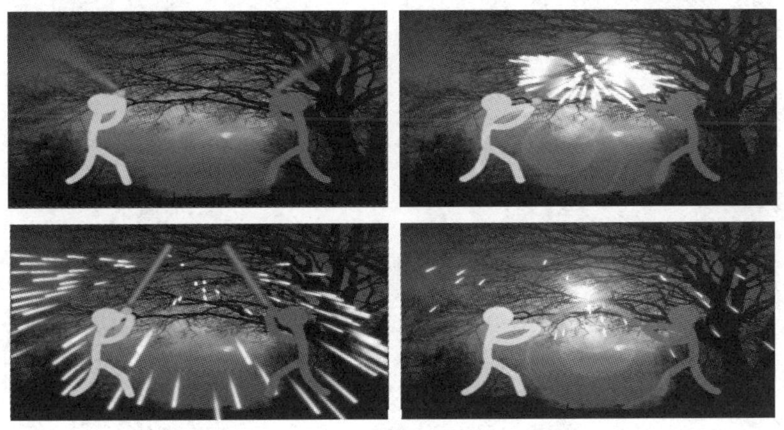

图 4-1-1

## 实践操作

素材资源：挥剑 0101.png ~ 挥剑 0190 .png（“挥剑动作 2 版”文件夹中），背景.jpg，激光音效.wav。

技能点拨：通过“光束”特效完成激光剑动画效果；通过 Particular 特效完成激光剑碰撞时产生的火花动画效果（Particular 为插件）；通过“镜头光晕”特效完成光晕效果；通过“拖尾”特效完成最后的激光剑运动残影效果。

制作流程：

| 第 1 步 | 第 2 步 | 第 3 步 | 第 4 步 | 第 5 步 | 第 6 步 |
|---|---|---|---|---|---|
| 素材导入和文件管理 | 放置人物和背景 | 制作激光剑 | 添加火花效果 | 制作光晕，添加运动模糊效果和音效 | 渲染及输出 |

## 操作步骤

### 第 1 步 素材导入和文件管理

**01** 启动 AE，在选择项目界面中，单击“新建合成”图标，在弹出的“合成设置”对话框中设置“合成名称”“预设”“持续时间”等选项，如图 4-1-2 所示。

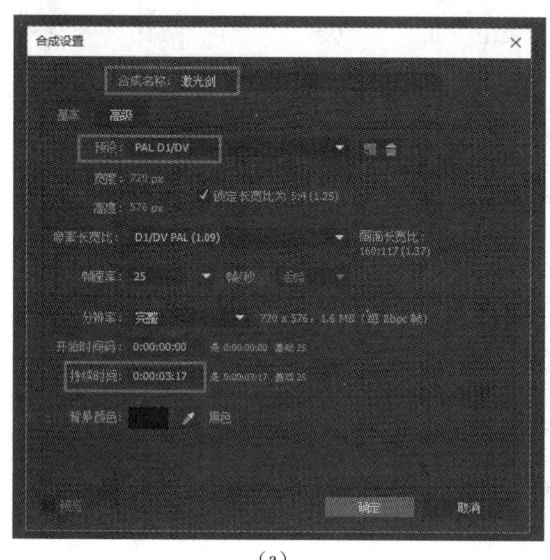


(a)

(b)

图 4-1-2

**02** 导入素材。右击“项目”面板空白处，在弹出的快捷菜单中选择“导入”→“文件”命令，将需要的素材导入。导入素材后，通过双击素材名称或图标，可以查看素材。

### 第 2 步 放置人物和背景

**01** 在“项目”面板中选择“挥剑人物”图层，将其拖动到时间线面板中，然后按 Ctrl+D 组合键对其进行复制，重命名为“挥剑人物 2”，如图 4-1-3（a）所示。打开其“缩放”属性，将 X 轴修改为-100%，右击“挥剑人物 2”图层，在弹出的快捷菜单中选择“效果”→“颜色校正”→“色相/饱和度”命令，修改其主色相，如图 4-1-3（b）所示。

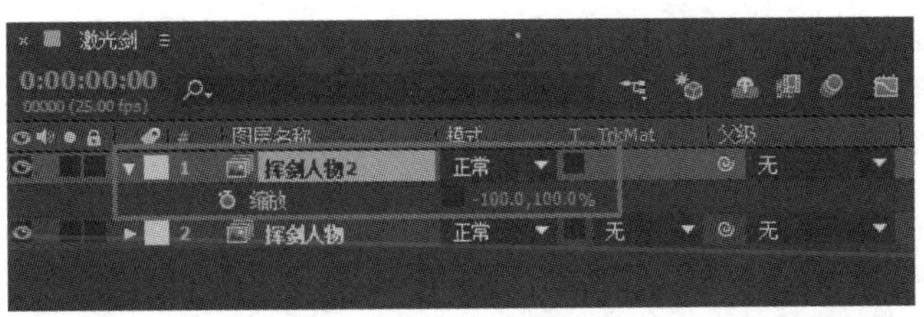


(a)

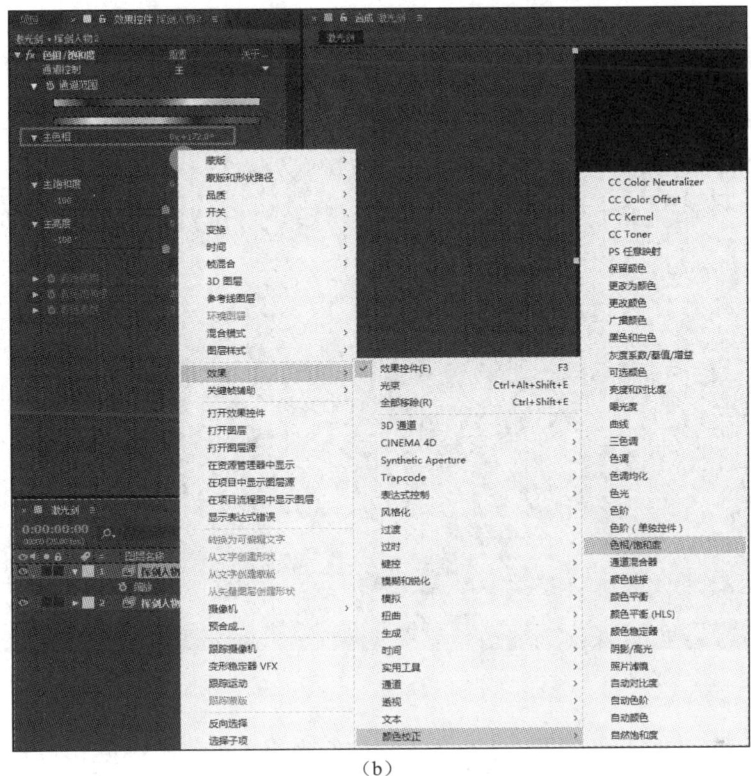


(b)

图 4-1-3

**02** 将背景素材“背景”拖动到时间线面板中，为短片添加背景，如图 4-1-4 所示。

图 4-1-4

## 第 3 步　制作激光剑

**01** 右击时间线空白处，在弹出的快捷菜单中选择“新建”→“纯色”命令，新建一个黑色纯色层，命名为“激光剑”。选择“效果”→“生成”→“光束”命令，添加激光效果，设置“长度”“起始厚度”“结束厚度”等参数，将其起点放在人物手握的剑柄处，把终点放在合适位置，如图 4-1-5 所示。

图 4-1-5

**02** 为激光剑添加动画效果，使得激光剑的位置和挥剑人物的动作一致。选中“激光剑”图层，对其“位置”和“旋转”做关键帧动画。由于挥剑人物的动作是重复的，因此这里只需完成一个 0 帧到 17 帧的循环的挥剑动作动画，然后将关键帧复制、粘贴到其他部分即可，如图 4-1-6（a）所示。用同样方法给另外一个人物添加激光剑效果，效果如图 4-1-6（b）所示。

**03** 观察效果，发现激光剑的开始点和挥剑人物的握剑处在动画过程中会有轻微的偏移错位现象，此时可以选择所有关键帧，右击，在弹出的快捷菜单中选择“切换定格关键帧”命令，从而消除偏移错位现象，如图 4-1-7 所示。

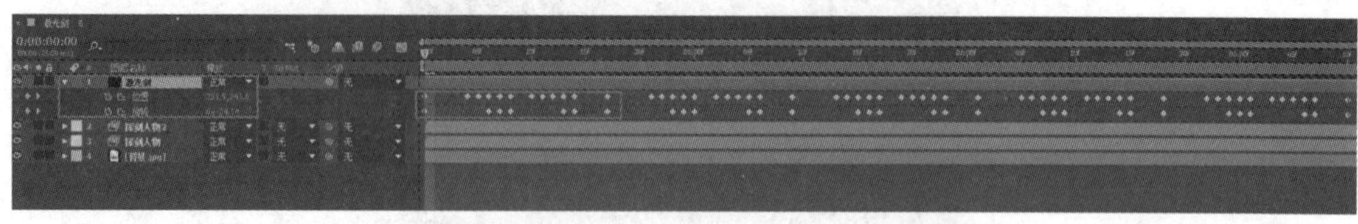

（a）

（b）

图 4-1-6

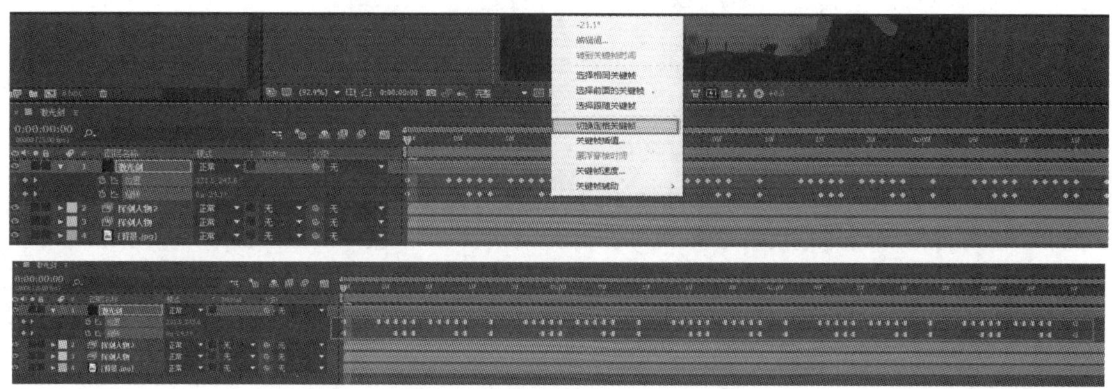

图 4-1-7

**小贴士**

切换定格关键帧：将关键帧的类型改为不含插值的跳跃式，例如，从 A 到 B 的连续位移动画会改变为从 A 直接跳跃到 B 而没有中间过程的动画。

### 第 4 步　添加火花效果

**01** 新建一个纯色层，命名为“火花”。选择“火花”纯色层，选择“效果”→“Trapcode”→“Particular”命令，在打开的特效控制台中展开“发射器”选项，单击“粒子/秒”码表，在 23 帧处设置关键帧，参数为 0；在 24 帧处设置关键帧，参数为 2000；在 25 帧处设置关键帧，参数为 0。然后设置“方向”为“盘状”，并调整“发射器”的旋转值，设置“速度”（Velocity）为 2000，如图 4-1-8 所示。

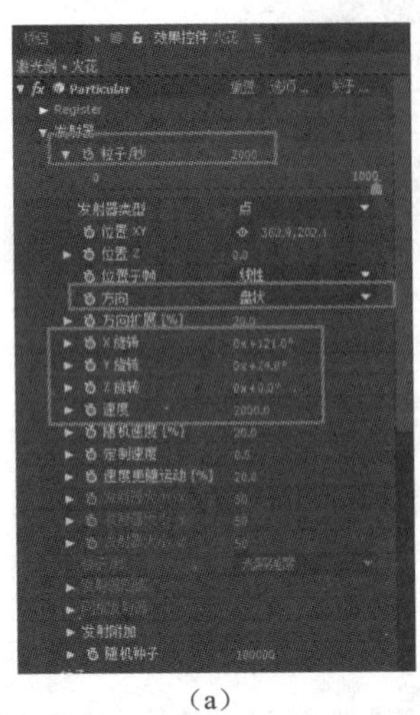
(a)

(b)

图 4-1-8

**小贴士**

对于一般的 AE 插件，只需要将插件的.aex 文件复制到 AE 安装路径的 Plug_ins 目录中即可使用，如果插件包内有安装文件，运行该文件，指定到 Plug_ins 目录中安装即可。

**02** 设置“大小”为 0，使主粒子尺寸为 0；展开“物理”选项，设置“重力”为 2300，加大重力，使得火花迅速坠落。

**03** 展开“Aux 系统”（辅助系统）选项，设置“发射”为“连续”。“类型”为“条状”，“粒子/秒”为 1000，“生命[sec]”为 0.1，由于主粒子大小为 0，仅能看到辅助粒子，效果如图 4-1-9 所示。

图 4-1-9

**04** 通过设置“Aux 系统”（辅助系统）的“大小”、“生命大小”、“生命颜色”参数来分别调整 Particular 辅助粒子的大小、生命大小、生命颜色，使画面呈现白色粒子有粗细变化的效果，如图 4-1-10 所示。

图 4-1-10

**小贴士**

可将辅助粒子的“主颜色[%]”值改为 100%，让辅助粒子直接继承主粒子的白色。

**05** 选择“火花”图层，选择“效果”→“风格化”→“发光”命令，添加“发光”效果，设置“发光阈值”为 15%，“发光颜色”为“A 和 B 颜色”，“颜色循环”为“锯齿 A>B”，“颜色 A”为蓝色，使得火花边缘有一层蓝色辉光，如图 4-1-11 所示。

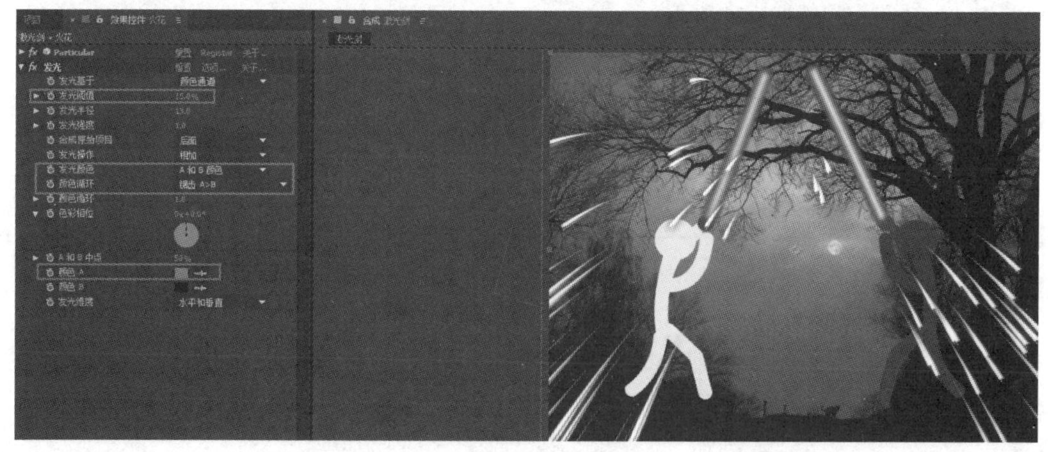

图 4-1-11

### 第 5 步 制作光晕，添加运动模糊效果和音效

**01** 新建一个黑色纯色层，并选择“效果”→“生成”→“镜头光晕”命令，为其添加“镜头光晕”滤镜，设置黑色纯色层的图层叠加模式为“相加”，对“镜头光晕”图层做“不透明度”的关键帧动画，使镜头光晕迅速出现并消失，如图 4-1-12 所示。

图 4-1-12

**02** 打开“激光剑”图层时间线面板中的“运动模糊”开关，如图 4-1-13 所示。

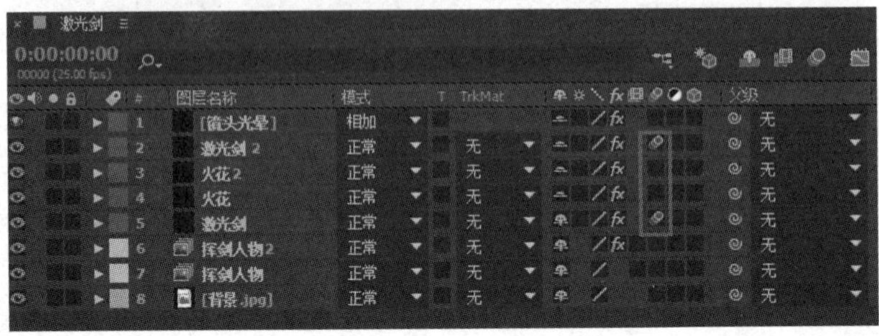


图 4-1-13

**03** 把素材“激光音效.wav”拖动到时间线面板中，并复制 4 个，和挥剑动作进行音画对位，如图 4-1-14 所示。

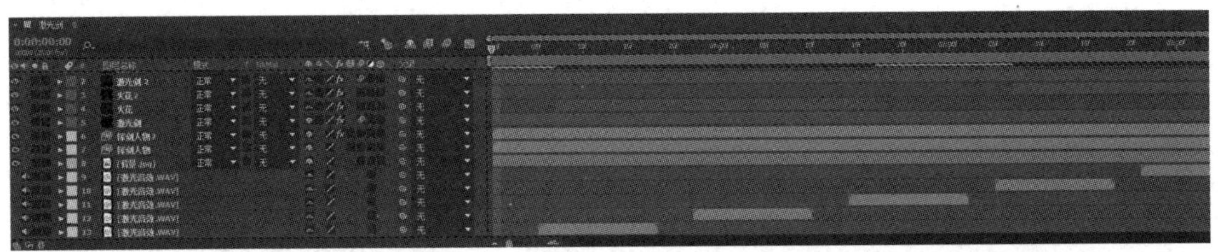

图 4-1-14

**小贴士**

如果合成面板中出现红色方框，无法预览画面，按 Caps Lock 键取消大写锁定即可。

## 第 6 步 渲染及输出

选择“合成”→“添加到渲染队列”命令，在打开的“渲染队列”面板中对其中的参数进行设置，然后单击“渲染”按钮输出动画，如图 4-1-15 所示。

图 4-1-15

**小贴士**

渲染输出的时候，如果发现输出文件没有声音，可能是在 AE 默认的渲染设置中没有打开“音频”开关，打开该开关重新输出即可。

## 经验和小结

为了使光效更逼真，可以在 Particular 特效中打开“运动模糊”开关，并且在预览及渲染动态模糊时，打开时间线面板的“动态模糊”开关。

## 思考和练习

**练习：**

“激光剑”的拓展制作——高达光剑（操作提示、素材和样片见配套光盘）。

动画：高达光剑

# 任务 4.2　制作一组光效

### ◎ 任务导读

在影视包装中，光效十分重要，能够使作品更加绚丽，使作品的感染力提高，它既可以作为背景，也可以作为修饰画面的元素。本任务将介绍 4 种光效：绚丽光彩光效、放射光芒光效、拖尾光效、空间光效。

### ◎ 学习目标

通过本任务，掌握影视动画后期一组常见光效的制作方法。样片截图如图 4-2-1 所示。视频样片及相关资源见配套光盘。

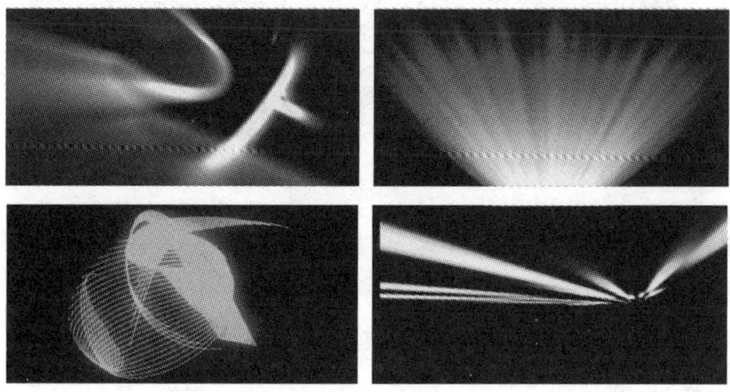

图 4-2-1

## 实践操作

素材资料：无。

技能点拨：通过 3D Stoke 和 Shine 特效制作绚丽光彩光效；通过 Optical Flares 特效制作放射光芒光效；通过“描边”“拖尾”“发光”制作拖尾光效；通过“蜂巢图案”和摄像机的位置制作空间光效。

制作流程：

| 第 1 步 | 第 2 步 | 第 3 步 | 第 4 步 |
|---|---|---|---|
| 制作绚丽光彩光效 | 制作放射光芒光效 | 制作拖尾光效 | 制作空间光效 |

### 操作步骤

#### 第 1 步　制作绚丽光彩光效

**01** 启动 AE，新建一个合成，命名为“绚丽光彩”，设置“预置”为“PAL D1/DV”，“持续时间”为 3 秒，如图 4-2-2 所示。

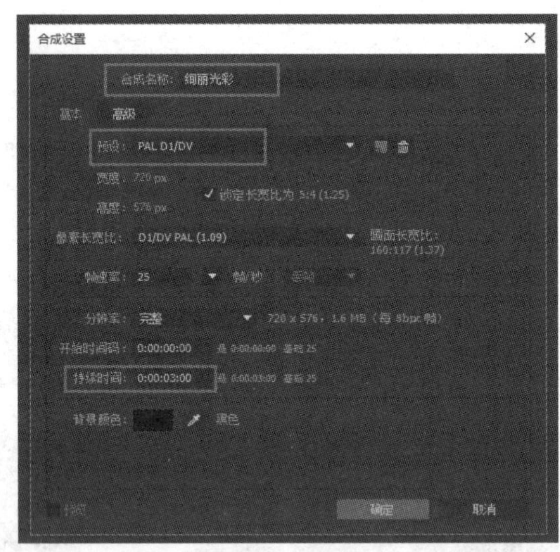


图 4-2-2

**02** 新建一个纯色层，命名为“森林光”。选择“钢笔工具”为纯色层绘制遮罩路径，如图 4-2-3 所示。

**03** 选择“效果”→“Trapcode”→“3D Stroke”命令，为纯色层添加 3D Stroke 特效，设置“厚度”为 20，“羽化”（Feather）为 100，如图 4-2-4（a）所示。给“偏置”（Offset）做关键帧动画，在 0 帧时设置为-100，到 3 秒处设置为 100，此时产生简易的描边动画。展开“锥度”（Taper）选项，勾选“启用”（Enable）复选框；再展开“变换”（Transform）选项，设置“弯曲”（Bend）为 2，“弯曲轴”（Bend Axis）为 120°，“XY 位置”（XY Position）为（290，288），“X 旋转”（X Rotation）为-12°，“Y 旋转”（Y Rotation）为 60°，如图 4-2-4（b）所示。

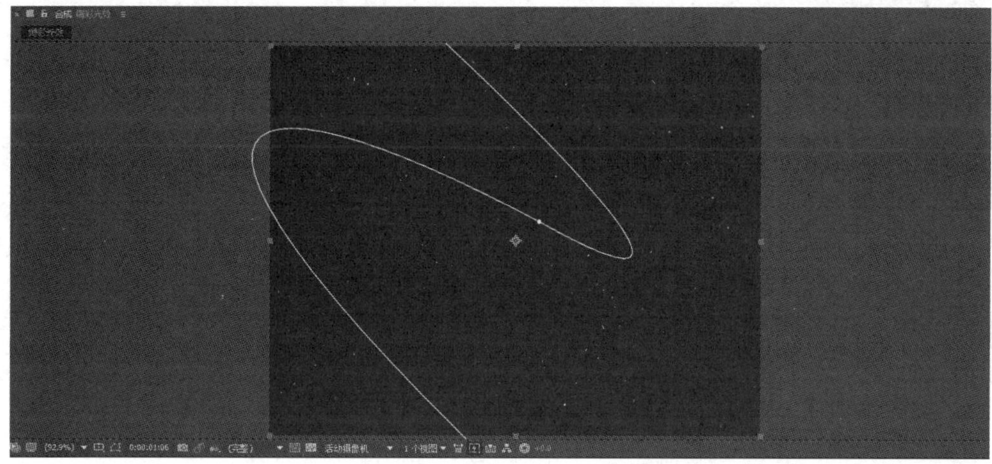

图 4-2-3

绚彩光效 • 森林光
3D Stroke　重置　Register　关于...
路径　无
预设　没有
使用所有路径　✓
按顺序
颜色
厚度　20.0
羽化　100.0
始　0.0
尾　100.0

（a）

项目　效果控件 森林光
绚彩光效 • 森林光
使用所有路径　✓
按顺序
颜色
厚度　20.0
羽化　100.0
始　0.0
尾　100.0
偏移　-100.0
循环　✓
锥度
启用　✓
压缩到合适　✓
起始厚度　0.0
结束厚度　0.0
锥度开始　50.0
锥度结束　50.0
开始形状　1.0
结束形状　1.0
调整步方式　动态
变换
弯曲　2.0
弯曲轴　0x+120.0°
围着中心弯曲
XY 位置　290.0,288.0
Z 位置　-100.0
X 旋转　0x-12.0°
Y 旋转　0x+60.0°
Z 旋转　0x+0.0°
顺序　先旋转后变换

（b）

图 4-2-4

**04** 选择“效果”→“Trapcode”→“Shine”命令，添加 Shine 特效，设置“源点”（Source Point）为（520，288），“光芒长度”（Ray Length）为 6，“提升亮度”（Boost Light）

为 3；展开“着色”（Colorize）选项，设置“着色…”为“化学”（Chemistry），“基于在…”（Base On）为“明亮度”（Lightness），如图 4-2-5 所示。

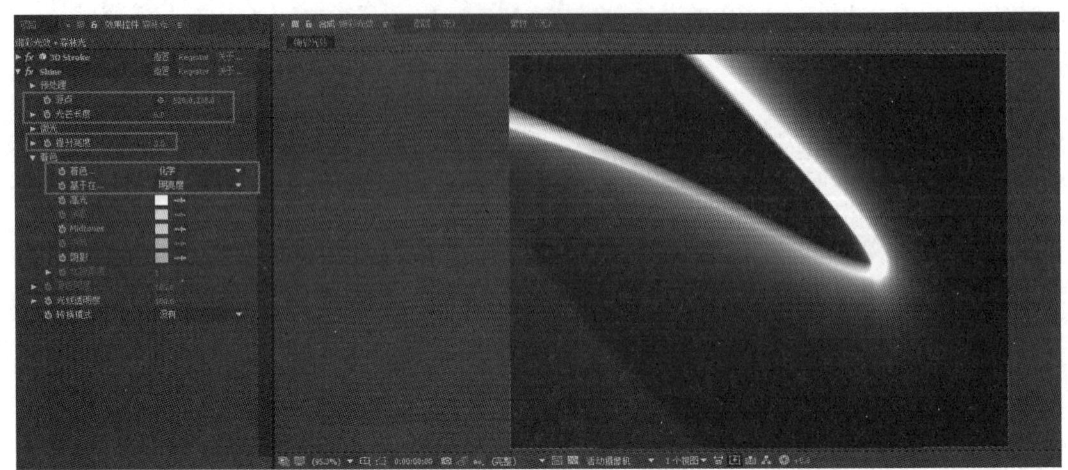

图 4-2-5

**小贴士**

在 AE 的特效控制台中，如果有多个特效，那么它们上下的顺序不能随意更改，否则效果会发生变化。

**05** 复制“森林光”纯色层，重命名为“天堂光”，然后选择“转换顶点工具”更改遮罩路径，如图 4-2-6 所示。

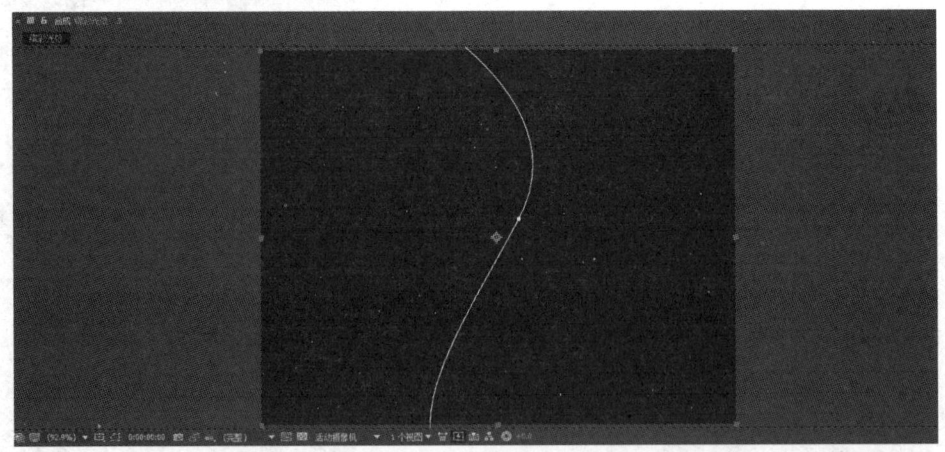

图 4-2-6

**06** 更改 3D Stroke 特效的设置。保持前面参数不变，展开“变换”（Transform）选项，设置“弯曲”（Bend）为 3，“弯曲轴”（Bend Axis）为 60°，“Z 位置”（Z Position）为-50，如图 4-2-7（a）所示。更改 Shine 特效的设置，展开“着色”（Colorize）选项，将“着色…”更改为“浪漫”（Romance），如图 4-2-7（b）所示。

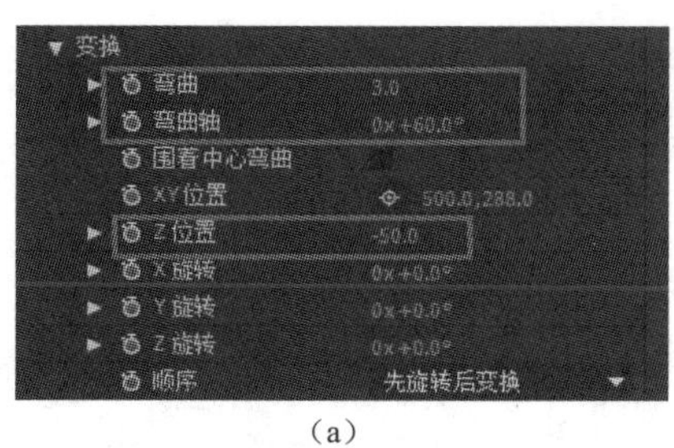

（a）

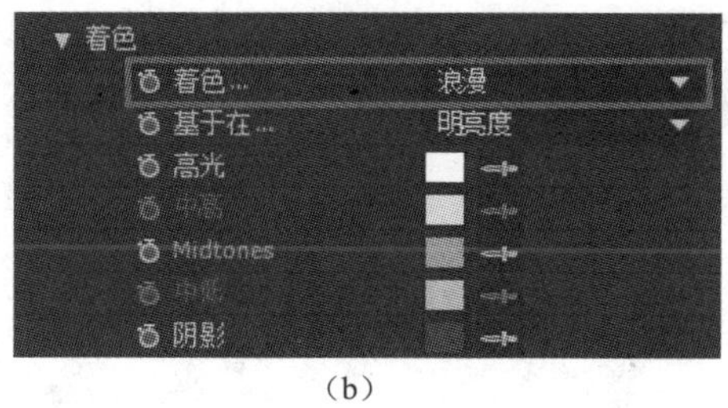

（b）

图 4-2-7

**07** 将“森林光”图层的叠加模式更改为“相加”，如图 4-2-8 所示。至此绚丽光彩效果完成。

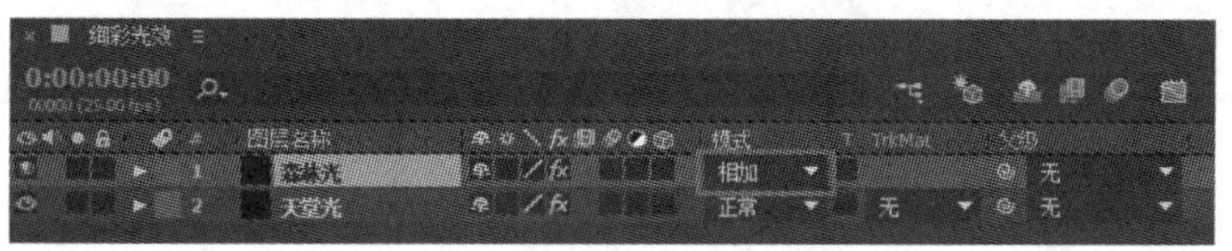


图 4-2-8

## 第 2 步　制作放射光芒光效

**01** 新建一个合成，命名为“放射光芒”，设置“预置”为“PAL D1/DV”，“持续时间”为 8 秒。

**02** 新建一个纯色层，命名为“光芒”。选择“效果”→“Video Copilot”→“Optical Flares”命令，为“光芒”纯色层添加 Optical Flares 特效，在打开的效果控件中单击“Options”（选项）按钮，[图 4-2-9（a）]，进入如图 4-2-9（b）所示的界面，单击“预设浏览器”按钮；选择“Light（20）”→“Green Spot Light”文件，如图 4-2-9（c）所示。单击“OK”按钮，如图 4-2-10 所示。

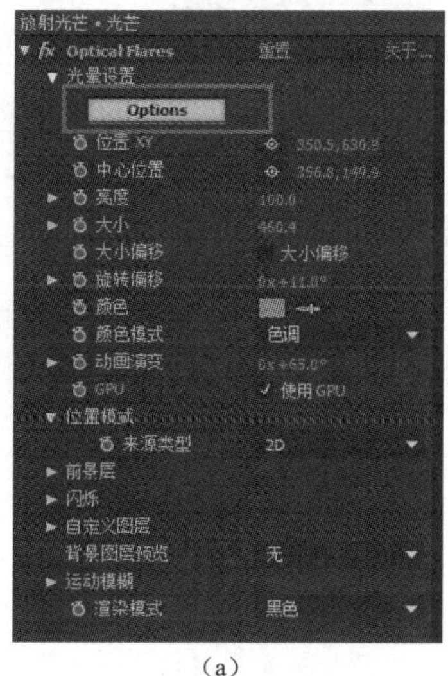

（a）

图 4-2-9

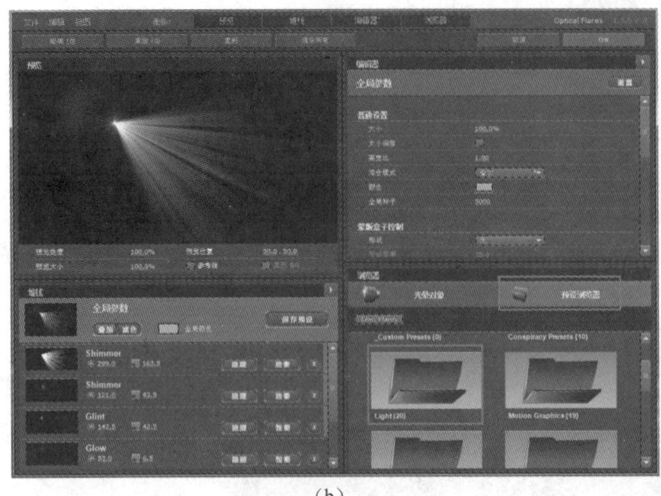


(b)

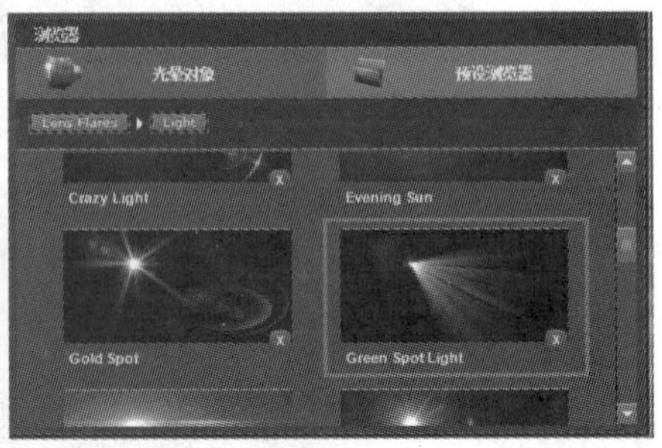


(c)

图 4-2-9（续）

图 4-2-10

**03** 返回合成界面，调整参数。打开效果控件，设置“位置 XY”为（350.5，630.9），“中心位置”为（356.8，149.9），“大小”为 460.4，“旋转偏移”为 11°，将颜色调整为适当的蓝色，如图 4-2-11 所示。

**04** 打开“Animation Evolution”（动画演变）码表做关键帧动画，0 帧时设置关键帧

为-187°，6 秒时设置关键帧为 173°，动画效果如图 4-2-12 所示。

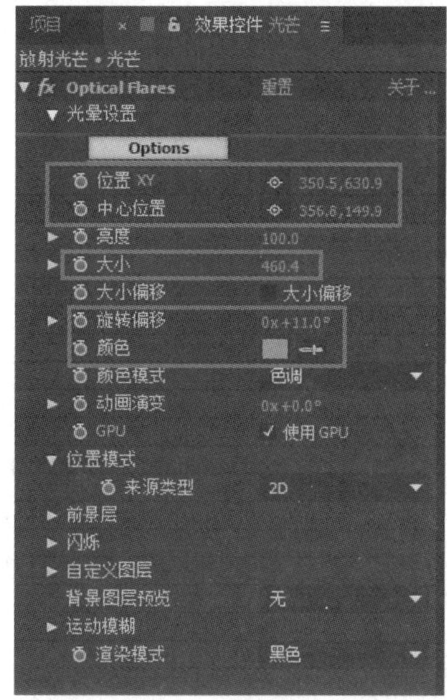


图 4-2-11

图 4-2-12

**05** 新建一个纯色层，命名为“扫光”，再次添加 Optical Flares 效果。打开效果控件，单击“Options”按钮，在打开的界面中单击“预设浏览器”按钮，选择“Motion Graphics（11）”→“Cool Flare”文件，如图 4-2-13 所示。

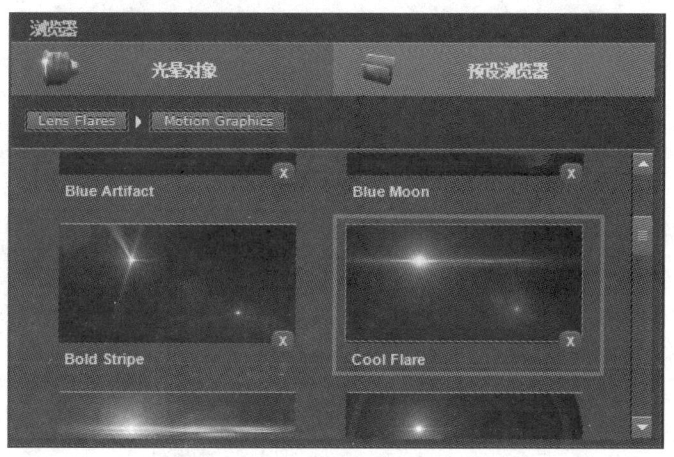


图 4-2-13

**06** 返回效果控件，设置“Center Position”为（360，288）。打开“Brightness”“Position XY”码表，设置关键帧动画。首先设置“Brightness”关键帧，在 0 帧处设置“Brightness”为 0，在 3 秒 15 帧处设置为 100，在 4 秒 18 帧处设置为 100，在 8 秒处设置为 0；然后设置“Position XY”关键帧，在 3 秒 15 帧处设置“Position XY”为（-629，112），在 4 秒 18 帧处设置为（1372，112）。将图层混合模式设置为“屏幕”，此时完成扫光的效果，如

图 4-2-14 所示。

图 4-2-14

**07** 设置调整图层，使效果更加绚丽。新建一个调整图层，选择“效果”→“生成”→“梯度渐变”命令，为调整图层添加“梯度渐变”滤镜，“梯度渐变”参数保持默认设置，把调整图层的图层混合模式改为“叠加”，至此完成放射光芒效果，如图 4-2-15 所示。

图 4-2-15

**小贴士**

Optical Flares 光效插件自带大量的预设效果，读者可以使用这些预设效果，也可以将自己调节满意的光效存储为自定义预设效果，以便下次使用。

### 第 3 步　制作拖尾光效

**01** 新建一个合成，命名为“贝塞尔曲线”，设置“预置”为“PAl D1/DV”，“持续时间”为 6 秒。新建一个黑色纯色层，命名为“贝塞尔曲线”。选择钢笔工具给纯色层绘制一个蒙版路径，并打开“蒙版路径”码表，制作关键帧动画，分别在 0 帧、3 秒和 6 秒处设置关键帧，效果如图 4-2-16 所示。

**02** 选择“效果”→“生成”→“描边”命令，在打开的特效控制台中设置“颜色”为蓝色，“画笔大小”为 3，“画笔硬度”为 25%，“不透明度”为 100%，“间距”为 15%。打开“起始”“结束”码表设置关键帧，在 0 帧处设置“起始”为 0，到 6 秒处设置“起始”为100%；在0帧处设置“结束”为100%，到6秒处设置“结束”为0。至此完成描边效果。

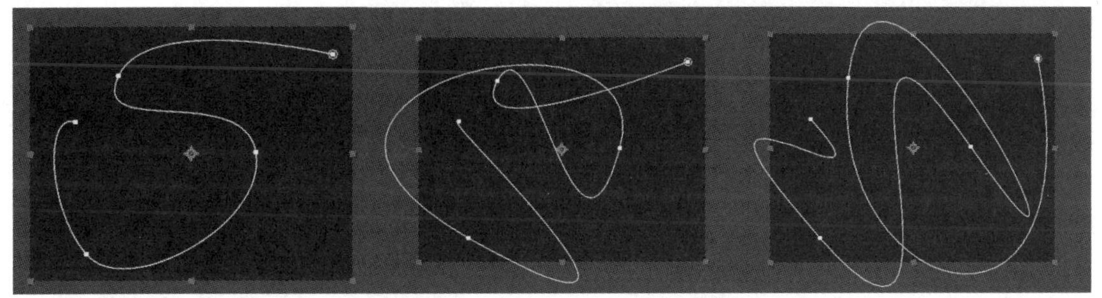

图4-2-16

**03** 选择“贝塞尔曲线”纯色层，选择“效果”→“时间”→“残影”，添加“残影”特效，设置“残影时间（秒）”为-0.1，“残影数量”为50，“起始强度”为0.95，“衰减”为1，“残影运算符”为“相加”。此时已经有了残影效果，如图4-2-17所示。

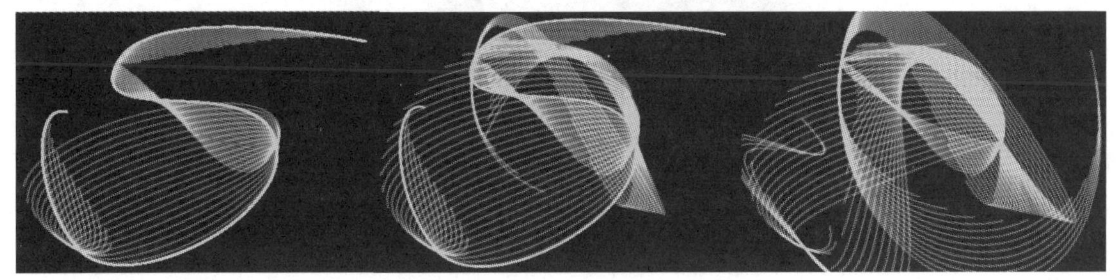

图4-2-17

**04** 选择“效果”→“风格化”→“发光”命令，添加“发光”效果，设置“发光阈值”为40%，“发光半径”为80，“发光强度”为1，其余保持默认设置。至此完成“拖尾光效”效果。

### 第4步 制作空间光效

**01** 新建一个合成，命名为“空间光效”，设置“预置”为“PAL D1/DV”，“持续时间”为8秒。新建一个纯色层，命名为“光效层”。选择“效果”→“生成”→“单元格图案”命令，添加单元格图案，设置“单元格图案”为“印版”，“锐度”为100，“分散”为0，“大小”为30，“偏移”为（360，288）；打开“演化”码表设置关键帧，在0帧处设置“位置”为“0x+0.0°”，到8秒处设置为“7x+0.0°”。效果如图4-2-18所示。

**02** 选择“效果”→“颜色校正”→“亮度和对比度”命令，添加“亮度和对比度”滤镜，设置“亮度”为-40，“对比度”为100。效果如图4-2-19所示。

**03** 选择“效果”→“模糊和锐化”→“快速模糊”命令，添加“快速模糊”滤镜，设置“模糊度”为12。选择“效果”→“风格化”→“发光”命令，添加“发光”滤镜，设置“发光阈值”为60%，“发光半径”为10，“发光强度”为5，设置“发光颜色”为

“A 和 B 颜色”，“颜色循环”为 1，“颜色 A”为#0084FF，“颜色 B”为#05093F。此时效果如图 4-2-20 所示。

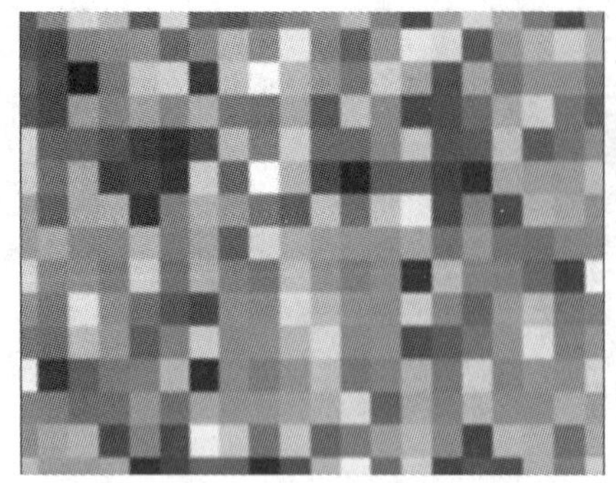

图 4-2-18

图 4-2-19

图 4-2-20

04 打开“光效层”图层的“3D 图层”开关，利用“矩形工具”绘制一个遮罩，设置遮罩模式为“相加”，“蒙版羽化”为 100 像素，“蒙版扩展”为 200 像素，如图 4-2-21 所示。

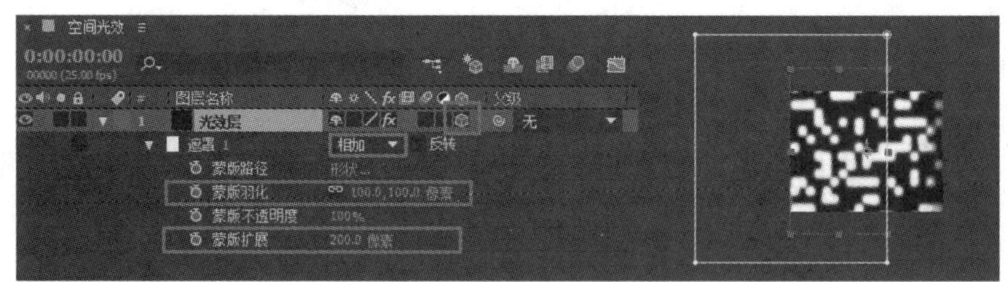


图 4-2-21

05 新建一个 15mm 的摄像机，选择“光效层”图层，展开“变换”选项，打开“锚点”码表设置关键帧，在 0 帧处设置为（-20，288，10），到 8 秒处设置为（672，288，-10）。设置“缩放”为（2000，100，100）。设置“方向”为（0，0，90），设置“Y 轴旋转”为 75°。设置“不透明度”关键帧，在 7 秒处设置为 100，到 8 秒处设置为 0。效果如图 4-2-22 所示。

图 4-2-22

**06** 打开摄像机的“位置”码表设置关键帧，在 0 帧处设置为（564，466，-339），到 5 秒处设置为（360，288，-508），至此完成空间光效。

**07** 将 4 个合成渲染并输出。

## 经验和小结

1. 可在放射光芒背景上加上所需的定版字幕，使得视频效果更完整。

2. 在做炫彩光效的时候，除了本任务中提到的对 3D Stroke 的“偏置”做动画外，还可以对终点位置做动画，还可以尝试同时对遮罩形状做动画，以得到更丰富的画面效果。

## 思考和练习

**练习：**

尝试制作如图 4-2-23 所示的星形光效（参考样片见光盘）。

图 4-2-23

动画：星形光效

# 任务 4.3 制作一组特技光

◎ 任务导读

在动漫游戏特效制作中，经常需要制作一些特技光来修饰画面，甚至作为画面的主体，需要指出的是，光效在深色背景衬托下效果会更好更明显。本任务将介绍火球、雷球、神之光 3 种特技光。

◎ 学习目标

通过制作一组特技光，掌握影视动画后期特效合成特技光的运用技术。样片截图如图 4-3-1 所示。视频样片及相关资源见配套光盘。

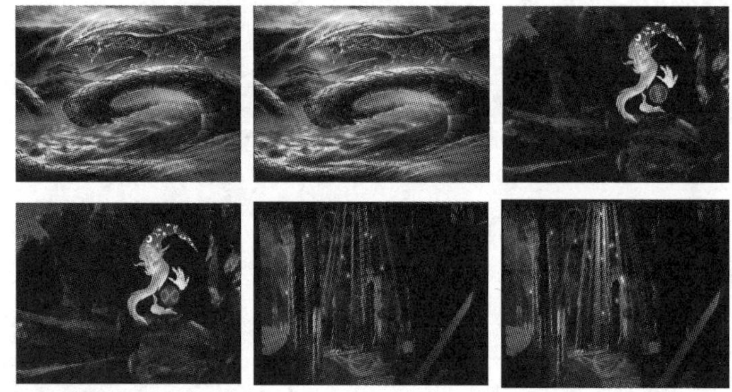

图 4-3-1

## 实践操作

素材资源：背景 1.jpg，背景 2.jpg，龙.png，人物.psd。

技能点拨：通过“CC 粒子仿真世界”“快速模糊”“CC 矢量模糊”“浅色调”“分形杂色”“发光”滤镜及遮罩制作火球；通过“梯度渐变”“高级闪电”“CC 透镜”滤镜制作雷球；通过“分形杂色”“贝塞尔弯曲”“粒子运动”“发光”滤镜及遮罩制作神之光。

制作流程：

| 第 1 步 | 第 2 步 | 第 3 步 |
| --- | --- | --- |
| 制作火球 | 制作雷球 | 制作神之光 |

## 操作步骤

### 第 1 步　制作火球

**01** 启动 AE，在选择项目界面中，单击“新建合成”图标，在弹出的“合成设置”对话框中设置“合成名称”为“火球”，“预设”为“自定义”，“宽度”为 500 像素，“高度”为 670 像素，“像素长宽比”为“D1/DV PAL（1.09）”，“持续时间”为 5 秒，如图 4-3-2 所示。

**02** 右击“项目”面板空白处，在弹出的快捷菜单中选择“导入”→“文件”命令，导入所需素材，如图 4-3-3 所示。

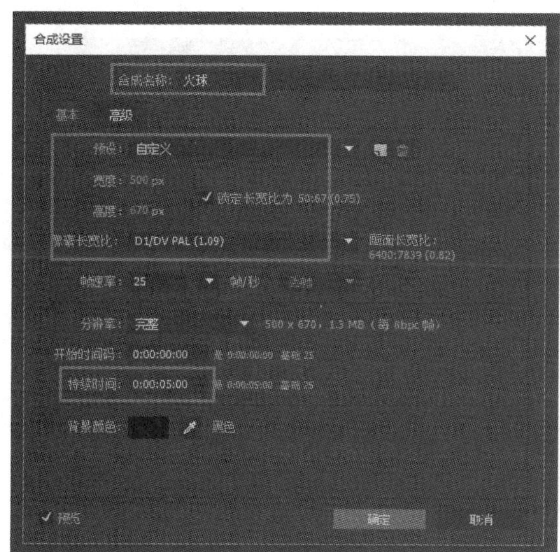


图 4-3-2

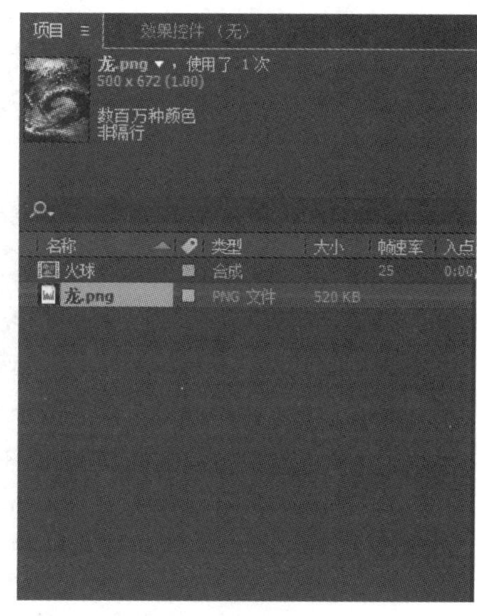


图 4-3-3

**03** 新建一个黑色纯色层，命名为“外火球”，如图 4-3-4 所示。

图 4-3-4

**04** 选择“效果”→“模拟”→“CC Particle World”命令，添加“CC Particle World”滤镜，调置“Birth Rate”为 1，展开“Physics”选项，设置“Velocity”为 0.15，“Gravity”为 0，如图 4-3-5 所示。

**05** 展开“Particle”选项，设置“Particle Type”为“Lens Convex”，然后单击“切换透明网格”按钮观察效果，如图 4-3-6 所示。

图 4-3-5

图 4-3-6

**小贴士**

当可能因为背景色而观察不到调出来的效果时，可以开启合成窗口下方的“切换透明网格”按钮来观察效果。

**06** 选择“效果”→“模糊和锐化”→“快速模糊”命令，添加“快速模糊”滤镜，设置“模糊度”为 20，如图 4-3-7 所示。

图 4-3-7

**07** 改变外火球颜色。选择“效果”→“颜色校正”→“色调”命令，添加“色调”滤镜，设置“将黑色映射到”为紫色，如图4-3-8所示。

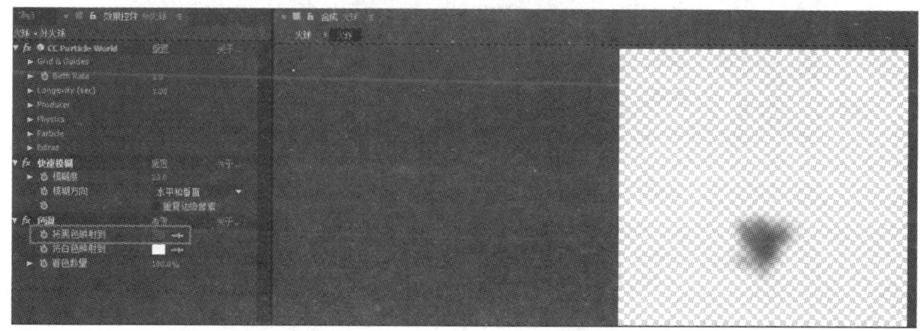

图4-3-8

**08** 制作火球的纹理。选择“效果”→“模糊和锐化”→“CC Vector Blur”命令，添加“CC Vector Blur”滤镜，设置“Amount”为80，关闭“切换透明网格”观察效果，如图4-3-9所示。

图4-3-9

**09** 添加发光。选择“效果”→“风格化”→“发光”命令，添加“发光”滤镜，参数保持默认设置，如图4-3-10所示。

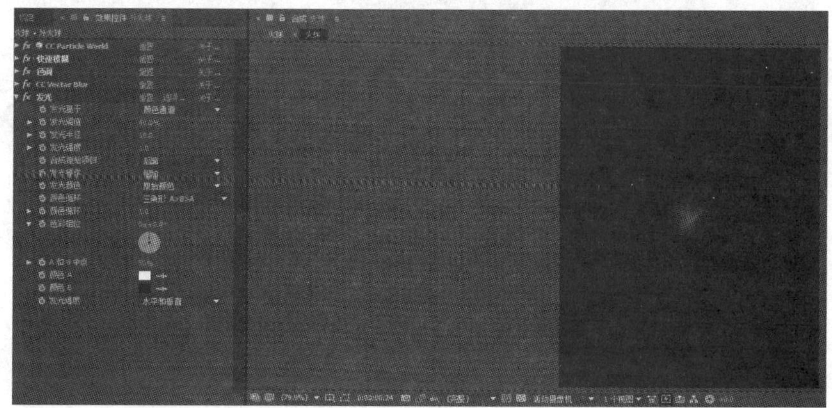

图4-3-10

**10** 新建一个黑色纯色层，命名为“内火球”，如图 4-3-11 所示。

图 4-3-11

**11** 选择“效果”→“杂色和颗粒”→“分形杂色”命令，添加“分形杂色”滤镜，设置“对比度”为 200，“亮度”为 15。展开“变换”选项，设置“缩放”为 20。然后设置“演化”关键帧，在 1 秒时打开“演化”码表，在 3 秒时设置为 2x+0°，使得杂色在 1 秒到 3 秒期间有演化动画，如图 4-3-12 所示。

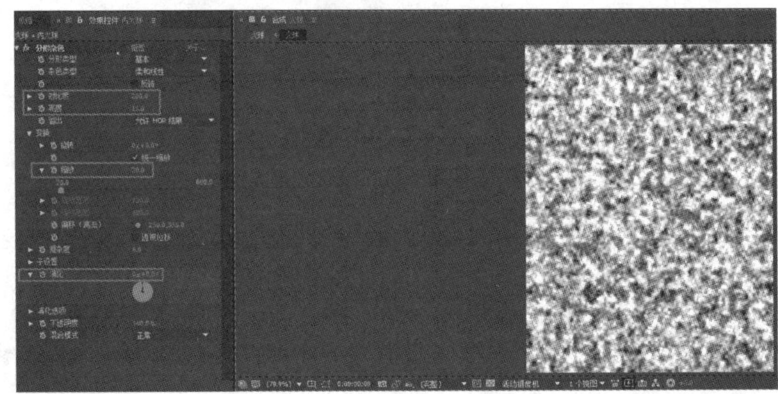

图 4-3-12

**12** 选择“内火球”图层，再选择“椭圆工具”，绘制一个圆形遮罩，设置“蒙版羽化”值为 30 像素，如图 4-3-13 所示。

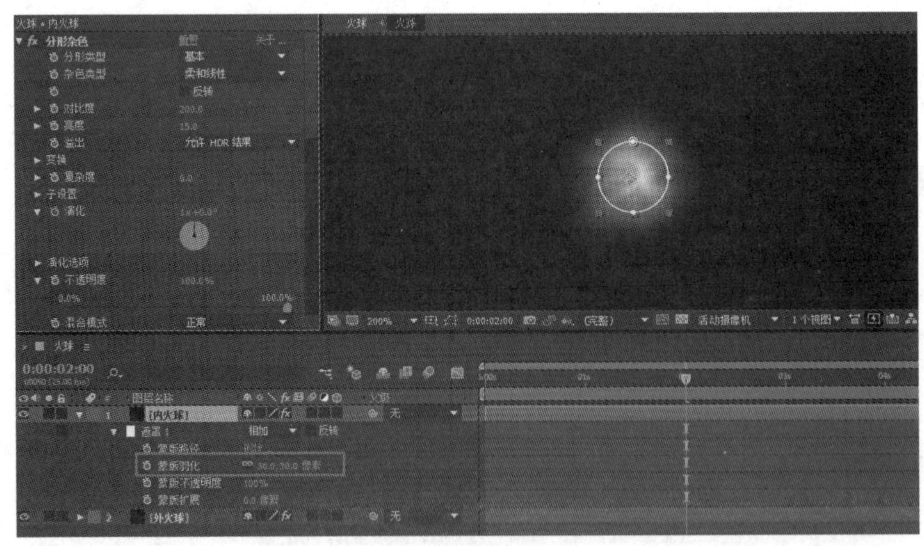

图 4-3-13

**13** 按 S 键打开“内火球”图层的“缩放”属性，设置关键帧，在 0 帧处设置为 0，在 1 秒处设置为 90%，实现“内火球”图层的放大动画，如图 4-3-14 所示。

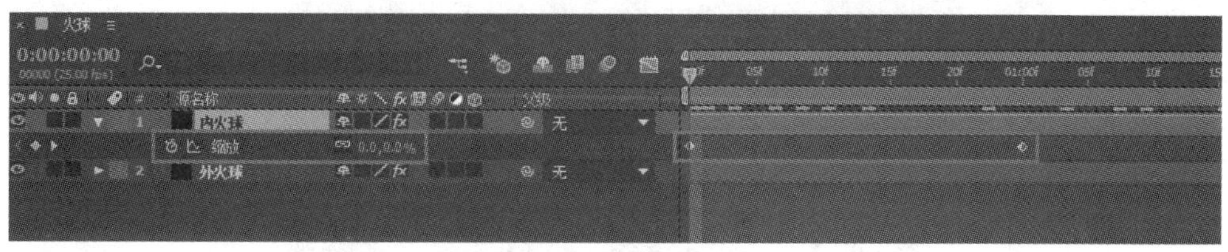


图 4-3-14

**14** 选择“效果”→“模糊和锐化”→“CC Vector Blur”命令，为“内火球”图层继续添加“CC Vector Blur”滤镜，设置“Amount”为 10。然后改变内火球颜色，选择“效果”→“颜色校正”→“色调”命令，添加“色调”滤镜，设置“将黑色映射到”为紫色，如图 4-3-15 所示。

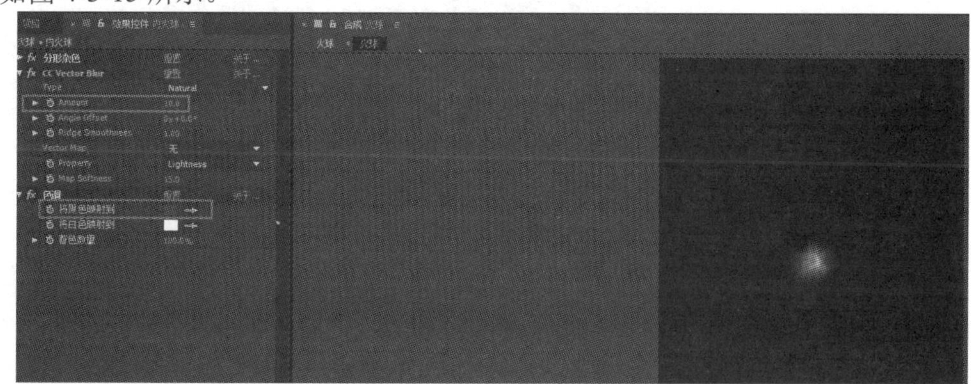


图 4-3-15

**15** 制作内火球发光效果。选择“效果”→“风格化”→“发光”命令，添加“发光”滤镜，设置“发光半径”为 30，如图 4-3-16 所示。

图 4-3-16

**16** 同时选择“内火球”“外火球”两个图层，按 Ctrl+Shift+C 组合键预合成图层，命名为“火球”，如图 4-3-17 所示。

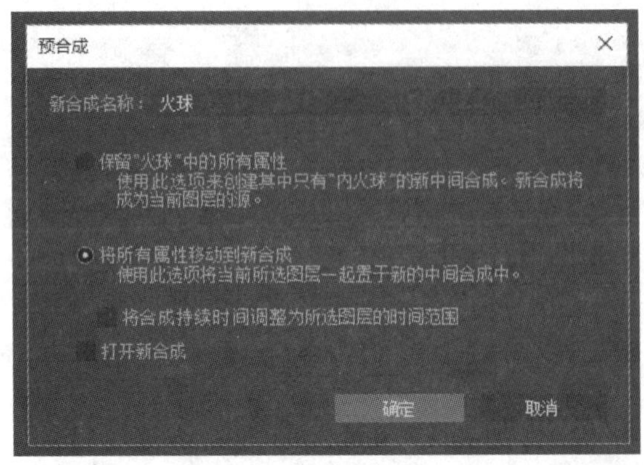


图 4-3-17

**17** 拖动素材“龙.png”到时间线面板中，置于底层，按 Ctrl+Alt+F 组合键适配到合成，然后调整火球的位置到“龙”的口中，如图 4-3-18 所示。

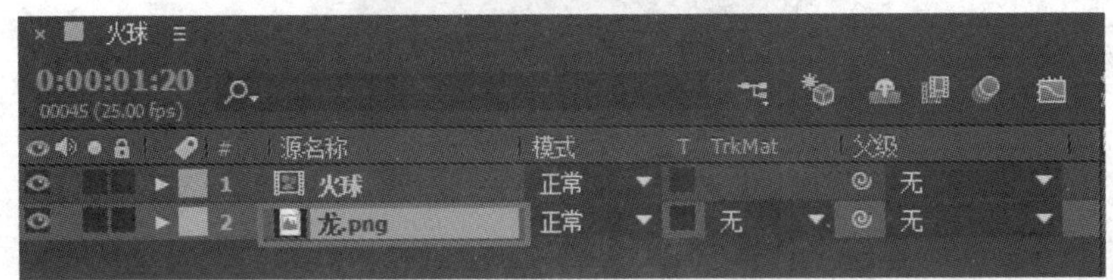


图 4-3-18

**18** 选择“合成”→“添加到渲染队列”命令，在打开的“渲染队列”面板中对其中的参数进行设置，然后单击“渲染”按钮输出动画，如图 4-3-19 所示。

图 4-3-19

## 第 2 步　制作雷球

**01** 新建一个合成，命名为“雷球”，设置“预设”为“PAL D1/DV”，“像素长宽比”为“D1/DV PAL（1.09）”，“持续时间”为 5 秒，如图 4-3-20 所示。

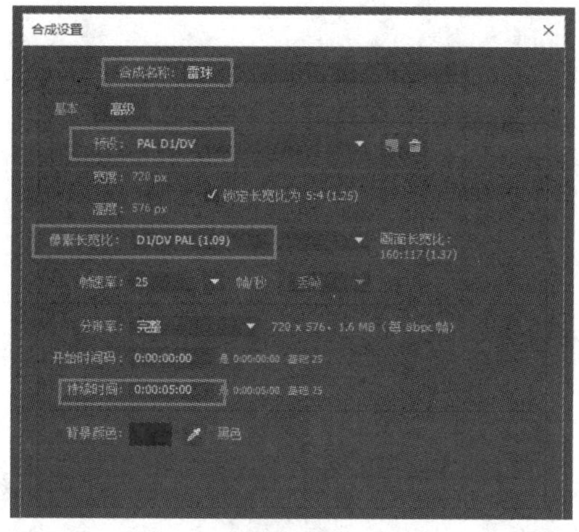


图 4-3-20

**02** 在“项目”面板中导入所需素材，如图 4-3-21 所示。

**03** 新建一个黑色纯色层，命名为“球背景”，如图 4-3-22 所示。

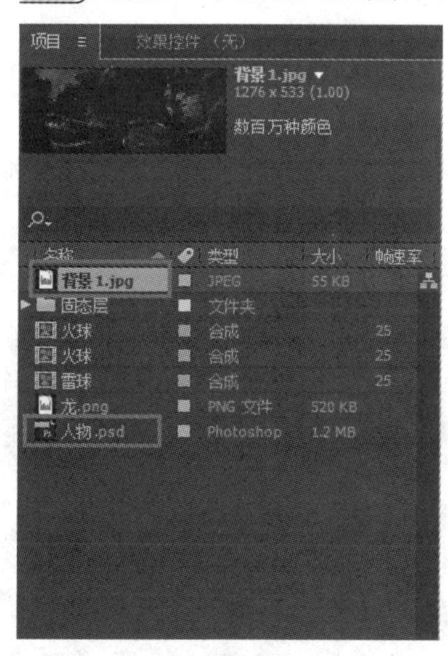


图 4-3-21

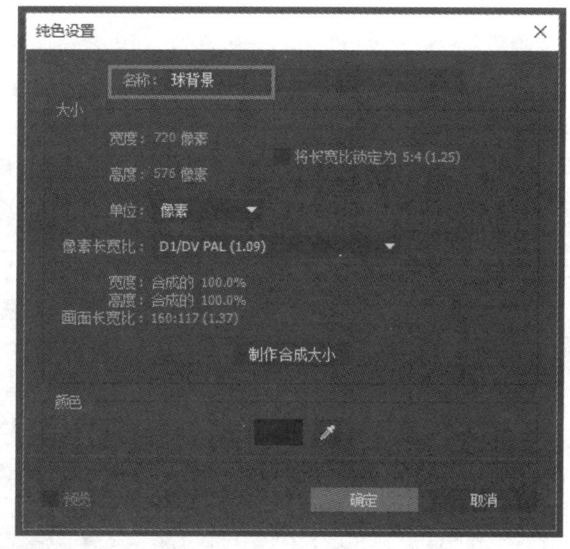


图 4-3-22

**04** 选择“效果”→“生成”→“梯度渐变”命令，添加“梯度渐变”滤镜，调整颜色和位置，并设置“渐变形状”为径向渐变，如图 4-3-23 所示。

**05** 新建一个黑色纯色层，命名为“雷球”，把图层混合模式设置为“屏幕”，如图 4-3-24 所示。

图 4-3-23

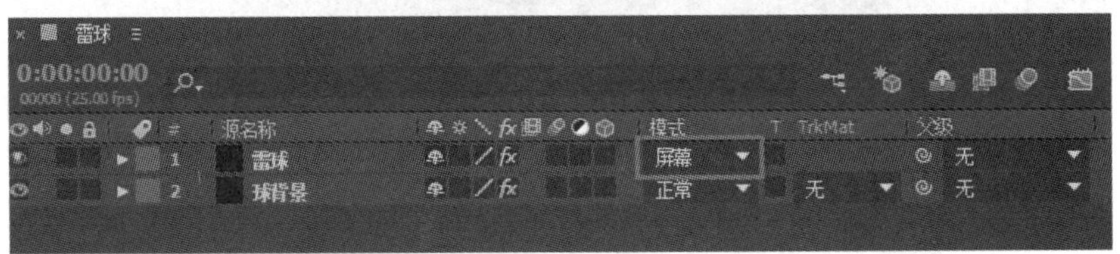


图 4-3-24

**06** 选择“效果”→“生成”→“高级闪电”，添加“高级闪电”滤镜，设置“闪电类型”为“垂直”，勾选“在原始图像上合成”复选框，如图 4-3-25 所示。

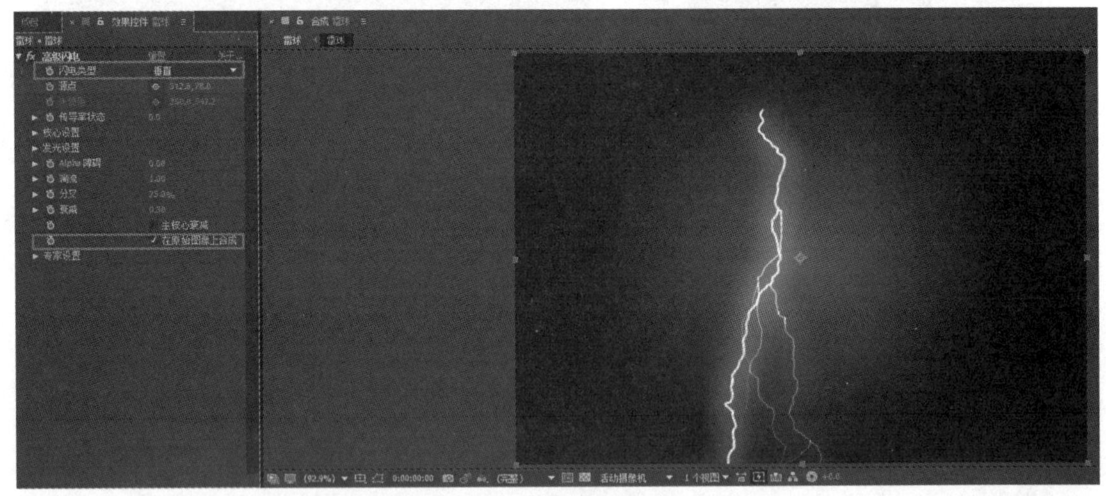

图 4-3-25

**07** 设置源点的关键帧。随机地设置若干个关键帧，实现闪电随机出现的动画效果，如图 4-3-26 所示。

**08** 选择“效果”→“扭曲”→“CC Lens”命令，添加“CC Lens”滤镜，相关参数设置如图 4-3-27 所示。

图 4-3-26

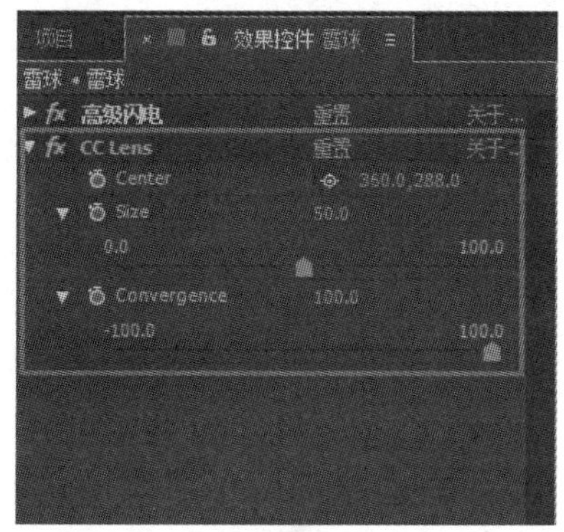


图 4-3-27

**09** 复制“雷球”图层，按 R 键，打开“旋转”属性，设置“旋转”为 180°，如图 4-3-28 所示。

**10** 选中 3 个图层，按 Ctrl+Shift+C 组合键预合成图层，命名为“雷球”，如图 4-3-29 所示。

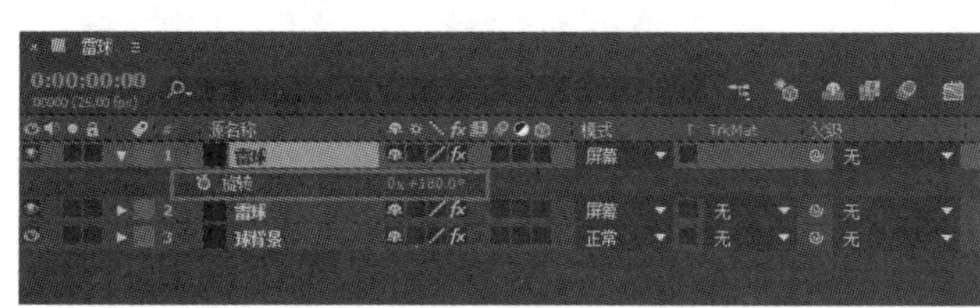


图 4-3-28

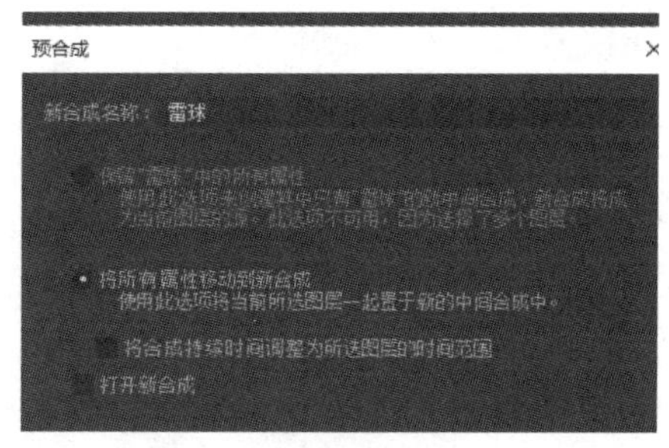


图 4-3-29

**11** 拖动素材“人物.psd”和“背景 1.jpg”到时间线面板中，将“人物.psd”图层置于第二层，“背景 1.jpg”图层置于底层，设置“雷球”图层的混合模式为“相加”，如图 4-3-30 所示。

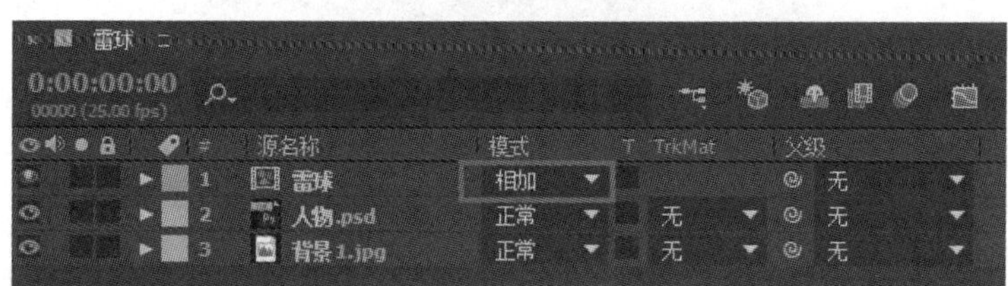


图 4-3-30

**小贴士**

类似于 Photoshop，利用 AE 图层的叠加模式也可以产生各种不同的效果，其快捷键是 Shift + +或 Shift +−。

**12** 调整 3 个图层的位置和大小，最终效果如图 4-3-31 所示。

图 4-3-31

**13** 选择“合成”→“添加到渲染队列”命令，在打开的“渲染队列”面板中对其中的参数进行设置，然后单击“渲染”按钮输出动画，如图 4-3-32 所示。

图 4-3-32

### 第 3 步 制作神之光

**01** 新建一个合成，命名为“神之光”，设置“预设”为“自定义”，“宽度”为 1024 像素，“高度”为 530 像素，“像素长宽比”为“D1/DV PAL（1.09）”，“持续时间”为 5 秒，如图 4-3-33 所示。

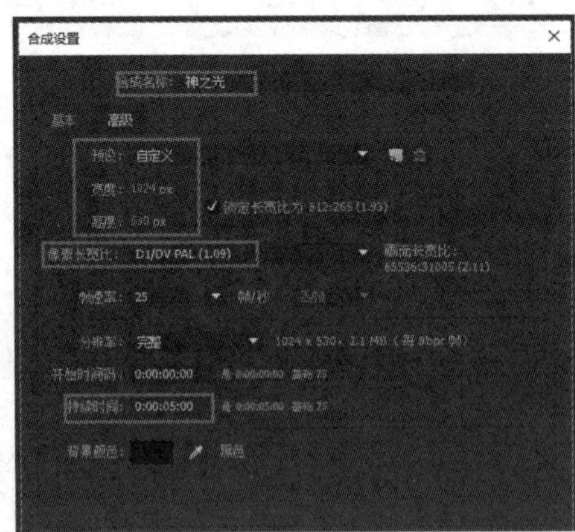


图 4-3-33

**02** 右击“项目”面板空白处，在弹出的快捷菜单中选择“导入”→“文件”命令，导入素材，并将素材拖动到时间线面板中，如图 4-3-34 所示。

**03** 新建一个黑色纯色层，命名为“光”，如图 4-3-35 所示。

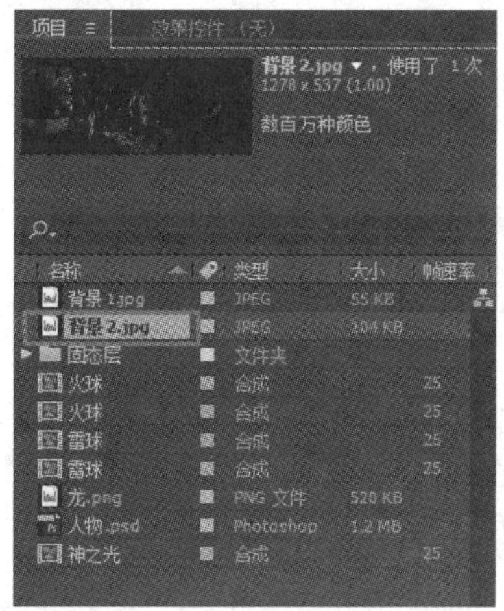


图 4-3-34

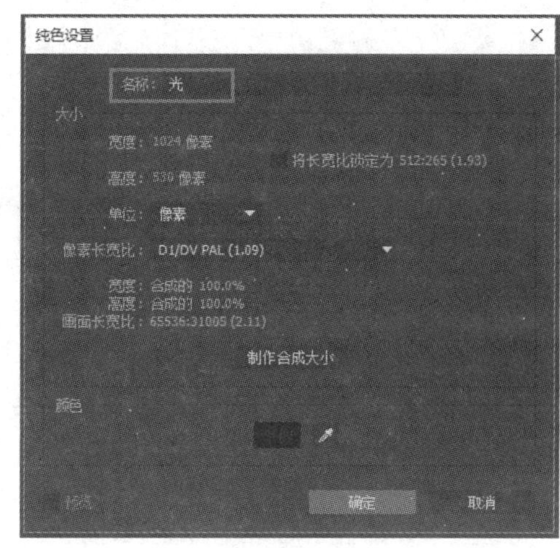


图 4-3-35

**04** 选择“效果”→“杂色和颗粒”→“分形杂色”命令，添加“分形杂色”滤镜，设置“对比度”为 260，“亮度”为-60，展开“变换”选项，取消勾选“统一缩放”复选框，设置“缩放宽度”为 30，“缩放高度”为 1700，如图 4-3-36 所示。

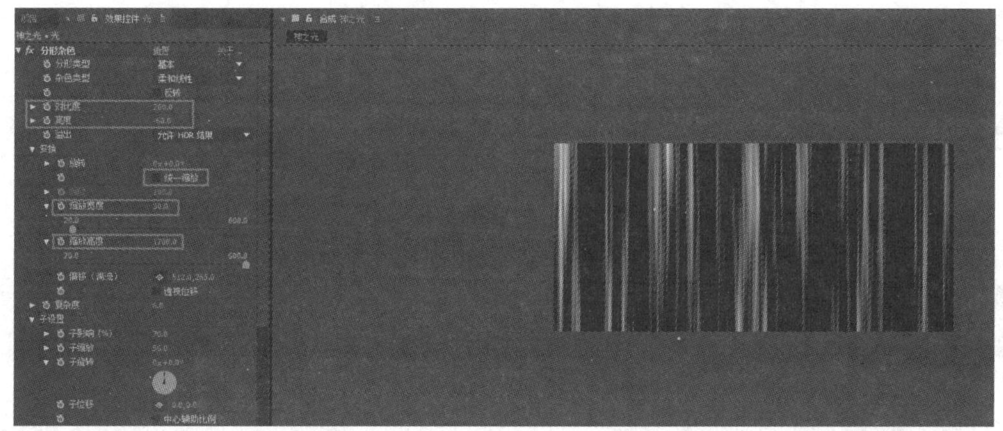

图 4-3-36

**05** 设置演化关键帧，在 0 帧处打开“演化”码表，在 5 秒处设置为 3x，并且设置“光”图层的混合模式为“相加”，如图 4-3-37 所示。

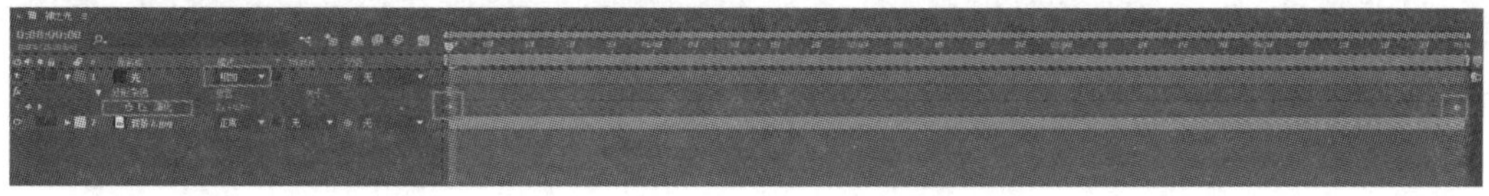

图 4-3-37

06 选择“光”图层，再选择“效果”→“扭曲”→“边角定位”命令，添加“边角定位”滤镜，调整图像上定位点的位置，效果如图 4-3-38 所示。

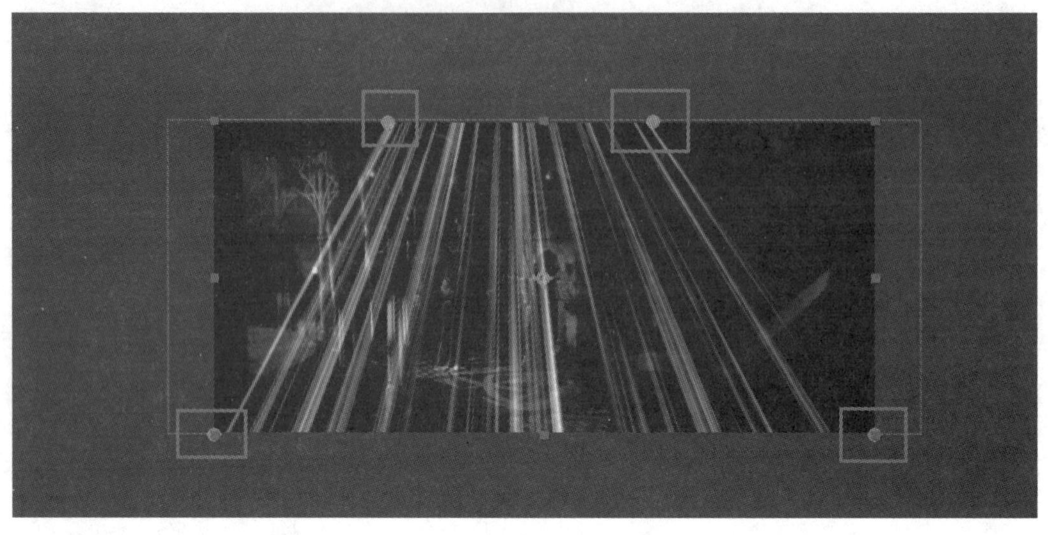

图 4-3-38

07 选择“光”图层，利用钢笔工具绘制一个梯形遮罩，设置“蒙版羽化”为 200 像素，如图 4-3-39 所示；再选择“效果”→“风格化”→“发光”命令，添加“发光”滤镜，设置“发光阈值”为 50%。

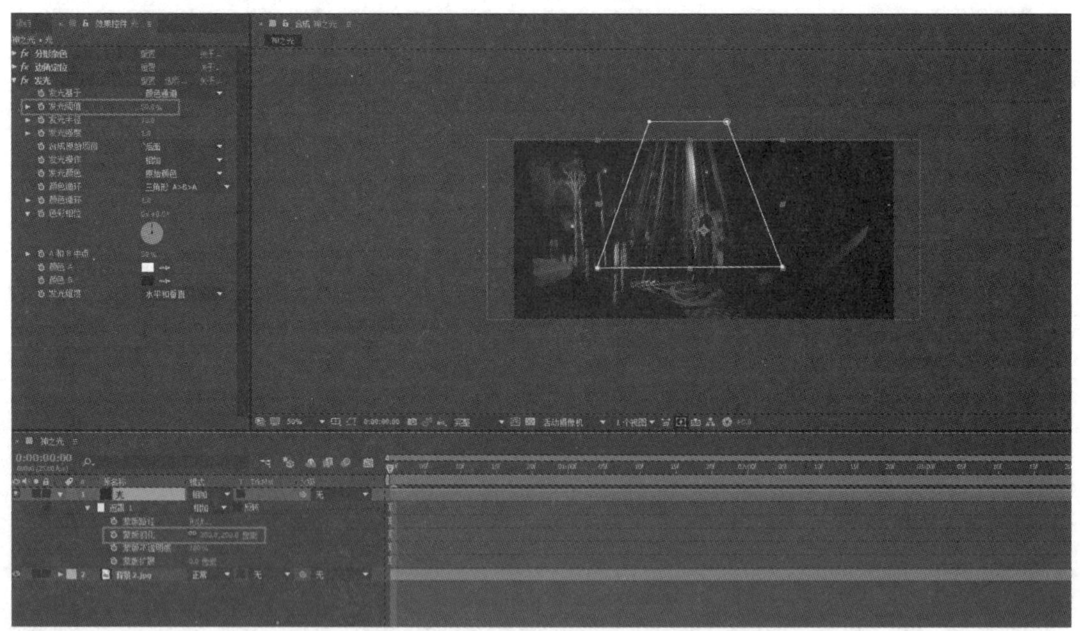

图 4-3-39

08 新建一个黑色纯色层，命名为“点光”，如图 4-3-40 所示。

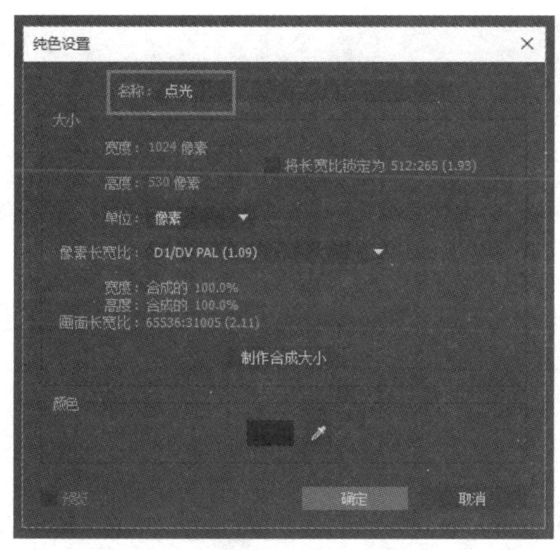


图 4-3-40

**09** 选择“点光”纯色层，再选择“效果”→“模拟”→“粒子运动场”命令，添加“粒子运动场”滤镜，设置“圆筒半径”为 108，“每秒粒子数”为 6，“随机扩散方向”为 100，“速率”为 20，“随机扩散速率”为 100，“颜色”为白色，如图 4-3-41 所示。

图 4-3-41

**10** 选择“点光”图层，打开“每秒粒子数”码表，在 2 秒 2 帧处设置为 6，在 2 秒 9 帧处设置为 0，使得 2 秒 9 帧后不再发射粒子，如图 4-3-42 所示。

**11** 制作粒子发光效果。选择“点光”图层，再选择“效果”→“风格化”→“发光”命令，添加“发光”滤镜，设置“发光阈值”为 50%。为了使发光效果更加强烈，按 Ctrl+D 组合键复制“发光”滤镜设置，如图 4-3-43 所示。

**12** 选择“合成”→“添加到渲染队列”命令，在打开的“渲染队列”面板中对其中的参数进行设置，然后单击“渲染”按钮输出动画，如图 4-3-44 所示。

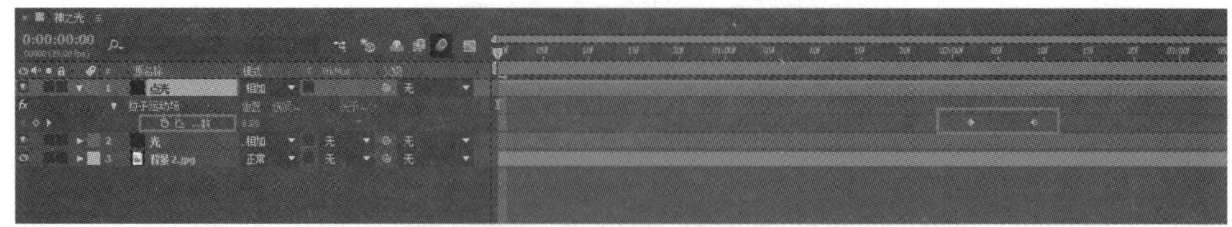

图 4-3-42

图 4-3-43

图 4-3-44

## 经验和小结

1. 制作光效时，经常会添加“发光”滤镜使光效更强。
2. 制作光效时，经常会使用较暗的背景突出光效。

## 思考和练习

练习：

1. 利用所学内容制作一个流光背景。
2. 特效光——雷光球的制作拓展练习（操作提示、素材和样片见光盘）。

动画：雷光球

# 任务4.4 制作一组动漫光效背景（一）

◎ 任务导读

在动漫制作中，光效十分重要，经常作为背景烘托氛围或衬托主体。任何风格的影视动画作品，其角色造型、场景设计都必须在一定的历史背景和地域特征范围之内。不同的地域因为不同的文化习俗、宗教信仰所偏重的光影色彩都不同，所以在影视动画中结合故事空间背景的不同，角色与背景设计必须要有相应的光效配合才能更好地叙述故事。本任务中将要学习制作卡通光效背景、速度光效背景、放射状光效背景。

◎ 学习目标

通过本任务，掌握利用 AE 制作动漫作品中常见的光效背景的方法。样片截图如图 4-4-1 所示。视频样片及相关资源见配套光盘。

图 4-4-1

## 实践操作

素材资源：人物序列图片，花序列图片。

技能点拨：通过“百叶窗”和“极坐标”特效制作卡通光效，通过“杂色”和“模糊”制作速度光效，通过 Knoll Light Factory 光效插件制作放射状光效。

制作流程：

| 第 1 步 | 第 2 步 | 第 3 步 |
|---|---|---|
| 制作卡通光效背景 | 制作速度光效背景 | 制作放射状光效背景 |

## 操作步骤

### 第 1 步　制作卡通光效背景

**01** 新建一个合成，命名为“卡通光效背景”，设置“持续时间”为 5 秒，如图 4-4-2 所示。

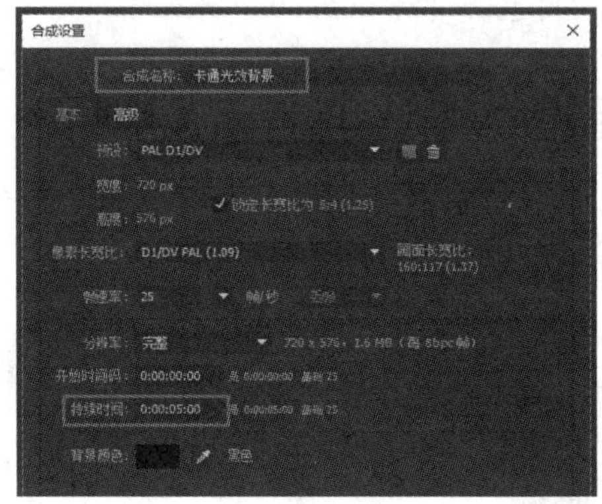

图 4-4-2

**02** 将素材“人物”导入项目中。将“人物”作为“素材”，以“PNG 序列”的方式导入项目中，如图 4-4-3 所示。

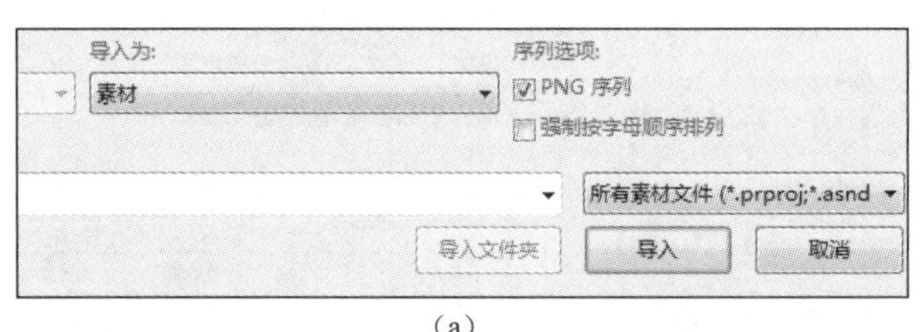


(a)

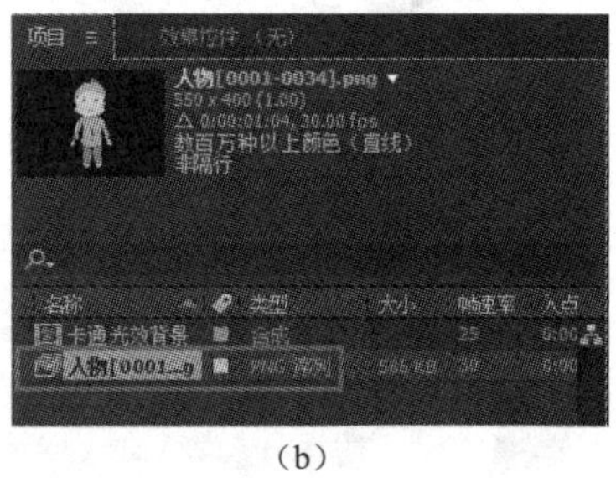


(b)

图 4-4-3

**03** 将素材“人物”拖动到时间线面板中，选择“人物”图层，按 Ctrl+D 组合键，复制 4 个“人物”图层，并将“人物”图层进行排列，延长“人物”图层的动画，如图 4-4-4 所示。

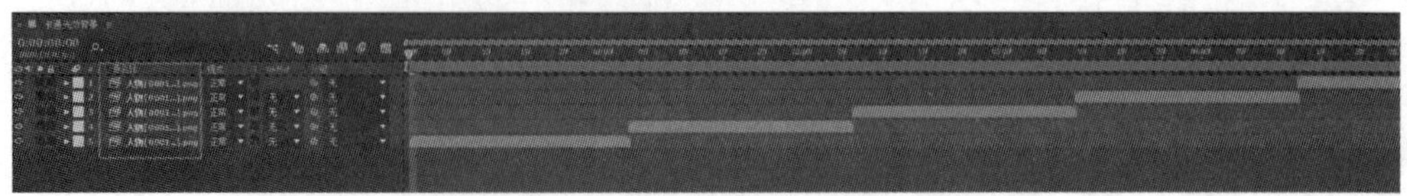

图 4-4-4

**04** 按 Ctrl+Shift+C 组合键，将排列好的“人物”图层进行预合成，并命名为“人物”，如图 4-4-5 所示。

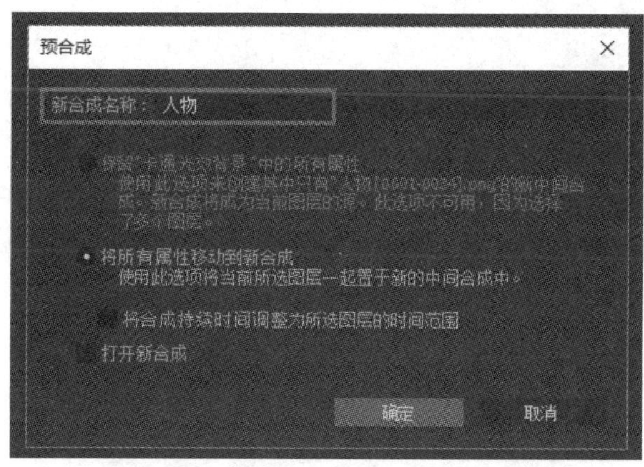


图 4-4-5

**05** 新建一个蓝色纯色层和一个青色纯色层。将“人物”图层置于最上层，将蓝色纯色层置于最下层，如图 4-4-6 所示。

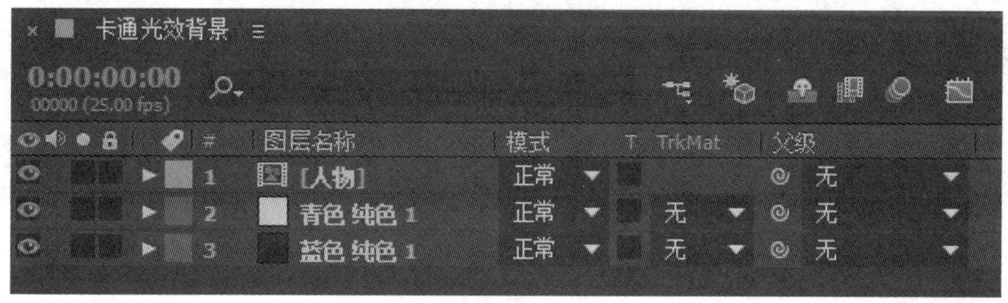


图 4-4-6

**06** 选择青色纯色层，再选择“效果”→“过渡”→“百叶窗”命令，添加“百叶窗”滤镜，设置“过渡完成”为 40%，“宽度”为 50，如图 4-4-7 所示。

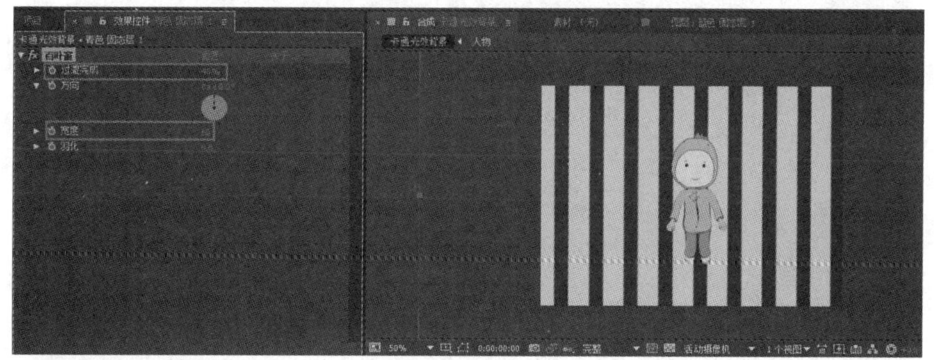

图 4-4-7

**07** 选择青色纯色层，再选择“效果”→“扭曲”→“极坐标”命令，添加“极坐标”滤镜，设置“插值”为 100%，“转换类型”为“矩形到极线”，如图 4-4-8 所示。

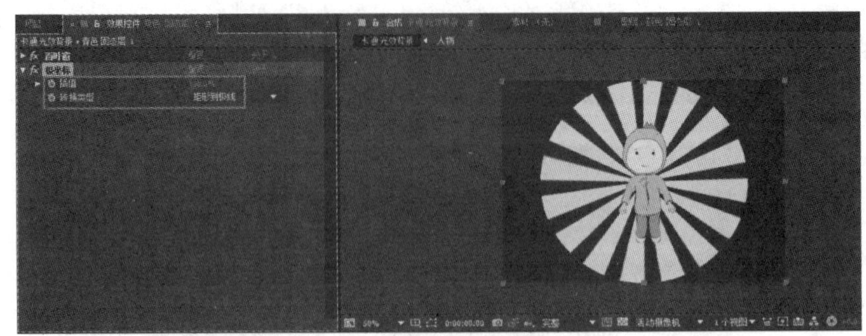

图 4-4-8

**08** 选择青色纯色层，再选择“效果”→“风格化”→“发光”命令，添加“发光”滤镜，如图 4-4-9 所示。

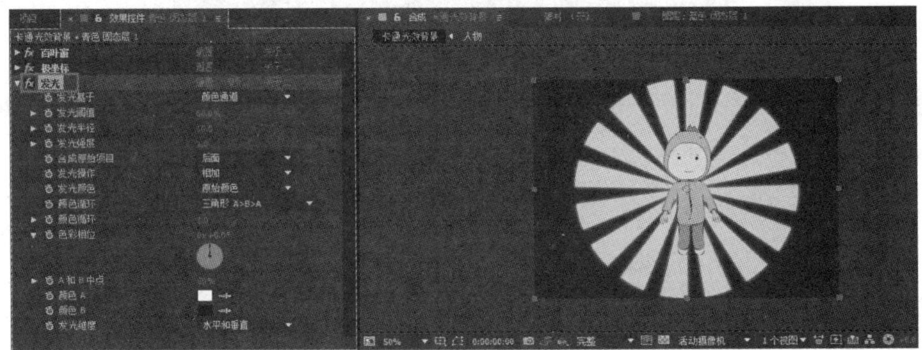

图 4-4-9

**09** 选择青色纯色层，按 S 键打开“缩放”属性，设置“缩放”为 180%，如图 4-4-10 所示。

图 4-4-10

**10** 选择青色纯色层，按 R 键打开“旋转”属性，并打开其码表设置关键帧，在 0 帧处设置为0°，在 4 秒 24 帧处设置为 1x+0°，如图 4-4-11 所示。

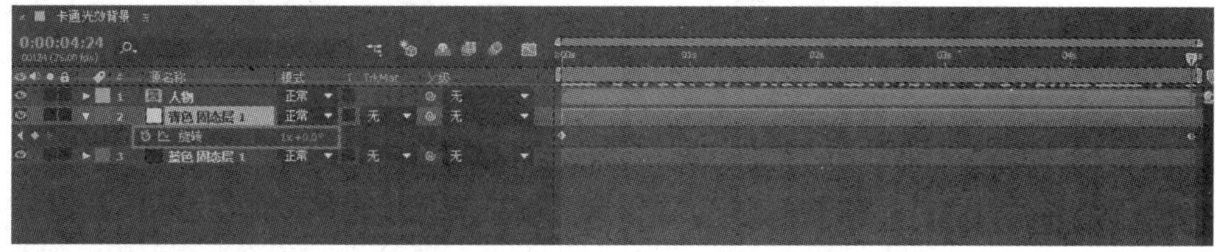

图 4-4-11

**11** 按 0 键（数字键盘），观看最后的动画合成效果，如图 4-4-12 所示。

（a）

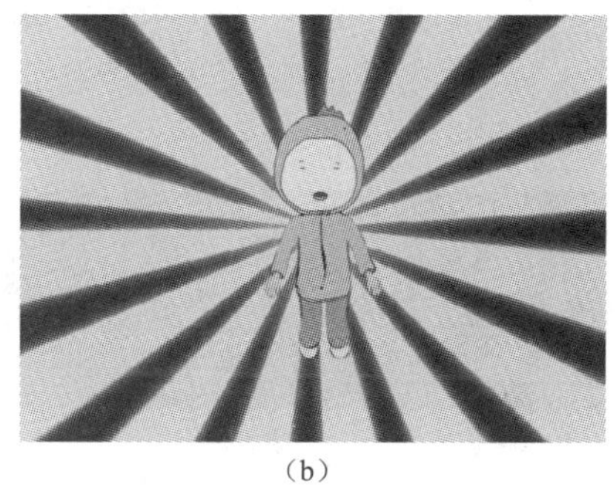

（b）

图 4-4-12

## 第 2 步　制作速度光效背景

**01** 新建一个合成，命名为“速度光效背景”，设置“持续时间”为 5 秒，如图 4-4-13 所示。

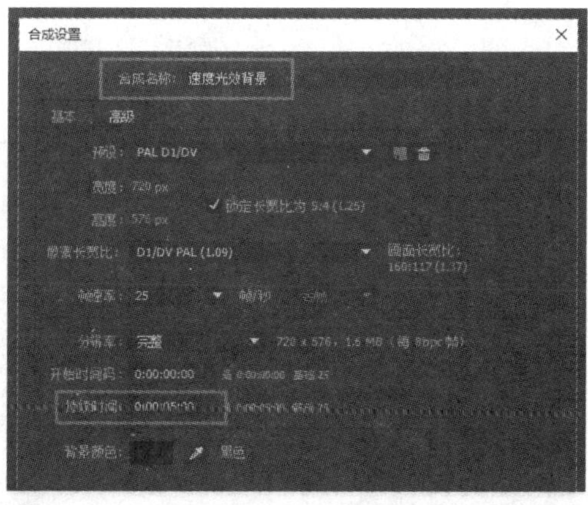

图 4-4-13

**02** 将素材“人物”导入项目中。将“人物”作为“素材”，以“PNG 序列”的方式导入项目中，如图 4-4-14 所示。

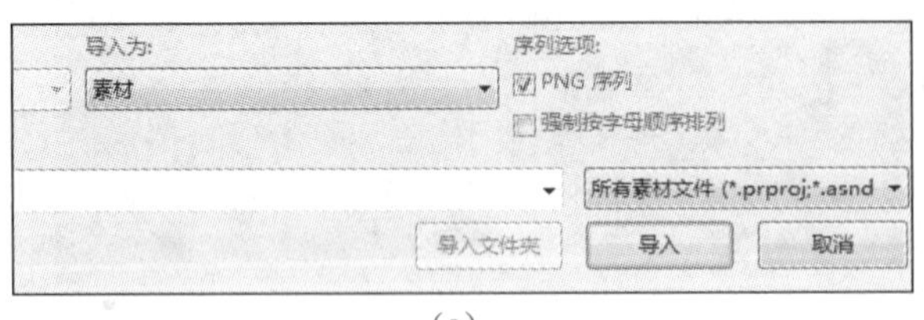

(a)

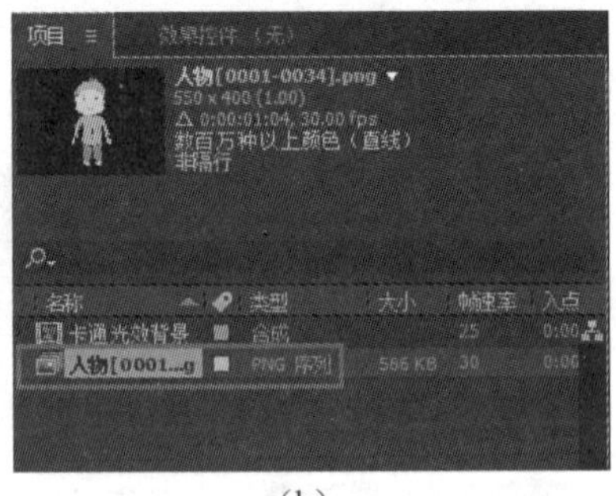

(b)

图 4-4-14

**03** 将素材“人物”拖放到时间线中，选择“人物”图层，按 Ctrl+D 组合键，复制 4 个“人物”图层，并将“人物”图层进行排列，延长“人物”图层的动画，如图 4-4-15 所示。

图 4-4-15

**小贴士**

延长素材动画的方法如下：①通过复制图层并对其进行排列来延长素材；②在“项目”面板中右击素材，在弹出的快捷菜单中选择“定义素材”命令，设置其中的循环次数（快捷键 Ctrl+Alt+G）。

**04** 按 Ctrl+Shift+C 组合键，将排列好的“人物”图层进行预合成，并命名为“人物”，如图 4-4-16 所示。

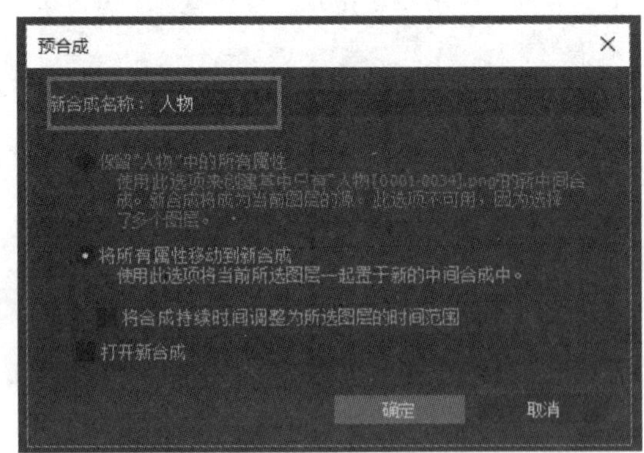


图 4-4-16

**05** 新建一个黑色纯色层，将“人物”图层置于最上层，如图 4-4-17 所示。

图 4-4-17

**06** 选择黑色纯色层，再选择“效果”→“杂色和颗粒”→“杂色”命令，添加“杂色”滤镜，设置“杂色数量”为 100%，然后取消勾选“使用杂色”复选框和“剪切结果值”复选框，如图 4-4-18 所示。

图 4-4-18

**07** 选择黑色纯色层，再选择“效果”→“模糊和锐化”→“定向模糊”命令，添加“定向模糊”滤镜，设置“方向”为 45°，“模糊长度”为 22，如图 4-4-19 所示。

图 4-4-19

**08** 选择黑色纯色层，再选择“效果”→“风格化”→“发光”命令，添加“发光”滤镜，设置“发光阈值”为 47%，“发光半径”为 1，“发光颜色”为“A 和 B 颜色”，“颜色 A”为红色，“颜色 B”为黄色，如图 4-4-20 所示。

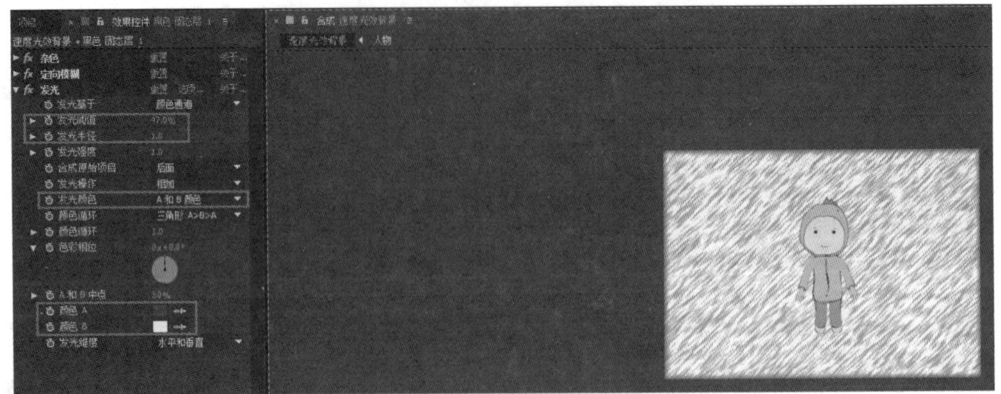

图 4-4-20

09 按 0 键，观看最后的动画合成效果，如图 4-4-21 所示。

图 4-4-21

## 第 3 步 制作放射状光效背景

01 新建一个合成，命名为“beijing”，相关参数设置如图 4-4-22 所示。

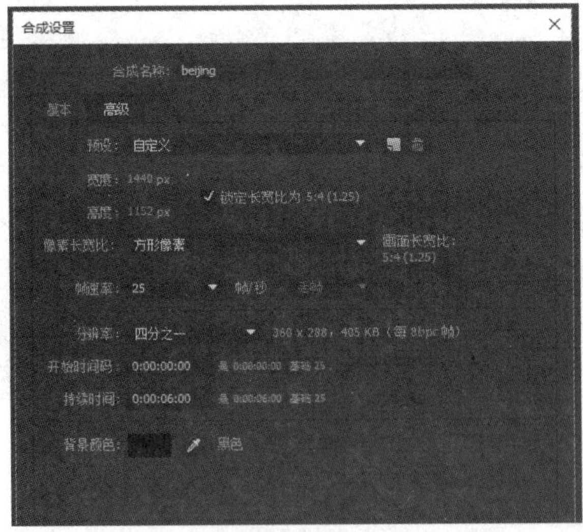


图 4-4-22

**02** 导入“beijing.png”和序列帧“ren”“花”，并将其拖动到时间线面板中，如图 4-4-23 所示。

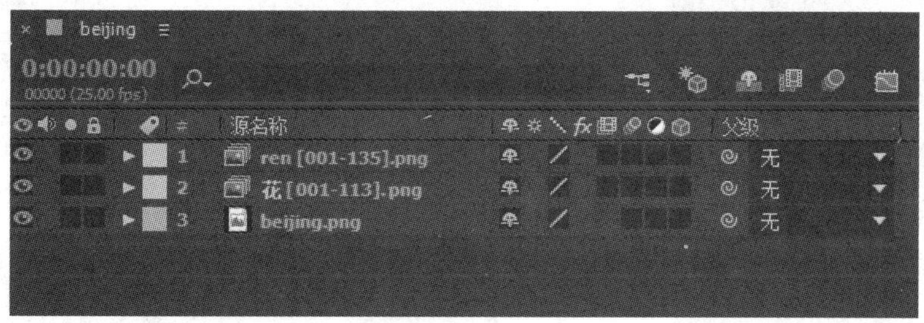


图 4-4-23

**03** 设置“花”图层的出入点，如图 4-4-24 所示。

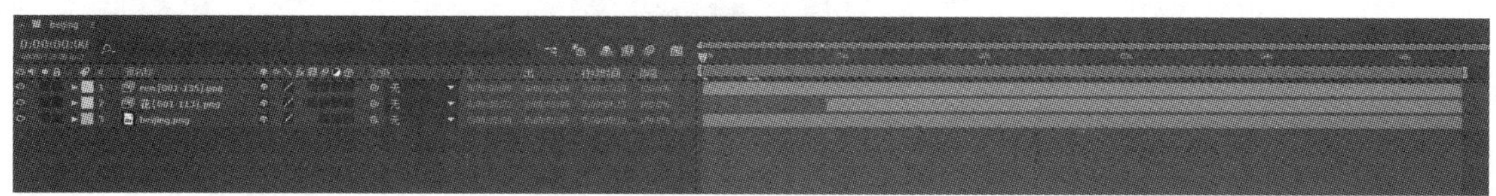

图 4-4-24

**04** 制作光晕。新建一个纯色层，如图 4-4-25 所示，再选择“效果”→“Knoll Light Factory”→“LF Sparkle”命令，为其添加 LF Sparkle 特效，相关参数设置如图 4-4-26（a）所示，最终效果如图 4-4-26（b）所示。

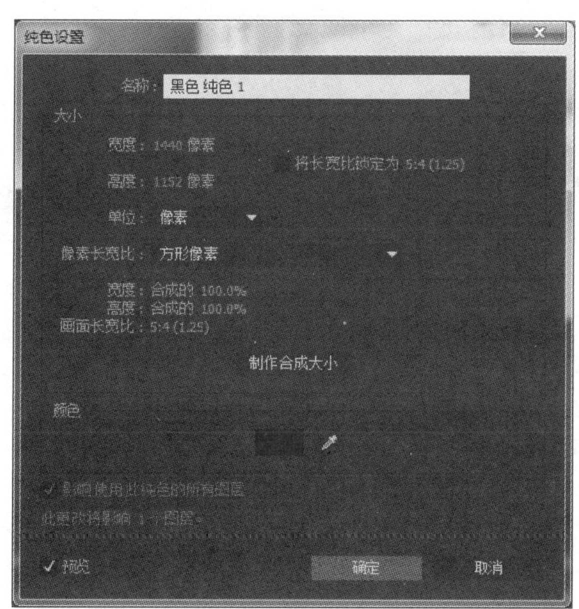


图 4-4-25

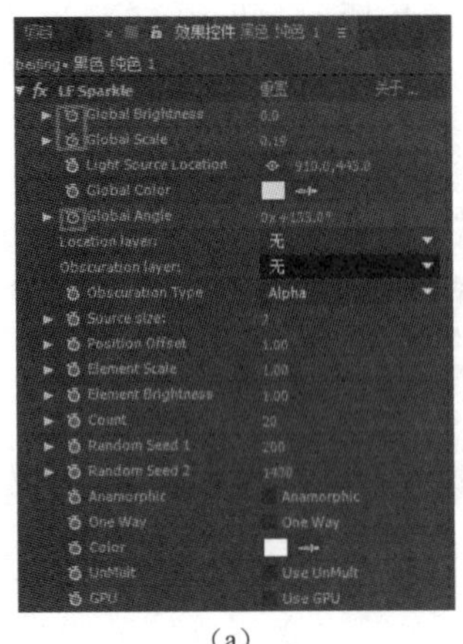


(a)

(b)

图 4-4-26

**小贴士**

Knoll Light Factory 是一个早期常用的光效插件，也可以使用 Optical Flares 光效插件制作光晕。

**05** 更改黑色纯色层的混合模式为“相加”，如图 4-4-27 所示。此时的光线不够柔和，选择“效果”→“模糊和锐化”→“径向模糊”命令，为黑色纯色层添加“径向模糊”滤镜，中心位置和光的中心位置相同，如图 4-4-28 所示。

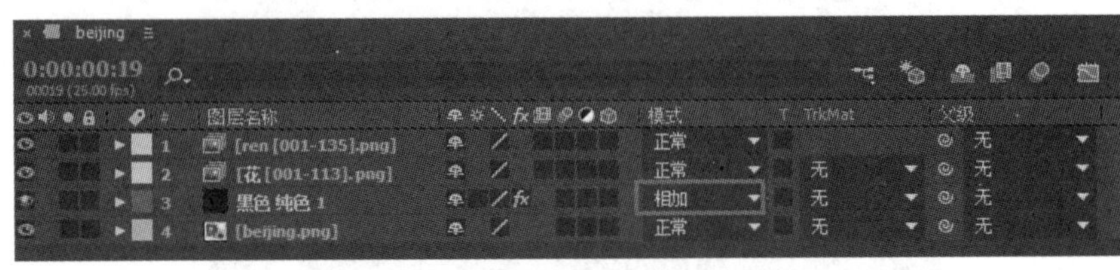


(a)

(b)

图 4-4-27

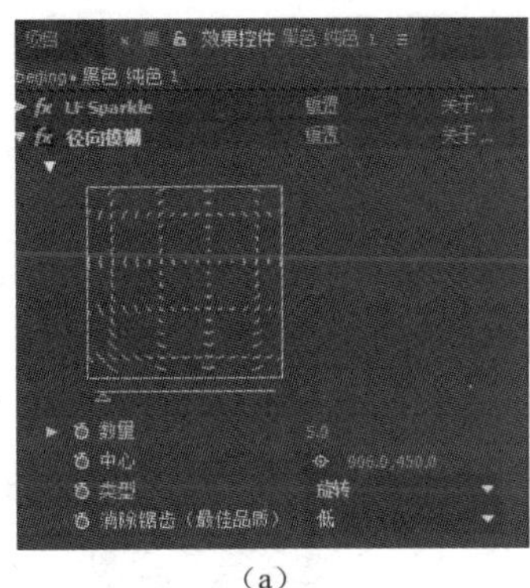

（a）

（b）

图 4-4-28

**06** 制作光晕和花一起出现的动画。打开“Global Brightness”码表设置关键帧，在 21 帧处设置为 0，在 5 秒 9 帧处设置为 200。打开“Global Scale”码表设置关键帧，在 22 帧处设置为 0.19，在 5 秒 9 帧处设置为 0.54。打开“Global Angle”码表设置关键帧，在 22 帧处设置为 133°，在 5 秒 9 帧处设置为 174.4°，如图 4-4-29 所示。

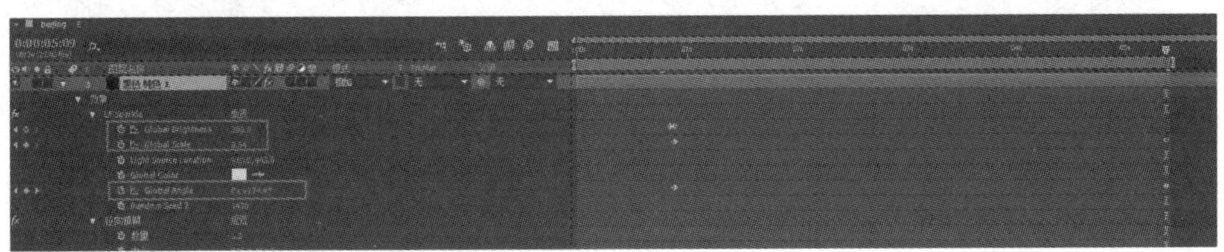

图 4-4-29

**07** 制作场景拉镜头效果。为了操作方便，新建一个合成，如图 4-4-30 所示。将“beijing”合成拖动到时间线面板中，打开“位置”码表和“缩放”码表设置关键帧，在 3 秒 13 帧处设置“位置”为（50，438），“缩放”为 151%，如图 4-4-31 所示。在 4 秒 22 帧处设置“位置”为（360，285），“缩放”为 50%，如图 4-4-32 所示。

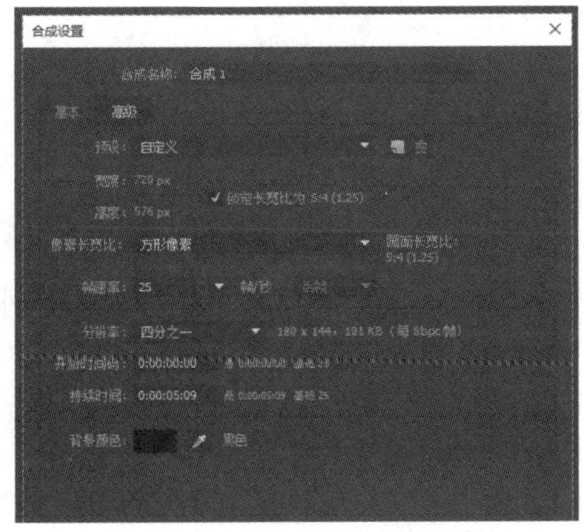

图 4-4-30

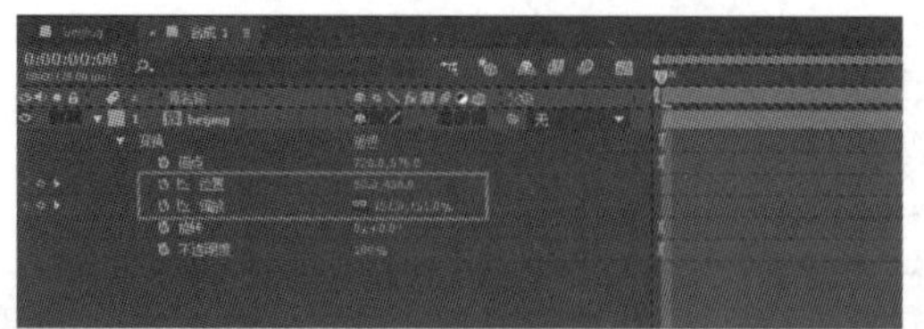

(a)

(b)

图 4-4-31

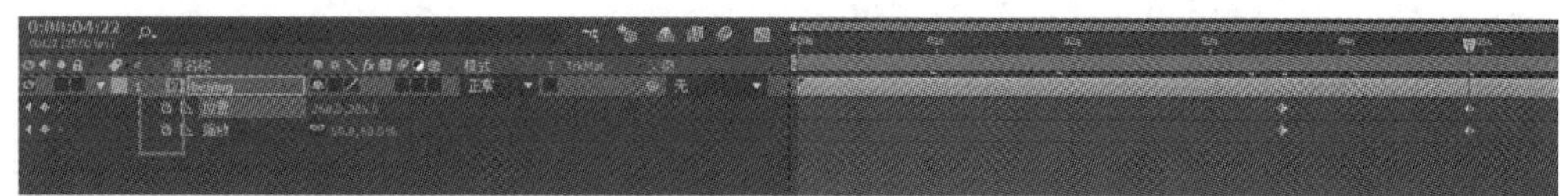

图 4-4-32

**08** 渲染及输出。具体步骤不再赘述。

## 经验和小结

AE 有各式各样功能强大的插件，巧妙地把它们组合在一起能制作出各种炫丽的效果。

## 思考和练习

**练习：**

1. 制作动漫速度感光效（操作提示、素材和样片见配套光盘）。
2. 制作放射状动漫背景光效拓展练习（操作提示、素材和样片见配套光盘）。

# 任务4.5 制作一组动漫光效背景（二）

◎ 任务导读

光影能够影响我们的感受，在同样的场景下运用不同的光照明度、光效色温都可以让观众感受到完全不同的情感气氛。例如，在迪士尼动画片《无敌破坏王》中，破坏王刚进入糖果王国时，氛围是新奇欢快的，动画中使用明度较高、入射方向较正的光线，这样会使得主体被大面积地照亮，明快鲜亮的光影感觉让人心情愉悦，色彩也是五彩缤纷，给人以欢快轻松的感受；在黑暗角色入侵剧情转折后，使用了明度较暗的光线与色彩，这样使得主体明度开始下降，整体画面笼罩在暗调里，气氛开始紧张压抑，这种明度较暗的光线则把观众带到沉重的氛围里。本任务主要介绍动感光效背景、彩条光效背景、图形光效背景的制作及相关技巧。

◎ 学习目标

通过制作一组动漫光效背景，熟悉光效背景的制作方法。样片截图如图4-5-1所示。视频样片及相关资源见配套光盘。

图4-5-1

## 实践操作

素材资源：无。

技能点拨：通过CC系列特效制作动感光效；通过“卡片舞蹈”参考层和“杂色”参考层制作彩条光效；通过“形状图层”制作图形光效。

制作流程：

| 第 1 步 | 第 2 步 | 第 3 步 |
| --- | --- | --- |
| 制作动感光效背景 | 制作彩条光效背景 | 制作图形光效背景 |

## 操作步骤

### 第 1 步　制作动感光效背景

**01** 新建一个合成，命名为“动感光效”，设置“持续时间”为 5 秒，如图 4-5-2 所示。

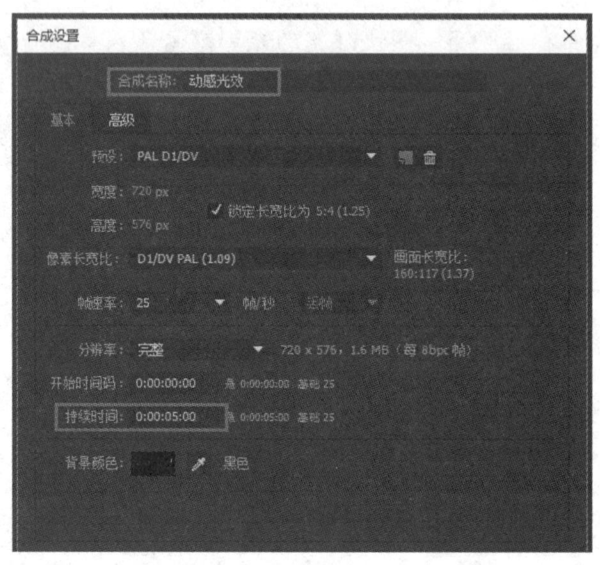


图 4-5-2

**02** 新建一个黑色的纯色层，命名为“背景”；再新建一个白色纯色层，命名为“光效”，如图 4-5-3 所示。

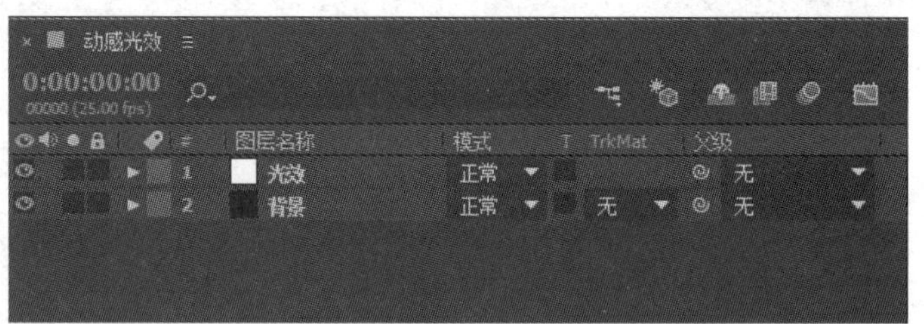


图 4-5-3

**03** 在时间线面板中选择“光效”纯色层，再选择“效果”→“模拟”→“CC Ball Action”命令，添加“CC Ball Action”滤镜，设置“Rotation Axis”为 Y Axis，“Twist Property”为 Radius，“Grid Spacing”为 50，“Ball Size”为 10，如图 4-5-4 所示。

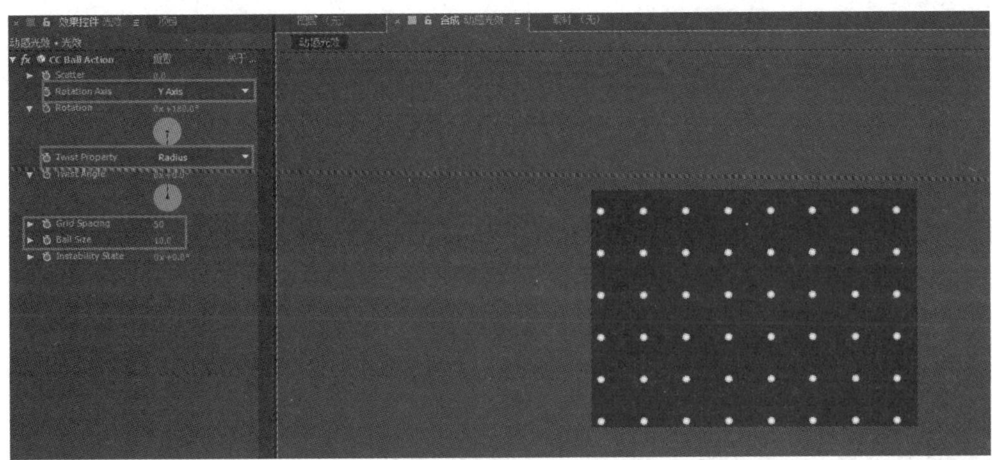

图 4-5-4

**04** 打开“Rotation”码表和“Twist Angle”码表设置关键帧，在 0 帧时设置“Rotation”为 0°，“Twist Angle”为“-1x-180°”，在 4 秒 24 帧处设置“Rotation”为“1x+0°”，“Twist Angle” 为 “2x+180°”，如图 4-5-5 所示。

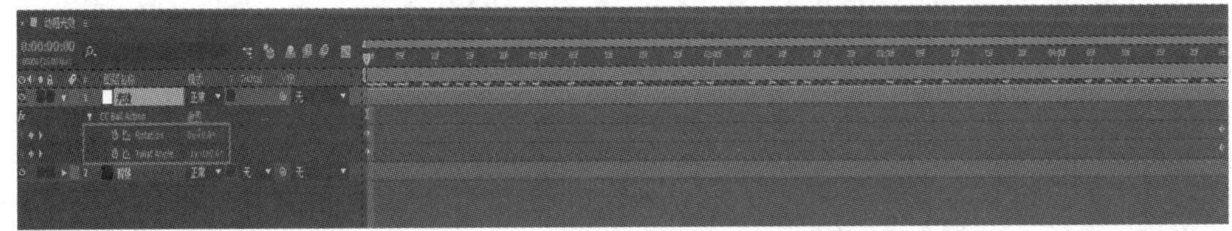

图 4-5-5

**05** 新建一个调整图层 1，再选择“效果”→“模糊和锐化”→“CC Radial Fast Blur”命令，添加“CC Radial Fast Blur”滤镜，设置“Amount”为 90，“Zoom”为 Brightest。打开“Center”码表设置关键帧，在 0 帧处设置“Center”为（360，8.4），在 4 秒 24 帧处设置“Center”为（360，288），如图 4-5-6 所示。

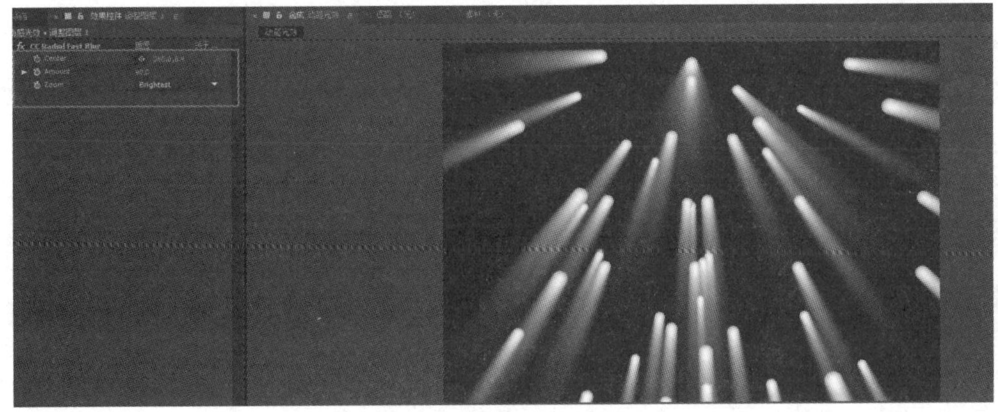

图 4-5-6

**06** 新建一个调整图层 2，再选择“效果”→“风格化”→“发光”命令，添加“发光”滤镜，设置“发光阈值”为70%，“发光半径”为30，如图4-5-7所示。

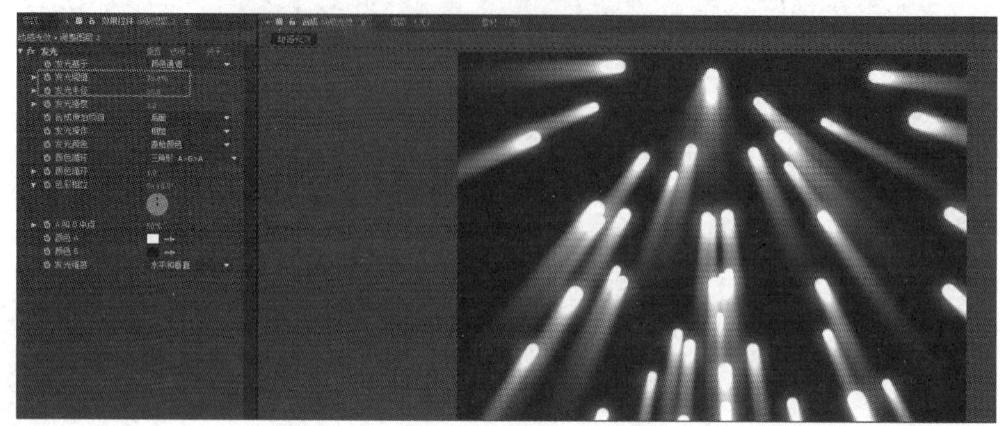

图4-5-7

**07** 选择调整图层2，再选择“效果”→“颜色校正”→“CC Toner”命令，添加“CC Toner”滤镜，设置“Midtones”为蓝色，如图4-5-8所示。

图4-5-8

**小贴士**

调整图层的作用是对下面所有图层同时添加效果。

### 第2步　制作彩条光效背景

**01** 新建一个合成，命名为“噪波1”，设置“持续时间”为5秒，如图4-5-9所示。

**02** 新建一个纯色层，再选择“效果”→“杂色和颗粒”→“分形杂色”命令，添加“分形杂色”滤镜，设置“分形类型”为“湍流基本”，“溢出”为“柔和固定”，“缩放”为150，“偏移（湍流）”为（200，150），“复杂度”为1，如图4-5-10所示。

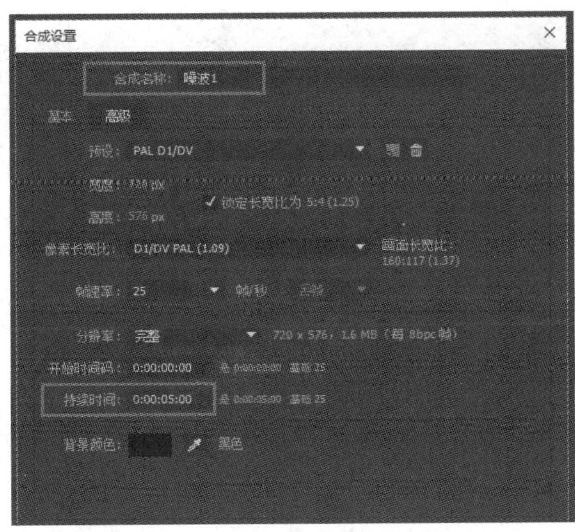


图 4-5-9

图 4-5-10

**03** 打开“演化”码表设置关键帧，在 0 帧处设置“演化”为-120°，在 4 秒 24 帧处设置“演化”为 0°，如图 4-5-11 所示。

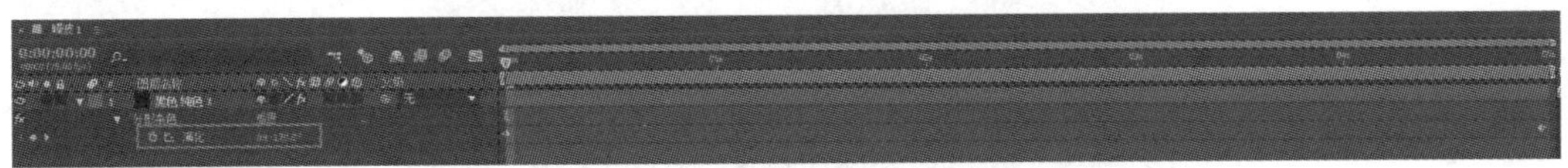

图 4-5-11

**04** 新建一个合成，命名为“杂色 2”，设置“持续时间”为 5 秒。在“杂色 2”合成中新建一个纯色层。选择纯色层，再选择“效果”→“杂色和颗粒”→“分形杂色”命令，添加“分形杂色”滤镜，设置“分形类型”为“湍流基本”，勾选“反转”复选框，设置“溢出”为“柔和固定”，“缩放”为 150，“复杂度”为 1，如图 4-5-12 所示。

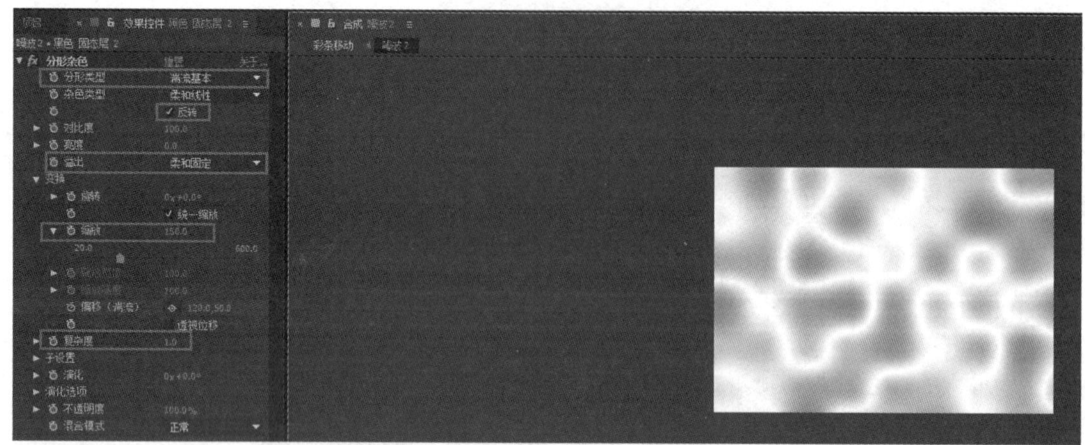

图 4-5-12

**05** 打开“偏移（湍流）”码表设置关键帧，在 0 帧处设置“偏移（湍流）”为（120，50），在 4 秒 24 帧处设置“偏移（湍流）”为（0，0），如图 4-5-13 所示。

图 4-5-13

**06** 新建一个合成，命名为“彩条移动”，设置“持续时间”为 5 秒，将背景颜色设置为深蓝色，如图 4-5-14 所示。

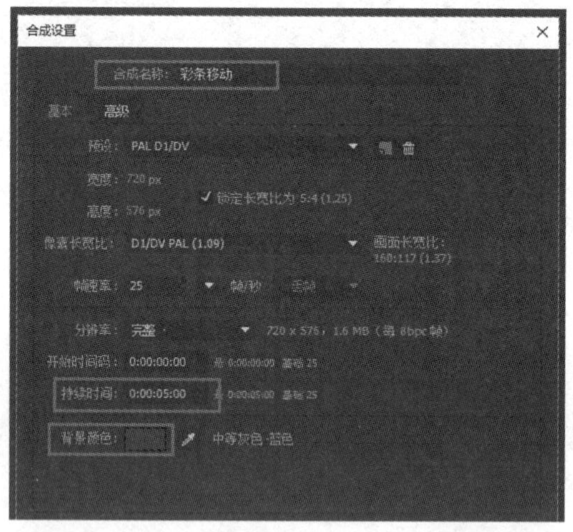


图 4-5-14

**07** 在“项目”面板中将“澡波 1”图层和“澡波 2”图层拖动到新的时间线中，这两层在后面将用作特效设置中的参考层，关闭其图层显示开关，如图 4-5-15 所示。

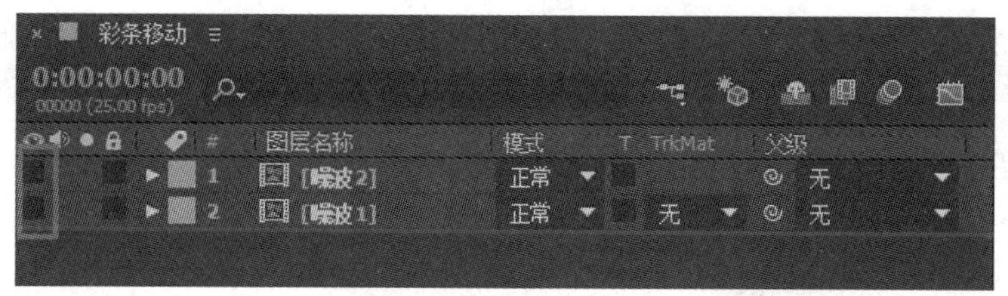

图 4-5-15

**08** 新建一个青色纯色层。选择纯色层，再选择“效果”→“模拟”→“卡片动画”命令，添加“卡片动画”滤镜，设置“行数”为 1，“列数”为 30，“背面图层”为“无”，“渐变图层 1”为“4.噪波 2”，“旋转顺序”为“XYZ”，“变换顺序”为“缩放，位置，旋转”；展开“X 位置”选项，设置“源”为“强度 1”，“乘数”为 15，“偏移”为-6.5；展开“X 轴缩放”选项，设置“源”为“强度 1”，“乘数”为 3，“偏移”为 1.5；展开“Y 轴缩放”选项，设置“乘数”为 1.5，如图 4-5-16 所示。

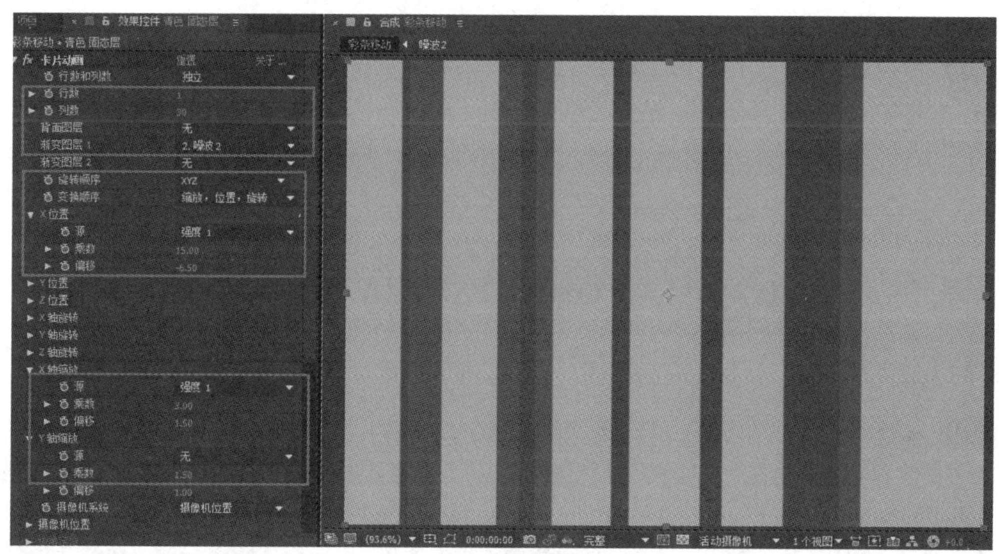

图 4-5-16

**小贴士**

杂色的动画效果可用于背面层、倾斜图层等参考层，以产生特殊的效果。

**09** 新建一个宝石蓝纯色层。选择纯色层，选择“效果”→“模拟”→“卡片动画”命令，添加“卡片动画”滤镜，设置“行数”为 1，“列数”为 22，“背面图层”为“无”，“渐变图层 1”为“5.噪波 1”，“旋转顺序”为“XYZ”，“变换顺序”为“缩放，位置，旋转”；展开“X 位置”选项，设置“源”为“强度 1”，“乘数”为 8，“偏移”为 5；展开“X 轴缩放”选项，设置“源”为“强度水平斜度 1”，“乘数”为 2，“偏移”为 1.5；展开“Y 轴缩放”选项，设置“乘数”为 1.5，如图 4-5-17 所示。

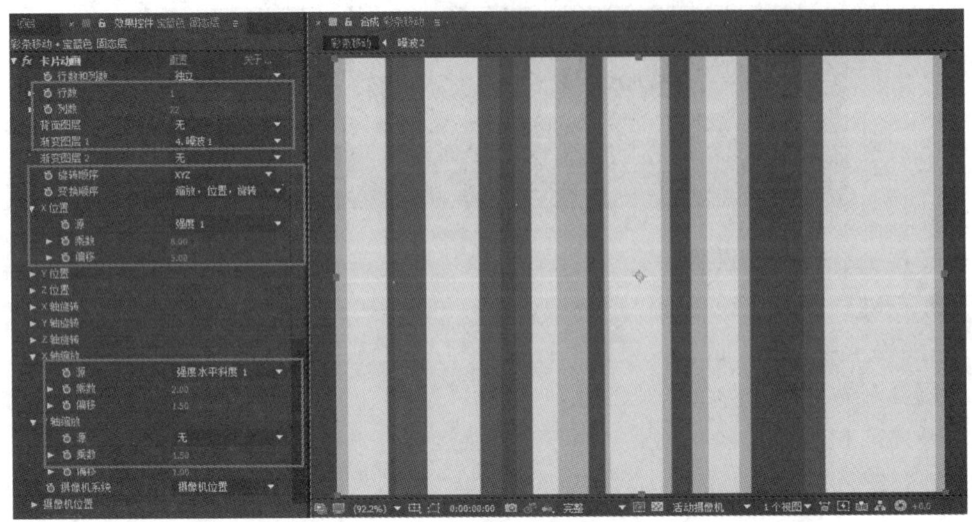

图 4-5-17

**10** 在时间线面板中将顶层的宝蓝色纯色层的混合模式改为“相加”，如图 4-5-18 所示。

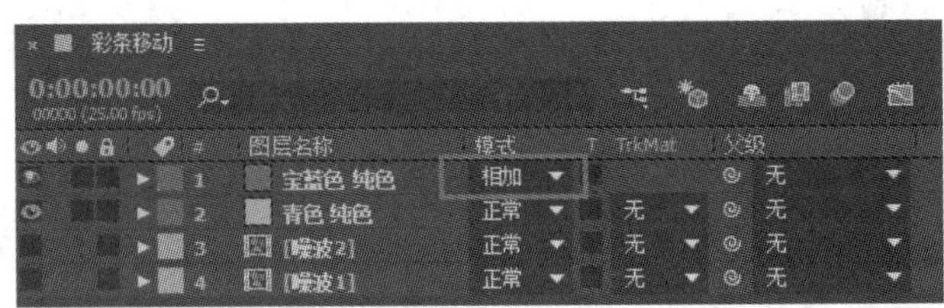


图 4-5-18

**11** 新建一个调整图层，再选择“效果”→“风格化”→“发光”命令，为调整图层添加“发光”滤镜，设置“发光阈值”为 50%，“发光半径”为 20，“发光强度”为 1.5，如图 4-5-19 所示。

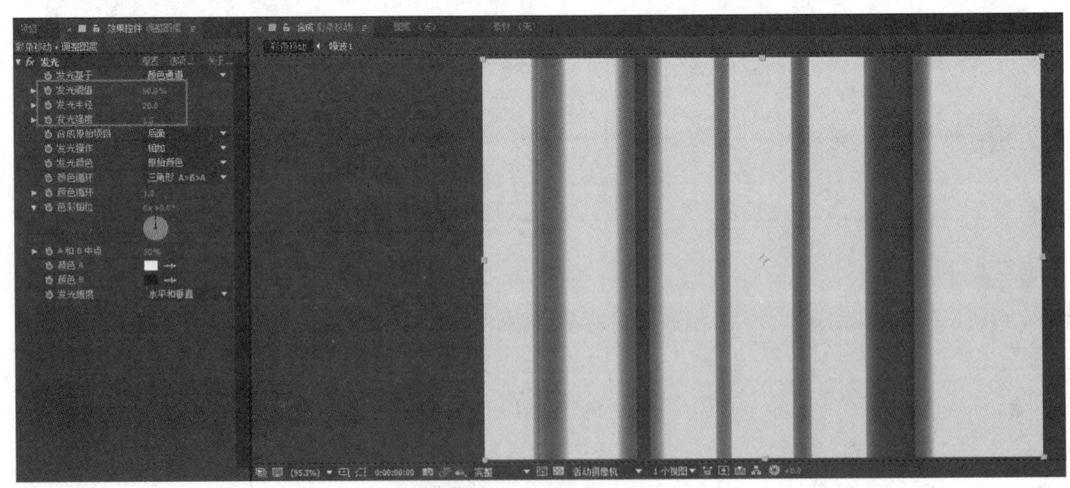

图 4-5-19

## 第 3 步　制作图形光效背景

01 新建一个合成，命名为“图形光效”，设置“持续时间”为 5 秒，如图 4-5-20 所示。

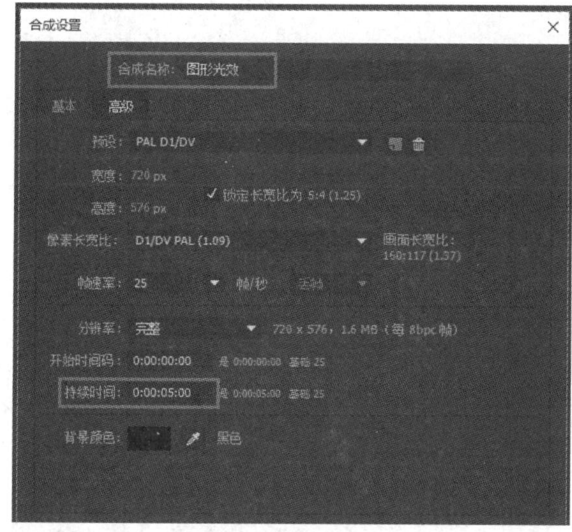

图 4-5-20

02 选择“图层”→“新建”→“形状图层”命令，在“图形光效”合成中创建“形状图层 1”图层，展开“内容”选项，单击右侧的“添加”按钮，在打开的菜单中选择“多边形”选项，创建“多边形路径 1”，如图 4-5-21 所示。

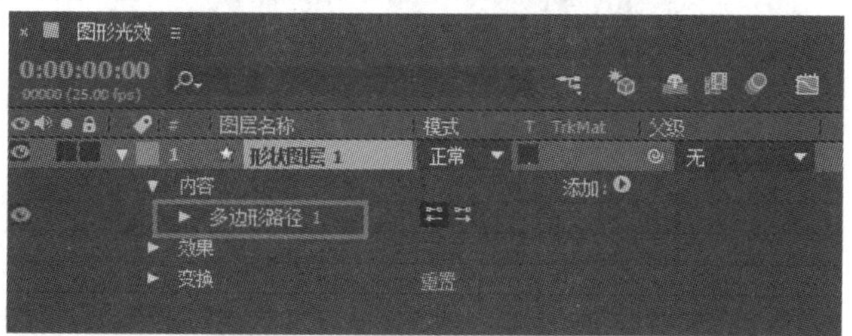

图 4-5-21

**小贴士**

AE 中的形状图层具有强大的功能，可以实现多种矢量图形效果，要注意它和遮罩的区别。

03 选择“形状图层 1”图层，单击“内容”选项右侧“添加”按钮，在打开的菜单中选择“描边”选项，为其添加描边效果，设置“描边宽度”为 15，如图 4-5-22 所示。

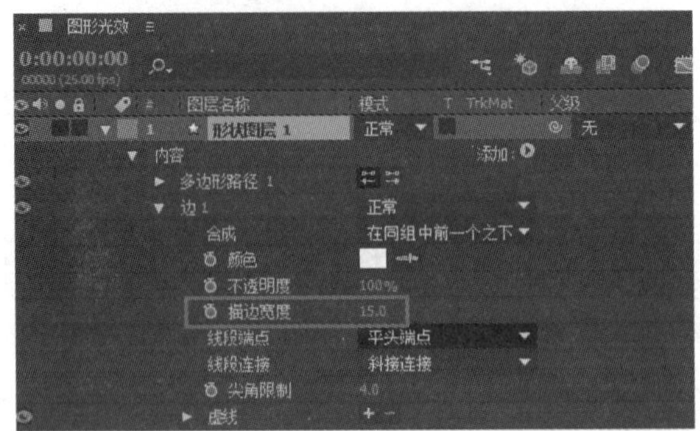

图 4-5-22

**04** 选择“形状图层 1”图层，展开“内容”选项右侧的“添加”按钮，在打开的菜单中选择“渐变填充”选项，为其添加“渐变填充”效果，设置“类型”为“径向”，“结束点”为（200，0），单击“颜色”选项后的“编辑渐变”按钮，在弹出的“编辑渐变”对话框中设置前景色为米黄色，如图 4-5-23 所示。

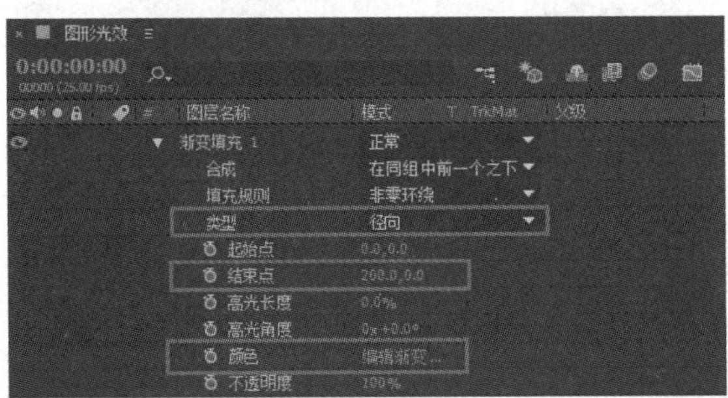

图 4-5-23

**05** 选择“形状图层 1”图层，单击“内容”选项右侧的“添加”按钮，在打开的菜单中选择“椭圆形”选项，创建“椭圆形路径 1”，设置“大小”为（250，250），如图 4-5-24 所示。

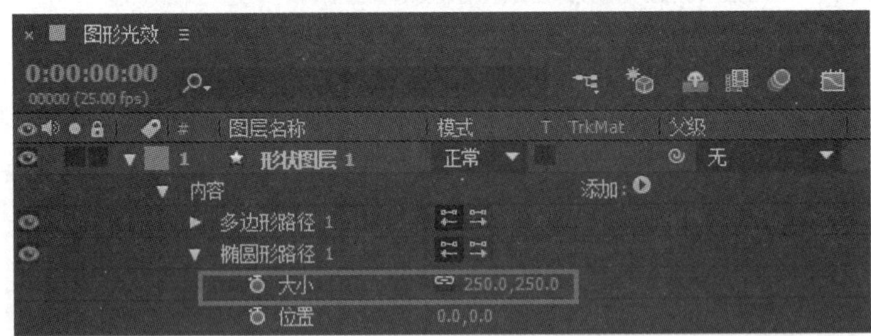

图 4-5-24

**06** 选择“形状图层 1”图层，单击“内容”选项右侧的“添加”按钮，在打开的菜单中选择“合并路径”选项，创建“路径合并 1”，设置“模式”为“排除交集”，如图 4-5-25 所示。

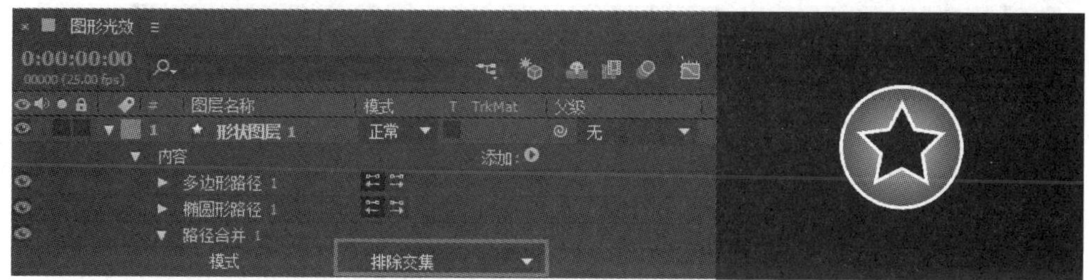

图 4-5-25

**07** 选择“形状图层 1”图层，再选择“效果”→“风格化”→“发光”命令，添加“发光”滤镜，设置“发光阈值”为 30%，“发光半径”为 50，“发光强度”为 0.5，如图 4-5-26 所示。

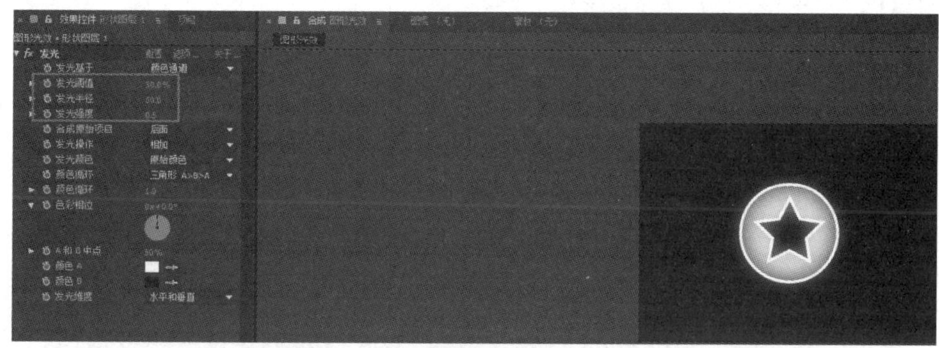

图 4-5-26

**08** 选择“形状图层 1”图层，再选择“效果”→“Trapcode”→“Shine”命令，为其添加 Shine 光效，设置“着色...”为“没有”，“转换模式”为“屏幕”，如图 4-5-27 所示。

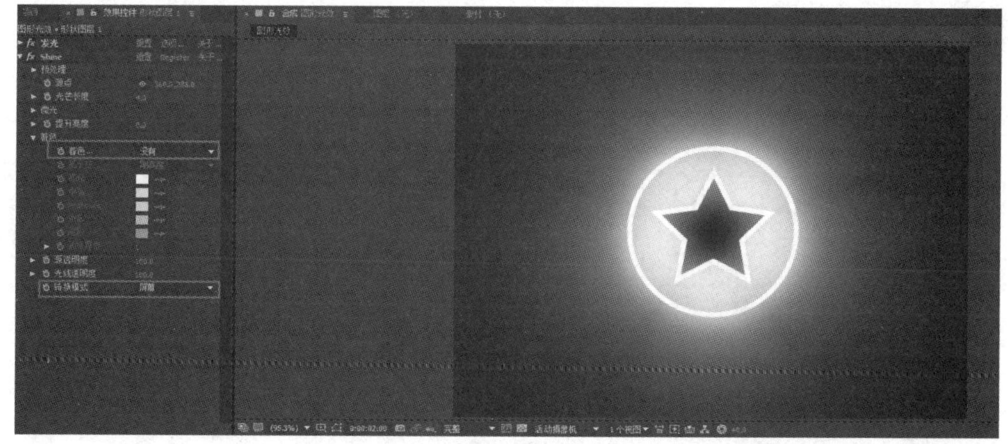

图 4-5-27

**09** 选择“形状图层 1”图层，打开“内径”“外径”“内圆度”“外圆度”码表，在 0 帧处分别设置为 500、1000、500%、500%。然后展开“渐变填充 1”选项，打开“结束点”码表，将其设置为（540，0），如图 4-5-28 所示。

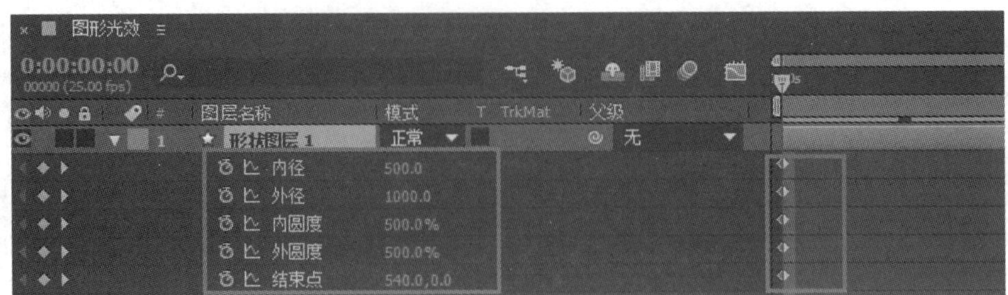


图 4-5-28

**10** 展开“多边形路径 1”选项，在 1 秒处，打开“点”码表，设置为 9，并设置“内径”为 50，“外径”为 100。然后展开“椭圆形路径 1”选项，打开“大小”码表，将其设置为 0，如图 4-5-29 所示。

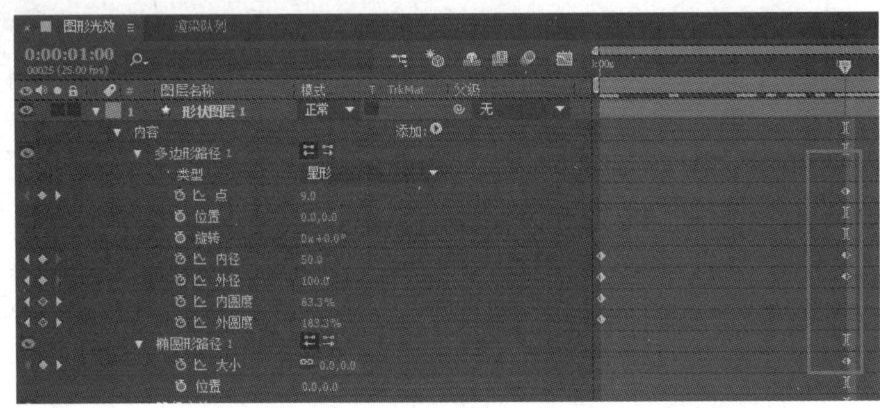


图 4-5-29

**11** 展开“多边形路径 1”选项，在 15 帧处设置“点”为 9，“内圆度”为 250%，“外圆度”为 310%。展开“渐变填充 1”选项，设置“结束点”为（363.7，0），如图 4-5-30 所示。

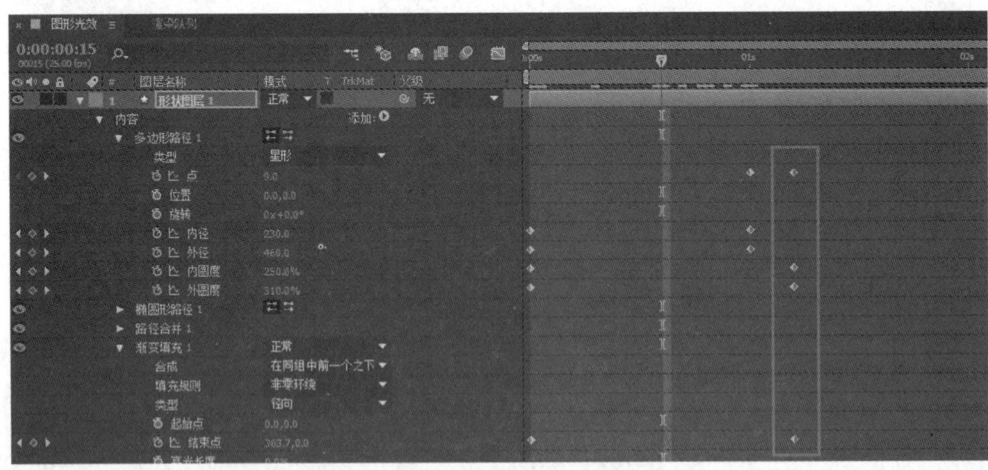


图 4-5-30

**12** 展开“椭圆形路径 1”选项，在 1 秒 24 帧处设置“大小”为 248.3，如图 4-5-31 所示。

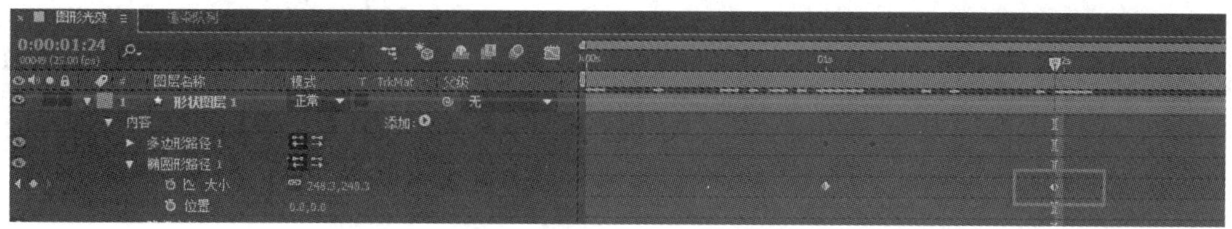

图 4-5-31

**13** 查看当前动画效果，如图 4-5-32 所示。

图 4-5-32

**14** 选择“形状图层 1”图层，单击“内容”选项右侧的“添加”按钮，在打开的菜单中选择“中转”选项，创建“中转 1”图层。在 2 秒处，打开“副本”码表和“变换：中转 1”选项下的“比例”“旋转”码表，设置“副本”为 1，“比例”为 100%，“旋转”为 0°，然后将“结束点不透明度”改为 0，如图 4-5-33 所示。

图 4-5-33

**15** 在 3 秒处，设置“副本”为 10，然后展开“变换：中转 1”选项，打开“位置”码表，将其设置为（100，0），如图 4-5-34 所示。

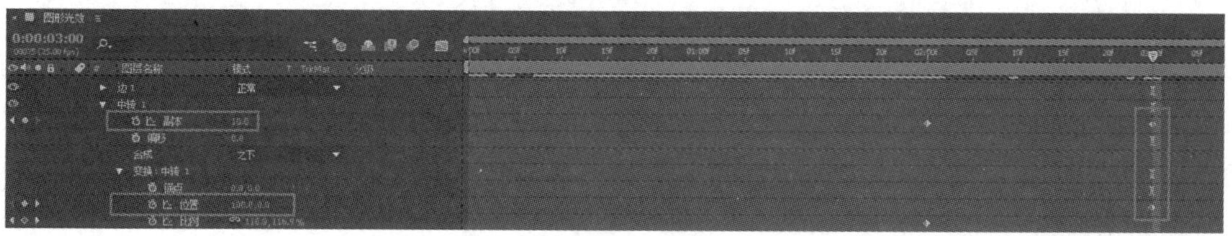

图 4-5-34

**16** 在 4 秒 24 帧处，设置“位置”为（65，0），“比例”为 150%，“旋转”为 120°，如图 4-5-35 所示。

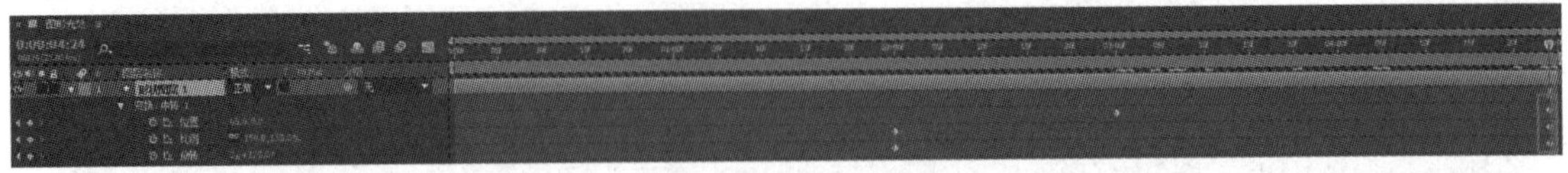

图 4-5-35

**17** 选择“形状图层 1”图层，按 S 键打开其“缩放”属性，打开“缩放”码表，在 2 秒处设置为 100%，在 4 秒 24 帧处设置为 70%，如图 4-5-36 所示。

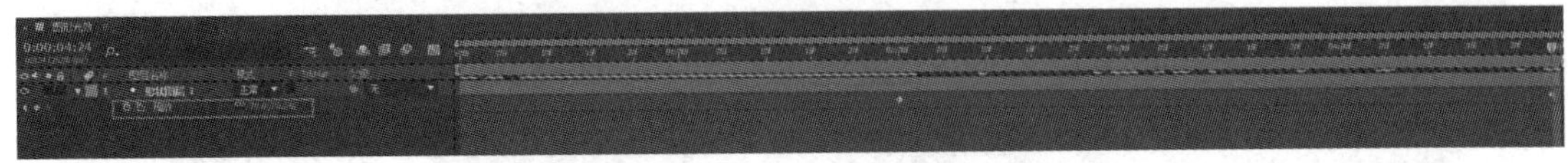

图 4-5-36

**18** 选择“形状图层 1”图层，按 P 键打开“位置”属性，打开“位置”码表，在 2 秒 24 帧处设置为（360，288），在 4 秒 24 帧处设置为（-174，105），如图 4-5-37 所示。

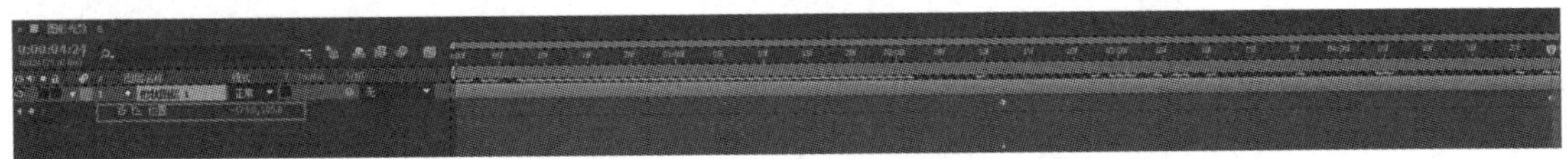

图 4-5-37

**19** 为了减弱最后的强烈光效，展开“发光”选项，打开“发光强度”码表，在 2 秒处设置为 0.5，在 4 秒 24 帧处设置为 0.3，如图 4-5-38 所示。

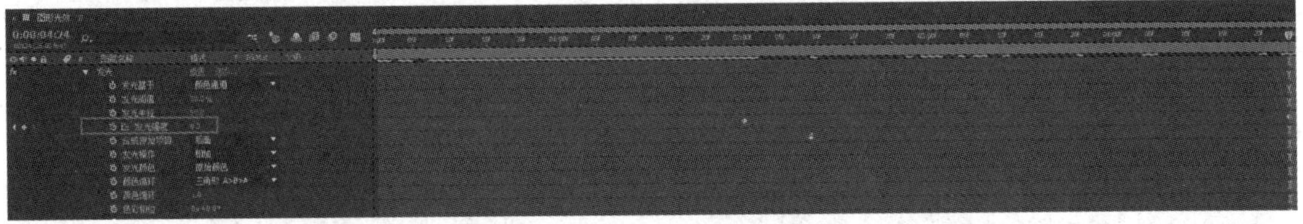

图 4-5-38

**20** 渲染及输出。具体步骤不再赘述。

## 经验和小结

动漫光效背景的制作是影视动漫后期特效合成的一个重要内容，通常用于渲染场景氛围、衬托主体。我们要熟练使用 AE 的分形杂色、3D 描边、粒子及辉光等特效，也可使用 AE 自带的背景模板进行参数和动画的设置，但是作为背景，要切忌喧宾夺主，能达到气氛和情节的烘托效果即可。

## 思考和练习

练习：

制作动漫光效——初音（操作提示、素材和样片见配套光盘）。

动漫光效——初音

## 任务 4.6　制作“舞动的光带”效果

### ◎ 任务导读

舞动的光带效果可以作为画面的修饰元素出现，也可以和人物跟踪合成在一起产生神奇酷炫的效果。这种光效使用灯光层作为 Particular 粒子的发射层，制作技巧比较特殊，最终光效的呈现具有很强的空间透视感和视觉冲击力。

### ◎ 学习目标

通过制作“舞动的光带”效果，熟悉 AE 软件的 Particular、“色相/饱和度”“发光”滤镜。样片截图如图 4-6-1 所示。视频样片及相关资源见配套光盘。

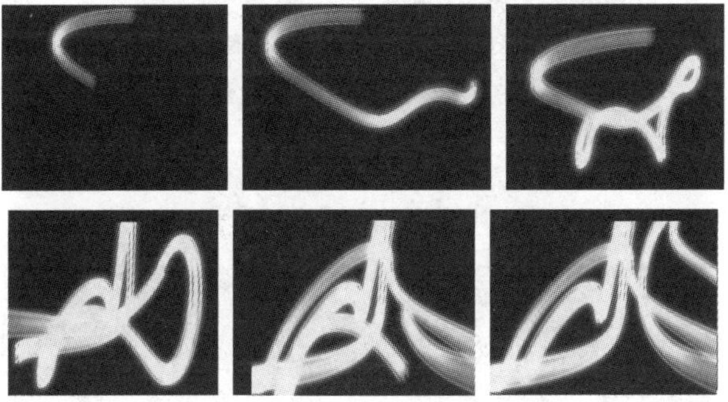

图 4-6-1

## 实践操作

素材资源：无。

技能点拨：通过 Particular 特效制作光带，利用灯光图层作为 Particular 粒子的发射器。通过“色相/饱和度”特效调整光带的颜色，通过“发光”特效提升光带的亮度。

制作流程：

| 第 1 步 | 第 2 步 | 第 3 步 |
| --- | --- | --- |
| 素材导入和文件管理 | 制作粒子发射器 | 制作光带并渲染输出 |

## 操作步骤

### 第 1 步　素材导入和文件管理

01 启动 AE，新建一个合成，命名为“舞动的光带”，设置“宽度”为 720 像素，“高度”为 480 像素，“帧速率”为 90 帧/秒，“持续时间”为 5 秒，如图 4-6-2 所示。

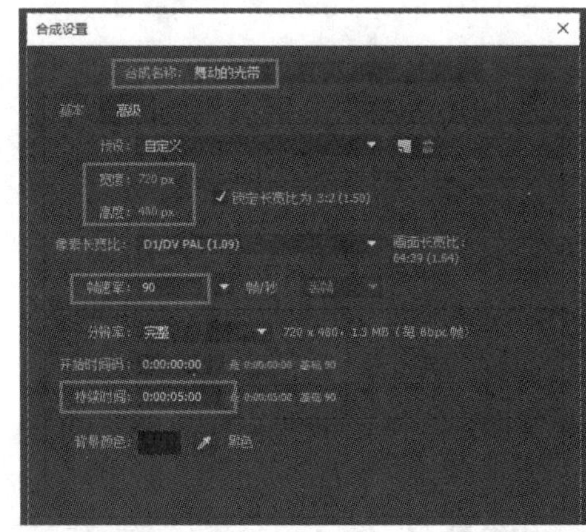

图 4-6-2

02 新建一个黑色纯色层，命名为“背景”，如图 4-6-3 所示。

图 4-6-3

03 新建一个黑色纯色层，命名为“粒子”，如图 4-6-4 所示。

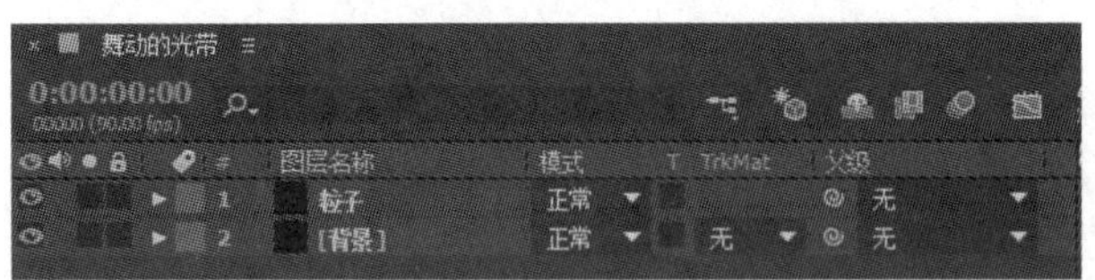

图 4-6-4

### 第 2 步　制作粒子发射器

01 选择“图层”→“新建”→“灯光”命令，在弹出的“灯光设置”对话框中设置“名称”为“发射器”，“灯光类型”为“点”，如图 4-6-5 所示。

**小贴士**

只有将灯光层命名为“发射器”，Particular 才会把这盏灯作为发射器。

**02** 选择“粒子”图层，再选择“效果”→“Trapcode”→“Particular”命令，添加“Particular”滤镜，如图 4-6-6 所示。

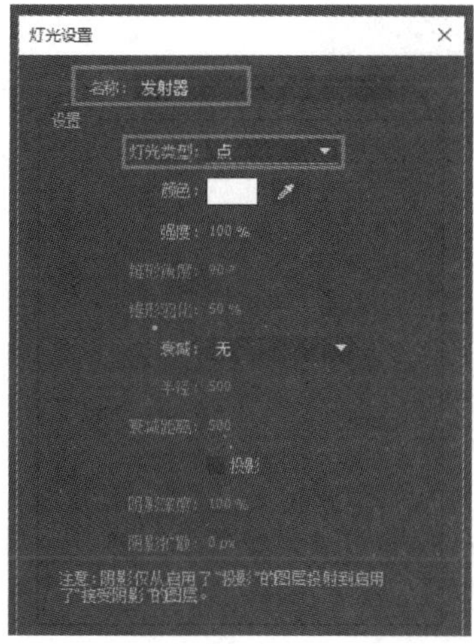


图 4-6-5

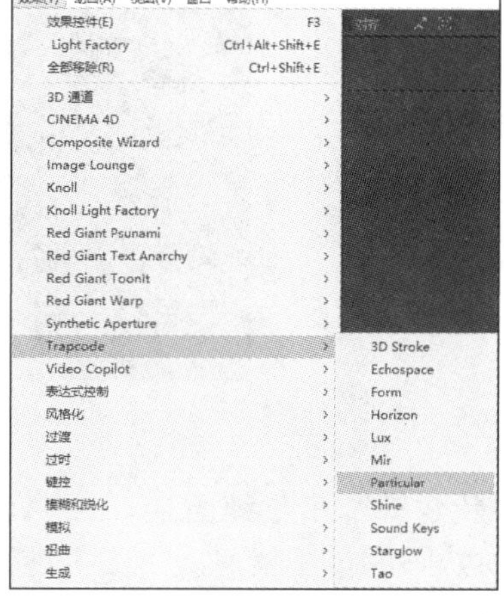


图 4-6-6

**03** 展开“发射器”选项，设置“粒子/秒”为 2000，“发射器类型”为“图层”，其他图中的参数均为 0，如图 4-6-7 所示。

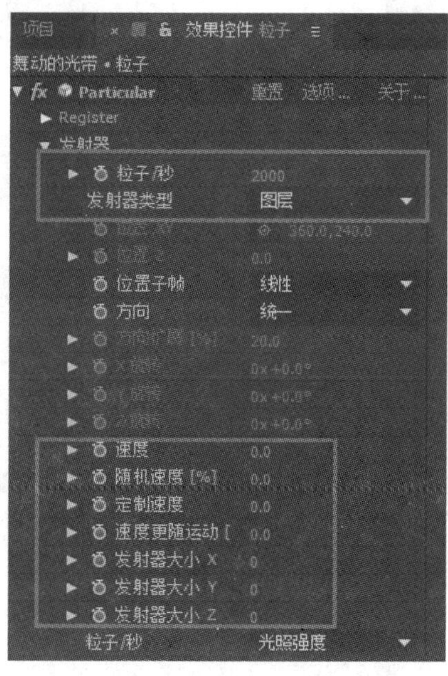


图 4-6-7

## 第 3 步　制作光带并渲染输出

**01** 新建一个合成，命名为“材质”，设置“宽度”为 50 像素，“高度”为 50 像素，“帧速率”为 90 帧/秒，“持续时间”为 1 帧，如图 4-6-8 所示。

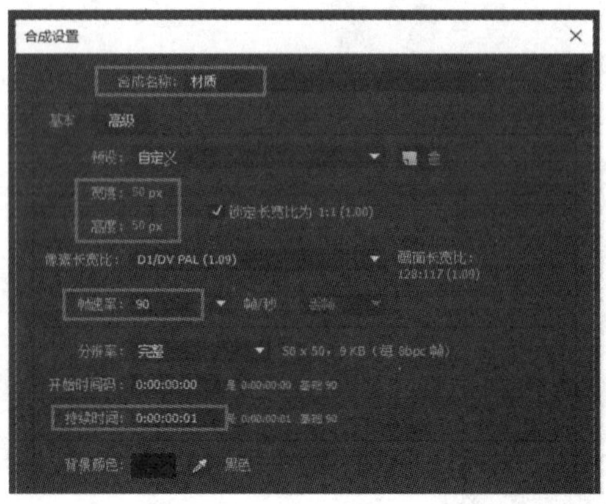


图 4-6-8

**02** 新建一个白色纯色层，命名为“线”，使用钢笔工具绘制一个不规则图形，如图 4-6-9（a）所示。复制两次“线”纯色层，调整遮罩的形状，如图 4-6-9（b）所示。再新建一个白色纯色层，命名为“点”，使用钢笔工具绘制一个圆，如图 4-6-9（c）所示。复制两次“点”纯色层，调整遮罩的形状，如图 4-6-9（d）所示，实现毛笔笔刷的效果。

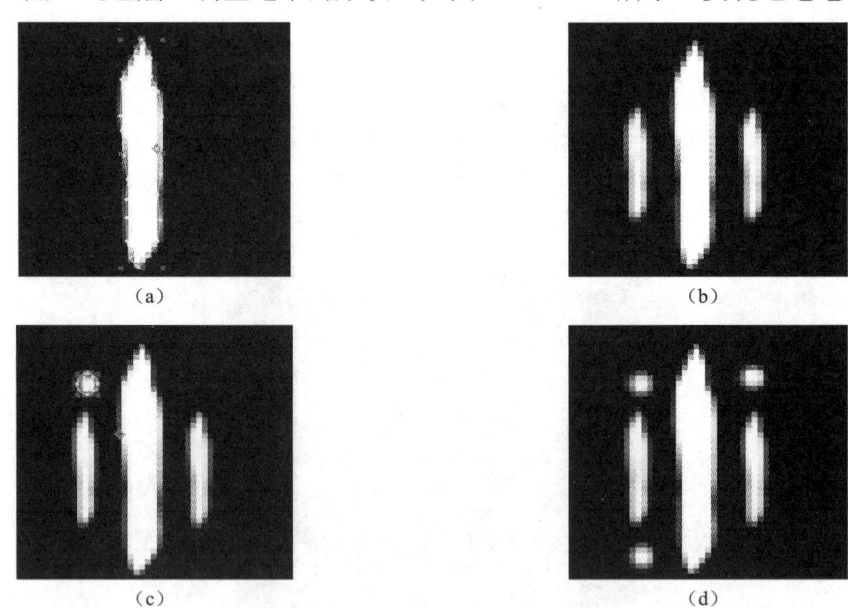

（a）　（b）　（c）　（d）

图 4-6-9

**03** 选择所有图层，按 T 键打开“不透明度”属性，线图层的“不透明度”设置为 10%，点图层的“不透明度”设置为 25%，如图 4-6-10 所示。

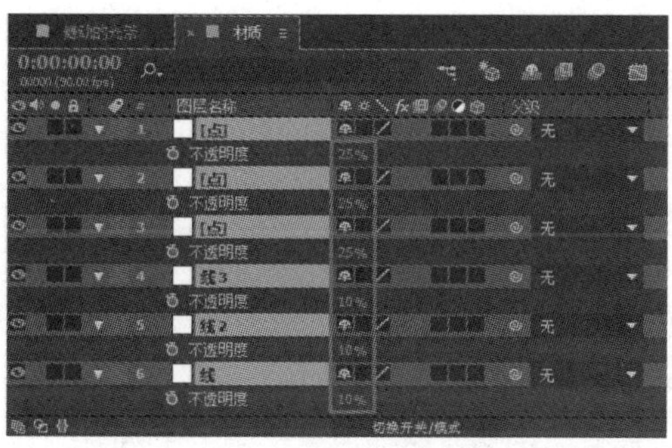

图 4-6-10

04 选择“舞动的光带”合成，将“材质”合成拖动到时间线面板中，如图 4-6-11 所示。

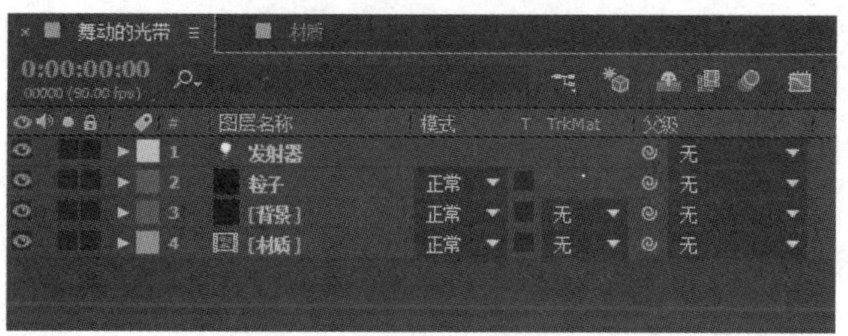

图 4-6-11

05 选择“粒子”图层，展开“Particular”→“粒子”选项，设置“粒子类型”为“Sprite”，“图层”为“6.材质”，“时间采样”为“开始出生-循环”，“大小”为 10，“透明度”为 30，如图 4-6-12 所示。

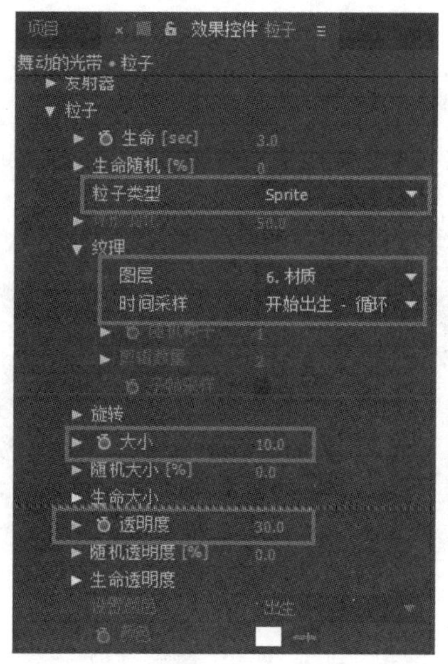

图 4-6-12

06 选择“发射器”灯光图层，按 P 键打开“位置”属性，选择“位置”属性，再选择“动画”→“添加表达式”命令，在打开的表达式编辑框中输入“wiggle(2,200)”，让灯的位置发生抖动，如图 4-6-13 所示。

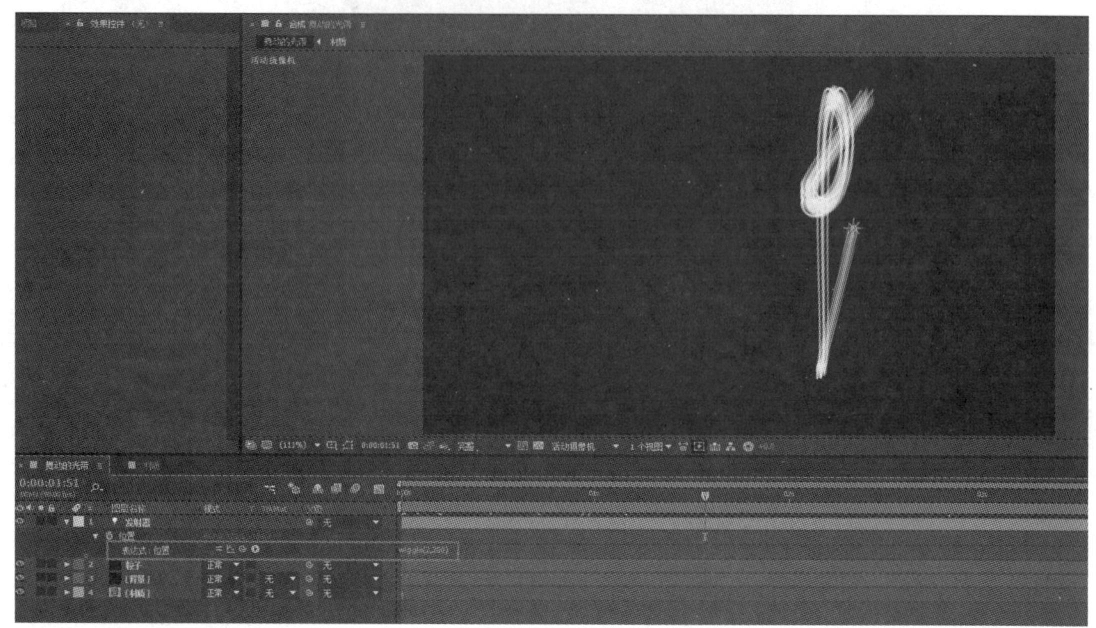

图 4-6-13

**07** 新建一个调整图层，再选择“效果”→“颜色校正”→“色相/饱和度”命令，为调整图层添加“色相/饱和度”滤镜，设置“着色色相”“着色饱和度”等参数，如图 4-6-14 所示。

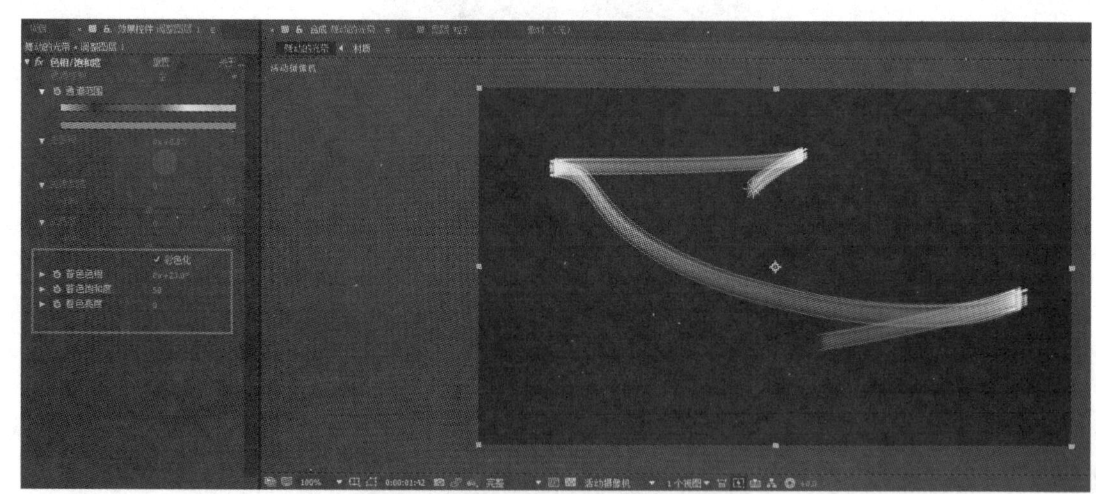

图 4-6-14

**08** 选择调整图层，再选择“效果”→“风格化”→“发光”命令，添加“发光”滤镜，设置“发光阈值”为 40%，“发光半径”为 20，如图 4-6-15 所示。

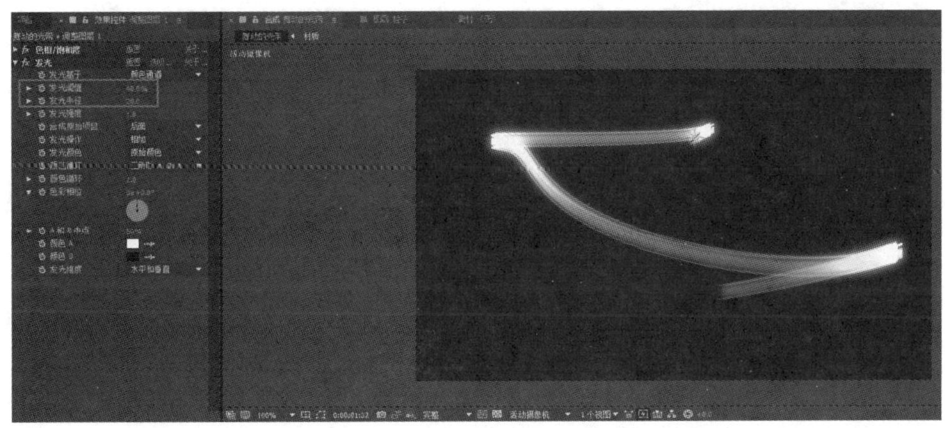

图 4-6-15

**09** 新建一个摄像机。选择“图层”→“新建”→“摄像机”命令，在弹出的“摄像机设置”对话框中设置“预设”为 35 毫米，如图 4-6-16 所示。

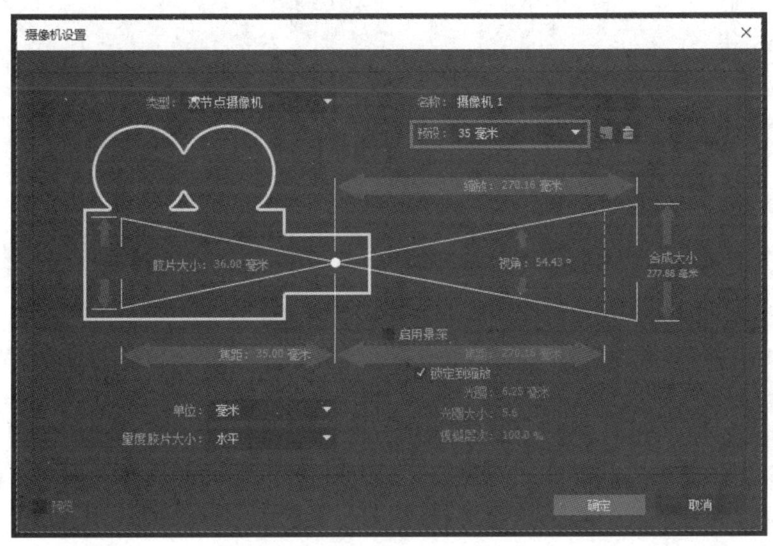


图 4-6-16

**10** 展开“摄像机”属性，打开“目标点”码表设置关键帧，在 0 帧处设置为（360，240，0），2 秒处设置为（579.3，315.6，-70.1），4 秒处设置为（766.7，422.2，22.7），如图 4-6-17 所示。

图 4-6-17

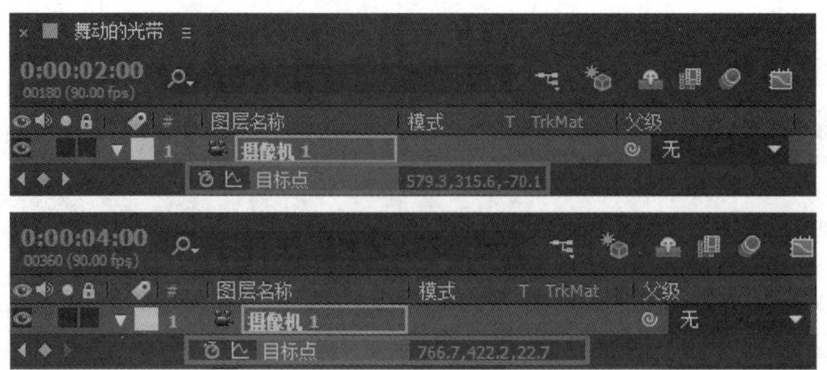


图 4-6-17（续）

**11** 按 P 键打开“位置”属性，打开“位置”码表设置关键帧，在 0 帧处设置为（360，240，-765.8），2 秒处设置为（164.9，127.6，-659），4 秒处设置为（252.7，141.6，-414.9），完成摄像机镜头运动效果，如图 4-6-18 所示。

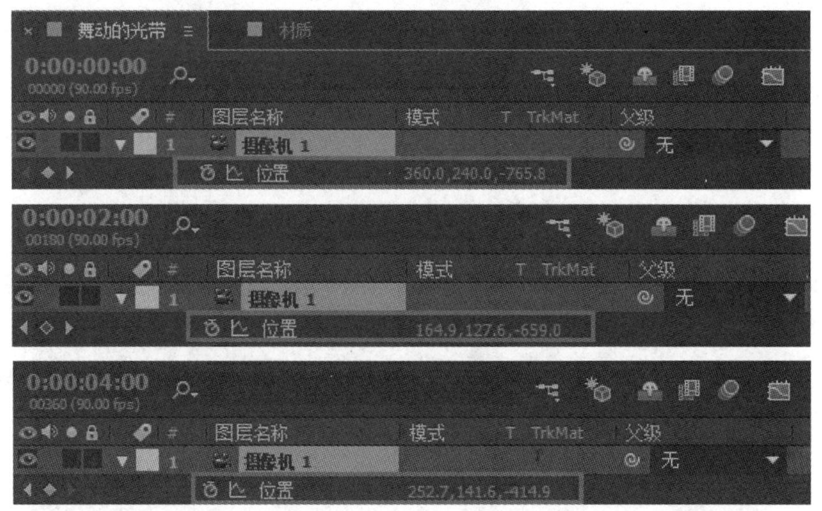


图 4-6-18

**12** 选择“目标点”“位置”关键帧，按 F9 键，使其转换为柔缓曲线。

**13** 右击 2 秒处的关键帧，在弹出的快捷菜单中选择“漂浮穿梭时间”命令，保持摄像机匀速过渡，如图 4-6-19 所示。

(a)

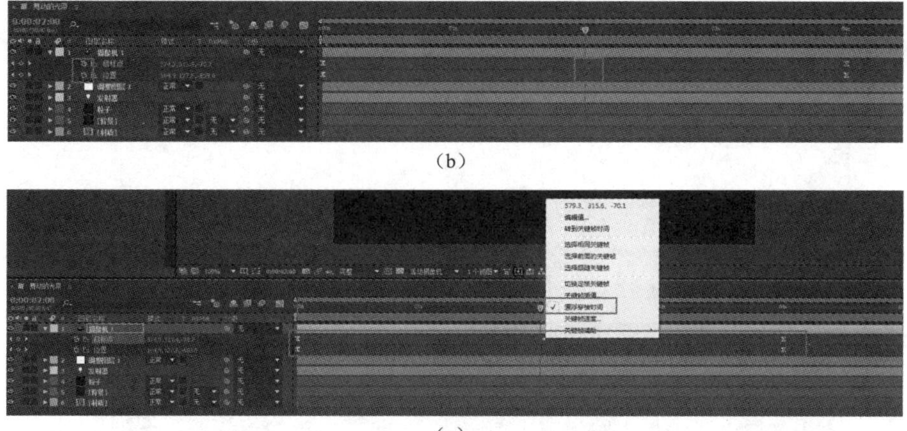

（b）

（c）

图 4-6-19

**小贴士**

漂浮关键帧能够使当前关键帧和前后两个关键帧之间保持匀速过渡，这时无论怎样改变前后两个关键帧的位置，漂浮关键帧都能定位在中间位置以保持匀速过渡。

**14** 渲染及输出。具体步骤不再赘述。

## 经验和小结

1. 制作摄像机动画时，可以使用 Particular 渲染中的运动预演，进行快速渲染。
2. 使用灯光作为发射类型，是因为灯光支持 3D 属性。

## 思考和练习

思考：

本任务以灯光图层作为 Particular 粒子的发射器，那么使用虚拟物体作为发射器能做出同样的效果吗？

# 任务 4.7　制作“追光灯”效果

◎ 任务导读

追光灯主要在舞台全场黑暗的情况下用光束突出演员或其他特殊效果，或对演员进行补光。追光灯可以变换各种不同的颜色，还有的追光灯可以打出不同的图案，特点是跟随演员移动。本任务的舞台追光灯效果：舞台背景以深蓝色色调为主，用闪烁的灯光突出入口，营造一种华丽梦幻的氛围，由阶梯下到舞池中间，通过红、黄、蓝三种聚光灯的照射来增加舞台的动感。

◎ 学习目标

通过制作“追光灯”效果，学习利用 AE 的自带灯光对三维层的地面产生光照效果，以及利用纯色层遮罩产生光束效果的方法和技巧。样片截图如图 4-7-1 所示。视频样片及相关资源见配套光盘。

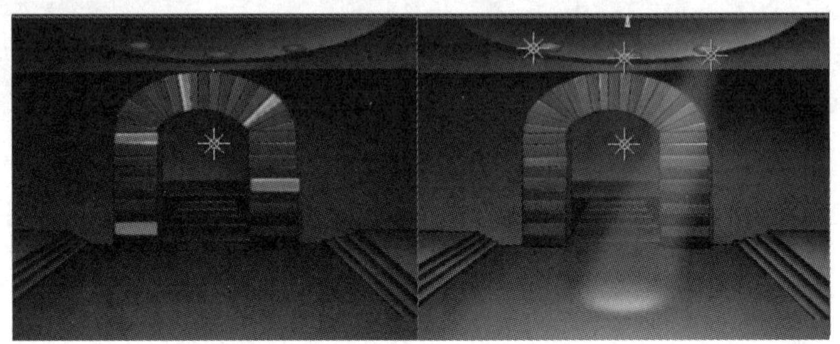

图 4-7-1

## 实践操作

素材资源：地面.jpg，背景.png。

技能点拨：通过遮罩、点光源及“发光”滤镜制作霓虹灯背景效果，通过遮罩和聚光灯制作光束，最后通过灯光位置和遮罩形状的动画实现光束移动效果。

制作流程：

| 第 1 步 | 第 2 步 | 第 3 步 | 第 4 步 | 第 5 步 | 第 6 步 |
|---|---|---|---|---|---|
| 素材导入 | 制作霓虹灯 | 制作背景 | 制作聚光灯 | 制作光束动画 | 渲染及输出 |

### 操作步骤

#### 第 1 步　素材导入

启动 AE，导入素材。选择“文件”→“导入”→“文件”命令，在弹出的“导入文件”对话框中选择“地面.jpg”文件和“背景.png”文件，将“背景.png”“地面.jpg”导入。如图 4-7-2 所示。

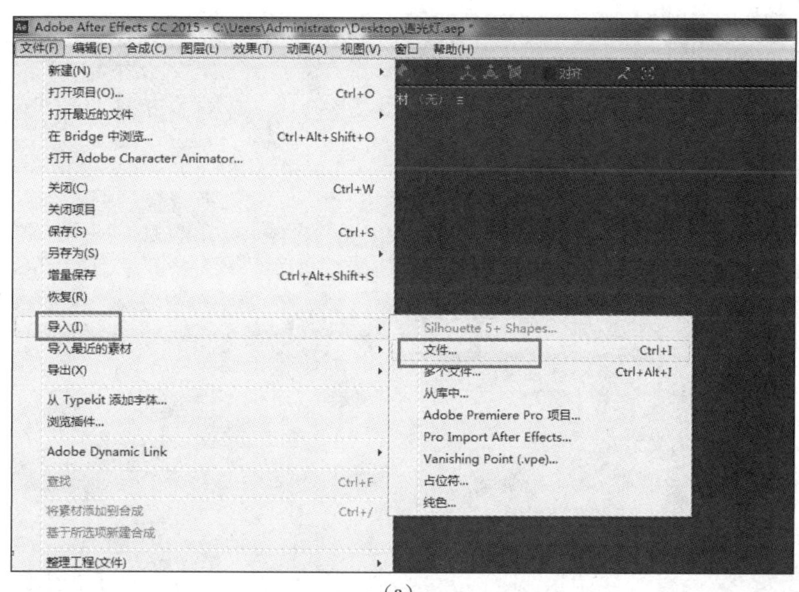


（a）

（b）

图 4-7-2

## 第 2 步　制作霓虹灯

**01** 新建一个合成，命名为“霓虹灯”，设置“宽度”为 720 像素，“高度”为 576 像素，“帧速率”为 25 帧/秒，“持续时间”为 24 帧。

**02** 将素材“背景.png”拖动到时间线面板中，生成图层 1。为图层 1 添加遮罩，从第一个灯开始，每隔 3 个灯添加一个遮罩，“持续时间”为 6 帧。复制图层 1 为图层 2，图层 2 从第 6 帧开始，“持续时间”也为 6 帧。为图层 2 添加遮罩，从第二个灯开始，也是每隔 3 个灯添加一个遮罩。以此类推，用同样方法制作其他两个图层，如图 4-7-3 所示。

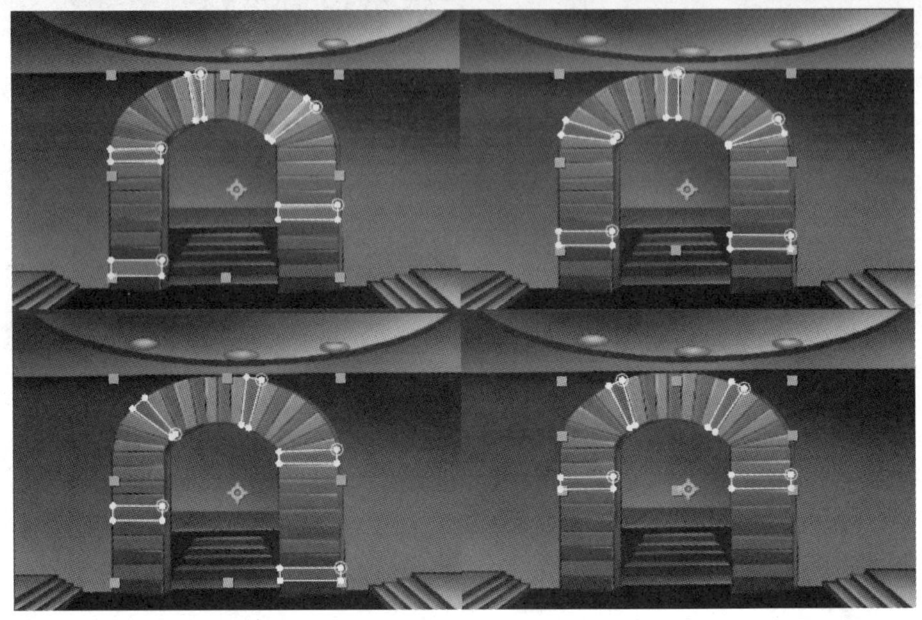

图 4-7-3

**03** 把 4 个图层的遮罩模式改为“加”方式，并为 4 个图层添加“发光”效果（选择 4 个图层，右击，在弹出的快捷菜单中选择“效果”→“风格化”→“发光”命令），相关参数设置如图 4-7-4（a）所示。至此完成霓虹灯的制作。

注意 4 个闪灯的动画变化，可根据不同节奏需求的变化来设定它们之间的间距，如图 4-7-4（b）所示。

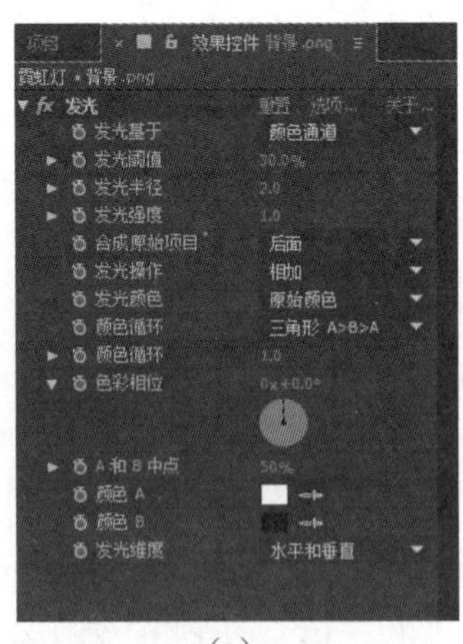


（a）

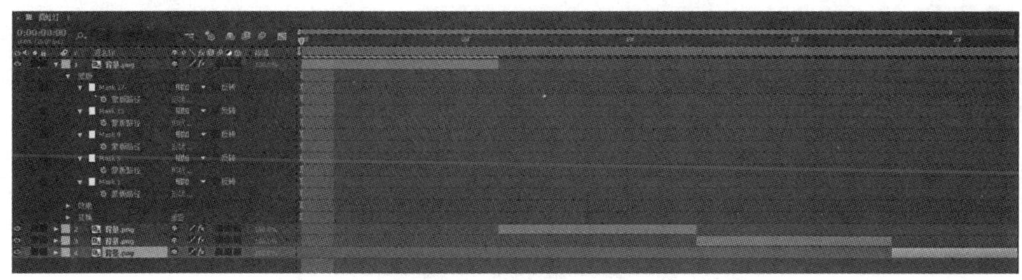

（b）

图 4-7-4

## 第 3 步　制作背景

01 新建一个合成，命名为“舞台”，设置“宽度”为 720 像素，“高度”为 576 像素，“帧速率”为 25 帧/秒，“持续时间”为 10 秒。新建一个摄像机（菜单命令为“图层”→“新建”→“摄像机”）。将“背景.png”“地面.jpg”拖动到时间线面板中，打开“3D 图层”开关，调整背景和地面的位置关系，如图 4-7-5 所示。

（a）

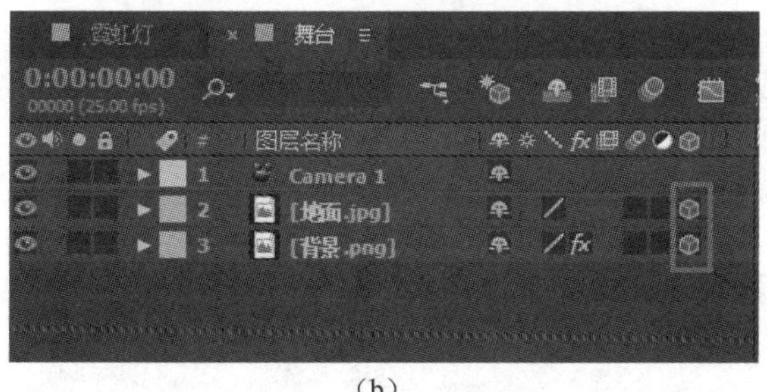


（b）

图 4-7-5

02 制作场景先暗后亮的效果。选择“图层”→“新建”→“灯光”命令，在弹出的“灯光设置”对话框中设置“灯光类型”为“点”，如图 4-7-6（a）所示。在时间线面板中选择“c1-2”图层，展开“灯光选项”选项，打开“颜色”码表，在 1 秒 11 帧处设置“颜色”为# B2B2B2，在 3 秒处设置“颜色”为#FFFFFF，如图 4-7-6（b）所示。

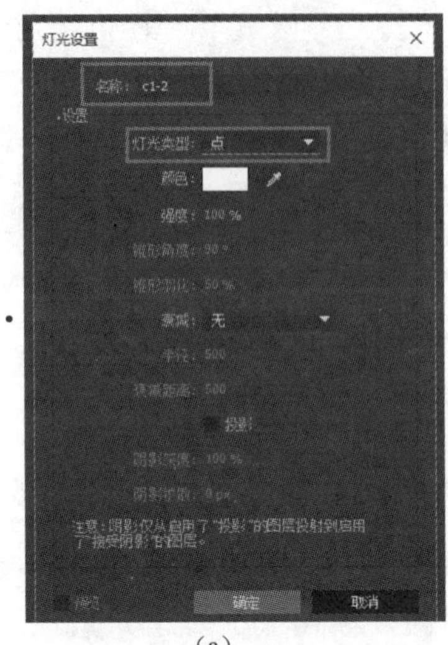


（a）

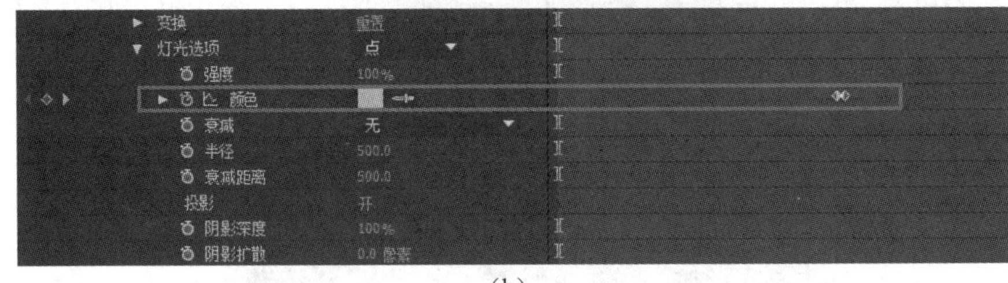


（b）

图 4-7-6

## 第 4 步　制作聚光灯

**01** 用同样方法添加一个点光，入点设置在 1 秒处，如图 4-7-7（a）所示。放置在背景中间灯的位置，如图 4-7-7（b）所示。

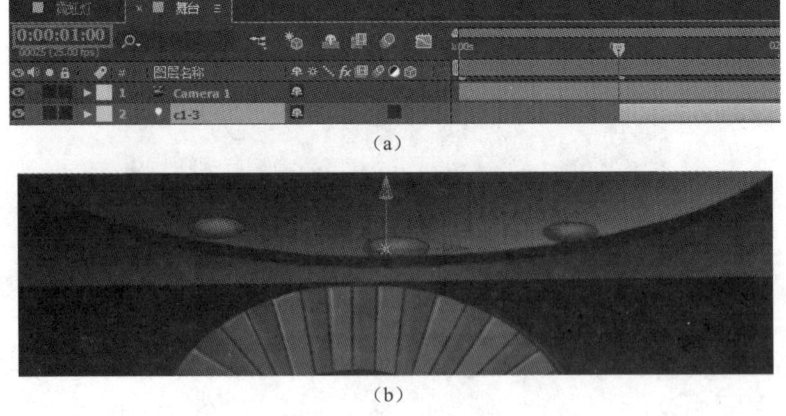


（a）

（b）

图 4-7-7

**02** 添加一个聚光灯，置于点光上方，调整光线的位置，如图 4-7-8（a）所示。入点设置在 1 秒 06 帧处，其光圈要比灯光慢一拍出现在地面上，如图 4-7-8（b）所示。

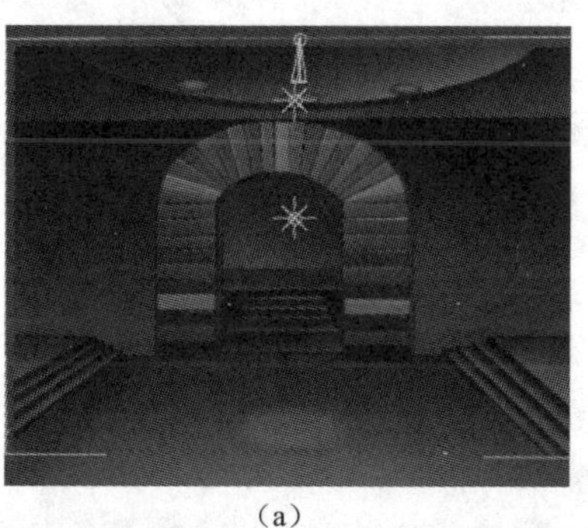

（a）

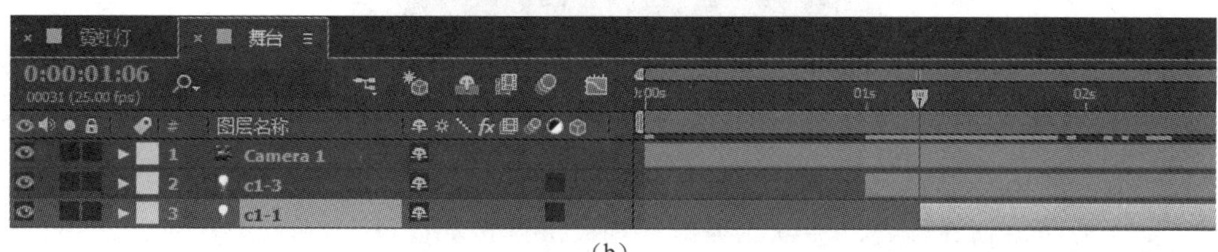


（b）

图 4-7-8

**小贴士**

灯光层的效果必须由一个物体来承载，如添加了三维效果的纯色层，本任务中将添加了三维效果的地面图层作为灯光效果的承载层。

### 第 5 步　制作光束动画

**01** 新建一个纯色层，颜色为#FC0000（红色）。入点设置在 1 秒处。在 1 秒处添加一个遮罩，并添加关键帧，设置“羽化”为 27，设置“透明度”为 25%，如图 4-7-9（a）所示。在 1 秒 6 帧处把遮罩变形对到地面上的光圈，如图 4-7-9（b）所示。

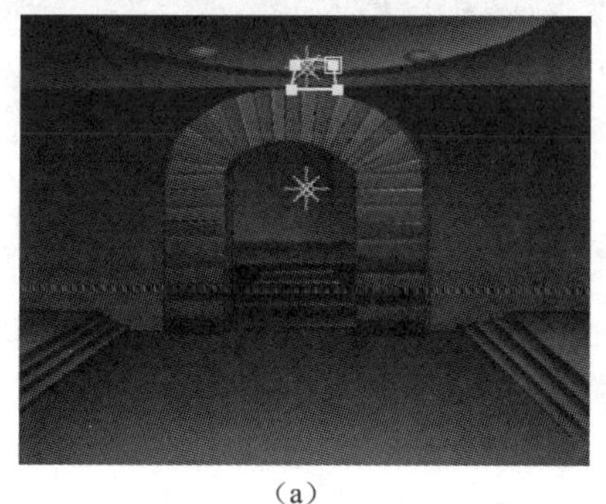

（a）

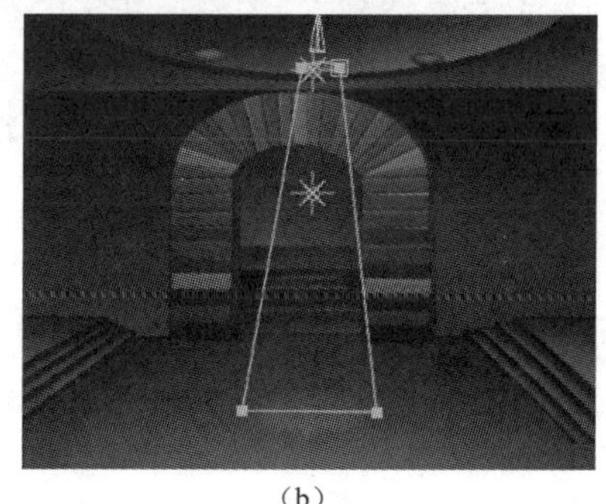

（b）

图 4-7-9

**02** 打开图表编辑器，调整曲线，实现光柱由快到慢的变化，如图 4-7-10 所示。

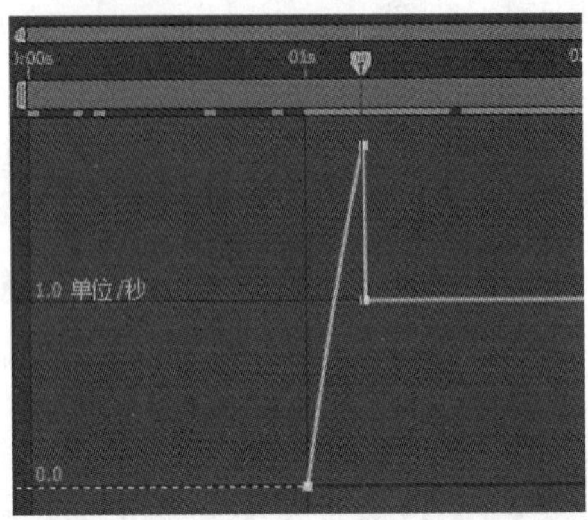


图 4-7-10

**03** 制作聚光灯及其光柱的移动效果。在 3 秒处对聚光灯的“目标点”及“锥形角度”设置关键帧，注意其节奏，如图 4-7-11（a）所示。在 4 秒处修改参数，如图 4-7-11（b）所示。复制关键帧到 5 秒处，并以此类推复制关键帧，如图 4-7-11（c）所示。

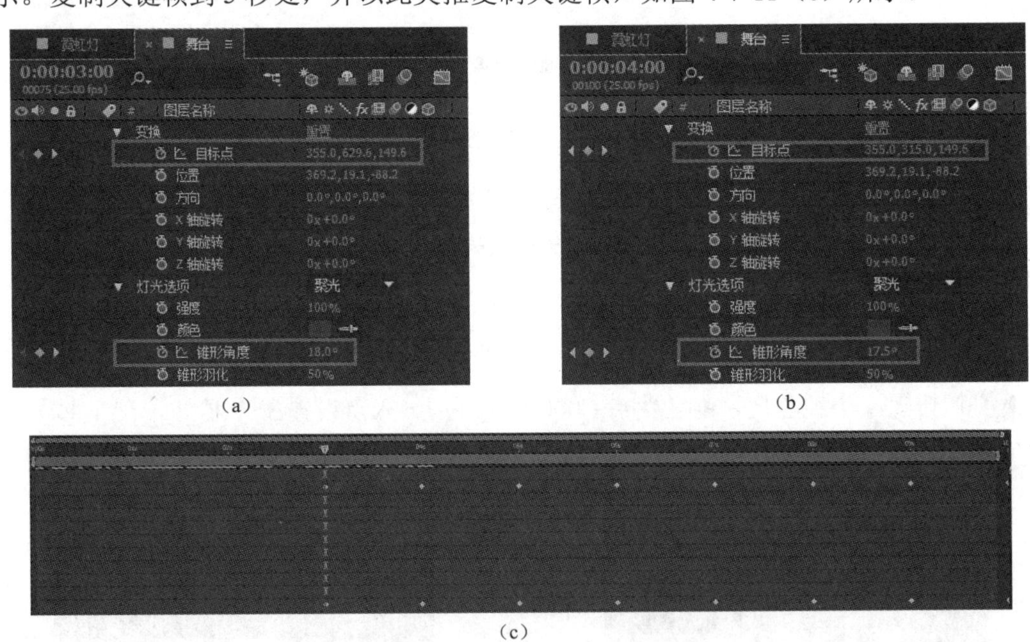


（a）（b）

（c）

图 4-7-11

**04** 在 3 秒处对纯色层的遮罩设置一个关键帧，如图 4-7-12（a）所示。在 4 秒处修改遮罩形状对齐到聚光灯的位置。复制关键帧到 5 秒处，并以此类推复制关键帧，如图 4-7-12（b）所示。

**05** 蓝色光和黄色光从 1 秒 11 帧处开始设置，设置方法同红色光，如图 4-7-13（a）所示。效果如图 4-7-13（b）所示。

（a）

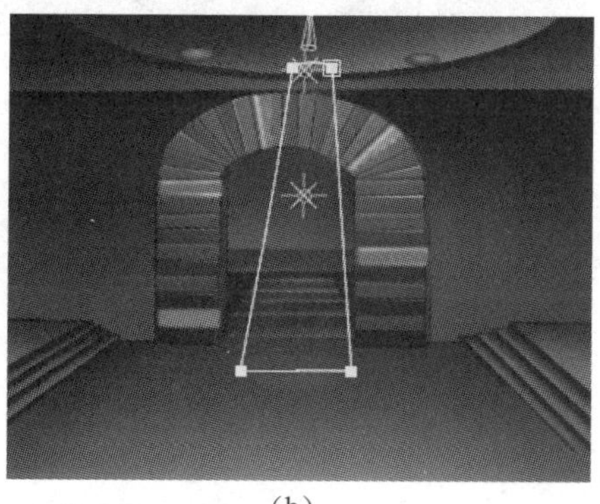

（b）

图 4-7-12

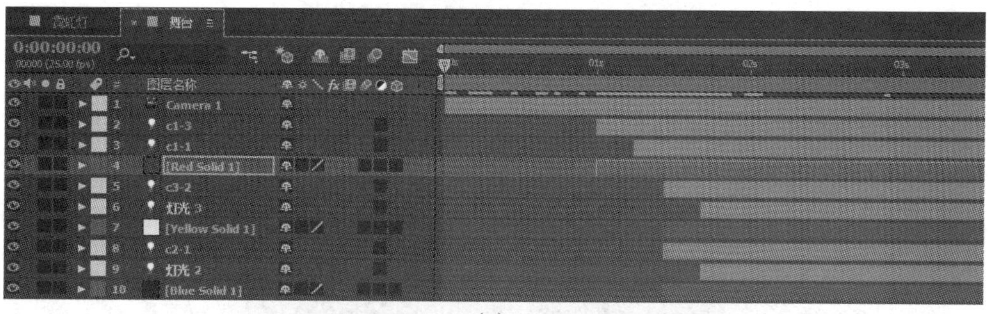


（a）

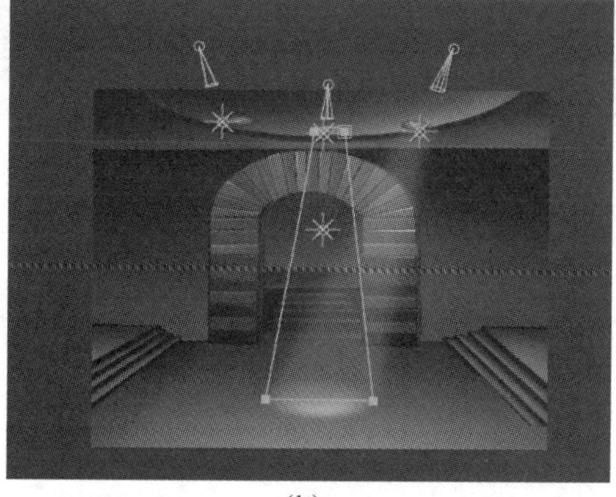

（b）

图 4-7-13

**06** 将“霓虹灯”合成拖动到时间线面板中，调整其大小和位置，使其和背景相符。然后右击，在弹出的快捷菜单中选择“时间”→“启动时间重映射”命令，添加表达式 LoopOut(type="cycle",numKeyframes=0)，如图 4-7-14 所示。

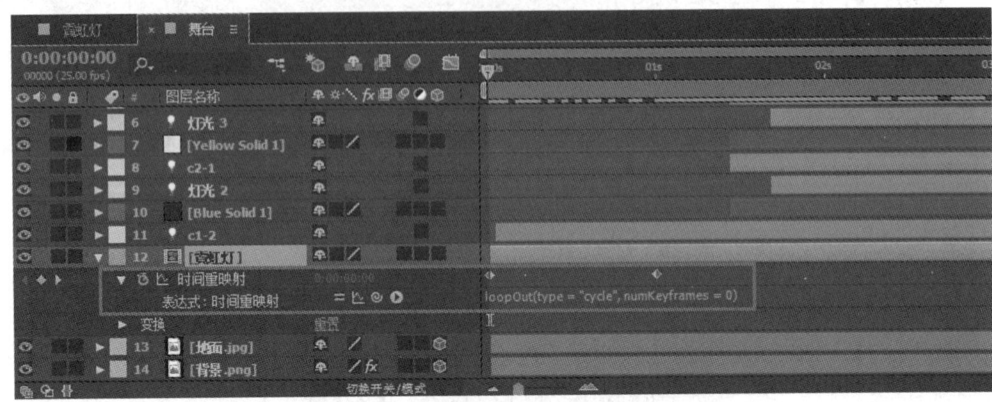


图 4-7-14

**小贴士**

在 AE 中，表达式是一个很强大的功能。通过表达式，可以不设置任何关键帧就可以为参数设置动画。例如，在本任务中，我们使用了一个循环的表达式来表现灯光的位移，节省了大量做关键帧动画的时间。正确地使用表达式可以快速提高作品的制作速度及动画自由度。

### 第 6 步　渲染及输出

选择“合成”→“添加到渲染队列”命令，在打开的“渲染队列”面板中对其中的参数进行设置，然后单击“渲染”按钮输出动画，如图 4-7-15 所示。

图 4-7-15

## 经验和小结

1. 光束的遮罩动画根据各个位置进行调整。
2. 在做背景的霓虹灯时，要注重把握节奏。
3. 在做动画时，适当使用表达式能提高效率。

## 思考和练习

**练习：**

动画：舞台追光灯效果（拓展）

1. 制作从下向上的聚光灯及其光束的移动动画效果。

2. 制作舞台追光灯效果拓展练习（操作提示、素材和样片见配套光盘）。

# 项目5 自然特效制作合成

◎ **项目导读**

在动漫后期制作过程中，为了烘托和营造环境气氛，可以使用 AE 制作各种自然特效，例如，模拟自然界风雨雷电、烟火以及一些现实中不可再现的效果，一般情况下比用 Flash 等二维软件制作的自然特效更快、更方便，效果更逼真，而且对制作人员的手绘能力要求不高。

◎ **学习任务**

- 制作“闪电”效果；
- 制作“下雨”效果；
- 制作“天气变化”效果；
- 制作“雾和雪”效果；
- 制作“点燃的香”效果；
- 制作“星球爆炸”效果；
- 制作“海底泡泡”效果；
- 制作“瀑布”效果。

动画：闪电

动画：下雨

动画：天气变化

动画：雾和雪

动画：点燃的香

动画：星球爆炸

动画：海底泡泡

动画：瀑布

# 任务 5.1　制作“闪电”效果

◎ 任务导读

在计算机动漫和游戏制作过程中，经常需要制作各种自然特效，如“闪电”，利用 AE 制作“闪电”，效果逼真、效率高、可控性强。AE 自带“闪光”和“高级闪电”两种能够直接制作闪电效果的特效。

◎ 学习目标

通过制作闪电效果，熟悉“镜头光晕”“闪光”“遮罩”滤镜。样片截图如图 5-1-1 所示。视频样片及相关资源见配套光盘。

图 5-1-1

## 实践操作

素材资源：背景.jpg。

技能点拨：通过“镜头光晕”制作闪电中的光芒；通过“闪光”制作闪电特效；通过“遮罩”制作光束的特效。

制作流程：

| 第 1 步 | 第 2 步 |
| --- | --- |
| 制作闪电 | 制作光效并渲染输出 |

## 操作步骤

### 第 1 步　制作闪电

01 启动 AE，导入“背景.jpg”素材。新建一个合成，命名为“闪电制作”，设置“宽”为 900 像素，“高”为 576 像素，“持续时间”为 5 秒。将“背景.jpg”图层拖动到时间线面板中，按 Ctrl+Alt+F 组合键自动调整画面到适当大小，如图 5-1-2 所示。

图 5-1-2

02 新建一个黑色“纯色”图层，命名为“闪电 1”。选择“闪电 1”图层，再选择“效果”→“过时”→“闪光”命令，添加“闪光”滤镜，设置图层的混合模式为“相加”，将“闪电 1”图层的起始点移至 14 帧处，如图 5-1-3 所示。

图 5-1-3

设置“闪电”滤镜的“起始点”为（2，-14），“结束点”为（44，88），“区段”为 9，“振幅”为 13，“分枝线段”为 14，“核心宽度”为 0，“外部颜色”为浅蓝色，“拉力”为 18，如图 5-1-4（a）所示。效果如图 5-1-4（b）所示。

03 选择“闪电 1”图层，展开“闪电”选项，打开“结束点”码表，在 14 帧处设置“结束点”为（44，88），在 1 秒处设置“结束点”为（140，372），如图 5-1-5（a）所示。效果如图 5-1-5（b）所示。

04 选择“闪电 1”图层，按 T 键打开“不透明度”属性，打开“不透明度”码表，在 1 秒 11 帧处设置“不透明度”为 100%，在 1 秒 19 帧处设置“不透明度”为 20%，在 2 秒 8 帧处设置“不透明度”为 0，如图 5-1-6（a）所示。效果如图 5-1-6（b）所示。

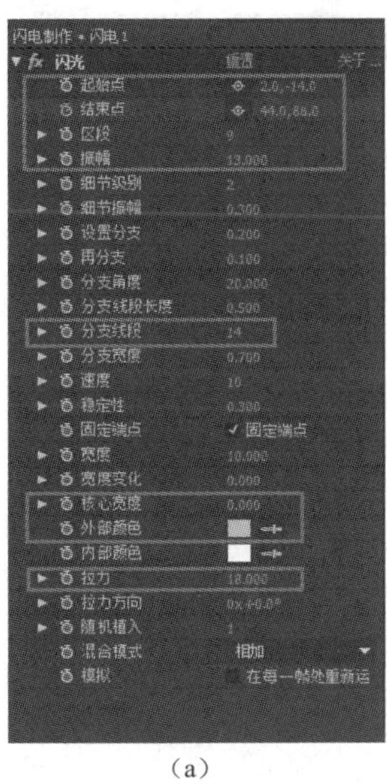


（a）

（b）

图 5-1-4

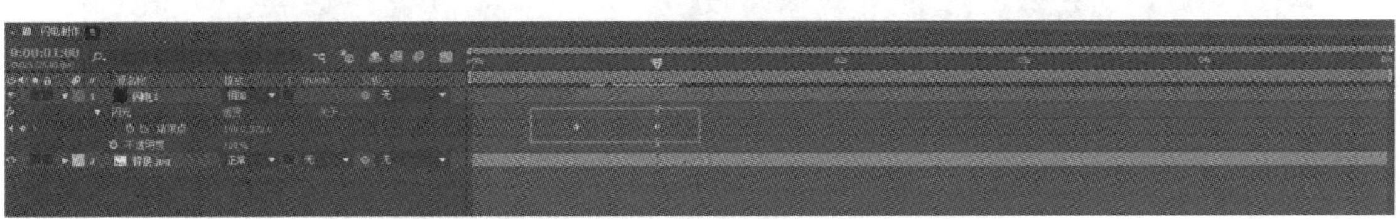

（a）

（b）

图 5-1-5

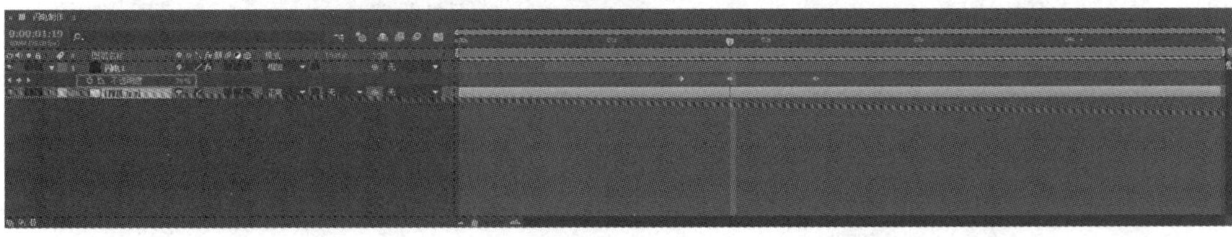

（a）

图 5-1-6

(b)

图 5-1-6（续）

**05** 新建一个黑色“纯色”图层，命名为“闪电 2”。选择“闪电 2”图层，再选择“效果”→“过时”→“闪光”命令，添加“闪光”滤镜。将“闪电 2”图层的混合模式设置为“相加”，将“闪电 2”图层的起始点移至 14 帧处，如图 5-1-7 所示。

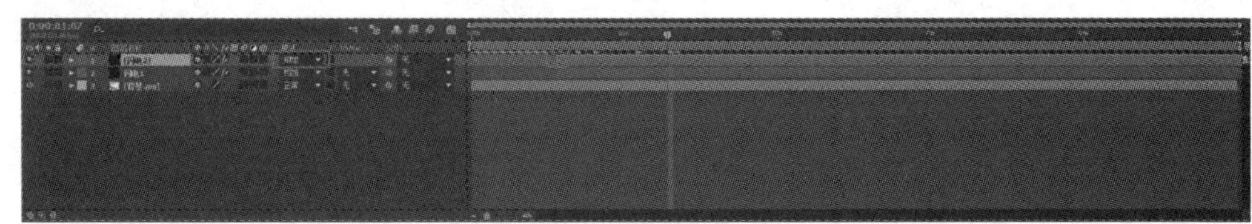

图 5-1-7

设置“闪电”滤镜的“起始点”为（-10，2），“结束点”为（434，276），“区段”为 15，“外部颜色”为浅蓝色，如图 5-1-8（a）所示。效果如图 5-1-8（b）所示。

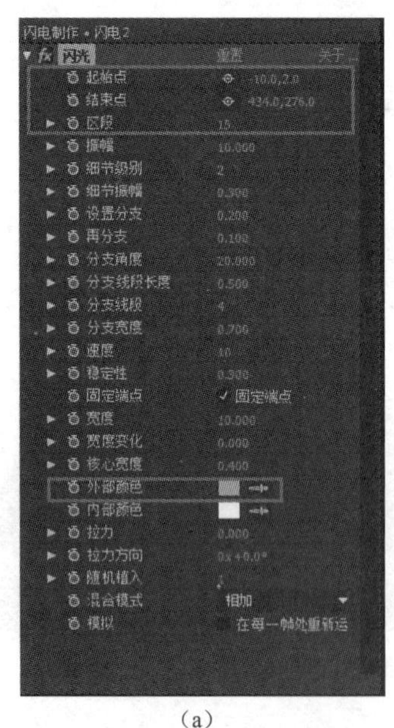


(a)

(b)

图 5-1-8

**06** 选择“闪电2”图层，按T键打开“不透明度”属性，打开“不透明度”码表，在1秒11帧处设置“不透明度”为100%，在1秒19帧处设置“不透明度”为20%，在2秒8帧处设置“不透明度”为0，如图5-1-9（a）所示。效果如图5-1-9（b）所示。

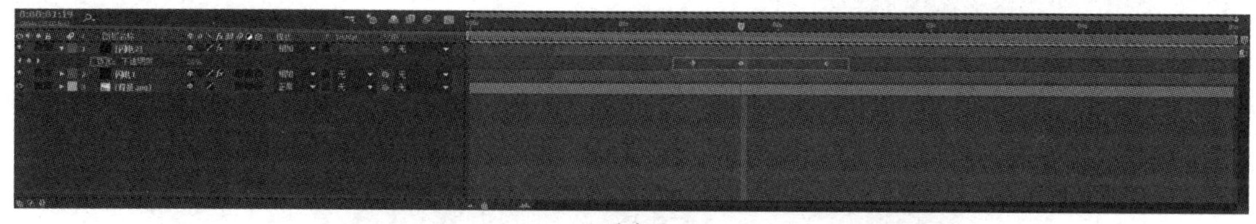

（a）

（b）

图5-1-9

**07** 新建一个黑色“纯色”图层，命名为“闪电3”。选择“闪电3”图层，再选择“效果”→“过时”→“闪光”命令，添加“闪光”滤镜。将“闪电3”图层的混合模式设置为“相加”，将“闪电3”图层的起始点移至2秒5帧处，如图5-1-10所示。

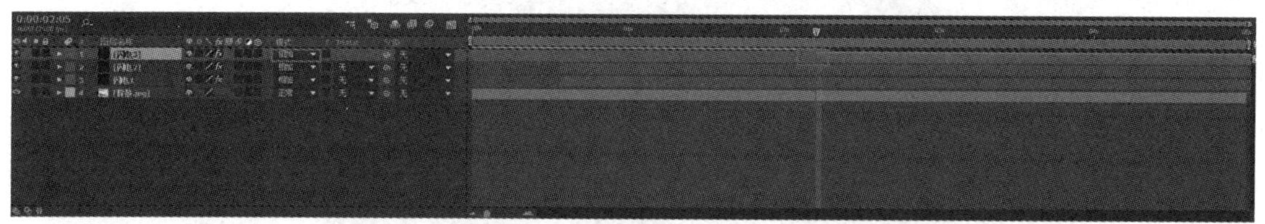

图5-1-10

设置“闪电”滤镜的“起始点”为（304，592），“结束点”为（220，594），“区段”为17，“外部颜色”为浅蓝色，如图5-1-11（a）所示。效果如图5-1-11（b）所示。

**08** 选择“闪电3”图层，打开“结束点”码表，在2秒5帧处设置“结束点”为（220，594），在2秒7帧处设置结束点为（170，19），如图5-1-12（a）所示，效果如图5-1-12（b）所示。

**09** 选择“闪电3”图层，按T键打开“不透明度”属性，打开“不透明度”码表，在3秒处设置“不透明度”为100%，在3秒17帧处设置“不透明度”为0，如图5-1-13（a）所示。效果如图5-1-13（b）所示。

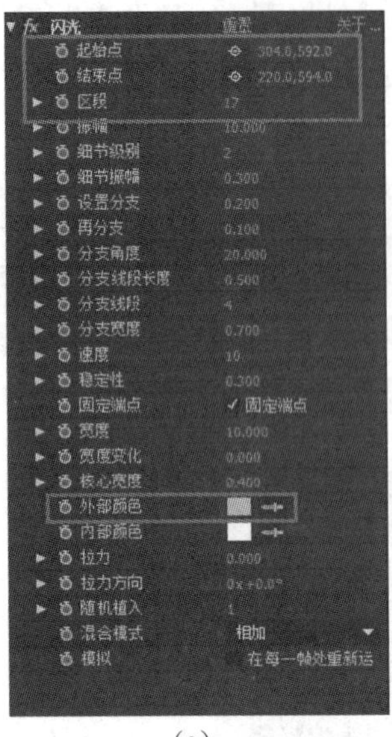


（a）

（b）

图 5-1-11

（a）

（b）

图 5-1-12

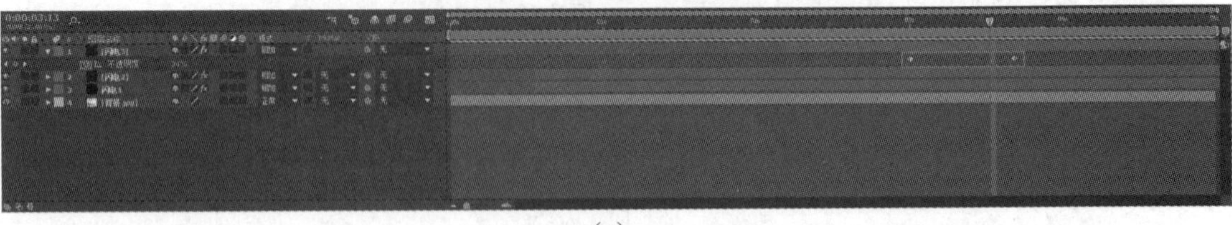

（a）

（b）

图 5-1-13

## 第 2 步　制作光效并渲染输出

**01** 新建一个合成，命名为“光效制作”，设置“宽”为 900 像素，“高”为 576 像素，“持续时间”为 5 秒，将“闪电制作”合成拖动到时间线面板中，如图 5-1-14 所示。

图 5-1-14

**02** 新建一个黑色“纯色”图层，命名为“角光”，将“角光”图层的混合模式设置为“相加”，如图 5-1-15 所示。

图 5-1-15

**03** 选择“角光”图层，再选择“效果”→“生成”→“镜头光晕”命令，添加“镜头光晕”滤镜，设置“光晕中心”为（−8，−2），“镜头类型”为“105 毫米聚焦”，如图 5-1-16 所示。

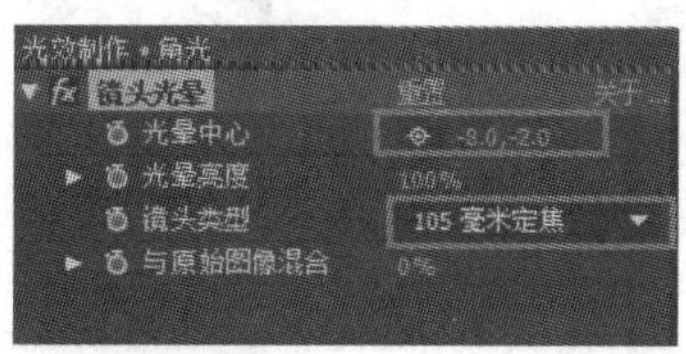


图 5-1-16

**04** 选择“角光”图层，展开“镜头光晕”选项，打开“光晕亮度”码表，在 0 秒处设置“光晕亮度”为0，在11帧处设置“光晕亮度”为185%，在21帧处设置“光晕亮度”为115%，如图5-1-17（a）所示，效果如图5-1-17（b）所示。

（a）

（b）

图5-1-17

05 选择“角光”图层，再选择“效果”→“颜色校正”→“曲线”命令，添加“曲线”滤镜，调整曲线参数，如图5-1-18（a）～（c）所示，效果如图5-1-18（d）所示。

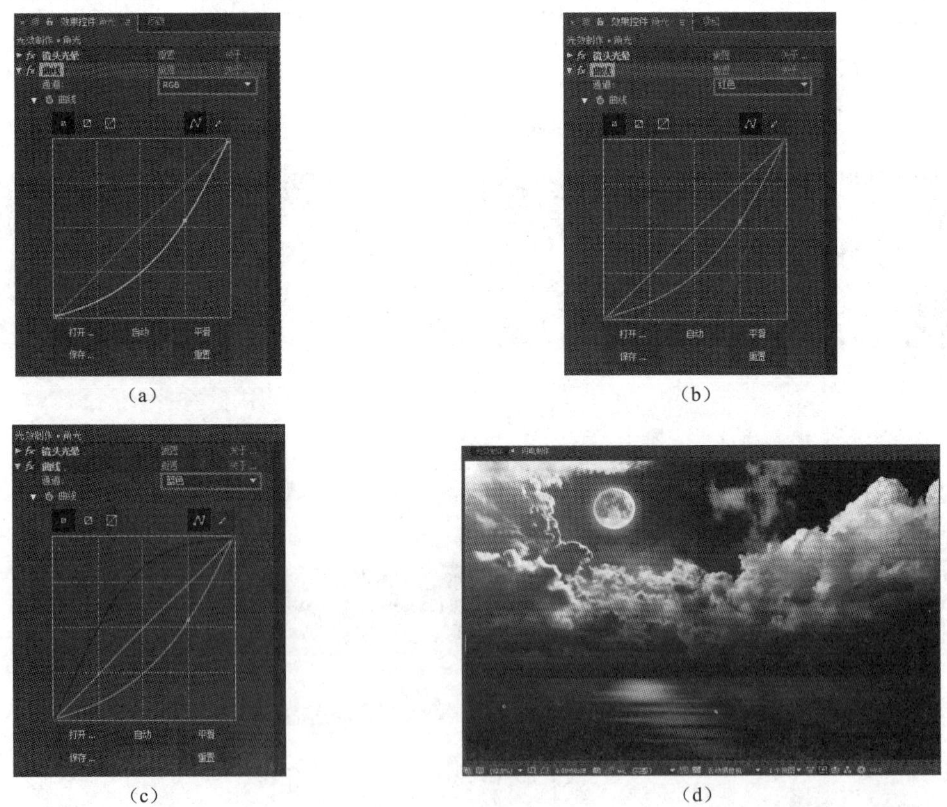

（a）（b）

（c）（d）

图5-1-18

**小贴士**

利用曲线工具不仅可以对画面的整体颜色进行调色，而且可以针对画面的红、绿、蓝 3 个通道进行单独调色。

**06** 新建一个白色纯色层，命名为“白光”。将“白光”图层的混合模式设置为“相加”，如图 5-1-19 所示。

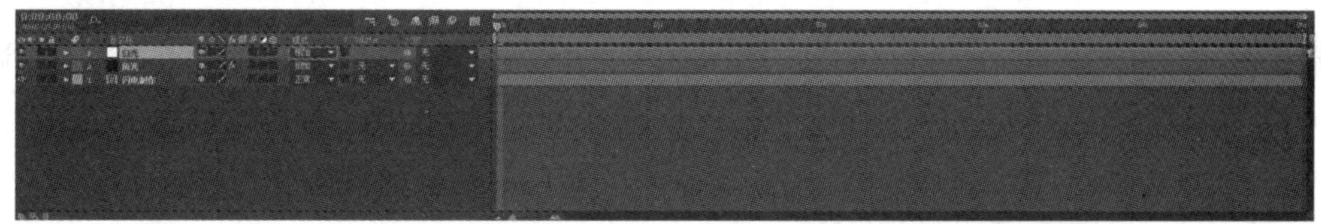

图 5-1-19

**07** 选择“白光”图层，再选择钢笔工具绘制遮罩，遮罩的形状要和“闪电 3”图层的区域吻合，然后按 M 键打开“蒙版 1”属性，设置“蒙版羽化”为 120 像素，如图 5-1-20（a）所示。效果如图 5-1-20（b）所示。

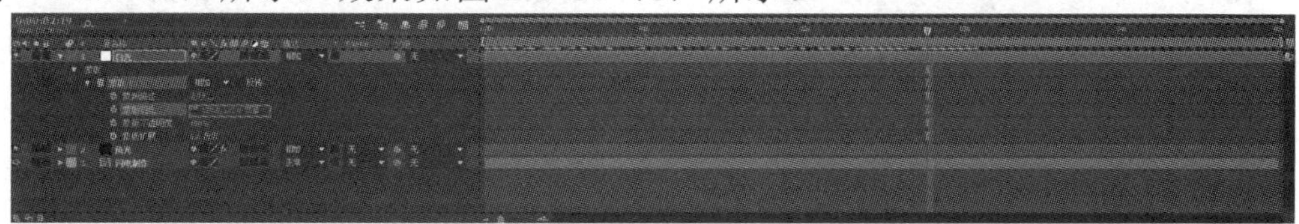

（a）

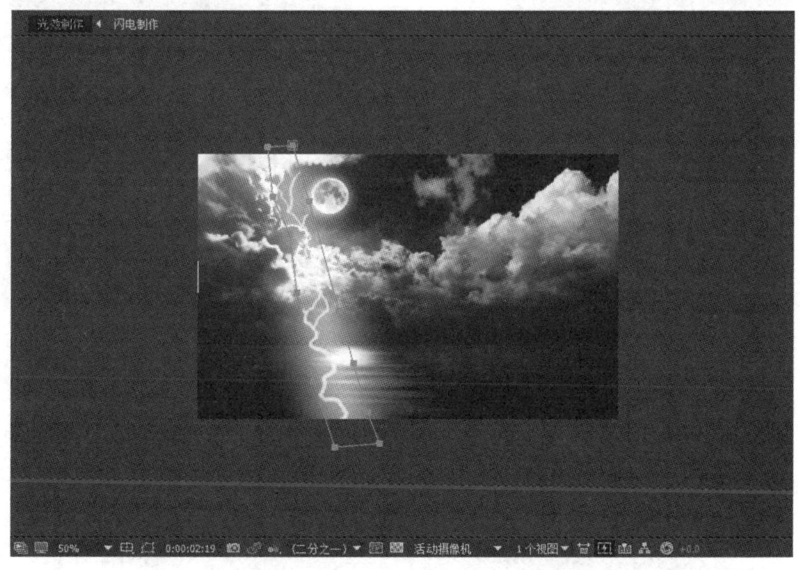


（b）

图 5-1-20

**08** 选择“白光”图层，按 T 键打开“不透明度”属性，打开“不透明度”码表，在 1 秒 22 帧处设置“不透明度”为 0，在 2 秒 3 帧处设置“不透明度”为 100%，在 2 秒 8

帧处设置“不透明度”为 0，如图 5-1-21 所示。

图 5-1-21

**09** 选择“白光”图层，再选择“效果”→“风格化”→“发光”命令，添加“发光”滤镜，参数保持默认设置，使白光更强烈，如图 5-1-22（a）所示，效果如图 5-1-22（b）所示。

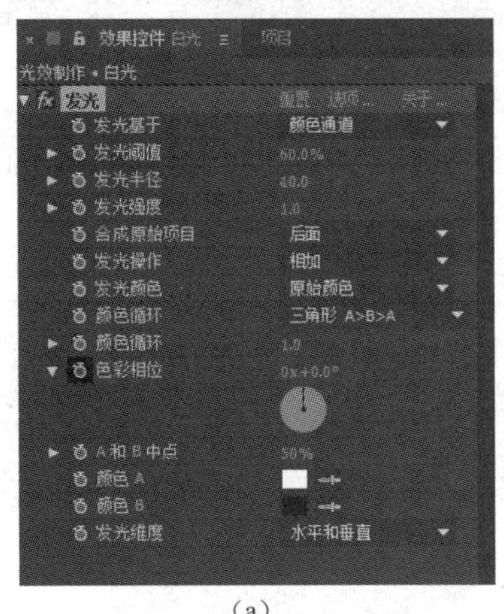


（a）

（b）

图 5-1-22

**10** 新建一个黑色“纯色”图层，命名为“暗角”，选择钢笔工具绘制遮罩，如图 5-1-23 所示。

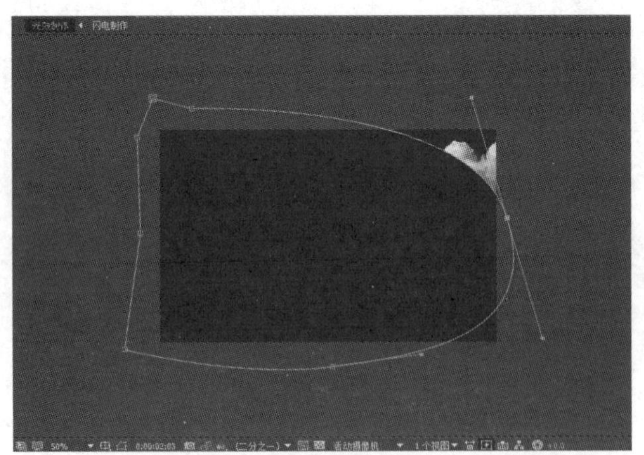

图 5-1-23

**11** 选择“暗角”图层，按 M 键展开“蒙版 1”选项，勾选“反转”复选框，设置

“蒙版羽化”为 260 像素，使图像四周变暗，如图 5-1-24（a）所示，效果如图 5-1-24（b）所示。

（a）

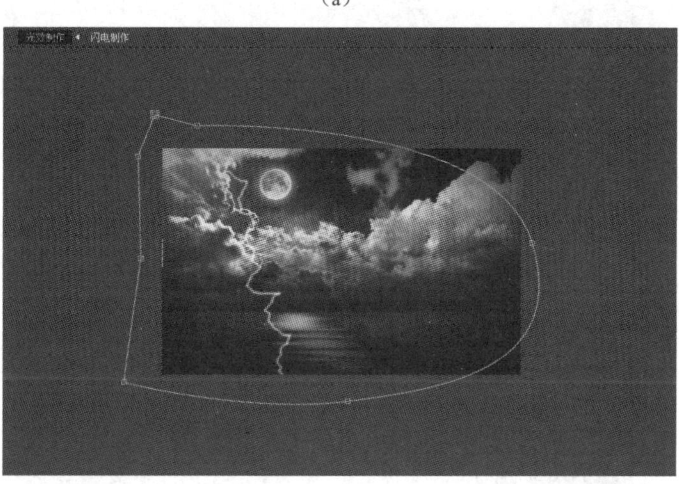

（b）

图 5-1-24

**小贴士**

通常情况下，为了突出画面主体，可以为画面添加一个带有羽化蒙版的黑色纯色层让画面的四周变暗。

**12** 渲染及输出。具体步骤不再赘述。

## 经验和小结

制作光效时，可以通过“发光”增强光的亮度，可以通过“曲线”调整光的颜色。

还可以利用“生成”→“高级闪电”命令制作闪电，大家可以对比一下两种闪电的区别。

## 思考和练习

**练习：**

1. 学习了闪电的制作技巧，试使用闪电特效制作一个电极放电的动画效果。

2. 制作“闪电”效果拓展练习（操作提示、素材和样片见配套光盘）。

## 任务5.2 制作“下雨”效果

◎ 任务导读

在计算机动漫和游戏制作过程中，经常需要制作“下雨”效果。雨，可以称得上是影视里最大的配角和道具，雨不仅是生活中常见的自然天气，也往往用来营造清新、唯美、悲伤、浪漫、压抑、释怀的情绪和氛围。在本任务中，通过对 Flash 输出的雨点动画进行大量复制和图层错位嵌套实现前景雨效果，利用 AE 自带的“CC Rainfall”特效插件制作中景雨和背景雨效果，以提高制作效率和整体的空间感。

◎ 学习目标

通过本任务，熟悉在下雨动画后期处理中的应用技巧。样片截图如图 5-2-1 所示。视频样片及相关资源见配套光盘。

图 5-2-1

### 实践操作

素材资源：雨.png，下雨.png。

技能点拨：通过 AE 的基本属性动画完成雨的落下效果；通过“圆形”特效完成水圈荡开的效果；通过“CC Rainfall”特效完成中景雨和远景雨的制作。

制作流程：

| 第 1 步 | 第 2 步 | 第 3 步 | 第 4 步 |
|---|---|---|---|
| 素材导入和文件管理 | 制作雨滴下落动画 | 制作下雨效果 | 渲染及输出 |

## 操作步骤

### 第 1 步　素材导入和文件管理

**01** 导入素材“下雨.png”“雨.png”到“项目”面板，如图 5-2-2（a）所示，并将“雨.png”拖动到时间线面板中，如图 5-2-2（b）所示。

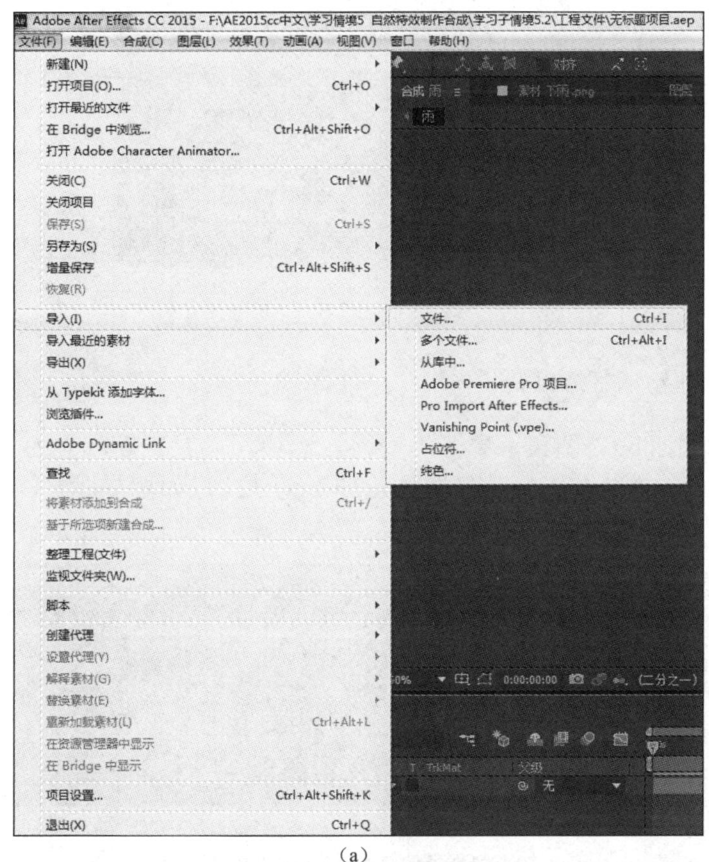


（a）

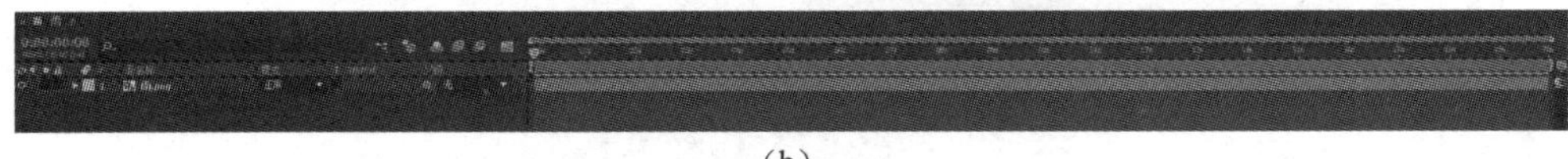

（b）

图 5-2-2

> **小贴士**
>
> 制作前要先了解下雨的运动规律，雨一般为无数长短不等的直线，朝一个方向下落，可分 2～3 层实现它的空间感，根据需求调节其密度、大小和速度，下落时运动过程为产生—过程—消失。

**02** 新建一个合成，命名为“下雨”，设置“预设”“持续时间”等选项，如图 5-2-3 所示。

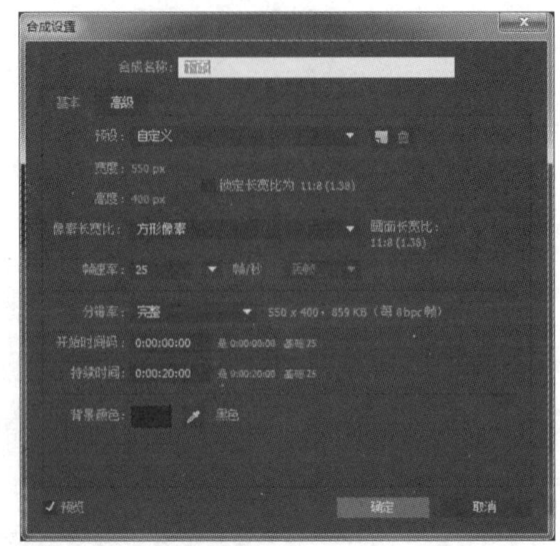


图 5-2-3

## 第 2 步　制作雨滴下落动画

**01** 选择“雨.png”图层，展开“变换”选项，设置“缩放”为（28%，22.4%），设置“位置”为（460.5，12.5），设置“旋转”为 32°，如图 5-2-4（a）所示。效果如图 5-2-4（b）所示。

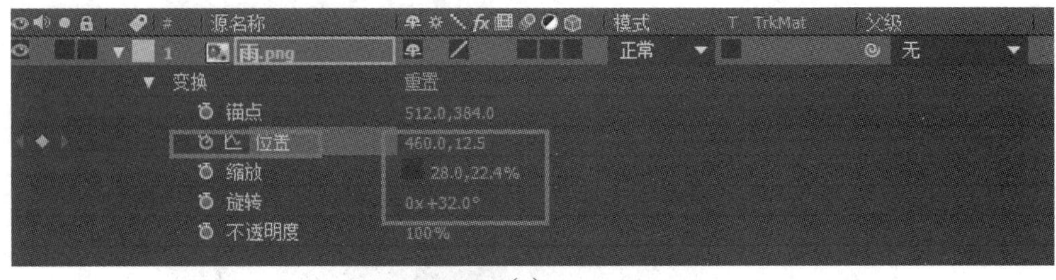


（a）

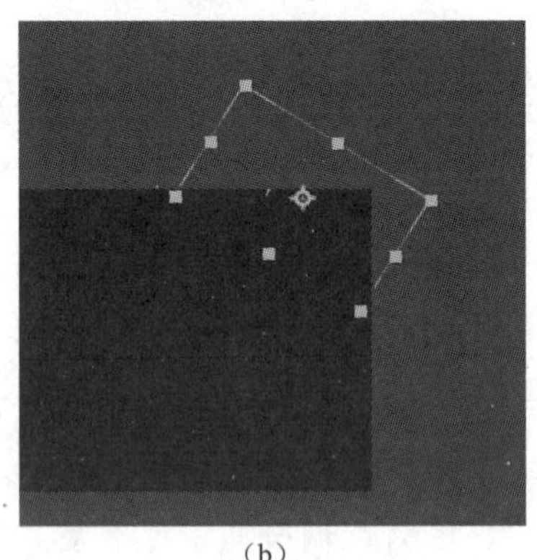

（b）

图 5-2-4

**02** 打开“位置”码表设置关键帧，在 15 帧处设置“位置”为（255.5，426.5），如图 5-2-5（a）所示，效果如图 5-2-5（b）所示。

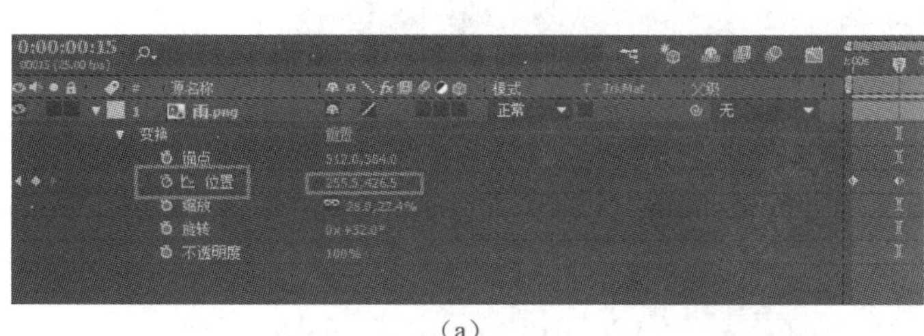

(a)

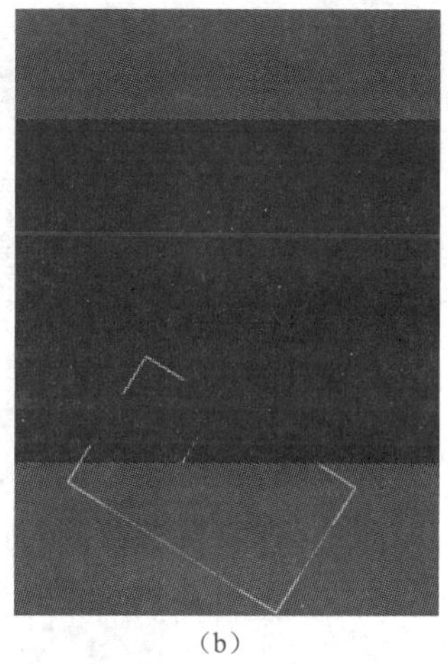

(b)

图 5-2-5

**03** 制作水滴到水面时消失的动画。按 Ctrl+Shift+C 组合键，对层进行预合成，并命名为“雨”，如图 5-2-6（a）所示。添加遮罩，如图 5-2-6（b）所示。

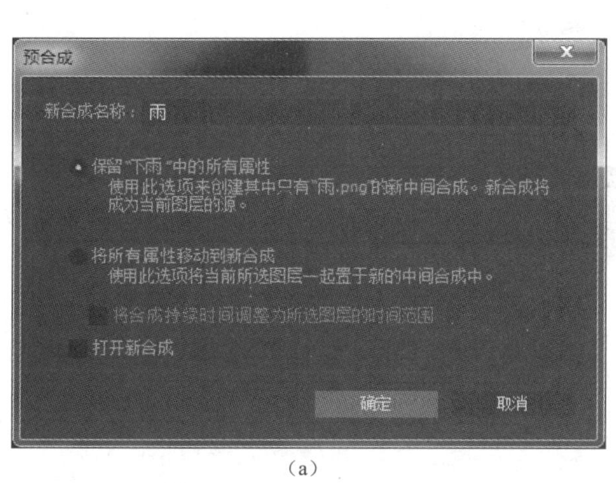


(a)

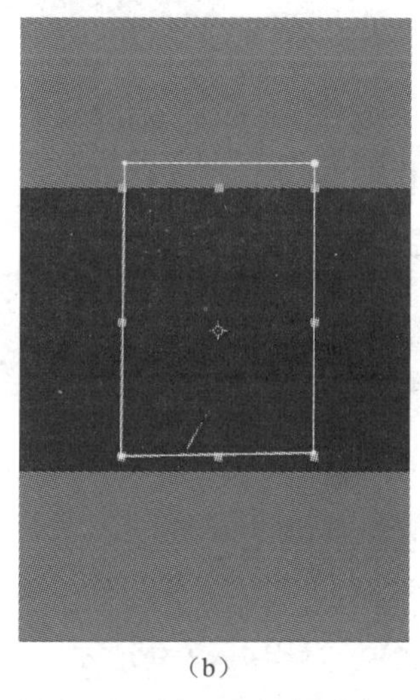

(b)

图 5-2-6

**小贴士**

使用预合成，可以避免在一个合成项目中出现过多的层，方便管理，可以将预合成嵌套在不同的合成项目中进行，制作不同效果。预合成有很多优点，例如，如果需要对多层素材统一进行相同的动画制作，使用预合成可以大大简化操作步骤，并且方便错开多层动画时间。

**04** 新建一个合成，命名为“预合成 1”，设置“持续时间”为 1 秒 12 帧，如图 5-2-7 所示。

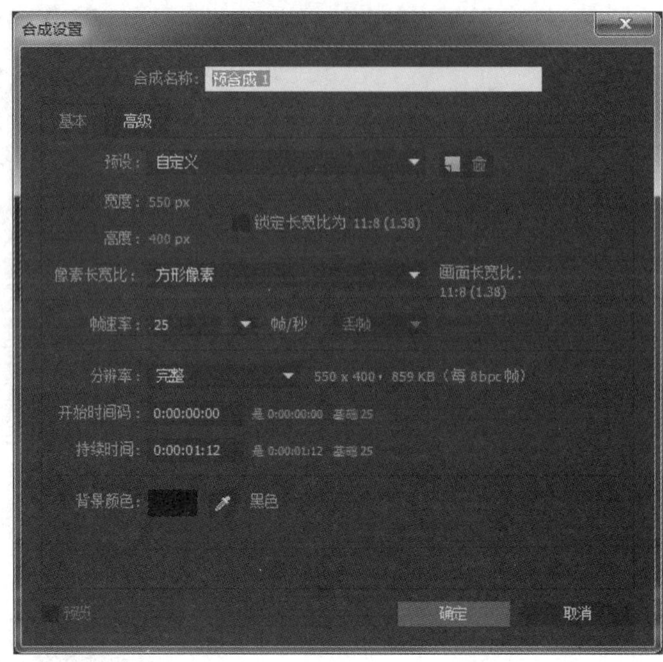


图 5-2-7

**05** 将“雨”合成拖动到“预合成 1”合成中，并新建一个黑色纯色图层，设置入点在雨滴消失后，如图 5-2-8 所示。

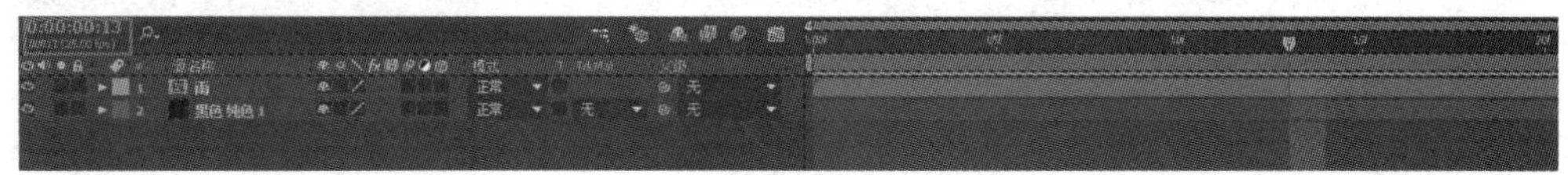

图 5-2-8

**06** 为黑色纯色层添加“圆形”特效（菜单命令为“效果”→“生成”→“圆形”），并为“半径”“边缘半径”设置关键帧，如图 5-2-9 所示。在 1 秒 3 帧处修改“半径”“边缘半径”，如图 5-2-10 所示。

图 5-2-9

图 5-2-10

**07** 调整“缩放”“位置”参数，如图 5-2-11（a）所示，使圆的中心点为雨滴落下的位置，如图 5-2-11（b）所示。

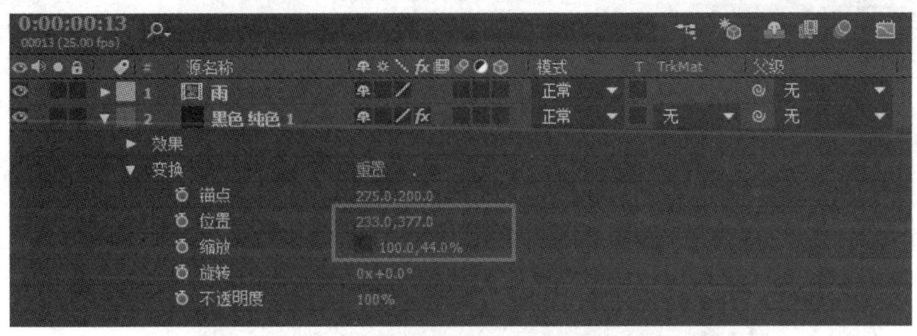


（a）

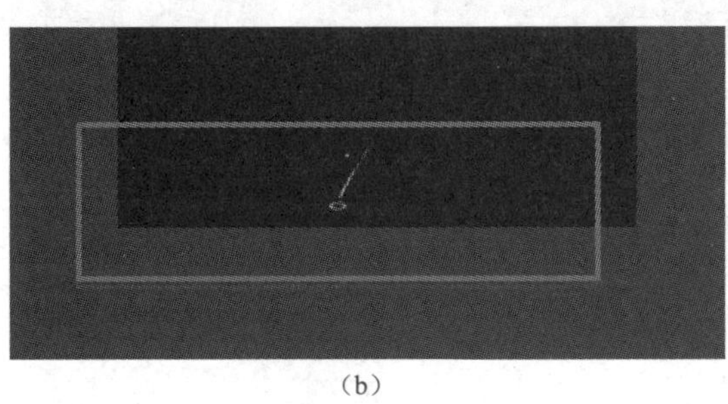

（b）

图 5-2-11

**小贴士**

调整缩放时，注意取消缩放链接，以实现非等比缩放，这里将“圆形”特效的 Y 轴参数改为 44%，实现椭圆效果。

**08** 在 21 帧处打开“不透明度”码表，设置“不透明度”为 100%，在 1 秒 3 帧处设置“不透明度”为 0，完成一颗雨滴下落动画，如图 5-2-12 所示。

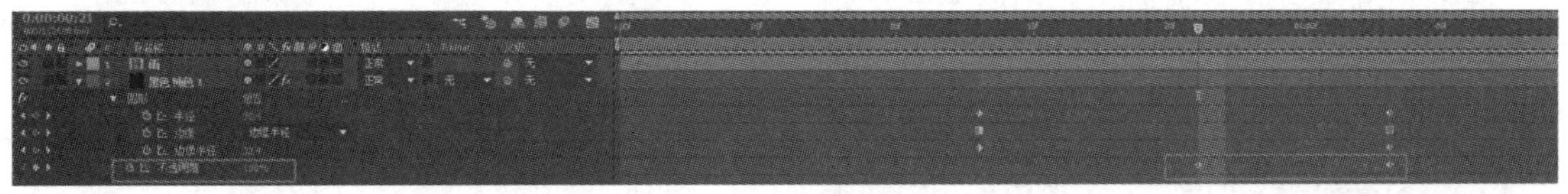

图 5-2-12

### 第 3 步　制作下雨效果

**01** 回到“下雨”合成组。将预合成 1 拖动到时间线面板中，并复制 10 个，根据剧情需要排列位置和出入点，如图 5-2-13（a）、（b）所示。

**02** 将图层进行预合成，方便后面的调整，如图 5-2-14 所示。

**03** 为了操作方便先制作一组雨。新建一个合成，如图 5-2-15 所示。拖入一个“预合成 1”图层，并复制 3 个，改变其“位置”“缩放”参数设置，如图 5-2-16（a）所示，效果如图 5-2-16（b）所示。

（a）

（b）

图 5-2-13

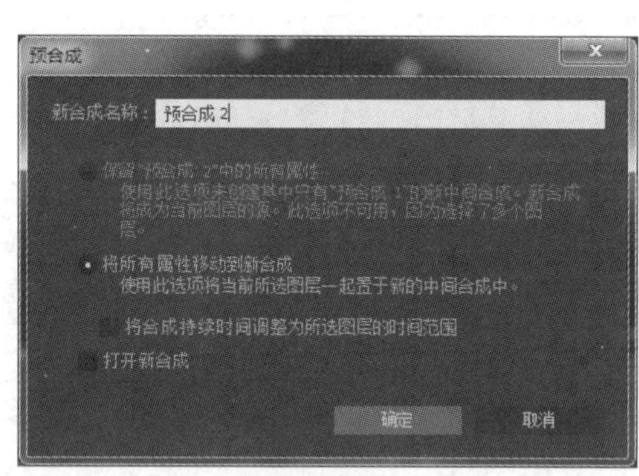


图 5-2-14

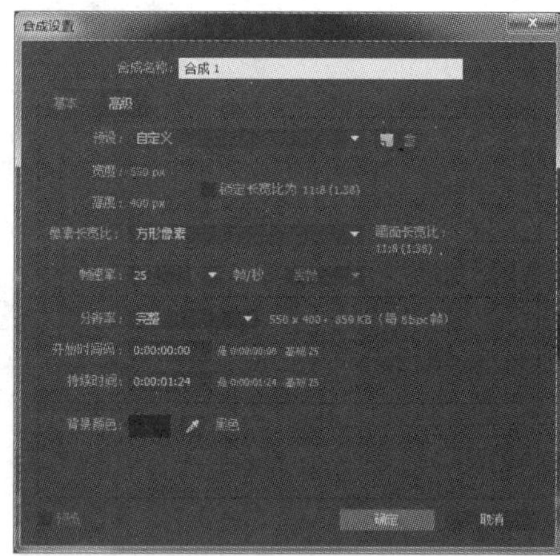


图 5-2-15

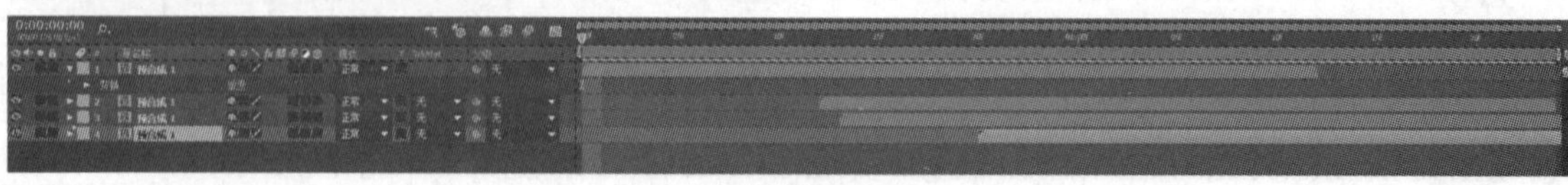

（a）

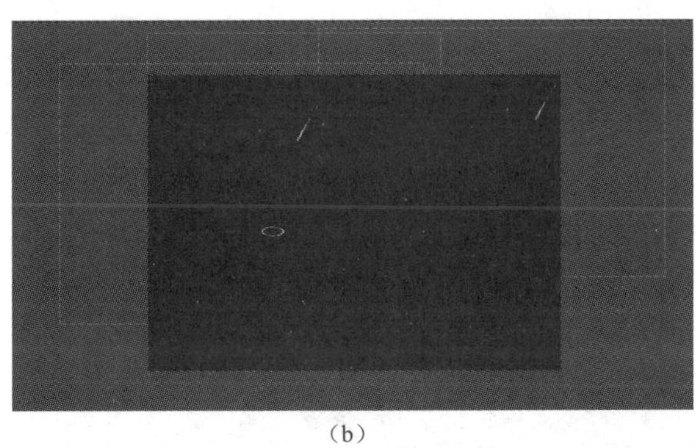

（b）

图 5-2-16

**04** 回到“下雨”合成组，拖入合成 1 并复制多个，根据剧情排列其位置，如图 5-2-17（a）所示，效果如图 5-2-17（b）所示。

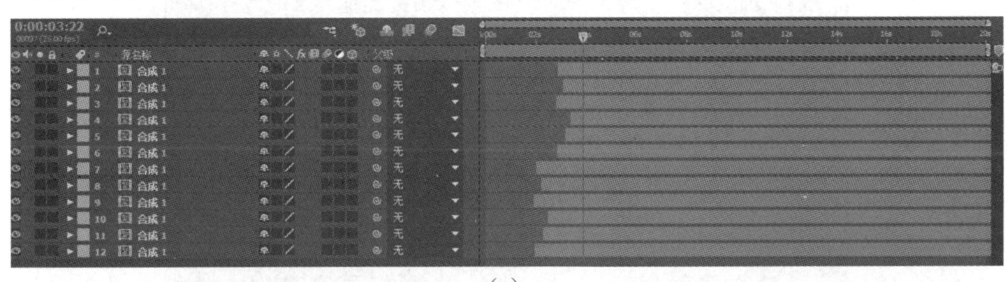

（a）

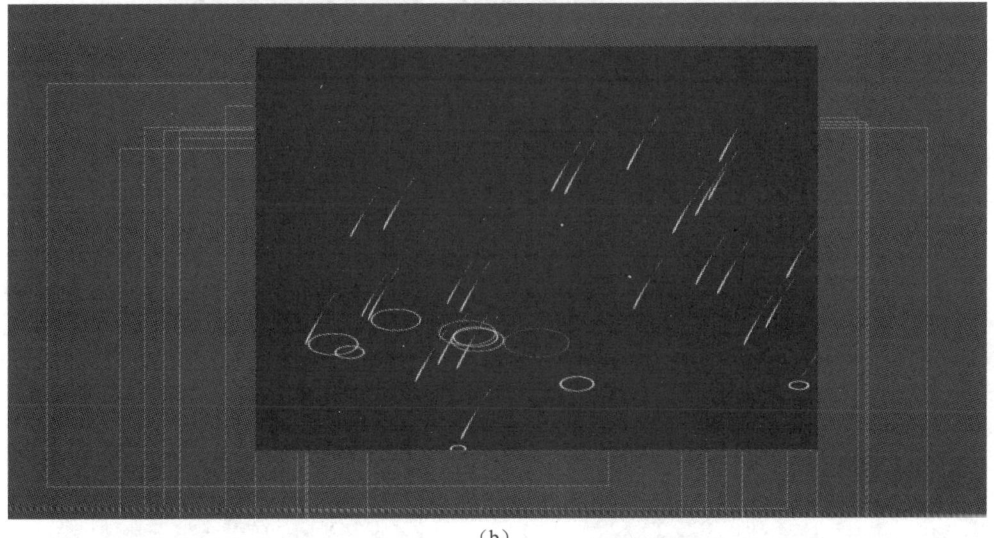

（b）

图 5-2-17

**05** 为操作方便，将这些“合成 1”图层进行预合成，并复制多个，改变图层的位置和出入点，同时，将“下雨.png”拖动到时间线面板最下层，如图 5-2-18 所示。至此完成前景雨的制作。

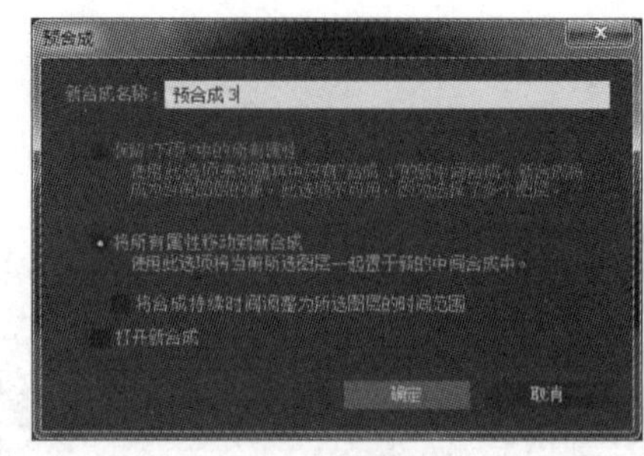


（a）

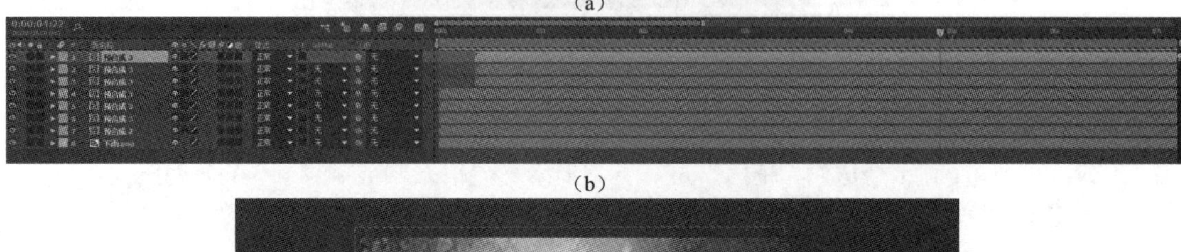

（b）

（c）

图 5-2-18

**06** 为了使雨有透视的效果，在“下雨”合成中新建一个黑色“纯色”图层，再选择“效果”→“模拟”→“CC Rainfall”命令，添加“CC Rainfall”滤镜，设置相关参数，如图 5-2-19（a）、（b）所示，实现中景雨效果，如图 5-2-19（c）所示。

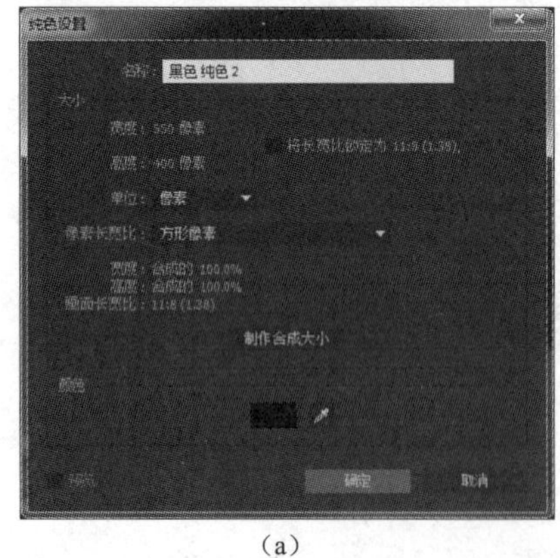


（a）

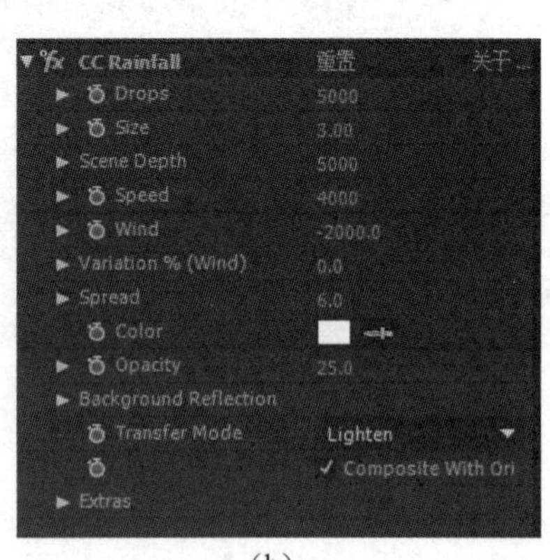


（b）

（c）

图 5-2-19

**07** 设置出入点，并在 2 秒 8 帧处打开“Drops”码表，设置“Drops”为 5000，在 1 秒 4 帧处设置“Drops”为 0，如图 5-2-20 所示。

图 5-2-20

**08** 将图层的混合模式设置为“屏幕”，如图 5-2-21 所示。

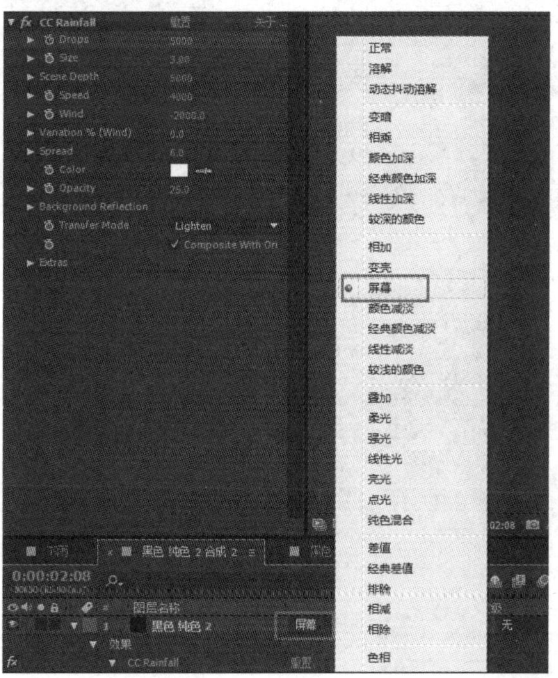


图 5-2-21

**09** 将黑色纯色层 2 进行预合成，如图 5-2-22（a）所示，并添加一个遮罩，如图 5-2-22（b）所示。

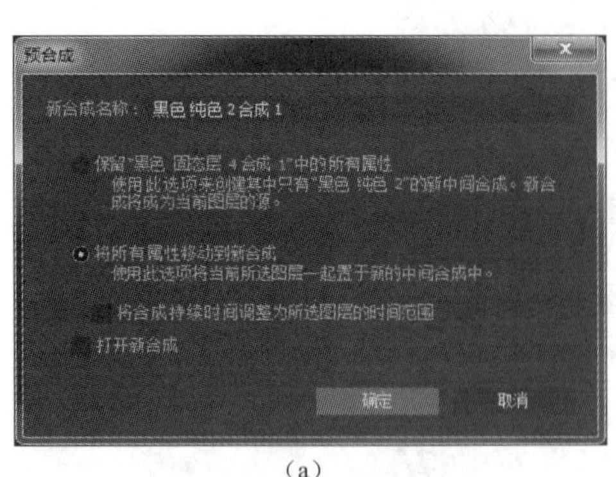


（a）

（b）

图 5-2-22

**10** 使用同样方法再制作一层，将雨滴设置小一些，实现远景雨效果，如图 5-2-23（a）、（b）所示。雨滴数量可以根据画面效果适当调整，效果如图 5-2-23（c）所示。

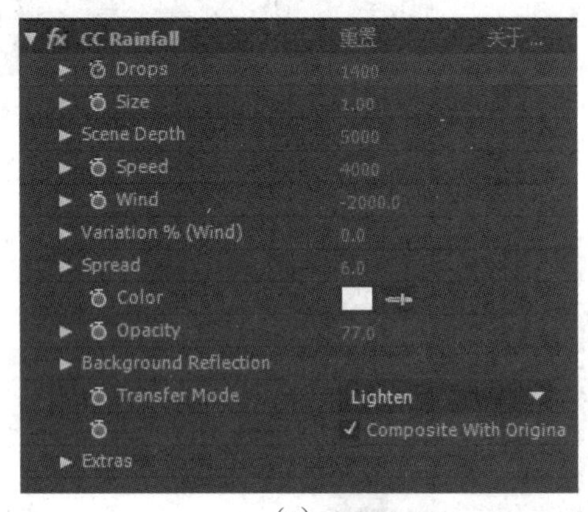


（a）

（b）

（c）

图 5-2-23

## 第 4 步　渲染及输出

选择“合成”→“添加到渲染列队”命令，在打开的“渲染列队”面板中对其中的参数进行设置，然后单击“渲染”按钮输出动画，如图 5-2-24 所示。

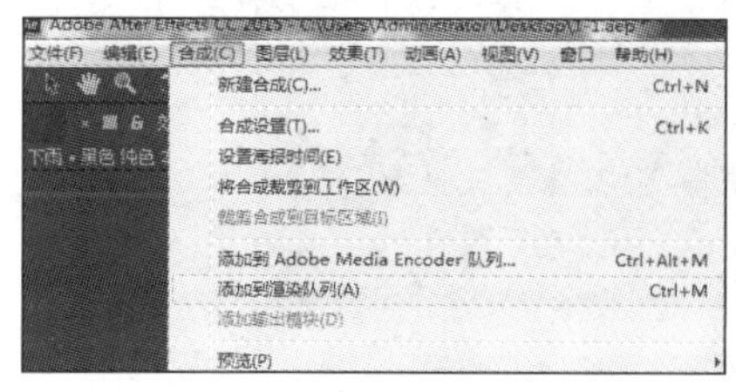

图 5-2-24

## 经验和小结

在本任务中，除了前景主体雨的动画设置外，还通过“CC Rainfall”滤镜进行中景雨和远景雨的设置，从而实现真实下雨场景的空间感。

另外，本任务多次使用预合成、图层嵌套及错开这些图层的位置实现密集的雨及落在水面上的圆圈效果。

## 思考和练习

**思考：**

对于雨点落在水面上圆圈荡开的效果，除了利用“圆形”特效外还可以用什么方法来完成？

**练习：**

使用“CC Rainfall”特效制作前景雨、中景雨及远景雨的效果，合理调节每层雨的大小、数量、速度及三层雨的关系，制作完成后和本任务的效果进行对比。

# 制作“天气变化”效果

### ◎ 任务导读

在计算机动漫和游戏制作过程中，经常需要制作各种自然场景及气象变换效果，包括云层滚动、下雨、闪电、流水等。本任务将综合介绍“分形杂色”“梯度渐变”“CC Rainfall”“高级闪电”“CC Mr.Mercury”“纯色层遮罩”和“水波世界”等运用技巧。

### ◎ 学习目标

通过制作天气变化短片，熟悉利用“梯度渐变”“分形杂色”“CC Rainfall”“高级闪电”“水波世界”等特效制作有关自然场景及气象变换效果的技巧。样片截图如图 5-3-1 所示。视频样片及相关资源见配套光盘。

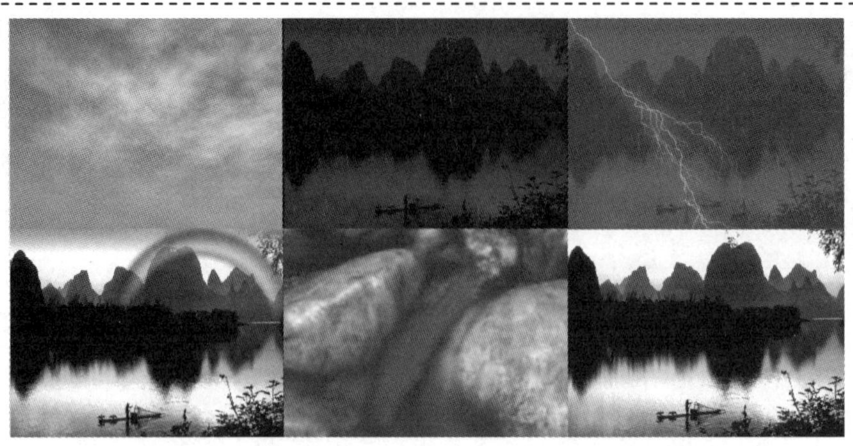

图 5-3-1

## 实践操作

素材资源：风景如画.jpg，小溪.jpg。

技能点拨：通过“分形杂色”“梯度渐变”特效完成云和天空的制作；通过“CC Rainfall”特效完成下雨动画效果；通过“高级闪电”特效完成闪电效果；通过纯色层和遮罩完成彩虹效果；通过“CC Mr.Mercury”特效完成溪水流动效果；通过“水波世界”特效完成湖水荡漾的动画效果。

制作流程：

| 第 1 步 | 第 2 步 | 第 3 步 | 第 4 步 | 第 5 步 | 第 6 步 | 第 7 步 | 第 8 步 |
|---|---|---|---|---|---|---|---|
| 素材导入 | 制作天空和云的动画 | 制作下雨动画 | 制作闪电 | 制作彩虹 | 制作溪水潺潺动画 | 制作湖水荡漾动画 | 渲染及输出 |

### 操作步骤

#### 第 1 步　素材导入

**01** 启动 AE，在选择项目界面中，单击“新建合成”图标，在弹出的“合成设置”对话框中，设置“合成名称”“预设”“持续时间”等选项，如图 5-3-2 所示。

**02** 完成合成组的建立之后，在“项目”面板中导入素材。右击“项目”面板空白处，在弹出的快捷菜单中选择“导入”→“文件”命令，将需要的素材导入，如图 5-3-3 所示。导入素材后，通过双击素材名称或图标，可以查看素材。

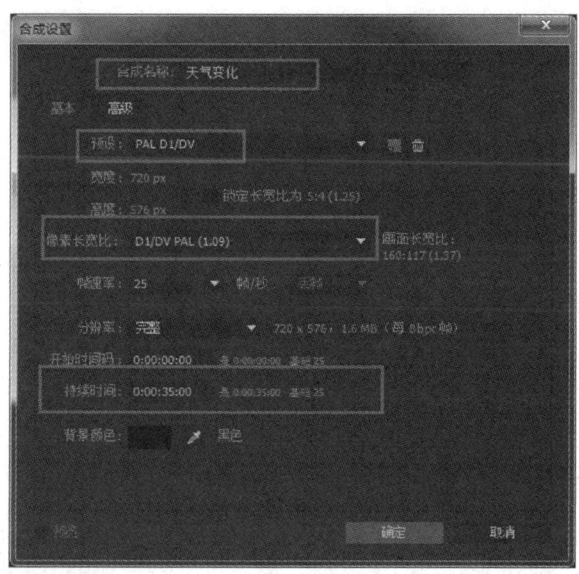


图 5-3-2

（a）

（b）

图 5-3-3

## 第 2 步　制作天空和云的动画

**01** 右击时间线面板空白处，在弹出的快捷菜单中选择“新建”→“纯色”命令，新建一个纯色层，命名为“云”。选择“云”纯色层，再选择“效果”→“杂色和颗粒”→“分形杂色”命令，添加“分形杂色”滤镜，如图 5-3-4 所示。

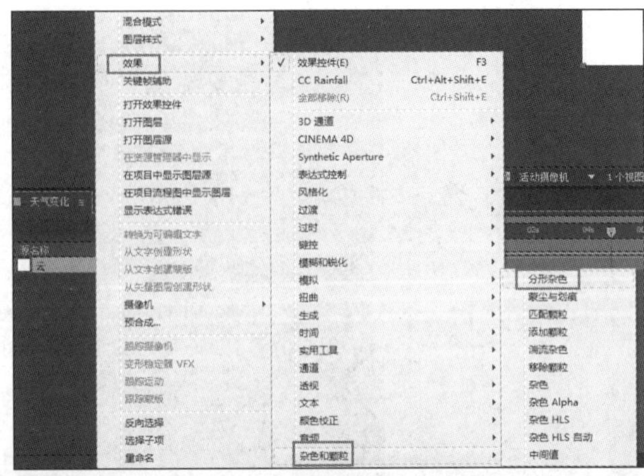


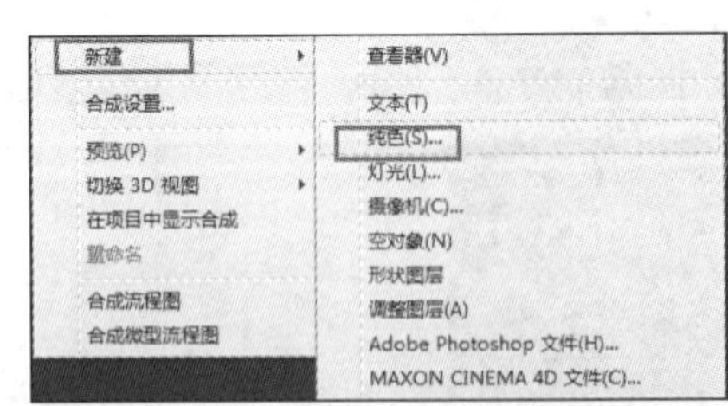


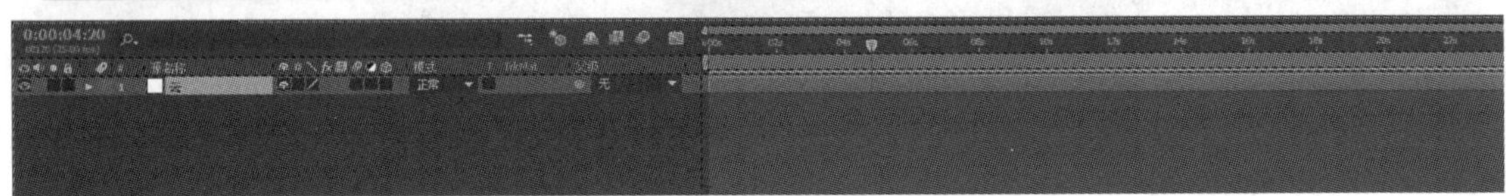


图 5-3-4

**02** 设置“分形杂色”特效，制作云的效果。为了让白色部分减少，设置“对比度”为 260。为了让白色不那么深，设置“亮度”为-15。为了让云运动，展开“变换”选项，打开“子位移”码表，在 0 秒处设置关键帧位置为（726，594），在 4 秒处设置关键帧位置为（-56，594）。为了让云产生变化，打开“演化”码表，在 0 秒处设置“演化”为“0x+0.0°”，在 4 秒处设置“演化”为“1x+0.0°”，如图 5-3-5 所示。

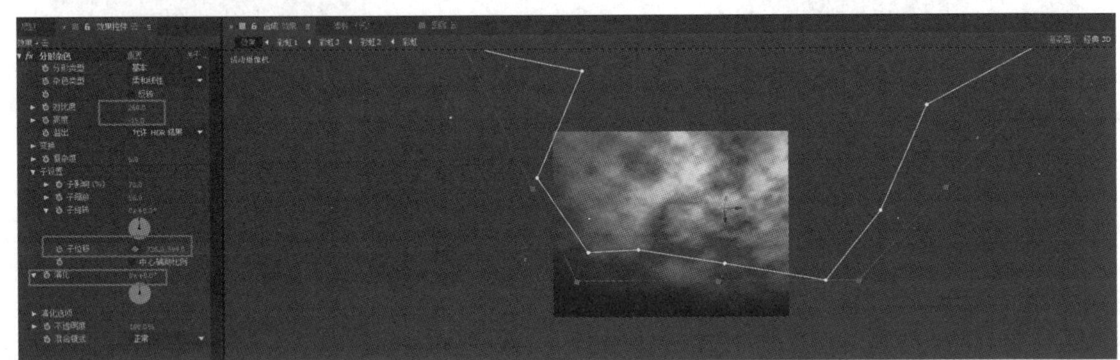

图 5-3-5

**03** 为短片添加“天空”背景。右击时间线面板空白处，在弹出的快捷菜单中选择“新建”→“纯色”命令，新建一个纯色层，命名为“蓝天”。选择“蓝天”纯色层，再选择“效果”→“生成”→“梯度渐变”命令，添加“梯度渐变”滤镜，设置“起始颜色”为#1578FF，如图 5-3-6 所示。

**04** 将白云添加在蓝天之下。选择“蓝天”图层，修改其混合模式为“屏幕”。“屏幕”模式在层混合时取亮值，可以完美地过滤上一层的黑色，只保留比较亮的部分。效果如图 5-3-7 所示。

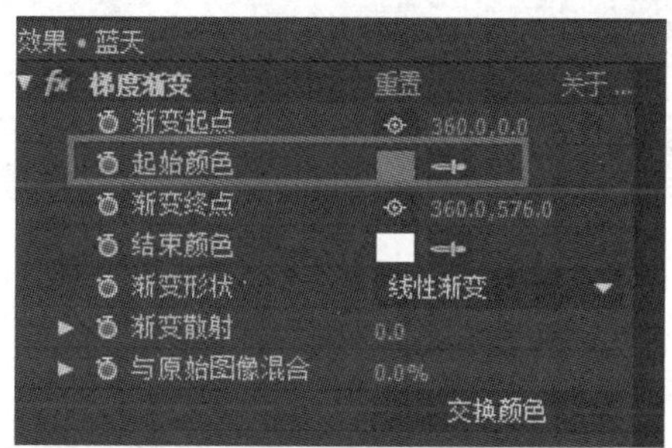


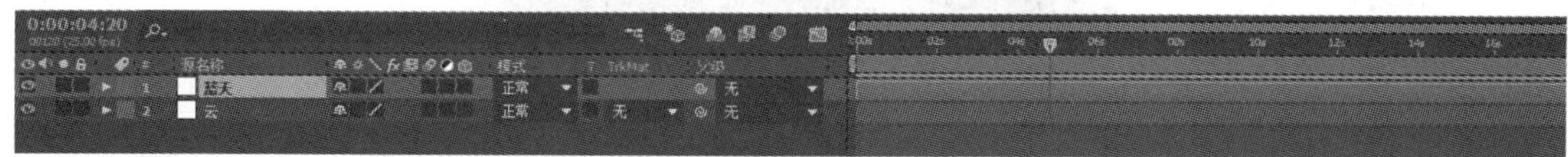


图 5-3-6

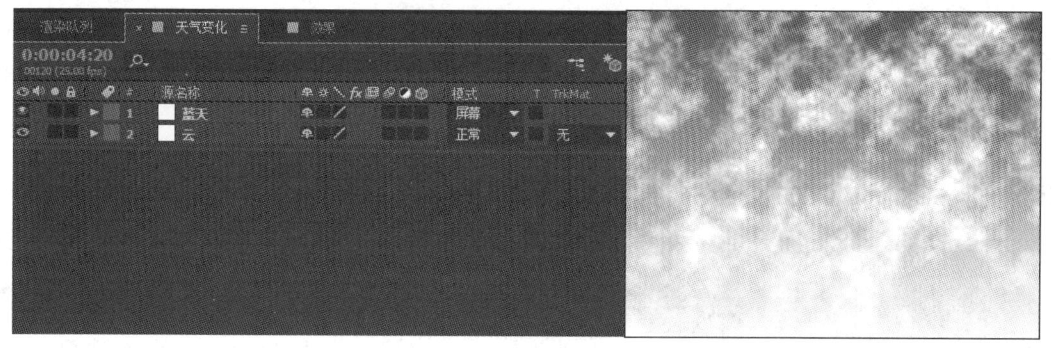


图 5-3-7

**05** 为了使云更逼真，为其添加透视效果。选择“云”图层，再选择“效果”→“扭曲”→“边角定位”命令，添加“边角定位”滤镜，设置“左上”为（-2，130），“右上”为（718，118），“左下”为（178，433），“右下”为（540，434），如图 5-3-8 所示。

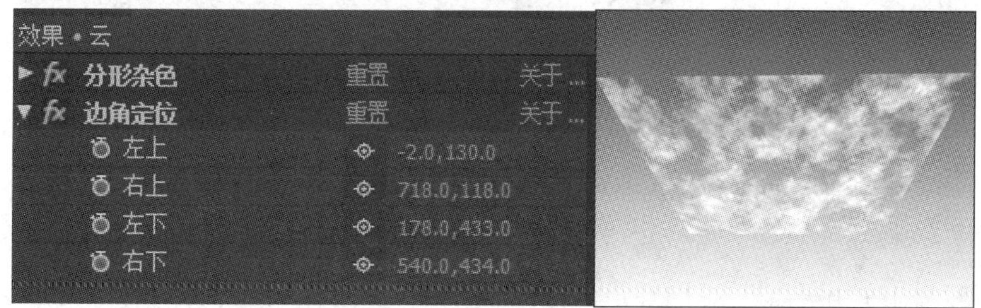


图 5-3-8

**06** 设置云的“缩放”为 188%，并修剪“天空”图层和“云”图层到 5 秒处，如图 5-3-9 所示。

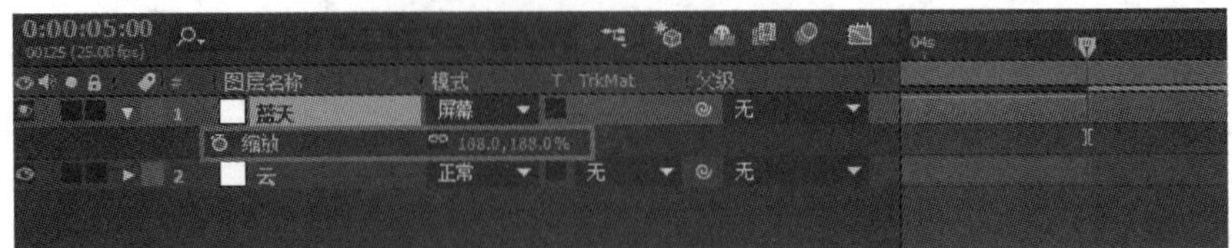

图 5-3-9

**小贴士**

除了利用“边角定位”特效使云产生空间透视感外，还可以通过打开“云”图层的“3D 图层”开关，并设置其 X 轴属性来达到同样的效果。

## 第 3 步 制作下雨动画

**01** 将素材“风景如画.jpg”拖动到时间线面板的 4 秒处。新建一个纯色层，命名为“前景雨”。选择“前景雨”纯色层，再选择“效果”→“模拟”→“CC Rainfall”命令，添加“CC Rainfall”滤镜，如图 5-3-10 所示。

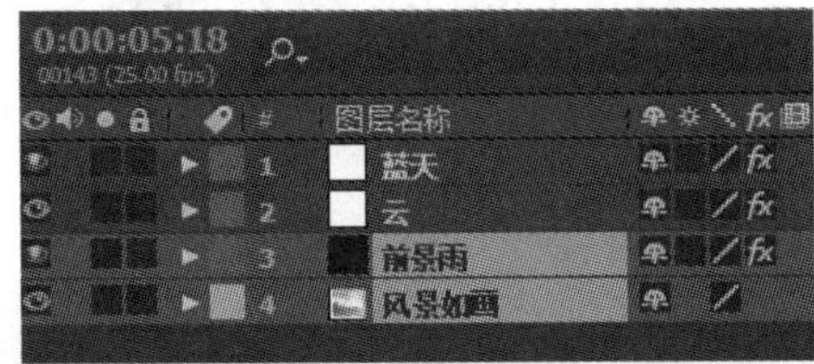

图 5-3-10

**02** 制作下雨效果。为了达到更好的效果，将雨分为三层来制作。首先制作前景雨，前景雨离人较近，所以视觉上比中景雨和远景雨的雨滴更大、更模糊。调整“前景雨”图层的“CC Rainfall”特效参数，设置“Drops”为 4500，“Speed”为 1100，“Size”为 3，“Opacity”为 30%，并且添加“高斯模糊”滤镜（菜单命令为“效果”→“模糊和锐化”→“高斯模糊”），设置“模糊度”为 1，效果如图 5-3-11（a）所示。用同样方法制作中景雨和远景雨，注意中景雨的数量比前景雨多，雨滴大小正常，镜头实，效果如图 5-3-11（b）所示；远景雨的数量更多，雨滴更小，较为模糊，镜头虚，效果如图 5-3-11（c）所示。

**03** 完成前景雨、中景雨、远景雨设置后，修改三个图层的叠加模式为“屏幕”，如图 5-3-12 所示。

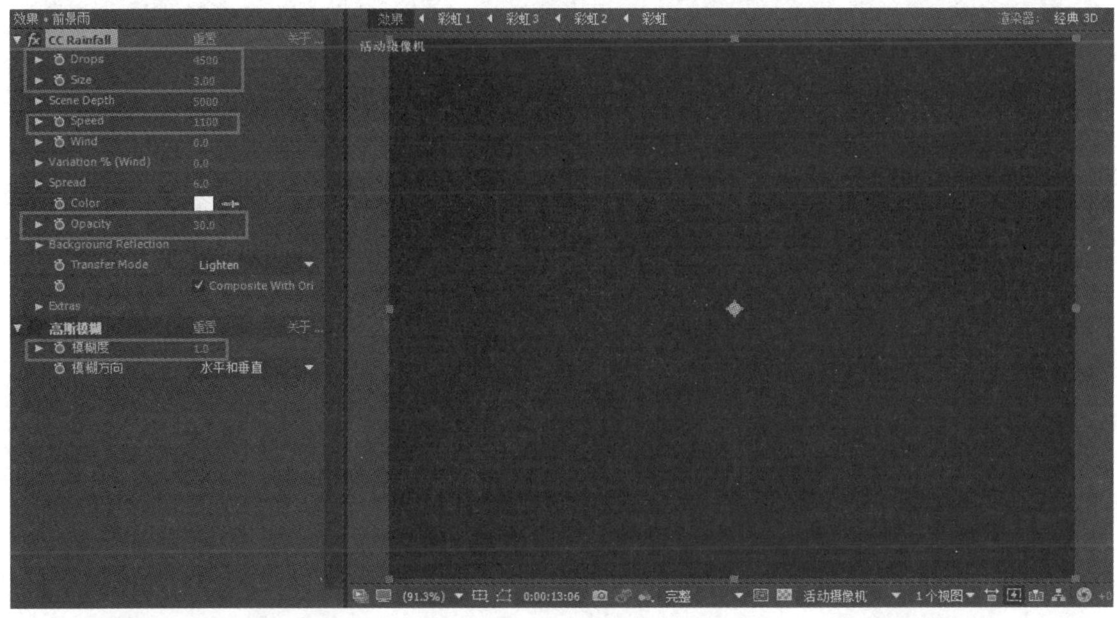


（a）

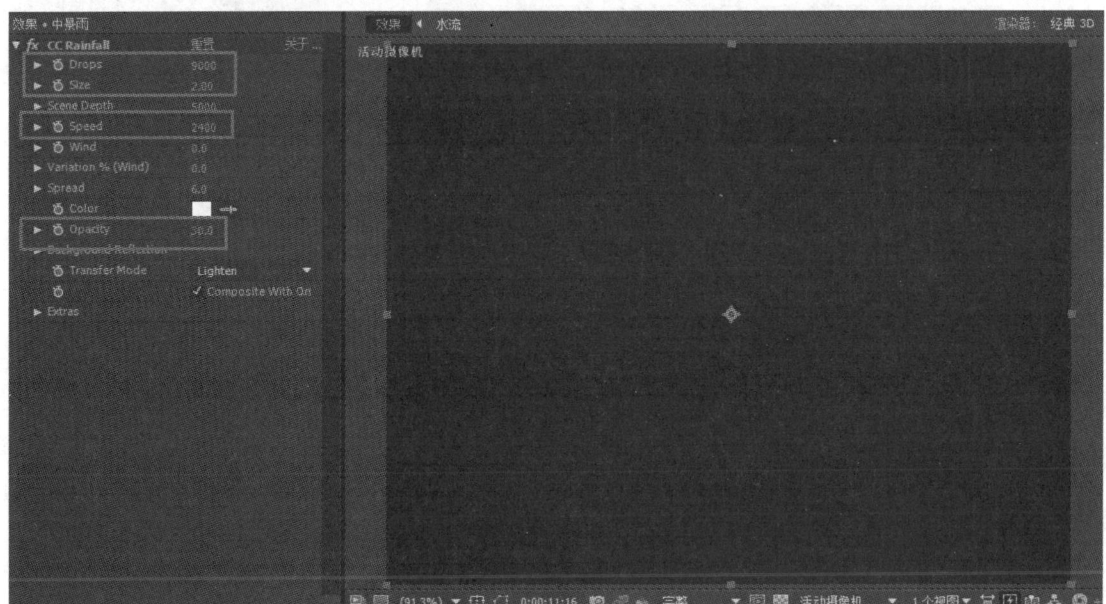


（b）

图 5-3-11

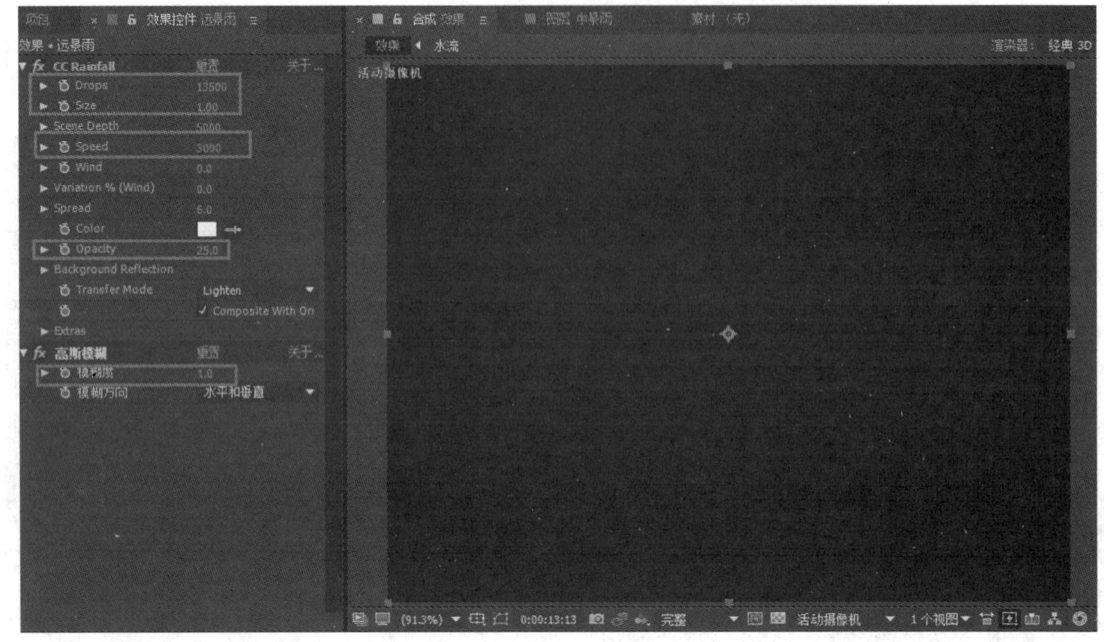

(c)

图 5-3-11（续）

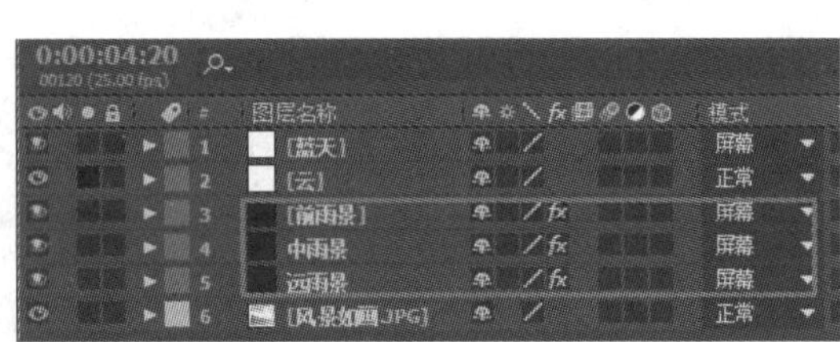

图 5-3-12

**小贴士**

1. 修改叠加模式时，可以选择多个需要修改的图层（按住 Shift 键或者直接框选），统一修改叠加模式。

2. 设置雨的纯色层时，纯色层的颜色一定要设置为黑色，以方便去黑底。

**04** 制作转场。当由“蓝天”场景转到“风景如画”场景时，需要一个闪白效果。新建一个白色纯色层，命名为“闪白”。修剪纯色层的长度为 10 帧，打开“不透明度”码表，在 0 帧处设置“不透明度”为 0，在 5 帧处设置“不透明度”为 100%，在 10 帧处设置“不透明度”为 0。完成后，将“闪白”图层置于 3 秒 20 帧处，如图 5-3-13 所示。

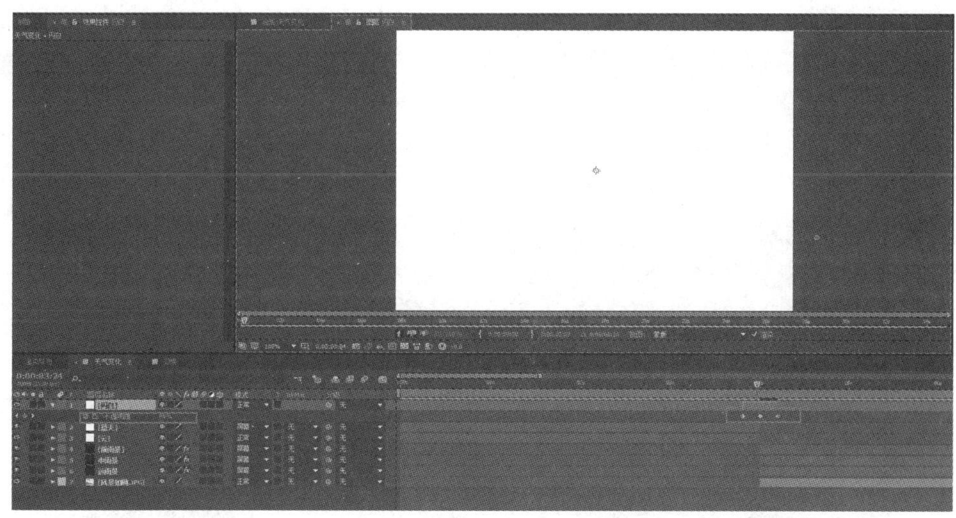

图 5-3-13

05 将场景变暗。新建一个黑色纯色层，命名为“变暗”。打开“不透明度”码表，在 4 秒 18 帧处设置“不透明度”为 0，在 6 秒 04 帧处设置“不透明度”为 60%，如图 5-3-14 所示。

06 为了让雨的效果更真实，对其做“不透明度”动画。首先调整前景雨的“不透明度”属性，在 6 秒处设置为 0，在 8 秒处设置为 100%。然后调整中景雨的“不透明度”属性，在 8 秒处设置为 0，在 10 秒处设置为 100%。最后调整背景雨的“不透明度”属性，在 10 秒处设置为 0，在 12 秒处设置为 100%。效果如图 5-3-15 所示。

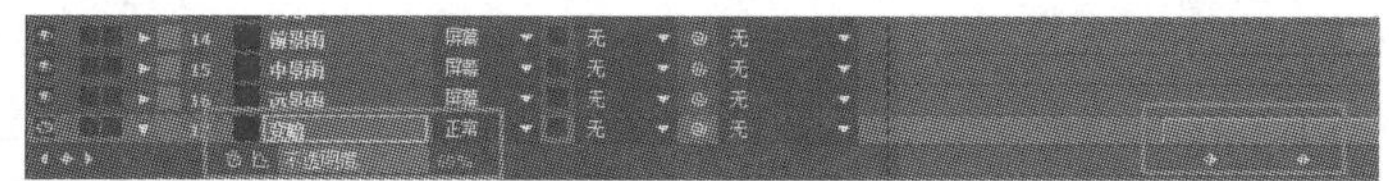

图 5-3-14

图 5-3-15

07 制作雨滴落在湖面产生的涟漪效果。复制“风景如画.jpg”图层置于上层，用钢笔工具在水面部分绘制遮罩，再选择“效果”→“模拟”→“CC Drizzle”命令，添加“CC Drizzle”滤镜，参数设置及效果如图 5-3-16 所示。为风景如画复制层设置“不透明度”动画，打开“不透明度”码表，在 7 秒 16 帧处设置“不透明度”为 0，在 9 秒 9 帧处设置“不透明度”为 100%，在 16 秒 8 帧处设置“不透明度”为 100%，在 18 秒 9 帧处设置“不透明度”为 0。

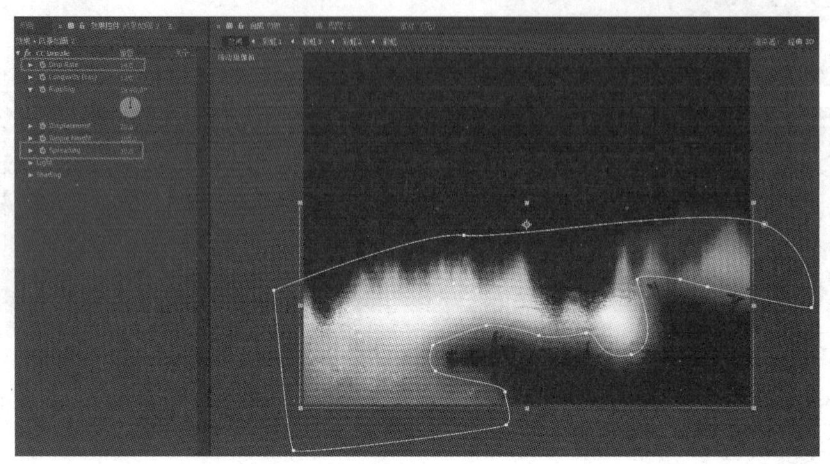

图 5-3-16

## 第 4 步 制作闪电

01 制作闪电。新建一个黑色纯色层，命名为“闪电”。选择“闪电”纯色层，再选择“效果”→“生成”→“高级闪电”命令，添加“高级闪电”滤镜。修剪“闪电”图层为 10 帧，并对其做“不透明度”动画，打开“不透明度”码表，在 0 帧处设置“不透明度”为 100%，在 10 帧处设置“不透明度”为 0。再复制两个“闪电”图层，并改变其方向，分别将其置于 10 秒 9 帧处、11 秒 6 帧处、12 秒 18 帧处，效果如图 5-3-17 所示。

图 5-3-17

**02** 为闪电添加闪白效果。新建一个白色纯色层，命名为“闪白 2”。修剪“闪白 2”图层为 10 帧，对其做“不透明度”动画，打开“不透明度”码表，在 0 帧处设置“不透明度”为 65%，在 10 帧处设置“不透明度”为 0。调整“闪白 2”图层和“闪电”图层的位置，实现打雷时天空变亮的效果。用同样方法制作多个闪电和闪白，如图 5-3-18 所示。

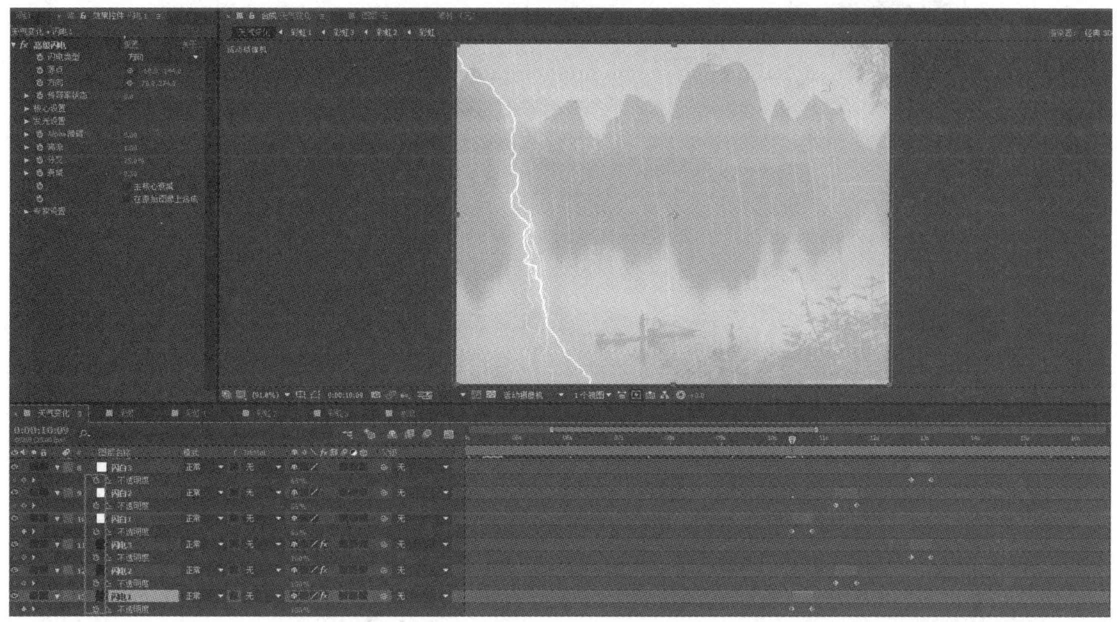

图 5-3-18

**小贴士**

完成一个闪电和闪白的动画制作后，可以使用 Ctrl+D 组合键复制多个“闪电”图层和“闪白”图层。

### 第 5 步 制作彩虹

**01** 新建一个合成，命名为“彩虹”。按彩虹颜色新建 7 个纯色层，如图 5-3-19（a）所示。按 S 键打开纯色层的“缩放”属性，调整 Y 轴缩放为 3%，将 7 个纯色层按彩虹颜色顺序排放，如图 5-3-19（b）所示。

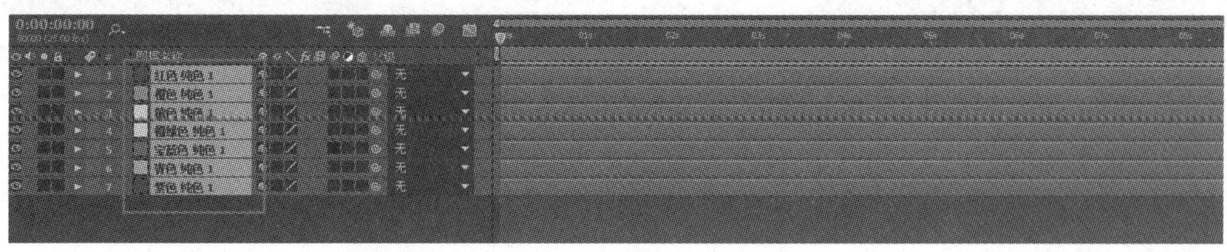

（a）

图 5-3-19

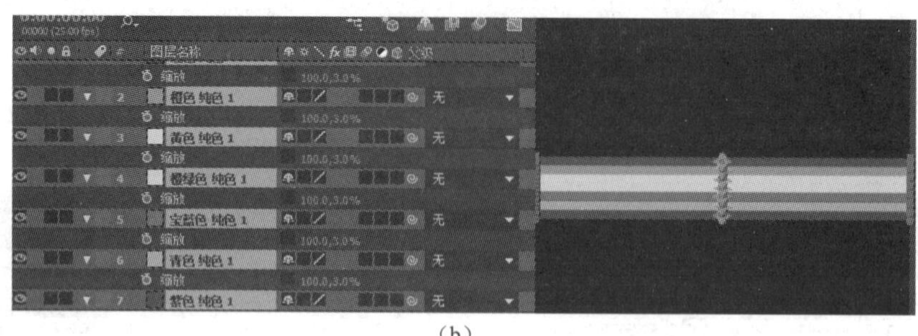

（b）

图 5-3-19（续）

**02** 对彩虹做模糊处理。选择 7 个纯色层，按 Ctrl+Shift+C 组合键对其进行预合成，命名为“彩虹 1”，如图 5-3-20（a）所示。选择“彩虹 1”图层，再选择“效果”→“模糊和锐化”→“快速模糊”命令，添加“快速模糊”滤镜，设置“模糊度”为 53，“模糊方向”为“垂直”，并且调整其“不透明度”为 43%，如图 5-3-20（b）所示。

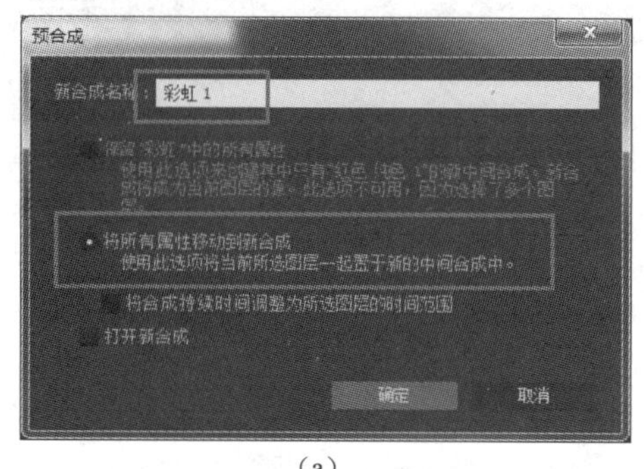


（a）

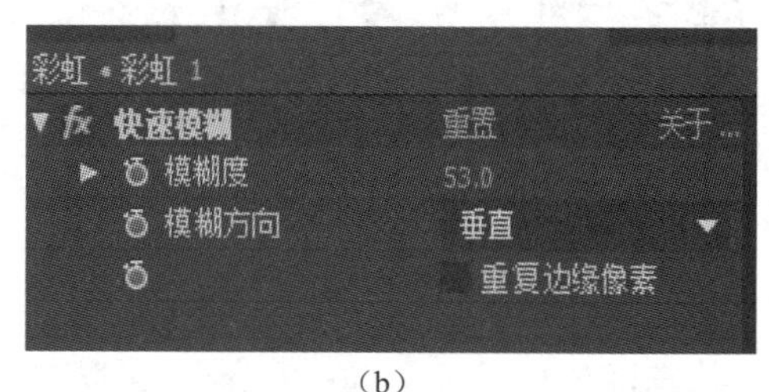


（b）

图 5-3-20

**03** 制作半圆形彩虹。对“彩虹 1”图层再次进行预合成，命名为“彩虹 2”。选择“彩虹 2”图层，再选择“效果”→“扭曲”→“极坐标”命令，添加“极坐标”滤镜，设置“插值”为 100%，设置“转换类型”为“矩形到极线”。再对其进行“预合成”，命名为“彩虹 3”，然后对其添加一个遮罩，遮住下半部分，并调整“蒙版羽化”，如图 5-3-21 所示。

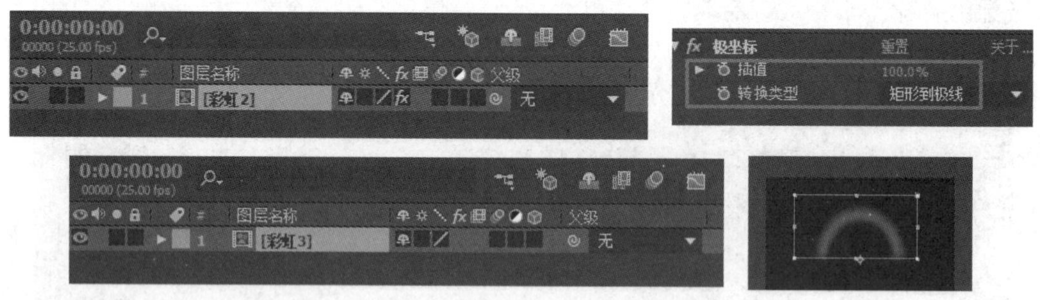


图 5-3-21

**04** 将“彩虹 1”图层拖动到时间线面板中，置于“风景如画”图层之上。选择“彩虹 1”图层，打开其 3D 图层开关，调整其“位置”“旋转”参数，使彩虹效果符合透视规律。对“彩虹 1”图层做“不透明度”动画，使彩虹有逐渐出现和逐渐消失的过程，如

图 5-3-22（a）所示。效果如图 5-3-22（b）所示。

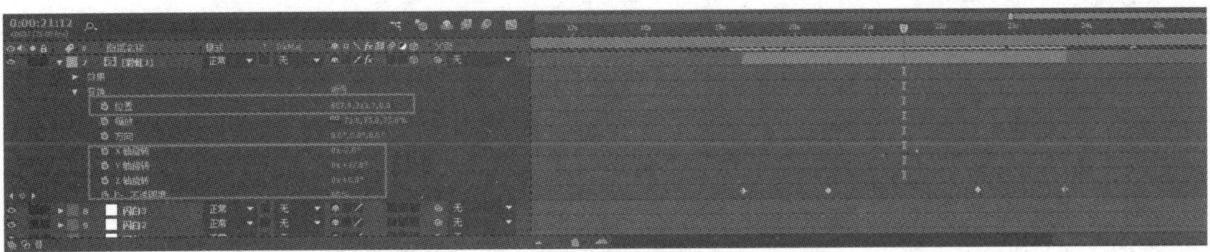

（a）

（b）

图 5-3-22

**小贴士**

1. 打开图层的一个属性后，按住 Shift 键后可以继续打开另外一个属性。
2. 可以用 Optical Flares 光效插件制作彩虹效果，如图 5-3-23 所示。

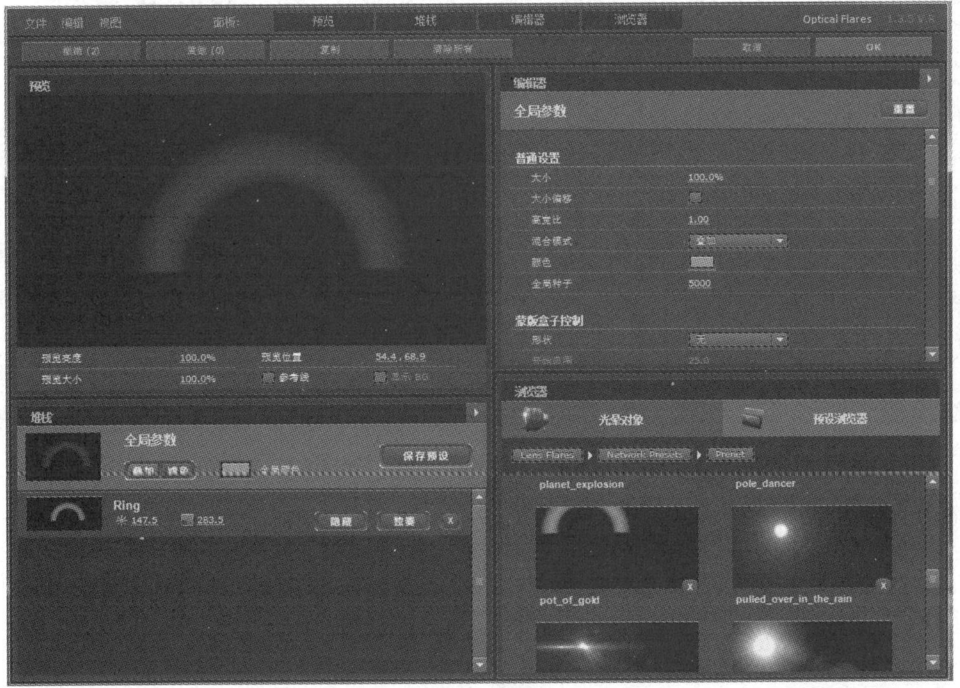


图 5-3-23

## 第 6 步　制作溪水潺潺动画

01 再次将素材“风景如画.jpg”和“小溪.jpg”拖动到时间线面板中，并将素材“小溪.jpg”置于“风景如画”图层之上。为“风景如画”图层和“小溪”图层添加闪白效果，如图 5-3-24 所示。

图 5-3-24

02 制作流水潺潺效果。首先复制一层“小溪”，命名为“小溪流水”。选择“小溪流水”图层，再选择“效果”→“模拟”→“CC Mr.Mercury”命令，添加“CC Mr.Mercury”滤镜，设置“Animation”为“Jet”，设置“Producer”为（594.7，-93），设置“Blob Death Size”为 1.25，如图 5-3-25 所示。

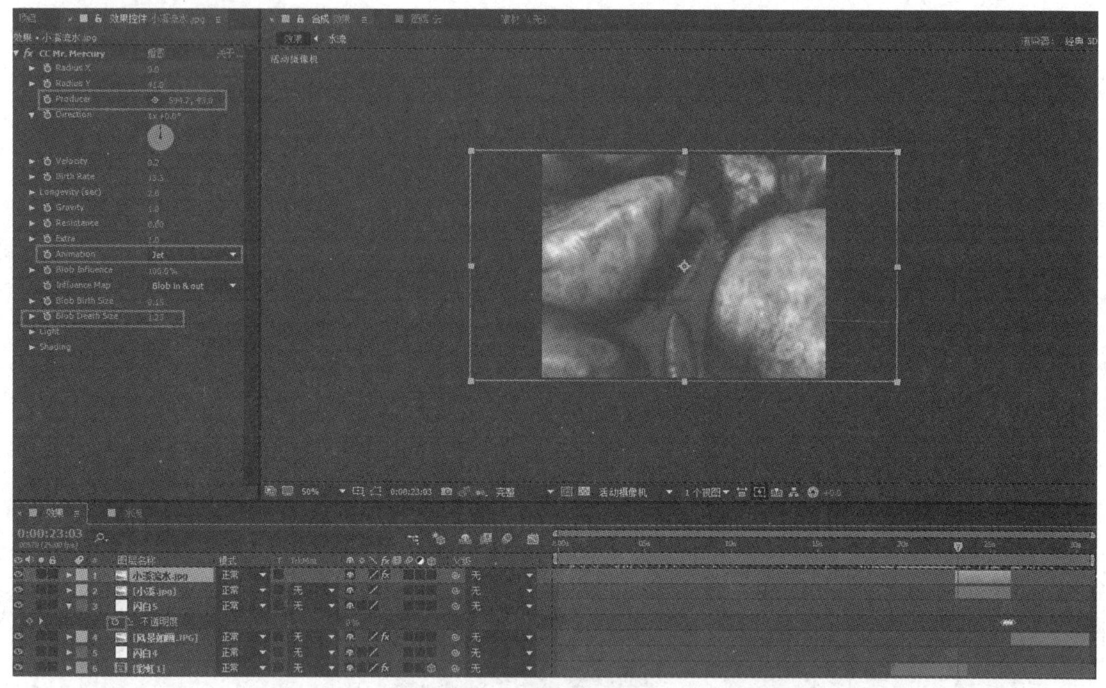

图 5-3-25

03 为了让水流符合小溪的形状，需要用遮罩工具对其进行遮挡。选择“小溪流水”图层，按 Ctrl+Shift+C 组合键对其进行预合成。预合成后，选择钢笔工具，按小溪形状绘制蒙版，并设置“蒙版羽化”，如图 5-3-26 所示。

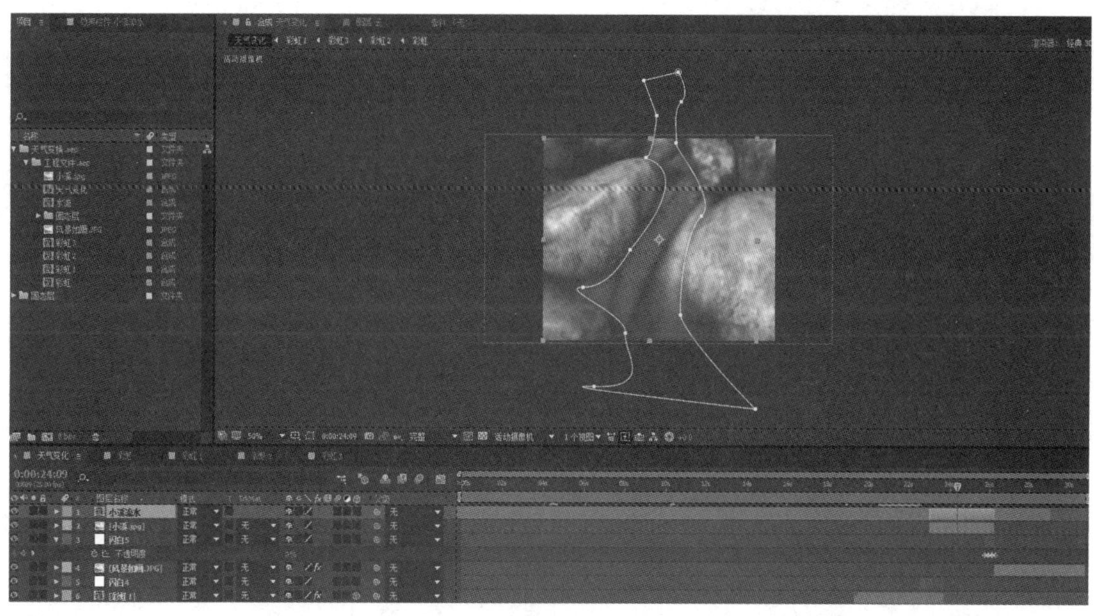

图 5-3-26

## 第 7 步 制作湖水荡漾动画

**01** 将“风景如画”素材复制一层，并置于“小溪流水”图层上面，如图 5-3-27（a）所示，效果如图 5-3-27（b）所示。

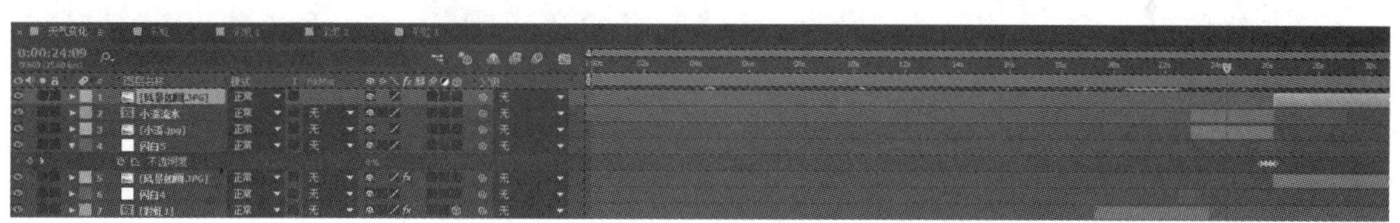

（a）

（b）

图 5-3-27

**02** 制作湖水荡漾动画。选择上面的“风景如画”图层，为使湖水波动时不影响其他场景，为其绘制蒙版，然后选择“效果”→“扭曲”→“波形变形”命令，添加“波形变形”滤镜，参数设置及效果如图 5-3-28 所示。

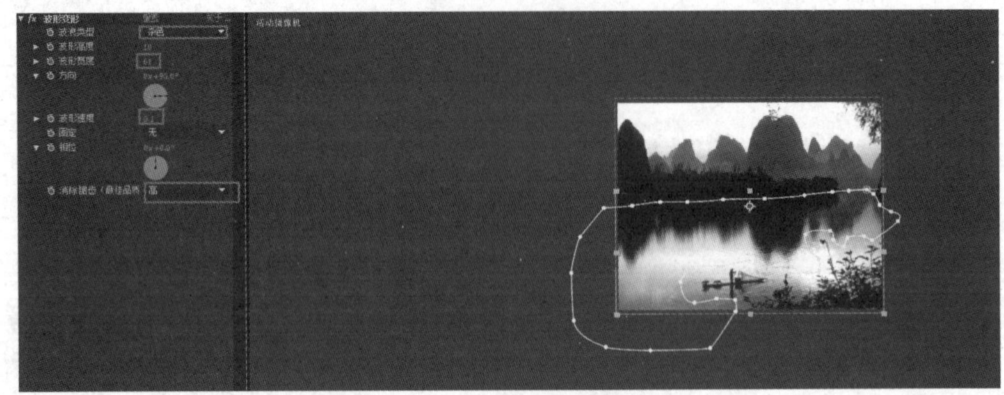

图 5-3-28

**第 8 步　渲染及输出**

按 Ctrl+M 组合键，在弹出的“渲染队列”对话框中为影片命名，并单击“保存”按钮。将时间线面板切换至“渲染队列”面板，设置“渲染设置”为“最佳设置”。

## 经验和小结

在制作本短片时，使用了多个合成及预合成，大家在制作时需要理清它们之间的关系。通过合成结构图，可以了解总合成的结构和各图层的嵌套关系。打开合成结构图的方法有两种：①使用“合成”→“显示合成结构图”命令；②在时间线面板中选中某个图层的时候按 Shift 键。

## 思考和练习

**思考：**

利用 AE 还可以完成哪些自然场景及天气效果的特效制作？

**练习：**

1. 通过调整“CC Mr.Mercury”参数制作雨从窗户上滴落的效果，如图 5-3-29 所示。

图 5-3-29

2. 制作“天气变化”效果拓展练习（操作提示、素材和样片见配套光盘）。

# 任务5.4 制作“雪和雾”效果

◎ 任务导读

在影视动漫后期特效制作合成中，需要经常制作“汽”“雾”“雪”等效果。本任务将介绍Particular特效插件、“CC Snowfall”特效、不透明度动画、闪白转场等应用技巧。读者可以举一反三，制作出更多类似的特效。

◎ 学习目标

通过制作“雾和雪”短片，熟悉“不透明度”“CC Snowfall”及Particular插件的一些应用技巧。样片截图如图5-4-1所示。视频样片及相关资源见配套光盘。

图5-4-1

## 实践操作

素材资源：背景1.jpg，背景2.jpg，雪花.psd。

技能点拨：通过Particular插件及其粒子替代完成起雾及六角形雪花飘落效果；通过“CC Snowfall”特效完成雪景的远景效果；通过“不透明度”工具完成闪白转场效果。

制作流程：

| 第1步 | 第2步 | 第3步 | 第4步 | 第5步 |
|---|---|---|---|---|
| 素材导入和文件管理 | 制作起雾效果 | 制作下雪效果 | 总合成 | 渲染及输出 |

### 操作步骤

#### 第1步 素材导入和文件管理

01 启动AE，在选择项目界面中，单击“新建合成”图标，在弹出的“合成设置”对话框中设置“合成名称”“预设”“持续时间”等选项，如图5-4-2所示。

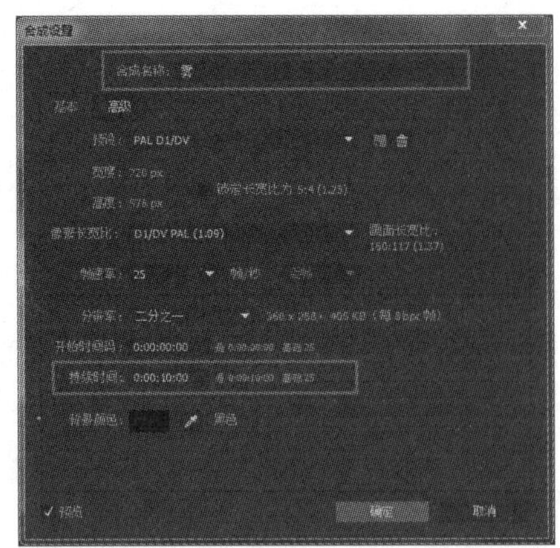


图 5-4-2

**02** 导入素材。右击“项目”面板空白处，在弹出的快捷菜单中选择“导入”→“文件”命令将素材导入后，将“背景 1”“背景 2”“雪化”导入，如图 5-4-3（a）所示。导入素材后，通过双击素材名称或图标，可以查看素材，如图 5-4-3（b）所示。

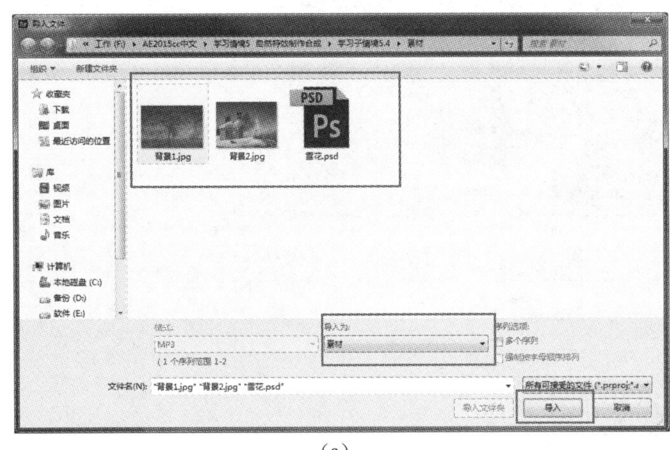


（a）

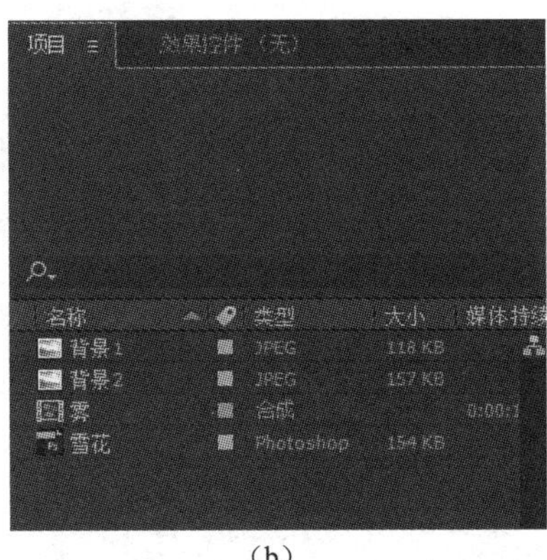


（b）

图 5-4-3

### 第 2 步 制作起雾效果

**01** 将素材“背景 1”拖动到时间线面板中，如图 5-4-4（a）所示。选择“背景 1”素材后，按 Ctrl+Alt+F 组合键使其充满窗口，如图 5-4-4（b）所示。

（a）

（b）

图 5-4-4

**02** 新建一个黑色纯色层，命名为“雾”，如图 5-4-5 所示。

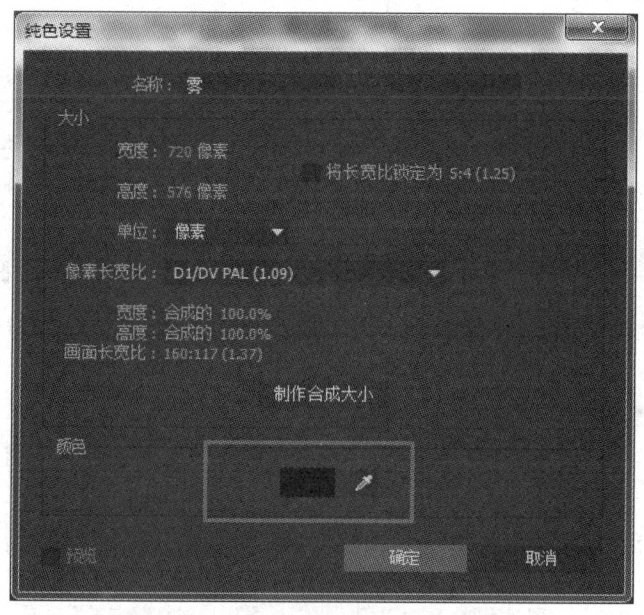


图 5-4-5

**03** 右击“雾”图层，在弹出的快捷菜单中选择“效果”→“Trapcode”→“Particular”命令，如图 5-4-6 所示。

**04** 在特效控制台中展开“发射器”“粒子”“渲染”选项，并设置相关参数，如图 5-4-7 所示。

**05** 右击时间线面板空白处，在弹出的快捷菜单中选择“新建”→“摄像机”命令，在弹出的“摄像机设置”对话框中设置“名称”为“摄像机 1”，“预设”为“35 毫米”，如图 5-4-8 所示。

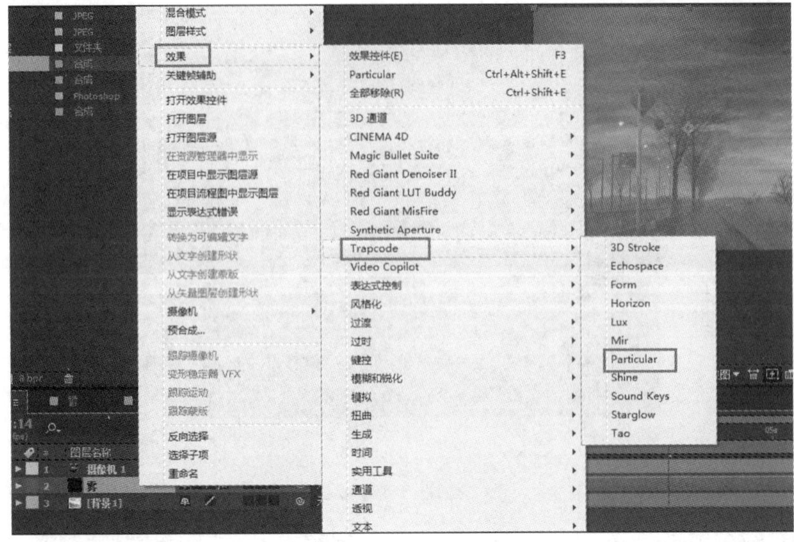


图 5-4-6

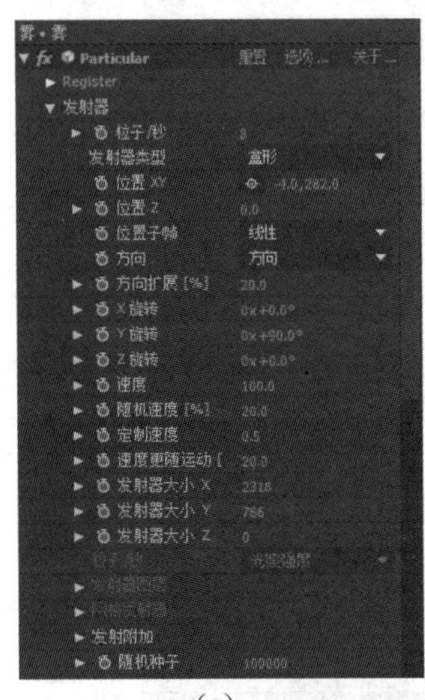


(a)

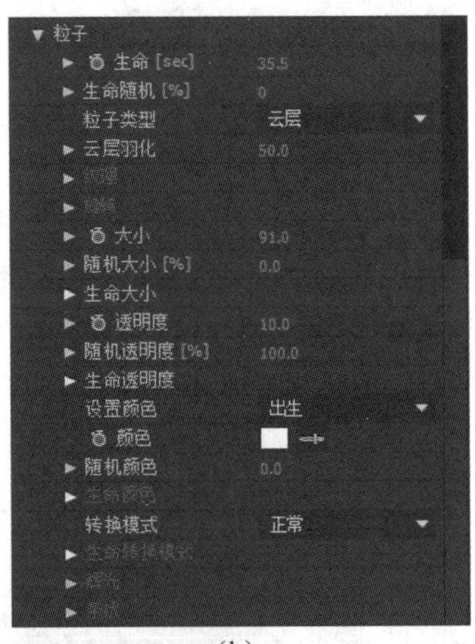


(b)

渲染
渲染模式 全渲染
粒子数量 100.0
深度域 摄像机设置
深度域类型 平滑
转换模式 没有
透明度 100.0
运动模糊

(c)

图 5-4-7

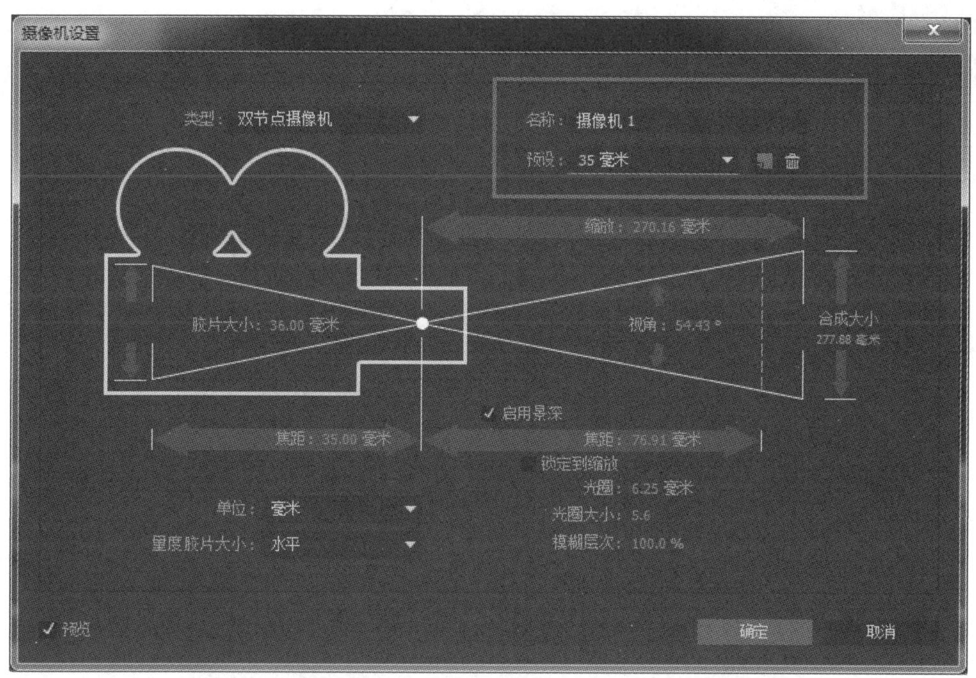


图 5-4-8

**06** 选择“摄像机 1”图层，展开“摄像机选项”选项，设置“缩放”为 765.8 像素，“景深”为“开”，“焦距”为 218 像素，打开“光圈”码表，在 4 秒处设置“光圈”为 1650 像素，在 9 秒 24 帧处设置“光圈”为 1000 像素，如图 5-4-9 所示。

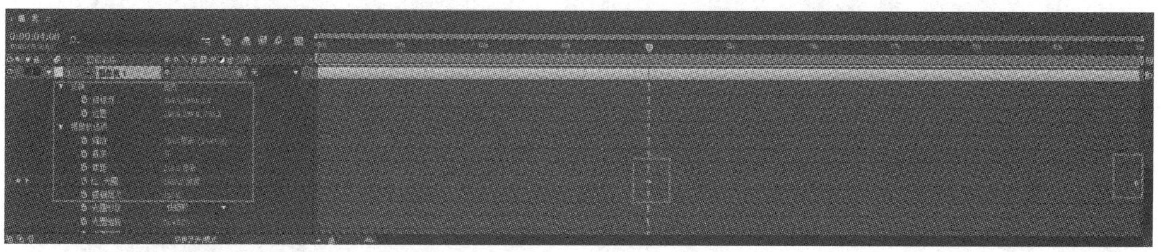

图 5-4-9

**小贴士**

利用摄像机工具，不仅可以模拟摄像机运动的效果，而且可以通过打开“景深”功能并调节“焦距”“光圈”等参数模拟画面景深的效果。

### 第 3 步　制作下雪效果

**01** 选择“图像合成”→“新建合成”命令（快捷键为 Ctrl+N），在弹出的“合成设置”对话框中设置“合成名称”“预设”“持续时间”等选项，如图 5-4-10 所示。

**02** 将素材“背景 2”“雪花”拖动到“雪”合成中。选择“背景 2”素材后，按 Ctrl+Alt+F

组合键使其充满窗口，如图 5-4-11 所示。

**03** 新建一个黑色纯色层，命名为“CC 下雪”，如图 5-4-12 所示。

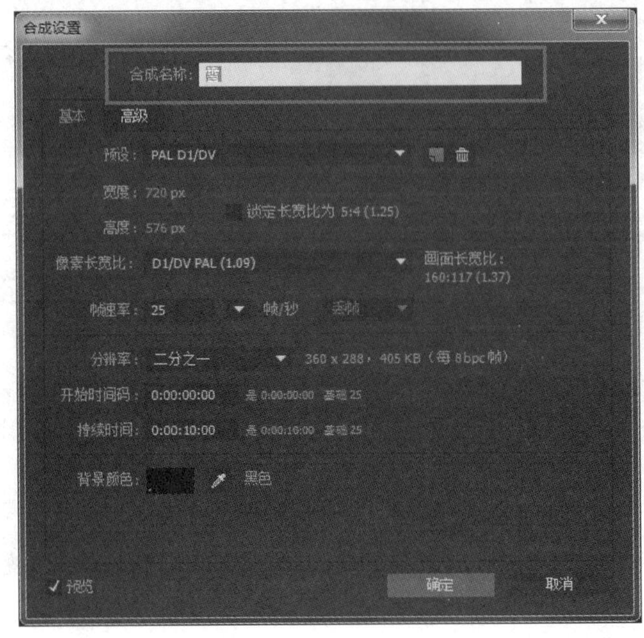


图 5-4-10

图 5-4-11

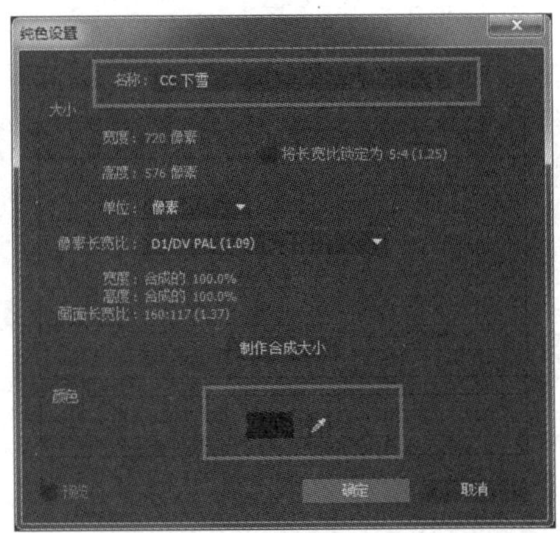


图 5-4-12

**04** 选择“CC 下雪”图层，再选择“效果”→“模拟”→“CC Snowfall”命令，添加“CC Snowfall”滤镜，并设置相关参数，如图 5-4-13（a）所示。将“CC 下雪”图层的模式设置为“屏幕”，如图 5-4-13（b）所示，此时在“背景 2”中呈现雪的远景效果。

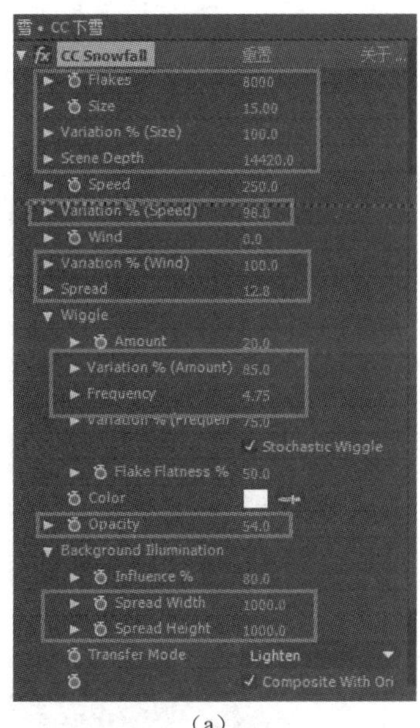


(a)

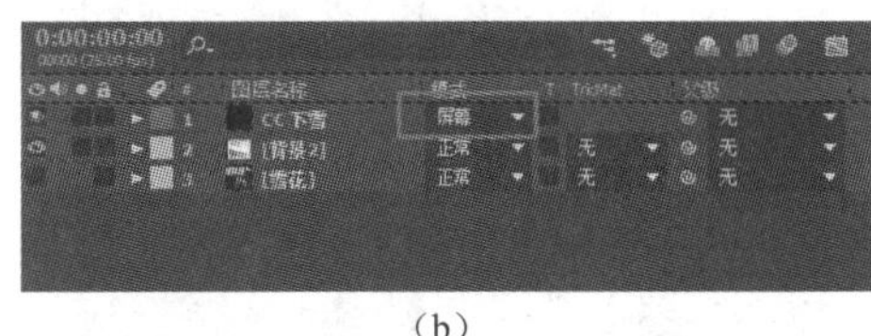

(b)

图 5-4-13

**小贴士**

常用的能将黑色背景去除的图层叠加模式有叠加、变亮、屏幕等。

**05** 新建一个黑色纯色层，命名为“粒子替代”，如图 5-4-14（a）所示。选择“粒子替代”图层，再选择“效果”→“Trapcode”→“Particular”命令，添加 Particular 滤镜，如图 5-4-14（b）所示。

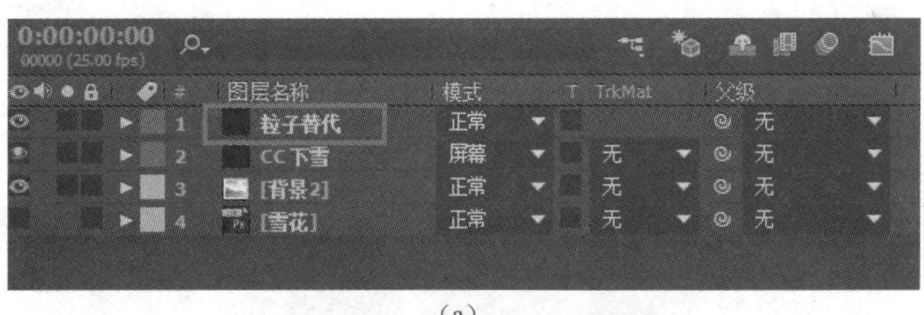


(a)

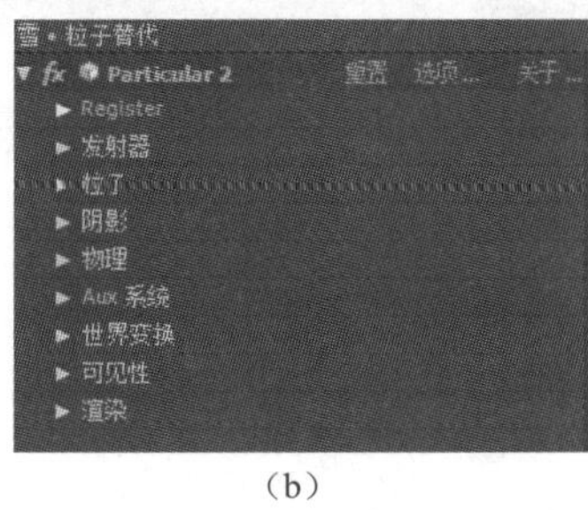


(b)

图 5-4-14

**06** 在特效控制台中展开“发射器”“粒子”“渲染”选项，并设置相关参数，这里注意设置“粒子类型”为“纹理多边形”，粒子图层为“5.雪花”，如图 5-4-15 所示。至此完成六角形雪花飘落的效果。

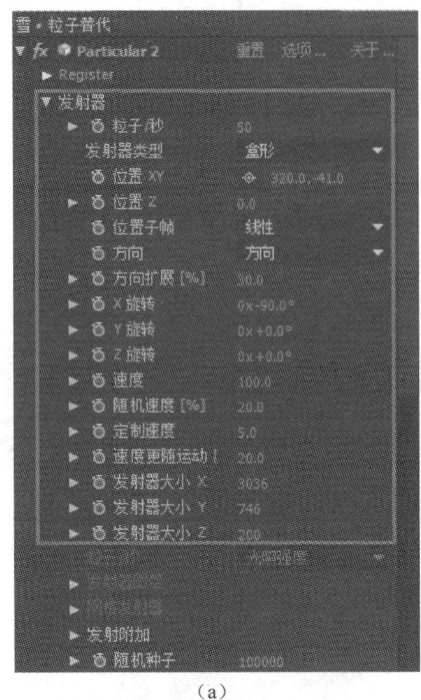


(a)

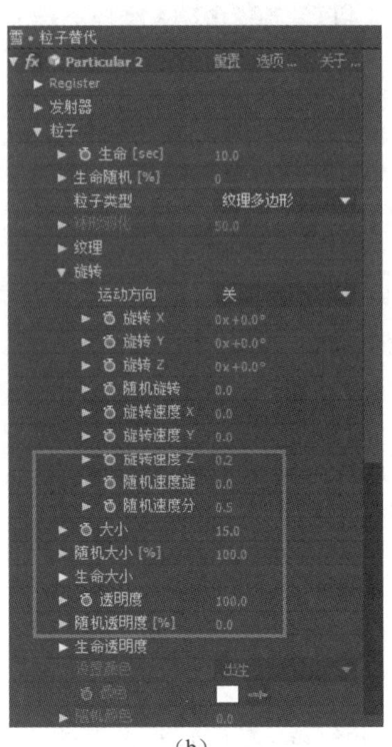


(b)

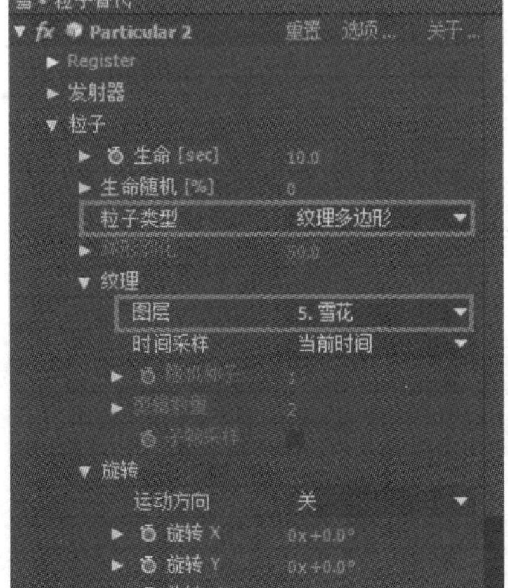


(c)

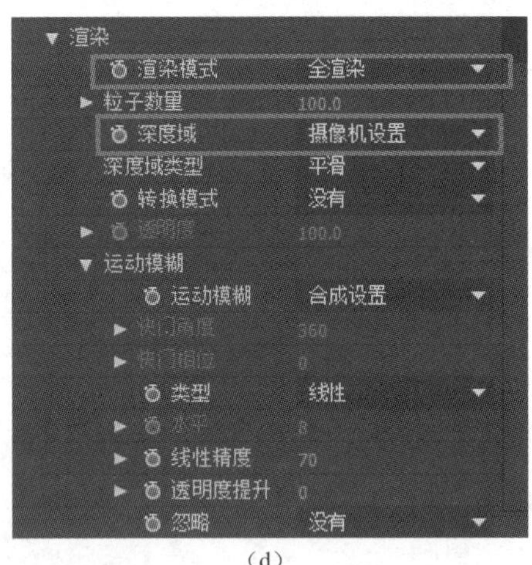


(d)

图 5-4-15

**小贴士**

使用不同的材质图层进行粒子替代可以产生许多奇妙的效果，如落叶纷飞、群蝶飞舞等。

**07** 右击时间线面板空白处，在弹出的快捷菜单中选择“新建”→“摄像机”命令，在弹出的“摄像机设置”对话框中设置“名称”为“摄像机 1”，“预设”为“35 毫米”。选择“摄像机 1”图层，展开“摄像机选项”选项，设置“缩放”为 765.8 像素，“景深”为“开”，“焦距”为 437 像素，“光圈”为 30 像素，“模糊层次”为 150%，如图 5-4-16 所示。

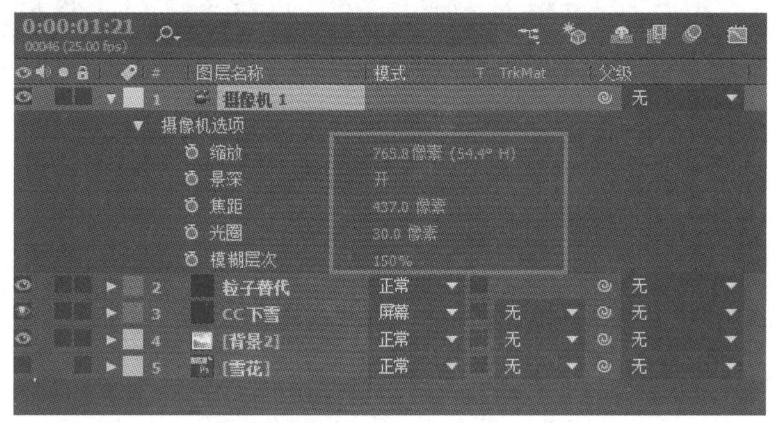


图 5-4-16

## 第 4 步　总和成

**01** 选择“图像合成”→“新建合成”命令（快捷键为 Ctrl+N），在弹出的“合成设置”对话框中设置“合成名称”“预设”“持续时间”等选项，如图 5-4-17 所示。

**02** 将“雾”和“雪”作为素材拖动到“总合成”中。按 Ctrl+Y 组合键新建一个白色纯色层，命名为“闪白”，如图 5-4-18 所示。

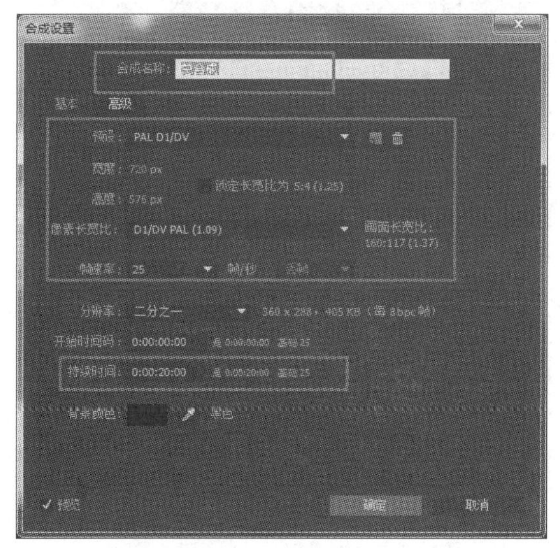


图 5-4-17

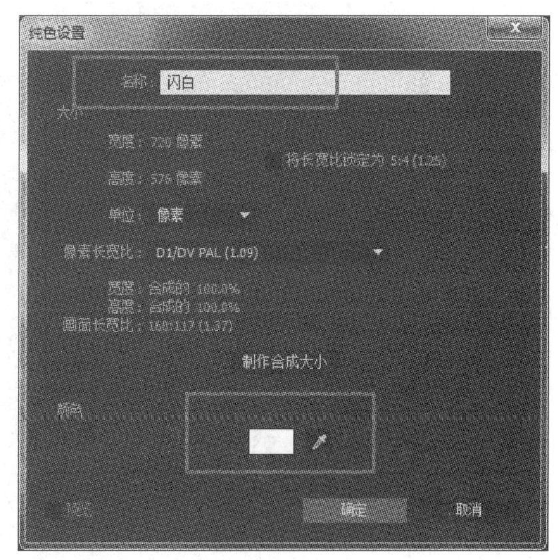


图 5-4-18

**03** 将“闪白”图层拖动到“雾”图层和“雪”图层的中间位置，并按 T 键打开“不透明度”属性，打开“不透明度”码表，在 10 秒处设置“不透明度”为 100%，在 10 秒 20 帧处设置“不透明度”为 0，如图 5-4-19 所示。至此完成闪白转场的效果。

图 5-4-19

**第 5 步　渲染及输出**

按 Ctrl+M 组合键进行渲染及输出。

## 经验和小结

本任务中使用白色纯色层制作闪白效果，使用黑色纯色层制作黑场效果。粒子效果很多，不仅可以使用粒子滤镜中自带的基本形态粒子，还可以自定义粒子。

## 思考和练习

**练习：**

1. 制作开水杯中热气冒出的效果。
2. 完成如图 5-4-20 所示效果。

图 5-4-20

# 任务 5.5 制作“点燃的香”效果

◎ 任务导读

本任务模拟的是一种燃起的烟雾效果，这种效果在影视作品里面经常可以见到，是一种典型的粒子特效应用。本任务中使用的粒子特效是 AE 自带的 Particle Playground(粒子运动场)，虽然 AE 有非常强大的粒子插件，但是其自带的这个粒子特效依然以完善的功能和独到的理念在影视创作过程中发挥着非常大的作用。粒子特效都是相通的，熟练掌握一种粒子特效，再使用其他的会觉得非常容易上手。本任务将以典型案例“点燃的香”为例，综合介绍“梯度渐变”“色光”“杂色”“毛边”“径向模糊”“粒子运动场”“快速模糊”“CC Vector Blur”等使用技巧。

◎ 学习目标

通过本任务，掌握影视动画后期特效合成粒子中“点燃的香”的制作技巧。样片截图如图 5-5-1 所示。视频样片及相关资源见配套光盘。

图 5-5-1

## 实践操作

素材资源：香炉背景.jpg。

技能点拨：通过“梯度渐变”“色光”“杂色”“毛边”“径向模糊”滤镜及表达式制作烟头效果；通过“粒子运动场”“快速模糊”“CC Vector Blur”滤镜制作烟雾效果。

制作流程：

| 第 1 步 | 第 2 步 | 第 3 步 | 第 4 步 | 第 5 步 | 第 6 步 |
|---|---|---|---|---|---|
| 新建合成和素材导入 | 制作烟头 | 制作烟头闪动效果和烟头光晕 | 烟头和背景合成 | 制作飘起的烟 | 渲染及输出 |

## 操作步骤

### 第 1 步　新建合成和素材导入

**01** 启动 AE，在选择项目界面中，单击“新建合成”图标，在弹出的“合成设置”对话框中设置“合成名称”为“烟头”，“预设”为“PAL D1/DV”，“像素长宽比”为“D1/DV PAL（1.09）”，“持续时间”为 6 秒，如图 5-5-2 所示。

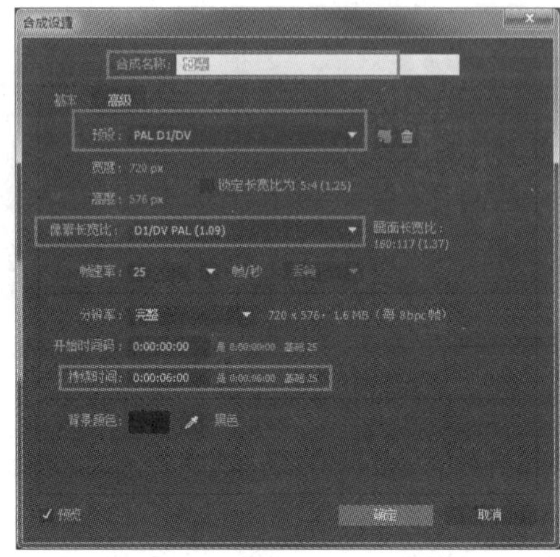

图 5-5-2

**02** 在“项目”面板中导入所需素材。

### 第 2 步　制作烟头

**01** 新建一个纯色层，命名为“烟头”，如图 5-5-3 所示。

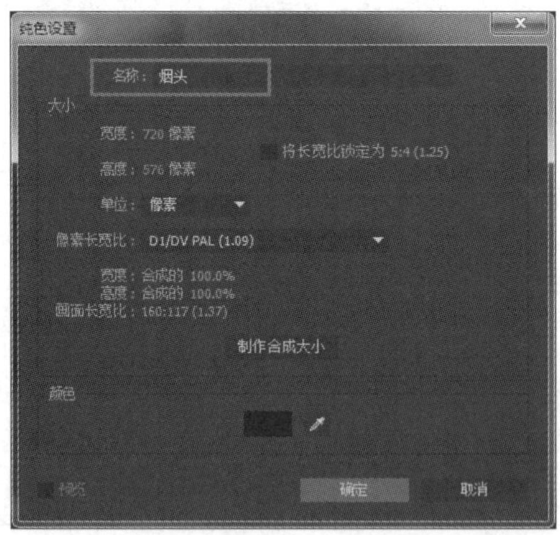

图 5-5-3

**02** 调整“烟头”[图 5-5-4（a）] 的大小。选择“烟头”图层，按 S 键展开其“缩放”属性，设置“缩放”为（15%，10%），如图 5-5-4（b）所示。

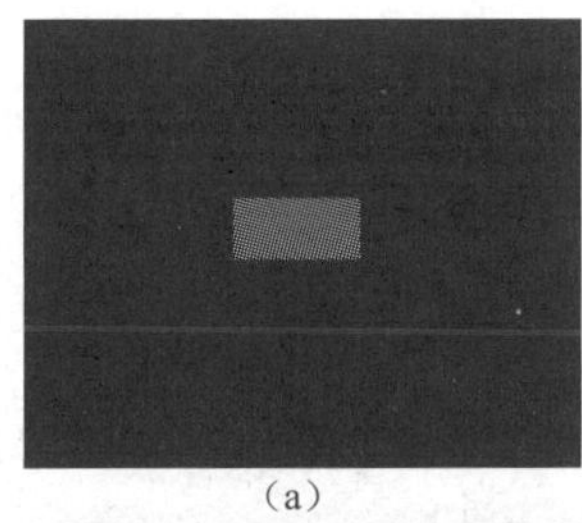

（a）

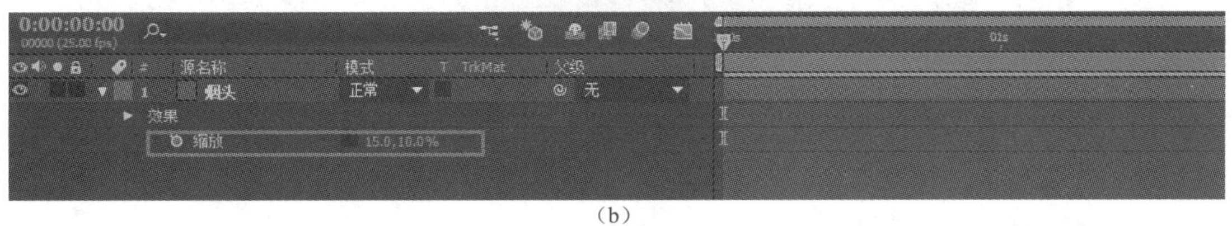


（b）

图 5-5-4

**03** 选择“效果”→“生成”→“梯度渐变”命令，添加“梯度渐变”滤镜，设置“渐变起点”和“渐变终点”位置，如图 5-5-5 所示。

图 5-5-5

**04** 为烟头添加颜色。选择“效果”→“颜色校正”→“色光”命令，添加“色光”滤镜，展开“输出循环”选项，设置“使用预设调板”为“火和烟”，如图 5-5-6 所示。

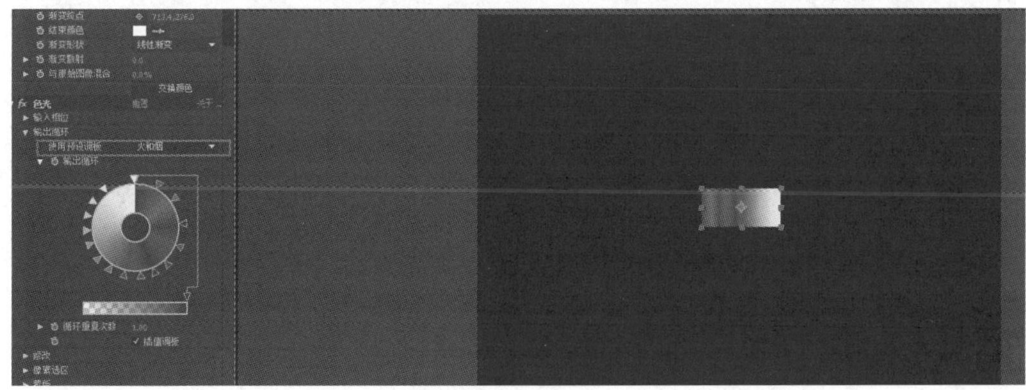

图 5-5-6

**05** 选择“效果”→“杂色和颗粒”→“杂色”命令，添加“杂色”滤镜，设置“杂色数量”为100%，使烟头有烟花的效果，如图5-5-7所示。

图5-5-7

**06** 选择“烟头”图层，再选择“图层”→“预合成”命令（快捷键Ctrl+Shift+C），在弹出的“预合成”对话框中选中“将所有属性移动到新合成”单选按钮，单击“确定”按钮，如图5-5-8所示。

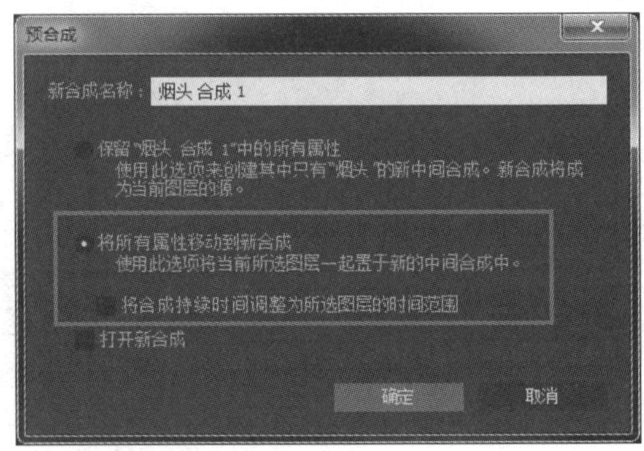


图5-5-8

**07** 制作烟头在燃烧时不规则抖动的效果。选择“效果”→“风格化”→“毛边”命令，添加“毛边”滤镜，设置“边缘锐度”为3，“分形影响”为0.9，“比例”为110，“伸缩宽度或高度”为-0.3，如图5-5-9所示。

图5-5-9

**08** 因为烟头的白色部分较多，使用钢笔工具添加一个蒙版，把白色部分遮住一部分，如图 5-5-10 所示。

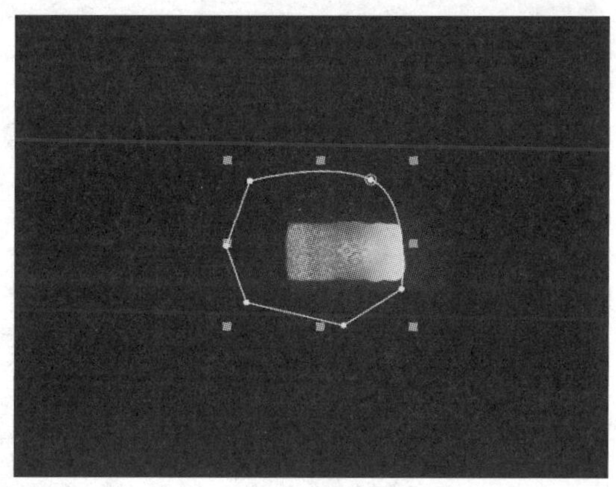

图 5-5-10

**09** 制作烟灰。复制“烟头合成 1”合成，删掉特效控制台中的“毛边”滤镜，然后选择“效果”→“杂色和颗粒”→“杂色”命令，添加“杂色”滤镜，设置“杂色数量”为 100%。为让烟灰效果更加明显，稍微调整蒙版形状，并设置“蒙版羽化”为 13 像素，如图 5-5-11 所示。

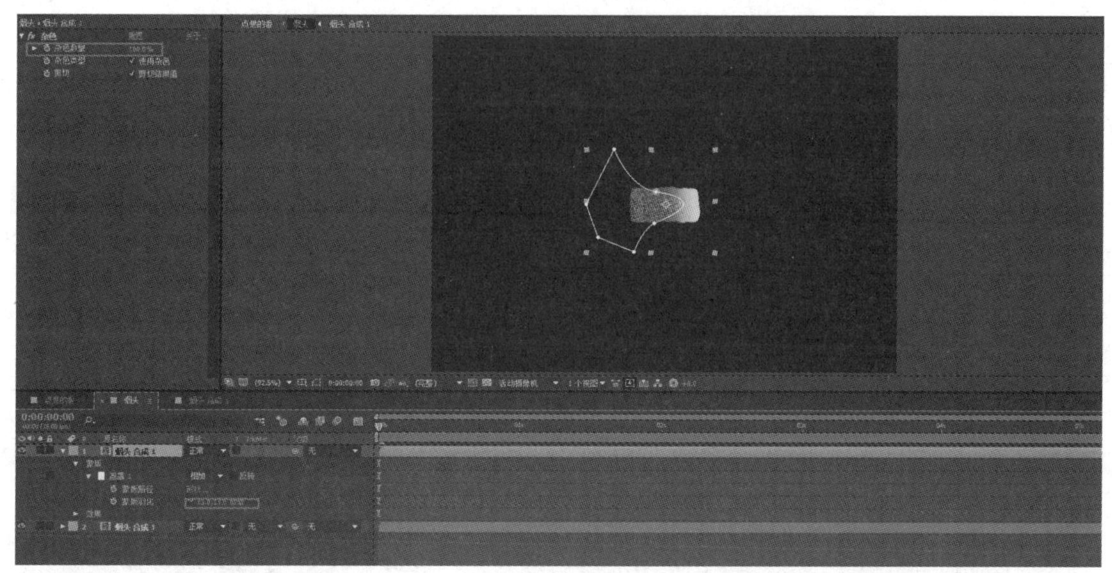

图 5-5-11

**10** 设置第一层“烟头合成 1”图层的混合模式为“屏幕”，如图 5-5-12 所示。

**11** 制作烟头火光。复制“烟头合成 1”合成，选择“效果”→“模糊和锐化”→“径向模糊”命令，添加“径向模糊”滤镜，调整遮罩的形状，设置“蒙版羽化”为 0 像素；设置“径向模糊”滤镜的“数量”为 130，“类型”为“缩放”，并把中心设置在烟头的后面，如图 5-5-13 所示。

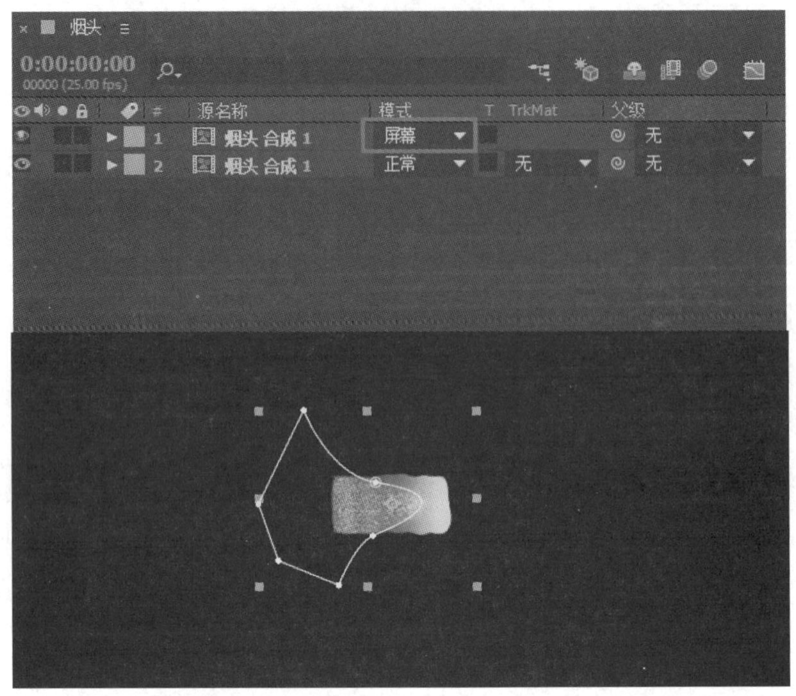


图 5-5-12

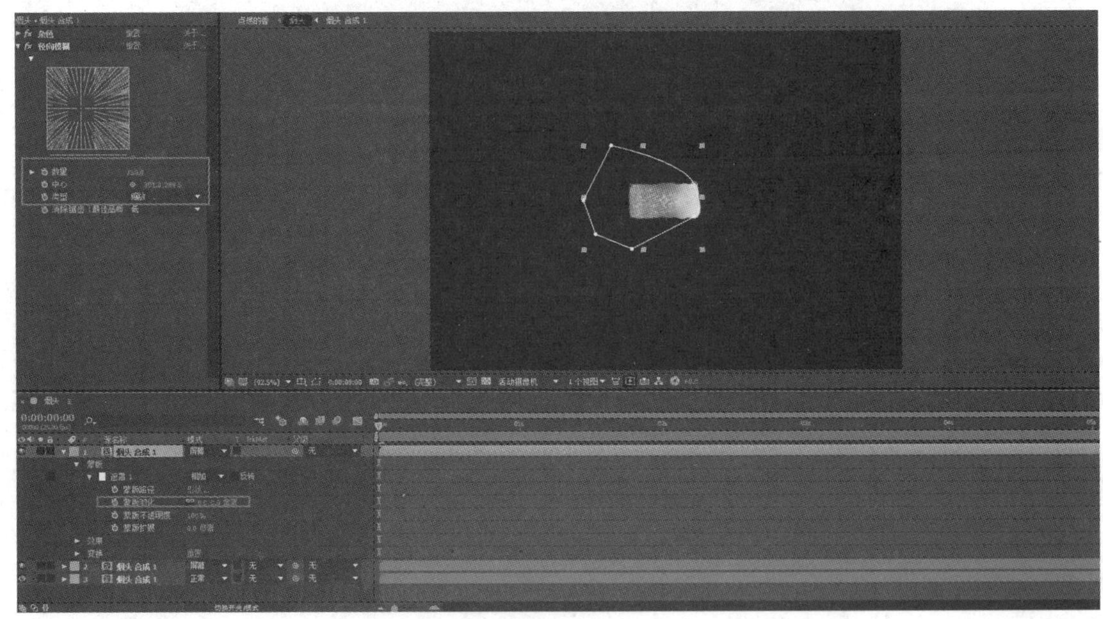

图 5-5-13

## 第 3 步　制作烟头闪动效果和烟头光晕

**01** 制作烟头闪动效果。选择“烟头合成 1”合成，按 T 键打开其“不透明度”属性，打开“不透明度”码表，在 0 秒处设置“不透明度”为 20%，在 13 帧处设置“不透明度”

为 80%，在 1 秒处设置“不透明度”为 20%，如图 5-5-14 所示。

图 5-5-14

**02** 按住 Alt 键的同时打开“不透明度”码表，出现表达式编辑框然后单击按钮，在打开的菜单中选择“Property”→“loopOut(type="cycle",numKeyframes=0)”选项，添加循环表达式，如图 5-5-15 所示。

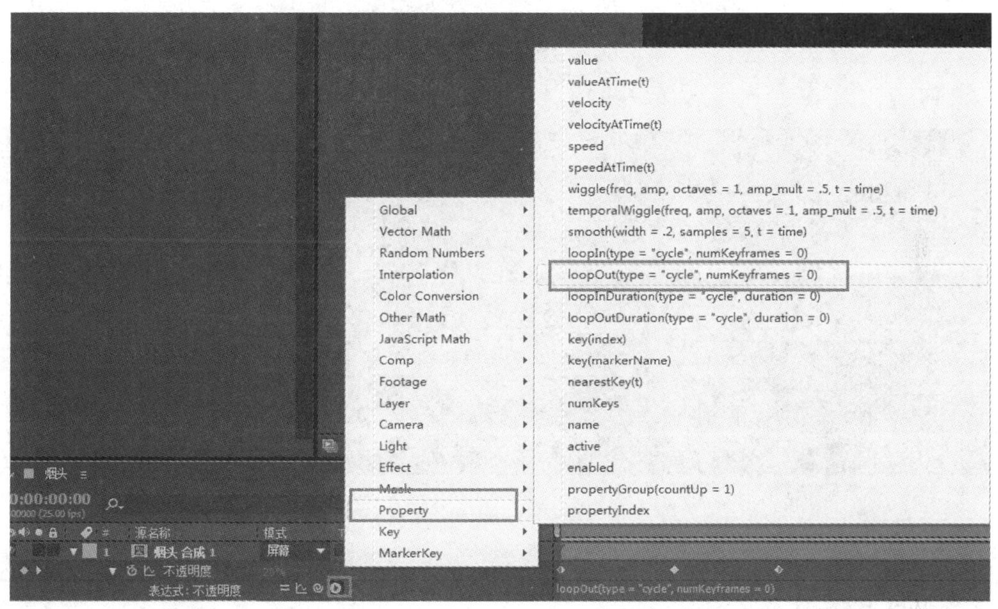


图 5-5-15

**小贴士**

表达式是 AE 最强大的功能，其优点是具有使多个参数和图层遵循主层引导及效果控制的能力，使复杂动画的控制变得简单和精确。

**03** 新建一个橙色纯色层，命名为“光晕”，并置于底层，如图 5-5-16 所示。

**04** 选择“光晕”纯色层，用“椭圆工具”绘制遮罩，并设置“蒙版羽化”为 200 像素，如图 5-5-17 所示。

**05** 制作烟头光晕。选择“光晕”图层，按 T 键打开其“不透明度”属性，打开“不透明度”码表，在 0 秒处设置“不透明度”为 100%，在 10 帧处设置“不透明度”为 50%，在 20 帧处设置“不透明度”为 100%，如图 5-5-18 所示。

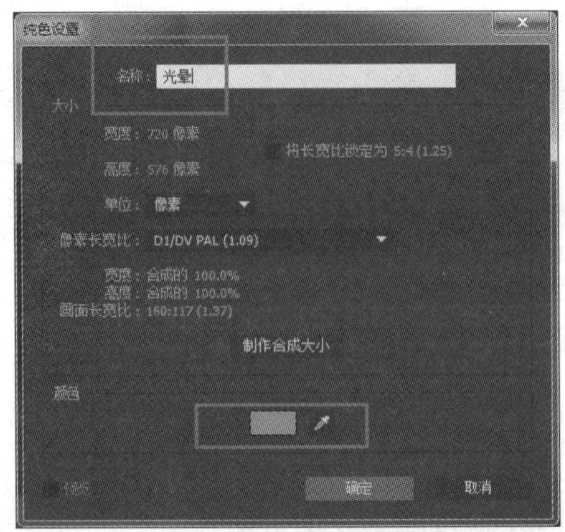


图 5-5-16

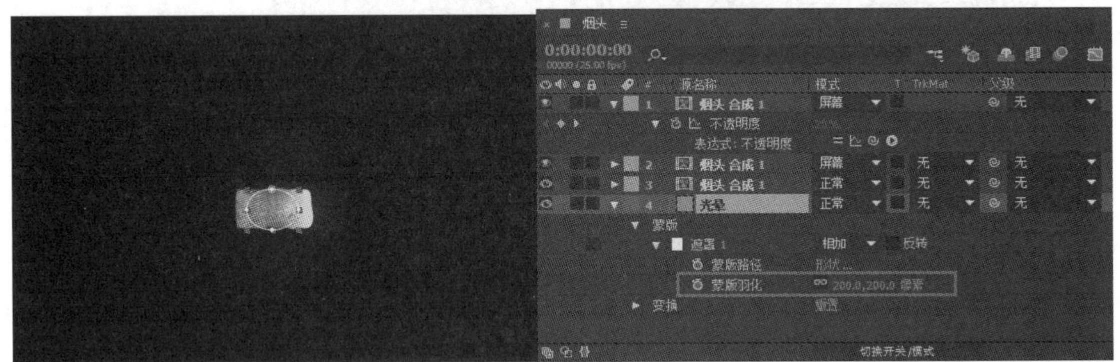


图 5-5-17

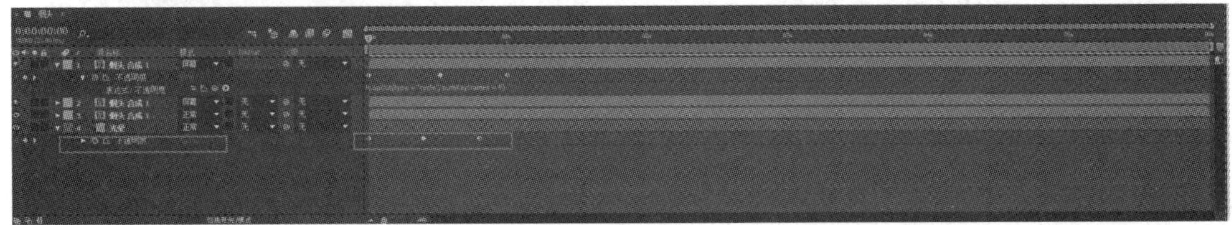

图 5-5-18

**06** 和制作烟头闪动效果一样，用同样方法添加一个循环表达式“loopOut (type="cycle",numKeyframes=0)”。

## 第 4 步　烟头和背景合成

**01** 新建一个合成，命名为“点燃的香”，如图 5-5-19 所示。

**02** 将素材“香炉背景.jpg”拖动到时间线面板中，并调整到合适位置，如图 5-5-20 所示。

**03** 将“烟头”合成拖动到时间线面板中，展开“变换”选项，设置“位置”“缩放”“旋转”参数，使“烟头”和“香炉背景”中的香合成，再复制两个“烟头”图层并做同样调整，如图 5-5-21 所示。

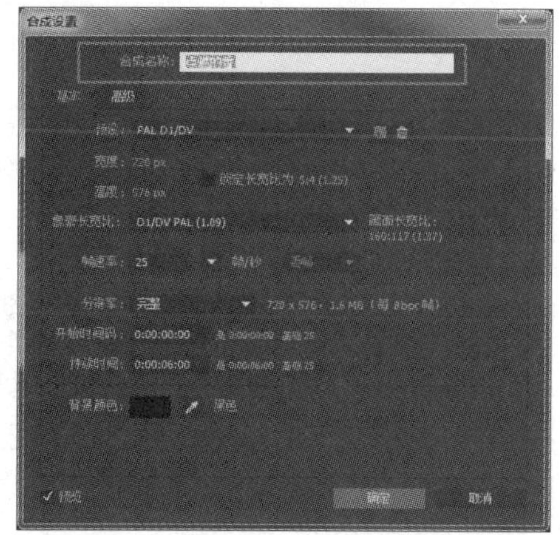


图 5-5-19

图 5-5-20

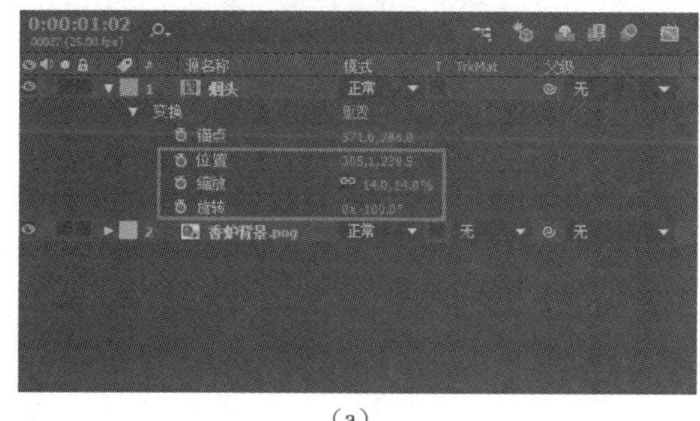


(a)

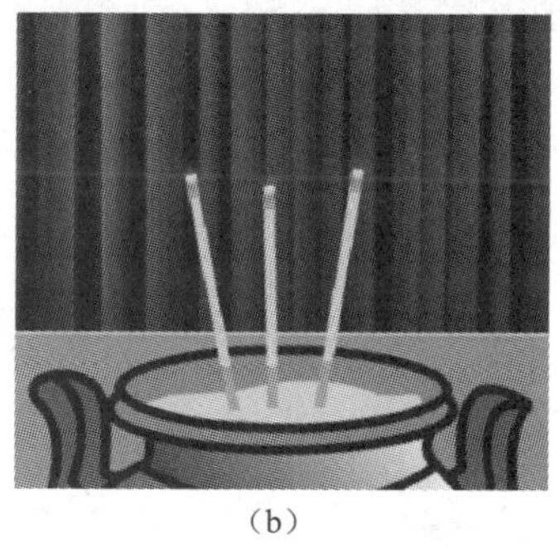

(b)

图 5-5-21

## 第 5 步　制作飘起的烟

**01** 新建一个纯色层，命名为“烟雾”，如图 5-5-22 所示。

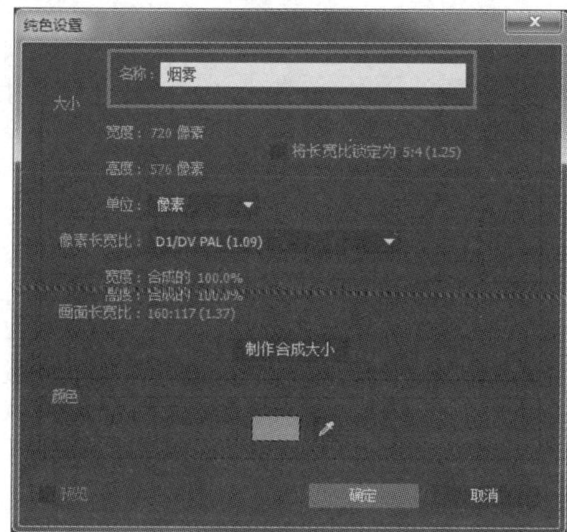


图 5-5-22

**02** 选择“烟雾”纯色层，再选择“效果”→“模拟”→“粒子运动场”命令，添加“粒子运动场”滤镜，播放预览可以看到，默认粒子颜色为红色，并向上运动，如图 5-5-23 所示。

图 5-5-23

**小贴士**

“粒子运动”滤镜由发射、粒子形态、粒子受力等基本参数构成。其中，发射决定粒子发射的原始速度、喷射角度；粒子形态决定发射出粒子的样子，可以把映射图层做形状控制使用；粒子受力决定粒子在空气中受到的风力、重力、阻力等影响。

**03** 移动发射中心点至烟头上方，展开“发射”选项，设置“随机扩散方向”为 0，“速率”为 20，“随机扩散速率”为 10，“颜色”为白色，“粒子半径”为 0.8，如图 5-5-24 所示。

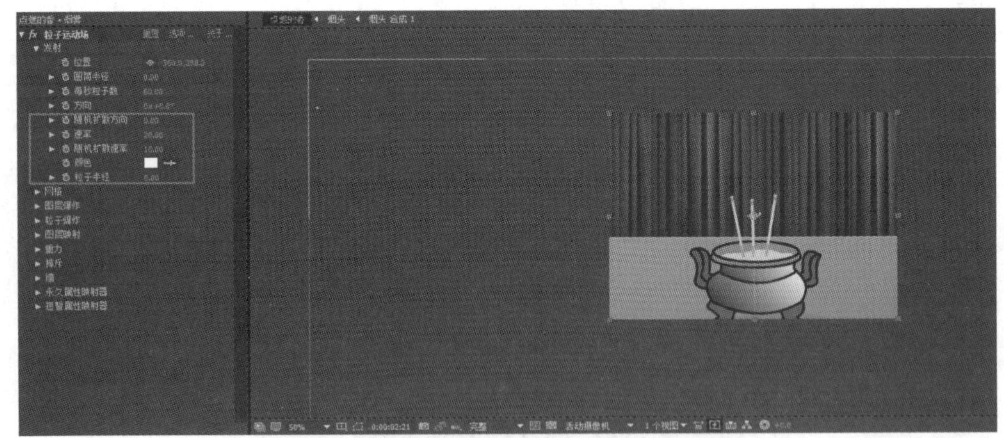

图 5-5-24

**04** 由于粒子受重力作用是向下运动的，因此展开“重力”选项，设置“力”为 0，

“随机扩散力”为0.01，“方向”为90°。根据观察设置参数，合适的参数会使效果更加逼真，如图5-5-25所示。

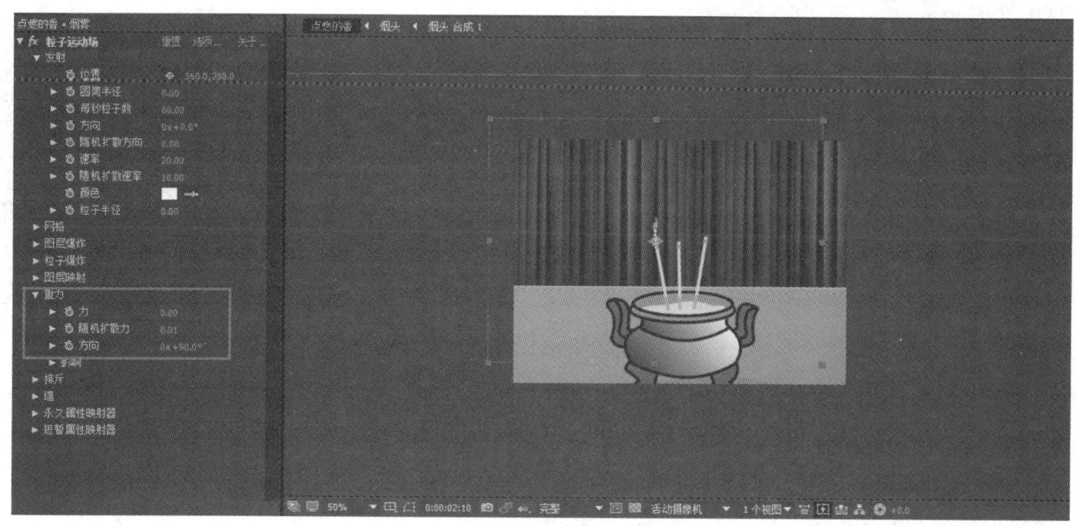

图 5-5-25

**小贴士**

“随机扩散力”参数是非常敏感的，需要通过观察并进行细心的微调，以达到最佳效果。

**05** 展开“重力”→“影响”选项，设置“更老/更年轻”为1，“年限羽化”为0.5，实现烟雾先聚合后散开的效果，如图5-5-26所示。

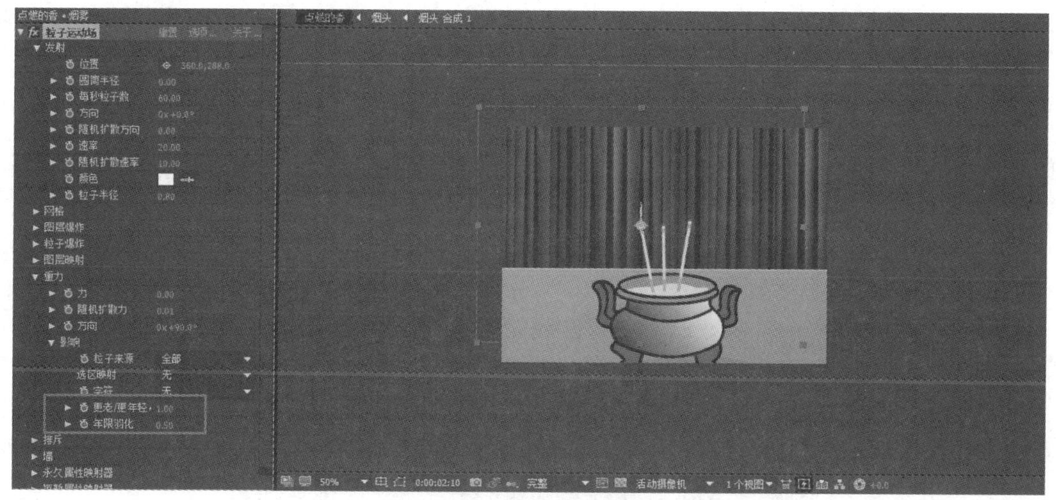

图 5-5-26

**06** 新建一个纯色层，命名为“渐变”，如图5-5-27所示。选择“效果”→“生成”→“梯度渐变”，添加“梯度渐变”滤镜。

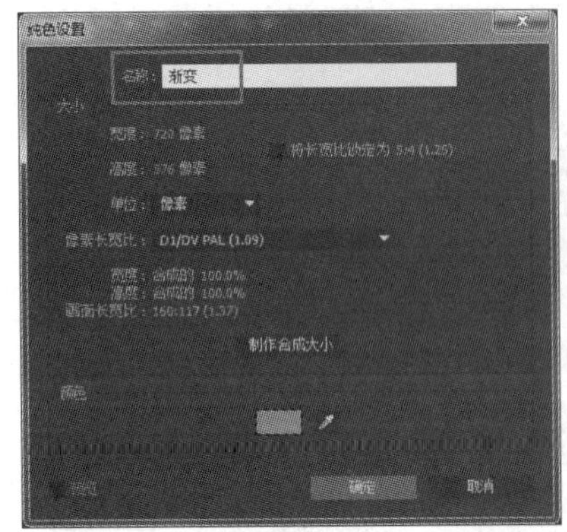

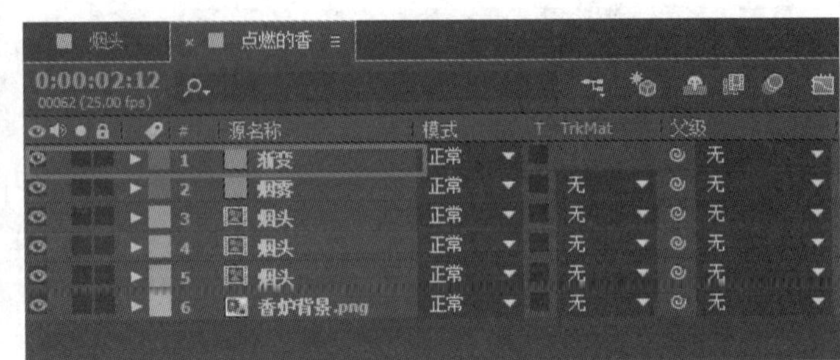

图 5-5-27

**07** 默认情况下，调用层贴图不识别添加的滤镜，所以需对图层进行预合成，选择“图层”→“预合成”命令，在弹出的“预合成”对话框中选中“将所有属性移动到新合成”单选按钮，单击“确定”按钮，如图 5-5-28 所示。

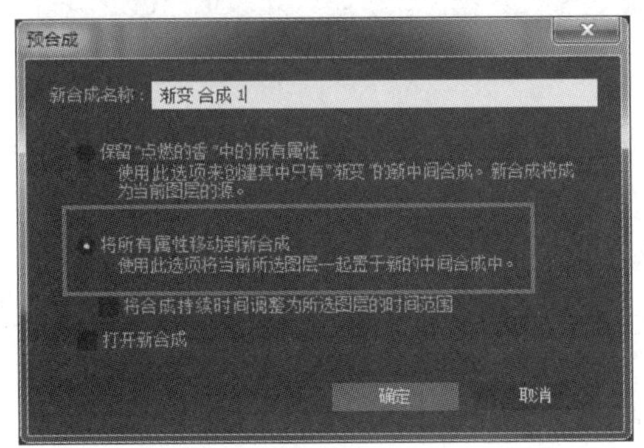

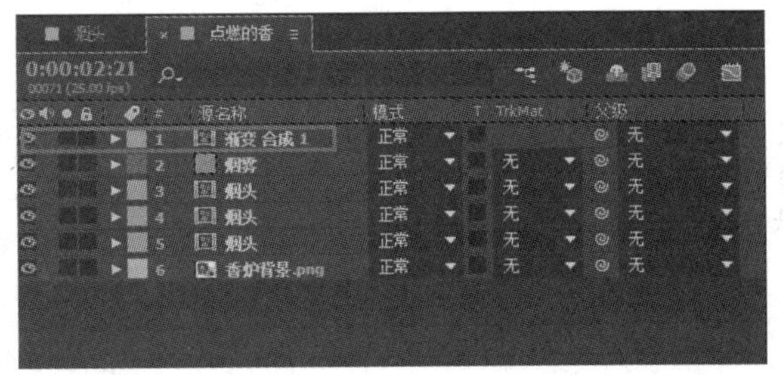

图 5-5-28

**08** 隐藏“渐变合成 1”图层，如图 5-5-29（a）所示。选择“烟雾”图层，在特效控制台中展开“永久属性映射器”选项，设置“使用图层作为映射”为“4.渐变 合成 1”，“将红色映射为”为“缩放”，“最小值”为 0.5，“最大值”为 1，实现粒子越来越小的效果；设置“将绿色映射为”为“不透明度”，“最小值”为 0.3，“最大值”为 0.8，实现粒子渐渐消失的效果，如图 5-5-29（b）所示。

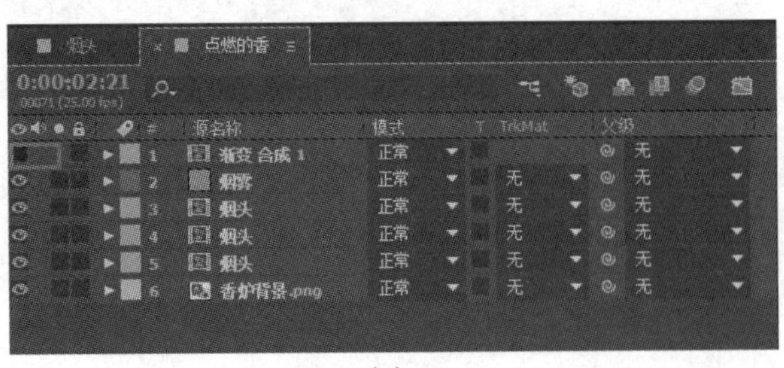

（a）

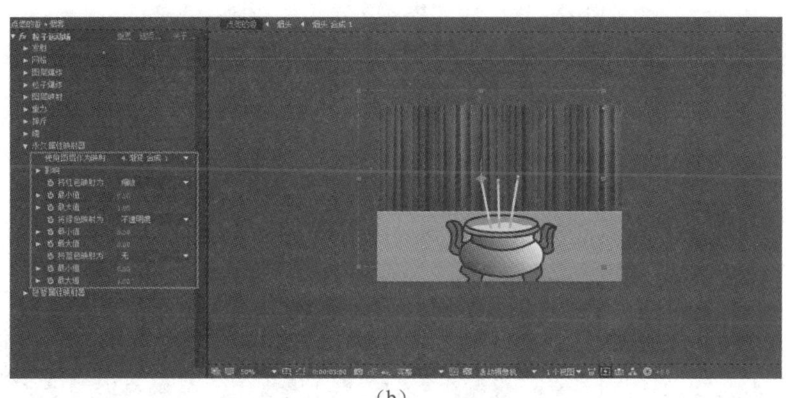

（b）

图 5-5-29

**09** 制作烟雾细节。选择“烟雾”图层，再选择“效果”→“模糊和锐化”→“快速模糊”命令，添加“快速模糊”滤镜，设置“模糊度”为 6；选择“效果”→“模糊和锐化”→“CC Vector Blur”命令，添加“模糊和锐化”滤镜，设置“Amount”为 5，如图 5-5-30 所示。

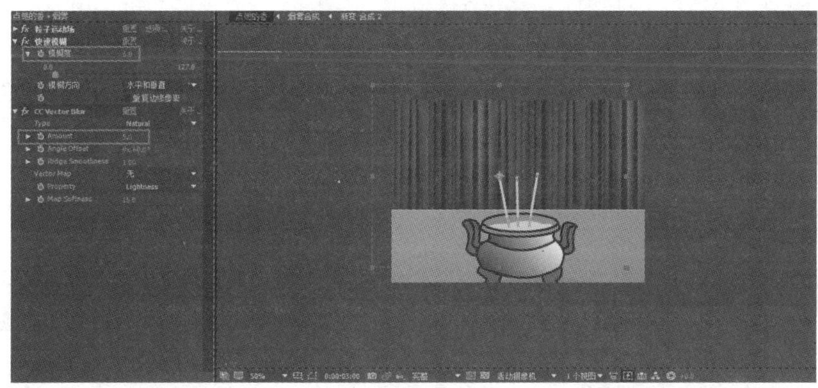

图 5-5-30

**10** 选择“渐变合成 1”图层和“烟雾”图层，再选择“图层”→“预合成”命令，对其进行预合成，命名为“烟雾合成”，图 5-5-31（a）所示。复制两个“烟雾合成”图层，调整时间线面板中的轨道和烟雾的“缩放”属性，使得 3 个烟雾不一样，并放在合适的位置，如图 5-5-31（b）所示。

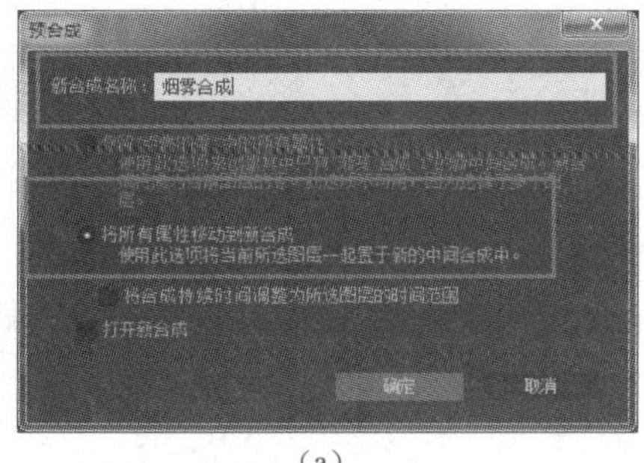


（a）

图 5-5-31

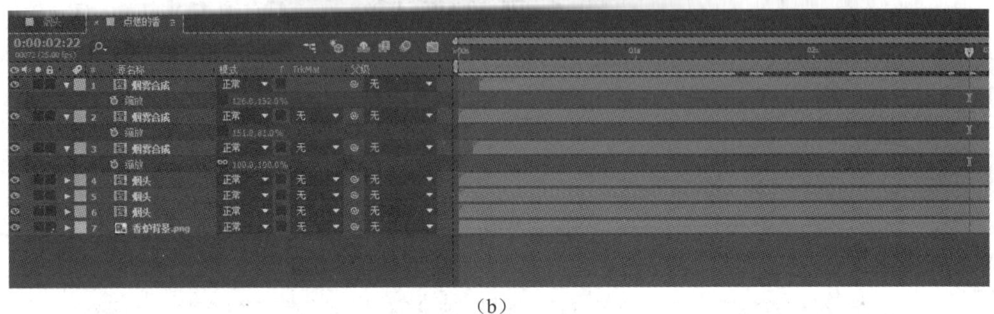

(b)

图 5-5-31（续）

### 第 6 步 渲染及输出

选择“合成”→“添加到渲染列队”命令，在打开的“渲染列队”面板中对其中的参数进行设置，然后单击“渲染”按钮输出动画，如图 5-5-32 所示。

图 5-5-32

## 经验和小结

1. 图层的混合模式能更快、更好地实现图层之间的不同混合效果。
2. 调整遮罩的形状，可以使得画面得到不同的显示区域。
3. 制作烟雾效果，不单单可以通过“粒子运动场”滤镜实现，也可以用“分形杂色”滤镜配合遮罩来实现。

## 思考和练习

**练习：**

1. 利用所学内容，用“粒子运动场”滤镜制作香烟的烟雾效果，如图 5-5-33 所示。

图 5-5-33

动画：点燃的香（拓展）

2. “点燃的香”拓展制作（操作提示、素材和样片见配套光盘）。

# 任务 5.6 制作“星球爆炸”效果

## ◎ 任务导读

我们在《黑暗骑士》《拆弹部队》《独立日》等许多电影中都看到了“爆炸”的镜头，这些场景很多是通过实拍与特效相结合来实现的。本任务我们将介绍通过“反转”“曲线”“CC Sphere”“碎片”“三色调”“发光”“分形杂色”“CC Star Burst”等滤镜来模拟“星球爆炸”效果。

## ◎ 学习目标

通过本任务，掌握影视动画后期特效合成中常用爆炸类效果的制作技巧。样片截图如图 5-6-1 所示。视频样片及相关资源见配套光盘。

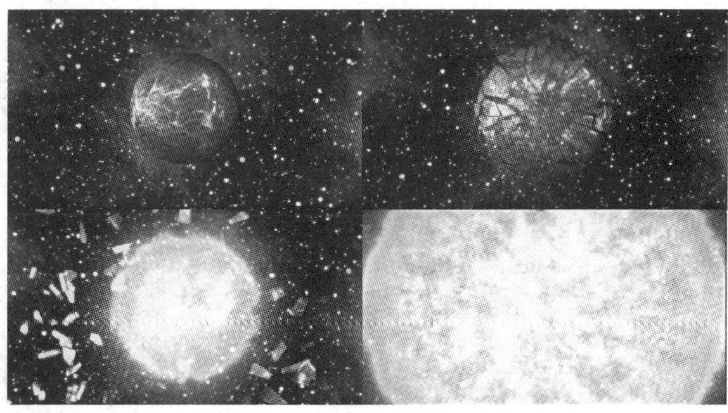

图 5-6-1

## 实践操作

素材资源：纹理 1.jpg，纹理 2.jpg，星空背景.jpg。

技能点拨：通过“反转”“曲线”“浅色调”滤镜进行素材的加工；通过“CC Sphere”滤镜制作星球；通过“碎片”“三色调”“发光”滤镜制作星球爆炸效果；通过“分形杂色”“发光”滤镜和遮罩制作爆炸火焰；通过“CC Star Burst”“发光”滤镜制作动感背景。

制作流程：

| 第 1 步 | 第 2 步 | 第 3 步 | 第 4 步 | 第 5 步 | 第 6 步 |
|---|---|---|---|---|---|
| 新建合成和素材导入 | 素材加工 | 制作星球 | 制作星球爆炸效果 | 制作爆炸火焰冲击波和动感背景 | 渲染及输出 |

### 操作步骤

#### 第 1 步　新建合成和素材导入

**01** 启动 AE，在选择项目中，单击“新建合成”图标，在弹出的“合成设置”对话框中设置“合成名称”为“星球”，“预设”为“HDV/HDTV 720 25”，“像素长宽比”为“方形像素”，“持续时间”为 5 秒，如图 5-6-2 所示。

**02** 右击“项目”面板空白处，在弹出的快捷菜单中选择“导入”→“文件”命令，将所需素材导入，如图 5-6-3 所示。

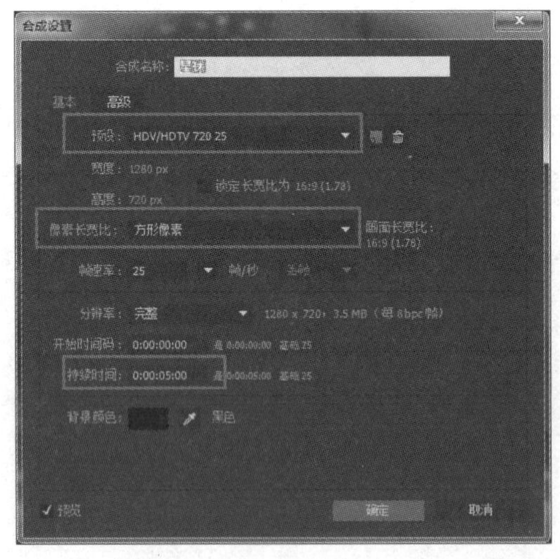


图 5-6-2

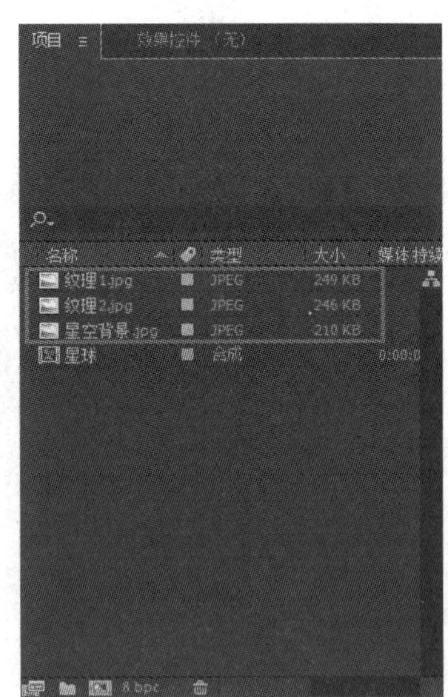


图 5-6-3

## 第 2 步　素材加工

01 将素材“纹理 1.jpg”拖动到时间线面板中，右击“纹理 1.jpg”图层，在弹出的快捷菜单中选择“变换”→“适配到合成”命令（快捷键为 Ctrl+Alt+F），使素材和合成大小一致。然后选择“效果”→“颜色校正”→“色相/饱和度”命令，添加“色相/饱和度”滤镜，设置“主色相”为-10°，“主饱和度”为-70，“主亮度”为-50，如图 5-6-4 所示。

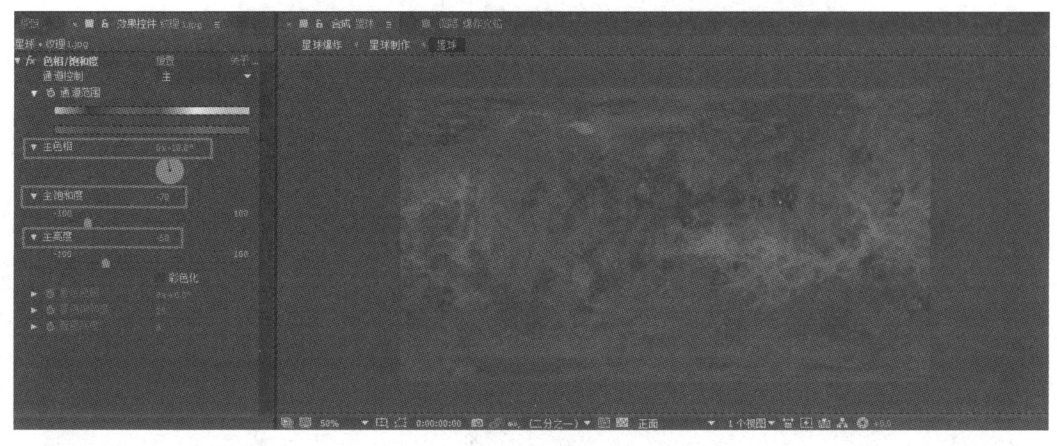

图 5-6-4

02 新建一个合成，命名为“星球 2”。

03 将素材“纹理 2.jpg”拖动到时间线面板中，按 Ctrl+Alt+F 组合键适配合成大小；然后选择“效果”→“通道”→“反转”命令，添加“反转”滤镜；再选择“效果”→“颜色校正”→“曲线”命令，添加“曲线”滤镜，降低亮度，如图 5-6-5 所示。

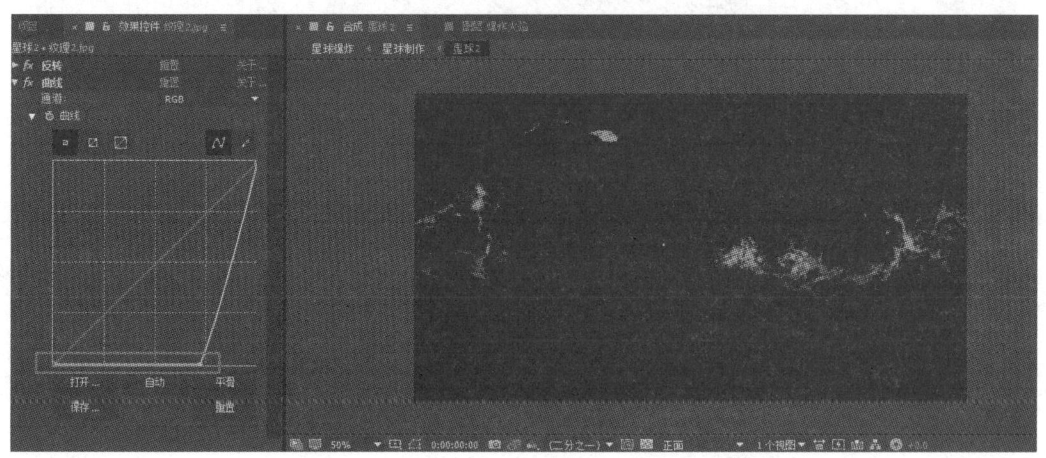

图 5-6-5

04 在时间线面板中复制“纹理 2.jpg”图层（快捷键为 Ctrl+D），选择下层“纹理 2.jpg”图层，单击“切换开关/模式”按钮，设置蒙版模式为亮度蒙版，如图 5-6-6 所示。

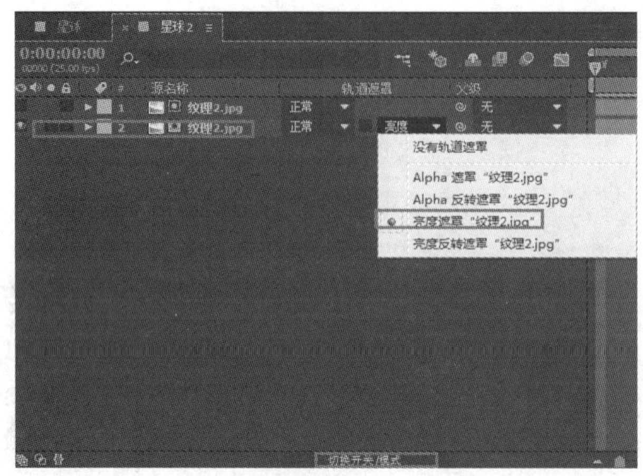


图 5-6-6

**05** 选择“效果”→“颜色校正”→“色调”命令，添加“色调”滤镜，设置“将白色映射到”为橙色，如图 5-6-7 所示。

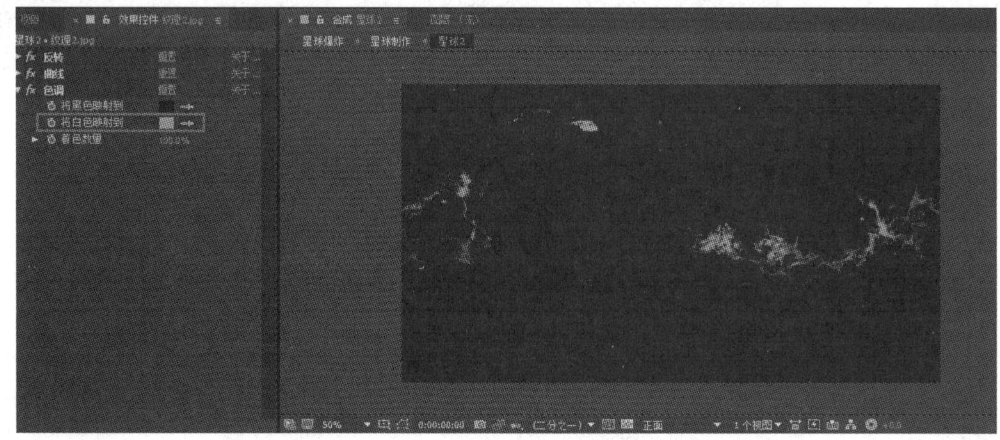


图 5-6-7

**小贴士**

> 对于后期制作者来说，素材的修饰和加工是一个很重要的工作过程，例如，当网络收集或拍摄的素材不能达到需求标准时，需要通过后期反复调整。

### 第 3 步　制作星球

**01** 新建一个合成，命名为“星球制作”。

**02** 将“星球”合成拖动到时间线面板中，选择“效果”→“透视”→“CC Sphere”命令，添加“CC Sphere”滤镜，展开“旋转”选项，打开“Rotation Y”码表设置关键帧，在 0 秒处设置为 150°，在 5 秒处设置为 225°，做出星球旋转动画，如图 5-6-8 所示。

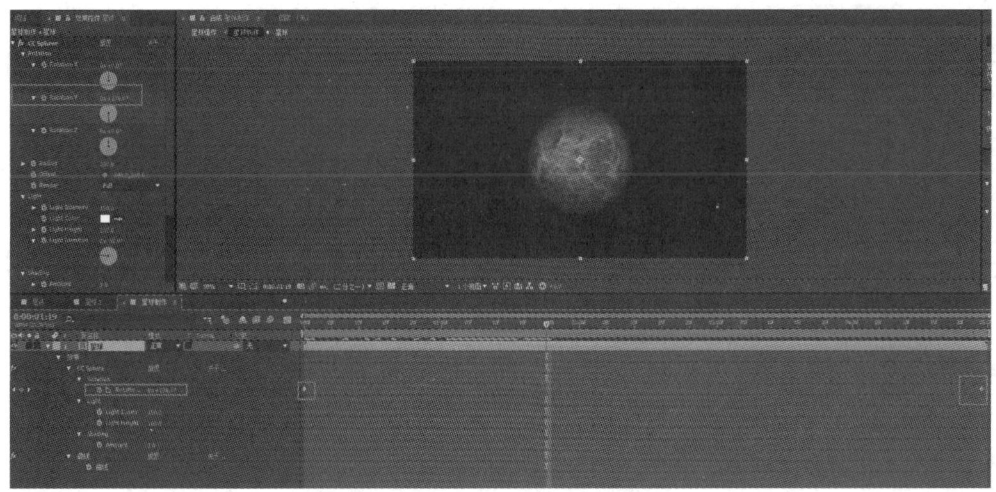

图 5-6-8

展开“Light”选项，设置“Light Intensity”为 150，“Light Height”为 100；展开“Shading”选项，设置“Ambient”为 3，如图 5-6-9 所示。

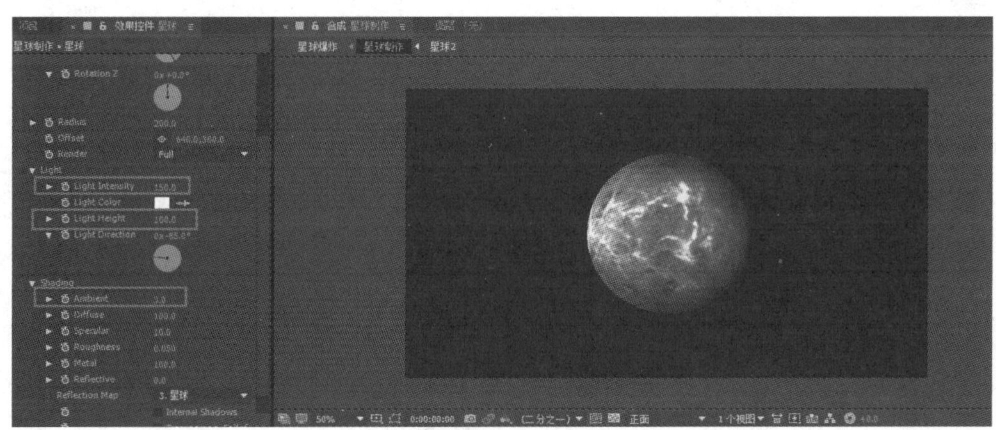

图 5-6-9

03 对星球进行调色。选择“效果”→“颜色校正”→“曲线”命令，添加“曲线”滤镜，调整 RGB 通道、红通道、蓝通道，如图 5-6-10 所示。

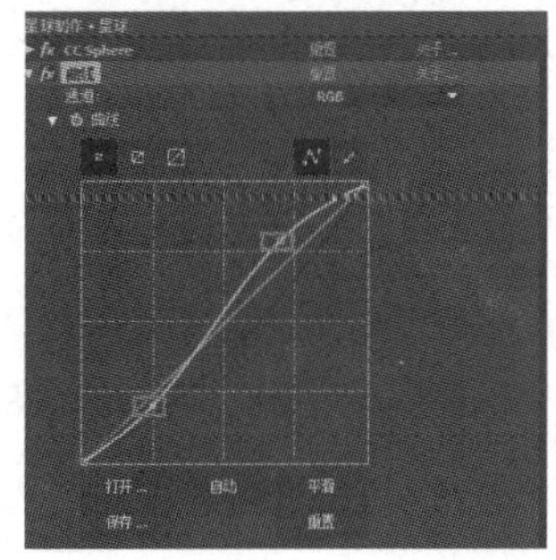
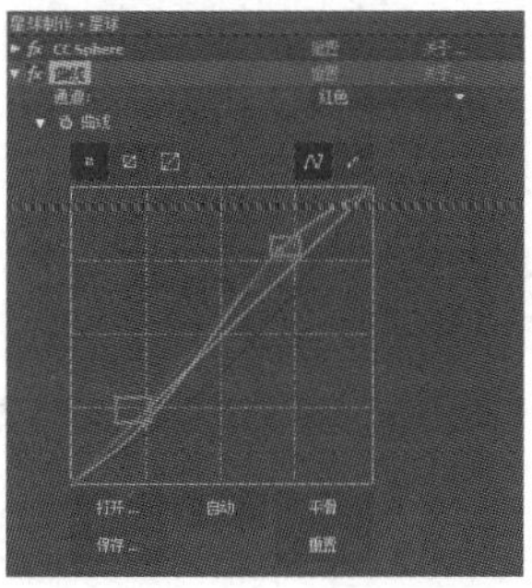

图 5-6-10

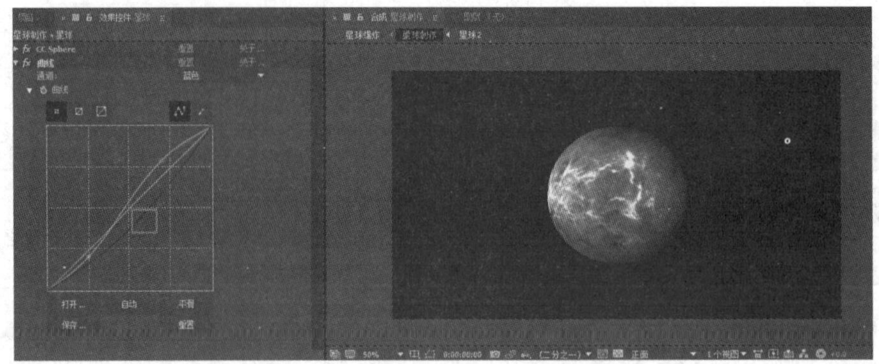

图 5-6-10（续）

**小贴士**

AE 的调色滤镜，大多都可以通过 RGB、红、绿、蓝通道来进行分别调整，懂得使用通道能更好地调整出所需要的色彩。

**04** 复制“星球”合成，设置图层的混合模式为“相加”。调整“CC Sphere”滤镜，展开“Light”选项，设置“Light Intensity”为 200，“Light Height”为 5；展开“Shading”选项，设置“Ambient”为 10，使星球左侧高光区的纹理更清晰、明亮，如图 5-6-11 所示。

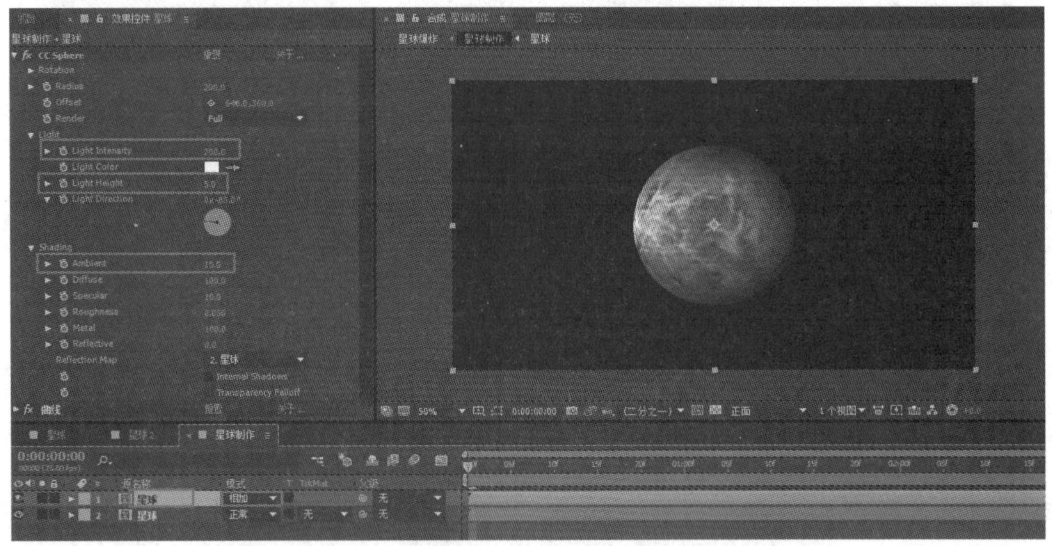

图 5-6-11

**05** 进一步加强星球纹理。将“星球 2”合成拖动到时间面板中，设置图层的混合模式为“相加”，把下层“星球”图层的“CC Sphere”滤镜和“曲线”滤镜设置复制到“星球 2”合成，并调整“CC Sphere”滤镜，设置“Render”为“Outside”，如图 5-6-12 所示。

**06** 选择“效果”→“风格化”→“发光”命令，添加“发光”滤镜，设置“发光半径”为 50，使星球纹理更加明显，如图 5-6-13 所示。

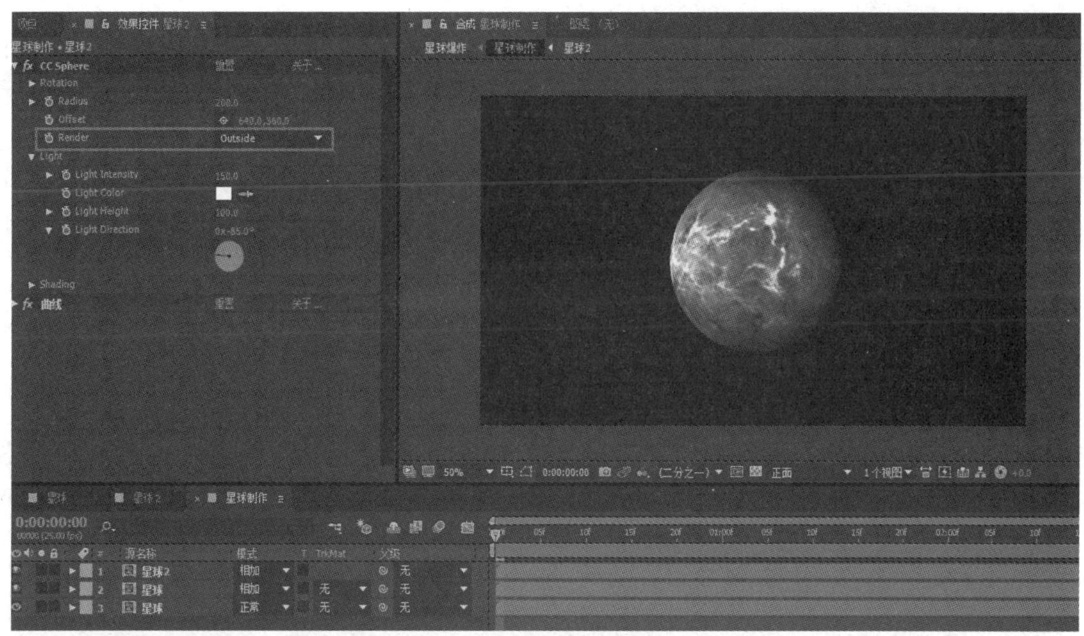


图 5-6-12

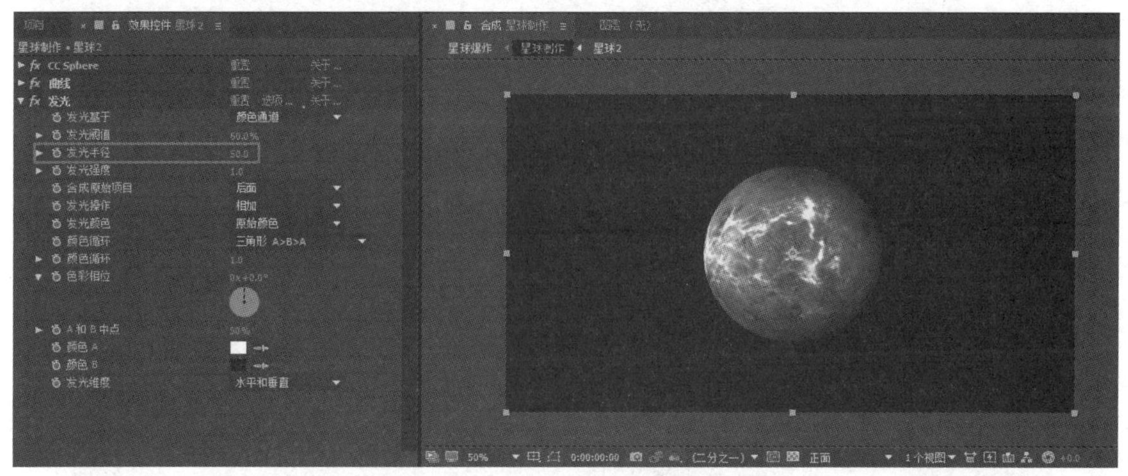


图 5-6-13

## 第 4 步　制作星球爆炸效果

**01** 新建一个合成，命名为“星球爆炸”。

**02** 将素材“星空背景.jpg”拖动到时间线面板中，并适配到合成大小，再将“星球制作”合成拖动到时间线面板中，如图 5-6-14 所示。

**03** 制作星球破碎效果。选择“星球制作”图层，再选择“效果”→“模拟”→“碎片”命令，添加“碎片”滤镜，设置“视图”为“已渲染”；展开“形状”选项，设置“图案”为“玻璃”，“重复”为 35；展开“作用力 1”选项，打开“半径”码表设置关键帧，在 0 秒处设置为 0，在 2 秒处设置为 0.5，如图 5-6-15（a）所示。在时间线面板中展开关键帧（快捷键为 U），选中两个关键帧，右击，在弹出的快捷菜单中选择“切换定格关键帧”命令，如图 5-6-15（b）所示。

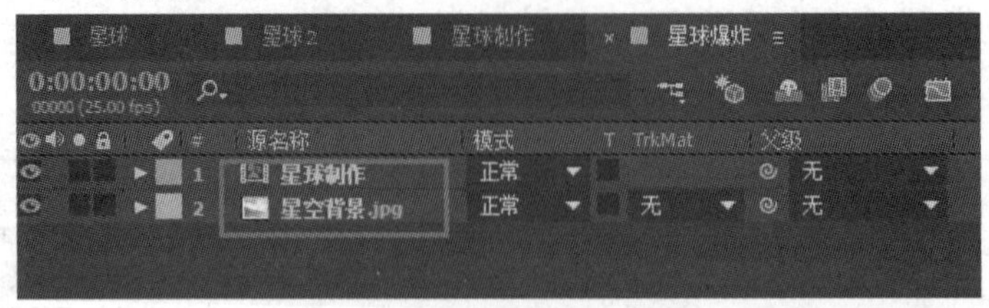


图 5-6-14

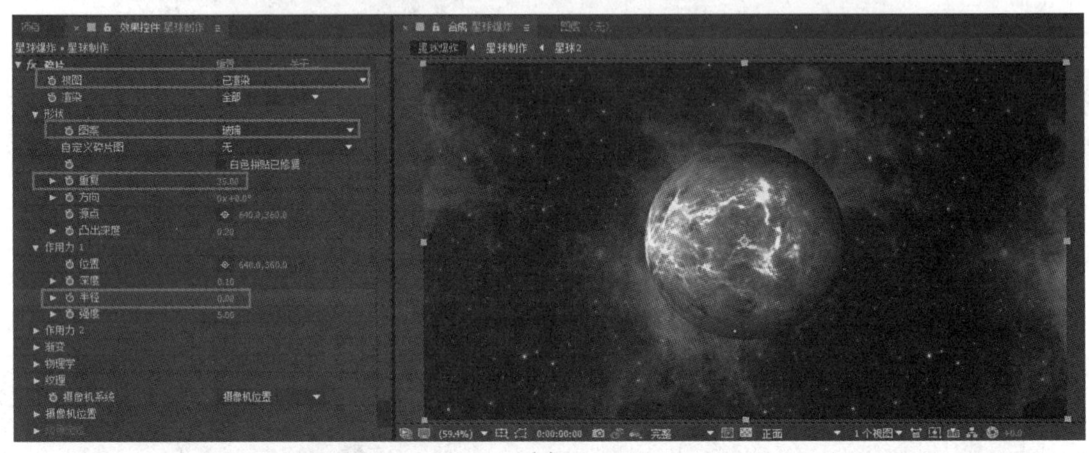

（a）

（b）

图 5-6-15

**小贴士**

对于“碎片”特效，通过设置焦点的“半径”关键帧动画可以调节碎片炸开的时机及强度。

展开“物理学”选项，设置“重力”为 1。展开“摄像机位置”选项，打开“X 轴旋转”码表设置关键帧，在 2 秒处设置为 0°，在 4 秒处设置为 30°；打开“Y 轴旋转”码表设置关键帧，在 2 秒处设置为 0°，在 5 秒处设置为 70°，实现爆炸后的碎片炸开的效果，如图 5-6-16 所示。

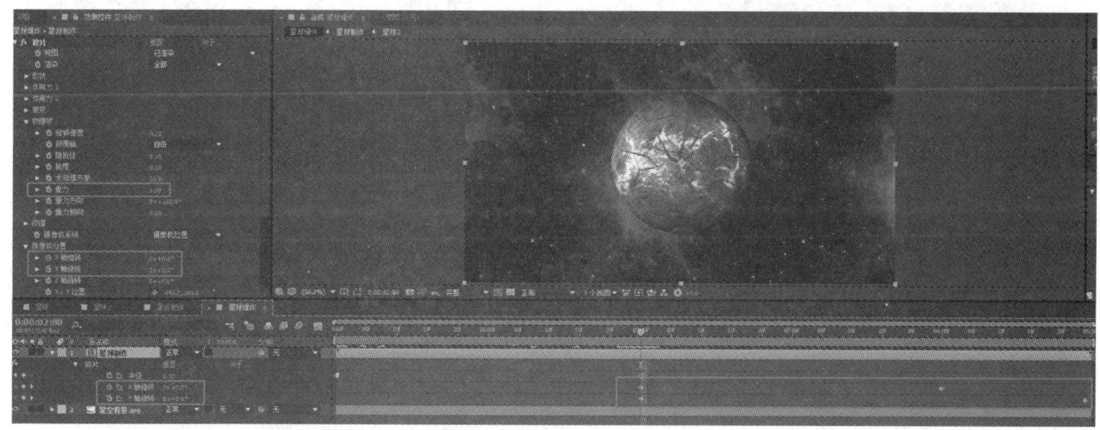

图 5-6-16

**04** 制作爆炸碎片燃烧效果。复制“星球制作”合成，设置图层的混合模式为“相加”，选择“效果”→“颜色校正”→“三色调”命令，添加“三色调”滤镜，设置“高光”为黄色，“中间调”为橙色，如图 5-6-17 所示。

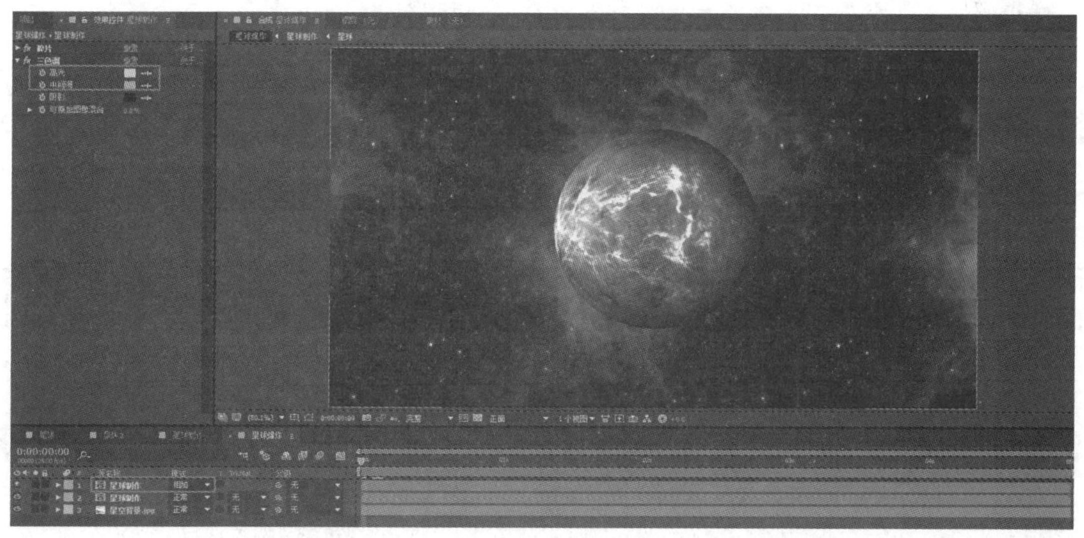

图 5-6-17

选择“效果”→“风格化”→“发光”命令，添加“发光”滤镜，设置“发光阈值”为 40，此时碎片有了耀眼的“燃烧”效果，如图 5-6-18（a）所示。在时间线面板内按 T 键打开“不透明度”属性，打开“不透明度”码表设置关键帧，在 2 秒处设置为 0，在 2 秒 13 帧处设置为 100%，使“燃烧”效果在星球炸碎后出现，如图 5-6-18（b）所示。

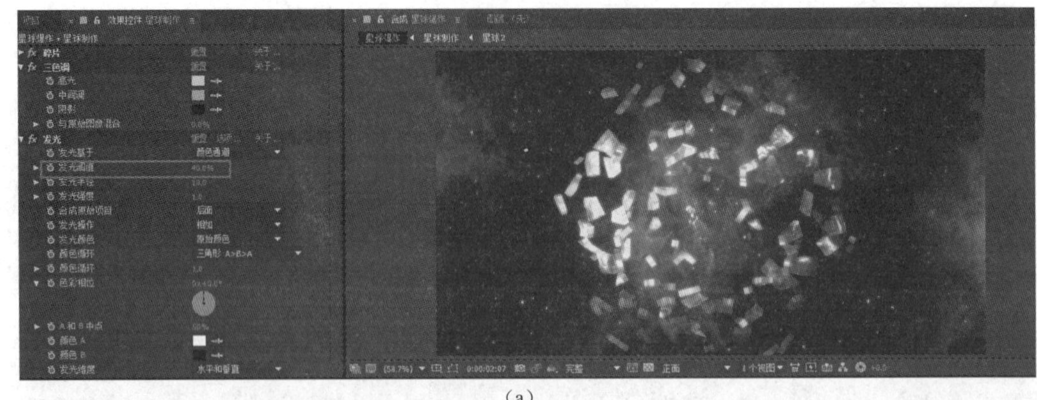

图 5-6-18

### 第 5 步　制作爆炸火焰冲击波和动感背景

**01** 新建一个纯色层，命名为“爆炸火焰”，设置其混合模式为“相加”。

**02** 制作焰火纹理。选择“爆炸火焰”图层，再选择“效果”→“杂色和颗粒”→“分形杂色”命令，添加“分形杂色”滤镜，设置“分形类型”为“辅助比例”；打开“演化”码表设置关键帧，在 0 秒处设置为 0°，在 5 秒处设置为 250°。绘制一个圆形遮罩，并设置“蒙版羽化”为 100 像素，如图 5-6-19 所示。

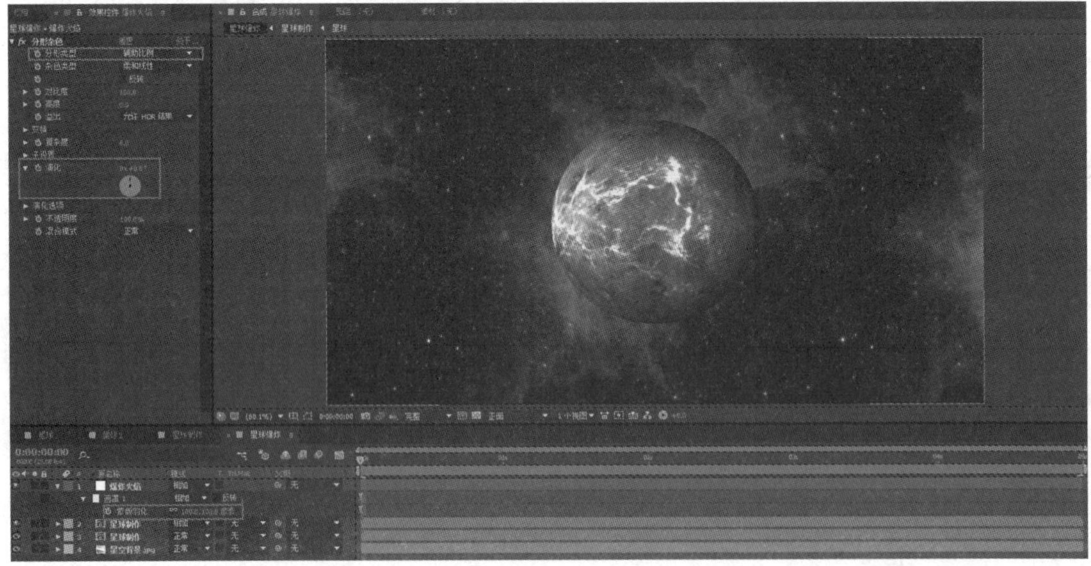

图 5-6-19

**03** 制作焰火发光效果。选择“效果”→“风格化”→“发光”命令，添加“发光”滤镜，设置“发光阈值”为 20%，“发光半径”为 20，“发光颜色”为“A 和 B 颜色”，“颜色 A”为黄色，“颜色 B”为橙色，如图 5-6-20 所示。

图 5-6-20

**04** 设置“蒙版路径”“蒙版不透明度”“蒙版扩展”关键帧，让圆形遮罩迅速由小变大，实现爆炸后火焰的冲击波效果，如图 5-6-21 所示。

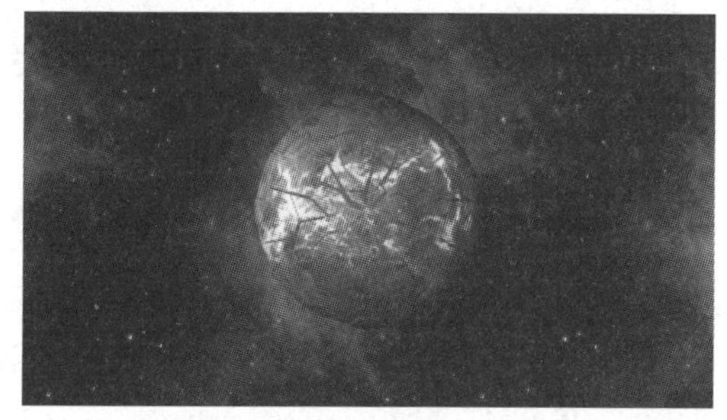

准备开始爆炸

爆炸结束

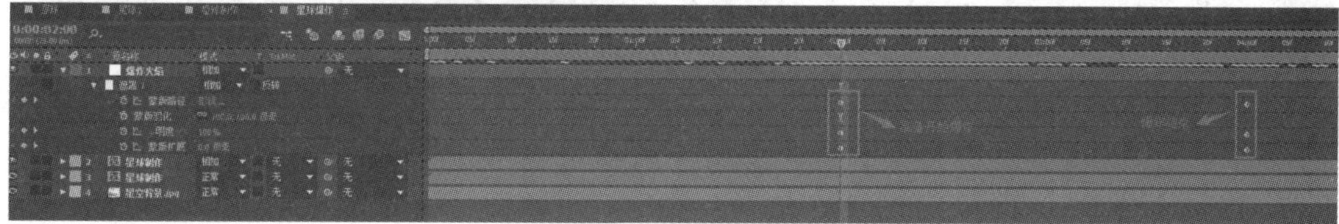

图 5-6-21

**05** 为了增强背景的动态感，新建一个纯色层，命名为“星爆背景”，置于第四层。选择“效果”→“模拟”→“CC Star Burst”命令，添加“CC Star Burst”滤镜，设置“Scatter”为 200；再选择“效果”→“风格化”→“发光”命令，添加“发光”滤镜，如图 5-6-22 所示。

**06** 在时间线面板中按 T 键打开“星爆背景”图层的“不透明度”属性，打开“不透明度”码表，在 3 秒处设置为 100%，在 5 秒处设置为 0，实现爆炸后星爆逐渐消失的效果，如图 5-6-23 所示。

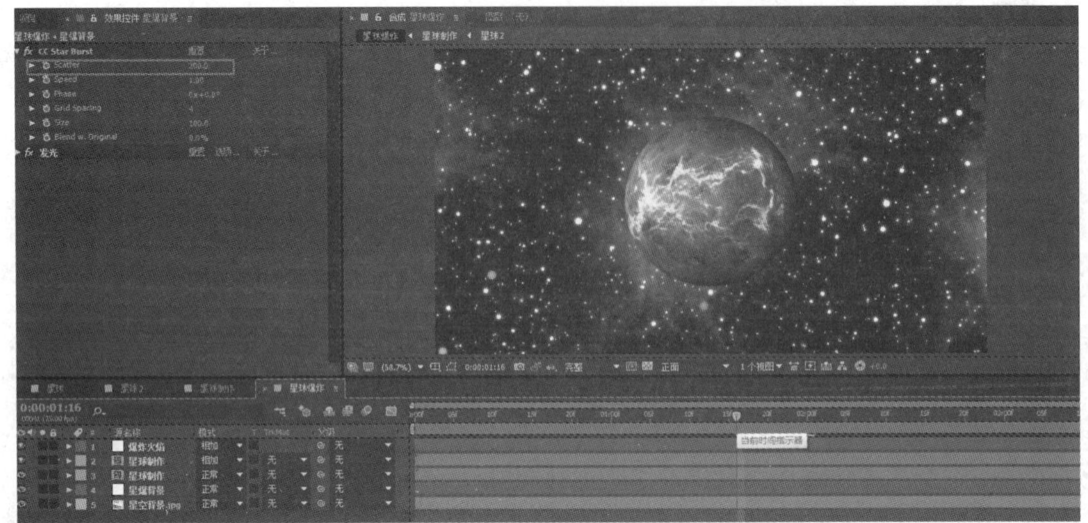

图 5-6-22

图 5-6-23

### 第 6 步　渲染及输出

选择“合成”→“添加到渲染列队”命令，在打开的“渲染列队”面板中对其中的参数进行设置，然后单击“渲染”按钮输出动画，如图 5-6-24 所示。

图 5-6-24

## 经验和小结

1. 爆炸效果通过“碎片”特效实现，主要参数包括焦点的半径和摄像机位置。
2. 碎片的外形图案很多，除了玻璃以外，还有其他自带图案，甚至可以自定义图案。
3. 为了强化爆炸效果，多次使用了发光及曲线等滤镜。

## 思考和练习

**练习：**

利用所学内容制作如图 5-6-25 所示的墙面爆炸效果。

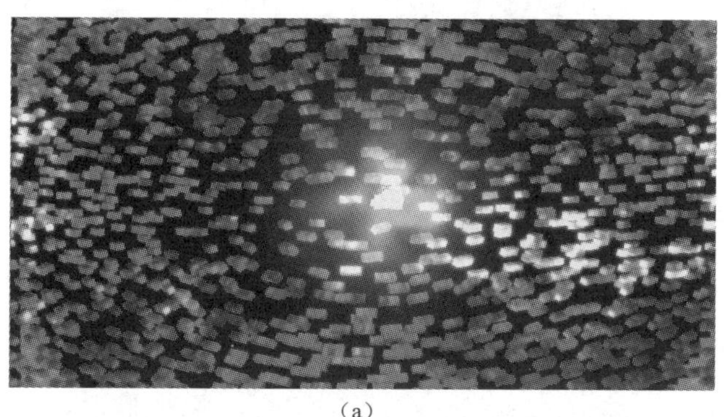

（a）

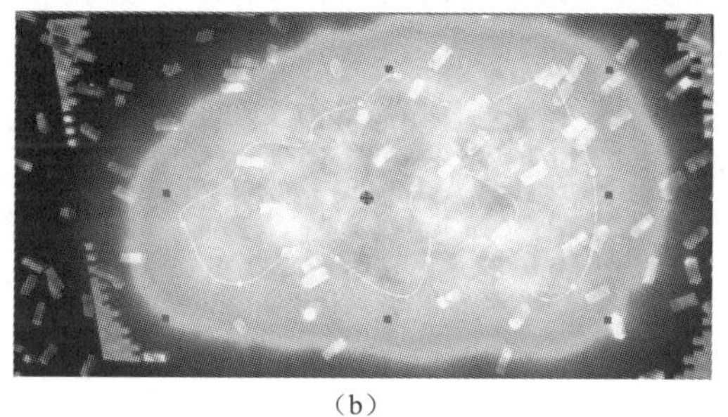

（b）

图 5-6-25

# 任务 5.7　制作“海底泡泡”效果

### ◎ 任务导读

在影视动漫后期合成中，经常需要制作“气泡”效果，在 AE 的 simulation（模拟）滤镜组中有多种滤镜可以实现泡泡效果，包括 cc Bubbles、cc particle world、泡沫等。本任务将以“手工”原创的方法制作“海底泡泡”，学习“圆形”“色阶”“镜头光晕”等滤镜的综合运用技巧。

### ◎ 学习目标

通过制作“海底泡泡”效果，熟悉“圆形”“色阶”“镜头光晕”等基本工具的使用方法。样片截图如图 5-7-1 所示。视频样片及相关资源见配套光盘。

图 5-7-1

## 实践操作

素材资源：背景.jpg。

技能点拨：通过“圆形”制作泡泡的基本形状，利用“色阶”将背景变暗；通过添加“镜头光晕”滤镜及调整变换属性中的一些参数制作海底光线的效果。

制作流程：

| 第 1 步 | 第 2 步 | 第 3 步 | 第 4 步 | 第 5 步 | 第 6 步 | 第 7 步 |
|---|---|---|---|---|---|---|
| 素材导入和文件管理 | 制作泡泡图形 | 制作冒泡效果 | 制作海底泡泡 | 制作海底光线 | 制作动态背景 | 渲染及输出 |

### 操作步骤

#### 第 1 步 素材导入和文件管理

启动 AE，在“项目”面板中导入素材“背景.jpg”，如图 5-7-2 所示。

#### 第 2 步 制作泡泡图形

**01** 按 Ctrl+N 组合键新建一个合成，命名为“泡泡”，设置“宽度”和“高度”均为 100 像素，“持续时间”为 16 帧，如图 5-7-3 所示。

**02** 新建一个纯色层，命名为“外圈”，为了得到更好的视觉效果，选择“合成”→“合成设置”命令，在弹出的“合成设置”对话框中将背景色改为品蓝色，如图 5-7-4 所示。

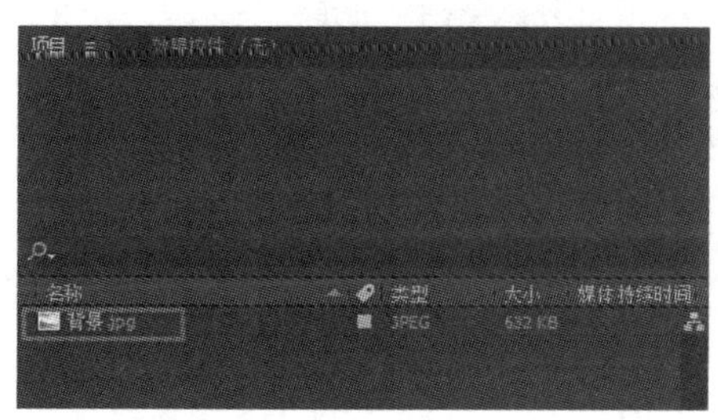


图 5-7-2

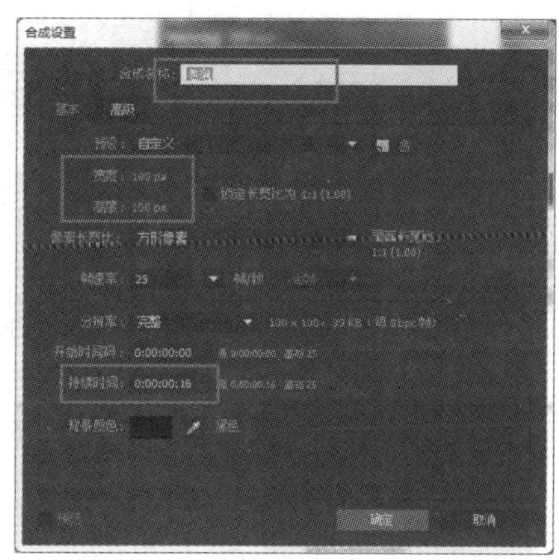


图 5-7-3

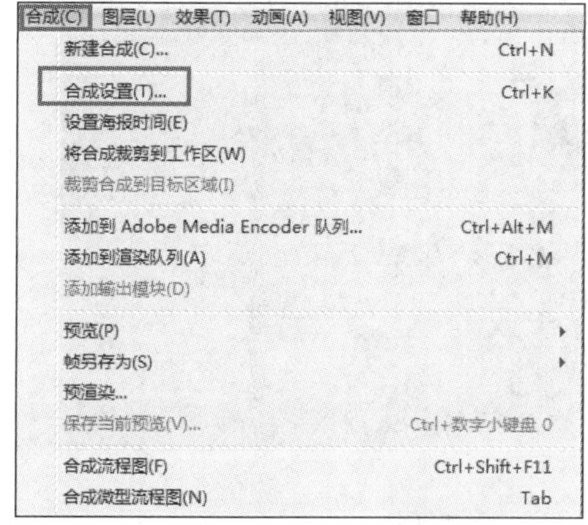

图 5-7-4

**03** 右击“外圈”图层，在弹出的快捷菜单中选择“效果”→“生成”→“圆形”命令，添加“圆形”效果，设置“中心”为（50，50），“半径”为 40，“颜色”为淡紫色，再按 Ctrl+D 组合键复制一层“圆形”特效，将“圆形 2”的“混合模式”设置为“模板 Alpha”，并勾选“反转圆形”复选框，设置“中心”为（50，47），“半径”为 36，“颜色”为深蓝色，制作出泡泡的基本形状，如图 5-7-5 所示。

**04** 在时间线面板中复制“外圈”图层，重命名为“阴影”。在“阴影”图层的特效控制台中设置“圆形”的“颜色”为深蓝色，“圆形 2”的“中心”为（50，37），“半径”为 38，“颜色”为深蓝色，制作出泡泡的阴影部分。然后按 T 键打开“不透明度”属性，设置“不透明度”为 50%，如图 5-7-6 所示。

**05** 再复制一层“阴影”图层，并重命名为“高光”，在“高光”图层的特效控制中设置“圆形”的“中心”为（50，46），“半径”为 13，“颜色”为白色，设置“圆形 2”的“中心”为（63，46），“半径”为 10，“颜色”为白色，并取消勾选“反转圆形”复选框，制作出泡泡的高光部分，如图 5-7-7 所示。

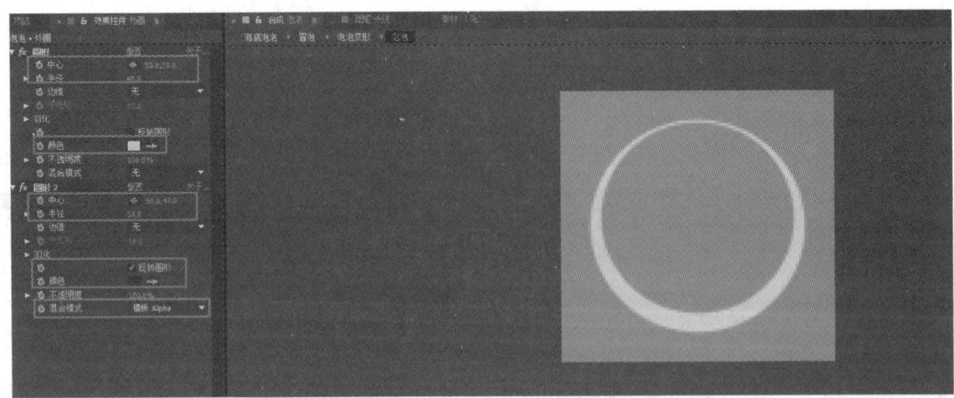

图 5-7-5

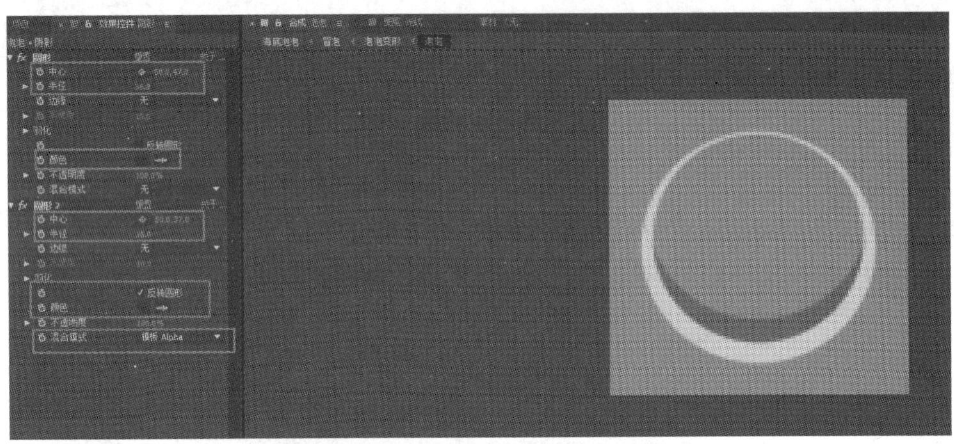

（a）

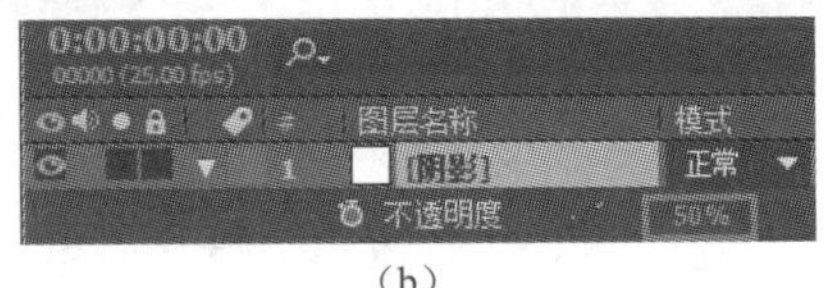


（b）

图 5-7-6

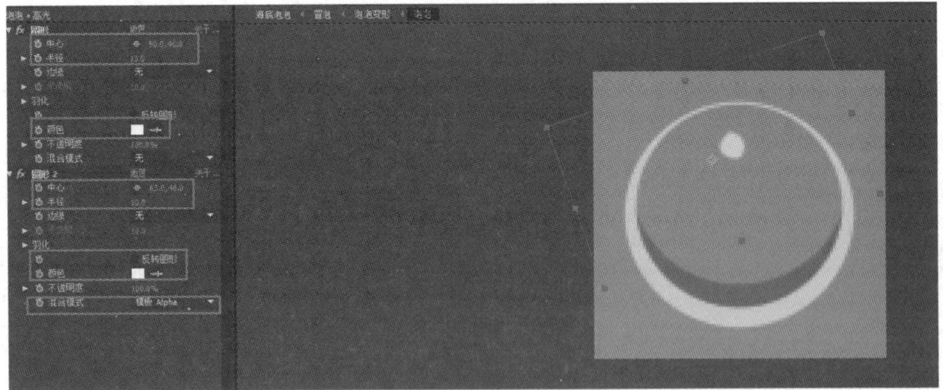

图 5-7-7

**06** 完善高光部分。选择“高光”图层，展开“变换”选项，设置“位置”为（41，31），取消缩放链接，并调整 Y 轴坐标缩放为 59%，设置“旋转”为-19°，“不透明度”为 61%，如图 5-7-8 所示。此时泡泡的基本形状完成了。

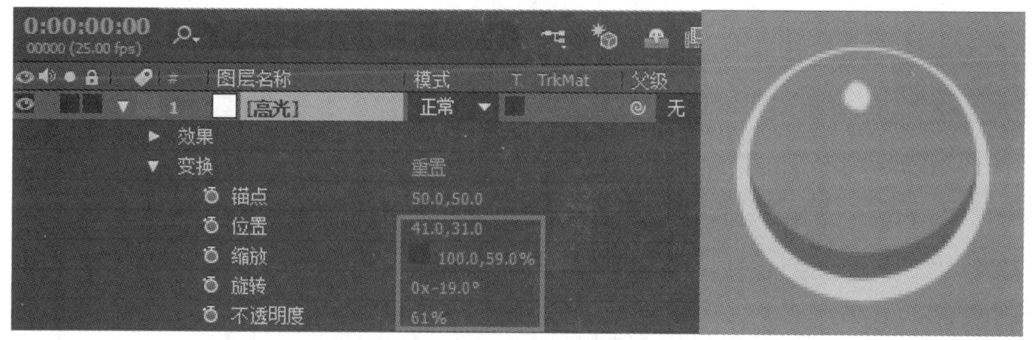


图 5-7-8

**小贴士**

当调整特效参数达不到理想的效果时，可以运用“变换”属性对效果进行进一步微调。

### 第 3 步　制作冒泡效果

**01** 新建一个合成，命名为“泡泡变形”，如图 5-7-9 所示。

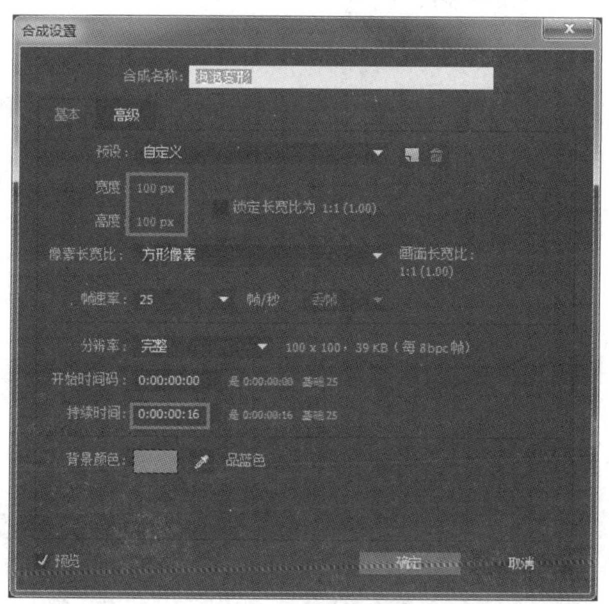


图 5-7-9

**02** 将“泡泡”合成作为素材拖动到“泡泡变形”合成中，按 S 键打开其“缩放”属性，并在 0 秒处打开“缩放”码表，取消缩放链接，设置“缩放”为（120%，90%），在 8 帧处设置为（78%，121%），在 16 帧处设置为（120%，90%），如图 5-7-10 所示。

图 5-7-10

03 新建一个合成，命名为“冒泡”，设置其“宽度”和“高度”均为720像素，“持续时间”为6秒22帧，如图5-7-11所示。

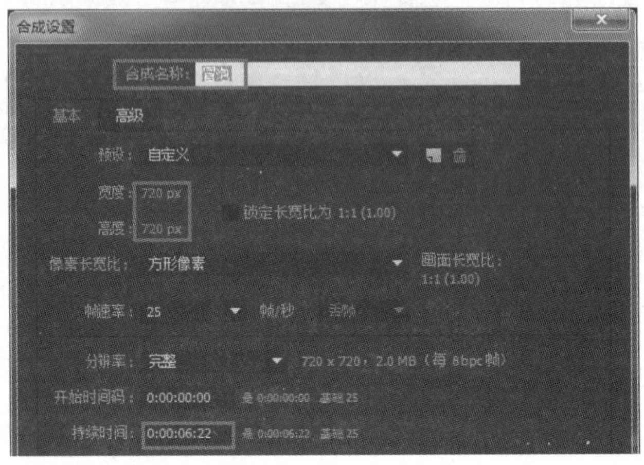


图 5-7-11

04 将“泡泡变形”合成作为素材拖动到“冒泡”合成中，发现其时间过短，所以右击，在弹出的快捷菜单中选择“时间”→“时间重映射”命令，并按Alt键添加循环表达式，将时间线延长到3秒5帧处，便于后续冒泡的制作，如图5-7-12所示。

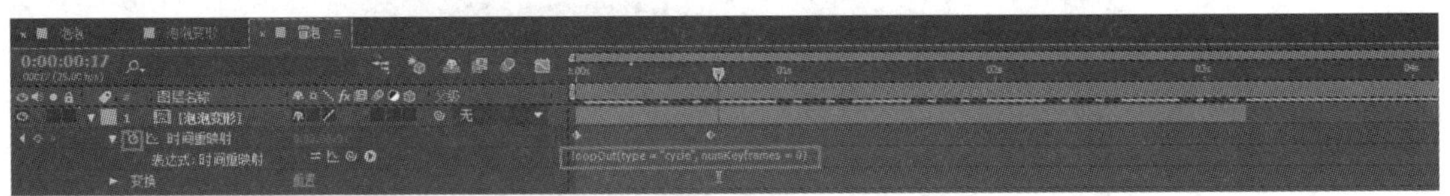


图 5-7-12

05 制作泡泡沿S形上升的动作。展开“变换”选项，在0秒处打开“位置”“缩放”码表，设置“位置”为（322，630），“缩放”为26%；在18帧处设置“位置”为（351，520.5），“缩放”为66%；在1秒10帧处设置“位置”为（263.5，389.5），“缩放”为111%；在3秒处设置“位置”为（340.5，74.5），“缩放”为（31%，33%），如图5-7-13所示。

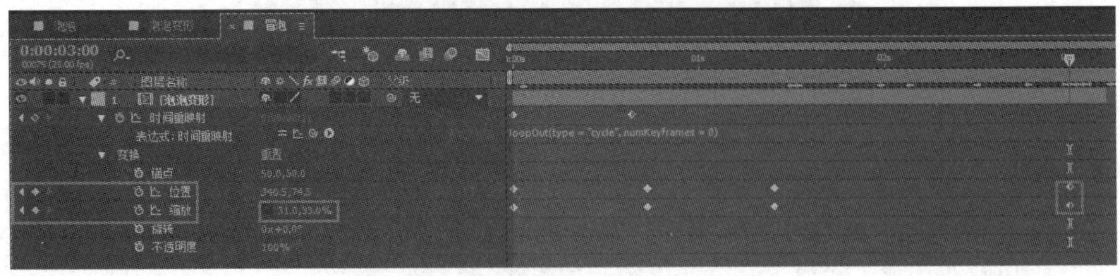


图 5-7-13

**小贴士**

制作气泡沿 S 形上升的动画时，要根据运动规律调节气泡的运动路径和大小，尽量符合实际情况。

**06** 复制 6 层“泡泡变形”图层，并将它们的时间错开，实现冒泡效果，如图 5-7-14 所示。

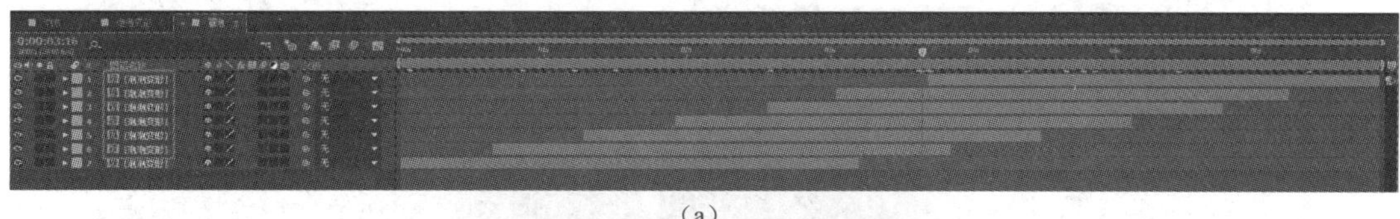

（a）

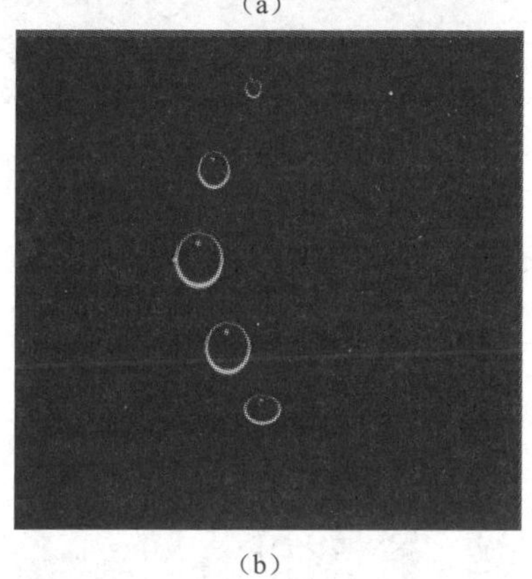

（b）

图 5-7-14

## 第 4 步　制作海底泡泡

**01** 新建一个合成，命名为“海底泡泡”，如图 5-7-15 所示。

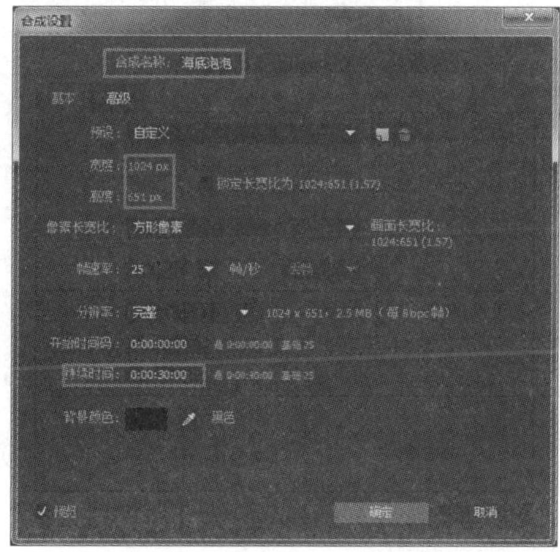


图 5-7-15

**02** 调暗背景。把“背景.jpg”拖动到总合成中，再选择“效果”→“颜色校正”→“色阶”命令，添加“色阶”滤镜，设置“灰度系数”为0.46，“输出白色”为198.9，如图5-7-16所示。

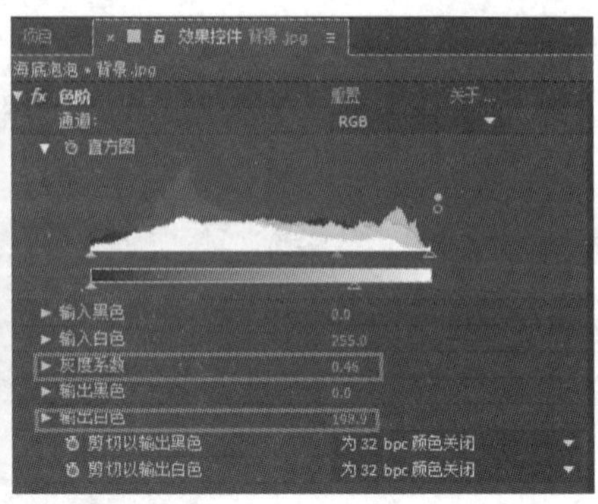


图5-7-16

**03** 将“冒泡”作为素材拖动到“海底泡泡”合成中，设置其“位置”为（792，351.5），再复制一层“冒泡”图层，右击，在弹出的快捷菜单中选择“变换”→“水平翻转”命令，调整其位置至合适地方，然后复制若干层“冒泡”，调整“缩放”“位置”“旋转”等属性，以达到最好的效果，如图5-7-17所示。

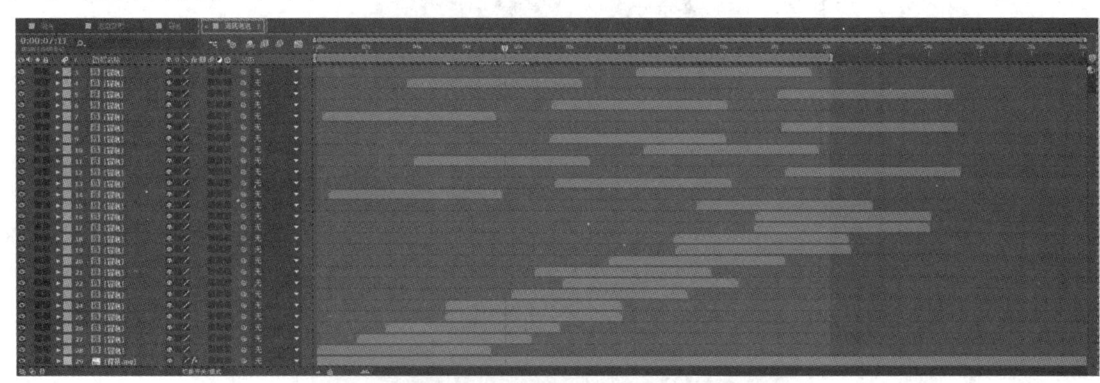

（a）

（b）

图5-7-17

## 第 5 步　制作海底光线

**01** 在“海底泡泡”合成中新建一个纯色层，命名为“光线”。选择“光线”图层，再选择“效果”→“生成”→“镜头光晕”命令，添加“镜头光晕”滤镜，设置“光晕中心”为（371.9，263.2），“镜头类型”为“35mm 聚焦”。效果如图 5-7-18 所示。

图 5-7-18

**02** 选择“光线”图层，展开“变换”选项，设置“位置”为（916，-70.5），并取消缩放链接，设置“缩放”为（46.9%，192.6%），设置“旋转”为 35°，如图 5-7-19（a）所示，效果如图 5-7-19（b）所示。

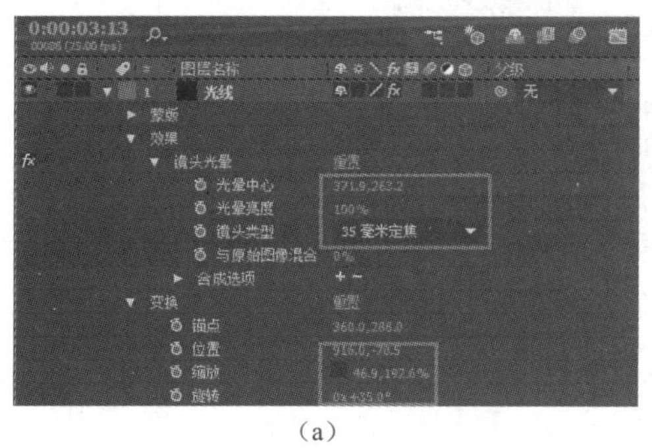


（a）

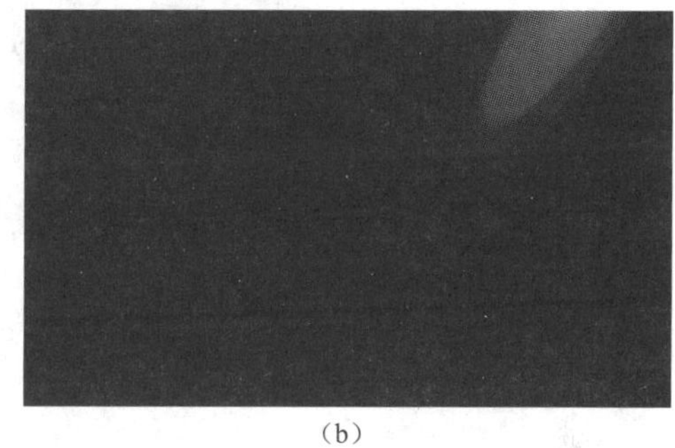

（b）

图 5-7-19

**03** 制作绚丽的海底光线。为“光线”图层添加遮罩，并设置“蒙版羽化”为 85 像素，如图 5-7-20 所示。

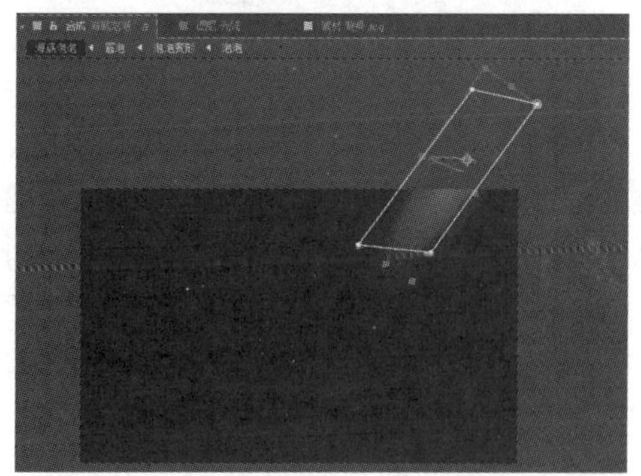

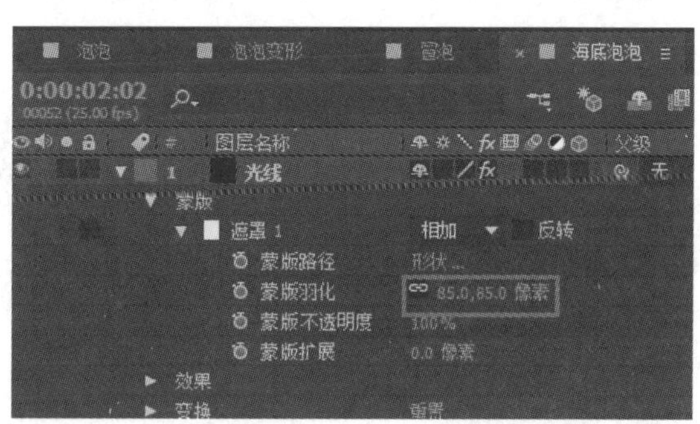


图 5-7-20

**04** 复制“光线”图层，得“光线 2”图层，设置其“蒙版羽化”为 10 像素，“蒙版扩展”为 6 像素，“光晕中心”为（367.4，257.9），“位置”为（614，-72.5），“缩放”为（56.2%，204.4%），“旋转”为 28°，如图 5-7-21 所示。

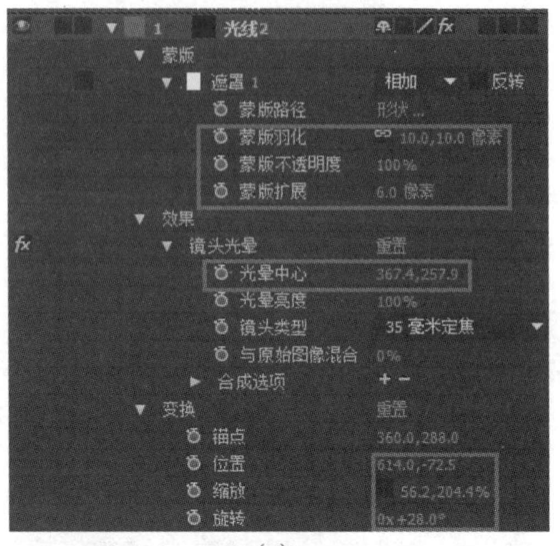


（a）

（b）

图 5-7-21

**小贴士**

当需要单独观察某一图层时，可以单击时间线面板的“独奏”按钮。

### 第 6 步　制作动态背景

**01** 制作“光线 2”的移动效果。按 P 键打开“光线 2”图层的“位置”属性，在 2 秒 1 帧处打开“位置”码表，设置“位置”为（614，-72.5），在 4 秒 24 帧处为（478.1，-58），在 7 秒 20 帧处为（611.4，-42.1），在 11 秒 10 帧处为（782.9，-39.5），在 15 秒 7 帧处为（532.2，-48.7），在 18 秒 10 帧处为（645.7，-50.1），如图 5-7-22 所示。

**02** 制作“光线”的移动效果。按 P 键打开“光线”图层的“位置”属性，在 1 秒 12 帧处打开“位置”码表，设置“位置”为（916，-70.5），在 7 秒 6 帧处为（824.9，-69.2），在 13 秒 16 帧处为（1024.2，2.1）在 14 秒 1 帧处为（612.3，-45.5），在 19 秒 10 帧处为（925.2，

-40.1)，如图 5-7-23 所示。此时实现海底有光线移动照耀的效果。

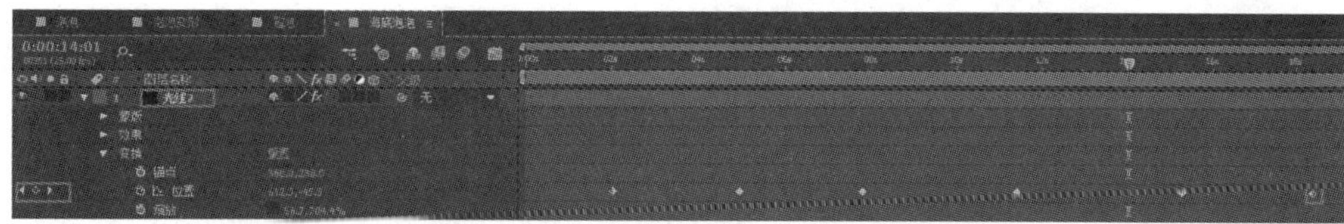

图 5-7-22

图 5-7-23

03 制作亮暗变化的背景。选择“背景.jpg”图层，在特效控制台中设置“色阶”特效，并打开“直方图”码表，在 1 秒 7 帧处设置“灰度系数”为 0.46，在 3 秒 18 帧处为 0.32，在 8 秒 7 帧处为 0.66，在 11 秒 18 帧处为 0.38，在 15 秒 22 帧处为 0.51，在 18 秒 15 帧处为 0.34，在 19 秒 14 帧处为 0.67，并选中所有关键帧按 F9 键转换为柔缓曲线，如图 5-7-24 所示。此时动态背景制作完成。

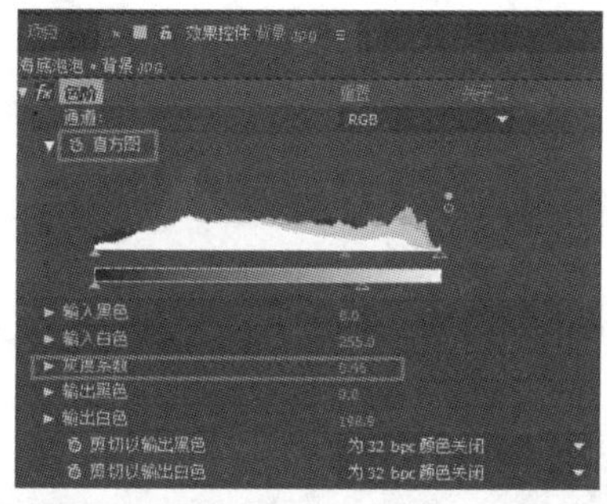

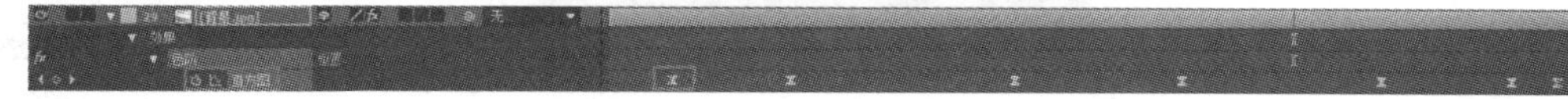

图 5-7-24

## 第 7 步 渲染及输出

01 按 Ctrl+M 组合键，在弹出的“渲染队列”对话框中为影片命名，并单击“保存”按钮。切换至“渲染队列”面板，设置“渲染设置”为“最佳设置”，如图 5-7-25 所示。

图 5-7-25

02 双击“输出模块”按钮，弹出“输出模块设置”对话框，设置“格式”为“Quick

Time”。单击“格式选项”按钮，弹出“QuickTime 设置”对话框，设置“视频编码器”为H.264，单击“确定”按钮，退出“QuickTime 设置”对话框，再单击“确定”按钮，退出“输出模块设置”对话框。单击渲染按钮输出。

## 经验和小结

1. 利用“色阶”特效可调整图片的亮暗程度。
2. 利用“色相/饱和度”特效可调整泡泡的颜色。

## 思考和练习

**练习：**

收集素材，利用所学内容制作鱼吐泡泡的效果或其他类似特效。

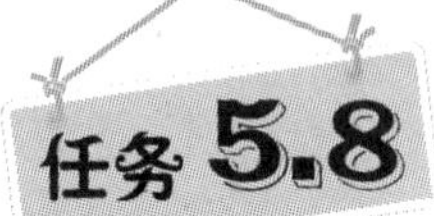

# 任务5.8 制作“瀑布”效果

### ◎ 任务导读

在影视动漫后期合成中，需要经常制作各种水流效果，如潺潺的溪水、汹涌的浪花、湍急的河流等。本任务将以典型案例“瀑布”效果的制作为例，综合介绍“分形杂色”“曲线”“网格变形”“边角定位”等应用技巧。

### ◎ 学习目标

通过本任务，掌握瀑布效果的制作技巧。样片截图如图 5-8-1 所示。视频样片及相关资源见配套光盘。

图 5-8-1

## 实践操作

素材资源：瀑布.png。

技能点拨：根据动画原理和技法，利用“分形杂色”“曲线”“网格变形”及“边角定位”等特效制作瀑布效果。

制作流程：

| 第 1 步 | 第 2 步 |
|---|---|
| 素材导入 | 制作瀑布并渲染输出 |

### 操作步骤

#### 第 1 步　素材导入

新建项目，导入“瀑布.png”（背景）图片，如图 5-8-2 所示。

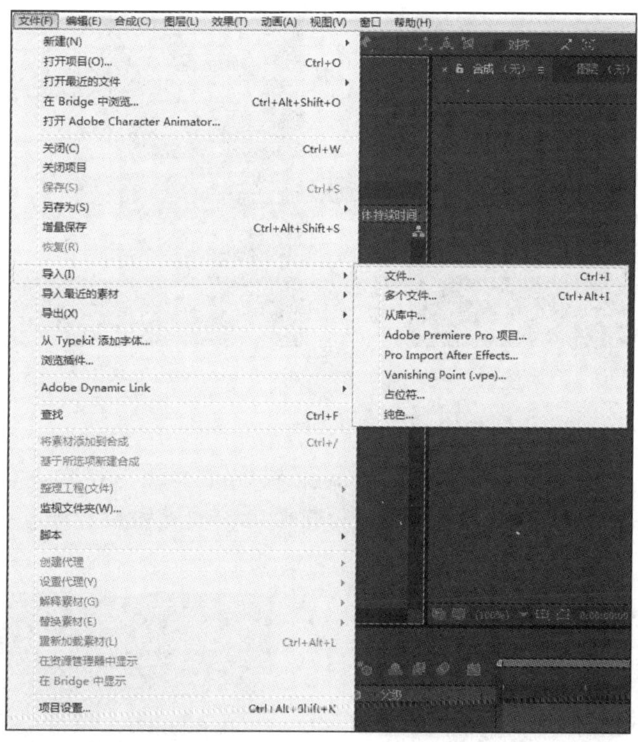


图 5-8-2

#### 第 2 步　制作瀑布并渲染输出

**01** 新建一个合成，命名为“瀑布”，如图 5-8-3 所示。

**02** 新建一个纯色层，命名为“水流”，如图 5-8-4 所示。

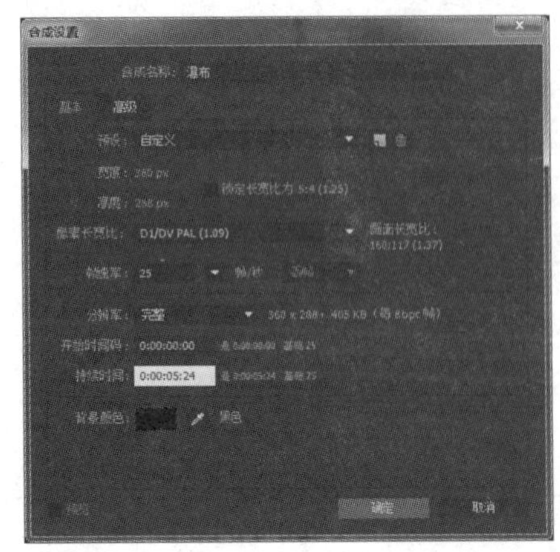

图 5-8-3

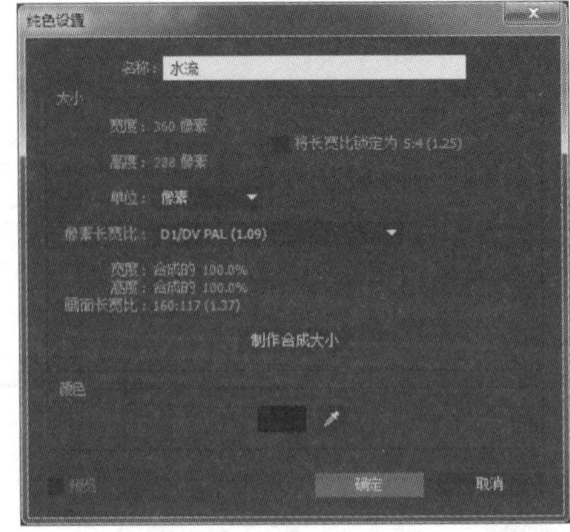


图 5-8-4

**03** 选择“水流”图层，再选择“效果”→“杂色和颗粒”→“分形杂色”命令，添加“分形杂色”滤镜，参数设置如图 5-8-5（a）所示，调整图层宽度，效果如图 5-8-5（b）所示。

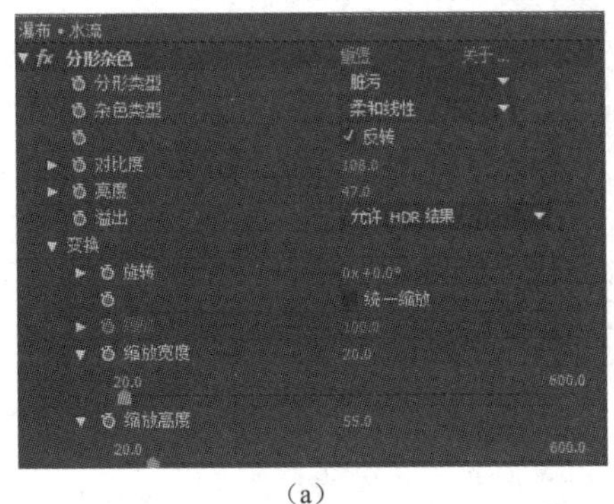


（a）

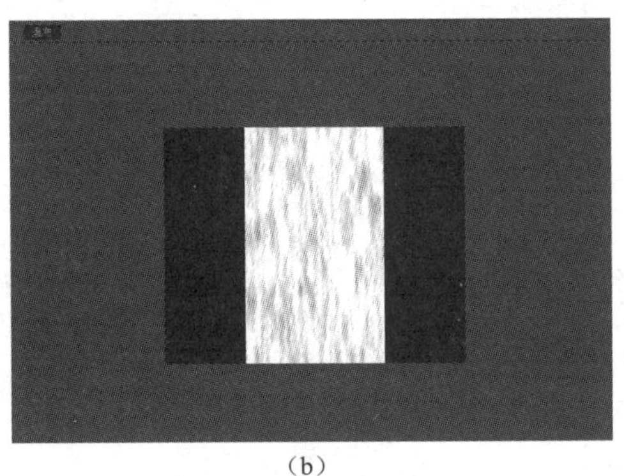

（b）

图 5-8-5

**04** 在时间线第一帧处打开“偏移（湍流）”码表设置关键帧，设置“偏移（湍流）”为（180，144），如图 5-8-6（a）所示；然后在最后一帧处设置“偏移（湍流）”为（180，1200），如图 5-8-6（b）所示。

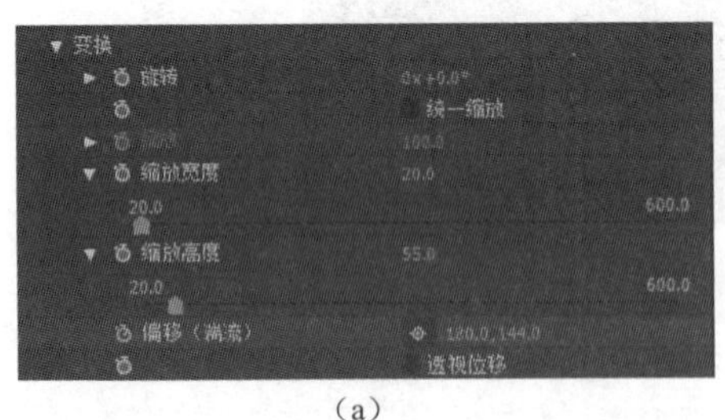


（a）

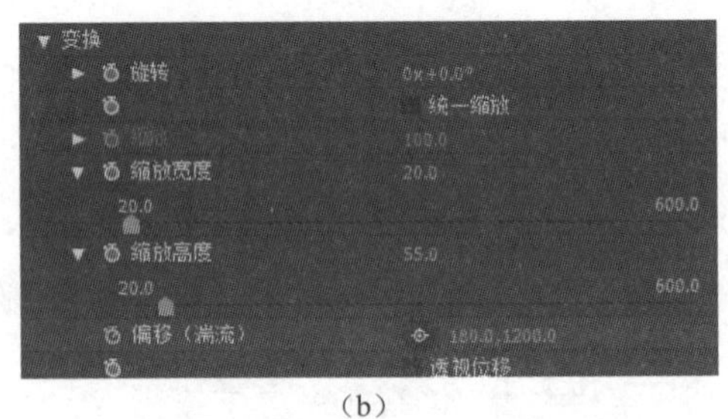


（b）

图 5-8-6

**05** 在第一帧处打开“演化”码表设置关键帧，在最后一帧修改为 0°，如图 5-8-7 所示，可根据需要调整关键帧的节奏。

图 5-8-7

**06** 根据需要，添加“曲线”特效（菜单命令为“效果”→“颜色校正”→“曲线”）以改变瀑布的色彩效果，参数设置如图 5-8-8（a）所示，效果如图 5-8-8（b）所示。

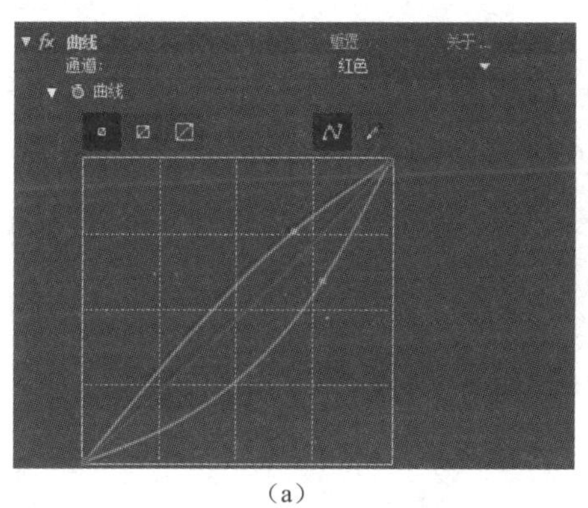


（a）

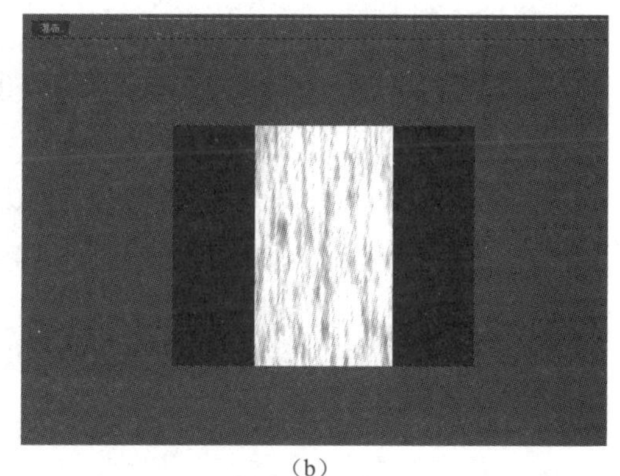

（b）

图 5-8-8

**07** 为了表现瀑布的立体感和形态，可添加“网格变形”特效（菜单命令为“效果”→“扭曲”→“网格变形”），参数设置如图 5-8-9（a）所示，效果如图 5-8-9（b）所示。

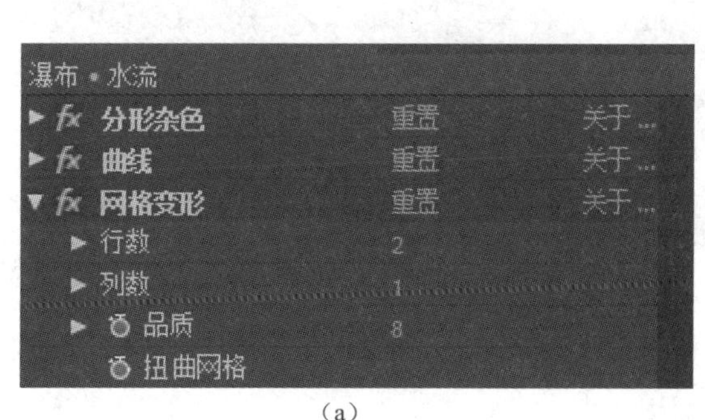


（a）

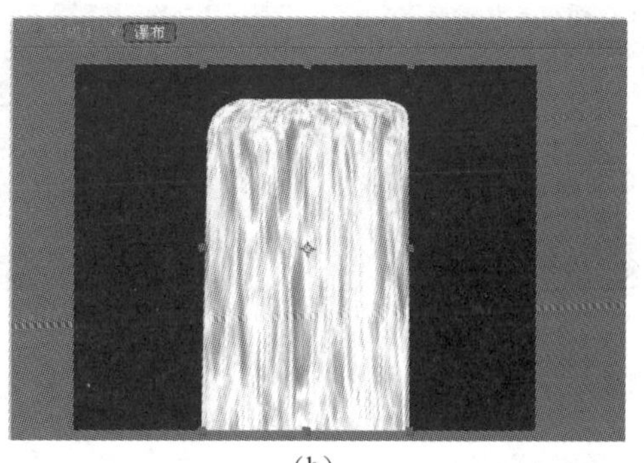


（b）

图 5-8-9

**08** 为了使瀑布和背景协调，可添加“边角定位”特效（菜单命令为“效果”→“扭曲”→“边角定位”），参数设置如图 5-8-10 所示。

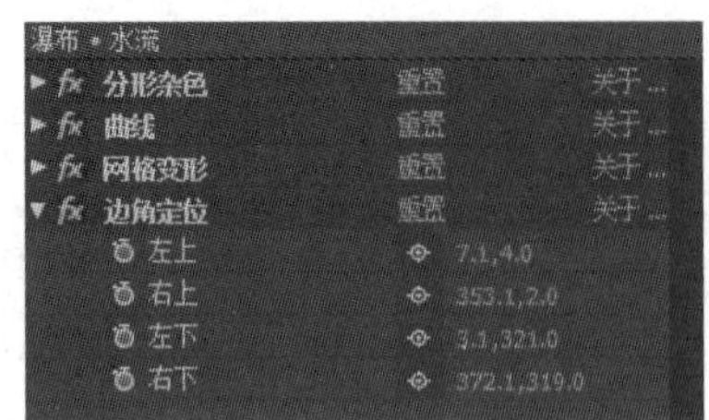


图 5-8-10

**小贴士**

AE 特效控制面板中的各个滤镜特效的上下顺序不能随意更改，否则最终效果会发生改变。

**09** 更改“缩放”参数，如图 5-8-11 所示。

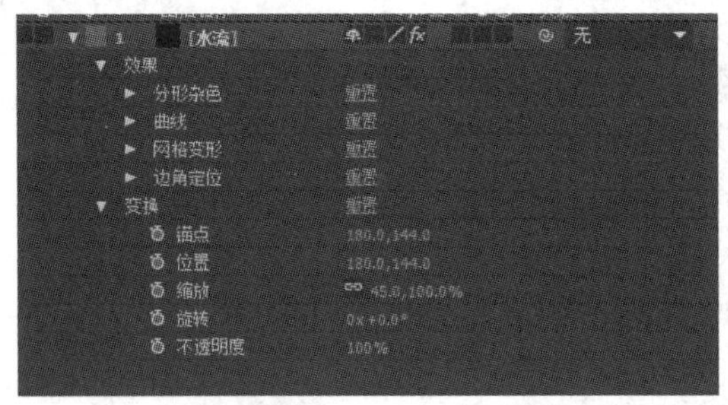


图 5-8-11

**10** 为了使瀑布和背景更加协调，使用“矩形工具”添加遮罩，并设置“遮罩羽化”参数，如图 5-8-12（a）所示，效果如图 5-8-12（b）所示。

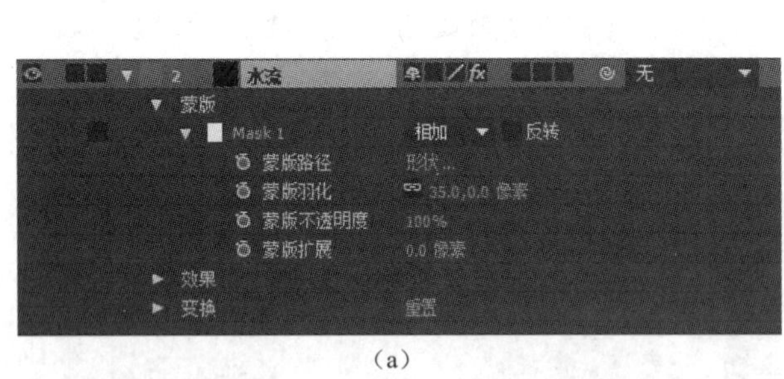


（a）

（b）

图 5-8-12

**小贴士**

在 AE 的后期合成中，我们会经常使用遮罩并对遮罩设置羽化来实现更自然的过渡及叠加效果。

**11** 复制一层“水流”图层，重命名为“水流 2”，如图 5-8-13 所示。

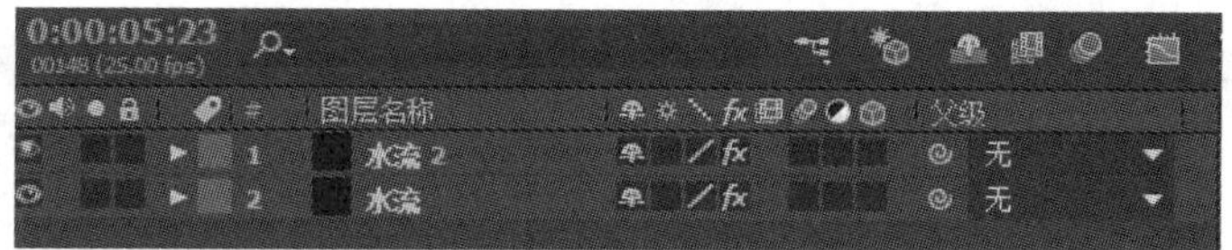


图 5-8-13

**12** 更改“水流 2”图层的“分形杂色”特效的参数设置，如图 5-8-14 所示。

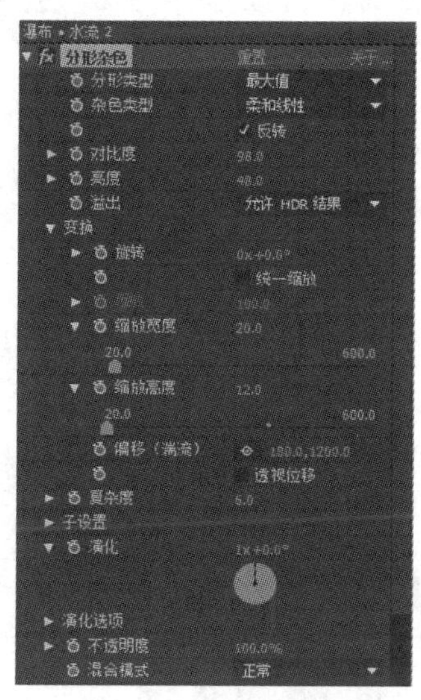


图 5-8-14

**13** 根据剧情需要设置关键帧，在第一帧处打开“偏移（湍流）”码表设置关键帧，如图 5-8-15（a）所示；在最后一帧处改为（180，1200），如图 5-8-15（b）所示。在第一帧处打开“演化”码表设置关键帧，在最后一帧处改为“1x+0.0°”。最终效果如图 5-8-16 所示。

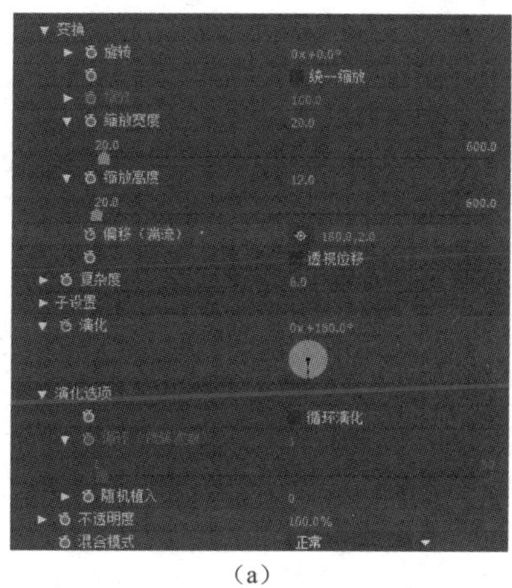


（a）

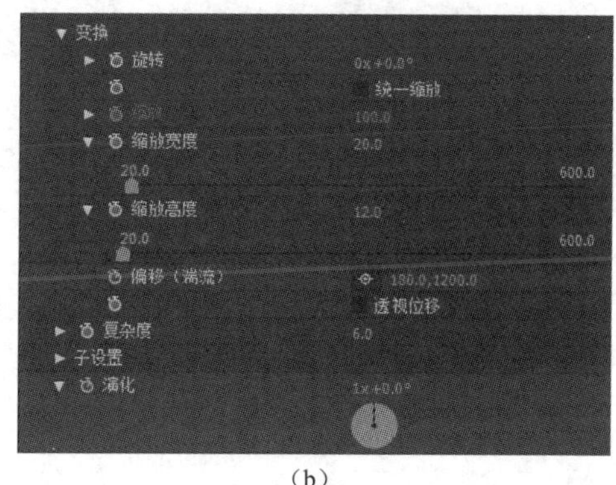


（b）

图 5-8-15

**14** 新建一个合成，如图 5-8-17 所示。

图 5-8-16

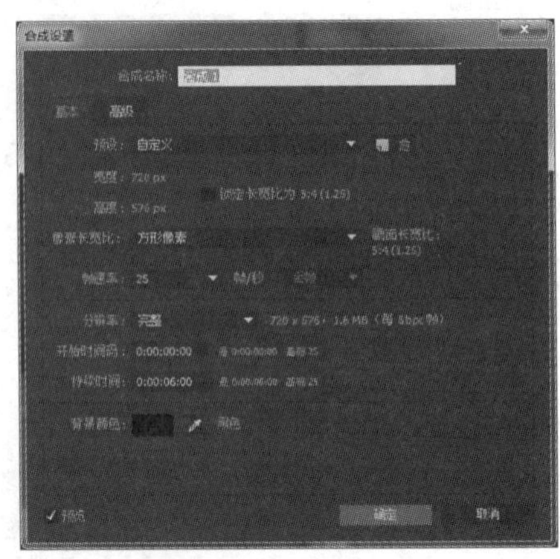

图 5-8-17

**15** 拖入“瀑布.png”背景图片和“瀑布”嵌套合成，调整其位置和缩放关系，如图 5-8-18（a）所示，最终效果如图 5-8-18（b）所示。

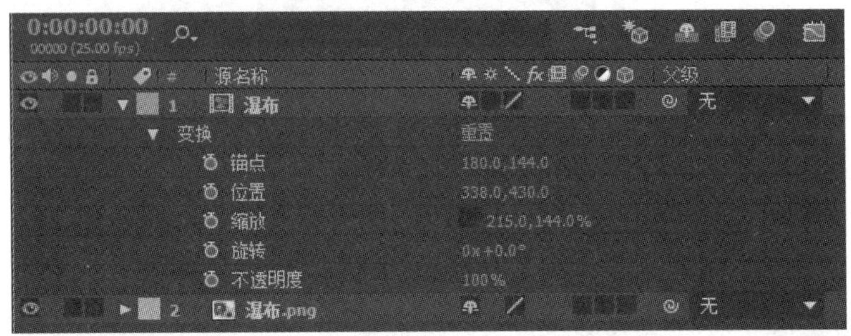


（a）

（b）

图 5-8-18

16 渲染及输出。具体步骤不再赘述。

## 经验和小结

利用“分形杂色”滤镜的“偏移（湍流）”和“演化”参数设置动画，从而实现瀑布的水流效果。

利用“网格变形”“边角定位”特效及添加遮罩并羽化，让瀑布和背景结合更协调、自然。

## 思考和练习

**思考：**

除了使用“分形杂色”滤镜，还可以使用其他滤镜做出瀑布效果吗？

**练习：**

尝试使用“分形杂色”“置换图”滤镜实现水流效果。

# 附录 1　常用快捷操作方式

常用快捷操作方式如附表 1-1～附表 1-8 所示。

附表 1-1　“项目”面板操作

| 操作 | 快捷方式 |
|---|---|
| 新建项目 | Ctrl+Alt+N |
| 打开项目 | Ctrl+O |
| 打开项目时只打开“项目”面板 | 按住 Shift 键 |
| 打开上次打开的项目 | Ctrl+Alt+Shift+P |
| 保存项目 | Ctrl+S |
| 选择上一子项 | 上方向键 |
| 选择下一子项 | 下方向键 |
| 打开选择的素材或合成图像 | 双击 |
| 在素材窗口中打开影片 | Alt+双击 |
| 激活最近激活的合成图像 | \ |
| 增加选择的子项到最近激活的合成图像中 | Ctrl+/ |
| 显示所选的合成图像的设置 | Ctrl+K |
| 增加所选的合成图像的“渲染队列”面板 | Ctrl+Shift+/ |
| 导入一个素材文件 | Ctrl+I |
| 导入多个素材文件 | Ctrl+Alt+I |
| 替换选择层的源素材或合成图像 | Alt+从“项目”面板拖动素材到合成图像 |
| 替换素材文件 | Ctrl+H |
| 搜索素材名称 | Ctrl+F |
| 扫描发生变化的素材 | Ctrl+Alt+Shift+L |
| 重新导入素材 | Ctrl+Alt+L |
| 新建文件夹 | Ctrl+Alt+Shift+N |
| 记录素材解释方法 | Ctrl+Alt+C |
| 应用素材解释方法 | Ctrl+Alt+V |
| 设置代理文件 | Ctrl+Alt+P |
| 退出 | Ctrl+Q |

附表 1-2　合成图像、层和素材面板操作

| 操作 | 快捷方式 |
|---|---|
| 在打开的面板中循环 | Ctrl+Tab |
| 显示/隐藏标题安全区域和动作安全区域 | ' |
| 显示/隐藏网格 | Ctrl+' |
| 显示/隐藏对称网格 | Alt+' |
| 软件全屏面板 | Ctrl+Alt+\ |
| 动态修改面板 | Alt+拖动属性控制 |

续表

| 操作 | 快捷方式 |
| --- | --- |
| 暂停修改面板 | Caps Lock 键 |
| 在当前面板的标签间循环 | Shift+,或 Shift+. |
| 在当前面板的标签间循环并自动调整大小 | Alt+Shift+,或 Alt+Shift+. |
| 显示通道（RGBA） | Alt+1，2，3，4 |
| 带颜色显示通道（RGBA） | Alt+Shift+1，2，3，4 |

**附表 1-3　显示视图和面板操作**

| 操作 | 快捷方式 |
| --- | --- |
| “项目”面板 | Ctrl+0 |
| 项目流程视图 | F11 |
| “渲染队列”面板 | Ctrl+Alt+0 |
| 工具箱 | Ctrl+1 |
| “信息”面板 | Ctrl+2 |
| 时间线面板 | Ctrl+3 |
| “音频”面板 | Ctrl+4 |
| 显示/隐藏所有面板 | Tab |
| General 偏好设置 | Ctrl+ |
| 新合成图像 | Ctrl+N |
| 关闭激活的标签/面板 | Ctrl+W |
| 关闭激活面板（所有标签） | Ctrl+Shift+W |
| 关闭激活面板（除项目窗口） | Ctrl+Alt+W |
| 时间布局面板中的移动 | |
| 到工作区开始 | Home |
| 到工作区结束 | Alt+End |
| 到前一可见关键帧 | J |
| 到后一可见关键帧 | K |
| 滚动选择的层到时间线面板的顶部 | X |
| 滚动当前时间标记到面板中心 | D |
| 到指定时间 | Ctrl+G |
| 合成图像、时间线、素材和层面板中的移动 | |
| 到开始处 | Home 或 Ctrl+Alt+左方向键 |
| 到结束处 | End 或 Ctrl+Alt+右方向键 |
| 向前一帧 | Page Down 或左方向键 |
| 向前十帧 | Shift+Page Down 或 Ctrl+Shift+左方向键 |
| 向后一帧 | Page Up 或右方向键 |
| 向后十帧 | Shift+Page Up 或 Ctrl+Shift+右方向键 |
| 到层的入点 | I |
| 到层的出点 | O |
| 逼近子项到关键帧、时间标记、入点和出点 | Shift+拖动子项 |

附表 1-4 预演操作

| 操作 | 快捷方式 |
|---|---|
| 开始/停止播放 | 空格 |
| 从当前时间点预视音频 | .（数字键盘） |
| RAM 预视 | 0（数字键盘） |
| 每隔一帧的 RAM 预视 | Shift+0（数字键盘） |
| 保存 RAM 预视 | Ctrl+0（数字键盘） |
| 快速视频 | Alt+拖动当前时间标记 |
| 快速音频 | Ctrl+拖动当前时间标记 |
| 线框预视 | Alt+0（数字键盘） |
| 线框预视时用矩形替代 Alpha 轮廓 | Ctrl+Alt+0（数字键盘） |
| 线框预视时保留面板内容 | Shift+Alt+0（数字键盘） |
| 矩形预视时保留面板内容 | Ctrl+Shift+Alt+0（数字键盘） |

注：如未选择层，命令针对所有层。

附表 1-5 合成图像、层和素材面板中的编辑

| 操作 | 快捷方式 |
|---|---|
| 复制 | Ctrl+C |
| 复制+粘贴 | Ctrl+D |
| 剪切 | Ctrl+X |
| 粘贴 | Ctrl+V |
| 撤销 | Ctrl+Z |
| 重做 | Ctrl+Shift+Z |
| 选择全部 | Ctrl+A |
| 取消全部选择 | Ctrl+Shift+A 或 F2 |
| 层、合成图像、文件夹、效果重命名 | Enter（数字键盘） |
| 原应用程序中编辑子项（仅限素材面板） | Ctrl+E |
| 合成图像、时间线面板中的层操作 | |
| 放在最前面 | Ctrl+Shift+ ] |
| 向前提一级 | Ctrlt+ ] |
| 向后放一级 | Ctrl+ [ |
| 放在最后面 | Ctrl+Shift+ [ |
| 选择下一层 | Ctrl+下方向键 |
| 选择上一层 | Ctrl+上方向键 |
| 通过层号选择层 | 1～9（数字键盘） |
| 取消所有层选择 | Ctrl+Shift+A |
| 锁定所选层 | Ctrl+L |
| 释放所有层的选定 | Ctrl+Shift+L |
| 分裂所选层 | Ctrl+Shift+D |
| 激活合成图像面板 | \ |
| 在层面板中显示选择的层 | Enter（数字键盘） |

续表

| 操作 | 快捷方式 |
| --- | --- |
| 显示隐藏视频 | Ctrl+Shift+Alt+V |
| 隐藏其他视频 | Ctrl+Shift+V |
| 显示选择层的效果控制面板 | Ctrl+Shift+T 或 F3 |
| 在合成图像面板和时间线面板中转换 | \ |
| 打开源层 | Alt++双击层 |
| 在合成图像面板中不拖动句柄缩放层 | Ctrl+拖动层 |
| 在合成图像面板中逼近层到框架边和中心 | Alt+Shift+拖动层 |
| 逼近网格转换 | Ctrl+Shit+" |
| 逼近参考线转换 | Ctrl+Shift+; |
| 拉伸层适合合成图像面板 | Ctrl+Alt+F |
| 层的反向播放 | Ctrl+Alt+R |
| 设置入点 | [ |
| 设置出点 | ] |
| 剪辑层的入点 | Alt+[ |
| 剪辑层的出点 | Alt+] |
| 所选层的时间重映象转换开关 | Ctrl+Alt+T |
| 设置质量为最好 | Ctrl+U |
| 设置质量为草稿 | Ctrl+Shift+U |
| 设置质量为线框 | Ctrl++Shift+U |
| 创建新的固态层 | Ctrl+Y |
| 显示固态层设置 | Ctrl+Shift+Y |
| 重组层 | Ctrl+Shift+C |
| 通过时间延伸设置入点 | Ctrl+Shift+, |
| 通过时间延伸设置出点 | Ctrl+Alt+, |
| 约束旋转的增量为 45° | Shift+拖动旋转工具 |
| 约束沿 X 轴或 Y 轴移动 | Shift+拖动层 |
| 复位旋转角度为 0° | 双击旋转工具 |
| 复位缩放率为 100% | 双击缩放工具 |

**附表 1-6　在时间线面板中查看层属性**

| 操作 | 快捷方式 |
| --- | --- |
| 定位点 | A |
| 音频级别 | L |
| 音频波形 | LL |
| 收起效果面板 | E |
| 遮罩羽化 | F |
| 遮罩形状 | M |
| 遮罩不透明度 | TT |
| 不透明度 | T |
| 位置 | P |
| 旋转 | R |

续表

| 操作 | 快捷方式 |
| --- | --- |
| 时间重映象 | Ctrl+Alt+T |
| 缩放 | S |
| 显示所有动画值 | U |
| 在对话框中设置层属性值（与 P、S、R、F、M 一起） | Ctrl+Shift+属性快捷键 |
| 隐藏属性 | Alt+Shift+单击属性名称 |
| 弹出属性滑杆 | Alt+单击属性名称 |
| 增加/删除属性 | Shift+单击属性名称 |
| 切换开关/模式 | F4 |
| 改变所有选择的层设置 | Alt+单击层开关 |
| 打开不透明对话框 | Ctrl+Shift+O |
| 打开定位点对话框 | Ctrl+Shift+Alt+A |
| 时间线面板中工作区的设置 | |
| 设置当前时间标记为工作区开始 | B |
| 设置当前时间标记为工作区结束 | N |
| 设置工作区为选择的层 | Ctrl+K |
| 未选择层时，设置工作区为合成图像长度 | Ctrl+K |
| 时间线面板中修改关键帧 | |
| 设置关键帧速度 | Ctrl+Shift+K |
| 设置关键帧插值法 | Ctrl+Alt+K |
| 增加或删除关键帧（计时器开启时）或开启时间变化计时器 | Alt+Shift+属性快捷键 |
| 选择一个属性的所有关键帧 | 单击属性名称 |
| 增加一个效果的所有关键帧到当前关键帧选择 | Ctrl+单击效果名称 |
| 逼近关键帧到指定时间 | Shift+拖动关键帧 |
| 向前移动关键帧 1 帧 | Alt+右方向键 |
| 向后移动关键帧 1 帧 | Alt+左方向键 |
| 向前移动关键帧 10 帧 | Shift+Alt+右方向键 |
| 向后移动关键帧 10 帧 | Shift+Alt+左方向键 |
| 在选择的层中选择所有可见的关键帧 | Ctrl+Alt+A |
| 到前一可见关键帧 | J |
| 到后一可见关键帧 | K |
| 在线性插值法和自动 Bezer 插值法间转换 | Ctrl+单击关键帧 |
| 改变自动 Bezer 插值法为连续 Bezer 插值法 | 拖动关键帧句柄 |
| Hold 关键帧转换 | Ctrl+Alt+H 或 Ctrl+Alt+单击关键帧句柄 |
| 连续 Bezer 插值法与 Bezer 插值法间转换 | Ctrl+拖动关键帧句柄 |
| Easy easy | F9 |
| Easy easy 入点 | Alt+F9 |
| Easy easy 出点 | Ctrl+Alt+F9 |

附表 1-7　合成图像、时间线面板中层的精确操作

| 操作 | 快捷方式 |
| --- | --- |
| 以指定方向移动层一个像素 | 方向键 |

续表

| 操作 | 快捷方式 |
|---|---|
| 旋转层 1° | +（数字键盘） |
| 旋转层-1° | -（数字键盘） |
| 放大层 1% | Ctrl++（数字键盘） |
| 缩小层 1% | Ctrl+-（数字键盘） |
| 移动、旋转和缩放变化量为 10 | Shift+快捷键 |

注：层的精调是按当前缩放率下的像素计算，而不是实际像素。

### 附表 1-8　合成图像面板中合成图像的操作

| 操作 | 快捷方式 |
|---|---|
| 显示/隐藏参考线 | Ctrl+; |
| 锁定/释放参考线锁定 | Ctrl+Alt+Shift+; |
| 显示/隐藏标尺 | Ctrl+R |
| 改变背景颜色 | Ctrl+Shift+B |
| 设置合成图像解析度为 Full | Ctrl+J |
| 设置合成图像解析度为 Half | Ctrl+Shift+J |
| 设置合成图像解析度为 Quarter | Ctrl+Alt+Shift+J |
| 设置合成图像解析度为 Custom | Ctrl+Alt+J |

# 附录 2　数字影音后期制作简介

## 一、发展历程

影视媒体已经成为当前最为大众化、最具影响力的媒体形式。从好莱坞大片所创造的幻想世界，到电视新闻所关注的现实生活，再到铺天盖地的网络视频广告，无一不深刻地影响着我们的生活。过去，影视节目的制作是专业人员的工作，对于大众来说似乎还笼罩着一层神秘的面纱。十几年来，数字技术全面进入影视制作过程，计算机逐步取代了许多原有的影视设备。同时影视制作的应用也从专业影视制作扩大到电脑游戏、多媒体、网络、家庭娱乐等更为广阔的领域。许多在这些行业的从业人员与大量的影视爱好者们，都可以利用自己手中的电脑来制作自己的影视节目。

## 二、数字剪辑

计算机的数字非线性编辑技术使剪辑手段得到很大的发展。这种技术将素材记录到计算机中，利用计算机进行剪辑。它采用了电影剪辑的非线性模式，使用简单的鼠标和键盘操作代替了剪刀加糨糊式的手工操作，剪辑结果可以马上回放，大大提高了效率。同时它不但可以提供各种编辑机所有的特技功能，还可以通过软件和硬件的扩展，提供编辑机无能为力的复杂特技效果。数字非线性编辑不仅综合了传统电影和电视编辑的优点，还对其进行了进一步发展，是影视剪辑技术的重大进步。

## 三、后期内容

数字影音后期制作就是对拍摄完的影片或者软件做的动画，做后期的处理、加特效、加文字、为影片制作声音等，使其形成完整的影片。一般来说，数字影音后期制作包括 3 个大的方面：

1）组接镜头：也就是平时所说的剪辑。

2）特效制作：如镜头的特殊转场效果、淡入/淡出、各种视频滤镜特效合成、片头/片尾制作、后期包装，以及动画与 3D 特殊效果的制作等。

3）声音制作：包括配音配乐、声音制作与合成等。

## 四、制作流程

数字影音后期制作包括素材管理、素材制作、影视编辑、音画合成 4 个模块，体现技术与艺术的结合。具体制作流程如下：素材管理→初剪→正式剪辑→作曲或选曲→特效合成→配音合成→字幕制作→成片输出。

1）素材管理：包括格式转换、音频处理、素材整理、建立工程文件、导入素材等。

2）初剪：也称作粗剪。现在的剪辑工作一般都是利用计算机完成的，拍摄的素材在经过转磁以后要先输入到计算机中，导演和剪辑师才能开始初剪。初剪阶段，导演会将拍摄的素材按照脚本的顺序拼接起来，剪辑成一个没有视觉特效、没有旁白和音乐的版本。

3）正式剪辑：在初剪得到认可以后，就进入了正式剪辑阶段，这一阶段也被称为精剪。精剪部分，首先是要对初剪不满意的地方进行修改，然后将特技部分的工作合成到影片中去，画面部分的工作到此完成。

4）作曲或选曲：影片的音乐可以作曲或选曲。这两者的区别是：如果作曲，影片将拥有独一无二的音乐，而且音乐能和画面完美结合，但成本比较高；如果选曲，在成本方面会比较经济，但别的片子也可能会用到这个音乐。

5）特效合成：这个阶段是比较关键的一个阶段，将本身拍摄不到或者拍摄效果不好的地方进行特效制作，这里将运用到专业的特效制作软件，我们所看到的很多具有超强视觉效果的电影正是因为特效合成这个环节做得十分好。

6）配音合成：旁白和对白就是在这时候完成的，在音乐完成以后，音效剪辑师会为影片配上各种不同的声音效果，至此，一部影片的声音部分的因素就全部准备完毕了，最后一道工序就是将以上所有声音元素的各自音量调整至适合的位置，并合成在一起。

7）字幕制作：为视频素材添加 Logo、中外文字幕、说明字幕、修饰字幕、三维字幕、滚动字幕、挂角字幕等。

8）成片输出：制作好的影视作品输出到各种格式的录像带、播出带，压制或刻录至 DVD、VCD，或输出各种格式的数据文件。

## 五、相关软件

后期制作软件具体可以分为平面软件、非线性编辑软件、合成软件、三维软件等。

1）平面软件：图像处理软件 Photoshop 是影视后期制作的基础软件。

2）剪辑软件：包括 Adobe Premiere、Final Cut Pro、EDIUS、Sony Vegas、Smoke 等。

3）合成软件：包括 AE、Combustion、DFsion、Shake 等，分别是层级与节点式的合成软件（前两个是层级，后两个是节点式）。

4）三维软件：包括 3D MAX、MAYA 和 Softimage、ZBrush 等。

5）其他软件：音频处理软件 Adobe Audition、GoldWave 等；3D 文字软件 Xara3D；格式转换软件 Format Factory 等。

当然，影视后期制作的相关软件还有很多，个人可以根据自身具体情况进行调整学习。

## 六、技术平台

此处参考 2016 年全国职业院校技能大赛“数字影音后期制作技术”赛项规程。选用 Adobe Master Collection CS 套装软件。

硬件环境：CPU 处理器在 Intel Core i5 及以上；内存在 4GB 及以上；独立显卡，显存 1GB 及以上；显示器在 20 英寸液晶宽屏及以上；网卡在 100Mbit/s 及以上；内置硬盘驱动器 320GB 及以上；含 DVD 光驱和立体声耳麦。

软件环境：安装 Windows 7 64 位（中文版）；Microsoft Office 2010（中文版）；Adobe Master Collection CS6（英文原版）；QuickTime7.2 或以上适配版本；视频播放软件（暴风影音等）；格式转换软件（格式工厂等）。

视频文件规范：画幅 1280×720 像素，PAL 制，宽高比为 16∶9，音频 16bit/48kHz/立体声，格式 MP4（h264），码流 8Mbit/s。

## 七、职业前景

电影产业正迎来温暖的春天，在国家政策的推动下，影视文化行业蒸蒸日上，当下诸多传统电视台、影视公司、大型网站都在向数字影视产业靠拢，大量招募专业影视人才。根据越来越大的市场需求、越来越高的技术和艺术的要求，影视后期高端人才的需求量越来越大。而刚入行不久、经验不足的新手依然很多，所以造成了影视公司招人难、一般的影视后期工作人员找工作也难的一个局面。但是从整体上看，影视行业的蓬勃发展必然推动全国影视后期人才素质的不断提升。

数据调查显示，影视后期制作人员的就业前景比较好。另外影视公司招聘人才，往往自身实力、创意思想、肯学习、会学习才是考虑因素，文凭这些反而成为其次。作为一个影视后期的制作人员来说，要耐得住寂寞，并且充满激情才能在这一行业走下去。

就职方向包括广告公司、影视公司、电视台、制片厂、视频工作室、网络传媒、游戏公司、动漫公司、影楼、婚庆公司，以及各类企事业单位从事影片特效、影片剪辑等工作。

## 八、影视后期制作岗位职责

1）视频编辑：按要求、按脚本，以突出某主题内容为目的的剪辑制作、段落删减、增加/删减片段、为视频素材编辑过程中加入转场特技、增加 Logo、上字幕、配音、蒙太奇效果制作、视频各个格式转码、电子相册、Flash 制作等，以及根据自主化要求的剪辑制作。

2）素材处理：对视频素材进行片段删减、段落顺序重组、历史素材并入、相关资料素材引入组合等。

3）特效处理：片头、片花、片尾制作、特效包装，专业调色处理、三维片头定制、制作花絮、三维特效、多画面、画中画效果及其他视频特效合成等。

4）字幕处理：为视频素材添加 Logo、中外文字幕、说明字幕、修饰字幕、三维字幕、滚动字幕、挂角字幕等。

5）音频处理：为视频素材添加背景音乐和特效音乐、专业播音员多语种配音解说、对口型配音、配乐。

6）包装处理：为视频素材剪辑后进行全方位特效包装及制作蒙太奇效果、三维片头/片尾、Flash 片头/片尾、形象标识特效等。

7）成品输出：制作好的影视作品输出到各种格式的录像带、播出带，压制或刻录至 DVD、VCD，或输出各种格式的数据文件。

## 九、影视后期制作岗位要求

1）熟练掌握电视各类节目的技术制作程序与要求，并熟练掌握各类机器的性能。

2）熟悉当日各类节目的内容，并在充分理解的前提下独立完成节目制作与合成。

3）积极配合编导的工作，和编导达成良好的沟通，使工作有条不紊地顺利进行。

4）对工作细心负责，保证节目准确无误。

5）完善后期制作效果和修复不足。

## 十、职业素养

职业素养是一个人职业生涯成败的关键因素，包括职业道德、职业思想（意识）、职业行为习惯和职业技能 4 个方面，前三项是内因，最后一项是外因。职业素养可以从以下几个方面点来塑造：人品正直、遵纪守法、吃苦耐劳、自信自尊、沟通协作、勤奋好学、勇于创新。

## 十一、影视后期人员的基本素质要求

1）热爱生活、热爱艺术。

2）良好的文化素质。

3）自觉掌握视觉化的思维。

4）善于学习、勇于突破。

5）为了作品质量的坚持与妥协。

# 附录 3　影音制作软件 Adobe Premiere 使用方法简介

Adobe Premiere 是一款常用的视频编辑软件，由 Adobe 公司推出。现在常用的有 CS4、CS5、CS6、CC、CC 2014、CC 2015 以及 CC 2017 版本。Adobe Premiere 是一款编辑画面质量比较好的软件，有较好的兼容性，且可以与 Adobe 公司推出的其他软件相互协作。目前这款软件广泛应用于广告制作和电视节目制作中。其最新版本为 Adobe Premiere Pro CC 2017。

Adobe Premiere 是视频编辑爱好者和专业人士必不可少的视频编辑工具。它可以提升编者的创作能力和创作自由度，它是易学、高效、精确的视频剪辑软件。Premiere 提供了采集、剪辑、调色、美化音频、字幕添加、输出、DVD 刻录的一整套流程，并和其他 Adobe 软件高效集成，使编者足以完成在编辑、制作、工作流程上遇到的所有挑战，满足其创建高质量作品的要求。

AE（After Effects）是 Premiere 的兄弟产品，它是一套动态图形的设计工具和特效合成软件。而 Premiere 是一款剪辑软件，用于视频段落的组合和拼接，并提供一定的特效与调色功能。Premiere 和 AE 可以通过 Adobe 动态链接联动工作，满足日益复杂的视频制作需求。附图 3-1 为 Adobe Premiere CC 2014 启动界面。

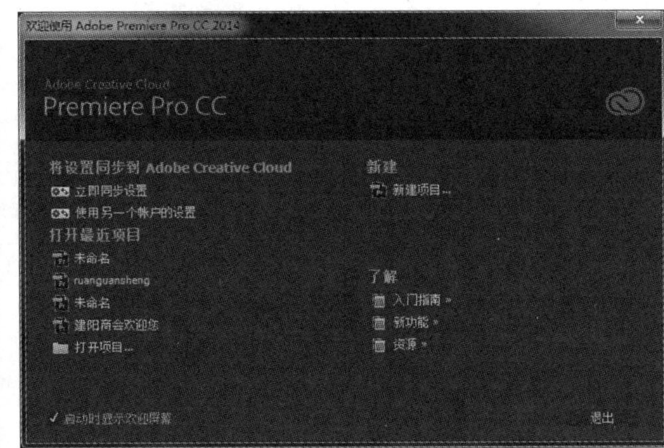


附图 3-1

## 一、Adobe Premiere 的特点

### 1. Premiere 能适应多种操作平台

Adobe Premiere 可对存储到计算机中的视音频文件进行编辑和各种特殊效果处理。Premiere 有多种可分别工作于不同操作系统的版本。

### 2. Premiere 具有丰富的影音制作功能

Premiere 版本不断更新，非线性编辑功能不断强大，这些功能包括以下几个方面。

（1）视音频素材的采集

Adobe Premiere 的主要功能之一是可对多种格式的数字视音频素材、图形动画素材等进行采集。

（2）各种视音频素材的编辑

对所采集及导入的各类素材进行剪取、时序组合，形成节目。

（3）后期加工

主要包括转场特技（如视频素材之间的淡变、划变等）、各种效果滤镜，以及叠字幕、混音（配音、配乐）等多种数字视音频后期加工处理。

（4）节目的预览和输出

各类素材经过编辑和后期加工处理后形成节目，用户可先对节目进行预览，看看效果是否满意，若满意则以 AVI、MOV、MP4、TGA 序列、PNG 序列、Windows 位图（.bmp）、WAV 音频、MP3 音频等格式之一输出节目的视音频（或单独的视频/音频）成品文件。

## 二、版本选择

如果系统是 32 位的，那么只有 2.0、CS3、CS4 可供选择。请不要选择绿色版、精简版，否则会出现输出问题，CS4 安装在 Windows 7 下可能会出现快捷键丢失，可尝试在互联网上搜索、下载快捷键文件。

如果计算机配置过低，推荐使用 Vegas、Edius 来进行剪辑工作，32 位版本的 Premiere 性能优化没有高版本的优秀，而且对配置要求苛刻，无法充分利用高于 4GB 的内存和多核心处理器，使用时非常容易出现白屏、卡机、崩溃等现象，会降低工作效率。

如果系统是 Windows 7、Windows 8 且是 64 位的，推荐 CC，高版本带来的性能优化和提速非常明显，如果显卡支持水银加速或破解了水银加速，会获得更优秀的实时性能。

## 三、Premiere Pro CC 在 Windows 环境下的最低安装需求

1）CPU 处理器在 Intel Core i5 及以上。

2）Windows 7 带有 Service Pack 1（64 位）或 Windows 8（64 位）。

3）内存在 4GB 及以上（建议使用 8GB、16 GB）。

4）独立显卡，显存 1GB 及以上。

5）4GB 的可用硬盘空间用于安装（无法安装在可移动闪存存储设备，在安装过程中需要额外的可用空间）。

6）需要额外的磁盘空间预览文件、其他工作档案（建议使用 10GB）。

7）内置硬盘驱动器 320GB 及以上，7200 RPM 或更快的硬盘驱动器（多个快速的磁盘驱动器，最好配置 RAID 0 或 SSD 固态硬盘）。

8）显示器在 20 英寸液晶宽屏及以上，1280×800 像素。

9）声卡兼容 ASIO 协议或 Microsoft Windows 驱动程序模型，含 DVD 光驱和立体声耳麦。

10）QuickTime 的功能所需的 QuickTime 7.6.6 软件。

11）可选 Adobe 认证的 GPU 卡的 GPU 加速性能。

12）互联网连接，并登记所必需的激活所需的软件，会员验证和访问在线服务。

## 四、Premiere 的基本操作方法

选择“开始”→“程序”→“Adobe”→“Premiere”或者直接在桌面上双击 PR 图标，即开始运行 Adobe Premiere，首先显示【新建项目】对话框，项目名称及保存位置等设置完毕后，单击“确定”按钮即进入 Adobe Premiere 主界面，再选择“文件”→“新建”→“序列”命令即弹出“新建序列”对话框，在此设置编辑模式（此处选择自定义）以及所需要的视音频参数，单击“确定”按钮即可开始数字影音编辑制作，如附图 3-2 所示。

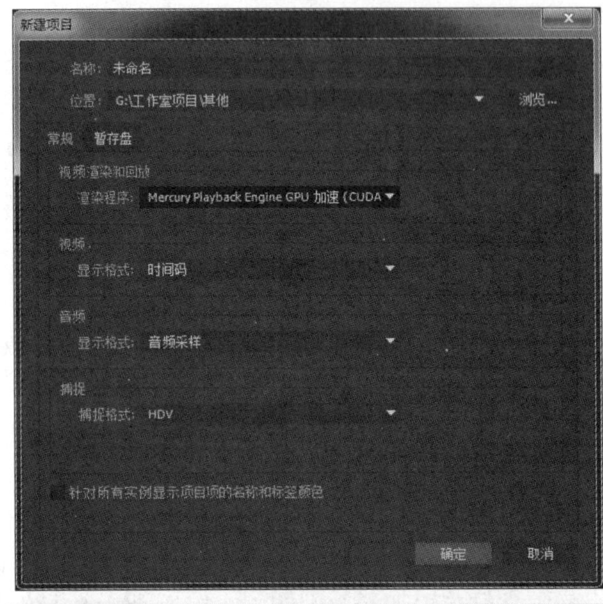


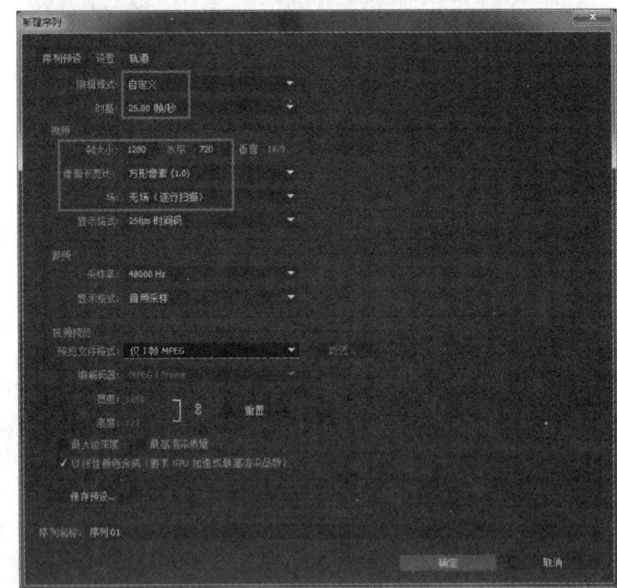

附图 3-2

1. 素材的导入与采集

要进行多媒体影音编辑制作，首先必须将各类多媒体素材导入，具体有以下两种方式：

1）直接将存储在硬盘的各类多媒体素材或项目文件导入。

其方法是在附图 3-2 中的项目窗口右下端的空白区双击，弹出【import（导入）】窗口，在此可确定待导入各类素材或项目文件的路径和文件名；或者通过"文件"→"导入"命令，也可将项目文件、素材片段文件或文件导入。

2）通过视频卡从外界视频设备采集素材。

具体方法：选择"文件"→"捕捉"，即弹出捕捉窗口，在此可进行视音频或单独视频、音频素材的采集，所采集到的素材将直接导入项目窗口。

2. 在时间线序列面板中进行编辑和后期制作

（1）编辑

选中导入到项目窗口的各类多媒体素材，并按一定的时间顺序拖至附图 3-3 所示的时间线序列面板的相应轨道，并通过右下角的素材编辑工具将这些素材编辑为节目，其中常用的有素材选择工具（快捷键是 V）以及剪断素材的剃刀工具（快捷键是 C）。

时间线序列面板主要由视频轨道和音频轨道构成：视频轨道默认只有 V1、V2、V3，轨道可以根据需要增加，这些轨道中的素材若有时间重叠，则上位轨道的素材将覆盖下位轨道的素材；音频轨道由 A1、A2、A3 等组成，这些音频轨道主要用于放置不同类型或不同来源的声音素材（如现场音、后期配音、配乐或效果声等），并能设定各段声音素材的时间区间，以及这些素材的起点的淡入或终点的淡出效果。

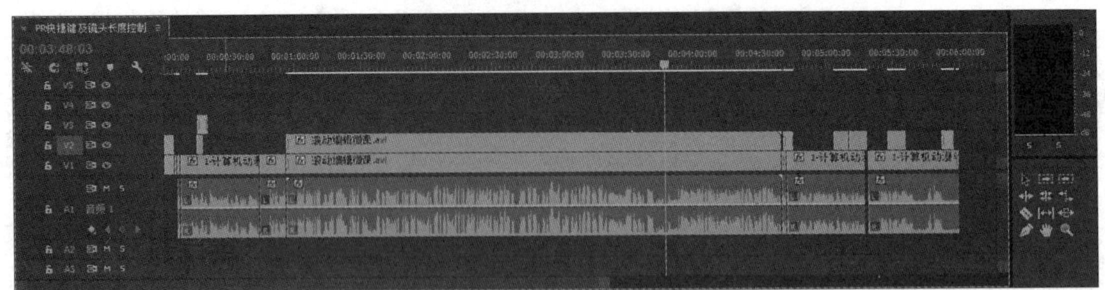

附图 3-3

（2）添加转场特技

在视频轨道和音频轨道都能进行转场特技制作。编辑时，素材可按顺序放在同一条轨道，当需要转场时，可在相邻素材之间添加并设置转场特技。我们知道，一个节目通常由许多素材片段构成，有时前一片段与后一片段是不同场景的内容，若直接接在一起，会给观众很突然的感觉，甚至令人费解，此时就需要用各种方法实现逻辑的转场处理。其中一种转场处理就是利用淡变、划变等特技进行转场。Adobe Premiere 内置几十种转场特技，编辑时，用户在效果面板的视频过渡或音频过渡文件夹中选中所需的转场特技后将其拖至同一轨道相邻素材之间，如附图 3-4 所示，是将“视频过渡”中“3D 运动”文件夹的“立方体旋转”转场特技添加到 V1 轨道的室外接电话 A 和室外接电话 B 素材之间。

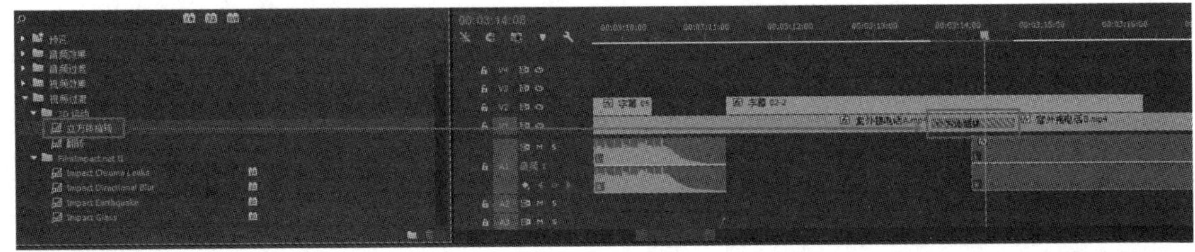

附图 3-4

（3）添加效果滤镜

用户在效果面板的视频效果或音频效果文件夹中选中所需的效果滤镜后将其拖到时间线序列面板视频轨道或音频轨道的任一段素材，即可将视频或音频效果滤镜施加到该段素材，如附图 3-5 所示，是将效果面板中“视频效果”文件夹下的“图像控制”文件夹中的“黑白”效果拖动到 V2 轨道上的素材“四.mov”上。

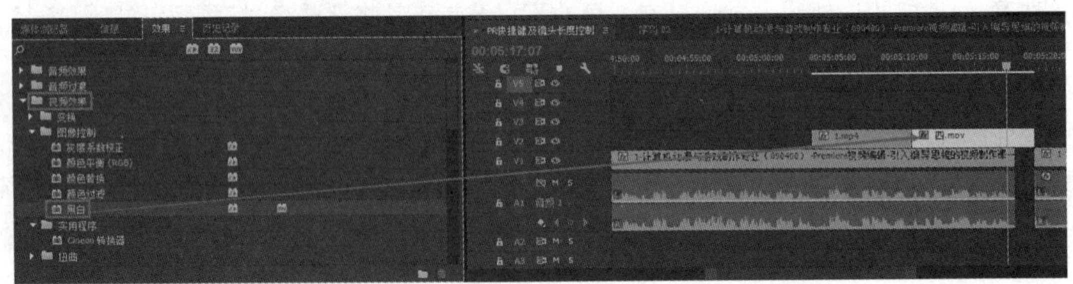

附图 3-5

（4）添加字幕

在编辑好的节目上添加字幕，可选择“文件”→“新建”→“字幕”，即弹出附图 3-6 所示的字幕制作窗口，在此可进行字幕的编辑和制作，将制作好的字幕素材保存于指定路径，并同时导入项目窗口。从该窗口将该字幕素材拖至时间线序列面板某一视频素材上方视频轨道的指定时段，即可将该字幕叠加至节目。

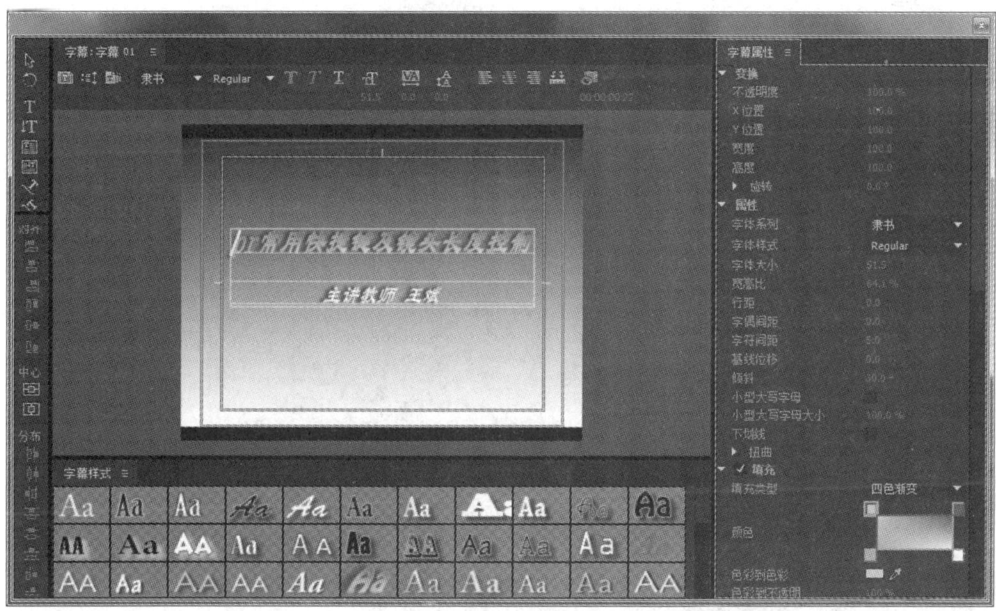

附图 3-6

（5）预览

编辑与后期加工过程中，常常需要对编辑或加工的效果进行预览。通过附图 3-7 右侧所示的监视器节目窗口可进行效果预览，当遇到卡顿区域时可以设定预览区域的出入点，然后用键盘的 Enter 键建立预览文件，再在节目窗口预览。

附图 3-7

（6）节目输出

节目制作过程中，要不断按 Ctrl+S 组合键保存项目文件，也可在编辑首选项窗口中手动设置自动保存时间。检查确认项目工程没问题后，可通过“文件”→“导出”→“媒体”命令进行节目输出，快捷键是 Ctrl+M，此时即弹出附图 3-8 所示的“导出设置”对话框，指定文件名和存储路径后，单击“导出”按钮，可将节目以 MP4（H264 编码）视频、AVI 视频、MOV 视频、GIF 动画、TIF 图形文件序列、TGA 图形文件序列、GIF 图形文件序列等文件格式之一保存在指定路径。

附图 3-8

# 附录4　影视剪辑常用技巧及理论

## 一、采集技巧

### 1. 视频锯齿问题

很多人在实际的制作中都遇到了这样的问题，就是采集后的AVI文件以及压缩后输出的文件在计算机里观看都出现了锯齿，特别是在播放那些运动较快的画面时，这种问题尤其严重。下面介绍一下为什么会出现这样的问题。

在电视发明之初，由于全画面传输的数据量太大，带宽负荷不起，所以发明了隔行扫描，于是观看电视节目时屏幕上就会出现通常所说的“扫描线”，其原理就是每两行显示一行画面，每一帧画面由“上场”和“下场”组成（简单地说，上场就是奇数行，下场就是偶数行），于是信息量缩小了一半，电视才被普及。由于有了隔行（电视）扫描和逐行（计算机显示器）扫描的区别，所以视频剪辑软件里都会有一项“场设置”，里面有“No Field/Upper Field/Lower Field”，即“无场/上场/下场”。一般用DV带输入到计算机里去的视频都会有类似锯齿状的东西，在画面中物体运动激烈时尤为明显，这就是场线。所以那些视频处理软件还附带了一个选项为“消场”，因为计算机显示器是逐行扫描的，场信息完全是多余的，所以消场尤其显得必要。如果你发现视频里有类似横条的东西在画面里出现，多半就是场的问题，只要在软件里进行消场即可。

其实，在一些高端专业机器上都配备了逐行扫描功能，在这种方式下拍摄的画面在电脑上观看肯定不会有锯齿，因为它的拍摄扫描方式与电脑显示器的扫描方式是一样。如果你制作的节目只是用于电视上显示的话，就没必要在意场的问题。因为一般的家用数码摄像机只提供了隔行扫描的拍摄方式，所以采集之后的影像在电脑显示器上观看当然就会因为“场”的不一样而产生锯齿现象。所以有必要在制作节目的时候在旁边摆放一台监视器。

视频文件的采集和输出的参数设置要一致。例如，对于场的设置，采集的时候设置为隔行，那么你输出的时候就不能直接选择逐行输出。那么，究竟我们的设备是支持隔行的还是逐行的呢？这就需要我们在制作节目的时候，预先以两种方式采集和输出一个片段，以确定我们的参数设置。虽然操作起来比较麻烦，不过也是一劳永逸的事情，一旦设置好就可以避免出现问题。

### 2. 视频采集丢帧问题

由于视频制作硬件等各方面条件的限制，在数码影像的后期制作过程中可能会遇到丢帧的问题，丢帧会造成影音的不同步，最终严重影响后期制作成片的质量。那么到底应该怎样解决丢帧的问题呢？我们来探讨一些解决办法，让大家能够用普通配置的设备来做出尽量完美的个人影片，以最低的成本获得最好的数码影像成品。

首先，要明确所制作的数码影像光盘是不是存在丢帧现象，因为有时候出现的影像不连续可能是由其他的原因造成的，如播放设备的激光头老化造成的读盘障碍等。绝大部分图像处理软件在进行视频捕捉时都会在状态栏上有丢帧提示，如果显示该丢帧提示的数值为0，则实际采集的图像就不存在丢帧问题。如果数值不为0，则意味着存在丢帧的现象，那么就要采取以下的措施进行解决了。

（1）优化硬盘

从性能上来看，目前的主流配置电脑在CPU方面应付后期影像制作还是绰绰有余的，丢帧的原因主要集中在硬盘方面。目前的硬盘几乎都是DMA33以上的，都有不小于6Mbit/s的连续写盘速度，对于视频的采集和压缩来说，最好使用7200r/s甚至更高转速的硬盘，这样对采集很有好处，如果使用的是5400r/s以下转速的硬盘，那么就可能在数码视频制作过程遇到丢帧的问题。

注意定期对硬盘进行碎片整理，尤其是在后期制作开始之前，最好对硬盘做一次全面的磁盘错误扫描和整理，但是不少同学忽略了对硬盘进行定期的碎片整理，觉得太浪费时间，由此导致了硬盘的文件存储结构不合理，所以丢帧现象就会经常出现。俗话说得好："磨刀不误砍柴工"，为了解决丢帧这个问题，要定期进行硬盘的优化维护，这将会使丢帧现象大为减少。

在硬盘的分区上，最好选择较大的硬盘分区作为文件存储盘，有条件的话最好单独使用一块硬盘专门用来采集，如果情况不允许也最好使用一个专门的分区进行视频采集。

在硬盘的分区格式上，推荐采用NTFS格式。这是因为FAT32文件系统的限制，最大单个文件不能超过4GB，而传输一盘60分钟的数码摄像带，将占据11～13GB的硬盘空间，大大超过4GB的极限，所以NTFS格式的分区将会使视频采集"畅通无阻"，而且也会有效地减少丢帧现象的发生。

（2）解决机器兼容性

目前市场上个人计算机的价格大幅度下滑，不少品牌机器的价格已经低于DIY的机器，价格虽然低了，可是很多机器的兼容性不是太好，在操作过程中会出现系统冲突问题，所以一台兼容性良好的计算机也可以明显地减少丢帧现象的发生，这就需要用户对计算机比较了解，能够找出是哪些地方出现了冲突，例如，有的时候用于视频采集的1394卡可能与其他设备共用了一个IRQ号，造成相互干扰的现象，最终可能会导致丢帧现象的产生，这时应该进行一下手动调解，单独分配给1394卡一个IRQ号，这样就能解决丢帧的问题了。

（3）不要多种工作同时进行

由于视频采集是一个很占系统资源的工作，所以在进行视频采集工作时最好不要进行其他软件的操作，边听MP3边进行视频采集的工作方式是不可取的。同时，我们要尽可能关闭防火墙等一类的后台程序，可以通过同时按Ctrl+Alt+Delete组合键来查看都有哪些后台程序正在运行中，然后关闭不必要的后台程序。这样做可以使得那些后台运行的软件对采集过程不造成额外的干扰，从而能够有效地避免丢帧现象的发生。

## 二、软件预设技巧

### 1. 自动保存

后期剪辑工作繁重，且往往是灵感一现的事情，所以保存就显得尤为重要。如果做了很多工作，却突然因为断电、死机等问题全部丢失了，那真是一件很痛苦的事。所以设置自动保存很重要。

在 Premiere 软件的“编辑”→“参数”→“常规”菜单中，有一项自动保存选项，默认是间隔 20 分钟保存一次，这里可以对自动保存时间间隔进行手动设置，以最大限度地减少损失。

如果真的没有保存而丢失了，也可以在自带的“AUTO SAVE”文件夹中找找看，也许有系统保存过的文件。其他软件的设置方式也大同小异。

### 2. 转场、音频、静帧图像默认时间

我们拖动转场特效时，往往会根据影片节奏的不同设置不同长度的转场时间，如在快节奏的影片中，可能转场 8 帧一个，而慢节奏的抒情片中可能又变成 1 秒，那么如何快速调整转场时间，提高做片的效率呢？在 Premiere 软件的“编辑”→“参数”→“常规”菜单中，有一项视频切换默认持续时间，在这项中调整即可。音频切换时间和静帧图像默认时间同上。

## 三、剪辑基本技巧

### 1. 剪辑的作用和目的

剪辑的作用是将单独看起来没有任何意义的声音和画面，经过剪辑产生旋律，通过组合形成情节。剪辑的目的是准确鲜明地体现影视片的主题思想，做到结构严谨和节奏鲜明。

### 2. 剪辑学习的 3 个阶段

剪辑的目的是“剪出戏来”。实现这一目标，需要娴熟的剪辑技法和技巧、较高的艺术修养、丰富的实践经验。同其他任何一门专业一样，学习剪辑也需要一个过程，可分为 3 个阶段，每个阶段有若干个基本训练：

1）第一阶段，熟悉剪辑工艺和掌握剪辑操作，主要包括视频技术参数的掌握和常用剪辑软件的使用。

2）第二阶段，学习剪辑技术和苦练剪辑技巧，包括镜头的选择与连接，声画的剪辑，配音与声画合成（对白、音乐、音效合成），动作的剪辑，对话的剪辑，情绪的剪辑，资料、景物镜头的运用，特技的运用，音乐、音效的剪辑，中大型场面的剪辑，声画综合的剪辑。

3）第三阶段，加强文学修养和提高剪辑艺术水平，包括影视文化理论的学习，文学、戏剧、音乐、美术等的学习，当代电影、电视科学技术的学习，蒙太奇理论与技巧的学习。

### 3. 剪辑的一般技巧

（1）设置正确的剪切点

剪辑是将许多零碎的画面片断串联为一个有节奏的整体的过程，这就涉及一个应该在哪些地方进行剪切和连接的问题。因为影像是一连串画面的连续，前面一个镜头的画面在人眼中会形成残留的影像，所以在实际剪辑工作中，遇到画面内容快速运动的镜头，要将剪切点提前一点，这样可体现出影像的旋律感和舒适感。如一个翻书的动作，我们可以把最开始的剪切点选择在翻书动作已经开始的状态，若把翻书这个动作分解成 25 帧画面，那

么就选择从第 4 或 5 帧处进入。将后点设为第 21 帧左右，这样不会对观众理解翻书动作产生影响，相反，还能表现出动作的旋律感和前后镜头的连贯性。

（2）动作剪辑中的固定规则

被拍摄物体为移动时的剪辑方法是将同一连续动作用不同机位和景别连接起来。

第一点：动作以 7∶3 连接。同一机位、不同景别时一般采取这种方法。如正面拍摄一个投手投球的动作，一个全景、一个近景，可以在全景开始 30%或 70%处接近景投手的细节，使整体动作达到流畅。当然根据素材的不同，可以故意将某些镜头剪切掉或是重叠起来，使整个动作体现另外的含义。

第二点：把两个动作连接成一个。第一点介绍的是用不同的镜头连接同一个被摄物体，此处要介绍将不同的被拍摄物体的多个动作连接成一个，也叫“单个动作剪辑”。如击球动作，一般会这样处理：打出全垒打→投手回头→一垒手回头→远远飞出去的球。采用这种剪辑方法，两位选手回头的动作就重复了，会给观众造成沉闷的印象。通过“单个动作剪辑”会把这两个回头动作整合成一个，通过剪辑来消除时间差。具体做法如下：在投手回头动作的前半部分进行剪切，连接一垒手回头的后半部分，这样能加强速度感并使画面连贯。当然在实际剪辑中我们可以再加一组现场观众回头的镜头，以强化飞得很高很远的球（剪辑无定式）。

第三点：有目的地重放动作，用以强调。如动作影片中必杀技的镜头，可以采用不同角度重放，或同角度快慢镜重放，强化视觉冲击力。

第四点：激烈的动作场面可以省略中间部分。

第五点：连接转入和转出画面。

第六点：用暗镜头或共同点连接不同被拍摄物体的动作。作用是大幅度缩减时间，增加影片的速度感。MTV 中常采用这种方法。

（3）场景转换和制造连接点

第一点：相溶，指让前面的画面慢慢消失，同时让后面的画面徐徐出现。与剪切相比，相溶给人的印象更加柔和，使用起来也非常简单，可以说几乎是不会失败的场景转换方法。

第二点：淡入/淡出——以黑色过渡。

第三点：用遮掩物连接不同场景。

第四点：用模糊画面连接不同的场景。

第五点：用运动造成的模糊效果连接镜头。

第六点：用风景的空镜头来连接镜头，即“空切”。

第七点：用曝光效果连接镜头。

第八点：用分割画面过渡到后续镜头。

（4）其他有代表性的剪辑方法

第一点：让同时进行的不同镜头交替出现。

第二点：当连接很困难时，干脆跳出。

第三点：用不同框架的镜头连接，产生节奏感。一般采用 3 个镜头、1 组渐进。

## 四、剪辑的理论

为何有些片子仅仅是硬切而已，但看起来很流畅，其实一个片子的流畅与否与使用了多少转场特技没有关系，电影中的剪辑方法无非是硬切、叠化、淡入/淡出，很少使用一些稀奇古怪的转场。但是能够达到让观众根本不注意这些细节而被情节所吸引，这就是剪辑的精髓所在：用画面讲故事。

在剪辑的实际操作中，我们对镜头进行组合排序是有一定根据的。

1. 事物的客观规律

在现实世界里，事物都有自己的客观发展规律。这个内在的客观规律可以成为我们剪辑中镜头排序的一个根据。

举一个例子，某地的电视风情片要表现山水美，其中有这样一组镜头：瀑布、溪水中景、游客在溪流游玩、红叶顺流漂走特写、航拍湖泊、远山大景、满山红叶中景。其实，对这组镜头剪辑排序，从山直接跳到水，也未尝不可，但是如果把其中几个镜头的顺序稍做调整，效果就大不一样了：远山大景、满山红叶中景、红叶顺流漂走特写、溪水中景、瀑布、游客在溪流游玩、航拍湖泊。这里把红叶顺流漂走特写镜头放在一组有关山的镜头和一组有关水的镜头之间，这样排序组接后，上述一组镜头就产生了这样的蒙太奇艺术形象：山→树→叶→水→溪流→湖泊。其内在逻辑可以这样去简单理解：金秋时节，山上的树叶红了，红叶凋落在山涧溪水中，溪水流淌，最后汇成湖泊。这是重新排序组接后形成的镜头内在逻辑，其实也是客观事物的发展规律，因而成了这组镜头剪辑排序的根据。红叶顺水漂走特写包含了山上的元素和溪水的元素，放在有关山与有关水的镜头的转接之间，承上启下，起到了从山连接到水的过渡作用，避免了山直接到水的画面跳跃之感。镜头逻辑性强，画面也更流畅。

2. 日常的生活习惯

镜头语言在表意中可以自由地处理时空，镜头画面的分切与组合打破了现实时空的制约，创造出新的荧屏时空。只要这个新的“荧屏时空”能表达好主题思想，符合人们日常生活的习惯，那么它也是镜头组合排序的另一个根据。

有几个在不同时间和地点拍摄到的某个少数民族不同的民俗活动场景：宴请客人喝酒、新郎新娘喜宴、手持火把的队伍下山、篝火晚会、做糍粑。虽然都是表现民俗，但是它们之间没有必然的联系，所以在镜头的组合排序上，我们也可以较为随意地组接，以显示这个民族的民俗的丰富性。但是，我们同样可以调整场景的组合排序，达到另外一种蒙太奇荧屏效果：做糍粑→宴请客人喝酒→新郎新娘喜宴→手持火把的队伍下山→篝火晚会。排序调整后形成了一个表现少数民族的婚礼习俗的荧屏形象，其内在逻辑可以这样理解：某天是一对新人的喜庆日子，村民忙碌做糍粑等宴请客人，婚宴后村民赶来举行热闹的篝火晚会以示对新人的庆贺。这样原本割裂的场景有机地联系起来，蒙太奇艺术的效果顺畅自然，也符合我们日常生活的习惯。

3. 音乐的节奏

剪辑组合排序的根据还有很多，其中，音乐也可以是一个根据。在一部片子里，有背景音乐部分，尤其是有强节奏音乐的时候，镜头的剪辑组接排序要根据音乐的节奏来灵活选择处理。在强节奏音乐的重音处，可选择急推镜头或硬切。滑音处，可选用推或者拉镜头。这种剪辑的目的是使画面与音乐节奏和谐统一，形成形象直观的视觉效果。

当然，镜头轴线、色调、运动方式等，也是剪辑排序的根据，这些基本剪辑规律不再赘述。

4. 剪辑风格的确立

电视体裁和表现主题是确立电视剪辑风格的重要依据。电视片的种类很多，有电视剧、社教专题片、纪录片、文艺片等，每个类型又有不同风格的表现形式，即使同一个类型也会因为其所表达的主题不同而要求剪辑风格要区别对待。

不同体裁的电视片，在剪辑上会有相应审美的规律和剪辑处理技巧。一般来说，对于大多数社教类专题片，剪辑的节奏和镜头切换是根据内容和场景的变化而变化的。叙述和抒情的地方，镜头的处理应注重舒缓有致，而紧张剧烈的场景则要求镜头简短紧凑，动作感要强。

纪实性强的片子注重镜头的现场纪实，在剪辑上应注意主体对象的动作和情绪的细节。镜头不需要处理太短和零碎，镜头切换也不需要太花哨，以免蒙太奇形象传递给受众的情绪受到干扰和影响。另外，电视文学如电视散文，因为强调营造文学意境和抒情性，镜头剪辑处理也不需短促零碎，镜头切换用叠化较多，有利于情绪的渲染、延续、积累和递进。

当今，许多城市和企业重视制作宣传自己的电视形象片。这类形象片的特点是紧凑、形象、唯美，讲究音乐和画面的配合。片长为 5～10 分钟，在有限的时间内，要表现民俗、风光、时尚或企业特色等，这就决定了片子节奏快，镜头切换快。镜头的长度一般多在 1～3 秒，超过 4 秒的相对较少。另外，特技运用上也可以相对丰富些。

5. 剪辑节奏的调控

两个镜头之间的过渡处理技巧，传统的有淡入、淡出、硬切、软切、闪白，此外还有各种划像、二维和三维特技。

淡入、淡出通常用于全片或段落的开始和结束；硬切，又称为无技巧切换，也就是镜头与镜头直接相接；软切，术语称为叠化，是两个镜头重叠渐隐渐出，更多地表示一种时空的变换，如时间的转换，以及回忆和幻想等；俗称为“闪白”的转场，其实就是以白色为背景的淡入/淡出，也常常用于回忆或者梦境等，有时也用于有强调意味的特殊转场；划像更多用于表现相同时间内，不同空间平行发展的事件的转换，表示地点、场景的变化。二维和三维特技除了也能达到划像所表达的效果外，还可以起到特殊转场和某种强调意味的剪辑作用。

硬切，虽然被称作无技巧的剪辑，但是，如何用好和用巧却大有讲究。由于两个镜头直接相接，视觉上会产生跳跃感，形成相应的镜头节奏。根据这一特性，在需要快节奏的电视片中，剪辑上应该多用硬切，多用短镜头。很多形象片、招商片、企业和产品介绍片属于这一类。

电视片在高潮和情绪渲染部分，镜头切换的节奏也应该相对比较快，特别是鼓点明显的背景音乐，每一个节拍的鼓点之处就是一个接点，就是镜头的转换之处，这样有明显的节奏效果。硬切用活了也可以成为一个非常巧妙的转场技巧，达到意想不到的艺术效果。

## 五、PR 常用快捷键键盘示意图

PR（Premiere）常用快捷键键盘示意图如附图 4-1 所示。

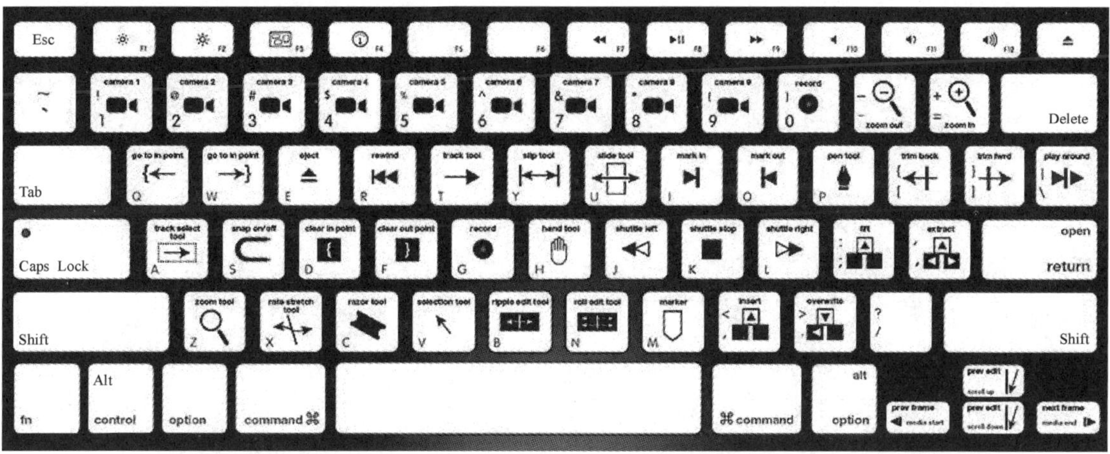

附图 4-1

# 附录 5　Adobe Audition CC 应用举例

Adobe Audition 是专业的音频编辑工具，提供音频混合、编辑、控制和效果处理功能。它支持 128 条音轨、多种音频特效和多种音频格式，可以很方便地对音频文件进行修改和合并。使用它可轻松创建音乐、制作广播短片。

## 一、Adobe Audition CC 制作伴奏音乐

关键步骤：效果→立体声声像→中置声道提取器→人声移除→应用→文件另存为歌曲伴奏即可。

1）双击软件图标即可进入如附图 5-1 所示界面。

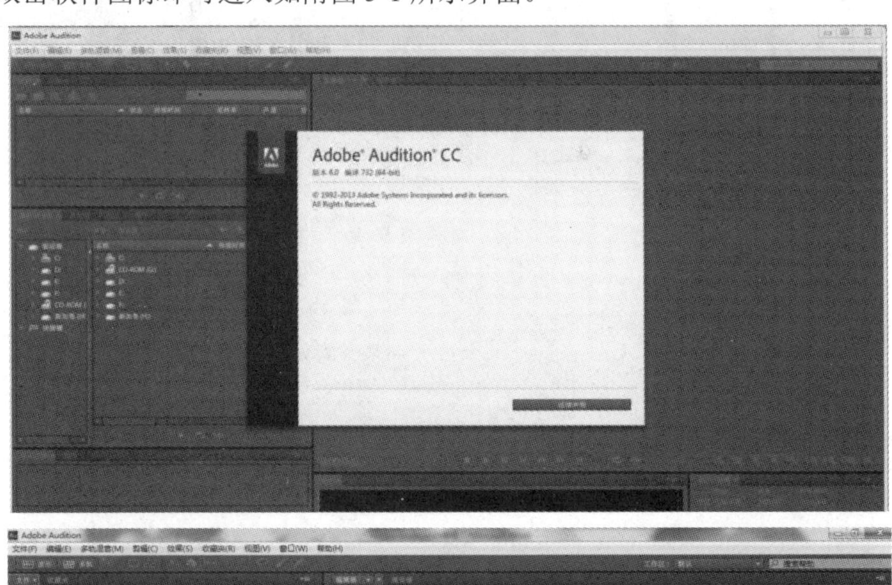

附图 5-1

2）打开要消音的 MP3 格式的文件，则右边出现音律的波纹，如附图 5-2 所示。

附图 5-2

3）将鼠标移至波纹图案上，右键选择插入多轨，出现新建多轨对话框，单击“确定”按钮后，如附图 5-3 所示。

附图 5-3

4）双击轨道 1 的波纹回到单轨的界面后，选择“效果”→“立体声声像”→“中置声道提取器”命令，弹出“效果-中置声道提取”对话框，设置“预设”为“人声移除”并单击“应用”按钮，如附图 5-4 所示。

5）单击左上方的多轨，回到多轨界面，在轨道 1 处右击复制，在轨道 2 处右击粘贴，如附图 5-5 所示。

6）双击轨道 2 来到轨道 2 的单轨界面，选择效果中滤波与均衡——参数均衡，得到如附图 5-6 所示界面。将可更改的高于 500Hz 的频率参数改成 500Hz，然后单击应用。

7）回到多轨界面，在轨道 3 处右击，在弹出的快捷菜单中选择“导出缩混”命令，然后选择“文件”→“另存为”命令，指定好文件名和保存路径，单击“确定”按钮，消音版本的 MP3 格式就制作完成了，如附图 5-7 所示。

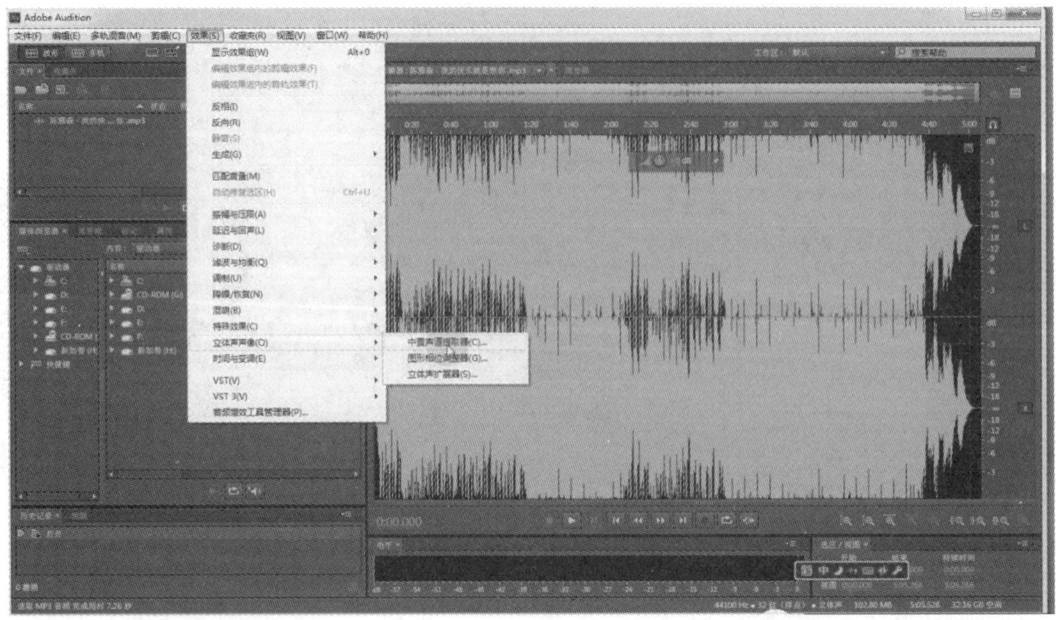


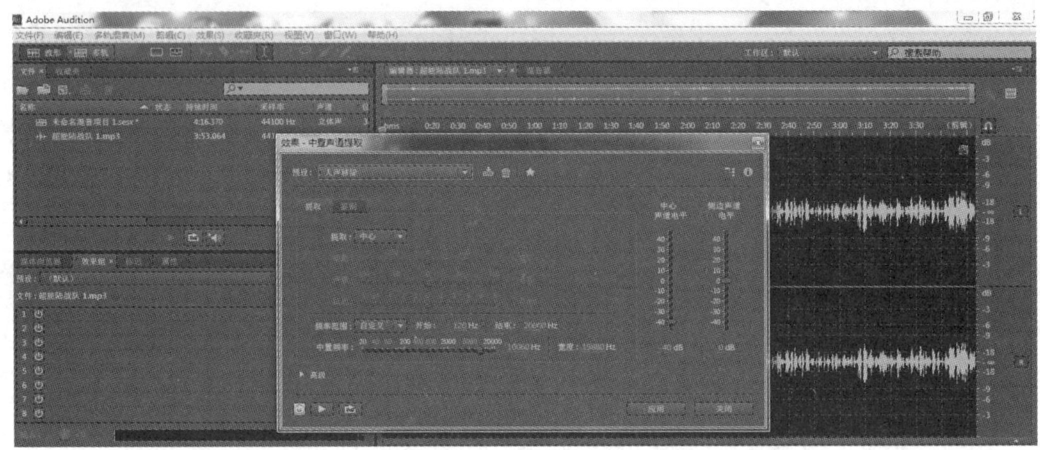


附图 5-4

附图 5-5

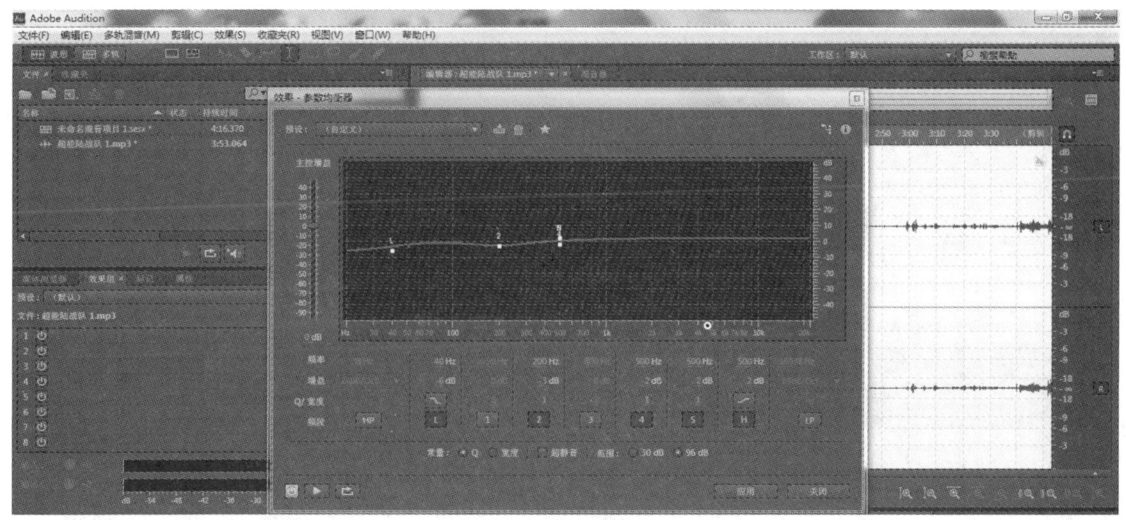

附图 5-6

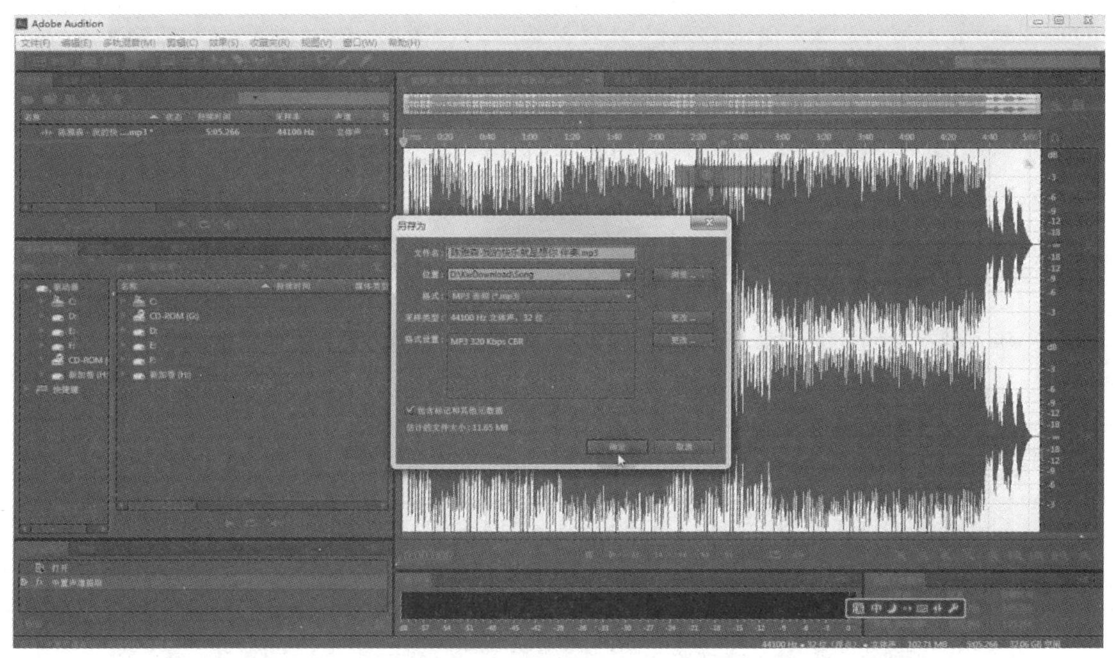

附图 5-7

## 二、Audition 音频硬件设置及录音

1）正常使用 Audition 的前提是正确地设置音频硬件。首先右击计算机右下角的小喇叭图标，选择播放设备，将扬声器设置为启用状态（一般默认都为启用），如附图 5-8 所示。

2）在声音页面中选择“录制”选项卡，选择一个麦克风，如附图 5-9 所示。笔记本式计算机内置麦克风可以录制外部声音，立体声混音可以录制计算机本身发出的声音，大家可以试一试对着话筒说话，如果是正确的，右面的音平指示会跳动。

附图 5-8

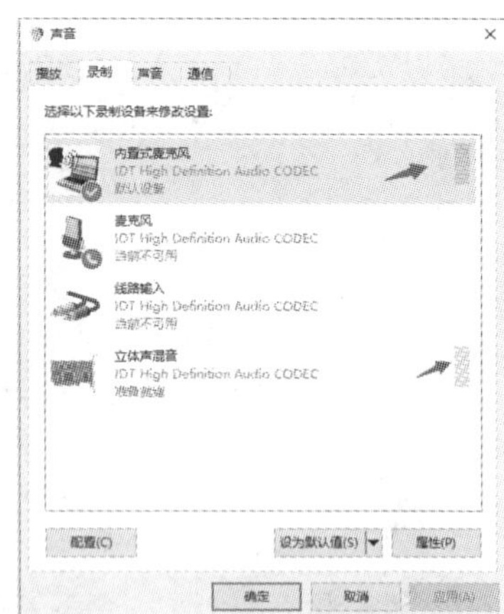


附图 5-9

3）在软件中选择“编辑”→“首选项”→“音频硬件”命令，选择设置好的扬声器，单击确定，如附图 5-10 所示。

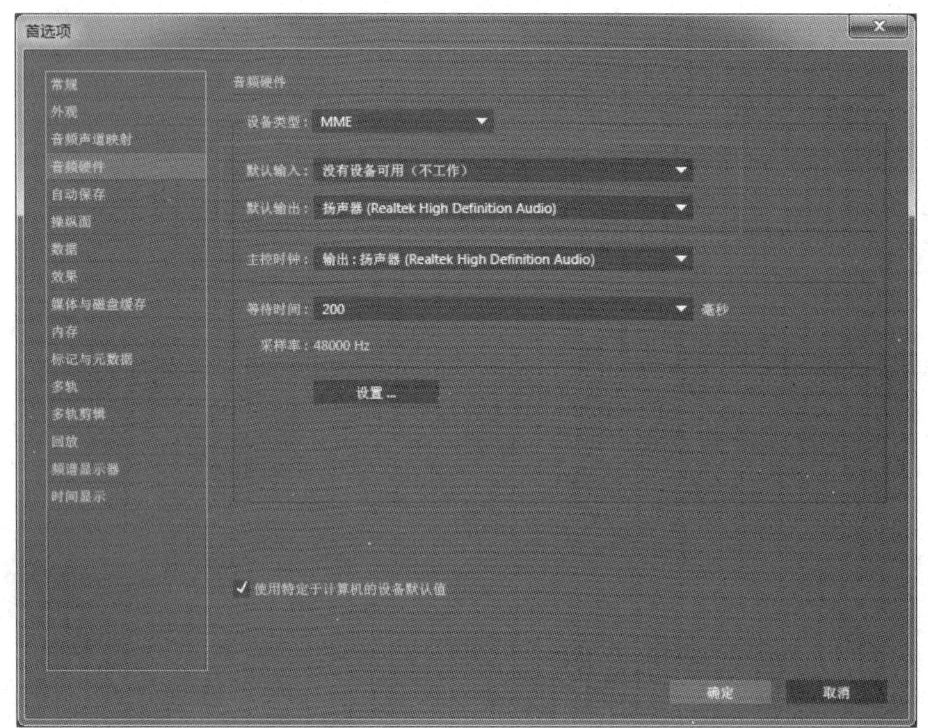


附图 5-10

4）选择“文件”→“新建”命令，新建一个声音文件，单击“OK”按钮，在弹出的声音编辑窗口下方单击红色的录音按钮就可以录音了，如附图 5-11 所示。

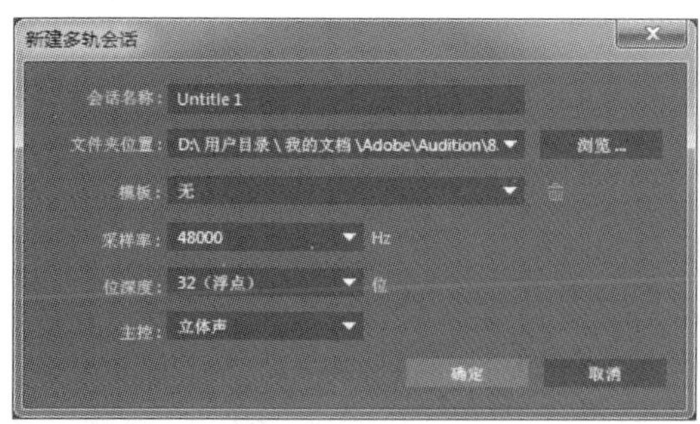


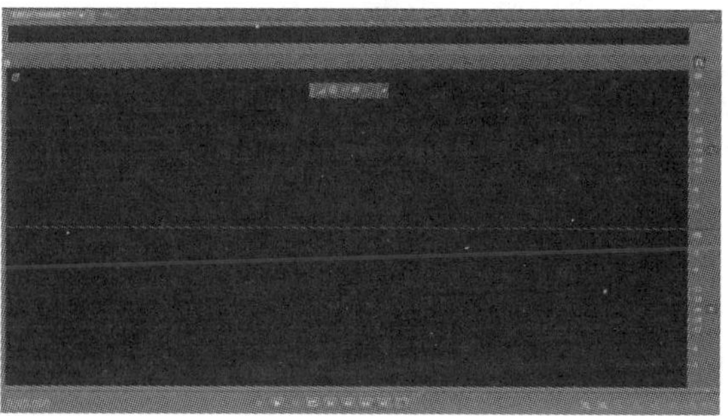

附图 5-11

## 三、应用降噪效果

1）在 Adobe Audition 中打开含有噪声的声音文件。

2）选择“效果”→“降噪/恢复”→“降噪”（处理）命令。

3）在“波形编辑器”中，选择一段仅包含噪声且至少为半秒长的范围，在“效果-降噪”面板中，单击“捕捉噪声样本”按钮。

4）在“效果-降噪”面板中设置所需的选项，然后选择要从中去除噪声的范围，此处单击“选择完整文件”按钮，最后单击面板下方的“应用”按钮，完成降噪处理，如附图 5-12 所示。

注意：在噪声环境中录制时，录制几秒有代表性的背景噪声，过后可用作噪声采样。

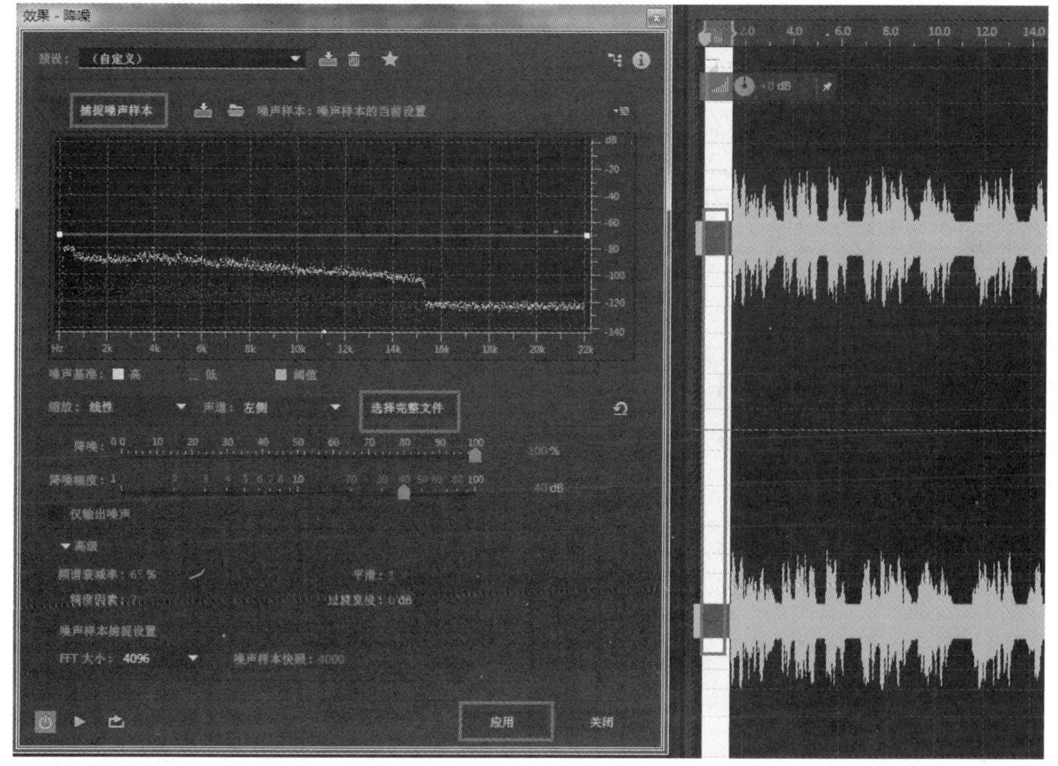


附图 5-12

说明：

① 降噪控制输出信号中的降噪百分比。在预览音频时微调此设置，以在最小失真的情况下获得最大降噪。

② 降噪幅度确定检测到的噪声的降低幅度。降噪幅度介于 6～30dB 的值效果很好。要减少发泡失真，可输入较低值。

③ FFT 大小确定分析的单个频段的数量。此选项会引起激烈的品质变化。每个频段的噪声都会单独处理，因此频段越多，用于去除噪声的频率细节越精细。良好设置的范围是4096～8192。较高的 FFT 大小可能导致哔哔声或回响失真，但可以非常精确地去除噪声频率。较低的 FFT 大小可获得更好的时间响应（例如，钗钹击打之前的哔哔声更少），但频率分辨率可能较差，而产生空的或镶边的声音。